Markowetz/Cloerkes (Hrsg.) · Freizeit im Leben behinderter Menschen

Freizeit im Leben behinderter Menschen

Theoretische Grundlagen und
sozialintegrative Praxis

Herausgegeben von
Reinhard Markowetz und
Günther Cloerkes

»Edition S«

Die Deutsche Bibliothek - CIP-Einheitsaufnahme

Freizeit im Leben behinderter Menschen : theoretische Grundlagen und sozialintegrative Praxis / hrsg. von Reinhard Markowetz und Günter Cloerkes. - Heidelberg : Ed. S, 2000
ISBN 3-8253-8262-1

Alle Rechte vorbehalten · Printed in Germany
© 2000 Universitätsverlag C. Winter Heidelberg GmbH – Programm »Edition S«
Fotomechanische Wiedergabe, auch von Teilen des Buches, nur mit ausdrücklicher Genehmigung durch den Verlag.
Umschlagdesign: Drißner-Design und DTP, Meßstetten
Druck: Strauss Offsetdruck GmbH, Mörlenbach

Vorwort

Integration ist als Gemeinsamkeit von behinderten und nichtbehinderten Menschen in allen Lebensbereichen unserer Gesellschaft zu verstehen, die nicht auf einige uns Nichtbehinderte angenehme Lebensbereiche beschränkt werden darf. Heute, nach mehr als 25 Jahren Integrationsdiskussion und bisweilen schon beachtlichen Integrationsentwicklungen, vor allem im Lebensbereich Vorschule und Schule, muß nüchtern festgestellt werden, daß die Integration behinderter Menschen im Freizeitbereich nicht in dem Maße stattgefunden hat, wie sie von den Betroffenen selbst, ihren Eltern, Angehörigen und Selbsthilfezusammenschlüssen eingefordert, gesellschaftlich erwünscht und von Fachleuten für möglich gehalten wird. Unter bildungs-, sozial- und gesellschaftspolitischen wie integrationspädagogischen Gesichtspunkten betrachtet, rangiert das Anliegen der sozialen Rehabilitation im Lebensbereich Freizeit weit hinter dem der schulischen und der beruflichen Rehabilitation.

Wir halten es deshalb für längst überfällig, sich mit der »Freizeit im Leben behinderter Menschen« differenzierter auseinanderzusetzen und sie hinsichtlich ihrer sozialintegrativen Wirklichkeit kritisch zu bewerten. Ziel dieses Sammelbandes ist es, die nur spärlich vorhandenen und doch recht verstreuten wissenschaftlichen und praktischen Erkenntnisse zur Freizeit von Menschen mit Behinderungen zusammenzufassen. Wer als Forscher/-in über die Lebenssituation behinderter Menschen nachdenkt, aber auch wer im Beruf mit ihnen zusammenarbeitet oder dies als Berufsziel anstrebt, soll nicht lange suchen müssen, sondern hier eine Übersicht zum gegenwärtigen Erkenntnisstand in einem zunehmend bedeutsamen Arbeitsfeld finden. Ein gleichermaßen wichtiges Ziel der Veröffentlichung ist es, behinderte Menschen, ihre Angehörigen und ihre Selbsthilfegruppen verständlich, praxisnah und kompetent über den aktuellen Stand der Dinge zu informieren. Der Blick in die Zukunft schließlich soll allen aufzeigen, was zu fordern und zu verbessern ist, damit der Weg zu gemeinsamen Freizeitaktivitäten für behinderte und nichtbehinderte Menschen offen und vielseitig begehbar wird. Dieses Buch soll dazu ermutigen und insoweit ein Stück dazu beitragen, daß die unsichtbaren Barrieren zwischen Menschen mit und ohne Behinderungen zukünftig nach und nach ihre bedrückende Wirkung verlieren!

Allen Autorinnen und Autoren danken wir für die Bereitschaft, ihre Verbundenheit zum Thema durch einen Beitrag zum Ausdruck zu bringen. Ohne sie hätten wir die umfangreiche Thematik in Theorie und Praxis nicht so lebendig darstellen können. Bei der Realisierung dieses Buches haben uns Susanne Hanke, Barbara Schaurer und Karin Wieland hilfreich unterstützt. Wichtige Anregungen und wertvolle Hinweise auf die Freizeitsituation behinderter Menschen kamen von unseren Studierenden. Einige von ihnen haben darüber hinaus das Thema dieses Sammelbandes im Rahmen ihrer Wissenschaftlichen Hausarbeiten bearbeitet und uns zum kritischen Dialog angeregt. Ihnen allen sei hier herzlich gedankt. Nicht zuletzt gebührt auch dem Verlag ein Dankeschön für die Bereitschaft, unser Anliegen zu transportieren und angemessen ins Bild zu setzen.

Heidelberg, im August 1999   Reinhard Markowetz und Günther Cloerkes

Inhalt

Vorwort V

I. Theoretische Grundlagen 1

Günther Cloerkes
Einleitung: Behindertensoziologische Überlegungen zum Forschungsfeld
Freizeit und Behinderung 3

Reinhard Markowetz
Freizeit von Menschen mit Behinderungen 9

Reinhard Markowetz
Konturen einer integrativen Pädagogik und Didaktik der Freizeit 39

II. Ausgewählte Aspekte der gegenwärtigen Freizeitdiskussion 67

Andreas Hinz
»Behinderung« und die Gestaltung integrativer Lebensbereiche –
Überlegungen zu Erfahrungen und Perspektiven 69

Reinhard Markowetz
Soziale Integration behinderter Kinder und Jugendlicher in wohnortnahe Vereine 81

Wilhelm Reincke
Zur Integration Geistigbehinderter durch Bewegung, Spiel und Sport 107

Harald Ebert
Beiträge zu einer ökologisch orientierten Kooperation – Möglichkeiten
kooperativer Freizeitgestaltung durch projektorientierten Unterricht 123

Georg Theunissen
Lebensbereich Freizeit – ein vergessenes Thema für Menschen,
die als geistig schwer- und mehrfachbehindert gelten 137

Max Kreuzer
Zur Bedeutung und Fachlichkeit der Freizeitarbeit in Wohneinrichtungen 151

Christian Lindmeier
Integrative Erwachsenenbildung im Interesse von Menschen
mit (geistiger) Behinderung 171

Udo Wilken
Urlaub, Reisen und Tourismus für behinderte Menschen 185

Jürgen Danielowski
Gegen den »Samariterblick« – »Behindertenarbeit«
als integrative Gemeindeentwicklung 195

III. Sozialintegrative Praxisbeispiele 203

Günther Cloerkes
Die sozialintegrativen Praxisbeispiele im Überblick 205

Margit Scholz
BIB e.V. – Ein ambulanter familienunterstützender Dienst. Die Erfolge
und Schwierigkeiten bei der Verwirklichung des Integrationsgedankens 207

Marion Leismann
Betreut wohnen – selbstbestimmt leben. Integrationsmodell Ortsverband
Duisburg e.V. 215

Walter Burkhart
Ein Weg der Integration durch Kooperation zwischen behinderten und
nichtbehinderten Schülern am Beispiel eines Projektes 222

Jens Eggert
Kooperation von Förderschülern und Hauptschülern in einer Judo-AG 231

*Lia Ambrosius, Ursel Weis-Henninger, Uschi Barth, Brigitte Saumweber-Eltrich
und Margarete Kurz*
Trommeln – Ein Begegnungsprojekt zwischen Schülerinnen und Schülern
einer Grundschule, einer Förderschule und einer Schule für Geistigbehinderte
mit dem Ziel der Kooperation und Integration 235

Martin Bügler und Karl-Michael Brand
Von »Krullemuck« bis »Mimikriii«... Gemeinsames Erleben im leistungsfreien
Raum – Das neue Arbeitsfeld »Integrative Spiel- und Kulturpädagogik« 241

Renate Zimmer und Lothar Köppel
Barrierefreie Spielplätze – ein Weg zur Integration behinderter und
nicht behinderter Kinder 248

Tanja Kuhn und Martin Wimmer
Café »Bücherwurm« – Ein Weg zur ungezwungenen Integration 256

Stephanie Wilken-Dapper
Wenn Eisenhans und Turandot im Sommernachtstraum auf Hexen treffen 260

Anja Grütjen und Alexandra Wache
SinnFlut – Erlebnistheater für Menschen mit einer schweren Behinderung
in sozialer Integration 264

Monika Gößwald, Sonja Kirsten und Eva Tögel
Eine Schwäche für weibliche Stärke. PTA – Pfadfinderin Trotz Allem 268

Stephanie Wilken-Dapper
Die Bochumer Integrationsband »Just Fun« – Eine Musikschule geht
integrative Wege 271

Bernd Schneider und Achim Steinhausen
Miteinander spielen lernen, miteinander leben können: Integrative Freizeitarbeit
im Jugendhaus 276

Ingrid König
Integrierende Gemeinde – Aufgaben und Chance 281

Martin Kliewer
Manege frei – ein integratives Circusprojekt 285

Uwe Rheker
Sport für alle – auch für und mit behinderten Menschen? 289

Bruno Baumeister und Horst Hirning
Kanusport – eine Möglichkeit zum gleichberechtigten Miteinander 303

Lutz Thieme
Eine integrative Schwimmgruppe im Sportverein – Erfahrungsbericht 311

Matthias Moch
Kuttersegeln als integratives Medium in der Erlebnispädagogik 314

Steffen Brand und Jochen Riehl
Grenzfahrt – Zwischen Lust und Anstrengung auf Reisen gehen 328

Hans D. Herbst
Das Projekt »Integration – Gemeinsame Ferien« beim Jugendfreizeit- und
Bildungswerk (jfbw) des Stadtjugendausschuß e.V. Karlsruhe 336

Günther Cloerkes
Erkenntnisse und Erfahrungen aus integrativen Ferien- und Freizeitmaßnahmen 342

Peter Brodisch und Michael Galle-Bammes
Autonomie als zentrales Anliegen der Erwachsenenbildung 350

Ines Boban
Integration beim Orientalischen Tanz. Oder: Einander tanzen zu sehen verändert
den Blick aufeinander und auf sich selbst 353

IV. Zusammenfassung, Ausblick, Forderungen und Adressen 361

Reinhard Markowetz
Freizeit im Leben behinderter Menschen – Zusammenfassung, Ausblick
und Forderungen 363

Reinhard Markowetz
Integrative Freizeitgestaltungsmöglichkeiten im Überblick: wichtige Adressen,
erste Informationen und nützliche Hinweise auf weiterführende Literatur 375

Die Autorinnen und Autoren 402

Quellennachweis 403

I. Theoretische Grundlagen

GÜNTHER CLOERKES

Einleitung: Behindertensoziologische Überlegungen zum Forschungsfeld Freizeit und Behinderung

1. Zum Problem

Die Bedeutung des Lebensbereichs Freizeit hat in unserer Gesellschaft ohne Zweifel stark zugenommen. Die Wahrnehmung des früheren Bundeskanzlers Helmut Kohl, das Land sei zu einem »kollektiven Freizeitpark« verkommen, mag man als politische Polemik belächeln. Durchaus seriöse Zahlenangaben belegen jedoch das enorme wirtschaftliche und arbeitsmarktpolitische Volumen, das der Freizeitbereich inzwischen erlangt hat. Die behinderten Menschen (einschließlich chronisch Kranker) als Gruppe in einer Größenordnung von ca. 13% der Bevölkerung (vgl. OPPL 1990, 33) oder rund 10 Millionen werden für die Tourismus-Industrie zunehmend interessant: Behindertenspezifische Angebote finden sich bei allen großen Touristikunternehmen und es gibt auch einschlägige Empfehlungen der Wirtschaftsverbände (vgl. DEHOGA 1998; DEUTSCHER FREMDENVERKEHRSVERBAND 1993).

Der vorliegende Sammelband befaßt sich nun mit Freizeit als einem weitgehend vernachlässigten und zunehmend wichtigen Forschungsbereich in Theorie und Praxis des Zusammenlebens von Menschen mit und ohne Behinderungen. Die bisherigen Arbeiten zum Thema
– sind überwiegend veraltet, so etwa die Sammelbände von TEWS U.A. (1976) und KERKHOFF (1982),
– werden der komplexen Problematik kaum gerecht und
– beziehen sich nicht konsequent auf *integrative* Freizeitgestaltung.

Die Behindertenpädagogik zeichnete sich in der Vergangenheit durch eine erstaunliche Zurückhaltung gegenüber der Thematik aus. Dies ist möglicherweise auf die vorherrschende einseitige (und einigende) Konzentration auf schulische Belange zurückzuführen, vielleicht auch auf die Vorstellung, daß Schule eine ernste Angelegenheit ist, die mit »Arbeit« zu tun haben sollte und nicht mit »Freizeit«. So hat man sich am ehesten noch Gedanken über »gestaltete Freizeit bei geistig behinderten Menschen« (ZIELNIOK/SCHMIDT-THIMME 1990; zuerst 1977) gemacht. Freizeit ist aber für *alle* Menschen in der heutigen Gesellschaft quantitativ wie qualitativ ein bedeutsamer Lebensbereich. Die diesbezügliche typische Unterschätzung der Bedürfnisse und Ansprüche behinderter Menschen kann so nicht hingenommen werden.

Der Lebensbereich Freizeit bietet jedenfalls mehr als andere die Chance, Ausgrenzungen von Menschen mit Behinderungen zu überwinden und praktische Integration voranzutreiben. Gerade unter den Körperbehinderten gibt es viele, die unter den verschärften Arbeitsmarktbedingungen nicht oder nur eingeschränkt berufstätig sein können. So kann es zum Problem werden, die frei verfügbare Zeit sinnvoll zu gestalten. Freie Zeit ist allerdings nicht der verbleibende Rest nach Abzug fremdbestimmter Zeit (vgl. den nachfolgenden Beitrag von MARKOWETZ). Das frei verfügbare Zeitbudget behinderter Menschen ist oftmals wegen pflegerischer und therapeutischer Maßnahmen in hohem Maße eingeschränkt, wie autobiographische Arbeiten (z.B. SIERCK 1992) nachdrücklich belegen.

Behinderte fordern zu Recht verstärkt Selbstbestimmung über ihr Leben. Die entsprechende Diskussion hat inzwischen auch Teile der Behindertenpädagogik erreicht. Es ist von daher nicht unproblematisch, wenn nichtbehinderte Experten und Helfer – getrieben von der Sorge um die eigene Existenzberechtigung – meinen, behinderten Menschen fertige Konzepte für ihre Freizeitgestaltung anbieten und vorschreiben zu müssen (vgl. u.a. THEUNISSEN in diesem Band). Das ist bei nichtbehinderten Menschen auch nicht üblich. Es kann also nur darum gehen, Vorschläge zu machen, die mit den jeweiligen Interessen der Betroffenen abzustimmen wären. Ebensowenig sinnvoll wäre es, die Lebensgestaltung Behinderter und ihre Freizeitbedürfnisse zu speziell aufzufassen und damit ihre vorgebliche Sonderstellung in der Gesellschaft zu betonen. Vielmehr ist es wichtig, die vielfältigen Gemeinsamkeiten zwischen behinderten und nichtbehinderten Menschen, nicht nur in diesem Bereich, zu sehen und gezielt herauszustellen, um so integrative Konzeptionen zu entwickeln und verstärkt auf den Weg zu bringen. Nach meiner festen Überzeugung setzt dies aber immer auch eine gesellschaftskritische Auseinandersetzung mit dem utilitaristischen Denken und Handeln voraus, das uns eine geradezu reflexhafte Gleichsetzung von »Anders-sein« mit »Weniger-wert-sein« zur Gewohnheit gemacht hat.

2. Zum Forschungsgegenstand von Soziologie der Behinderten

Die Erforschung der Zusammenhänge zwischen Freizeit und Behinderung ist ein wichtiges Arbeitsfeld der Behindertensoziologie. Dies soll im folgenden begründet werden. »Soziologie« ist die Wissenschaft vom Zusammenleben der Menschen. Spezieller Forschungsgegenstand der »Soziologie der Behinderten« ist die soziale Wirklichkeit von Menschen mit Behinderungen. Eine wesentliche Grundannahme der Soziologie (und ebenso der Behindertensoziologie) ist, daß *alle* Menschen Personen und soziale Wesen zugleich sind. Deshalb sind alle auf das Zusammenleben mit anderen Menschen angewiesen und werden davon grundlegend beeinflußt. Hinzu kommt: Die soziale Wirklichkeit ist niemals statisch, sie unterliegt vielmehr dynamischen Veränderungen, die sowohl die Personen als auch die gesellschaftliche Umwelt betreffen. Soziologie der Behinderten wird es im übrigen nicht bei einer bloßen Beschreibung der Lebenswirklichkeit von Menschen mit Behinderungen belassen können, sondern erfordert eine kritische Bewertung dieser Realität.

Was sind nun in einem solchen interaktionistischen behindertensoziologischen Verständnis Behinderungen und Behinderte (vgl. zum folgenden CLOERKES 1997, 5ff., 105)? Die Weltgesundheits-Organisation (WHO) unterscheidet zwischen »impairment« (Schädigung) als Störung auf der Ebene des menschlichen Organismus, die als »disability« (Behinderung) Bedeutung für einen konkreten Menschen gewinnen kann, und schließlich dem »handicap« als möglicher Konsequenz auf der sozialen Ebene, also den Nachteilen hinsichtlich der gesellschaftlichen Teilhabechancen im Vergleich zu Menschen ohne Behinderung (vgl. WHO 1980, 27ff.). Der entscheidende Punkt für den Soziologen ist das »handicap« als mögliche soziale Folge von Schädigung bzw. Behinderung.

Eine »*Behinderung*« in diesem Sinne wäre jede dauerhafte Abweichung von den kulturspezifischen Normalitätserwartungen, sofern dem allgemein ein entschieden negativer Wert zugeschrieben wird. Ein Mensch ist »behindert«, wenn ihm eine solche unerwünschte Abweichung (oder Andersartigkeit) erfolgreich zugeschrieben wurde *und deshalb* die soziale Reaktion auf ihn negativ ist. Die negative Bewertung einer Abweichung als Behinderung ist demnach durchaus nicht zwangsläufig verknüpft mit einer entsprechend negativen Reaktion auf den Menschen mit dieser Abweichung. Die Bewertung von Behinderung und die Reaktion auf Behinderte sind zweierlei und strikt voneinander zu trennen. Es geht um nichts weniger als den Unterschied zwischen der Einschätzung eines Sachverhalts und der komplexen Reaktion auf einen Menschen in seiner spezifischen sozialen Realität und in einer gegebenen sozialen Situation. Aus dieser analytischen Trennung, die aus dem »*Personalisierungseffekt*« (vgl. CLOERKES 1997, 84) abzuleiten ist, resultieren außerordentlich wichtige und pädagogisch nutzbare Konsequenzen für die Entstigmatisierung von Menschen mit Behinderungen. Kernpunkt jeder kritischen Soziologie der Behinderten ist die »Relativität von Behinderung«. Behinderung ist nie absolut (oder »objektiv«), sondern erst als soziale Kategorie begreifbar. Ausschlaggebend sind die Folgen für das Individuum, dem eine »Behinderung« zugeschrieben wurde.

Originäre behindertensoziologische Themen, und zwar mit Blick auf die Situation *aller* Menschen mit Behinderungen (also nicht nur die von schulpflichtigen Kindern und Jugendlichen), sind:
- Die spezifische theoretische Sichtweise von »Behinderung« und »Menschen mit Behinderungen«, unter nachdrücklichem Einbezug der gesellschaftlichen Aspekte.
- Behinderte Menschen als disprivilegierte Minorität in einer beachtlichen Größenordnung.
- Der gesellschaftlich institutionalisierte Umgang mit behinderten Menschen (Rehabilitation, Einrichtungen, Sozialpolitik etc.).
- Der Zusammenhang zwischen Behinderung und sozio-ökonomischen Lebensbedingungen.
- Einstellung und Verhalten gegenüber behinderten Menschen.
- Die Reaktion auf Menschen mit Behinderungen im interkulturellen Vergleich.
- Stigmatisierung von behinderten Menschen; Identitätsproblematik.
- Einstellungsänderungs- und Entstigmatisierungsstrategien.
- Emanzipation und politische Vertretung Behinderter in Selbsthilfe-Zusammenschlüssen.
- Soziale Integration von Menschen mit Behinderungen.
- Rolle und Selbstverständnis des Sonderpädagogen; Ethik des professionellen Handelns.
- Die gesellschaftliche Situation behinderter Menschen in den Lebensbereichen Arbeit, Schule, Familie und Freizeit.

Der Erkenntnisstand in den meisten dieser Arbeitsbereiche kann mittlerweile als gefestigt gelten. Aktuellen Forschungsbedarf sehe ich gegenwärtig aber vor allem noch in den Arbeitsfeldern Entstigmatisierung, Emanzipation, soziale Integration und Freizeit. Die Freizeitforschung wird von der Behindertensoziologie somit als wesentlicher Teil ihres Engagements verstanden, allerdings mit klarem Bezug auf integrative und emanzipatorische Zielsetzungen. Als *Forschungsfragen* in dieser Perspektive seien genannt:
- Abbau von Vorurteilen gegenüber Menschen mit Behinderungen unter den besonders günstigen Kontaktbedingungen im Freizeitbereich.
- Überprüfung von Akzeptanz und möglichen Ausgrenzungstendenzen unter integrativen Freizeitbedingungen.

- Umsetzung integrativer Leitideen bei gemeinsam gestalteter Freizeit.
- Selbstbestimmung und Empowerment als Ziele integrativer Freizeitpädagogik.
- Stabilisierung der Identität behinderter Menschen durch identitätsrelevante Freizeiterfahrungen.
- Problematisierung von Leistungsfetischismus und Lifestile-Aspekten moderner Freizeitgestaltung in ihren Rückwirkungen auf die soziale Integration Behinderter.
- Stellenwert der Familien behinderter Menschen im Freizeitbereich (Einbindung, Entlastung etc.).
- Entwicklung von Richtlinien zur Finanzierung integrativer Freizeitangebote.
- Praxisbewährung von Assistenzdiensten als Ergänzung der etablierten Freizeitangebote.
- Organisation und Effizienz von freizeitspezifischen Hilfsangeboten, z.B. der Behindertenverbände oder staatlicher Träger (Ziel: Einrichtung eines eigenständigen Fachgebiets mit eigenen Planstellen).
- Organisation und Effizienz von Freizeitangeboten kommerzieller Anbieter.
- Einschränkungen von Freizeitaktivitäten behinderter Menschen durch architektonische oder verkehrsspezifische Barrieren (mit zunehmenden Zielkonflikten zwischen ökologischen Anliegen und Ausnahmeregelungen für Behinderte).
- Bedeutung einer schulischen und außerschulischen Freizeiterziehung für behinderte Kinder und Jugendliche; Konsequenzen für pädagogische Ausbildungsgänge.

3. Zu den Beiträgen dieses Buches

Im vorliegenden Sammelband wurde versucht, insbesondere solche theoretischen und praktischen Ansätze einzubeziehen, die sich einem integrativen Verständnis des Lebensbereichs Freizeit für behinderte wie für nichtbehinderte Menschen verpflichtet sehen. Neben der wissenschaftlichen Diskussion sollen sozialintegrative Praxisbeispiele zeigen, was sich in der Realität bewährt hat und wo mögliche Schwierigkeiten zu beachten sind. Zur schnellen Orientierung für professionelle Helfer und Betroffene haben wir die wichtigsten Ratschläge und Kontaktadressen in Übersichten zusammengefaßt. Das Buch hat vier Hauptteile.

Im *ersten Teil* geht es um theoretische Grundlagen der behindertenspezifischen Freizeitforschung. »*Freizeit von Menschen mit Behinderungen*« ist ein ausführlicher Überblicksartikel zum Thema. Nach der Diskussion von Freizeitbegriff und Freizeittheorien werden verschiedene Aspekte der Freizeitsituation behinderter Menschen nach Behinderungskategorien und Lebensumfeld in Einrichtungen, Familie und außerfamiliären Bereichen dargestellt. »*Konturen einer integrativen Pädagogik und Didaktik der Freizeit*« steht unter der Leitfrage, welchen Stellenwert die pädagogische Gestaltung von Freizeit für die soziale Integration von Menschen mit Behinderungen haben kann. Hier handelt es sich um eine der oben genannten Forschungsfragen aus der Soziologie der Behinderten. Zugleich verdeutlicht der Beitrag die Notwendigkeit einer engen Kooperation zwischen Soziologie und Behindertenpädagogik auf theoretischer und praktischer Ebene.

Der *zweite Teil* enthält neun Beiträge zu einigen Aspekten der gegenwärtigen Freizeitdiskussion, – von verschiedenen Autoren, zu unterschiedlichen Freizeitaktivitäten und behinderungsbedingten Problemstellungen, um so auch die Vielfalt des Themas zu dokumentieren. ANDREAS HINZ diskutiert, ausgehend von einem dialogischen Behinderungsbegriff, die integrativen Lebensbereiche Schule, Beruf, Wohnen und Freizeit. REINHARD MARKOWETZ stellt das Konzept des Integrationspädagogischen Dienstes von PFiFF e.V. zur Förderung der sozialen Integration in wohnortnahe Freizeitvereine vor. WILHELM REINCKE befaßt sich kritisch mit der Integration von Menschen mit einer geistigen Behinderung im Sportbereich. Die Möglichkeiten kooperativer Freizeitgestaltung durch projektorientierten Unterricht hat HARALD EBERT analysiert. Der Beitrag von GEORG THEUNISSEN rückt die Freizeitbedürfnisse schwerstbehinderter Menschen ins Blickfeld. MAX KREUZER untersucht die Freizeitarbeit in Wohneinrichtungen für Behinderte und CHRISTIAN LINDMEIER gibt eine Darstellung der Prinzipien integrativer Erwachsenenbildung. »Tourismus für behinderte Menschen« ist das Thema von UDO WILKEN. Am Ende vom Teil II stehen JÜRGEN DANIELOWSKIs Denkanstöße zur integrativen kirchlichen Gemeindearbeit.

Im *dritten Teil* haben wir insgesamt 24 Praxisbeispiele für sozialintegrative Freizeitgestaltungsmöglichkeiten aus sechs Bereichen zusammengestellt: Von der Familienunterstützung über Kooperation im schulnahen Raum, Spielen, Sport und Ferienfreizeiten bis zur Erwachsenenbildung.

Am Schluß des Sammelbandes stehen eine kritische Zusammenfassung, ein Ausblick mit einem Katalog an weitreichenden Forderungen und Ratschlägen für Betroffene und Helfer sowie eine Übersicht von Freizeitgestaltungsmöglichkeiten für behinderte und nichtbehinderte Menschen mit hilfreichen Hinweisen und wichtigen Kontaktadressen.

Literatur

CLOERKES, G.: Soziologie der Behinderten. Eine Einführung . Heidelberg (Winter) 1997.
DEHOGA – Deutscher Hotel- und Gaststättenverband (Hrsg.): Tourismus für behinderte Menschen. Angebotsplanung, Angebotsumsetzung, Öffentlichkeitsarbeit. Bonn 1998 (INTERHOGA, 53134 Bonn, Postfach 200455).
DEUTSCHER FREMDENVERKEHRSVERBAND: Leitlinien zum Reisen für und mit Menschen mit Behinderungen. Bonn 1993.
KERKHOFF, W. (Hrsg.): Freizeitchancen und Freizeitlernen für behinderte Kinder und Jugendliche. Berlin (Marhold) 1982.
OPPL, H.: Die Lebenslagen von behinderten Kindern und Jugendlichen. In: SPECK, O./ MARTIN, K.-R. (Hrsg.), Sonderpädagogik und Sozialarbeit. Handbuch der Sonderpädagogik, Band 10. Berlin (Marhold) 1990, 28–45.
SIERCK, U.: Das Risiko nichtbehinderte Eltern zu bekommen. München (AG SPAK), 2. Aufl. 1992.
TEWS, H.P.: Freizeit und Behinderung. Schriftenreihe des Bundesministeriums für Jugend, Familie und Gesundheit. Band 47. Stuttgart/Berlin/Köln/Mainz (Kohlhammer) 1976.
WORLD HEALTH ORGANIZATION (WHO): International classification of impairments, disabilities, and handicaps. Genf 1980.
ZIELNIOK, W.J./SCHMIDT-THIMME, D. (Hrsg.): Gestaltete Freizeit für Menschen mit geistiger Behinderung. Theorie und Realisation unter integrativem Aspekt. Heidelberg (HVA-Edition Schindele), 4. Aufl. 1990 (zuerst 1977).

REINHARD MARKOWETZ

Freizeit von Menschen mit Behinderungen

1. Überblick und einleitende Zusammenhänge

1.1 Was versteht man unter »Freizeit«?

Das Substantiv »Freizeit« ist aus dem Eigenschaftswort »frei« und dem Hauptwort »Zeit« zusammengesetzt. Es geht auf die spätmittelalterlichen Rechtsbegriffe »freye-zeyt« und »frey zeit« zurück und bedeutete damals Marktfriedenszeit (vgl. OPASCHOWSKI, 1977, 21 ff.). Dieser Frieden auf Zeit sollte den Menschen mehr Freiraum und mehr Marktfreiheit mit gesteigertem Rechtsschutz ermöglichen (vgl. NAHRSTEDT 1972, 30 f.). In der BROCKHAUS-ENZYKLOPÄDIE (Band 7, 1988, 640 f.) ist zu lesen:

> »Freizeit, bezeichnet als Komplementärbegriff zu ›Arbeitszeit‹ jenen Teil der menschlichen Lebenszeit, der weder direkt den Anforderungen gesellschaftlich strukturierter Arbeit unterliegt noch der unmittelbar notwendigen Reproduktion der menschlichen Arbeitsfähigkeit (Schlaf/Essen) dient, sondern als Teil der arbeitsfreien Zeit stärker einer selbstbestimmten, selbstgestalteten individuellen Praxis zur Verfügung steht, gleichwohl aber seine Grenze und gegebenenfalls auch seine Inhalte und Struktur aus dem Bezugsverhältnis zur gesellschaftlichen Form der Arbeit gewinnt. Insofern ist Freizeit mehr als lediglich ›freie‹ Zeit, worunter die Zeit zu verstehen ist, die nicht im Rahmen der gesellschaftlich organisierten Tätigkeiten zur Befriedigung materieller und ideeller Bedürfnisse verbraucht wird, und sie ist weniger als ›Muße‹ zu verstehen, die eine dem Individuum zur Selbsterhaltung zur Verfügung stehende Zeit darstellt«.

1.2 Historische Entwicklung und Freizeittheorien

In der »didacta magna« forderte COMENIUS Erholungspausen während der täglichen Schularbeit, eine sinnvolle Abwechslung von Arbeit und Ruhe, Betätigung und Freizeit ein. Der Pädagoge FRÖBEL, ein Schüler von PESTALOZZI spricht schon 1823 von Freizeit, indem er die Pausen zwischen den Lernzeiten als Zeiten definiert, in denen Kinder »frei gelassen« sind. Bis 1889 bleibt der Freizeitbegriff ausschließlich dem pädagogischen Bereich vorbehalten (vgl. NAHRSTEDT 1972, 43). Bis heute hält die Bedeutung der Freizeit in der Pädagogik an. In Begriffen wie Freistunde, Freispiel und Freiarbeit als Formen eines offen, individualisierten Unterrichts, aber auch in der Idee der »Freien Schulen« (vgl. z.B. BEHR, 1990) spiegelt sich der Zeitgeist der pädagogischen Klassiker wider.

NAHRSTEDTS Verständnis von Freizeit resultiert aus der Zeit der Aufklärung. Die Ideale Freiheit, Gleichheit, Brüderlichkeit und damit auch der Genuß von Bildung sollten in der obrigkeitsstaatsfreien Privatsphäre, also in der Freizeit, entfaltet werden. Damit wurde der Freizeit eine große Bedeutung im Hinblick auf die Verwandlung der gesellschaftlichen

Verhältnisse bemessen (vgl. NAHRSTEDT, 1972). NAHRSTEDT (1979, 25) bringt zum Ausdruck: »Freizeit meint im Kern eine Zeit größtmöglicher, individueller Freiheit. Sie ist der Handlungsraum ..., über den nach persönlichen Wünschen in individueller Disposition entschieden werden kann. Diese Zeit wird in der Regel rational rechenhaft von der Arbeitszeit abgegrenzt«. Demnach ist Freizeit eine von gesellschaftlichen Fremdbestimmungen befreite Zeit. Nach NAHRSTEDT muß »Freizeit ... nicht nur an der individuellen Handlungsvielfalt, sondern auch an den kollektiven Verwirklichungsmöglichkeiten gemessen werden« (a.a.O.).

MARX nennt die freie Zeit »disponible Zeit« und bemißt ihr einen großen Wert für die Emanzipation des Menschen, für die Wiedergewinnung der Menschlichkeit aus der Entfremdung. Der wirkliche, materielle Prozeß der menschlichen Geschichte ist die Herausbildung der menschlichen Freiheit. Eine Gesellschaft, die es schafft, disponible Zeiten hervorzubringen, schafft auch Reichtum und zeigt unverkennbar die dialektischen Zusammenhänge von Arbeit und Freizeit. Freie Zeit ist von Arbeit befreite Zeit, in der sich jedes Individuum besonders gut entfalten kann, was sich unweigerlich positiv auf die Produktivkraft auswirkt. Freizeit und Arbeit sind Bestimmungsstücke desselben Ziels: Emanzipation (vgl. hierzu NAHRSTEDT 1980, 38–44).

OPASCHOWSKI (1990, 13) beschreibt vier Phasen der Freizeitentwicklung in unserem Jahrhundert: Nach dem Krieg und bis in die *50er Jahre* hinein galt die Freizeit fast ausschließlich der Erholung von getaner und noch zu erledigender Arbeit. Die *60er und 70er Jahre* waren die Zeit des großen Konsumgenusses, der in der Freizeit in ganz besonderem Maße ausgelebt werden konnte und vordringlich im Geldausgeben und sozialer Selbstdarstellung seine Befriedung fand. In den *80er Jahren* galt das Interesse der Bevölkerung nicht mehr so sehr der Bewältigung des Wohlstandskonsums, sondern verlagerte sich auf die Bedürfnisse des gemeinsamen Erlebens und der Entwicklung eines eigenen Lebensstils. In dieser dritten Phase stand die Erlebnissteigerung im Mittelpunkt. Diese hektische erlebnis- und aktionsorientierte Freizeitphase wurde von den eher mußeorientierten *90er Jahren* abgelöst. Sie sind von dem Bedürfnis nach Ruhe und innerer Muße und, damit einhergehend, der Gefahr eines Selbstbestimmungsbooms geprägt.

Einen Überblick über die historischen Entwicklungen der Freizeit und der Freizeitproblematik geben DUMAZEDIER (1974, 9–12, 43–64); HAMMERICH (1974); NAHRSTEDT (1972, 17–71 und 1974); OPASCHOWSKI (1990, 100–118 und 1994a, 25–31), SCHEUCH (1969) SCHMITZ-SCHERZER (1974) und TOKARSKI/SCHMITZ-SCHERZER (1985, 52–57).

Bis heute sind zwei Hauptrichtungen auszumachen, die das Verständnis von Freizeit bestimmen. Die eine Richtung geht davon aus, daß Freizeit mehr oder weniger von der Arbeitswelt bestimmt ist, während die andere Richtung die Freizeit als einen eigenständigen Lebensbereich ansieht (vgl. BUSCH, 1979, 214). GIESECKE (1971, 94f.) differenziert diese Einteilung und unterscheidet mit Blick auf das Verhältnis von Arbeit und Freizeit drei grundsätzliche Positionen. Erstens, daß es keine autonome von der Berufswelt emanzipierte Freizeit mit eigenständigem Sinngehalt gibt und daß nur in bezug auf sinnvolle Arbeit auch Freizeit sinnvoll sein kann. Zweitens, daß die Freizeit gegenüber der Arbeit in dem Maße autonom ist, wie die Arbeit selbst funktionalisiert ist und nur noch partielle menschliche Entfaltungsmöglichkeiten bietet und daß die menschliche Bildung fast ausschließlich auf die Freizeit verwiesen wird. Drittens, daß Freizeit und Arbeit sich zwar wechselseitig bedingen, aber daß Freizeit auch als Gegenkraft im Kampf gegen den modernen Arbeitsmythos, der Muße, Kultur und Kontemplation verschüttet, zu verstehen ist und daß Freizeit sich partiell emanzipatorisch von der Arbeit befreien kann.

OPASCHOWSKI (1990, 85–86) schlägt einen positiven Freizeitbegriff vor, der Freizeit nicht mehr in Abhängigkeit zur Arbeit versteht, sondern als »freie Zeit, die durch freie Wahlmöglichkeiten, bewußte Eigenentscheidung und soziales Handeln charakterisiert ist«. Dabei reicht

> »der Hinweis auf den Gegensatz von Arbeit und Freizeit und die Einschätzung der Freizeit als arbeitsabhängige Rest-Zeit für die Kennzeichnung dieses Phänomens ebensowenig aus wie die verkürzte Darstellung der Freizeit als eines bloßen Reproduktions-, Erholungs- und Konsumproblems«.

Dieser positive Freizeitbegriff zielt darauf ab, »die Spaltung der menschlichen Existenz in Arbeit und Freizeit tendenziell aufzuheben und zu einem ganzheitlichen Lebenskonzept zurückzufinden« (OPASCHOWSKI 1994b, 943). Statt von Arbeit und von Freizeit spricht OPASCHOWSKI (1990, 86) von

> »Lebenszeit, die durch mehr oder minder große Dispositionsfreiheit und Entscheidungskompetenz charakterisiert ist. Je nach vorhandenem Grad an freier Verfügbarkeit über Zeit und entsprechender Wahl-, Entscheidungs- und Handlungsfreiheit läßt sich die gesamte Lebenszeit als Einheit von drei Zeitabschnitten kennzeichnen:
> 1. Der frei verfügbaren, einteilbaren und selbstbestimmbaren Dispositionszeit (= ›Freie Zeit‹ – Hauptkennzeichen: Selbstbestimmung);
> 2. der verpflichtenden, bindenden und verbindlichen Obligationszeit (= ›Gebundene Zeit‹ – Hauptkennzeichen: Zweckbestimmung);
> 3. der festgelegten, fremdbestimmten und abhängigen Determinationszeit (= ›Abhängige Zeit‹ – Hauptkennzeichen: Fremdbestimmung).«

OPASCHOWSKI (1990, 86) geht davon aus, daß sein »positiver Freizeitbegriff ... grundsätzlich auf alle Bevölkerungsgruppen übertragbar« ist. Insofern hat er vorbehaltlos auch Gültigkeit für die Gruppe von Menschen mit Behinderungen. Freizeit bedeutet Lebenszeit. Lebenszeit ist als Einheit der drei Zeitabschnitte Dispositionszeit, Obligationszeit und Determinationszeit aufzufassen und durch mehr oder minder große Dispositionsfreiheit und Entscheidungskompetenz in diesen drei Zeitabschnitten charakterisiert (siehe Abb. 1).

Abb. 1: Universalität des positiven Freizeitbegriffes

Determinationszeit	Obligationszeit	Dispositionszeit
• fremdbestimmt • nicht freiwillig • *Bsp.*: Arbeit, Krankheit	• gebundene Zeit • benötigt für zweckbestimmte Tätigkeiten • *Bsp.*: Schlafen, Essen ...	• freie Zeit • selbstbestimmbar • *Bsp.*: Urlaub, Vereinsarbeit ...
Fremdbestimmung ←		→ Selbstbestimmung

Für die Sonderpädagogik greift THEUNISSEN (1997, 85) dieses Modell auf und erweitert es mit Blick auf Menschen mit einer geistigen Behinderung zu einem Modell der Lebenszeit, das von den »5 Zeiten« Arbeitszeit, Verpflichtungszeit, Bildungszeit, freie Dispositionszeit, Ruhe- und Schlafenszeit ausgeht. Freizeit ist für THEUNISSEN »jene freie Zeit, über die das Individuum frei verfügen soll und in der es selbst gestalten und eigene Initiativen verwirklichen kann. ... Diese ›freie Zeit‹ ist wesentlich bestimmt durch Subjektivität, Spontaneität, Zufall, Erholung, Unterhaltung, Intimität, (schützende) Privatheit, Spiel, Geselligkeit, Hobby, ästhetische Kulturbetätigung, Lebensfreude und Freiheit« (1997, 89).

OPASCHOWSKI (1990, 92–95) nennt insgesamt acht Freizeitbedürfnisse, die mehr oder minder ausgeprägt auf alle Menschen zutreffen. Aus unterschiedlichen Gründen kann die Bedürfnisbefriedigung von Menschen mit Behinderungen eingeschränkt sein. Abb. 2 stellt die acht Freizeitbedürfnisse dar und zeigt die möglichen Einschränkungen und Benachteiligungen für Menschen mit Behinderungen auf.

Aus der tabellarischen Übersicht geht auch hervor, daß es sich bei den ersten vier Bedürfnissen um stark individuumorientierte Bedürfnisse handelt während die letzten vier Freizeitbedürfnisse gesellschaftsorientierte Bedürfnisse darstellen. Besonders gravierende Benachteiligungen ergeben sich aufgrund der vorherrschenden desintegrativen Verhältnisse im Bereich der sozialen Beziehungen zwischen Behinderten und Nichtbehinderten. Mit KERKHOFF (1982, 2f.) können wir deshalb die Freizeit behinderter Menschen als Aufgabe auffassen, die sich an den einzelnen Behinderten genauso wie und an seine soziale Umgebung zu richten hat.

2. Zur Freizeitsituation von Menschen mit Behinderungen

2.1 Allgemeine Erkenntnisse

Behinderte Menschen haben grundsätzlich die gleichen Bedürfnisse wie nichtbehinderte Menschen. Aufgrund von Art und Schweregrad der Behinderung ergeben sich mitunter aber völlig anders gelagerte Probleme, die dazu führen, daß die Bedürfnisse unterschiedlich gewichtet und in einer uns ungewohnteren Reihenfolge zum Ausdruck gebracht werden. Gerade geistig behinderten Menschen bleibt das Ausleben von Bedürfnissen, z.B. nach Liebe, Zärtlichkeit, sexuellen Kontakten und Erotik versagt. Sie haben wesentlich größere Defizite zu beklagen, deren Ursachen sie aufgrund ihres »Andersseins« oft nicht aktiv und energisch beheben können. Stark auf Hilfen, Betreuung, Pflege und Anleitung angewiesene behinderte Menschen haben Einbußen in der Quantität wie in der Qualität ihrer Freizeitbedürfnisse. Die durchaus noch verbreitete Meinung von Mitarbeitern und Mitarbeiterinnen in der Behindertenarbeit, daß einige dieser Bedürfnisse bei behinderten Menschen gerade wegen ihrer Behinderung erst gar nicht vorhanden sind, z.B. weil sie nicht geäußert und eingefordert werden, ist falsch. Solche Meinungen bestimmen nicht nur das Maß an Unterstützungen zur Befriedung von Bedürfnissen, das man ihnen zubilligt, sondern steuern auch Art, Umfang und Qualität der Freizeitangebote für behinderte Menschen. Menschen mit Behinderungen haben also, unabhängig davon, ob sie aufgrund von Art und Schwergrad ihrer Behinderung erwerbstätig oder nichterwerbstätig sind, so-

Abb. 2: Freizeitbedürfnisse und Behinderung

Bedürfnisse	Bedürfnis nach...	Benachteiligungen für Menschen mit Behinderungen
1. Rekreation	Erholung, Ruhe, Wohlbefinden, angenehmem Körpergefühl und sexueller Befriedigung	👎 Abhängigkeit von anderen Menschen (Bsp.: Rückzugsmöglichkeiten, Lageveränderung, Zeiteinteilung, Körperpflege etc.) 👎 Ausleben sexueller Bedürfnisse
2. Kompensation	Ausgleich, Ablenkung und Vergnügen	👎 mangelnde Mobilität durch nicht behindertengerechte Umwelt 👎 ungenügende Freizeitangebote
3. Edukation	Kennenlernen, Weiter- und Umlernen in verschiedenen sachlichen und sozialen Handlungsebenen	👎 geringe Auswahl an Bildungseinrichtungen 👎 eingeschränkte Berufswahl
4. Kontemplation	Selbsterfahrung und Selbstfindung	👎 Abhängigkeit von oft zugeteilten Pflegepersonen, Bevormundung 👎 Isolation von Menschen mit Behinderungen unter „ihresgleichen"
5. Kommunikation	Mitteilung, vielfältigen sozialen Beziehungen, Geselligkeit	👎 Rückgang des Kommunikationsbedürfnisses durch Frustration und „unverstanden fühlen" 👎 eingeschränkte Erreichbarkeit und Auswahl von Kommunikationspartnern
6. Integration	Zusammensein, Gemeinschaftsbezug und sozialer Stabilität	👎 Wechsel der Bezugspersonen oder Bezugsgruppen ohne Berücksichtigung der persönlichen Interessen 👎 Diskriminierung und Isolierung in der Gesellschaft
7. Partizipation	Beteiligung, Mitbestimmung und Engagement	👎 Fremdbestimmung durch andere Personen und Institutionen 👎 Entscheidungen werden von Stellvertretern getroffen
8. Enkulturation	kreativer Entfaltung, produktiver Betätigung und Teilnahme am kulturellen Leben	👎 Möglichkeiten kreativer und produktiver Freizeitgestaltung müssen erst geschaffen werden 👎 Kulturelle Angebote sind häufig nicht behindertengerecht und nur schwer erreichbar

wohl ein Bedürfnis nach Freizeit als auch ein Recht auf Freizeit. Allerdings sind ökonomisch-, sozial- und bildungsmäßig benachteiligte Menschen weit davon entfernt.

Die Lebensverhältnisse des Individuums und die Gesellschaft bestimmen Freizeit. Die darauf fußenden Zielfunktionen der Freizeit zielen darauf ab, wünschenswerte Lebensverhältnisse vorbehaltlos für alle Menschen herzustellen, und sie geben deshalb brauchbare Hinweise für eine noch zu konstituierende Freizeitpädagogik, deren Ziel es ist, individuelle und gesellschaftliche Bedürfnisse zu befriedigen und in Einklang zu bringen. An ihnen muß sich auch die Freizeitplanung für Behinderte orientieren. Die vier individuellen Zielfunktionen nach OPASCHOWSKI (1990, 96; siehe Abb. 2) sind nicht so schwer einzulösen. Behinderte erleben Erholung, Wohlbefinden, Ruhe, Entspannung, Muße, Ausgleich, Vergnügen, Zerstreuung, bekommen Lernanregungen und die Möglichkeit sich »weiterzubilden«. Erheblich mehr Probleme machen die vier gesellschaftlichen Zielfunktionen. Die Möglichkeiten von behinderten Menschen, Kontakt, Gemeinschaft, Geselligkeit zu erleben, sich kreativ zu entfalten, produktiv zu betätigen und am gesellschaftlichen und kulturellen Leben teilzunehmen, sind eingeschränkt. Sie zu erhöhen ist Aufgabe einer auf Integration ausgerichteten Freizeitpädagogik. Damit eröffnet der Lebensbereich Freizeit neue Handlungsmöglichkeiten sowohl für den einzelnen behinderten Mensch als auch für das gemeinsame Handeln von behinderten und nichtbehinderten Menschen.

2.1.1 EXKURS: Das Bild vom behinderten Menschen

Zur Befriedigung ihrer Bedürfnisse und zur Bewältigung von behinderungsbedingten alltäglichen Problemen sind Menschen mit Behinderungen bisweilen erheblich und lebenslang auf die Hilfe und Mitwirkung von nichtbehinderten Betreuer/-innen angewiesen (vgl. RÖDLER 1993), die in erforderlichem Umfang den damit verbundenen komplexen Anforderungen kompetent, ganzheitlich und sensibel entsprechen können. Menschen mit Behinderungen brauchen Assistent/-innen, die sie selbst aussuchen und bestellen können und die ihnen viel Spielraum und Freiheitsgrade für die Lösung ihrer facettenreichen Probleme einräumen, damit sie »ein Leben so normal wie möglich« (vgl. NIRJE 1994; THIMM 1988) und vor allen Dingen »selbstbestimmt« führen können (vgl. dazu z.B. BAG HILFE FÜR BEHINDERTE 1985; BUNDESVEREINIGUNG LEBENSHILFE 1996; HAHN 1994; MÜLLER-HOHAGEN 1994; MÜRNER/SCHRIBER 1993; NIEHOFF 1992; PEOPLE FIRST 1994; THEUNISSEN 1995).

Hierfür ist es notwendig, unsere alten, diskreditierenden und defektorientierten Bilder über Menschen mit Behinderungen (vgl. hierzu FORNEFELD 1995, 69–85; GOLL 1993, 55–86) zu überwinden und Behinderte als gleichberechtigte Subjekte anzuerkennen, mit denen man reden und in Dialog treten kann, statt über sie zu reden und sie mechanisch, unpersönlich und in diziplinierender Absicht sowie einseitiger kompensatorischer Zurüstung auf die Verhältnisse der Nichtbehinderten wie Objekte zu behandeln. Wer die (heil-) pädagogische Praxis neugestalten möchte, muß zunächst das Subjekt (wieder-) entdecken und ein egalitäres Menschenbild entfalten. Ein egalitäres Menschenbild ist zugleich ein integrierendes Menschenbild und kennzeichnet einen Paradigmenwechsel vom distanzierenden hin zum integrierenden Menschenbild sowie von der Sonderpädagogik zu einer gemeindewesenorientierten und wohnortnahen, nichtaussondernden Integrationspädagogik.

Egalitär im Sinne von SCHLÖMERKEMPER (1989) bedeutet, daß an den Menschen mit einer Behinderung *keine* Bedingungen zu stellen sind, damit er respektiert und als Mensch für »vollwertig« genommen wird, sondern daß ihm unabhängig von seiner Leistungsfähigkeit ein doppelter Anspruch auf Gleichberechtigung zusteht: Der Anspruch auf optimale Förderung in sozialer Integration und der Anspruch auf gleiche Lebenschancen. Die zentralen Leitbegriffe einer solchen wertgeleiteten und integrationsstarken Heilpädagogik der Zukunft (vgl. HAEBERLIN 1996; EBERWEIN 1995) lauten: Normalisierung, Integration, Selbstbestimmung, Autonomie, Emanzipation, Antidiskriminierung und Gleichstellung sowie Demokratie und Humanität. Mit diesen Begriffen haben wir uns umfassend und tiefgreifend auseinanderzusetzen, wenn wir die heilpädagogische Praxis neu denken und machen wollen. Als zentrale, handlungsleitende *Grundwerte* wären zu nennen:
- Die Achtung der Würde und Gleichheit jedes Menschen und die Nächstenliebe zu jedem Menschen;
- die Aufhebung der Bedrohung durch das Leitbild der Normalität;
- die Orientierung am Verständnis einer humanen Umwelt;
- die Aufgabe der Meinung von der Existenz minderwertigen Lebens;
- die Anerkennung einer egalitären Gleichwertigkeit trotz extremster individueller Verschiedenartigkeit;
- die Unverletzbarkeit und Unverlierbarkeit der Würde eines jedes Menschen, unabhängig von Art und Schweregrad einer Behinderung;
- die Beachtung der Relativität von Behinderung und die Neuorientierung auf einen egalitären Behinderungsbegriff (vgl. hierzu CLOERKES 1997, 3ff.);
- der Rekurs auf den ethischen Imperativ, wie er verfassungsmäßig in Artikel 3, Absatz 3 des Grundgesetzes festgeschrieben ist;
- das existentielle Vorhandensein der Identität eines jeden Menschen, die als substantieller Kern das Innerste des Seins bestimmt und jeden Menschen zu einer unverwechselbaren, einzigartigen Person macht;
- das Grundrecht auf eine umfassende gesellschaftliche Teilhabe;
- das Grundrecht auf lebenslange Bildung, Erziehung, Förderung und Entwicklung der Persönlichkeit;
- die Beachtung des Wesensmomentes des Integrativen in allen Lebensbereichen und Lebenssituationen;
- das Schaffen einer »solidarischen Kultur« (BEGEMANN 1993);
- die vier Grundwerte des menschlichen Zusammenlebens: Selbstbestimmung, Achtung der Person, Förderung der seelischen und körperlichen Funktions- und Leistungsfähigkeit, soziale Ordnung (vgl. TAUSCH/TAUSCH 1991, 21–25);
- die Ökosystemische Sichtweise (vgl. HILDESCHMIDT/SANDER 1990);
- die transdisziplinäre Zusammenarbeit beteiligter Professionen (vgl. GOLL 1996);
- die Anerkennung der Eltern behinderter Kinder als gleichberechtigte Experten;
- die Stärkung der Position der Eltern, des Elternwillens und eines uneingeschränkten Elternwahlrechts;
- die dialogische Grundhaltung (vgl. hierzu BUBER 1965; KOBI 1993, 413ff.): Nicht über die Behinderten, sondern mit ihnen sprechen! EBERWEIN (1995, 475) fordert deshalb zu Recht, den »Trialog (d.h. Gespräche von Angehörigen, professionellen Helfern *und* Betroffenen) zu suchen«.

2.1.2 Zusammenhänge zwischen Behinderung und Freizeitverhalten

Leider liegen zur Freizeitsituation und dem Freizeitverhalten von Menschen mit Behinderungen kaum empirische Befunde vor (vgl. BUNDESMINISTERIUM FÜR JUGEND, FAMILIE UND GESUNDHEIT 1976, 7 und TEWS 1976). In erster Linie hat man über Interviews und Befragungen im Rahmen von Zeitbudget-Untersuchungen herauszufinden versucht, was behinderte Menschen wann und wie zeitlich ausgedehnt in ihrer Freizeit machen (vgl. BUNDESMINISTERIUM FÜR JUGEND, FAMILIE UND GESUNDHEIT 1976, 47–57). Befriedigende Antworten auf die Fragen, warum sich Behinderte so verhalten, welche äußeren und materiellen Bedingungen ihr Freizeitverhalten beeinflussen, einschränken oder erweitern und insgesamt prägen, liegen kaum vor. Probleme bereitet die Auswertung der Aussagen der Befragten auf der Grundlage einer Vielfalt von subjektiven Freizeitverständnissen. So bedeutet für viele Behinderte bereits das »unbewußte In-den-Tag-Hineinleben« eine Freizeitaktivität, während andere Behinderte erst eine bewußt herbeigeführte Aktivität als Freizeit erachten.

KERKHOFF (1982, 4–6) nennt einige allgemeine Erschwernisse, die sich für Menschen mit einer Behinderung im Freizeitbereich ergeben und von Fall zu Fall unterschiedlich ausgeprägt und wirksam sein können:

- »Unmittelbare Folgen der Schädigung, wie z.B. fehlende Mobilität, visuelle oder akustische Verkehrsbeeinträchtigungen, Sichtbarkeit der Behinderung, erforderliche Begleitperson.
- Zeitliche Ausdehnung der alltäglichen Versorgungs-, Hygiene- und Gesundheitsmaßnahmen: z.B. wird mehr Zeit bzw. Aufwand für Körperpflege, Nahrungszubereitung, Essen, Gehen, usw. benötigt.
- Familiäre Bindung: z.B. durch Überbehütung oder Vereinnahmung durch einen Elternteil, was u.a. überstarke Gefühlsbindungen, geringe Verselbständigungsmöglichkeiten zur Folge haben kann.
- Rehabilitationsübermaß: Medizinische Beratung und Behandlung stehen z.B. in Gefahr, überschätzt zu werden, oder zu umfangreiche Rehabilitationsmaßnahmen überhaupt werden für den einzelnen anberaumt. Rehabilitationsmaßnahmen sind zwar legitimiert, da sie zur Integration des Behinderten beitragen, dabei besteht jedoch die Gefahr, daß der offene Freizeitsektor mit solchen Rehabilitationsmaßnahmen völlig ausgefüllt wird.
- Starke Kompensations- und Regenerationswünsche infolge Überbeanspruchung durch Arbeit, z.B. als Folge eines schlechten Gesundheitszustandes, eines frühen Altersabbaus, durch bestimmte eintönige oder statische Arbeitsaufgaben, durch geringe körperliche Belastbarkeit bzw. zu hoch angesetzte oder zu lang dauernde Konzentrationsanforderungen im Arbeitsprozeß.
- Fehlende Kontaktstellen für Behinderte bzw. für Behinderte und Nichtbehinderte.
- Unzugänglichkeit von öffentlichen Verkehrsmitteln und Freizeiteinrichtungen.
- Erreichbarkeitsprobleme: z.B. Überwindung zu großer räumlicher Entfernungen, Fahrangebotsprobleme, Gefährdung durch Verkehr, Schwierigkeit bei der Selbstbeschaffung von Informationen über Freizeitangebote.
- Selbstisolierungstendenzen: Behinderte sehen sich z.B. als Hemmschuh bei einem Unternehmen und ziehen sich zurück, Vermeiden von unbekannten sozialen Strukturen (...), Nichtbehinderte lassen erkennen, daß der Behinderte ein Störfaktor ist.
- Unzureichende Ausbildung von Interessen- und Freizeitgewohnheiten.«

Es gibt eine ganze Reihe an plausiblen Zusammenhängen zwischen einer Behinderung und dem Freizeitverhalten eines Menschen mit einer Behinderung. Neben Art und Schweregrad der Behinderung spielen der Zeitpunkt des Erwerbs der Behinderung, die Sichtbarkeit der Behinderung, die Prognose des Verlaufs der Behinderung, die rehabilitativen Möglichkeiten, die Schulbildung, Berufsausbildung und -tätigkeit, die sozio-ökonomischen Verhältnisse der Ursprungsfamilie bzw. das eigene Vermögen und Einkommen, das soziale Netzwerk und die ökosystemischen Verhältnisse sowie das Ausmaß an subjektiv erlebten sozialen Vorurteilen und Stigmatisierungen der bisherigen Interaktionspartner eine Rolle. Ich gehe heute von einem multifaktoriellen Wirkungszusammenhang aus, ohne dabei empirisch belegte Aussagen machen zu können, welche Variable das Freizeitverhalten behinderter Menschen mehr oder weniger oder gar nicht beeinflußt. Defizite im Freizeitverhalten ergeben sich einmal durch eine Vielzahl an Erschwernissen, die unmittelbar mit der Behinderung zusammenhängen und zum anderen aus den sozialen Reaktionen auf die Behinderung. Das Ausleben der Freizeitbedürfnisse behinderter Menschen korrespondiert aber auch mit den Möglichkeiten, die unsere Gesellschaft für Behinderte bereitstellt bzw. ihnen vorenthält.

2.1.3 Einige empirische Befunde

Wie sehen nun die Freizeitaktivitäten von behinderten Menschen aus? Abbildung 3 zeigt, daß die Freizeitinhalte von Art und Schweregrad der Behinderung abhängen, sich aber nicht grundsätzlich von denen nichtbehinderter Menschen unterscheiden. Soziale Kontakte stellen als »personengebundene Freizeit« eine besonders wichtige Form des Freizeitverhaltens dar. Abbildung 4 gibt Aufschluß über die sozialen Kontakte der befragten hilfebedürftigen Behinderten. Quantitative und qualitative Unterschiede zu Nichtbehinderten können in der Behinderung, in der sozialen Reaktion auf die Behinderung und in der Fähigkeit des Individuums, mit oder ohne professionelle Hilfe seine Behinderung zu kompensieren und an die Verhältnisse der Nichtbehinderten zu adaptieren, begründet liegen. Ungeklärt bleibt dabei, ob das durchschnittliche Freizeitverhalten der Nichtbehinderten eine normative Größe darstellt, an der sich Behinderte orientieren müssen, um nicht auch noch auf dem Freizeitsektor als von der Norm abweichende Personen auffällig zu werden. Andererseits legt das tatsächliche Verhalten der Behinderten ein sehr breit gestreutes Interesse bei höchst individuellen Unterschieden nahe.

Wir können also davon ausgehen, daß die Freizeitsituation als Lebenszeit für Menschen mit Behinderungen weder einheitlich positiv noch generell negativ eingeschätzt werden darf. Die Freizeitbedürfnisse und das Freizeitverhalten von behinderten und nichtbehinderten Menschen sind nahezu identisch. Da jeder Mensch Akteur seiner Freizeitgestaltung ist, erweist sich das Freizeitverhalten als Ausdruck der Befriedigung von Freizeitbedürfnissen hinsichtlich Intensität, Quantität, Qualität und freier Verfügbarkeit von Zeit und entsprechender Wahl-, Entscheidungs- und Handlungsfreiheit universell verschieden. Es gibt eine Vielzahl an förderlichen und hemmenden Bedingungen und Parameter, die Einfluß auf die Freizeittätigkeit eines Individuums als Akteur haben. Das können sozio-ökonomische Bedingungen genauso sein wie familiäre, ökosystemische, gesellschafts- und bildungspolitische Gegebenheiten und Machtverhältnisse. Insofern ist Behinderung zwar keine zu vernachlässigende Größe, sie muß aber nicht automatisch zu einer unbefriedigenden, fremdbestimmten und von der Hilfe anderer abhängigen Freizeitsituation führen. Nichtbehindert zu sein ist nicht per se ein Garant für sinnerfüllte, selbstbestimmte und qualitativ hochbewertete Freizeit.

Abb. 3: Hilfebedürftige Behinderte in privaten Haushalten nach Behinderungsarten und Freizeitaktivitäten der letzten 4 Wochen (Spaltenprozente: Nur Personen ab 16 Jahren)

Quelle: Schriftenreihe des Bundesministeriums für Familie und Senioren; Bd. 20.3, Stuttgart 1994.

	Gesamt	Behinderungsarten			
		Sehen/ Sprechen/ Hören	Funktionsstörungen innerer Organe	Lähmung/ fehlende Gliedmaßen/ Muskelerkr.	Geistige Behinderung/ Geistiger Abbau
Basis: hochger. i. Tsd.	1780	173	606	503	267
Freizeitaktivitäten der letzten 4 Wochen					
Spazieren gegangen	50.9	61.9	49.8	45.4	53.9
Sportlich betätigt	8.8	14.6	6.1	6.6	11.8
Im Garten oder auf dem Balkon gearbeitet	11.3	13.8	8.7	11.4	11.4
Gemalt, musiziert, gebastelt	10.1	14.6	6.9	10.1	14.7
Handarbeiten gemacht	12.8	13.5	14.0	10.6	9.2
Bücher gelesen	40.3	34.4	41.6	46.0	14.0
Regelmäßig Kreuzworträtsel gelöst	22.6	16.0	23.1	29.1	4.1
Regelmäßig Zeitung gelesen	65.2	52.1	68.1	76.1	25.4
Regelmäßig Zeitschriften gelesen	51.8	45.7	51.2	60.6	20.9
Sich politisch engagiert	3.8	7.0	3.5	4.7	0.3
Kirchliche oder karitative Veranstaltungen besucht	17.8	23.2	18.4	15.6	10.8
Seniorenclub besucht	7.3	8.0	9.3	6.1	3.2
Club für Behinderte besucht	3.2	8.2	0.7	3.3	7.0
An Selbsthilfegruppen beteiligt	3.8	2.1	1.8	6.5	4.7
An Weiterbildung teilgenommen	1.5	0.9	1.3	1.9	–
Geselliges Beisammensein	29.3	30.8	30.1	32.3	14.8
Kurzbesuche abgestattet	40.5	45.9	38.8	41.8	28.1
Kurzbesuche empfangen	66.6	59.0	71.5	71.1	47.1
Café oder Restaurant besucht	19.4	17.9	16.3	23.9	12.9
Reisen, Ausflüge gemacht	11.9	15.8	9.7	14.4	6.5
Längere Besuche gemacht	12.8	18.4	6.9	11.5	14.8
Familienmitgliedern, Freunden geholfen	11.3	12.1	9.1	13.1	4.7
Probleme anderer besprochen	31.6	28.3	33.1	39.5	10.6
Hilfsdienste für andere	6.1	5.3	6.9	8.7	0.5
Weiß nicht	2.5	2.4	2.9	1.2	5.5

Abb. 4: Hilfebedürftige Behinderte in privaten Haushalten nach Behinderungsarten und sozialen Kontakten (Spaltenprozente: Nur Personen ab 16 Jahren)
Quelle: Schriftenreihe des Bundesministeriums für Familie und Senioren, Bd. 20.3, Stuttgart 1994

	Gesamt	Behinderungsarten			
		Sehen/ Sprechen/ Hören	Funktionsstörungen innerer Organe	Lähmung/ fehlende Gliedmaßen/ Muskelerkr.	Geistige Behinderung/ Geistiger Abbau
Basis: hochger. i. Tsd. **Soziale Kontakte** (mindestens einmal wöchentlich):	1780	173	606	503	267
Familie insgesamt	85.3	86.4	80.4	87.4	92.6
Ehepartner	47.4	44.1	42.6	57.8	35.1
Eltern	13.4	19.6	2.9	11.4	38.5
Kinder	52.1	48.4	56.0	54.0	42.3
Schwiegersohn/-tochter	29.5	21.2	33.8	30.8	29.7
Enkel	24.9	17.4	26.4	29.3	22.6
Sonstige	25.8	29.3	19.1	24.5	42.4
Freunde, Bekannte	48.0	46.5	47.0	51.4	41.8

Behinderungsbedingte Verhaltensdefizite lassen sich in zwei groben Dimensionen zusammenfassen:
- Bewegungseinschränkungen/Mobilitätseinschränkungen und
- Kommunikationseinschränkungen.

2.2 Bewegungs- und Mobilitätseinschränkungen

Mit Bewegungseinschränkungen sind körperbezogene Einschränkungen im engeren Sinn gemeint. Die Fähigkeit zu harmonischen Bewegungen und Bewegungsabläufen ist beeinträchtigt und bleibt nicht ohne Folgen für den behinderten Menschen. Schon die kleinen Dinge, wie beispielsweise das Zuziehen des Reißverschlusses einer Jeans oder das tägliche Öffnen des Briefkastens, können für Mobilitätsbehinderte ein erhebliches Problem darstellen. Viele Freizeitbeschäftigungen setzen aber ein Mindestmaß an solchen Bewegungs- und Bewegungssteuerungskompetenzen schlichtweg voraus. Für Behinderte erübrigen sich in der vorschnellen Beurteilung Nichtbehinderter schon von daher eine Vielzahl an Freizeitbetätigungsmöglichkeiten. Ein körperbehinderter Junge mit einer Tetraplegie und ausgeprägten Ataxie wird es schwer haben, seine Eltern und vor allen Dingen einen Freizeitverein davon zu überzeugen, daß das Bogenschießen für ihn die richtige Freizeitbeschäftigung ist. Bei Freizeitaktivitäten, die üblicherweise nur von Nichtbehinderten praktiziert werden, sind enorme Vorarbeiten und Hilfen erforderlich, wenn sie trotzdem umgesetzt werden sollen.

Die motorischen Bewegungsfähigkeiten eines Behinderten bestimmen seinen Tages-, Wochen-, Jahres- und Lebensrhythmus und damit auch seine räumliche Mobilität. Ein körperbehinderter junger Mann, der nachts von technischen Geräten assistiert beatmet werden muß, tut sich natürlich schwer mit spontaner Freizeitgestaltung. Er ist an das Haus gebunden, muß sich auf medizinische Geräte und qualifizierte Helfer verlassen können. Zur Überwindung von Raum und Zeit, z.B. bei Reisen in den Urlaub, ist ein hohes Maß an überlegter Planung, Organisation und Aufwand nötig. Das soziale Versorgungsnetz, bauliche Barrieren, die Wohn- und Lebensverhältnisse, die persönliche Einstellung und die Ausdauer, jeden Tag neue Anstrengungen zu bewältigen, haben entscheidenden Einfluß auf ein erfülltes Freizeitleben.

Erfahrungsberichte einzelner Menschen mit Behinderungen verdeutlichen, daß es durchaus Möglichkeiten gibt, Mobilitätswünsche für die Gestaltung des Urlaubs und des täglichen Alltags außerhalb des Hauses (z.B. Einkaufen in der Stadt, Bummeln, Freunde besuchen, Clubs, Kneipen, Kino, Theater, Ausflüge) zu realisieren. Damit Mobilitätsbehinderte ihre Wünsche auch tatsächlich umsetzen können, müssen sie hinreichend über die spezifischen Probleme in der Realität und ihre Überwindung informiert sein. Die Erfahrungsberichte Behinderter zeigen, welche Schwierigkeiten es dabei gibt und lassen erkennen, daß Menschen mit Behinderungen ihre Freizeitbedürfnisse nicht in dem Umfang wie Nichtbehinderte befriedigen können bzw. angefangene Freizeitaktivitäten früher einstellen oder einschränken müssen. Bewegungs- und Mobilitätseinschränkungen wirken sich also sicher erschwerend auf das Freizeitverhalten aus. Ihnen umfassend gerecht zu werden ist schwierig und vom Einzelfall abhängig.

Fest steht, daß sich der Bedarf an personellen Assistenzen und materiellen Hilfen mit dem Grad der Bewegungs- und Mobilitätseinschränkungen erhöht. Solche Abhängigkeiten beeinflussen in nicht unwesentlichem Ausmaß den Grad an freier Verfügbarkeit über Zeit und entsprechende Wahl-, Entscheidungs- und Handlungsfreiheiten im Lebensbereich Freizeit. Bewegungs- und Mobilitätseinschränkungen bestimmen deshalb wie kaum eine andere Gegebenheit im Kontext von Behinderung das Freizeitverhalten (vgl. TEWS 1976). Bei der Bewertung gilt es allerdings zu berücksichtigen, daß auch Behinderte viele Aktivitäten aus anderen als behinderungsspezifischen Gründen sowieso nicht machen würden, so wie Nichtbehinderte auch. Andererseits gibt es Menschen mit schwersten Bewegungs- und Mobilitätseinschränkungen, die sich von ihrem Wunsch nach Bewegung und Sport nicht abbringen lassen und nach entsprechenden Lösungen suchen. So wurde beispielsweise eine Elektro-Rollstuhlhockey-Liga gegründet, in der auf beeindruckende Art und Weise dieser Mannschaftssportart nachgegangen wird. Von Menschen, die früher nichtbehindert waren und z.B. durch einen Unfall querschnittsgelähmt wurden wissen wir, daß sie trotz der Bewegungs- und Mobilitätseinschränkung ihr Freizeitverhalten auch nach dem Unfall aufrechterhalten und fortsetzen konnten. Heute gibt es eine Vielfalt an traditionellen, aber auch modifizierten innovativen Sportarten wie Tauchen, Rollstuhlmarathon, Drachenfliegen, Segeln, Surfen, Rennsport, Segelfliegen etc., die dank der rasanten Entwicklungen auf dem Markt der Rehabilitationshilfen von bewegungs- und mobilitätsbeeinträchtigten Behinderten ausgeübt werden können (vgl. hierzu auch die Beiträge von BRAND/RIEHL und MOCH in Teil III dieses Bandes).

2.3 Kommunikationseinschränkungen

Der Begriff Kommunikation bezeichnet »das gegenseitige Auslösen von koordinierten Verhaltensweisen unter Mitgliedern einer sozialen Einheit« (MATURANA/VARELA 1987, 210). Für den Menschen als soziales Wesen hat nach SPECK (1993, 113 f.) Kommunikation eine entscheidende Bedeutung: »Durch Kommunikation wird der umfassendere Prozeß der sozialen Interaktion, das wechselseitig aufeinander bezogene Handeln von Individuen ermöglicht, in Gang gesetzt und beeinflußt«. Kommunikation, als eine existentiell fundamentale Form des Miteinander-in-Beziehung-Tretens, beinhaltet neben laut- und schriftsprachlichen Kommunikationsformen auch den komplexen Bereich nonverbaler und nonsymbolischer Formen. Bei Menschen mit Behinderungen lassen sich unterschiedlich stark ausgeprägte Formen von Kommunikationsproblemen ausmachen. Bei sensorisch Behinderten wie Blinden, Sehbehinderten, Gehörlosen und Schwerhörigen sind sie uns einsichtiger als bei Menschen mit Sprachbehinderungen, kognitiven Beeinträchtigungen und schwermehrfachen Behinderungen. In der Schriftenreihe des BUNDESMINISTERIUMS FÜR JUGEND, FAMILIE UND GESUNDHEIT (1976, 46) führt der Bearbeiter TEWS Sprechen, Hören und Sehen als primäre Kommunikationsfähigkeiten an, deren teilweises oder vollständiges Fehlen die Wahrnehmung, das Denken, Fühlen und Handeln des Menschen als solitäres wie soziales Wesen beeinflußt.

Mit Blick auf Menschen mit geistigen und schwerstmehrfachen Behinderungen sei darauf verwiesen, daß das Netz der Kommunikationskanäle weitaus komplexer ist als meistens angenommen wird. Wir können heute davon ausgehen, daß ein breites Spektrum von Kommunikationskanälen existiert, die voneinander abhängig sind und sich wechselseitig bedingen. In jedem der Kommunikationskanäle können vom Subjekt qualitativ unterschiedlich ausgeprägte Kommunikationsfähigkeiten entwickelt werden. Die Qualität der Kommunikation und die Fähigkeit, Kommunikationskanäle vernetzt anzuwenden, wird maßgeblich von Art und Ausprägung einer Behinderung mitbestimmt. Kommt es aufgrund einer Behinderung zu keiner bzw. zu einer eingeschränkten Entfaltung eines oder mehrerer Kommunikationskanäle, z.B. zu keiner aktiven Sprache, werden verstärkt andere Kommunikationskanäle entfaltet, die auf dem Wege der Selbstorganisation in kompensatorischer Absicht Funktionen anderer, nicht aktiv zur Verfügung stehender Kommunikationskanäle übernehmen (vgl. hierzu RÖDLER 1993, 125–178). An die Stelle des sprachlichen Dialogs tritt z.B. für Schwerstbehinderte der somatische Dialog (vgl. FRÖHLICH 1982), für Gehörlose der Dialog mit Gebärden.

FRÖHLICH (1990, 13 f.) beschreibt für den Personenkreis der Menschen mit schwerstmehrfachen Behinderungen sieben dialogische Kommunikationsformen: visuelle, taktile, vibratorische, geruchliche, geschmackliche, thermische und somatische Kommunikation. Ein weit gefaßter Kommunikationsbegriff, wie er von den pragmatischen Kommunikationswissenschaftlern entwickelt wurde (vgl. z.B. WATZLAWICK/BEAVIN/JACKSON 1985) setzt deshalb »Kommunikation« mit »Verhalten« gleich. Das Verhalten von Menschen mit Behinderungen bleibt uns manchmal, wie im Falle von selbstverletzenden Verhaltensweisen (vgl. MARKOWETZ 1989; 1996) höchst unverständlich. Es ist für uns »schwer lesbar«. Die Folgen solcher Normabweichungen sind Mißverständnisse, Fehlinterpretationen, unangemessene soziale Reaktionen, Rückzug in die eigene Bezugsgruppe, Isolationstendenzen und Desintegration. Ferner hängt die intrapersonale und die interpersonalinteraktive Kommunikation von einem Konglomerat aus psychischen, sozialen und ökologischen Bedingungen ab.

Beeinträchtigungen im kommunikativen Bereich haben deutliche Auswirkungen auf das Freizeitverhalten, weil sie sensorische Abhängigkeiten auf individueller wie gesellschaftlicher Ebene bewirken. Wenn basale Grundfertigkeiten und Fähigkeiten fehlen, die zur »sachlogischen« Ausübung einer Freizeitbeschäftigung vorausgesetzt werden, kann diese zwar entwicklungslogisch, nicht aber in vollem Umfang ausgeschöpft werden. Technische und rehabilitative Hilfsmittel sowie personelle Hilfen erleichtern einem Großteil der Behinderten heute den Zugang zu einem bislang nicht behindertengerechten Freizeitmarkt. Durch sie können auch Behinderte in den Genuß vieler Freizeitbetätigungsmöglichkeiten kommen und Defizite beachtenswert gut kompensieren. Die technischen und medizinischen Revolutionen begünstigen diesen Prozeß. So können Gehörlose mit Hilfe eines Cochlear Implantats (vgl. HOTH 1994) oder Schwerhörige mit Hilfe hochsensibler, kleiner und kosmetisch perfekter Hörapparate wieder an der hörenden Welt teilnehmen, körperbehinderte Rollstuhlfahrer mit ihrem »handbike« Radsport betreiben, selbst Chauffeur eines Kraftfahrzeuges sein, Querschnittsgelähmte per computergesteuerten Apparaturen in einer Art »Exoskelett« sogar wieder aufrecht gehen, Sehbehinderte und einige Blinde mit Hilfe von Spezial-Brillen ihre Sehbehinderung bzw. Blindheit überwinden oder Stumme, wie BIRGER SELLIN (1993) durch unterstützte Kommunikation »Botschaften aus einem autistischen Kerker« verschriftlichen. Es gibt aber auch Beispiele dafür, daß Entwicklungen zur Überwindung von behinderungsbedingten Nachteilen mit dem Standard einer »mikroprozessorengesteuerten High-Tech-Welt« nicht Schritt halten. So könnten Gehörlose dann gleichberechtigt und selbstbestimmt fernsehen, wenn die auditiven Anteile der Fernsehbeiträge statt im »dolby-surround-system« simultan in die Gebärdensprache übersetzt und in das laufende Bild eingeblendet werden würden.

Medizinische und technische Innovationen helfen, sensorische Defizite zu überwinden. Ob Behinderte dadurch Anschluß an soziale Gruppen bekommen, ist nicht erwiesen. Für die sozialen Formen der Kommunikation in Familie, Freizeit, Schule und Beruf gibt es keine rein technisch-apparativen Lösungen. Hier müssen die »Barrieren in den Köpfen« überwunden werden. Der Grad der sozialen Abhängigkeit steigt jedenfalls mit den Kommunikationseinschränkungen. Mobilitätseinschränkungen können zu Kommunikationseinschränkungen führen. Kommunikationseinschränkungen wiederum, die soziale Kontakte erschweren und verhindern, lähmen die Mobilitätswünsche und Kommunikationswünsche behinderter Menschen. Das Freizeitproblem von Menschen mit Behinderungen kann also nur entschärft werden, wenn wir nicht ausschließlich rein mechanisch Bewegungs- und Kommunikationseinschränkungen abbauen, sondern in angemessener sozialintegrativer Weise verstärkt auf die Mobilitäts- und Kommunikationswünsche behinderter Menschen reagieren. Dazu müssen wir die vielfältigen Realisierungsmöglichkeiten nutzen oder neue schaffen und Abstand nehmen von einer Orientierung an fiktiven quantitativen wie qualitativen Normen des Freizeitverhaltens.

3. Freizeitumfang und Freizeitbudget von Kindern und Jugendlichen mit Behinderungen

Aufgrund der Behinderung ergeben sich für behinderte Menschen im schulpflichtigen Alter bisweilen erhebliche Abweichungen der Determinations-, Obligations- und Dispositionszeit. Im Bereich der Determinationszeit können die Zeitaufwendungen für physiologische und körperhygienische Grundbedürfnisse (nächtlicher Schlaf, Ruhezeiten am Tag, Anziehen, Ausziehen, Umziehen, Toilettengang, Nahrungsaufnahme, Waschen, Duschen, Rasieren, Schminken, Fortbewegung etc.) und gesundheitserhaltende wie rehabilitative Maßnahmen (Fördermaßnahmen, Therapien, regelmäßige Arztbesuche, Klinikaufenthalte, notwendige Kuren etc.) einen beachtlichen Umfang annehmen. Der Grad der Selbständigkeit bzw. des Angewiesenseins auf die Hilfe von anderen spielt hierbei eine große Rolle. Nicht immer stehen sofort Helfer zur Disposition, die eine schnelle und reibungslose Assistenz gewähren.

3.1 Sonderschulbesuch und Freizeit

Der Besuch von Sonderschulen ist für Behinderte Pflicht. Sonderschulen sind als Ganztagesbetrieb organisiert. Behinderte, die eine Sonderschule besuchen, sind von diesen Verhältnissen abhängig und zeitlich gebunden. Die Zeitaufwendungen für die Wege von und zur Schule, einschließlich der Leer- und Wartezeiten, die durch den Sammeltransport der Schulbusunternehmen entstehen, ebenso wie die mit Schule zusammenhängenden obligatorischen Tätigkeiten (Unterrichtspausen, festgelegte Mittagspause, organisierte außerunterrichtliche Schüleraktivitäten etc.), unterscheiden sich bisweilen erheblich von denen an Regelschulen. Der Schulbetrieb selbst ist zeitlich wie inhaltlich gut durchstrukturiert. Eltern behinderter Kinder wissen deshalb die familienentlastende Wirkung durch die Sonderschule zu schätzen. Der Besuch einer Sonderschule ist einerseits mit einem Verlust an freier Zeit (Dispositionszeit) verbunden, andererseits sind Sonderschulen gut mit Spiel-, Lern- und Arbeitsmaterialien ausgestattet und verfügen über eine Vielzahl an »Fachräumen«, Spielplätzen, Sportstätten, Schwimm- und Bewegungsbädern, Disco-, Snoezel- und Werkräumen etc. Zudem warten sie mit einer Vielzahl an attraktiven Freizeitangeboten auf und gewähren durchaus Freiräume für zwanglose Muße und spielerische und zielgerichtete Beschäftigungen allein, zu zweit, in der Klein- oder Großgruppe.

Eine große Rolle spielt dabei die Frage nach dem Grad an freier Verfügbarkeit über Zeit und entsprechender Wahl-, Entscheidungs- und Handlungsfreiheit, also dem Grad der Selbst- statt Fremdbestimmung. In vielerlei Hinsicht kompensieren die Sonderschulen mit ihren schulischen Freizeitangeboten die Freizeitdefizite und –benachteiligungen, wie sie sich für behinderte Kinder und Jugendliche zuhause im Lebens- und Wohnumfeld zwar nicht zwangsläufig, aber doch häufig, ergeben. Problematisch ist die »Entfremdung zur natürlichen Umgebung«, die sich durch diese hohe Affinität hin zum Besonderen ergibt. Die Freizeit, wie sie behinderte Schüler/-innen an Sonderschulen erleben, erweist sich einerseits als sehr vorteilhaft und andererseits als »Scheinfreizeit«. Mit NAHRSTEDT (1972, 60) sehe ich die Freizeit für schulpflichtige Behinderte vor allem durch zwei Momente bestimmt. Freizeit ist erstens die größtmögliche individuelle Freiheit in einer Zeit, die quantitativ von der Schulzeit abgegrenzt ist und die zweitens in eigenen Freizeiträumen, also nicht in der Schule stattfindet. Nicht zuletzt deshalb fordert NIRJE (1994), der das »Normalisierungsprinzip« in acht Punkten konkretisiert hat, bereits an zweiter Stelle eine klare Trennung von «Arbeit-Freizeit-Wohnen« (vgl. THIMM 1994, 38 f.).

Von großer Bedeutung ist die Freitzeiterziehung. Bereits in vorschulischen Einrichtungen, spätestens aber mit Eintritt in eine Sonderschule werden behinderten Kindern und Jugendlichen vielfältige Freizeitangebote gemacht. Die Palette reicht von sportlich-bewegungsorientierten, musisch-kreativen Angeboten bis hin zu erlebnisreichen Landheimaufenthalten. Dabei erhalten die behinderten Kinder und Jugendlichen wertvolle Impulse für Freizeitbeschäftigungen und erwerben jene Kompetenzen, die sie für die Ausübung ihrer Freizeitinteressen und Befriedigung ihrer Freizeitbedürfnisse in der Schule, in der Familie und außerhalb der Familie benötigen. Freizeitpädagogische Ziele (Freizeiterziehung, Freizeittechniken, Freizeitlernen) lassen sich deshalb in den Bildungsplänen der Schulen für Behinderte finden (vgl. z.B. ZIELNIOK 1980 und 1990b).

3.2 Empirische Ergebnisse

In einer exemplarischen und sicher nicht repräsentativen Befragung hat GERSTMAYER (1995) die Freizeitbedürfnisse und das Freizeitverhalten von 112 schulpflichtigen Kindern und Jugendlichen im Alter von 11 bis 16 Jahren, die die Förderschule, die Hauptschule, die Realschule und das Gymnasium einer baden-württembergischen Kleinstadt mit überwiegend ländlichem Umfeld besuchten, erfaßt und miteinander verglichen. Abbildung 5 zeigt die Prozentwerte für das, was die Schüler/-innen unter Freizeit verstehen. Trotz einiger Unterschiede im Freizeitverhalten wird deutlich, daß Lernbehinderten zu Unrecht eine nur rezeptive Konsumhaltung unterstellt wird, sondern daß sie durchaus kreativen Freizeitbeschäftigungen und kulturell wie kognitiv hoch eingeschätzten Beschäftigungen nachgehen.

WOCKEN (1982) kam bei seinen Untersuchungen zum Freizeitverhalten und den Freizeitinteressen von 515 Schülern aus einem 9. Schuljahr aus 30 Klassen an Haupt- und Sonderschulen, sowie an Halb- und Ganztagsschulen zu dem Ergebnis, daß die Rahmenbedingungen des Freizeitverhaltens von Haupt- und Sonderschülern nicht erheblich verschieden sind. In der zusammenfassenden Beurteilung seiner Befragung hält WOCKEN fest: Hauptschüler und Schüler an Lernbehindertenschulen haben etwa gleich viel Taschengeld, gleich viel freie Zeit und müssen abends zur gleichen Stunde zu Hause sein. Weit über die Hälfte ihrer Freizeit verbringen beide Schülergruppen vor dem Fernseher. Sportliche Betätigungen, Unterhaltung, Vergnügen und Erholung sowie heterosoziale Kontakte als Handlungs- und Erlebnisfelder nehmen bei der Bewertung nur mittlere Rangplätze ein. Freizeitangebote mit edukativem und bildendem Anspruch in sozialen Gruppierungen werden seltener genutzt. Die geäußerten Freizeitinteressen stimmen mit den tatsächlich praktizierten Freizeitaktivitäten weitgehend überein. Die Sonderschüler pflegen allerdings einen weniger differenzierten Freizeitstil. Ihren Selbstgestaltungstendenzen mangelt es an Variabilität, Ausgeglichenheit und stetiger Dynamik. Das Freizeitverhalten der Lernbehinderten schwankt tendenziell zwischen Apathie und Aktionismus. Um die Chancen und Möglichkeiten zur »sozialen Teilhabe« an Freizeitaktivitäten ist es für Sonderschüler schlechter bestellt. Sie haben weniger gesellige Kontakte mit altersgleichen Jugendlichen, nehmen weniger an den Aktivitäten, die von formellen Gruppen und Vereinigungen angeboten werden teil und bleiben häufiger zuhause. Damit reagieren die Sonderschüler einerseits resignativ auf ihre Erfahrungen, nur wenig an ihrer Situation verändern zu können, andererseits auf die Angst vor Öffentlichkeit, die ihnen in stigmatisierender Art und Weise allgegenwärtig ist (ebd., 241–244). In der Untersuchung kommt ferner zum Ausdruck, daß die ganztägige Beschulung keinen Einfluß auf die Freizeitaktivitäten und -präferenzen ausübt. Insgesamt bilanziert aber auch WOCKEN: »Ungeachtet der zahlreichen Abweichungen sind die Gemeinsamkeiten im Freizeitstil von Haupt- und Sonderschülern größer und bedeutsamer als die Unterschiede« (ebd., 144).

Abb. 5: Freizeitverständnis und Bedeutung verschiedener Freizeitaktivitäten von Schülern verschiedener Schularten (vgl. GERSTMAYER 1995, 60)
(Σ = 112; davon 52 weiblich und 60 männlich; Nennungen in Prozent)

	Förderschule Σ=30 (12w/18m)	Hauptschule Σ=29(12w/17m)	Realschule Σ=23 (12w/11m)	Gymnasium Σ=30 (16w/14m)
Erholung	46,67%	65,52%	78,26%	76,67%
Treffen mit Freunden	70,00%	89,66%	86,96%	86,67%
Sport treiben	66,67%	58,62%	60,87%	70,00%
im Verein aktiv sein	33,33%	37,93%	47,83%	50,00%
Fernsehen Videokonsum	46,67%	48,28%	39,13%	50,00%
Kassetten/CD's hören	56,67%	72,41%	73,91%	70,00%
Computer	26,67%	27,59%	26,09%	26,67%
Game boy spielen	20,00%	27,59%	13,04%	6,67%
Spielautomaten	3,33%	3,45%	0,00%	0,00%
Lesen	70,00%	37,93%	47,83%	73,33%
Geld ausgeben	36,67%	27,59%	8,70%	6,67%
Kreativ sein	16,67%	6,90%	26,09%	30,00%
Hausaufgaben Klassenarbeiten	66,67%	44,83%	39,13%	40,00%
im Haushalt helfen	60,00%	17,24%	34,78%	20,00%
Langeweile/ Herumhängen	23,33%	27,59%	13,04%	16,67%

BACHMANN (1981) berichtet ausführlich über die Ergebnisse einer empirischen Studie zum Freizeitverhalten insbesondere lernbehinderter Schüler und faßt zusammen:
- »Die Freizeitinteressen von Schülern und Jugendlichen werden nicht unmaßgeblich determiniert vom Lebensalter, Geschlecht, Regionalfaktor, Wohnfaktor, Zeitfaktor, Behinderungsfaktor, vom Angebot wie von der Schulzugehörigkeit« (ebd., 127).
- Obwohl sich die Freizeitinteressen lernbehinderter Schüler überwiegend im kommerziellen Bereich bewegen, sind noch genügend Aktivitäten implizit kreativen Verhal-

tens ausgewiesen worden, so daß die eingangs formulierte Hypothese »Lernbehinderte Schüler (Sonderschüler) haben mehr rezeptive als kreative Freizeitinteressen« (ebd., 130) zu falsifizieren ist.
- »Die Freizeitinteressen von lernbehinderten Schülern korrelieren nicht mit denen anderer Schüler bezüglich des Lebensalters« (ebd., 130). Es wurde offenkundig, daß es deutliche Unterschiede im Anspruchsniveau der jeweiligen Freizeitinteressen gibt. Nichtbehinderte geben Freizeitaktivitäten wie Basketball, Tischtennis, Minigolf, Schwimmen, Werken, Instrument spielen, Kartenspielen, Lesen von Büchern, Hören von Kassetten nicht nur den Vorzug, sondern verbinden damit den qualitativen Wunsch nach Lernerfolg, Lernzuwachs und -fortschritten.
- Unbeantwortet bleibt die Frage, ob das Freizeitangebot innerhalb der Schulen, speziell in der Schule für Lernbehinderte, den Interessen der Schüler entspricht (vgl. ebd., 131).

Für Menschen mit einer geistigen Behinderung legt POHL (1982, 53) eine Liste mit Freizeittätigkeiten in folgender Reihenfolge vor:
1. Fernsehen
2. Musik hören
3. Spielen, und zwar allein mit Puzzles, Steckspielen, Puppen usw.
4. Ausflüge machen und spazierengehen
5. Arbeiten im Haus
6. Bilder betrachten in Büchern, Illustrierten und Katalogen
7. Teilnahme an Freizeitangeboten
8. Bilder ausschneiden und sammeln
9. Spiele mit anderen (Gesellschaftspiele, Ballspiele usw.)
10. Fußballspielen
11. Fahrradfahren
12. Zeichnen und Abschreiben
13. Mit Tieren spielen
14. Tanzen
15. Kaffeetrinken und unterhalten
16. Die Umwelt beobachten
17. Handarbeiten
18. Schwimmen, Gymnastik
19. Allein spielen
20. Stereotype Handlungen.

Es wird deutlich, daß Geistigbehinderte prinzipiell gleichen Freizeitaktivitäten nachgehen, sich aber entsprechend ihren individuellen Möglichkeiten und Fähigkeiten sowie ihren Handlungskompetenzen mit dem Gegenstand Freizeit auseinandersetzen. Sie stellen mitunter deutlich geringere Ansprüche an das Angebotsniveau und wenden sich in oft spielerischer Absicht den Dingen zu. Weil »Freizeitinteressen und Freizeitverhalten zu einem sehr hohen Prozentsatz in den ersten zwei Lebensjahrzehnten grundgelegt oder zumindest wesentlich ausgebildet werden« (KERKHOFF 1982, 9), spielt die Freizeiterziehung von geistig behinderten Menschen in Familie, Kindergarten und Schule eine zentrale Rolle.

4. Freizeitangebote für Menschen mit Behinderungen

4.1 Familiäres und außerfamiliäres Freizeitverhalten

Etwa zwei Drittel unserer gesamten Zeit verwenden wir für Freizeitaktivitäten in der Familie und im häuslichen Umfeld (vgl. BUNDESMINISTERIUM FÜR JUGEND, FAMILIE UND GESUNDHEIT 1976, 79). Außerhäusliches Freizeitverhalten bedeutet nicht notwendigerweise eine Trennung von der Familie. Viele Freizeitaktivitäten, die außer Haus durchgeführt werden, setzen die Zugänglichkeit und das Vorhandensein von Freizeitangeboten in entsprechenden Freizeiteinrichtungen voraus und sind nicht selten eine sinnvolle, oft altersangemessene und entwicklungslogische Fortsetzung des familiären Freizeitverhaltens. Der häusliche und der wohnortnahe Bereich sowie die familiäre Situation spielen demnach für das Freizeitverhalten eine große Rolle. Für Menschen, deren Bewegung, Mobilität oder Kommunikation infolge einer Behinderung eingeschränkt ist und die dauerhaft auf die Hilfe anderer Personen angewiesen sind, hat die Familie ein noch größeres Gewicht. Die Familie hat eine kompensatorische und entlastende Funktion. Nicht selten spielt sich ein großer Teil der Freizeit behinderter Kinder und Jugendlicher in der Wohnung der Eltern bzw. im unmittelbaren häuslichen Umfeld ab. Behinderungsbedingte Schwierigkeiten, auf die man üblicherweise bei der Ausübung von Freizeitaktivitäten außer Haus stößt, sind in der gewohnten häuslichen Umgebung individuell und für alle Beteiligten befriedigend zu lösen.

Das Freizeitverhalten behinderter Kinder hängt von folgenden Faktoren ab:
- Von den Ressourcen der Eltern, die sie neben Pflege, Betreuung, Versorgung und Assistenz für gemeinsame Freizeitgestaltung (z.B. Karten- und Gesellschaftsspiele, Ausübung von Hobbys etc.) aufwenden können.
- Von dem, was die Eltern zuhause dauerhaft arrangiert und an rehabilitativen Hilfsmitteln akquiriert und angeschafft haben, damit das behinderte Kind ohne größeren Aufwand allein und maximal selbständig seine Freizeit (Handarbeiten, Fernsehen, Musik hören, entspannen etc.) gestalten und als Kontinuum erfahren kann.
- Von den Freizeitinteressen und Gewohnheiten der Eltern selbst.
- Davon, was Eltern, Verwandte und Freunde als Freizeitpartner zusätzlich an gelegentlichen Freizeitbeschäftigungen anbieten und möglich machen können (z.B. Ausflüge, Schlittenfahren, Minigolf spielen, Konzerte und Sportveranstaltungen besuchen).
- Von den Freizeitangeboten, die von »außen« organisiert, betreut und verantwortet werden, in Form von kontinuierlichen Angeboten oder Einzelveranstaltungen, die außerhalb des Wohnbereichs stattfinden und allgemein Behinderten zur Nutzung offen stehen (Freizeitclub, Behindertensportgruppen, Integration in Patenfamilien, Jugendgruppen, Vereine und Kirchengemeinden, Volkshochschulkurse für Behinderte, Ausflüge, Feste, Discothek, Wettspiele, Kino- und Theaterbesuch, Besuch von Sportveranstaltungen, Tagesfahrten, Stadtranderholung, Ferienlager und Reisen für Behinderte, Begegnungsfreizeiten mit Nichtbehinderten). Solche Angebote »sind hoch willkommen, aber sie unterbrechen in den meisten Fällen nur für kurze Zeit die langen Stunden, die im häuslichen Bereich als ›freie‹ Zeit verbracht wird« (vgl. SCHMIDT-THIMME 1990, 33ff.).

OPASCHOWSKI (1994b, 935) verweist darauf, daß Impulse für neue Freizeitbeschäftigungen zu 44% von Freunden und zu 35% von der Familie ausgehen. Umgekehrt verändern die Bedürfnisse eines behinderten Kindes sicherlich auch das Freizeitverhalten der Eltern. Allgemein spielen die sozio-ökonomischen Verhältnisse eine wichtige Rolle, ebenso der Mangel an gleichaltrigen und vor allen Dingen nichtbehinderten Freunden als verläßliche Freizeitpartner.

Die Eltern stellen häufig eine »behindertengerechte« und oft von Experten empfohlene Palette an Freizeitangeboten zur Verfügung. Solche Angebote können leider immer weniger gegen den Medienkonsum konkurrieren. Eltern behinderter Kinder geben dem Druck bisweilen leichter nach als Eltern nichtbehinderter Kinder. Sie stellen fest, daß die Medien eine angenehme und besonders leicht zugängliche moderne Form von »Babysitting« darstellen, die ihnen wichtige Freiräume für die Befriedigung eigener Bedürfnisse verschafft. Der Medienkonsum (Fernsehen, Kabel-TV, Video, Radio, Walkman, Discman, Gameboy, Computerspiele) nimmt für behinderte wie nichtbehinderte Kinder und Jugendliche eine herausragende Stellung unter den Freizeitaktivitäten ein. Behinderte Kinder unterliegen in gleichem Umfang wie nichtbehinderte der Faszination, die von den »neuen Medien« ausgeht. Die leichte Erreichbarkeit und der Bedienungskomfort kommt Behinderten entgegen und steht in einem krassen Mißverhältnis zu vielen anderen, sicher sinnvoller bewerteten Freizeitbeschäftigungen (z.B. sich sportlich betätigen, anspruchsvollen Hobbys nachgehen, Lesen, Freunde besuchen, gemeinsam mit anderen etwas unternehmen, öffentliche Veranstaltungen besuchen), die Zeit, Geduld und manchmal die Hilfe anderer sowie eine generelle Teilhabemöglichkeit voraussetzen. Als »ichbezogene Aktivität« (vgl. BUNDESMINISTERIUM FÜR JUGEND, FAMILIE UND GESUNDHEIT 1976, 87) stellt der Mediengenuß eine »familienentlastende« Beschäftigung dar, die jahreszeitlich bedingt andere Freizeitbedürfnisse gut zu ersetzen, ja sogar zu verdrängen vermag. Aufgrund solcher Entwicklungen beklagen Kritiker den Verlust sozialer Kontakte und den Rückgang des Umfangs sozialer Aktivitäten und verweisen auf den folgenreichen Verlust von Primärerfahrungen (vgl. z.B. BASTIAN/GUDJONS 1991, 8; GUDJONS 1989, 11–17; v. HENTIG 1984), die für eine handlungs- und erlebnisorientierte Aneignung von Realität vorausgesetzt werden.

An dieser Stelle bleibt festzuhalten, daß es falsch wäre, die neuen Medien ausschließlich mit negativen Etiketten wie z.B. anspruchslos, niveaulos, inhaltsleer, sinnentfremdend, nicht alters- und kindgerecht, verdummend, verführerisch, süchtig machend, schädlich, belastend, krank machend etc. in Verbindung zu bringen. Medien sind zu einem festen Bestandteil unserer Welt geworden, den wir unseren Kindern ohnehin nicht mehr vorenthalten können. Wenn sie, pädagogisch angeleitet, den sinnvollen Gebrauch und gezielten Umgang mit ihnen erlernen können, werden Skeptiker neidlos anerkennen müssen, daß solche modernen Hobbys durchaus allen Freizeitbedürfnissen (vgl. Abb. 2) angemessen und dazu noch auf qualitativ hohem Niveau nachzukommen vermögen.

Die skizzierten Entwicklungen sind allerdings keineswegs typisch für Behinderte. Behinderung allein kann deshalb nicht als dominanter Grund für ein grundlegend anderes familiäres und außerfamiliäres Freizeitverhalten angeführt werden. Behinderte folgen im gewissen Sinn dem allgemeinen Trend der Verschiebung weg von einem kollektiven Freizeitverhalten in Richtung einer höchst individualisierten, konsumorientierten Freizeitgestaltung. Behinderung ist lediglich ein Faktor mehr, der sich neben einer Vielzahl anderer Faktoren wie Sozialisationsbedingungen, Alter, Geschlecht, Lebens- und Wohnumfeldbedingungen, Jahreszeit, Freizeittrends, Modeströmungen, finanzielle Verhältnisse, schulische und berufliche Lage erschwerend auf die Freizeitsituation auswirken kann, aber nicht in jedem Fall muß. Auf die Abhängigkeit von Art und Schweregrad wurde bereits verwiesen. Ein Problem spielt dabei der permanente »heimliche« Vergleich des quantitativen wie qualitativen Freizeiterlebens zwischen Behinderten und Nichtbehinderten. Bisweilen wird Behinderten ein nur spielerischer Umgang mit Hobbys und Freizeit unterstellt und eine ernste Absicht vermißt. Die Summe solcher fragwürdigen Überlegungen mündet in der Feststellung eines »abweichenden Freizeitverhaltens«, das dann als »typisch für Behinderte« generalisiert und zugeschrieben wird. Es wurde gezeigt, daß diese Vorstellung nicht berechtigt ist.

Einen großen Teil ihrer freien Zeit verbringen behinderte Kinder und Jugendliche also im Kreise ihrer Familien, die damit vielschichtige und komplexe Anforderungen zu bewältigen haben (vgl. hierzu BRÄNDLE 1989; ENGELBERT 1989; FRÖHLICH 1986; GUSKI 1980; HACKENBERG 1983a,b; HINZE 1991,120–139; JELTSCH-SCHUDEL 1988; JONAS 1989; JONAS 1990a,b; KLAUSS 1988; SARIMSKI 1987; SCHATZ 1990; SEIFERT 1989; STEGIE 1988; THURMAIR 1990). Hier erweisen sich familienentlastende Dienste (vgl. SCHÄDLER 1991; THIMM 1991), Selbsthilfegruppen und Selbsthilfeverbände mit ihren vielseitigen Freizeitangeboten und Veranstaltungen als sehr hilfreich und unterstützend. Nicht selten sind sie auch Veranstalter von Familienfreizeiten, Wochenend- und Ferienfreizeiten sowie Urlaubsreisen. Allerdings ist nicht exakt bekannt, in welchem Ausmaß Behinderte von diesen Aktivitäten überhaupt erreicht werden. In den leider wenig wissenschaftlich abgefaßten Schriften über Ferienfreizeiten mit behinderten Teilnehmern wird überwiegend von positiven Erfahrungen berichtet (vgl. z.B. HERBST 1982; HOHBERG 1984). Die wissenschaftlich aufbereiteten Beiträge in Teil III dieses Bandes (z.B. von CLOERKES oder MOCH) kommen zum gleichen Ergebnis. Sie belegen, daß bei integrativen Ferien- und Freizeitmaßnahmen Behinderte wie Nichtbehinderte gleichermaßen Spaß an der Sache haben, ein beeindruckend zwangloser Umgang zwischen behinderten und nichtbehinderten Teilnehmer/-innen stattfindet, die gelebten Kontakte zur Abnahme sozialer Distanzen führen und positive Einstellungsänderungen bewirken.

Im außerschulischen Bereich gibt es neben den traditionellen eine ganze Reihe an innovativen Freizeitgestaltungsmöglichkeiten für Menschen mit den unterschiedlichsten Behinderungen (vgl. HOHBERG 1984; THEUNISSEN 1994). ZIELNIOK/SCHMIDT-THIMME (1990, 247–438) geben einen umfassenden Querschnitt durch das breite Spektrum der Freizeit- und Weiterbildungsmaßnahmen für geistig behinderte Menschen. Erfreulich ist auch die Existenz einer Vielzahl von örtlichen Selbsthilfeorganisationen, die teilweise autonom für sich arbeiten oder Behindertenverbänden angeschlossen bzw. untereinander vernetzt sind. Ob allerdings alle Behinderten von solchen Angeboten flächendeckend erreicht werden und darüber hinaus zufriedenstellend angetan sind, bleibt ungewiß. Neuerdings mehren sich die Stimmen von Eltern behinderter Kinder bzw. auch von selbstbewußt auftretenden behinderten Jugendlichen und Erwachsenen, die sich im Freizeitbereich mehr Kontakte und gemeinsame Freizeitangebote mit Nichtbehinderten wünschen und deshalb erhebliche Kritik an den Angeboten der Behindertenhilfe üben. Integrative Freizeitinitiativen sind wegen dieser Defizite entstanden und eröffnen vielfältige Perspektiven für die Zukunft. Ein Beitrag in Teil II dieses Sammelbandes dokumentiert hierzu beispielhaft die Konzeption von PFiFF e.V. in Ladenburg.

4.2 Freizeitsituation in Einrichtungen für Behinderte

Nicht alle Menschen mit Behinderungen sind auf eine längere stationäre Aufnahme in Einrichtungen für Behinderte angewiesen. Für blinde, sehbehinderte, gehörlose und schwerhörige Kinder ist mit dem Besuch einer Sonderschule in aller Regel eine Heimunterbringung verbunden. Verhaltensgestörte, erziehungshilfebedürftige Kinder mit Lernschwierigkeiten, die in Regelschulen auffällig wurden, sind oft teilstationär oder vollstationär in Einrichtungen der Kinder- und Jugendhilfe untergebracht. In den meisten Fällen besuchen sie dann eine Sonderschule, die dem Heim angegliedert ist. Schwerkranke Kinder und Kinder mit massiven psychischen Störungen und psychiatrischen Erkrankungen, die auf intensive medizinische Versorgung und professionelle Betreuung angewiesen sind, verbringen bis zur Genesung – oder sogar bis zu ihrem Tod – lange Zeit in Kliniken und Spezialkrankenhäusern. In solchen Einrichtungen ist sowohl ein Schulbetrieb organisiert als auch für die Freizeitgestaltung gesorgt. Geistig- und lernbehinderte sowie der größte Teil der körper- und sprachbehinderten Schüler und Schülerinnen hingegen können bei ihren Eltern wohnen bleiben, selbst wenn sie eine dezentral gelegene Sonderschule besuchen. Hierfür sind Fahrdienste mit behindertengerechten Schulbussen eingerichtet. Schwerer körperbehinderte, schwermehrfachbehinderte und geistig schwerbehinderte Schüler, die sowohl die Familie wie den Regelbetrieb in Sonderschulen dauerhaft erheblich belasten, sind auch in Rehabilitationseinrichtungen und dezentral gelegenen Großeinrichtungen für Behinderte untergebracht, die Sonderschulen in privater Trägerschaft unterhalten.

Die Form der Unterbringung wirkt sich in jedem der genannten Fälle auf das Erleben von Freizeit und das Freizeitverhalten behinderter Kinder und Jugendlicher aus. In der folgenden Abbildung habe ich versucht, mit Blick auf die Freizeitsituation, wie sie behinderte Kinder bei ihrer Unterbringung in stationären Einrichtungen antreffen, einige wichtige Vor- und Nachteile gegenüberzustellen (vgl. Abb. 6).

Vielen Sonderschulen sind Wohnheime angegliedert. Die subjektiven Erfahrungen, die die internierten Schüler und Schülerinnen mit Behinderungen im Lebensbereich Freizeit dort machen, lassen sich prinzipiell durchaus in mehr oder minder ausgeprägter Form auf einem Kontinuum zwischen den beiden oben genannten Polen Vorteile und Nachteile wiederfinden. Für die Situation Gehörloser und Schwerhöriger benennt LÖWE (1979) die Auswirkungen der Heimunterbringung; für blinde und hochgradig sehbehinderte Kinder und Jugendliche WALASCHEWSKI (1976). In Einrichtungen der Erziehungshilfe hat der Freizeitbereich seit jeher eine große Bedeutung. Lustbetonte, bewegungs-, handlungs- und erlebnisorientierte Freizeitangebote als vertrauensbildende Maßnahmen in Einrichtungen für Behinderte stärken das Selbstvertrauen, das Selbstbild und dienen dem Erwerb sozialer Kompetenzen. Sie übernehmen bisweilen therapeutische Funktionen und helfen, Verhaltensstörungen und Lernschwierigkeiten abzubauen und Entwicklungsdefizite auszugleichen. Ob und in welchem Umfang solche Maßnahmen insgesamt zur Freizeitmündigkeit und zu einem freizeitbewußten statt konsumgeleiteten Handeln führen, bleibt offen.

Eine relativ hohe Einigkeit besteht in der Einschätzung, daß bei Menschen mit schweren Behinderungen, mit einer geistigen Behinderung oder Mehrfachbehinderungen eine stationäre Unterbringung in Einrichtungen der Behindertenhilfe vorteilhaft für die Freizeitgestaltung ist. Die Hilfen zur Freizeitgestaltung und die organisierten Freizeitgestaltungsmöglichkeiten stellen eine insgesamt lebensqualitätsverbessernde Situation mit »sofortiger Wirkung« dar, selbst wenn bei kritischer Betrachtung gerade dadurch die Gesellschaft entlastet wird und sozialintegrative Maßnahmen sowie eine Aufwertung des Bildes Schwerstbehinderter in der Öffentlichkeit erschwert werden.

Abb. 6: Freizeitsituation in stationären Einrichtungen für Behinderte

Vorteile	Nachteile
• gute personelle, räumliche und materielle sowie finanzielle Möglichkeiten zur Freizeitgestaltung	• überwiegend interne Freizeitangebote
• vielfältige, leicht zugängliche und erreichbare Gestaltungsmöglichkeiten (individuelle, in Kleingruppen, kollektive, gruppenübergreifende Neigungsgruppen)	• eingeschränkte Nutzungsmöglichkeit externer, kommunaler Freizeitangebote
	• wenig Freizeitkontaktmöglichkeiten nach außen
	• »In-Group-Feeling«
• Impulse für Freizeitbeschäftigungsmöglichkeiten, gestaltete Freizeitanleitung mit hohem Aufforderungscharakter und gezielter Erwerb von Freizeitkompetenzen (Mobilitäts- und Kommunikationserziehung)	• wenig Anregung zu neuem Freizeitverhalten
	• soziale Isolation (Ghettoisierung)
	• hohe Abhängigkeit vom Freizeitverständnis professioneller Helfer und deren didaktischen Kompetenzen im Handlungsfeld Freizeit (animative Didaktik)
• Freizeit ist kein Zufallsprodukt, sondern weist Konsistenz und Kontinuität auf, schafft Sicherheit durch Wiederholung und ausbaufähige Erfolgserlebnisse, erweiterte Sozialkontakte (auch zu Nichtbehinderten) und hilft die passive Grundhaltung zu überwinden	• monotone, ritualisierte, nach Zielen, Inhalten, Methoden und Medien deutlich reduzierte und »abgespeckte« Freizeitangebote mit oft wenig Abwechslung
	• organisatorische Zwänge und Gewohnheiten des Personals
	• kaum Möglichkeiten zur individuellen Freizeitgestaltung
• die Freizeitgestaltung bringt Selbständigkeit, persönliche Mitverantwortung, Selbstsicherheit und verbessert das Selbstbild	• totale Verplanung der Freizeit
• hohes Maß an bedürfnisorientierter Individualisierung und Differenzierung von Freizeitangeboten ist möglich	• starre Regeln des Zeitplanes, Freizeit nach Stundenplan, Achtung der Hausordnung, unnatürliche Lebensgestaltung
• Entwicklung innovativer Freizeitangebote für Behinderte (»new games«)	• Gefahr hoher fremdbestimmter Anteile
• Freizeit als integraler Bestandteil des Tages-, Wochen- und Jahresrhythmus nach dem Normalisierungsprinzip	• zu wenig Rückzugsmöglichkeiten in eine private Intimsphäre
	• eingeschränktes Sozialisationsfeld
	• Mangel an »familiärer« Geborgenheit
• Freizeit als Verbesserung der Lebensqualität Behinderter (Enthospitalisierung)	• oft Fortsetzung von Schule oder Werkstatt
• holistisches Lebenskonzept: Aufhebung der Trennung von Arbeit, Wohnen, Freizeit, Förderung, Therapie, Pflege, Betreuung, Begleitung und Assistenz	• Freizeit als Mittel zum Zweck: starke Überbetonung der therapeutischen Anteile und Funktionen
	• Verlust von lust- und mußebetonter Hinwendung
• ganzheitliche netzwerkorientierte Planung, kontinuierliche und langfristige aufeinander abgestimmte Verbesserung der Lebensqualität	• überhaupt keine Planung
	• passiv-rezeptive Freizeithaltung
	• sporadische Reaktionen auf eher zufällige Reize

HUBER (1990, 45), Direktor der Stiftung Liebenau, einer Einrichtung für Lern- und Geistigbehinderte, nennt folgende Beispiele für die Freizeitangebote einer stationären Einrichtung:
- »Plätze, Räume und Ecken für die ‚private› Freizeit. Der Hobbyraum für die Wohngruppe. Der Gemeinschafts- und Spielsaal für mehrere Gruppen. Eine ganze Reihe kleinerer und einige größere Spielflächen im Freien mit Sandkasten, Spielgeräten u.a.m.
- Ein Sportplatz mit unterschiedlichen Flächen. Die Turn- und Schwimmhalle. Das Spielhaus mit verschiedenen Räumen zur Auswahl. Besonders beliebt sind befestigte Wege und kleine Plätze im Gelände, die für das Rollschuhlaufen und Radfahren genutzt werden können.
- Das eigene Ferienhaus, das die Möglichkeit gibt, auch mit sehr Schwerbehinderten eine Ortsveränderung zu haben.
- Ausflüge zu Fuß, mit dem Fahrrad, mit dem Bus und mit der Bahn.
- Ferien und Freizeiten in Hütten, fremden Häusern, wie Jugendherbergen, Pensionen etc.
- Teilnahme an Freizeiten nichtbehinderter Kinder, zum Beispiel Zeltlager oder Jugendhäuser.
- Gemeinsamer Waldspielplatz für behinderte und nichtbehinderte Kinder.
- Einladung nichtbehinderter Kinder am Sonntag in die Gruppe.
- Stadtgänge unterschiedlicher Art.
- Für einzelne Behinderte Kontakte und Einladungen am Wochenende und in den Ferien in »Pflegefamilien« für Freizeiten und Ferien (Begleitung und Beratung dieser Familien ist erforderlich!).
- Die großen Feste, wie Fastnacht, Sommerfest, Herbstfest und Weihnachtsmarkt«.

ZIELNIOK (1990a, 25) unterscheidet zwischen spontaner und organisierter Freizeitgestaltung. Je nachdem, ob es sich (seiner Typologie entsprechend) um »den Selbständigen, den emotional Abhängigen, den lebenspraktisch Abhängigen und den Unselbständigen« (ebd., 26) handelt, ist in einem fortlaufenden Prozeß ständig darüber zu entscheiden, wie hoch der Anteil von Selbst- und Fremdbestimmung, von persönlicher Assistenz, Spontaneität und Organisiertheit sowie von inhaltlichen Vorgaben und methodischer Ausgestaltung ist. Mit Blick auf geistig behinderte und verhaltensauffällige Menschen schlägt THEUNISSEN (1997, 92) für das Ausleben spontaner Freizeitbedürfnisse die »tagesstrukturierte Freizeitarbeit« vor, was bedeutet, »daß der Pädagoge (Bezugsassistent; Vertrauensperson) die Freizeitgestaltung des Einzelnen begleitet, indem er z.B. mit dem Betroffenen spazierengeht, kulturelle Veranstaltungen besucht, Sport treibt, spielt u.a.m., so daß eine gemeinsam inniglich erlebte Du-Erfahrung stattfinden kann«. Im Rahmen der pädagogisch organisierten Angebote spielen vorweg sowie prozessualbegleitend die Hilfen zum Selbständigkeits- und Sozialtraining eine besondere Rolle.

Der Erwerb einer Freizeitkultur erhöht die gesellschaftlichen Integrations- und Teilhabechancen behinderter Menschen und ermöglicht es, Freizeit als existenzerweiternde Zeit zu erfahren. Der hohen Gefahr einer kompensatorischen Zurüstung an die normativen Freizeitgepflogenheiten, wie sie von Nichtbehinderten festgelegt werden, ist hierbei in besonderer Weise entgegenzuwirken. Nur wer als Behinderter zur Kompensation in der Lage ist, kann an den bestehenden Freizeitgestaltungsmöglichkeiten teilhaben. Weder die Art der Behinderung noch das Ausmaß der Verschiedenheit und Abweichung können das Grundrecht auf Freizeit und den Anspruch auf entwicklungslogische Freizeitangebote außer Kraft setzen. Menschen mit Behinderungen dürfen keine Vorbedingungen gestellt werden, sondern es sind alle erdenklichen Hilfen zu gewähren, damit sie in den Genuß von Freizeit in sozialer Verantwortung und Integration kommen können. Ein solches »egalitäres Freizeitverständnis« (vgl. SCHLÖMERKEMPER 1989, 323) ist noch nicht weit verbreitet. Bereits 1976 wurden auf dem 26. Kongreß der Deutschen Vereinigung für die Rehabilitation Behinderter e.V. wichtige Forderungen formuliert (vgl. WEISS/JOCHHEIM/ MOLESKI-MÜLLER 1976), von der die fünfte bis heute nicht umfassend ernst genommen und – mit Blick auf die zwanzig Jahre später geführte Integrationsdiskussion – nur halbherzig angegangen wurde: »Die Einrichtungen müssen sich nach innen und nach außen öffnen, um die Kommunikation Behinderter und Nichtbehinderter zu ermöglichen« (vgl. LENZ 1976, 114).

5. Zusammenfassung

Ein »positiver« Freizeitbegriff, wie er von OPASCHOWSKI (1990, 85ff.) vorgeschlagen wird, kommt dem Anspruch der Heilpädagogik auf «ganzheitliches« Denken und Handeln besonders entgegen. Freizeit bedeutet Lebenszeit, die durch mehr oder minder große Dispositionsfreiheit und Entscheidungskompetenz charakterisiert ist und die als Einheit von drei Zeitabschnitten, der frei verfügbaren, einteilbaren und selbstbestimmten Dispositionszeit, der verpflichtenden, bindenden, verbindlichen und zweckbestimmten Obligationszeit sowie der festgelegten, abhängigen und fremdbestimmten Determinationszeit, verstanden werden kann. Art und Schweregrad einer Behinderung als ein wesentlicher Faktor hat einen nicht unerheblichen Einfluß auf diese »Lebenszeit«. Menschen mit Behinderungen gestalten ihre Freizeit »entwicklungslogisch« (vgl. FEUSER 1995, 94–108) aufgrund ihrer Wahrnehmungs-, Denk- und Handlungskompetenzen und mittels der ihnen zur Verfügung stehenden Hilfen. Jeder Mensch ist der Akteur seiner Freizeitgestaltung. Das Freizeitverhalten als Ausdruck der Befriedigung von Freizeitbedürfnissen hinsichtlich Intensität, Quantität, Qualität, freier Verfügbarkeit von Zeit und entsprechenden Wahl-, Entscheidungs- und Handlungsfreiheiten variiert unter Behinderten ebenso wie unter Nichtbehinderten. Prinzipiell unterscheiden sich die Freizeitinteressen und die Freizeitaktivitäten der Behinderten nicht von denen der Nichtbehinderten.

Freizeit ist also nicht per se ein Problem für Behinderte. Dennoch erleben Menschen mit Behinderungen ökonomische und soziale Benachteiligungen, die die Partizipation an individuellen und gesellschaftlichen Freizeitgestaltungsmöglichkeiten erschweren. Das Freizeitverhalten von Behinderten hängt von einer Vielzahl an Variablen (z.B. Lebensalter, Geschlecht, Regionalfaktor, Wohnfaktor, Familienverhältnisse, Einkommen, Vermögen, »soziales Netzwerk«, Zeitfaktor, Behinderungsfaktor, Sichtbarkeit der Behinderung, Qualität der materiellen und personellen Hilfen, Angebot, Schulzugehörigkeit) ab und vor allem davon, ob und in welchem Umfang diese Variablen vom Behinderten selbst bzw. von seiner Umwelt günstig beeinflußt und verändert werden können. Einschränkungen der Bewegung, der Mobilität und der Kommunikation wirken sich besonders auf das Freizeitverhalten behinderter Menschen aus. Sie können nur bis zu einem gewissen Maß kompensiert werden. Für Behinderte ist es deshalb mehr als notwendig, nicht ausschließlich nach technisch-apparativen sondern nach sozialintegrativen Lösungen zu suchen, damit sie in gleichem Umfang wie nichtbehinderte Menschen auch ihren Freizeitbedürfnissen nachkommen können.

Literatur

BACHMANN, W.: Freizeitverhalten von Schülern in der Bundesrepublik Deutschland – unter besonderer Berücksichtigung des lernbehinderten Schülers –. Giessen (Institut für Heil- und Sonderpädagogik) 1981.

BAG HILFE FÜR BEHINDERTE (BAGH): Für ein selbstbestimmtes Leben. Werte und Zielvorstellungen in der Behindertenarbeit. Düsseldorf (Reha-Forum) 1985.

BASTIAN, J./GUDJONS, H.: Projektlernen. In: Hamburg macht Schule. Zeitschrift für Hamburger Lehrerinnen und Lehrer. 3 (1991), 4–8.

BEGEMANN, E.: Gesellschaftliche Integration »behinderter« Menschen erfordert eine solidarische Kultur. Zeitschrift für Heilpädagogik 44 (1993), 153–169.

BEHR, M.: Freie Schulen und Internate. Pädagogische Programme und rechtliche Stellung. Düsseldorf/München (Econ) 1990.

BRÄNDLE, K.: Eltern geistig Behinderter, eine Erhebung mit 32 Familien in Oberösterreich. Geistige Behinderung 28 (1989), 194–202.

BROCKHAUS ENZYKLOPÄDIE: Band 7. Mannheim (Brockhaus) 1988.

BUBER, M.: Das dialogische Prinzip. Heidelberg 1965.

BUNDESMINISTERIUM FÜR FAMILIE UND SENIOREN (Hrsg.), Hilfebedürftige Behinderte in privaten Haushalten: Sekundäranalyse der Studie »Möglichkeiten und Grenzen selbständiger Lebensführung« im Auftrag des Bundesministeriums für Familie und Senioren durchgeführt von Infratest-Sozialforschung, München. Stuttgart/Berlin/Köln (Kohlhammer) 1994.

BUNDESMINISTERIUM FÜR JUGEND, FAMILIE UND GESUNDHEIT (Hrsg.), Freizeit und Behinderung. Schriftenreihe des Bundesministeriums für Jugend, Familie und Gesundheit. Band 47. Stuttgart/Berlin/Köln/Mainz (Kohlhammer) 1976.

BUNDESVEREINIGUNG LEBENSHILFE: E.V. (Hrsg.): Selbstbestimmung: Kongreßbeiträge. Marburg (Eigenverlag) 1996.

BUSCH, H.: Freizeitforschung. In: BECKER, P. ET AL., Freizeitverhalten in verschiedenen Raumkategorien. Trier (Eigenverlag) 1979.

CLOERKES, G.: Soziologie der Behinderten. Eine Einführung. Heidelberg (Winter) 1997.

DUMAZEDIER, J.: Sociology of Leisure. Amsterdam/Oxford/New York (Elsevier) 1974.

EBERWEIN, H.: Zur Kritik des sonderpädagogischen Paradigmas und des Behinderungsbegriffs. Rückwirkungen auf das Selbstverständnis von Sonder- und Integrationspädagogik. Zeitschrift für Heilpädagogik 46 (1995), 468–476.

ENGELBERT, A.: Behindertes Kind – »gefährdete« Familie? Eine kritische Analyse des Forschungsstandes. Heilpädagogische Forschung 15 (1989), 104–111.

FEUSER, G.: Behinderte Kinder und Jugendliche zwischen Integration und Aussonderung. Darmstadt (Wissenschaftliche Buchgesellschaft) 1995.

FORNEFELD, B.: Das schwerstbehinderte Kind und seine Erziehung. Beiträge zu einer Theorie der Erziehung. Heidelberg (HVA-Edition Schindele) 1995.

FRÖHLICH, A.: Der somatische Dialog. Zur psychischen Situation schwerstmehrfachbehinderter Kinder. Behinderte in Familie, Schule und Gesellschaft 5 (1982), 15–20.

FRÖHLICH, A.: Die Mütter schwerstbehinderter Kinder. Heidelberg (HVA-Edition Schindele) 1986.

FRÖHLICH, A.: Kommunkation mit schwerstbehinderten Kindern und Jugendlichen. Voraussetzungen und Elemente einer ganzheitlichen Förderung. In: FACHVERBAND FÜR BEHINDERTENPÄDAGOGIK, LANDESVERBAND HAMBURG (Hrsg.), Entwicklungsförderung schwerstbehinderter Kinder und Jugendlicher. Tagungsbericht zur Fachtagung vom 9.–19. September 1988 in Hamburg. Hamburg (VDS) 1990, 11–22.

GERSTMAYER, B.: Befragung über die Freizeitbedürfnisse und das Freizeitverhalten lernbehinderter Kinder und Jugendlicher und die Konsequenzen für die freizeitpädagogische Arbeit der Förderschule. Heidelberg (Pädagogische Hochschule; unveröffentlichte Wissenschaftliche Hausarbeit) 1995.

GIESECKE, H.: Arbeit, Freizeit und Emanzipation. Einleitung. In: GIESECKE, H. (Hrsg.), Freizeit und Konsumerziehung. Göttingen (Vandenhoeck & Ruprecht) 1971, 94–98.

GOLL, H.: Heilpädagogische Musiktherapie. Grundlegende Entwicklung eines ganzheitlich angelegten Theorie-Entwurfs ausgehend von Jugendlichen und Erwachsenen mit schwerer geistiger Behinderung. Frankfurt/Berlin/Bern/New York (Lang) 1993.

GOLL, H.: Transdisziplinarität. Realität in der Praxis, Vision in Forschung und Lehre – oder nur ein neuer Begriff? In: OPP, G./FREYTAG, A./BUDNIK, I. (Hrsg.), Heilpädagogik in der Wendezeit. Brüche, Kontinuitäten, Perspektiven. Luzern (Ed. SZH/SPC) 1996, 164–174.

GUDJONS, H.: Handlungsorientiert lehren und lernen. Projektunterricht und Schüleraktivität. Bad Heilbrunn (Klinkhardt) 1989.

GUSKI, E.: Die Dynamik der Eltern-Kind-Beziehung bei geistig Behinderten. Geistige Behinderung 19 (1980), 130–142.

HACKENBERG, W.: Die psychosoziale Situation von Geschwistern behinderter Kinder. Heidelberg (Schindele) 1983 (a).

Hackenberg, W.: Das behinderte Kind als Belastung und Chance für seine Geschwister. Ergebnisse aus einer empirischen Untersuchung. Geistige Behinderung (1983b), 87–96.

HAEBERLIN U.: Heilpädagogik als wertgeleitete Wissenschaft. Ein propädeutisches Einführungsbuch in Grundfragen einer Pädagogik für Benachteiligte und Ausgegrenzte. Bern/Stuttgart/Wien (Haupt) 1996.

HAHN, M.: Selbstbestimmung im Leben, auch für Menschen mit geistiger Behinderung. Geistige Behinderung 2 (1994) 81–94.

HAMMERICH, K.: Skizzen zur Genese der Freizeit als ein soziales Problem. Kölner Zeitschrift für Soziologie und Sozialpsychologie. 26 (1974), 267–286.

HENTIG, H. VON: Das allmählichen Verschwinden der Wirklichkeit. Müchen (Hanser) 1984.

HERBST, H.R.: Survival-Training für geistig Behinderte. Pro Integration (Verlags- und Werbegesellschaft) 1982.

HILDESCHMIDT, A./SANDER, A.: Der ökosystemische Ansatz als Grundlage für Einzelintegration. In: EBERWEIN, H. (Hrsg.), Behinderte und Nichtbehinderte lernen gemeinsam. Handbuch der Integrationspädagogik. Weinheim/Basel (Beltz), 2. überarbeitete Aufl. 1990, 220–227.

HINZE, D.: Väter und Mütter behinderter Kinder. Der Prozeß der Auseinandersetzung im Vergleich. Heidelberg (HVA-Edition Schindele) 1991 (2., veränd. Aufl. 1993).

HOHBERG, H.: Behinderte Menschen und Freizeit. Düsseldorf (Deutsche Gesellschaft für Freizeit) 1984.

HOTH, S.: Wenn Lärm wieder Freude macht. Bild der Wissenschaft 8/1994, 80–83.

HUBER, N.: Die Einheit von gezielter und kontinuierlicher Förderung und gestalteter Freizeit in einer stationären Einrichtung. In: ZIELNIOK, W.J./SCHMIDT-THIMME, D. (Hrsg.), Gestaltete Freizeit für Menschen mit geistiger Behinderung. Theorie und Realisation unter integrativem Aspekt. Heidelberg (HVA-Edition Schindele), 4. Aufl. 1990, 40–48.

JELTSCH-SCHUDEL, B.: Bewältigungsformen von Familien mit geistigbehinderten Söhnen und Töchtern. Berlin (Marhold) 1988.
JONAS, M.: Behinderte Kinder – behinderte Mütter? Die Unzumutbarkeit einer sozial arrangierten Abhängigkeit. Frankfurt/Main (Fischer) 1990.
JONAS, M.: Trauer und Autonomie bei Müttern schwerstbehinderter Kinder. Mainz (Matthias-Grünewald-Verlag) 1990 (a).
JONAS, M.: Behinderte Kinder – behinderte Mütter? Die Unzumutbarkeit einer sozial arrangierten Abhängigkeit. Frankfurt/Main (Fischer) 1990 (b).
KERKHOFF, W.: Behindert in die Freizeit. In: KERKHOFF, W. (Hrsg.): Freizeitchancen und Freizeitlernen für behinderte Kinder und Jugendliche. Berlin (Marhold) 1982, 1–14.
KLAUSS, T.: Probleme der Loslösung bei geistig Behinderten und ihren Familien. Geistige Behinderung 27 (1988), 111–120.
KOBI, E.E.: Grundfragen der Heilpädagogik. Eine Einführung in heilpädagogisches Denken. Bern/Stuttgart/Wien (Haupt) 1993.
LENZ, B.: Ergebnisbericht der Arbeitsgruppe 2. In: WEISS, W./JOCHHEIM, K.-A./MOLESKI-MÜLLER, M. (Hrsg.), Freizeitaspekte bei der gesellschaftlichen Integration Behinderter. Bericht über den 26. Kongreß der Deutschen Vereinigung für die Rehabilitation Behinderter e.V. in Wildbad. Heidelberg (Eigenverlag) 1976, 113–114.
LÖWE, A.: Freizeit und Beruf. In: DENNERLEIN, H. (Hrsg.), Handbuch der Behindertenpädagogik, Band 2. München (Kösel) 1979, 239–256.
MARKOWETZ, R.: Körperliche Aktivierung von schwer geistig behinderten Heimbewohnern mit selbstverletzenden Verhaltensweisen. Heidelberg (Pädagogische Hochschule; unveröffentlichte Diplomarbeit) 1989.
MARKOWETZ, R.: Körperliche Aktivierung. Ein Förderansatz für Menschen mit schwerer geistiger Behinderung und gravierenden Verhaltensproblemen. Behinderte in Familie, Schule und Gesellschaft 19 (1996), 33–56.
MATURANA, H.R./VARELA, F.J.: Der Baum der Erkenntnis. Die biologischen Wurzeln des menschlichen Erkennens. Bern (Scherz) 1987.
MÜLLER-HOHAGEN, J.: Selbstbestimmung und Persönlichkeitsentwicklung. Eine Lebensqualität: Selbständigkeit des geistig behinderten Erwachsenen in der Spannung von persönlicher Fähigkeit und Verwirklichung. Geistige Behinderung 3 (1994) 171–185.
MÜRNER, C./SCHRIBER, S. (Hrsg.), Selbstkritik der Sonderpädagogik? Stellvertretung und Selbstbestimmung. Luzern (Edition SZH) 1993.
NAHRSTEDT, W.: Die Entstehung der Freizeit. Dargestellt am Beispiel Hamburg. Ein Beitrag zur Strukturgeschichte und zur strukturgeschichtlichen Grundlegung der Freizeitpädagogik. Göttingen (Vandenhoeck & Ruprecht) 1972.
NAHRSTEDT, W.: Freizeitpädagogik in der nachindustriellen Gesellschaft. 2 Bände. Neuwied/Darmstadt 1974.
NAHRSTEDT, W. ET AL.: Freizeit als Thema der Schulen. Bielefeld (Pfeffer) 1979 (a).
NAHRSTEDT, W. ET AL.: Freizeitschule. Opladen (Westdeutscher Verlag) 1979 (b).
NAHRSTEDT, W.: Über die »Freizeitgesellschaft« zu einer »Freien Gesellschaft«? Grundlagen für eine neue Gesellschaftstheorie – Zur Kritik eines forschungsrelevanten gesellschaftlichenTabus. In: HERAUSGEBERGRUPPE »FREIZEIT« (BUDDRUS, V./GRABBE, H./NAHRSTEDT, W.), Freizeit in der Kritik. Alternative Konzepte zur Freizeit- und Kulturpolitik. Köln (Pahl-Rugenstein) 1980, 21–54.
NIEHOFF, U.: Selbstbestimmtes Leben für behinderte Menschen – ein neues Paradigma zur Diskussion gestellt. Nachdruck des Schwerpunktthemas aus dem Fachdienst der Lebenshilfe 1/1992. Marburg (Lebenshilfe) 1992.

NIRJE, B.: Das Normalisierungsprinzip – 25 Jahre danach. Vierteljahresschrift für Heilpädagogik und ihre Nachbargebiete (VHN) 63 (1994), 12–32.
OPASCHOWSKI, H.W.: Freizeitpädagogik in der Leistungsgesellschaft. Bad Heilbrunn (Klinkhardt) 1977.
OPASCHOWSKI, H.W.: Pädagogik und Didaktik der Freizeit. Opladen (Leske & Budrich) 1990.
OPASCHOWSKI, H.W.: Einführung in die Freizeitwissenschaften. Opladen (Leske & Budrich) 1994 (a).
OPASCHOWSKI, H.W.: Freizeit und Pädagogik. In: ROTH, H., Pädagogik. Handbuch für Studium und Praxis. Studienausgabe. Müchen (Ehrenwirth) 1994 (b), 933–945.
PEOPLE FIRST: Everything you want to know about setting up and supporting a People First group. London (People First Publications) 1994.
POHL R.: Praxis der Freizeiterziehung geistig Behinderter. IN: KERKHOFF, W. (Hrsg.), Freizeitchancen und Freizeitlernen für behinderte Kinder und Jugendliche. Berlin (Marhold) 1982, 51–66.
RÖDLER, P.: Menschen, lebenslang auf Hilfe anderer angewiesen. Grundlagen einer allgemeinen basalen Pädagogik. Frankfurt am Main/Griedel (Afra) 1993.
SARIMSKI, K.: Familien mit behinderten Kindern: Hilfen zur Bewältigung einer dauerhaften Belastung. Zeitschrift für Psychologie und Psychotherapie 3 (1987), 279–291.
SCHÄDLER, J.: Familienentlastende Dienste: Ein Beitrag zur Lebensqualität. Zusammen 4 (1991), 19–20.
SCHATZ, G.: Familien mit geistig behinderten Kindern. Zusammenfassende Ergebnisse einer Untersuchung zur »Sonderfamilie«. Zeitschrift für Heilpädagogik 41 (1990), 753–761.
SCHEUCH, E.K.: Soziologie der Freizeit. In: KÖNIG, R. (Hrsg.), Handbuch der empirischen Sozialforschung. Band II. Stuttgart (Enke) 1969, 735–833.
SCHLÖMERKEMPER, J.: Pädagogische Integration. Über einen schwierigen Leitbegriff pädagogischen Handelns. Die Deutsche Schule 81 (1989), 316–329.
SCHMITZ-SCHERZER, R.: Freizeit. Frankfurt /Main (Fischer) 1974.
SEIFERT, M.: Geschwister in Familien mit geistigbehinderten Kindern – eine praxisbezogene Studie. Bad Heilbrunn (Klinkhardt) 1989.
SELLIN, B.: Ich will kein Inmich mehr sein. Botschaften aus einem autistischen Kerker. Köln (Kiepenheuer & Witsch) 1993.
SPECK, O.: Menschen mit geistiger Behinderung und ihre Erziehung. Ein heilpädagogisches Lehrbuch. München/Basel (Reinhardt), 6., völlig neubearbeitete Auflage, 1993.
STEGIE, R.: Familien mit behinderten Kindern. In: KOCH, U./LUCIUS-HOENE, G./STEGIE, R. (Hrsg.), Handbuch der Rehabilitationspsychologie. Berlin/Heidelberg/New York/London/Paris/Tokyo (Springer) 1988, 120–139.
TAUSCH, R./TAUSCH, A.: Erziehungspsychologie. Begegnung von Person zu Person. 10., ergänzte und überarbeitete Auflage. Göttingen/Toronto/Zürich (Hogrefe) 1991.
TEWS, H.P.: Freizeitverhalten Behinderter – Ziele und Forderungen. In: WEISS, W./JOCHHEIM, K.-A./MOLESKI-MÜLLER, M. (Hrsg.), Freizeitaspekte bei der gesellschaftlichen Integration Behinderter. Bericht über den 26. Kongreß der Deutschen Vereinigung für die Rehabilitation Behinderter e.V. in Wildbad. Heidelberg (Eigenverlag) 1976, 211–226.
THEUNISSEN, G.: Erlebnispädagogik für Menschen mit geistiger Behinderung. Zu den Grundzügen eines »neuen« pädagogisch-therapeutischen Konzeptes. Geistige Behinderung 33 (1994), 32–42.

THEUNISSEN, G.: Selbstbestimmt-Leben – Annäherungen an ein Empowerment-Konzept für Menschen mit geistiger Behinderung. Vierteljahresschrift für Heilpädagogik und ihre Nachbargebiete (VHN) 64 (1995), 166–181.

THEUNISSEN, G.: Pädagogik bei geistiger Behinderung und Verhaltensauffälligkeiten. Ein Kompendium für die Praxis. Bad Heilbrunn (Klinkhardt) 1997.

THIMM, W.: Das Normalisierungsprinzip – Eine Einführung. Marburg (Eigenverlag Lebenshilfe) 1984.

THIMM, W.: Familienentlastende Dienste – ein Beitrag zur Neuorientierung der Behindertenhilfe. Geistige Behinderung 30 (1991), 146–157.

THIMM, W.: Leben in Nachbarschaften. Hilfen für Menschen mit Behinderungen. Freiburg/Basel/Wien (Herder) 1994.

THURMAIR, M.: Die Familie mit einem behinderten Kind. Frühförderung interdisziplinär 9 (1990), 46–62.

TOKARSKI, W./SCHMITZ-SCHERZER, R.: Freizeit. Stuttgart (Teubner) 1985.

WALASCHEWSKI, H.: Freizeitaspekte bei blinden und hochgradig sehbehinderten Kindern und Jugendlichen. In: WEISS, W./JOCHHEIM, K.-A./MOLESKI-MÜLLER, M. (Hrsg.), Freizeitaspekte bei der gesellschaftlichen Integration Behinderter. Bericht über den 26. Kongreß der Deutschen Vereinigung für die Rehabilitation Behinderter e.V. in Wildbad. Heidelberg (Eigenverlag) 1976, 165–168.

WATZLAWICK, P./BEAVIN, J.H./JACKSON, D.D.: Menschliche Kommunikation. Formen, Störungen, Paradoxien. Bern (Huber), 7. Aufl. 1985.

WEISS, W./JOCHHEIM, K.-A./MOLESKI-MÜLLER, M. (Hrsg.), Freizeitaspekte bei der gesellschaftlichen Integration Behinderter. Bericht über den 26. Kongreß der Deutschen Vereinigung für die Rehabilitation Behinderter e.V. in Wildbad. Heidelberg (Eigenverlag) 1976.

WOCKEN, H.: Freizeitinteressen und Freizeitverhalten lernbehinderter Schüler. In: KERKHOFF, W. (Hrsg.), Freizeitchancen und Freizeitlernen für behinderte Kinder und Jugendliche. Berlin (Marhold), 1982, 197–248.

ZIELNIOK, W.J.: Soziales Lernen bei geistig Behinderten im Freizeitbereich. Geistige Behinderung 19 (1980), 143–153.

ZIELNIOK, W.J.: Zielaspekte einer Freizeitförderung für geistig behinderte Menschen In: ZIELNIOK, W.J./SCHMIDT-THIMME, D. (Hrsg.), Gestaltete Freizeit für Menschen mit geistiger Behinderung. Theorie und Realisation unter integrativem Aspekt. Heidelberg (HVA-Edition Schindele), 4. Aufl. 1990 (a), 19–32.

ZIELNIOK, W.J.: Gestaltete Freizeit – schulischer Bildungsauftrag. In: ZIELNIOK, W.J./ SCHMIDT-THIMME, D. (Hrsg.), Gestaltete Freizeit für Menschen mit geistiger Behinderung. Theorie und Realisation unter integrativem Aspekt. Heidelberg (HVA-Edition Schindele), 4. Aufl. 1990 (b), 49–63.

ZIELNIOK, W.J./SCHMIDT-THIMME, D.: Gestaltete Freizeit für Menschen mit geistiger Behinderung. Theorie und Realisation unter integrativem Aspekt. Heidelberg (HVA-Edition Schindele), 4. Aufl. 1990.

REINHARD MARKOWETZ

Konturen einer integrativen Pädagogik und Didaktik der Freizeit

1. Integrative Pädagogik: Begriff, Prinzipien, Theorieentwicklungen

1.1 Was ist Integration?

Der Begriff Integration wird heute vielfach und in inflationärer Weise in allen Wissenschaftsbereichen und in der Alltagssprache benutzt (vgl. FEUSER 1985, 354). Die ursprüngliche Bedeutung scheint dabei verlorengegangen zu sein. Integration erklärt heute völlig unterschiedliche Inhalte, so daß kaum jemand weiß, was darunter zu verstehen ist (vgl. hierzu und zum folgenden MARKOWETZ 1997a, 189 ff.).

Über die Philosophie und besonders durch die Soziologie, Psychologie und Bildungspolitik des 19. Jahrhunderts erlangte der Integrationsbegriff seine heutige gesellschaftliche Bedeutung. Dem Wörterbuch der Soziologie ist zu entnehmen, daß »Integration in allgemeinster systemtheoretischer Formulierung ein Prozeß ist, in dem neue Elemente in ein System so aufgenommen werden, daß sie sich danach von den alten Elementen nicht mehr unterscheiden als diese untereinander. Dementsprechend versteht man in der Soziologie überwiegend unter Integration einen sozialen Prozeß, in dem ein Mensch oder mehrere Menschen unter Zuweisung von Positionen und Funktionen in die Sozialstruktur eines sozialen Systems aufgenommen wird. Damit ist Integration zumindest aus der Perspektive der Aufgenommenen eine Form des soziokulturellen Wandels« (ENDRUWEIT/ TROMMSDORFF 1989, 307–308).

In der Pädagogik wurde der Begriff Integration zunächst ausschließlich im Kontext entwicklungs- und persönlichkeitspsychologischer Zusammenhänge verwendet. Seit den 60er Jahren wird er in die Curriculumsdiskussion einbezogen. Heute spielt der Integrationsbegriff in der kritischen Auseinandersetzung um das Selektionswesen in unserem vertikal gegliederten Schulsystem eine zentrale Rolle, wenngleich er unter anderen Bezeichnungen wie beispielsweise »ganzheitlicher Unterricht«, »exemplarisches Lernen«, »binnendifferenzierter Unterricht« stets soziale und personale Bedeutung hatte und eigentlich immer Kern jeder pädagogischen Reformbestrebung war.

Allgemein wird in der Pädagogik unter Integration die gemeinsame Unterrichtung behinderter und nichtbehinderter Kinder verstanden. Jakob MUTH, der die Bildungskommission des Deutschen Bildungsrats von 1973 leitete, spricht sich zu Recht gegen diese Konzentration auf den schulischen Bereich aus: Integration meint die Gemeinsamkeit von behinderten und nichtbehinderten Menschen in allen Lebensbereichen der Gesellschaft (vgl. MUTH 1991, 4). Integration ist ein »Grundrecht im Zusammenleben der Menschen« (ebd., 1), auf das jeder Mensch ein Anrecht hat. Die »Integration Behinderter in die Gesellschaft [ist] eine der vordringlichen Aufgaben jedes demokratischen Staates. Diese

Aufgabe, die sich für Behinderte und Nichtbehinderte in gleicher Weise stellt, kann ... einer Lösung besonders dann nahegebracht werden, wenn die Selektions- und Isolationstendenzen im Schulwesen überwunden und die Gemeinsamkeit im Lehren und Lernen für Behinderte und Nichtbehinderte in den Vordergrund gebracht werden; denn eine schulische Aussonderung der Behinderten bringt die Gefahr ihrer Desintegration im Erwachsenenleben mit sich« (DEUTSCHER BILDUNGSRAT 1973, 16).

Aus behindertensoziologischer Sicht ist das Verständnis von Integration als Entstigmatisierung wesentlich (vgl. CLOERKES 1997, 176 ff. und MARKOWETZ 1998). Integration ist danach ein interaktionistischer Prozess, der auf soziale Zuschreibungsprozesse verzichtet und damit das Behindertsein als etwas Nomales beläßt und nicht »besondert«. In diesem Kontext spielt der Begriff »Normalisierung« in der Integrationsdiskussion eine wichtige Rolle. Aus den Auffassungen über Normalität für Behinderte, wie sie THIMM (1984) und WOLFENSBERGER (1980) auf der Grundlage der skandinavischen Normalisierungsbewegung (vgl. BANK-MIKKELSEN 1980 und NIERJE 1994) formuliert haben, kann zwar annähernd die gleiche Normalität für Behinderte abgeleitet werden. Gleiche Normalität bedeutet jedoch bei weitem noch nicht, daß Behinderte mit Nichtbehinderten in Kontakt kommen müssen, sondern daß beide isoliert voneinander die gleiche Normalität leben könnten. Wenn wir in der Soziologie der Behinderten von Integration sprechen, dann ist damit gemeint, daß behinderte Menschen unabhängig von Art und Schweregrad ihrer Behinderung in allen Lebensbereichen grundsätzlich die gleichen Zutritts- und Teilhabechance haben sollen wie nichtbehinderte Menschen.

Integrativ gemachte Erfahrungen sind »identitätsrelevante Erfahrungen« (MARKOWETZ 1998, 66), die in die Identitätskonzepte der Interaktionspartner einbezogen werden. Eine positiv erlebte personale Integration wirkt sich günstig auf die Entwicklung eines positiven Privaten Selbst (Selbstbildes) aus. Eine gelungene soziale Integration fördert die Entfaltung eines positiven Sozialen Selbst (vermuteten Fremdbildes). Beide zusammen konstituieren das Selbst einer Person, die via transkanaler Kommunikation Einfluß und Widerstand auf Fremdbilder ausüben und diese verändern kann. Identitätsrelevante situative und transsituative Erfahrungen müssen von den beteilgten Subjekten thematisiert, belichtet und kritisch bewertet werden. Gelingt dieser Prozeß der »Dialogischen Validierung« (MARKOWETZ 1998, 67 ff.), kann für Menschen mit Behinderungen die Identitätsentwicklung bei Integration insgesamt günstiger verlaufen. Sogenannte ›beschädigte Identitäten‹ sind unter integrativen Bedingungen reversibel. Integration ist aber per se noch kein Garant für durchgängig vorurteilsfreie Meinungen und dafür, daß Stigmatisierungen gänzlich ausbleiben. Aber: Integration relativiert fiktive Bilder über Behinderte, weicht globale Etiketten auf und erleichtert den Zugang zu einer differenzierten Betrachtung des Phänomens Behinderung (vgl. hierzu CLOERKES 1997, 173 ff.; MARKOWETZ 1998 und 1999).

1.2 Grundsätze und fundamentale Prinzipien der Integration

Die praktische Umsetzung von Integration setzt ein theoretisches Verständnis von Integration voraus, das von folgenden zentralen Prinzipien und Grundsätzen bestimmt wird (vgl. ausführlicher hierzu MARKOWETZ 1997a, 198–204):

1. **Prinzip des Rekurs auf den ethischen Imperativ unserer Verfassung.** Jedwede Vorstellung von Integration fußt auf dem ethischen Imperativ, wie er in unserer Verfassung gesetzlich verbrieft ist: »Kein Mensch darf wegen seiner Behinderung benachteiligt werden.« Dem Beschluß des Bundestages, Artikel 3 unseres Grundgesetzes dahingehend zu ändern, werden Gleichstellungs- und Antidiskriminierungsgesetze folgen, deren Urteile den Prozeß der Integration erleichtern, die Selbstbestimmung und Autonomie Behinderter stärken und das uneingeschränkte Recht auf Leben, Erziehung und Bildung *aller* Menschen mit Behinderungen sichern helfen. In der Entwicklung der Integration geht es um *einen* Kindergarten, *eine* Schule für alle und um *eine* umfassende gesellschaftliche Teilhabe behinderter Menschen in allen Lebensbereichen! Selektion wird überflüssig und vollständig durch Kooperation ersetzt.
2. **Prinzip der Normalisierung.** Leitvorstellung aller integrativen Bemühungen ist die Normalisierung. Es ist ein Mittel, das es Behinderten gestattet, »ein Leben so normal wie möglich« (THIMM 1994, 35) zu führen und treibende Kraft einsetzender und anhaltender integrationsorientierter Reformen. Normalisierung meint nicht ›Gleichmacherei‹, sondern gleichberechtigte Teilhabe am Leben der nichtbehinderten Menschen.
3. **Prinzip der Unteilbarkeit von Integration.** Es geht davon aus, daß grundsätzlich jeder behinderte Mensch *unabhängig von Art und Schweregrad der Behinderung* integriert werden kann. Damit entfällt eine Klassifikation in »integrierbare« und »nicht integrierbare« Menschen.
4. **Prinzip der Ganzheitlichkeit.** Jeder Mensch wird so akzeptiert wie er ist. Seine Lebenswirklichkeit ist angemessen zu berücksichtigen und in alle Maßnahmen der Förderung und Lebensbewältigung einzubeziehen, statt unverhältnismäßig intensiv in einem Bereich Abhilfe und Erleichterung zu schaffen.
5. **Prinzip der Abkehr vom Primat der Förderung und Therapie.** Förderung und Therapie sollen nicht (z.B. auch aus Kostengründen) reduziert oder ersetzt werden, sondern müssen besser auf die individuellen Bedürfnisse und die durch Integration veränderten Lebenszusammenhänge abgestimmt werden. Medizinische Rehabilitationsbemühungen dürfen die Erziehung, Bildung und Freizeitgestaltung nicht bestimmen. Förderung oder Therapie dürfen nicht länger Ausgrenzungen und sozialen Ausschluß begründen.
6. **Prinzip der Individualisierung.** Alle Maßnahmen, die die Lebensqualität erhalten und verbessern, schulisches und außerschulischen Lernen in sämtlichen Bereichen sowie die Handlungskompetenzen zur Lebensbewältigung betreffen, müssen auf den einzelnen Menschen ausgerichtet sein und in höchsten Maße seine Wünsche, Bedürfnisse und Besonderheiten einbeziehen.
7. **Prinzip des Elternwahlrechts und der Selbstbestimmung.** Eltern von behinderten Kindern und Menschen mit Behinderungen sind in allen ihren Entscheidungen frei. Integrative Prozesse sollen miteinander geplant, durchgeführt und reflektiert werden. Für das Gelingen der integrativen Bemühungen ist es unerläßlich, daß alle Beteiligten freiwillig und kooperativ zusammenarbeiten, die Elternarbeit verstärkt wird und vor allen Dingen mit den Betroffen selbst gesprochen wird statt über sie zu sprechen.
8. **Prinzip der Regionalisierung.** Ausgehend von einer im unmittelbaren Lebensumfeld aller Menschen organisierten Erziehung, Bildung und Freizeitgestaltung sind alle personellen und materiellen Hilfen für behinderte Menschen dort zu gewähren, wo sie gebraucht werden und zur Bewältigung behinderungsbedingter Probleme beitragen.

1.3 Theorieentwicklungen in der Integrationspädagogik

Aus der integrativen Praxis in Kindergärten und Schulen bildeten sich mehrere integrationspädagogische Theorieansätze heraus, die teils untereinander konkurrieren, sich teils ergänzen und überschneiden. Folgende drei theoretische Zugänge spielen heute eine zentrale Rolle auf der Theorieebene einer integrativen Pädagogik:

1. Die Theorie des gemeinsamen Lerngegenstandes (Georg FEUSER)
2. Die Theorie integrativer Prozesse (Helmut REISER)
3. Der Ökosystemische Theorieansatz (Alfred SANDER)

Die drei Theorientwicklungen entstammen unterschiedlichen theoretischen Grundorientierungen. FEUSER formuliert seine theoretischen Vorstellungen des gemeinsamen Gegenstandes auf der Verständnisgrundlage der materialistischen Behindertenpädagogik. SANDER stellt die Wechselwirkungen zwischen den unterschiedlichen Systemen (Mikro, Meso, Exo- und Makrosysteme) auf der Grundlage der ökologischen Sichtweisen von BRONFENBRENNER (1981) in den Vordergrund seiner theoretischen Betrachtungen. REISER geht von den Erkenntnissen der Psychoanalyse aus und untersucht die durch Integration bewirkten Prozesse auf verschiedenen Ebenen, von der Psyche des einzelnen Menschen bis zur gesellschaftlich-normativen Ebene.

Die *Theorie des gemeinsamen Gegenstandes* von FEUSER (1989, 1995, 1998, 1999) bezieht sich zentral auf den integrativen Unterricht und ist vor allen Dingen schuldidaktischer Qualität, während der *ökosystemische Ansatz* der Saarbrücker Arbeitsgruppe um SANDER (vgl. HILDESCHMIDT/SANDER 1988, 220–227) von einem komplexeren Behinderungsbegriff ausgeht und die Wechselwirkungen der unterschiedlichsten Systemebenen in den Mittelpunkt der Betrachtungen stellt. *Die Theorie integrativer Prozesse* der Frankfurter Arbeitsgruppe um REISER (vgl. GUTBERLET ET AL. 1983; KLEIN ET AL. 1987; REISER ET AL. 1986; REISER 1990 und 1991) hingegen »und ihre Konkretion auf prinzipiell allen Ebenen scheint auf Anhieb die umfassendste und gleichzeitig ertragreichste Theorie im Bereich der Integrationspädagogik zu sein und die beiden anderen Ansätze einzubeziehen« (HINZ 1993, 42).

Im folgenden skizziere ich lediglich die Theorie der integrativen Prozesse und den ökosystemischen Theorieansatz, da beide Ansätze prinzipiell auch auf die integrationspädagogischen Prozesse im Lebensbereich Freizeit übertragen werden können. Eine knappe Darstellung der Theorie des gemeinsamen Lerngegenstandes findet der Leser bei MARKOWETZ (1997a, 205–207). Für eine vertiefte Auseinandersetzung mit den drei integrationspädagogischen Theorieentwicklungen sei auf die einschlägige Literatur verwiesen.

1.3.1 Theorie der integrativen Prozesse

REISER (1991, 15–16) faßt Integration als »dynamische Balance von Gleichheit und Verschiedenheit« auf. Er verdeutlicht, daß Integration als »Ziel nicht unmittelbar hergestellt werden kann« und bezeichnet »integrative Prozesse als Wege, die in den Individuen und Gruppen selbst gegangen werden müssen«. Integrative Prozesse spielen sich auf mehreren, scheinbar disparaten und doch untrennbar miteinander verzahnten und sich gegen-

seitig bedingenden Ebenen ab. KLEIN/KREIE/KRON/REISER (1987, 41) unterscheiden in Anlehnung an die Bestandteile des Modells der Themenzentrierten Interaktion TZI (COHN 1975) zunächst idealtypisch folgende vier Ebenen integrativer Prozesse:
- innerpsychische Ebene
- interaktionelle Ebene
- institutionale Ebene
- gesellschaftliche Ebene.

Im Mittelpunkt steht die einzelne Person, das Subjekt mit seinen jeweils individuellen Entwicklungen. Auf einer zweiten Ebene gewinnen die Interaktionen zwischen den Subjekten und deren Ausbildungen von sozialen Beziehungen an Bedeutung. Auf einer weiteren Ebene geht es um jene Handlungen, die sich im Unterricht abspielen und dort herbeigeführt werden. Hier sind unterrichtspädagogische und didaktisch relevante Aspekte anzusiedeln. Auf einer nächsten Ebene wird verstärkt das Umfeld des Geschehens in den Institutionen wahrgenommen und analysiert. Und schließlich werden auf der Ebene der Gesellschaft und deren Prozesse Begrifflichkeiten, Normen und Werte, relativierte oder veränderte Verständnisse auf ihren Gehalt für gesellschaftliche Veränderungs- oder Bestätigungsprozesse hinterfragt und bewertet.

KLEIN/KREIE/KRON/REISER (1987, 39–40) sehen die innerpsychische Ebene als Grundlage aller nachfolgenden Ebenen an. Ohne die innerpsychische Ebene kann keine Einigung oder Balance auf allen weiteren Ebenen gelingen. Als Voraussetzung der Prozesse auf der innerpsychischen Ebene fungiert die interaktionelle Ebene. Hier sind die Möglichkeiten angesiedelt, »miteinander etwas zu tun« bzw. »etwas zu tun zu haben«, sie sind deshalb reale Grundlage aller integrativen Prozesse. Hier findet das »gemeinsame Handeln an einer Sache« im Sinne der Theorie des gemeinsamen Gegenstandes von FEUSER (1995, 168 ff.) statt, die in die Beziehungen der Gruppenmitglieder untereinander einmünden. Die institutionelle Ebene repräsentiert jene Aspekte, die administrativ von der Verwaltung, der Behörde, Ämtern und Ministerien auf der Grundlage des gegenwärtig vorherrschenden Erziehungs- und Bildungsverständnisses vorgegeben sind und nachhaltig das Erziehungs- und Bildungskonzept bestimmen. Auf dieser Ebene finden integrative Prozesse erst dann statt bzw. werden erst dann in Form von schul- und bildungspolitischen Änderungen wirksam, wenn sie vom Kern des Systems an, also auf der Ebene der innerpsychischen und interaktionellen Prozesse, nachhaltig nach außen wirken. Die gesellschaftliche Ebene ist die normative Grundlage integrativer Prozesse. Integration gerät zunehmend in Widerspruch mit normativen Setzungen. Einer Gesellschaft, die seit jeher Behinderte als deviante Personen exotisiert, gleichzeitig aber »besondere« Einrichtungen für deren Rehabilitation geschaffen hat, ist nur schwer einsichtig, warum diese sich jetzt plötzlich erübrigen sollen.

Das Modell integrativer Prozesse von KLEIN/KREIE/KRON/REISER (1987) hat REISER (1990) um drei weitere Ebenen ergänzt und analysiert. REISER führt sein Modell noch stärker an das Modell der Themenzentrierten Interaktion (COHN 1975) heran, indem er den Ich-Aspekt (innerpsychische Ebene), den Gruppen-Aspekt (interaktionale Ebene) und den Sach-Aspekt (Handlungsebene) als Eckpunkte eines Dreiecks bestimmt, das von einer Kugel umgeben ist, die wiederum selbst aus mehreren Schalen (Ebenen) zusammengesetzt ist. Er spricht von einem Globe, innerhalb dessen er zwischen institutionellen Bedingungen und gesellschaftlichen Normen unterscheidet. Die erste Schale nennt er die situativ-ökologische Ebene des Austausches mit der konkreten Lebensumwelt, die Lebensweltorientierung. In der zweiten Schale spielen sich die Prozesse ab, die in den Institutionen stattfinden und deren Entwicklungen im Kontext von Integration, im Spannungsfeld von Abgrenzung zur Normalität und Annäherung an die Utopie den Verlauf integrativer Prozesse auf der Ebene der institutionellen Entwicklungen widerspiegeln. In der dritten Schale schließlich finden jene Prozesse statt, die auf der Ebene der gesellschaftlichen Strukturen den Grad der demokratischen Entwicklungen bestimmen, während sich auf der vierten Schale, der transzendentierenden Ebene, die existentiellen Erfahrungen präsentieren.

Das Modell macht deutlich, daß Integration weit mehr ist als ein bejahtes und pädagogisch verantwortetes Beisammensein von behinderten und nichtbehinderten Menschen. Integration ist ein Prozeß, der auf uns alle wirkt und uns alle angeht. Integration stellt Einstellungen, Meinungen, das Bestehende, die bewährte Praxis in seinem historischen Gewordensein, theoretische Konstrukte, schließlich sogar die Werte und Normen unserer institutionalisierten Welt und Gesellschaft in Frage. Integration provoziert, zwingt zum Nachdenken, macht Widersprüche transparent und öffentlich. Integration können wir auffassen als einen dynamischen Prozeß von Einigungen zwischen existenten Widersprüchen, die wir auf allen Ebenen vorfinden. Integrative Prozesse sind homöostatische Vorgänge der Abgrenzung und Annäherung zwischen den dialektisch angelegten widersprüchlichen Polen Gleichheit und Verschiedenheit. Balancierte Widersprüche stellen dabei einen Idealzustand dar, der bisweilen nur schwer herstellbar ist. Die Einigung von Widersprüchen hat eher den Charakter einer »vorläufigen Positionsfindung mit weiterem Klärungsbedarf« auf einem Kontinuum zwischen den widersprüchlichen Polen Gleichheit und Verschiedenheit. Nähe und Distanz zu den Polen geben Auskunft über den aktuellen Stand integrativer Prozesse (vgl. HINZ 1993, 53).

1.3.2 Der Ökosystemische Ansatz

Der Ökosystemische Ansatz fußt auf den theoretischen Vorstellungen BRONFENBRENNERS (1978, 1981) über die menschliche Entwicklung. Dem sozialökologischen Modell zufolge agieren Menschen in verschiedenen Person-Umwelt-Systemen. Die Lebenswelten oder einfach die Umwelt wird von BRONFENBRENNER (1981, 38) aus ökologischer bzw. systemischer Sicht als eine »ineinandergeschachtelte Anordnung konzentrischer, jeweils von der nächsten umschlossenen Strukturen« beschrieben. Diese Strukturen werden von ihm in die vier Systeme des Mikro-, Meso-, Exo- und Makrosystems unterteilt. Das Mikrosystem betrifft die Interaktionen im unmittelbaren Umfeld einer Person, z.B. innerhalb der Familie, des Kindergartens, der Schule. Verschiedene Mikrosysteme bedingen sich wechselseitig, sind voneinander abhängig und ergänzen sich zum Mesosystem. Das Exosystem ist das kommunale soziale Netz- und Stützsystem, in dem der Mensch allein oder mit Familie lebt und mit dem er formell (z.B. professionelle Dienste, Ämter, Behörden, Kliniken, städtische, kommunale oder konfessionelle Einrichtungen) wie informell (z.B. Nachbarn, Mitglieder von Selbsthilfegruppen, Vereine) in Wechselbeziehung steht. Das Makrosystem ist der von tradierten Normen und gültigen Wertvorstellungen bestimmte gesellschaftliche und kulturelle Handlungsrahmen (z.B. politische, per Gesetz vorgegebene Normen und Bestimmungen, die sich – wie im Falle der schulischen Integration behinderter Kinder – per se als Einengung des Handlungsspielraumes erweisen).

Im Mittelpunkt ökosystemischer Betrachtungen steht das Subjekt als ein im System von sozialen und materiellen, natürlichen Bezügen eingebetteter Mensch. Die familiären, außerfamiliären, schulischen und außerschulischen Bezugssysteme haben Einfluß auf den Menschen, während umgekehrt der Mensch durch sein natürliches wie reaktives Verhalten wiederum die Bezugssysteme beeinflußt. Solch ein wechselseitiger dynamischer Prozeß zwischen Mensch und Umfeld beeinflußt fortlaufend das Wahrnehmen, Denken, Fühlen und Handeln des Menschen und bringt zum Ausdruck, ob und wie intensiv er sich in seinem Umfeld wohl und integriert fühlt. Im Kontext eines solchen Verständnisses ist eine Behinderung nicht einfach nur ein Merkmal, eine Eigenschaft eines Menschen, die ausschließlich dem Menschen mit der Behinderung angelastet werden kann und von ihm allein zu verantworten ist. Behinderung wird vielmehr von äußeren Systemen prozessual zugeschrieben und ist in entscheidendem Maße von »außerindividualen Gegebenheiten« abhängig.

Die ökosystemische Sichtweise von Behinderung umschreibt SANDER (1990, 81) mit folgenden Worten: »Behinderung liegt vor, wenn ein Mensch auf Grund einer Schädigung oder Leistungsminderung ungenügend in sein vielschichtiges Mensch-Umfeld-System integriert ist«. Eine solche Definition lenkt den Blick auf das konkrete Umfeld bzw. System, in das der Mensch mit einer Behinderung integriert werden soll. Nicht nur der Mensch mit einer Behinderung ist zu diagnostizieren, sondern in besonderem Maße auch sein Umfeld. HILDESCHMIDT/SANDER (1990, 225–226) sprechen hier von »Kind-Umfeld-Diagnose« und legen einen erprobten Leitfaden zur Orientierung und praktischen Anwendung vor. Demnach ist nicht der behinderte Mensch als »integrationsunfähig« zu beschuldigen, sondern die Integrationsfähigkeit der umgebenden Systeme mit ihren Personen, Rahmenbedingungen, dort wirkenden gesellschaftlich-normativen Werten (z.B. des Systems Schule) wäre zu prüfen und entsprechend herzustellen. Darin kommt zum Ausdruck, daß nicht ausschließlich die unmittelbare Umgebung des behinderten Menschen (das Mikrosystem), sondern auch die Lebensbedingungen größerer Reichweite (Meso-, Exo und vor allen Dingen Makrosysteme) thematisiert werden müssen. Insgesamt eröffnet der ökosystemische Ansatz als theoretische Standortbestimmung Handlungsperspektiven für integrative Prozesse auf den unter 1.3.1 genannten Ebenen.

2. Integrative Pädagogik der Freizeit

2.1 Verständnis als Teildisziplin der Erziehungswissenschaften

Bereits 1929 verwendete der Erwachsenenbildner KLATT für die pädagogischen Gestaltung von Bildungsfreizeiten den Begriff »Freizeitpädagogik«. Bis heute wird er zur Kennzeichnung eines offensichtlich klar umschriebenen, eigen- wie randständigen Praxisfeldes der Erziehungswissenschaft verwendet, selbst wenn er seit 1976 von Vertretern einer sich interdisziplinär entwickelnden Freizeitforschung durch den Begriff »Pädagogik der Freizeit« ersetzt wurde. Horst OPASCHOWSKI (1990), einer der führenden Freizeit- und Tourismusforscher und Herausgeber einer grundlegenden Buchreihe, die systematisches Wissen aus den Bereichen Pädagogik, Psychologie, Soziologie, Ökonomie, Ökologie und Tourismusforschung vermittelt, spricht in dem ersten Band von »Pädagogik und Didaktik der Freizeit«. Als primäre Freizeitpädagogik (vgl. RÜDIGER 1977, 153) stellt die

Pädagogik und Didaktik der Freizeit eine spezielle Teildisziplin der Erziehungswissenschaft dar und ist damit in den allgemeinen Differenzierungsprozeß innerhalb der Erziehungswissenschaft einzuordnen, in dessen Verlauf sich weitere Gegenstandsbereiche wie Familienpädagogik, Vorschulpädagogik, Spielpädagogik, Schulpädagogik, Berufspädagogik, Kulturpädagogik, Kunstpädagogik, Sportpädagogik, Musikpädagogik, Erwachsenenpädagogik, Altenpädagogik, Sozialpädagogik, Ausländerpädagogik und auch die Sonder- und Heilpädagogik herauskristallisiert haben. Da innerhalb jeder dieser Teildisziplinen zentrale Fragen und Probleme der Freizeit sekundär thematisiert werden und jede einzelne Disziplin diese im Rahmen ihres Erziehungs- und Bildungsanspruches auch zu lösen versucht, können wir eine Pädagogik und Didaktik der Freizeit als einen aspektübergreifenden Gegenstandsbereich und als einen Verbund pädagogischer Teilaufgabengebiete (vgl. OPASCHOWSKI 1990, 160) auffassen. Als nicht autonom denkende und handelnde Wissenschaftsdisziplin, sondern als eine holistisch ausgerichte Integrationswissenschaft ergänzt sie die pädagogischen Teildisziplinen, arbeitet die wechselseitigen Beziehungen heraus, übernimmt damit transdisziplinär bisher weitgehend zusammenhanglose Teilaufgaben der Allgemeinen Pädagogik und versucht die voneinander getrennten pädagogischen Tätigkeitsfelder zusammenzuführen und zur kooperativen Zusammenarbeit zu bewegen. Eine solche primäre Pädagogik und Didaktik der Freizeit unterscheidet sich hinsichtlich ihrer generellen Zielsetzung von der Allgemeinen Pädagogik nicht. Sie selbst fungiert als integratives Element, das grundsätzlich die historisch produzierten Distanzen auf ganz unterschiedlichen Ebenen abbauen und neue Verhältnisse herstellen kann. So gesehen ist Freizeitpädagogik bereits eine Integrationspädagogik.

2.2 Kritische Anmerkungen zum Theoriestand

Der Integrationsgedanke allerdings, wie wir ihn ganz konkret auf der Ebene der Subjekte und im speziellen zwischen behinderten und nichtbehinderten Menschen diskutieren, ist noch nicht hinreichend ausformuliert. Auch eine Integrationspädagogik, wie sie sich vor allem im Kontext der Bemühungen der schulischen Integration behinderter Schülerinnen und Schüler für die pädagogische und didaktische Gestaltung des gemeinsamen Unterrichts theoretisch und praktisch entwickelt hat (vgl. EBERWEIN 1990), existiert als handlungsleitende Konzeption für den Lebensbereich Freizeit bislang nicht. Lediglich in einigen Fachwissenschaften und –didaktiken, wie beispielsweise im Sport als einem essentiellen Bereich der Einlösung von Freizeitbedürfnissen, sind diesbezüglich erfreuliche Entwicklungen festzustellen. Zur Hervorhebung der Nichtaussonderung im Sport sprechen die Sportwissenschaftler hier von Integrationssport (vgl. z.B. FEDIUK 1992) und die Praktiker von »Sport ohne Grenzen« (LAURISCH 1998, 348) oder von »Sport für alle« (RHEKER 1993).

So bleibt zunächst einmal kritisch festzuhalten, daß sowohl in den »sekundären Freizeitpädagogiken«, die den Freizeitbereich als Teilgebiet von ihrem jeweiligen pädagogischen Handlungsfeld ableiten (z.B. von der Kunstpädagogik die Kreativitätserziehung oder von der Gruppenpädagogik die Sozialerziehung), als auch in der »primären Freizeitpädagogik«, die Freizeit als ein den sekundären Freizeitpädagogiken übergeordnetes, selbständiges Erziehungs- und Bildungsfeld mit spezifischer didaktisch-methodischer Konzeption versteht, das »Prinzip der Nichtaussonderung« allenfalls angesprochen, aber nicht konsequent in Theorie und Praxis entfaltet wird. Wenn ich diesem in der Fachwelt auf allgemeine Akzeptanz und transdisziplinär verwendeten Begriff »Pädagogik und Didaktik der Freizeit« deshalb den Terminus »integrativ« voranstelle, möchte ich mich nicht grundlegend von dieser Bezeichnung für eine allgemeine wissenschaftstheoretische Freizeitpädagogik absetzen, auch nicht noch mehr Verwirrung stiften, sondern ganz pragmatisch und pointiert auf einen realen Tatbestand aufmerksam machen: Behinderte Menschen erleben ihre Freizeit trotz erfreulicher Initiativen vor Ort noch immer weitgehend in sozialer Desintegration! Die sozialen Teilhabechancen an Freizeitangeboten für »jedermann« erweisen sich für Menschen mit Behinderungen als Problem. Integrative Formen der Freizeitgestaltung, bei der behinderte und nichtbehinderte Menschen auf Zeit miteinander in Kontakt kommen (z.b. im Urlaub bzw. auf Reisen) oder dauerhaft in Kontakt bleiben können (z.b. in einem Verein) sind zweifelsohne auch in Anhängigkeit von Art und Schweregrad der Behinderung sowie einigen weiteren Variablen (vgl. hierzu MARKOWETZ 1997b, 276 ff.) zu sehen, aber noch immer die Ausnahme und noch lange keine Selbstverständlichkeit.

Statt dessen hat sich ein relativ eigenständiger, behinderungsspezifischer und sozial von Nichtbehinderten isolierter Freizeitbereich für Behinderte entwickelt und verselbständigt, der im wesentlichen als Arbeitsgebiet in den Verantwortungsbereich der Allgemeinen und Speziellen Behindertenpädagogik fällt. Die EMPFEHLUNGEN DER BILDUNGSKOMMISSION DES DEUTSCHEN BILDUNGSRATES zur pädagogischen Förderung Behinderter und von Behinderung bedrohter Kinder und Jugendlicher von 1973 mündeten in eine Vielzahl (heil-)pädagogischer Bemühungen, die insgesamt auch die Freizeitsituation Behinderter deutlich verbessert und beachtliche qualitative Fortschritte erzielt haben. Allerdings konnte der auch dort formulierte Anspruch, die Freizeit Behinderter in sozialer Integration zu gestalten, bislang nicht oder nur in Ansätzen eingelöst werden.

2.3 Behindertenpädagogik versus Integrationspädagogik

Heute, am Ende des Jahrhunderts zwingt genau dieses ungelöste Problem, die Frage der Integration Behinderter die Behindertenpädagogik zum Nachdenken, zur kritischen Reflexion ihres Selbstverständnisses und läßt Zweifel an der eigenen Arbeit aufkommen (vgl. BACH 1999). Aus dem von EBERWEIN (1995) pronocierten Paradigmenwechsel von der Behindertenpädagogik zur Integrationspädagogik wird trotz berechtigter Einwände (z.B. MÖCKEL 1996) die Krise der Sonderpädagogik (vgl. z.B. JANTZEN 1995) deutlich: Die Allgemeine Behinderten-/Heil-/Sonder-/Rehabilitationspädagogik entfernt sich ebenso von der Allgemeinen Pädagogik wie ihre jeweiligen Teildisziplinen (z.B. die Freizeitpädagogik) von der »Pädagogik und Didaktik der Freizeit« als Teildisziplin der Allgemeinen Pädagogik. Das Besondere hat sich vom Allgemeinen und das Allgemeine vom Besonderen getrennt. Die Unterschiede, nicht die Gemeinsamkeiten haben den Gang der Dinge bestimmt. Semipermeable Strukturen zwischen den beiden »Pädagogiken« waren schnell verstopft und zwei parallele, immer weniger miteinander korrespondierende, aber offensichtlich in sich funktionierende Pädagogiken sind entstanden.

Aus der *einen* Pädagogik hat sich trotz ihrer wechselvollen Geschichte (vgl. hierzu MÖCKEL 1998) schnell ein in sich geschlossenes System einer »besonderen« Pädagogik entwickelt. Die Regelpädagogik hat weitgehend die Konturen einer »regulären« Pädagogik beibehalten und zum Regelsystem ausgebaut, das den Pfad des »Allgemeinen« nicht verlassen mußte. So hat die Behindertenpädagogik die Kontakte zur Regelpädagogik verloren, die Bezüge vernachlässigt und war rege damit beschäftigt, das Problem »Behinderte« theoretisch und praktisch zu isolieren und sich ihm handlungskompetent, in bester Absicht und das Wohl des behinderten Menschen nie aus den Augen verlierend, zuzuwenden. Der Regelpädagogik hingegen kann ein mangelndes Interesse an der Erziehung, Bildung und Förderung von besonderen Zöglingen und die bewußte Inkaufnahme der Verabschiedung behinderter und sozial benachteiligter Menschen in die Zweitklassigkeit vorgeworfen werden. Der Behindertenpädagoge FEUSER (1998, 23 ff.) bringt deshalb auch unmißverständlich zum Ausdruck, daß eine so verstandene Form der »Allgemeinen Pädagogik« die an sie gestellten Erwartungen nicht erfüllt und deshalb zu Unrecht mit dem Prädikat »allgemein« kokettiert. Zur Überwindung der historisch gewordenen Parallelität von Regel- und Sonderpädagogik fordert er eine Neukonzeption der Pädagogik sowie die Integration der Behindertenpädagogik in die Erziehungswissenschaft und spricht von einer »Allgemeinen (integrativen) Pädagogik« (ebd. 1998, 24).

2.4 Überlegungen zur Entwicklung einer integrativen Pädagogik der Freizeit

So stellt sich heute die Frage, inwieweit eine »Pädagogik und Didaktik der Freizeit« als Erziehungswissenschaft das Allgemeine herausstellen kann und als Gesellschaftswissenschaft kritisch und prospektivisch-visionär genug sich die Frage nach den Widersprüchen unseres Jahrhunderts (z.B. Globalisierung, Individualisierung, Normenverlust, radikaler Wertewandel u.a.), nach den gesellschaftlichen Verhältnissen und Problemen stellt (z.B. gesellschaftlich produzierte Ungleichheiten, neue Armut, Abbau sozialer Systeme, Rassismus, Behindertenfeindlichkeit, Verschwinden der Kindheit u.a.) und welche Antworten eben eine »Allgemeine (integrative) Pädagogik« und eine »(integrative) Pädagogik und Didaktik der Freizeit« als Teildisziplin theoretisch herausarbeiten und in die pädagogische Praxis transponieren kann.

Das Thema Freizeit kann aus diesen Zusammenhängen nicht herausgelöst und als eingeständiges Problem aufgefaßt werden. Wer sich pädagogisch mit dem Lebensbereich Freizeit auseinandersetzt muß wissen, daß Freizeit nach wie vor eine »ungelöste Aufgabe der Gesamtpädagogik« (OPASCHOWSKI 1990, 143) ist. Eine solche Auffassung entspricht auch dem Selbstverständnis einer integrativen Pädagogik und Didaktik der Freizeit im weiteren Sinne. Freizeit wird hier als ein nicht abkoppelbarer Bestandteil des Gesamtlebens angesehen, der eine ökologisch orientierte Kooperation mit diesen verschiedenen Lebensbereichen zwingend einfordert, nach einem ökosystemischen Denken verlangt und ein stark vernetztes Handeln im Sinne einer Feinabstimmung der Mikro-, Meso-, Exo- und Makrosysteme (vgl. BRONFENBRENNER 1978, 1981) unumgänglich macht. Eine solche Pädagogik gerät allerdings sehr schnell in Verdacht, die Rolle einer multidimensionalen »Oligo-Pädagogik« einnehmen zu wollen, die transsituativ durch alle Lebensbereiche alles im Blick und im Griff hat und auf die eingangs skizzierten Probleme wie ein »Breitbandantibiotikum« schnell und spezifisch wirkt. Lobenswerterweise beabsichtigt zwar eine solche »Totalpädagogik«, ihre Betriebsblindheit zu überwinden, doch besteht auch die Gefahr, »den Wald vor lauter Bäumen nicht mehr zu sehen«, weil die intensive Auseinandersetzung mit allen menschlichen Lebens- und Erfahrungsfeldern sowie das Aufspüren und Vernetzen der dort ablaufenden Vorgänge eine Disziplin allein ganz schnell überfordern würde.

Auch eine integrative Pädagogik und Didaktik der Freizeit im engeren Sinne tut deshalb gut daran, einige Facetten begründet auszublenden und sich auf die wesentlichen Gegenstände zu beschränken. So dürfen wir sie zunächst einmal als einen Teil der »Allgemeinen Pädagogik« auffassen, die die Subjektivität des einzelnen und die sozialen Beziehungen zwischen den Subjekten im Allgemeinen und zwischen Behinderten und Nichtbehinderten im Speziellen ins Zentrum ihrer Betrachtungen rückt und sich offensiv und wertgeleitet an der Fort- bzw. Neuschreibung einer zeitgemäßen »Grammatik des sozialen Umgang miteinander« (vgl. KOBI 1993, 413 ff.) beteiligt. In Anerkennung der Tatsache, daß Einstellungen, Haltungen und Vorurteile gegenüber sozialen Objekten vom Menschen sehr früh erworben werden (vgl. CLOERKES 1985, 298 ff.), halte ich es darüber hinaus für legitim, wenn sich eine integrative Pädagogik und Didaktik der Freizeit im engeren Sinne auf die sozialerzieherischen, lernenden und bildenden Prozesse der frühen Kindheit, der Kindheit, Jugend und des Übergangs in das Erwachsenenalters konzentriert und ihren Gegenstandsbereich mit Blick auf eine realistische, praktische Umsetzung auf ausgewählte Freizeitbereiche bündelt.

Unabhängig von einem weiten oder engen Selbstverständnis einer integrativen Pädagogik und Didaktik der Freizeit, hat sie sich an der Lösung gesellschaftlich-sozialer Probleme prozessual und in kleinen Schritten zu beteiligen, diese ernst zu nehmen, in ihren jeweiligen Kontext einzuordnen, angemessen zu berücksichtigen und sensibel darauf zu reagieren. Es darf aber nicht erwartet werden, daß eine integrative Pädagogik und Didaktik einmal mehr als eine »heilbringende« Pädagogik mit dem unlösbaren Anspruch antritt gesellschaftlich optimale und sozialverträgliche Verhältnisse (wieder)herzustellen. Das kann und braucht sie auch gar nicht, denn weder die Erziehungswissenschaft noch die praktische Pädagogik ist allein verantwortlich für den gegenwärtigen Zustand der Gesellschaft. Eine integrative Pädagogik und Didaktik fußt zwar stets auf gesellschaftlichen Realitäten und versucht, mit ihren Mitteln kritisch darauf Einfluß zu nehmen. Die Wirksamkeit dieser pädagogischen Bemühungen bleibt allerdings offen.

In diesem Kontext mag der Terminus »integrative Pädagogik und Didaktik der Freizeit« allzu schnell suggerieren, daß hier von einem wissenschaftlichen und praktischen Arbeitsgebiet der Allgemeinen Pädagogik die Rede ist, das in besonderem Maße auf gesellschaftliche Veränderungen mit ihren vielfältigen sozialen Problemen angemessen reagiert und diese grundlegend zu lösen vermag. Eine integrative Pädagogik und Didaktik der Freizeit ist keine »Neuschöpfung«, die die pädagogische Theorie und Praxis um eine Variante bereichern möchte. Ich spreche deshalb lieber von einer integrativen Pädagogik und Didaktik der Freizeit, die den uns ohnehin bekannten und geläufigen Theorien, Modellen, Konzepten und Ansätzen weder neben-, noch gleich-, sondern übergeordnet ist. Das wesensbestimmende Moment ist lediglich das des Integrativen. In der erziehungswissenschaftlichen Diskussion ist dieses Moment allerdings noch nicht ernsthaft und durchgängig aufgenommen worden. Die Bezeichnung integrative Pädagogik und Didaktik der Freizeit ist deshalb durchaus Ausdruck für bislang weder zufriedenstellend praktisch Realisiertes, noch für wissenschaftlich fundiert theoretisch Herausgearbeitetes. Eine integrative Pädagogik und Didaktik der Freizeit muß deshalb noch in Theorie und Praxis entwickelt werden.

Dabei sollte eine integrative Pädagogik und Didaktik der Freizeit nicht den Anspruch erheben, eine »neue Pädagogik« für den immer wichtiger und bedeutender werdenden Lebensbereich Freizeit erfinden zu wollen, geschweige denn sich mit den bestehenden Auffassungen vor allem der allgemeinen Pädagogik anfeinden. Im Gegenteil: Sie sollte nach übergreifenden pädagogischen und didaktischen Konzeptionen fragen und damit auch die Verhältnisse zwischen Freizeit, Schule, Unterricht, Beruf, Gesellschaft, vor- und nachschulischer Erziehung, Bildung, Förderung, Pflege und Therapie in Theorie und Praxis neu überdenken. Dazu kann sie sich durchaus auf bestehende Theorien berufen. Eine integrative Pädagogik und Didaktik der Freizeit fordert deshalb alle Vertreter pädagogischer wie didaktischer Positionen zu einer gründlichen und kritischen Reflexion und Analyse ihrer Denk- und Handlungsschemata auf allen Ebenen hinsichtlich des »Phänomens Integration« auf statt diese zu entlasten und einen Alleingang zu starten, dem dann niemand folgen möchte. Der vorangestellte Terminus »integrativ« stellt also eine Hilfskonstruktion dar, die in besonderer Weise darauf aufmerksam macht, daß der allgemeinen »Pädagogik und Didaktik der Freizeit« (OPASCHOWSKI, 1990) das Wesensmoment des Integrativen noch fremd und nicht durchgängig immanent ist. Er ist deshalb solange aufrechtzuerhalten, bis eine Neukonstruktionierung von allgemeiner Pädagogik und Didaktik der Freizeit in integrativer Form vollzogen ist und die Trennung vor allem der »Regelfreizeitpädagogik« und der »Sonderfreizeitpädagogik« überwunden ist. Integrative Pädagogik der Freizeit ist Pädagogik und nichts anderes als Pädagogik! Aber eine Pädagogik, die sich nicht länger vor den Bedingungen drückt, die die Erziehung und Freizeitgestaltung erschweren (vgl. hierzu MOOR 1999, 43 ff.), sondern sich ernsthaft, umfassend und tiefgreifend darum bemüht, allen zu erziehenden Subjekten gleichermaßen zur Verfügung zu stehen und darüber hinaus ernsthaft versucht, die Subjekte wieder einander näher zu bringen und neue Sozial- und Umgangsformen hervorzubringen. Keine leichte Aufgabe also für eine Pädagogik, die den vorangestellten Terminus allgemein verteidigen oder sich vielleicht erst verdienen muß! Und keine leichte Aufgabe für eine Pädagogik, die ohne qualitative Verluste hinnehmen zu müssen, auf ihre vorangestellten Termini »Heil-«, »Rehabilitations-«, »Behinderten-« oder »Sonder-« verzichten kann.

3. Integrative Didaktik der Freizeit

3.1 Freizeitdidaktik versus Schuldidaktik

Während OPASCHOWSKI (1990, 177) die Meinung vertritt, daß die klassischen Didaktiken »um einen neuen didaktischen Ansatz – die animative Didaktik – erweitert werden » muß, weil eine schuldidaktische Aufbereitung Freizeitsituationen und deren Inhalte deformieren würden, verweist KLAFKI (1984, 65) sehr früh darauf, daß Freizeitdidaktik und Schuldidaktik viele Überschneidungen zeigen. KLAFKI (ebd., 64) warnt davor, »den Begriff Freizeitdidaktik aus einer Abgrenzungsneurose heraus so scharf wie möglich abzugrenzen« und hält es für notwendig, »den bisherigen Didaktikbegriff zu erweitern«. Folgen wir dem weitgefaßten Didaktikverständnis von DOLCH (1965, 45), wird deutlich, daß sich die Didaktik als »Wissenschaft und Lehre vom Lernen und Lehren überhaupt« nicht auf den schulischen Unterricht beschränkt, sondern in der Vergangenheit sich lediglich darauf konzentriert hat. Man handelte nach dem Motto: »Schule ist Schule und Freizeit ist Freizeit! – Nicht die Freizeit, sondern die Schule bereitet auf das Leben vor!« Schule und Arbeit bildeten eine logische Achse, an der sich die Freizeit spiegelte. Als Komplementärbegriff verwendet, schwingt bei der Verwendung des Wortes Freizeit Verzicht auf Anstrengung und Qualität, Unverbindlichkeit und Freiwilligkeit mit.

Heute zeigt sich, daß auch an Schulen zur Gestaltung des Schullebens beraten, angeregt, animiert wird und didaktische Konzeptionen, wie z.B. die des handlungsorientierten oder des in Projekten organisierten und lebensweltorientierten Unterrichts entwickelt wurden, die prinzipiell hohe Affinität zu den angewandten Methoden der Freizeitdidaktik aufweisen. Durch den gesellschaftlich bedingten Wandel der Schulen und den daraus resultierenden Aufforderungen von Schulpädagogen, »die Schule neu zu denken und zu machen« (vgl. von HENTIG 1993, VOß 1996, WINKEL, 1994), sind zwischenzeitlich Dimensionen des Lebens in Schule und Unterricht zu berücksichtigen, die bislang eher in Verbindung zur Freizeit gebracht und ihr überlassen wurden. Umgekehrt hat sich zwischenzeitlich auch das Bewußtsein von Freizeit entscheidend verändert. Während die Befriedigung von subjektiv-individuellen Bedürfnissen wie Erholung, Entspannung, Zerstreuung, Ruhe, Muße etc. noch immer als »schöne Nebensache« angesehen wird, waren es vor allem die gesellschaftlichen Zielfunktionen Kommunikation, Integration, Partizipation und Enkulturation, die neue Formen der Erziehung und Bildung hervorbrachten und gewisse Vorleistungen der Schuldidaktik, vor allem der Fachdidaktiken (z.B. Sport, Musik, Kunst etc.), einbezogen. Heute können wir sagen, daß Schule nicht mehr nur Schule ist und Freizeit eben auch nicht mehr nur Freizeit ist. Die Unterteilung in idealtypische Lebenszeiten verschwimmt. Diese Interdependenz haben wir bei unseren didaktische Bemühungen unabhängig von Ort und Zeit zur Kenntnis zu nehmen. Es muß sich das Bewußtsein durchsetzen, daß Schule und Freizeit vorprogrammierte und durchorganisierte Lehr- und Lernformen genauso brauchen wie offene Formen, die den Beteiligten ein Höchstmaß an Wahl- und Entscheidungsfreiheiten und Handlungsspielräume unter dem Aspekt der Individualisierung und Differenzierung einräumen. Diese Balance zwischen geschlossen und offen strukturierten Vermittlungsformen stellt ein spezifische Leistung integrativer Pädagogik und Didaktik dar. Ein völlige Befreiung von inhaltlichen Vorgaben ist dabei genausowenig hilfreich wie die einseitige Favorisierung nicht-direktiver Verfahren zur Entfaltung von Fähigkeiten, weil dadurch auch der erzieherische Anspruch verloren gehen kann und pädagogische Absichten willkürlich werden. Eine integrative Freizeitpädagogik und Didaktik muß deshalb auch die Frage klären, wozu erzogen werden soll, und seine Vorstellungen von Bildung als Ausdruck pädagogisch-erzieherischer Bemühungen präzisieren.

Fest steht, daß im Vergleich zur Schulpädagogik eine integrative Pädagogik und Didaktik der Freizeit die Mikrostrukturen der einzelnen zeitlichen Einheiten, in denen sich Freizeit alltäglich abspielt, nicht so streng rational, systematisch und lückenlos plant und konsequent durchorganisiert. Schriftlich fixierte Entwürfe und theoretisch lückenlos begründete wie reflektierte Ausführungen sind nicht die Regel. Die Freizeitpädagogik und -didaktik ist und bleibt »Didaktik zum Anfassen« (GUDJONS 1997). Sie bemüht sich darum, Freizeit so lebendig zu gestalten, daß die Erwartungen aller Beteiligten erfüllt und zumindest so positiv erlebt werden, daß sie sich weiterhin mit ihrer Freizeitaktivität identifizieren und daran teilnehmen wollen. Zufriedenheit stellt sich dann ein, wenn persönliches Versagen ausbleibt und die Atmosphäre stimmt. Die sonst so dominanten Inhalte, mit denen man sich üblicherweise sachlogisch, curricular angeordnet, unter dem Diktat von Lehrplan und Fachdidaktik lernend und unter Leistungsdruck auseinandersetzen muß, treten in den Hintergrund. Das gleiche gilt für Ziele, die sich in operationalisierter Form auf diese Inhalte beziehen. Die Beziehungen der Teilnehmer/-innen bestimmen im wesentlichen das Inhaltslernen. In besonderer Weise gilt für die Didaktik der integrativen Freizeitpädagogik das Primat der Beziehungen vor den Inhalten und Zielen. Im Vordergrund steht der Aufbau, die Pflege und der qualitative Ausbau der Beziehungen. Die Freiwilligkeit und Zwanglosigkeit der Freizeit und die Loslösung vom Zeitdruck kommen dabei dem freizeitdidaktischen Anspruch, solche beziehungsmäßige Kontexte zu schaffen, besonders entgegen. Stimmen die Beziehungen, können die Teilnehmer/-innen sich in kooperativer Weise an ein und der gleichen Sache spielend, lernend, arbeitend betätigen und ihren individuellen wie gesellschaftlichen Freizeitbedürfnissen nachkommen. Grundlage der integrativen Pädagogik und Didaktik ist der Kontext der Beziehungen. Dialogische Verfahren bestimmen Art und Weise, Umfang, Intensität und Qualität der Freizeitinhalte, mit denen man sich beschäftigt. Dieser Denkansatz betont den Dialog, wie er von Interaktionspartnern in sozialen Gruppen praktiziert wird. Aber auch ein Monolog, den eine Person mit sich führt (z.B. wenn es ihr darum geht, ganz allein und unter Ausschluß der Öffentlichkeit die eigene Freizeit zu organisieren und private Freizeitbedürfnisse auszuleben), ist eine Form des Dialogs, da stets externe Aspekte, die Beziehungen zu sich und den anderen, verschiedene Umweltvariablen, normative Setzungen sowie Gesellschafts- und Machtverhältnisse vollständig oder passager, bewußt oder unbewußt mitgedacht und einbezogen werden.

3.2 Die Beziehungsdimension

Die Betonung der Beziehungsdimension schließt aber die Begegnung mit den Inhalten nicht aus. Inhalte stiften Beziehungen und im Kontext von Beziehungen kann man allein, in stabilen oder wechselnden Gruppen, vorübergehend oder dauerhaft, mit oder ohne personelle und materielle Hilfen sehr unterschiedlichen Inhalten nachspüren. Die Interaktionsteilnehmer haben konkrete Vorstellungen darüber, welche Ziele sie wie, wann, wo, mit wem, wozu und in welcher Zeit erreichen wollen, um ihre Freizeitbedürfnisse angemessen befriedigt zu wissen. So gesehen wird auch in der Freizeit gelernt und gelehrt. Aus didaktischer Sicht erinnern solche Lernprozesse im Gegenstandsfeld Freizeit sehr stark an das schulische Lernen nach der Lerntheoretischen Didaktik (vgl. SCHULZ 1995), vor allem wenn wir die sehr weite Definition DOLCHS (1965, 45) zugrunde legen: Didaktik »ist die Wissenschaft (und Lehre) vom Lernen und Lehren überhaupt. Sie befaßt sich mit dem Lernen in allen Formen und dem Lehren aller Art auf allen Stufen ohne Besonderung auf den Lerninhalt«.

Dem könnte man sicher zustimmen, wären da nicht ein paar grundlegende Unterschiede zu nennen. Es gibt kein Gesetz, das den Besuch von außerschulischen Bildungseinrichtungen regelt und die Menschen verpflichtet, sich im Freizeitbereich lernend zu betätigen sowie ihre dabei erbrachten Leistungen nachzuweisen. Bei der Ausübung von Freizeit ist man zunächst einmal frei, selbst wenn darauf hinzuweisen ist, daß das Freizeitverhalten gesellschaftlich geprägt ist, von mehreren sich wechselseitig bedingenden Wirkvariablen abhängt und von der Freizeitindustrie in immer stärkerem Maße beeinflußt wird. Dennoch ist die Fremdbestimmung und die Auswahl der Inhalte, mit denen man sich in seiner Freizeit beschäftigen möchte, weitaus weniger vorgegeben, bereits verbindlich vorsortiert und curricular geordnet wie in der Schule. Der Freizeitgestaltung liegt das Prinzip der Freiwilligkeit und der Selbstbestimmung zugrunde. Für die Qualität seines Freizeiterlebens ist man weitgehend selbst verantwortlich. Die Freiheitsgrade bei allen zu treffenden Entscheidungen sind größer und ziehen eine selbstorganisierte Umsetzung nach sich. Allerdings kann nicht erwartet werden, daß bereits Kinder bei ihrer Freizeitgestaltung über die hierzu notwendigen Fähigkeiten verfügen. Eine integrative Freizeitpädagogik muß deshalb die Menschen bei der Ausbildung solcher Kompetenzen anleiten und sich an ihrer Erziehung zu einem mündigen Gesellschaftsmitglied beteiligen, das in solidarischer Absicht seine Freizeit gestalten kann und kritisch mit gesellschaftlichen Realitäten umzugehen vermag. Ziel und Aufgabe einer integrativen Didaktik der Freizeit ist es, den Menschen zu befähigen, mit sich selbst und anderen jenen Dialog führen zu lernen, damit er allein und/oder in Kooperation mit anderen, unabhängig vom Inhalt, seine Freizeit gestalten kann. Einer integrativen Didaktik der Freizeit geht es nicht mehr darum, didaktisch aufzuarbeiten, was in der Freizeit potentiell alles inhaltlich gemacht werden kann, sondern im wesentlichen um die Dialogfähigkeit der beteiligten Subjekte.

3.3 Didaktisch-methodische Gestaltung zwischen Selbst- und Fremdsteuerung

Die Qualität des Erlebens von Freizeit hängt des weiteren davon ab, wie der Lebensbereich Freizeit einmal als Ganzes und zum anderen jede einzelne Freizeitaktivität didaktisch-methodisch gestaltet sind. Dabei drängt sich ganz schnell die Frage auf, wer die Aufgabe dieser Gestaltung zu leisten hat. Fassen wir den mündigen Menschen als Akteur und Konstrukteur seiner Freizeitgestaltung auf, ist jeder Mensch, auch wenn wir das als Pädagog/-innen nicht gerne hören und wahrhaben wollen, selbst Pädagoge und Didaktiker. Autodidaktisch trifft er essentielle, vielleicht nicht immer theoretisch reflektierte und lückenlos begründete, sondern mehr oder minder bewußte und subjektiv-intuitive Entscheidungen über Inhalte, Ziele, Methoden, Sozial- und Interaktionsformen, Dauer, Intensität und Qualität etc. seines Freizeit(er)lebens. Es wäre illusionär zu glauben, daß diese, seine selbstbestimmt gefällten Entscheidungen freier von gesellschaftlichen Zwängen, Wertvorstellungen, Machtverhältnissen, produzierten Ungleichheiten und sozialen Realitäten wären als die der professionellen pädagogischen Helfer. Ein ganze Reihe von Einflußvariablen, wie z.B. seine Schul- und Berufsbildung, sein ausgeübter Beruf, sein Einkommen, seine Lebenslage, seine ökonomischen Verhältnisse, sein soziales Netz etc., steuern auch sein didaktisches Geschick und regeln seine Teilhabechance am gesellschaftlichen Freizeit(er)leben. Mehr als wir vielleicht glauben, werden wir auch im Lebensbereich Freizeit fremdgesteuert, obwohl wir gerade mit Freizeit das Gefühl einer unendlichen Freiheit assoziieren. Andererseits nehmen wir zugleich auch an vielen Freizeitaktivitäten teil, die bereits so organisiert und strukturiert sind, daß wir sie gerade deswegen aufsuchen und von den durchaus auch pädagogisch durch die verantwortlichen Freizeitleiter/-innen zelebrierten Inhalten angetan sind (z.B. Cluburlaube, Kinder- und Jugendfreizeitmaßnahmen, Jugendarbeit in Vereinen, Kurse an Kunst-, Musik- und Volkshochschulen, soziale Ereignisse wie z.B. ein regionales Heimatfest, ein Kulturspektakel oder ein Sportevent). Anerkennend dürfen wir feststellen, daß die Praxis solcher Freizeitveranstaltungen durchaus nach didaktisch-methodischen Gesichtspunkten gestaltet wird und eine gewisse didaktische Qualität aufweist. In Abgrenzung zur Autodidaktik könnten wir hier von katalytisch einwirkender Fremddidaktik sprechen.

Eine Didaktik der Freizeit hat sich deshalb im Vergleich zur Schuldidaktik zunächst einmal in entscheidend anderer Weise mit dem Problem zu beschäftigen, ob sie überhaupt – und gegebenfalls von wem – betrieben werden muß. Wenn wir uns die Frage stellen, wer die Rolle des Freizeitdidaktikers personell besetzen kann, werden wir mehrfach antworten können. Je nachdem welche Person oder Personengruppe uns gerade einfällt, werden wir gleichsam merken, daß sie zur Erfüllung auch sehr unterschiedliche Kompetenzen benötigen. Ohne Anspruch auf Vollständigkeit und mit Blick auf meine weiteren Ausführungen zur Didaktik können wir sagen, daß eine Didaktik der Freizeit eine Didaktik ist, die

1. jeder einzelne Mensch solitär (je nach Indivuallage auch mit nicht einflußnehmender Assistenz) selbstbestimmt praktiziert, wenn er situativ, kontextuell und prozessual Entscheidungen bezüglich der Gestaltung und Befriedung seiner individuellen und gesellschaftlichen Freizeitbedürfnisse trifft (autodidaktische Freizeitgestaltung),
2. von zwei oder mehreren Menschen kollektiv, mit oder ohne Anregungen und Hilfen von außen praktiziert wird, wenn sie sich untereinander absprechen und essentielle Entscheidungen treffen, um einen Teil ihrer Freizeit miteinander verbringen zu können,
3. von Freizeitleitern, -moderatoren oder -animateuren allein oder im Team unter den gegebenen Rahmenbedingungen und kontextuellen Abhängigkeiten praktiziert wird, wenn sie alle essentiellen Entscheidungen treffen, die für die Planung, Durchführung und Auswertung der von ihnen zu verantwortenden Veranstaltungen im Handlungs- und Erfahrungsfeld Freizeit notwendig sind,
4. kollektiv von allen Teilnehmern bestimmter Freizeitangebote praktiziert wird, unabhängig davon ob sie Konsument oder Anbieter sind, um möglichst viele Entscheidungen gemeinsam zu treffen und sich als gleichberechtigte Dialogpartner Freizeitgestaltungsmöglichkeiten zeitweise oder durchgängig zu eröffnen und neu- bzw. umzukonstruieren,
5. von der Freizeitindustrie in sehr vielfältiger und absichtsvoller Weise praktiziert wird, um dem Absatzmarkt Freizeit die notwendige Bedeutung zu verschaffen, Kunden zu aquirieren, Wege einer modernen Freizeitgestaltung aufzuzeigen und – sofern gewünscht – für jedermann begehbar zu machen,
6. von Vertretern und Repräsentanten der Gesellschaft praktiziert wird, um dem Lebensbereich Freizeit ein sozialpolitisches Gewicht zu geben, gesellschaftlich zu verorten, flächendeckende Neu- und Umorientierung zu schaffen und zukunftsperspektivisch norm- und gesetzgebend zu wirken,
7. von wissenschaftlichen Disziplinen zur Erforschung der Wirklickeit im Freizeitbereich auf meta-metatheoretischer Ebene praktiziert wird, um grundlegende Strukturmomente der Freizeit und freizeitpädagogischer Prozesse zu reflektieren, Zusammenhänge zu diskutieren und auf die Prozeßebene zur Verbesserung eines integrativen Vollzugs von Freizeit rückzuspiegeln.

3.4 Wegweisende didaktische Theorien, Modelle und Konzeptionen

Meine bisherigen Ausführungen haben deutlich gemacht, daß es schwer ist, eine universell gültige Didaktik der Freizeit zu postulieren, die alle genannten, sehr unterschiedliche Anspruchsniveaus berücksichtigt und allen Dimensionen der Freizeit und Aspekten freizeitpädagogischer Prozesse gerecht wird. Eine integrative Didaktik der Freizeit kann demnach keine grundlegend neue Didaktik sein, sondern ist eine Didaktik, die wesentliche Merkmale bereits postulierter klassischer und neuerer didaktischer Positionen aufgreift und auf den Lebensbereich Freizeit hin anzuwenden und in Einklang miteinander zu bringen versucht. Einige davon beschäftigen sich vorrangig mit der Vermittlung der Inhalte (Primat der Inhalte), andere mit den kommunikativen Strukturen und Beziehungen (Primat der Beziehungen) und wieder andere betonen sehr stark die wechselseitige Abhängigkeit dieser beiden zentralen didaktischen Dimensionen (Interdependenz). Zu nennen wären hier: Die animative Didaktik (OPASCHOWSKI 1990), die kritisch-kommunikative Didaktik (WINKEL 1980, 1995), die systemisch-konstruktivistische Didaktik (REICH 1996, 1997 und 1998), die subjektive Didaktik (KÖSEL 1993), die bildungstheoretische Didaktik (KLAFKI 1993, 1995), die entwicklungslogische Didaktik (FEUSER 1989, 1995, 1998, 1999), die lerntheoretische Didaktik (SCHULZ 1995), die curriculare Didaktik oder der lernzielorientierte Ansatz (MÖLLER 1995) sowie die didaktischen Vorstellungen der Themenzentrierten Interaktion (COHN 1975) und in Verlängerung davon die gestaltpädagogische Didaktik (BUROW 1988 und 1993). Es handelt sich hierbei um eine subjektive Auswahl an didaktischen Theorien, Konzepten und Modellvorstellungen, die in diesem Beitrag leider nicht ausführlich dargestellt werden können. Zur vertieften Auseinandersetzung mit den einzelnen Positionen muß auf die jeweilige Literatur verwiesen werden. Stellvertretend werde ich im folgenden lediglich drei didaktische Positionen skizzieren, denen ich einen besonderen Bedeutungsgehalt für die Konstruktion der Konturen eines integrativen Modells der Didaktik und der integrationspädagogischen Freizeitgestaltung beimesse.

3.4.1 Aspekte der animativen Didaktik (OPASCHOWSKI)

Bei der animativen Didaktik dominiert das Handlungslernen, das durch nicht direktive Verfahren und Methoden in hauptsächlich offenen Situationen in heterogenen Gruppen spontan und situationsangemessen angeregt werden soll. Durch Beratungen, Empfehlungen, Ermutigungen und belebende Momente sollen beim einzelnen oder der Gruppe die Begeisterung geweckt werden, eigene Fähigkeiten und Möglichkeiten zu entdecken und zu entfalten, unabhängig davon, ob sie schon vorhanden oder noch verborgen sind. Individuelle Zielsetzungen, größere und vielfältigere Handlungs- und Erfahrungsräume, instabile und heterogen zusammengesetzte Gruppen und das weitgehende Fehlen eines äußeren Zwanges sowie verbindlicher Leistungsansprüche, die evaluiert oder sanktioniert werden, bestimmen das didaktische Feld. Inhaltliche Vorgaben und Leistungsstandards gibt es nicht, vorprogrammierte und durchorganisierte Lern- und Sozialformen entfallen deshalb. Eine didaktische Planung im engeren Sinnen braucht und kann nicht geleistet werden. Zentraler Begriff ist der der »Animation«. Animation im Sinne von »beleben, ermuntern, in Stimmung bringen, begeistern, Impulse geben, Antrieb geben, motivieren, anregen, aktivieren, initiieren, ermutigen, befähigen« wird von OPASCHOWSKI (vgl. 1990, 178) als »nicht direktive Methode der Förderung von Kommunikation, kreativ-kultureller Selbsttätigkeit und sozialer Aktion« aufgefaßt und bezeichnet jede Aktivität, die den einzelnen Mitgliedern dazu verhilft »sich ihrer Situation, Bedürfnisse und Begabungen zunehmend bewußt zu werden, mit anderen Menschen zu kommunizieren und so aktiver am Leben des Gemeinwesens teilzunehmen, sich anzupassen an Veränderungen in der sozialen, urbanen und technischen Umwelt und an kommunikativen Veränderungen, ihre eigene Kultur zu vertiefen, was – genauer gesagt – umfaßt: die intellektuellen Fähigkeiten, die Kräfte des Ausdrucks und der Kreativität, die körperlichen Fähigkeiten...«. Als eine Methode soziokultureller und sozioedukativer Arbeit ist Animation eine demokratische wie humane Chance zur Anregung und Förderung von Kreativität (Lernen, sich auszudrücken), Kommunikation (Lernen, einander zu verstehen) und Partizipation (Lernen, sich mit anderen zu solidarisieren).

Die Wirksamkeit dieses Methodenkonzept hängt von drei Strukturmerkmalen ab: den Bedingungen der Teilnahme, den Voraussetzungen der Teilnahme und den Möglichkeiten der Teilnehmer, die sich in jeweils drei Leitprinzipien für das freizeitpädagogische Handeln und für eine Freizeitpädagogik als Erziehungspraxis widerspiegeln. Diese insgesamt *neun Leitprinzipien* haben eine Orientierungsfunktion für die didaktische Gestaltung der freizeitpädagogischen Praxis in offenen, teil-offenen oder geschlossenen Freizeitsituationen. Folgende Leitprinzipien gilt es, für die praktische Verwirklichung freizeitpädagogischer Zielvorstellungen zu reflektieren:
1. Erreichbarkeit: Freizeitangebote müssen räumlich (z.B. Wohnungsnähe, Einzugsgebiet, angemessene Entfernung), zeitlich (z.B. Zeitpunkt und Dauer, Öffnungszeiten), informatorisch (z.B. durch Mund-zu-Mund-Propaganda, Medien), motivational (z.B. den Neigungen, Interessen und Bedürfnisse entsprechen) und aktivitätsbezogen (z.B. keine überzogenen Anforderungen bezüglich der Teilnahme stellen) erreichbar sein
2. Offenheit: Für alle und für alles offen und flexibel sein
3. Aufforderungscharakter: Vier Formen der Animation mit unterschiedlichem Aufforderungscharakter lassen sich unterscheiden: sozialökologische Animation (z.B. durch Wohnung, Wohnumfeld, Stadt, Landschaft, Freundeskreis, Nachbarschaft, Gemeinwesen, Organisationen, Vereine, Kirchen), materielle Animation (z.B. durch Einrichtungen, Ausstattungen, Materialien, Sport- und Spielgeräte), mediale Animation (z.B. durch den Einsatz werbewirksamer Medien und neuer Technologien) und personelle Animation (z.B. durch persönliches Ansprechen)
4. Freie Zeiteinteilung: Möglichkeit zu flexibler Zeiteinteilung und Zeitverwendung; Selbstbestimmung über Dauer, Tempo, Intensität, Unterbrechungen, Rückzugsmöglichkeiten, Sozial- und Interaktionsformen
5. Freiwilligkeit: Möglichkeit, sich spontan und je nach Neigung bei prinzipieller Anerkennung der unterschiedlichen Bedürfnis- und Motivationsstruktur ohne Diskriminierungen verhalten zu dürfen
6. Zwanglosigkeit: Ungezwungene Teilnahme an Freizeitaktivitäten bei einem Minimum an notwendigen Regelungen und Institutionalisierung bei einem Maximum an Selbstbestimmung und Selbstorganisation als Garant für flexibles, spontanes und kreatives Handeln statt in Leistungsnormen und rigiden Vorschriften erstarrtes Agieren
7. Wahlmöglichkeit: Aus bestehenden Freizeitangebote auswählen und frei wählen können; Alternativen prüfen und zwischen diesen wählen können; frei kombinieren und wechseln können; eine Aktivität einstellen und etwas Neues anfangen können
8. Entscheidungsmöglichkeit: Eigene Entschlüsse fassen, zu ihnen stehen, sie bewerten und revidieren können; hierzu ist es notwendig Entscheidungskompetenzen auszubilden, um Entscheidungsspielräume überhaupt wahrnehmen und vermehrt nutzen zu können
9. Initiativmöglichkeit: Allein oder mit anderen initiativ werden, Inaktivität, Passivität, Konsumhaltung überwinden, eigene Animationseigenschaften entdecken, Akteur der eigenen Freizeitgestaltung werden, in bestehende Freizeitangebote eingreifen, mitbestimmen, umgestalten, eventuell sich neue Angebote erschließen.

Neben diesen neun freizeitdidaktischen Leitprinzipien für das pädagogische Handeln, wird noch auf folgende *zehn freizeitdidaktische Leitlinien* verwiesen, die wünschenswerterweise darüber hinaus berücksichtigt werden sollten:

1. Wohnungsnah planen,
2. gemeinsames Dach schaffen,
3. Angebotsvielfalt arrangieren,
4. Schwellenangst überwinden helfen,
5. Kontaktchancen erleichtern,
6. für Vertrauensoasen sorgen,
7. soziale Geborgenheit ermöglichen,
8. Freiräume für Eigeninteresse lassen,
9. neue Anregungen spielerisch vermitteln und
10. in ein persönliches Gespräch kommen.

Die animative Didaktik erweist sich als eine Didaktik im weiteren Sinne. Sie spricht die essentiellen Zusammenhänge des pädagogischen Handelns in offenen und sehr breit gefächerten Freizeitsituationen an und bestätigt die Notwendigkeit didaktischer Kompetenzen. Wie sich freizeitpädagogischen Animateure das spezifische Methodenkonzept der nichtdirektiven Anregung und Förderung aneignen, planerisch vorbereiten, konkret praktisch durchführen sowie kriterienbezogen selbstkritisch hinterfragen und evaluieren können, bleibt allerdings weitgehend ungeklärt. In dieser Hinsicht geben lediglich die *zehn Grundsätze* abschließend wertvolle Hinweise auf zu beachtende Dimensionen für das freizeitpädagogische Handeln nach der animativen Didaktik (vgl. OPASCHOWSKI 1990, 198):

1. Bereite eine einladend-entgegenkommende Empfangssituation vor!
2. Sorge für eine entspannt-offene Atmosphäre der Akzeptanz und des Wohlfühlens!
3. Stelle eine Vertrauensbasis für persönliche Ansprechbarkeit und gegenseitiges Zuhörenkönnen her!
4. Ermögliche ständige Orientierbarkeit und Übersichtlichkeit und schaffe Identifikationsmöglichkeiten und Bestätigungssituationen!
5. Habe und zeige Einfühlungsvermögen und verzichte auf Überlegenheiten!
6. Arrangiere Freizeitsituationen flexibel und veränderbar und plane Spontaneität der Teilnehmer ein!
7. Mache attraktive Wahlangebote und berücksichtige dabei Bedürfnisse nach individuellen Freiräumen und Rückzugsnischen!
8. Fördere zwanglose Kontakterlebnisse und unterstütze die Zusammengehörigkeit und Gruppenbildung!
9. Motiviere die Teilnehmer für neue Lernanregungen und interessiere sie für die aktive Teilnahme am sozialen und kulturellen Leben!
10. Fordere Eigeninitiative heraus und fördere die Selbständigkeit!

3.2.2 Aspekte der systemisch-konstruktivistischen Didaktik (REICH)

REICH (1996, 1997 und 1998) wendet sich gegen formalisierte, geschlossene Modelle der Didaktik, die sich auf die Reproduktion sicheren Wissens und scheinbar ewig währender Wahrheiten spezialisiert haben, die richtigen Wege hierfür vorgeben und dazu noch eine möglichst weitreichende Kontrolle darüber ausüben. Die systemisch-konstruktivistische Didaktik geht von einem grundlegend anderen Unterrichtsverständnis aus. Sie wendet sich gegen das Besserwissertum, die Dominanz der Inhalte und die kaum noch zu bewältigende Stoffülle. Statt dessen propagiert sie eine Laborschule, die auf Aktion und Arbeit beruht, Freiräume für die lernenden Subjekte schafft und den konstruktiven Charakter der Erkenntnis erhöht, in dem »Schüler und Lehrer aktiv, dialogisch und konstruktiv in die Auswahl, in ihre Konstruktion von Wirklichkeit eingreifen können und sollen« (REICH 1997, 258). Wahrheiten sind nicht festgeschrieben, sondern relativ. Da im Unterricht keine objektiven Wahrheiten mehr vermittelt werden können, ist es notwendig, sie sozial zu rekonstruieren. Wirklichkeitskonstruktionen sind miteinander auszuhandeln und zu diskutieren. Dabei ist jede Art der Konstruktion eine soziale Verständigung, die nicht von vorgegebenen Normen geleitet sein darf, sondern prozessual von allen Teilnehmern entwickelt und in den jeweiligen Kontexten fortgeschrieben werden muß. Solche Verständigung spiegelt die unterschiedlichen Wahrnehmungs- und Konstruktionsstandpunkt wider, legt Machtverhältnisse offen und führt automatisch auch zu Konflikten und Dissens. Das Produkt solcher Verständigungen ist Motivationsquelle und Ausgangspunkt für einen Problemlösungsprozeß, in dem die Auseinandersetzung mit den Inhalten und deren Aneignung integraler Bestandteil ist. Erst dadurch stellt sich eine Beziehung zu den Inhalten als Grundlage für ein selbstbestimmtes und selbsttätiges Lernen und als Potential für vielfältige Entwicklungsmöglichkeiten ein. Die Beziehung zu den Inhalten selbst ist ein Produkt des vorausgehenden Dialogs zwischen Lernenden und Lehrenden. Insofern postuliert die systemisch-konstruktivistische Didaktik einen Primat der Beziehungen vor den Inhalten. Kern dieser didaktischen Position ist die Analyse der Beziehungen und die Konstruktion einer Beziehungskultur als Grundlage aller pädagogischer Prozesse und erzieherischer Absichten.

Eine solche Didaktik kann nur noch kollektiv vollzogen und verantwortet werden. Das Modell, das Lehrern die Rolle des Besserwissers zuschreibt und sie autorisiert, alle didaktischen Entscheidungen vorwegzunehmen und autark zu entscheiden, hat sich überholt. Als Mehrwisser wird er zum Moderator, der in Beziehung zu seinen Schülern tritt, sie ernst nimmt, in demokratischer Absicht an allen Entscheidungen des didaktischen Feldes angemessen beteiligt, sie mitverantwortlich macht und sie zum gleichberechtigten Dialogpartner erklärt, und dabei bewußt werden läßt, daß sie der Akteur ihrer Entwicklung sind. Selbstverantwortung, Selbstorganisation und Selbstregulation sowie Selbsttätigkeit bestimmen den Lernprozeß und das Schulleben. Eine solche Didaktik verläßt den sicheren Weg und wird zum didaktischen Wagnis. Lehren und Lernen beschränkt sich nicht länger auf die vollständige Rekonstruktion und Wiedergabe tradierten Wissens. Das Erfinden (Konstruktion) tritt vor die Wiedergabe (Rekonstruktion). Hierzu ist es notwendig rekonstruierbares Wissen zu enttarnen (Dekonstruktion). Lehren und Lernen können wir als einen interdependenten und zirkulären Vorgang des sich beschäftigen, aneignen und wiedergeben von bedeutsamen Inhalten (Rekonstruktion) auffassen, das anschließend in seine einzelnen Teile demontiert (Dekonstruktion) und nach einer kritischen Bewertung wieder neu zusammengesetzt wird (Konstruktion). Lernen und Lehren heißt, im Kontext der Beziehungen selbständig und selbsttätig Wahrheiten entdecken, enttarnen und erfinden. Konstruktion, Rekonstruktion und Dekonstruktion können wir als Beobachterperspektiven auffassen, die die Position der Subjekte, die beobachten, stärken und ihnen Selbstvertrauen und Mut für die eigene konstruktive Erkenntnistätigkeit und für die Gestaltung ihrer Beziehungen geben.

Dementsprechend postuliert die systemisch-konstruktivistische Didaktik eine möglichst offene Herangehensweise, die allen Beteiligten eine grundsätzliche re-/de-/konstruktive eigene Erarbeitung ihrer Wirklichkeit eröffnet und zwischen den beiden Polen Selbstbestimmung und Selbsttätigkeit verwirklicht werden kann. Sie ist interaktionistisch orientiert und legt Wert darauf, daß alle Beteiligten von ihrer Beobachterperspektive aus alles zur Sprache bringen können, was sie zu ihrer Wirklichkeitskonstruktion in bezug auf Inhalte und Beziehungen veranlaßt. Das Ergebnis selbst beansprucht keine universelle Gültigkeit, sondern spiegelt einen gegenwärtigen Reflektionsstand wider, der prozessual fortgeführt und kontextuell aktualisiert werden muß. Eine solche Didaktik verlangt neue Methoden der inhaltlichen Vermittlungen und der konstruktiven Bearbeitung der Beziehungen. In Unterrichtskonzepten sollte deshalb eine Methodenvielfalt zugelassen und praktiziert werden, die das selbstorganisierte und selbsttätige Lernen stärkt und den Einsatz von Medien erlaubt, die die dabei ablaufenden Inhalts- und Beziehungsprozesse veranschaulichen und für alle nachvollziehbar dokumentieren.

3.2.3 Aspekte der kritisch-kommunikativen Didaktik (WINKEL)

Die kritisch-kommunikative Diaktik gehört zu jenen allgemeindidaktischen Theoriebildungen, die sich dem Leitbegriff der Interaktion zuordnen lassen und die Einbezogenheit des Menschen in soziale Beziehungen betonen. Die Menschen handeln in Beziehungen sinnverstehend auf der Grundlage von Symbolen. Theoriehintergrund ist der Symbolische Interaktionismus, wie er von MEAD (1934) in den USA begründet und u.a. von MOLLENHAUER (1972) in der Bundesrepublik Deutschland für die Pädagogik aufgegriffen wurde. Symbolische Interaktionen beschränken sich dabei nicht nur auf den Mikrobereich. Es geht um die gegenseitige und allseitige Verständigung auf allen Ebenen. Besonders makrosystemische Aspekte sind deutlicher zu berücksichtigen. Konflikte, Dissens, Differenzen und jene Momente, die zum Scheitern von gegenseitiger Verständigung führen, rücken deshalb als konstitutive Faktoren in den Mittelpunkt des didaktischen Denkens. Die kritisch-kommunikative Didaktik (WINKEL 1995) vertieft sich in das soziale Problem aller didaktischen Vorgänge und nimmt das gesamte didaktische Geschehen vom Beziehungsaspekt her in den Blick. Diese Didaktik steht bis heute für die beiden Bestimmungsstücke »kommunikativ« und »kritisch« und gilt als grundlegend für weitere didaktische Theorien und Positionen, die in die vorgefundene Wirklichkeit verändernd eingreifen wollen, ein emanzipatorisches Interesse verfolgen und durch die Betonung der Beziehungsdimensionen das Subjekt als Akteur seiner Entwicklung und Konstrukteur seiner Wirklichkeit sehen.

Zentrale Kategorie ist der Kommunikationsbegriff. Didaktische Vorgänge sind in erster Linie kommunikative Vorgänge. Im Vergleich zu den auf Schule und Unterricht bezogenen Didaktiken erweist sie sich dadurch offen genug für Bildungs-, Lern- und Erziehungsprozesse im außerschulischen Bereich. Die Zielvorstellung einer demokratischeren, humaneren und kommunikativeren Gestaltung von Schule und Unterricht läßt sich ohne Einschränkungen auch auf den Freizeitbereich übertragen. Besonders die von WINKEL (1995, 86 ff.) aufgezeigten *vier Strukturaspekte* von Unterricht können auch für die Planung, Durchführung und Analyse von freizeitpädagogischen Prozessen sehr hilfreich sein. Der Vermittlungsaspekt, der Inhaltsaspekt, der Beziehungsaspekt und der störfaktorielle Aspekt (vgl. WINKEL 1976) bestimmen vor allen Dingen auch die innere Struktur vieler Freizeitaktivitäten, die einer stärkeren Planung und Steuerung durch pädagogisch verantwortliche »Freizeitgestalter, Moderatoren oder Animateure« unterliegen, z.B. eines

Übungsleiters im Sportverein oder eines Kursleiters von Freizeitangeboten im Rahmen der Erwachsenenbildung. Für die Planung freizeitpädagogischer Prozesse kann deshalb eine kritische Analyse der bisherigen Freizeitgeschehens unter diesen vier zentralen, sich wechselseitig bedingenden Aspekten sehr aufschlußreich sein und wertvolle Hinweise auf notwendige Veränderungen geben.

Von Interesse sind WINKELS Ausführungen (1995, 83 ff.) zu den vier Strukturaspekten. Unter dem *Vermittlungaspekt* nennt er: Lernbegriffe und Lernakte (z.b. darbieten, antworten, Impulse geben etc.), die Medien sowie Lehr- und Lernmittel (z.B. Tafel, Overheadprojektor, Video, Computer, Bücher, Spiel, Lern- und Fördermaterialien etc.), die Unterrichtsmethoden (z.B. Einzelarbeit, programmierte Unterweisung, Klassenarbeit, Hausarbeit, Unterricht in Klein- oder Großgruppen, Partnerarbeit, Lernspiel, Darbietungen durch Lehrer und/oder Schüler, Demonstrationen, Experimente, verschiedene Formen des Unterrichtsgespräches, Diskussionen, Debatten, Team-Teaching etc.), die Unterrichtsgliederung (z.b. stufige oder kommunikative Modelle) und die Unterrichtsorganisation (z.b. innere und äußere Umstände). Der *Inhaltsaspekt* diskutiert die Lehrplanebenen (ideale, offizielle, geheime Curriculumstrategien) und die Stufung der Sacherfahrung (Bezugnahmen, Erschließung, Integration) als Ausdruck dessen, was im Unterricht behandelt wird. Unter dem *Aspekt der Beziehungsstrukturen* spiegeln sich Elemente, Richtungen und direkte wie indirekte Formen sozialer Interaktionen wider. Der *störfaktorielle Aspekt* schließlich wendet sich differenziert an Störungsarten (z.B. kognitive Störung, emotionale Störung, Umfeldbedingte Störungen etc.), Störungsfestlegungen, die den Ursprüngen von Störungen nachspüren (z.B. lehrer- oder schülerbedingte Störungen, lernprozeßbedingte Störungen und dergleichen), Störungsrichtungen, die sich überlegen, auf wen die Störungen gerichtet sind (z.B. auf sich oder andere Personen, Gruppen, Objekte, Institutionen, Wert- und Normvorstellungen etc.), Störungsfolgen, die unmittelbar oder verzögert erkennen lassen, was Störungen alles auslösen können (z.B. Abbruch des Lerngeschehens, Kontaktstörungen oder Kontaktabbruch, psychische und/oder physische Verletzungen) und Störursachen, die darüber Aufschluß geben, ob Störungen z.B. schulischer, gesellschaftlicher, unterrichtlicher, endogener oder sozialer Natur sind (vgl. WINKEL 1976; 1995, 86 ff.).

Besonders unter dem Aspekt der Störfaktoren wird deutlich, daß dieses didaktische Modell den Unterricht von den Störungen her konzipiert und der Blick auf alles, was Störungen verursacht, kommunikativ aufgedeckt und abgebaut werden muß. Dabei greift Winkel auf das Kommunikationsmodell von WATZLAWICK/BEAVIN/JACKSON (1972) zurück. Das besondere Interesse richtet er aber auf den Beziehungsaspekt. Ihm geht es darum, die Mitbestimmungsmöglichkeiten der Lernenden und die Einflußchancen der teilnehmenden Subjekte auf den Kommunikationsprozeß sowohl auf der Inhaltsebene als auch auf der Beziehungsebene zu erhöhen. Dieser emanzipatorische Anspruch ist nicht ohne Ideologiekritik einzulösen. Deshalb muß eine Didaktik auch kritisch sein, sich als politisch verstehen und in das soziale und gesellschaftliche Geschehen verändernd eingreifen.»Kritisch ist diese Didaktik insofern, als sie vorhandene Wirklichkeiten, die Ist-Werte unserer Gesellschaft eben nicht unkritisch akzeptiert, sondern – soweit dies Schule überhaupt kann – permanent zu verbessern trachtet, in Sollens-Werte zu überführen sucht« (WINKEL 1995, 79). In Orientierung auf eine demokratische und humane Schule wendet sich WINKEL (1995, 87 ff.) auch eindeutig gegen die dreifache Reproduktionsfunktion

(Qualifikation, Selektion, Legitimation) von Schule. Gesellschaftliche Bedingungszusammenhänge müssen konsequent mitbedacht und kritisch hinterfragt werden, um »die Schule neu denken und machen« (vgl. WINKEL 1994) zu können. In diesem Kontext fordert er eine möglichst weitgehende Partizipation der Lernenden. Bereits 1988 schlug er deshalb in seinem partizipativen Planungsmodell eine vierfache Stufung der Umsetzung in die Unterrichtswirklichkeit vor, die ausgehend von stellvertretenden Entscheidungen zunächst eine behutsame Partizipation vorsieht und dann über ein regressiv-komplementäres Agieren hin zum möglichst oft und intensiv praktizierten symmetrischen Agieren führt (vgl. WINKEL 1988, 88). Gerade die kritische, auf das engste verzahnt gedachte didaktische Position gegenüber dem Innenbereich (Lehren und Lernen im Unterricht) und dem Außenbereich (institutionelle, gesellschaftliche Rahmenbedingungen von Lehren und Lernen) macht die kritisch-kommunikative Didaktik für die didaktische Gestaltung pädagogischer Prozesse im Freizeitleben nach innen und für gesellschaftlich-integrative Bewegung nach außen interessant.

4. Fazit und Perspektiven

Freizeit ist ein kommunikatives Geschehen, in dem in einer heterogenen Gruppe die verschiedenen beteiligten Personen in eine Beziehung zueinander treten. Eine integrative Pädagogik und Didaktik der Freizeit betont diese soziale Dimension und beschäftigt sich verstärkt mit den kommunikativ-sozialen Aspekten jener Prozesse, die das Freizeit(er)leben von Menschen allgemein und im speziellen zwischen behinderten und nichtbehinderten Menschen bestimmen. Nicht die Inhalte der Freizeit, die dabei angestrebten Ziele oder die dabei stattfindenden Lehr- und Lernprozesse sind von vorrangigem Interesse, sondern die Beziehungen zwischen den Interaktionsteilnehmern.

Eine integrative Pädagogik und Didaktik der Freizeit nimmt das pädagogische und didaktische Geschehen vom Beziehungsaspekt her in den Blick. Sie postuliert das Primat der Beziehungen und geht davon aus, daß die Beziehungen grundlegend die Auseinandersetzung mit den Freizeitinhalten und das Lernen an Gegenständen des Lebensbereiches Freizeit bestimmen. Entscheidend ist die Art und Weise der Kommunikation. Man unterhält sich nicht nur über Themen, Sachverhalte und Tatbestände und tauscht fachliche Informationen aus, die unmittelbar mit der Freizeitaktivität zu tun haben, sondern auch über den anderen, die Art, die Intensität und Qualität der Beziehungen zwischen den Teilnehmern. Einstellungen, Einschätzungen, Haltungen und Bewertungen gegenüber sich selbst (Selbstbilder) und die anderen (Fremdbilder) kommen zum Tragen und prägen in entscheidendem Maße die Qualität des Freizeit(er)lebens. Im Handlungs- und Erfahrungsfeld Freizeit machen alle Beteiligten deshalb identitätsrelevante Erfahrungen (vgl. CLOERKES 1997, 177). Besonders jene Erfahrungen, die auf behinderungsbedingten Interaktionsspannungen fußen und Stigmaqualitäten annehmen, belasten die eigene Identität. Können solche negativ erlebten sozialen Reaktionen nicht aufgelöst werden, verkehrt sich selbst die in bester Absicht angestrebte Integration wieder in Aussonderung.

Damit rücken zwangsläufig die sozialen, zwischenmenschlichen Aspekte freizeitpädagogischer Interaktionen und damit auch die Interaktionspartner als Subjekte und Akteure wie Konstrukteure ihrer gemeinsamen Freizeitwirklichkeit in den Vordergrund. Freizeitgestaltung ist ein Prozeß der vielseitigen Verständigung. Das Konzept der dialogischen Validierung identitätsrelevanter Erfahrungen (vgl. MARKOWETZ 1998) spielt hierbei als ein interaktionistisches, beziehungsförderndes und identitätsstiftendes Konzept zur Entstigmatisierung von Menschen mit Behinderungen im Lebensbereich Freizeit eine wichtige Rolle.

Didaktik ist die pulsierende »Herzkammer« der Freizeitpädagogik, die das erforderliche Wissen für die Planungs-, Gestaltungs- und Reflexionsarbeit bereitstellen und perspektivenreiche und zukunftsweisende Handlungsmöglichkeiten eröffnen soll. In diesem Beitrag konnte ein integratives Didaktikmodell für die integrationspädagogischen Freizeitgestaltung nur angedacht und grob skizziert werden. Besonders die in Abschnitt 3.2 genannten didaktischen Theorien, Modelle und Konzeptionen bieten mit Blick auf die Passung für eine integrative Pädagogik und Didaktik der Freizeit noch essentielle Aspekte und müssen in ein integratives Modell einbezogen werden, das dem sehr facettenreichen Handlungs- und Erfahrungsfeld Freizeit gerecht wird. Wesensmoment eines solchen Modells ist das Integrative, das als durchgängiges Prinzip von paradigmatischer Qualität die Theorie und Praxis der Freizeitgestaltung von Menschen mit und ohne Behinderungen anleitet. Merkmale, an denen sich das Wesensmoment des Integrativen erkennen und messen läßt, sind:
- Das emanzipatorische Interesse aller Menschen,
- die egalitäre Grundhaltung,
- die Ausbildung von Mitbestimmungsfähigkeit, Selbstbestimmungsfähigkeit und Solidaritätsfähigkeit als Ausdruck von Allgemeinbildung und Bildung für alle (vgl. KLAFKI 1993, 49 ff.),
- die Herausbildung von Mündigkeit, Kritikfähigkeit und Demokratiebewußtsein,
- die Persönlichkeits- bzw. Identitätsentwicklung unter sozialintegrativen Verhältnissen,
- die Dialogfähigkeit der beteiligten Subjekte,
- die Beachtung und Lösung behinderungsbedingter Störungen,
- die (De-/Re-)Konstruktion gemeinsam erlebter Wirklichkeit,
- die Berücksichtigung verschiedener Aspekte des menschlichen Erlebens und Handelns,
- die Überwindung der Trennung von Kognition, Emotion und Körperlichkeit,
- die Ausgewogenheit von Sach-, Gefühls- und Sozialerfahrung,
- die Beachtung psychologischer, fachlicher und gesellschaftspolitischer Aspekte,
- der Einbezug äußerer Bedingungen und Voraussetzungen,
- die Abstimmung wesentlicher Strukturmomente im Rahmen der didaktischen Planung von Freizeitaktivitäten (Ziele, Inhalte, Themen, Ausgangslage der Beteiligten, Vermittlungsvariablen wie Methoden und Medien, Selbst- und Fremdkontrolle) und
- die handlungsorientierte Freizeitgestaltung.

Die Theorie und Praxis wird auf ihrem Weg zu einer integrativen Pädagogik und Didaktik der Freizeit sich an diesen komplexen Zusammenhängen orientieren müssen, wenn wir wollen, daß behinderte und nichtbehinderte Menschen als gleichberechtigte Interaktionspartner zu Akteuren und Konstrukteuren ihres gemeinsamen Freizeit(er)lebens werden, in Beziehung zueinander treten und miteinander eine solidarische Grammatik des sozialen Umgangs hervorbringen. Hierzu ist es notwendig, daß Theoretiker und Praktiker das hier aufgeschlagene Kapitel der freizeitpädagogischen und freizeitdidaktischen Diskussion fortschreiben.

Literatur

BACH, H.: Grundlagen der Sonderpädagogik. Bern/Stuttgart/Wien (Haupt) 1999.
BANK-MIKKELSEN, N.E.: Denmark. In: FLYNN, R.J./NITSCH, K.E. (Eds.), Normalization, social integration, and community services. Baltimore (University Press) 1980, 51–70.
BRONFENBRENNER, U.: Ansätze zu einer experimentellen Ökologie menschlicher Entwicklung. In: OERTER, R. (Hrsg.), Entwicklung als lebenslanger Prozeß. Hamburg (Hoffmann & Campe) 1978, 33–65.
BRONFENBRENNER, U.: Die Ökologie der menschlichen Entwicklung. Natürliche und geplante Experimente. Stuttgart (Klett-Cotta) 1981.
BUROW, O.-A.: Grundlagen der Gestaltpädagogik. Dortmund (Modernes Lernen) 1988.
BUROW, O.-A.: Gestaltpädagogik – Trainingskonzepte und Wirkungen. Ein Handbuch. Paderborn (Junfermann) 1993.
CLOERKES, G.: Einstellungen und Verhalten gegenüber Behinderten. Eine kritische Bestandsaufnahme der Ergebnisse internationaler Forschung. Berlin (Marhold) 1985.
CLOERKES, G.: Soziologie der Behinderten – Eine Einführung. Heidelberg (Winter – Edition Schindele) 1997.
COHN, R.: Von der Psychoanalyse zur Themenzentrierten Interaktion. Stuttgart (Klett) 1975.
DEUTSCHER BILDUNGSRAT: Empfehlungen der Bildungskommission. Zur pädagogischen Förderung behinderter und von Behinderung bedrohter Kinder und Jugendlicher. Stuttgart (Klett) 1973.
DOLCH, J.: Grundbegriffe der pädagogischen Fachsprache. München (Ehrenwirth) 1965.
EBERWEIN, H.: Integrationsentwicklung als Weiterentwicklung (sonder-)pädagogischen Denkens und Handelns. In: EBERWEIN, H. (Hrsg.), Behinderte und Nichtbehinderte lernen gemeinsam. Handbuch der Integrationspädagogik. Weinheim/Basel (Beltz), 2. überarbeitete Aufl. 1990, 45–53.
EBERWEIN, H.: Zur Kritik des sonderpädagogischen Paradigmas und des Behinderungsbegriffs. Rückwirkungen auf das Selbstverständnis von Sonder- und Integrationspädagogik. Zeitschrift für Heilpädagogik 46 (1995), 468–476.
ENDRUWEIT, G./TROMMSDORF, G.: Wörterbuch der Soziologie. Stuttgart (Enke) 1989.
FEDIUK, F.: Einführung in den Integrationssport. Pädagogisch-konzeptionelle Grundlagen. Kassel (Gesamthochschule) 1992.
FEUSER, G.: Gemeinsame Erziehung behinderter und nichtbehinderter Kinder (Integration) als Regelfall?! Behindertenpädagogik 24 (1985), 354–391.
FEUSER, G.: Allgemeine integrative Pädagogik und entwicklungslogische Didaktik. Behindertenpädagogik 28 (1989), 4–48.
FEUSER, G.: Behinderte Kinder und Jugendliche zwischen Integration und Aussonderung. Darmstadt (Wissenschaftliche Buchgesellschaft) 1995.
FEUSER, G.: Gemeinsames Lernen am gemeinsamen Gegenstand. Didaktisches Fundamentum einer Allgemeinen (integrativen) Pädagogik. In: HILDESCHMIDT, A./SCHNELL, I. (Hrsg.), Integrationspädagogik. Auf dem Weg zu einer Schule für alle. Weinheim/ München (Juventa) 1998, 19–35.
FEUSER, G.: Integration – eine Frage der Didaktik einer Allgemeinen Pädagogik. Behinderte in Familie, Schule und Gesellschaft 22 (1999), 39–49.
GUDJONS, H.: Didaktik zum Anfassen. Lehrer/in-Persönlichkeit und lebendiger Unterricht. Bad Heilbrunn (Klinkhardt) 1997.

GUTBERLET, M./KLEIN, G./KREIE, G./KRON, M./REISER, H.: Integrierte sonderpädagogische Betreuung bei Lern- und Verhaltensstörungen in Grundschulen. Ergebnisse eines Schulversuchs in Frankfurt am Main. Sonderpädagogik 13 (1983), 114–120 und 165–187.
HENTIG, H. von: Schule neu denken. München (Hanser) 1994.
HILDESCHMIDT, A./SANDER, A.: Der ökosystemische Ansatz als Grundlage für Einzelintegration. In: EBERWEIN, H. (Hrsg.), Behinderte und Nichtbehinderte lernen gemeinsam. Handbuch der Integrationspädagogik. Weinheim/Basel (Beltz), 2. überarbeitete Aufl. 1990, 220–227.
HINZ, A.: Heterogenität in der Schule. Integration – Interkulturelle Erziehung – Koedukation. Hamburg (Curio) 1993.
JANTZEN, W.: Bestandsaufnahme und Perspektiven der Sonderpädagogik als Wissenschaft. Zeitschrift für Heilpädagogik 46 (1995), 368–377.
KLAFKI, W.: Freizeitdidaktik und Schuldidaktik. In: NAHRSTEDT, W. ET AL. (Hrsg.), Freizeitdidaktik. Bielefeld (Pfeffer) 1984, 64–67.
KLAFKI, W.: Neue Studien zur Bildungstheorie und Didaktik. Zeitgemäße Allgemeinbildung und kritisch-konstruktive Didaktik. Weinheim/Basel (Beltz) 1993.
KLAFKI, W.: Die bildungstheoretische Didaktik im Rahmen kritisch-konstruktiver Erziehungswissenschaft. In: GUDJONS, H./TESKE, R./WINKEL, R. (Hrsg.), Didaktische Theorien. Hamburg (Bergmann + Helbig) 1995^8, 11–26.
KLEIN, G./KREIE, G./KRON, M./REISER, H.: Integrative Prozesse in Kindergartengruppen. Über die gemeinsame Erziehung von behinderten und nichtbehinderten Kindern. München (Deutsches Jugendinstitut) 1987.
KOBI, E.E.: Grundfragen der Heilpädagogik. Eine Einführung in heilpädagogisches Denken. Bern/Stuttgart/Wien (Haupt), 5. ergänzte Aufl. 1993.
KÖSEL, E.: Die Modellierung von Lernwelten. Ein Handbuch zur Subjektiven Didaktik. Elztal-Dallau (Laub) 1993.
LAURISCH, H.: Nichtaussonderung im Sport – der »SPORT ominibus city nord« in Hamburg. In: ROSENBERGER, M. (Hrsg.), Ratgeber gegen Aussonderung. Heidelberg (Winter – Edition Schindele) 1998, 343–348.
MARKOWETZ, R.: Integration von Menschen mit Behinderungen. In CLOERKES, G.: Soziologie der Behinderten. Eine Einführung. Heidelberg (Winter – Edition Schindele) 1997a, 187–237.
MARKOWETZ, R.: Freizeit behinderter Menschen. In CLOERKES, G.: Soziologie der Behinderten. Eine Einführung. Heidelberg (Winter – Edition Schindele) 1997b, 269–299.
MARKOWETZ, R.: Dialogische Validierung identitätsrelevanter Erfahrungen. Ein interaktionistisches, beziehungsförderndes und identitätsstiftendes Konzept zur Entstigmatisierung von Menschen mit Behinderungen. In: DATLER, W. ET AL. (Hrsg.), Zur Analyse heilpädagogischer Beziehungsprozesse. Luzern (Edition SZH/SPC) 1998, 65–71.
MARKOWETZ, R.: Identität als Gegenstand und Ziel einer integrativen (Heil-)Pädagogik. Unveröffentlichtes Dissertationsmanuskript. Institut für Sonderpädagogik der Universität Koblenz-Landau. Landau 1999.
MEAD, G.H.: Geist, Identität und Gesellschaft aus der Sicht des Sozialbehaviorismus. Frankfurt/Main (Suhrkamp) 1968 (engl. 1934).
MOLLENHAUER, K.: Theorien zum Erziehungsprozeß. Zur Einführung in erziehungswissenschaftliche Fragestellungen. München (Juventa) 1972.

MOOR, P.: Heilpädagogik. Ein pädagogisches Lehrbuch. Studienausgabe, Luzern (Ed. SZH/SPC), 2. Aufl. 1999.

MÖCKEL, A.: Krise der Sonderpädagogik? Zeitschrift für Heilpädagogik 47 (1996), 90–96.

MÖCKEL, A. (Hrsg. im Auftrag des Verbandes): Erfolg – Niedergang – Neuanfang. 100 Jahre Verband Deutscher Sonderschulen – Fachverband für Behindertenpädagogik. München/Basel (Reinhardt) 1998.

MÖLLER, C.: Die curriculare Didaktik – Oder: Der lernzielorientierte Ansatz. In: GUDJONS, H./TESKE, R./WINKEL, R. (Hrsg.), Didaktische Theorien. Hamburg (Bergmann + Helbig) 1986^3, 1995^8, 63–77.

MUTH, J.: Zehn Thesen zur Integration von behinderten Kindern. Vierteljahresschrift für Heilpädagogik und ihre Nachbargebiete 60 (1991), 1–5.

NIRJE, B.: Das Normalisierungsprinzip – 25 Jahre danach. Vierteljahresschrift für Heilpädagogik und ihre Nachbargebiete 63 (1994), 12–32.

OPASCHOWSKI, H.W.: Pädagogik und Didaktik der Freizeit. Opladen (Leske & Budrich) 1990.

REICH, K.: Systemisch-konstruktivistische Didaktik. In: VOß, R. (Hrsg.), Die Schule neu erfinden. Neuwied/Kriftel/Berlin (Luchterhand) 1996.

REICH, K.: Systemisch-konstruktive Pädagogik. Einführung in Grundlagen einer interaktionistisch-konstruktivistischen Pädagogik. Neuwied/Kriftel/Berlin (Luchterhand) 1997.

REICH, K.: Thesen zur konstruktivistischen Didaktik. Pädagogik 50 (1998), 43–46.

REISER, H.: Entwicklung der Fragestellung und Untersuchungsplan. In: DEPPE-WOLFINGER, H./PRENGEL. A./REISER, H.: Integrative Pädagogik in der Grundschule. Bilanz und Perspektiven der Integration behinderter Kinder in der Bundesrepublik Deutschland 1976–1988. München (Deutsches Jugendinstitut) 1990, 26–34.

REISER, H.: Wege und Irrwege zur Integration. In: SANDER, A./RAIDT, P. (Hrsg.), Integration und Sonderpädagogik. Referate der 27. Dozententagung für Sonderpädagogik in deutschsprachigen Ländern im Oktober 1990 in Saarbrücken. St. Ingbert (Röhrig) 1991, 13–33.

REISER, H./KLEIN, G./KREIE, G./KRON, M.: Integration als Prozeß. Sonderpädagogik 16 (1986), 115–122 und 154–160.

RHEKER, U.: Sport für alle – auch für und mit behinderten Menschen. Motorik 16 (1993), 130–138.

RÜDIGER, H.: Freizeitpädagogik als Pädagogik der Emanzipation? In: OPASCHOWSKI, H.W. (Hrsg.), Freizeitpädagogik in der Leistungsgesellschaft. Bad Heilbrunn (Klinkhardt) 1977, 149–162.

SANDER, A.: Behinderungsbegriffe und ihre Konsequenzen für die Integration. In: EBERWEIN, H. (Hrsg.), Behinderte und Nichtbehinderte lernen gemeinsam. Handbuch der Integrationspädagogik. Weinheim (Beltz), 2. überarbeitete Aufl. 1990, 75–82.

SCHULZ, W.: Die lehrtheoretische Didaktik. In: GUDJONS, H./TESKE, R./WINKEL, R. (Hrsg.), Didaktische Theorien. Hamburg (Bergmann + Helbig) 1995^8, 29–45.

THIMM, W.: Das Normalisierungsprinzip – Eine Einführung. Marburg (Eigenverlag Lebenshilfe) 1984.

THIMM, W.: Leben in Nachbarschaften. Hilfen für Menschen mit Behinderungen. Freiburg/Basel/Wien (Herder) 1994.

VOß, R. (Hrsg.): Die Schule neu erfinden. Neuwied/Kriftel/Berlin (Luchterhand) 1996.

WATZLAWICK, P./BEAVIN, J.H./JACKSON, D.D.: Menschliche Kommunikation. Formen, Störungen, Paradoxien. Bern (Huber), 1985[7].

WINKEL, R.: Der gestörte Unterricht. Diagnostische und therapeutische Möglichkeiten. Bochum (Kamp)1976[1], 1980[2], 1993[5].

WINKEL, R.: Die kritisch-kommunikative Didaktik. Westermann Pädagogische Beiträge 32 (1980), 200–204.

WINKEL, R.: Die kritisch-kommunikative Didaktik. In: GUDJONS, H./TESKE, R../WINKEL, R. (Hrsg.), Didaktische Theorien. Hamburg (Bergmann + Helbig) 1995[8], 79–93.

WINKEL, R.: Antinomische Pädagogik und kommunikative Didaktik. Studien zu den Widersprüchen und Spannungen in Erziehung und Schule. Düsseldorf (Schwann) 1988.

WINKEL, R.: Die Schule neu denken und machen. Erziehung und Wissenschaft 48 (1994), Heft 11, 6–9.

WOLFENSBERGER, W.: The definition of normalization: Update, problems, disagreements, and misunderstandings. In: FLYNN, R.J. & NITSCH, K.E. (Eds.), Normalization, social integration, and community services. Baltimore (University Park Press) 1980, 71–115.

II. Ausgewählte Aspekte der gegenwärtigen Freizeitdiskussion

ANDREAS HINZ

›Behinderung‹ und die Gestaltung integrativer Lebensbereiche – Überlegungen zu Erfahrungen und Perspektiven

> *»Kinder lassen sich nicht in die beiden Kategorien ›behindert‹ und ›nichtbehindert‹ einteilen. In einer Gruppe von Kindern existieren die Fähigkeiten zu hören, zu sehen, zu denken, sich zu bewegen etc. in den unterschiedlichsten Ausprägungen. Jede Differenzierung zwischen ›behindert‹ und ›nichtbehindert‹ ist deshalb falsch.«*
> (aus einer Broschüre des dänischen Bildungsministeriums 1986)

Die folgenden Ausführungen gliedern sich in vier Abschnitte: Zunächst wird die Frage nach dem Verständnis von ›Behinderung‹ und daraus ableitbaren Horizonten für die Gestaltung von Lebensbereichen gestellt. Welche Entwicklungen und zukünftigen Perspektiven sich unter einem solchen integrativen Blickwinkel aufzeigen lassen, beleuchtet der zweite Abschnitt. Dem folgen Anmerkungen zur Bedeutung für die pädagogische Praxis in Interaktion und Diagnostik. Am Ende des Aufsatzes stehen einige Schlußbemerkungen.

1. ›Behinderung‹ – unterschiedliche Verständnisse

Was mit dem Begriff ›Behinderung‹ gemeint ist, wird in der letzten Zeit zunehmend unklarer. Jüngst wird gar die These vertreten, ›Geistig Behinderte‹ gebe es gar nicht (FEUSER 1996). Die zunehmende Diffusion darüber, was unter ›Behinderung‹ zu verstehen sei, wurde u.a. dadurch verstärkt und angeregt, daß die entsprechenden Kinder sich in integrativen Zusammenhängen nicht so entwickelten, wie die zuständigen Pädagogen es nach den Erfahrungen in den entsprechenden Sonderschulen erwartet hätten (für Kinder mit geistiger Behinderung vgl. BOBAN/HINZ 1993).

Idealtypisch lassen sich zwei grundsätzlich verschiedene Definitionsansätze charakterisieren, die mit den Begriffen ›defektologisch‹ und ›dialogisch‹ gekennzeichnet werden können und von medizinisch-psychiatrischer Grundlage einerseits und von pädagogisch-dialogischer Grundlage andererseits ausgehen (vgl. Tab. 1). Es ist keine Gegenüberstellung der Sonderpädagogik in Sonder- und Integrationssystemen. Beide Haltungen sind in beiden institutionellen Situationen vorstellbar und auch anzutreffen.

Die defektologische Haltung sieht ›Behinderung‹ als Zustand und Eigenschaft, die dialogische als dynamischen Prozeß. Dementsprechend ist und bleibt ein Mensch ›behindert‹ oder er wird zumindest in seiner Entwicklung so empfunden. Der Zustand ist bedingt durch hirnorganische oder andere Defekte und Anomalien, Intelligenzmangel und nicht

Tab. 1: Polaritätenmodell zur Kennzeichnung unterschiedlicher Haltungen zur ›Behinderung‹ (in Anlehnung an BOBAN/HINZ 1993, 336)

Defektologische Haltung	Dialogische Haltung
• ›Behinderung‹ als Zustand	• ›Behinderung‹ als Prozeß
• ›behindert‹ sein (und bleiben)	• ›behindert‹ werden (und sich so entwickeln)
• (Hirnorganischer) Defekt, Anomalie, (›IQ‹-)Mangel, Defizite in der Entwicklung	• auf sich wechselseitig beeinflussenden inneren und äußeren Bedingungen basierende Entwicklung
• Ticks, Stereotypien	• sinnvolle, logische (Re-)Aktion
• Defizitorientierung, Arbeit an Problemen	• Kompetenzorientierung, Unterstützung von Entwicklung
• Person als Objekt, primär passiv	• Person als autonomes und abhängiges Subjekt, primär aktiv
• Wissen, was das Beste für die Person ist	• Beobachten, auf der Welle der Person mitgehen
• Pädagogische Aggressivität	• Pädagogische Begleitung
• Lernen nur von Spezialisten/-innen	• Anregung durch das Umfeld
• Didaktische Reduzierung, ›Prinzip der kleinen Schritte‹	• Offenheit für gemeinsame Situationen und Erfahrungen
• Maßnahmen und Regelungen, durch Professionelle gesetzt	• Individuelle Maßstäbe, individuelle Schritte
• Tabuisierung des Themas ›Behinderung‹	• Zeugenschaft für Bearbeitung des Themas ›Behinderung‹
• Theorie der Andersartigkeit	• Dialektik von Gleichheit und Verschiedenheit

eindeutig definierbare Entwicklungsrückstände. Dialogischem Verständnis nach vollzieht sich die Entwicklung von ›Behinderung‹ demgegenüber ökologisch in wechselseitigem dynamischen Austausch zwischen inneren und äußeren Bedingungsfaktoren. Bestimmte Verhaltensweisen werden defektologisch als – organisch oder sonstwie begründete – Ticks und Stereotypien verstanden, dialogisch hingegen als subjektiv logische und sinnvolle Aktionen und Reaktionen auf die Umwelt.

Die defektologische Haltung orientiert sich an Defiziten, die bekämpft und, soweit möglich, aufgearbeitet werden sollen; demgegenüber orientiert sich die dialogische Haltung an vorhandenen Kompetenzen der Person und bemüht sich, Entwicklungsprozesse zu unterstützen. In diesem Sinne ist die defektologische Haltung in der Bekämpfung von Problemen pädagogisch aggressiv und behandelt die Person als primär passives Objekt; die dialogische Haltung geht in der Assistenz für die Person behutsam vor und erkennt sie als primär aktives Subjekt mit Anteilen von Autonomie und Abhängigkeit an. Sie beobachtet sie und sucht empathisch auf der Welle der Person mitzugehen, während die defektologische Haltung schon zu wissen meint, was für die Person gut und richtig ist, unabhängig von momentanen Bedürfnissen.

Die dialogische Haltung setzt darauf, daß die Person durch das Umfeld – Gleichaltrige wie Ältere, Professionelle wie Nichtprofessionelle – angeregt werden kann und soll, während die defektologische Haltung auf die notwendige Exklusivität des Lernens von Spezialisten/-innen für ›Behinderte‹ verweist. Sie betont auch die Notwendigkeit der didaktischen Reduzierung und des Prinzips der kleinen Schritte und die andernfalls bei dessen Nichtbeachtung drohende Überforderung, während sich die dialogische Haltung um Offenheit für anregende gemeinsame Lernsituationen und Erfahrungen bemüht. Dementsprechend setzt die defektologische Haltung auf qualifizierte, gezielte pädagogische Maßnahmen und Regelungen, während die dialogische Haltung den individuellen Maßstab mit individuellen Schritten vertritt.

Für die defektologische Haltung ist es selbstverständlich, daß Menschen mit ›Behinderung‹, vor allem mit ›geistiger Behinderung‹, mit der Thematisierung des Phänomens ›Behinderung‹ überfordert sind; deshalb macht es keinen Sinn, sie damit zu konfrontieren. Demgegenüber zeigen sie für die dialogische Haltung lediglich elementarere Bedürfnisse gegenüber dem Umfeld und sind darauf angewiesen, daß sich gegebenenfalls jemand mit ihnen darüber auseinandersetzt, welche Bedeutung der Begriff ›Behinderung‹ haben könnte, wenn er mit ihnen in Zusammenhang gebracht wird. Der defektologischen Haltung liegt eine immanente Theorie der Andersartigkeit von Menschen mit ›Behinderung‹ zugrunde, die u.a. auch lebenslangen Schutz und die Errichtung separater Systeme begründet. Die dialogische Haltung favorisiert demgegenüber eine dialektische Sichtweise gleichzeitiger Gleichheit und Verschiedenheit bei allen Menschen, die Gemeinsamkeit für selbstverständlich und Aussonderung für begründungspflichtig hält.

Um Mißverständnissen vorzubeugen: Wie schon betont, handelt es sich hier keineswegs um eine Gegenüberstellung von Sonder- und Integrationssystemen oder von Sonder- und Integrationspädagogik; vielmehr geht es um Haltungen, die in den verschiedenen Kontexten repräsentiert und intrapersonell widersprüchlich sind. Auch wenn es unattraktiv erscheint zu sagen, ›ich denke defektologisch‹, finden sich wohl bei allen Menschen Anteile, die der Polarität nach einer defektologischen Haltung zuzuordnen wären. Um eine verstärkt dialogische Haltung gilt es zu ringen, für sie sind Anstrengungen zu unternehmen.

Die unterschiedlichen Haltungen und ihre Grundlegungen haben größte Bedeutung für die Gestaltung von Lebensbereichen. Vertreten wir eher eine Theorie der Andersartigkeit, werden wir uns um die Entwicklung geschützter, gesonderter, eher zentralisierter Systeme bemühen. Der Preis dafür wird ein gewisses Maß an sozialer Isolation, eventuell gekoppelt mit hoher gegenseitiger emotionaler Abhängigkeit bis zum völligen Ausbrennen bei Pädagogen/-innen sein. Häufig wird es einen eher hohen Anteil von Fremdbestimmung innerhalb dieser Systeme geben, bis hin zur Tendenz der ›totalen Institution‹. Aus dieser Haltung heraus wurden z.B. in den 70er Jahren die idyllischen Institutionen am Stadtrand gebaut, vom Sonderkindergarten über die Sonderschule bis zur Werkstatt für Behinderte und zum entsprechenden Wohnheim. Gehen wir dagegen von einer Dialektik von Gleichheit und Verschiedenheit aus, werden wir versuchen, integrative, dezentrale Systeme mit einer möglichst starken Einbindung in das Gemeinwesen zu installieren. Wir werden uns um die Öffnung bestehender Systeme für Menschen mit Behinderungen bemühen. Schließlich wird ein möglichst hoher Anteil von Selbstbestimmung angestrebt werden (vgl. hierzu Ansätze wie PEOPLE FIRST 1995).

2. Folgen eines dialogischen Behinderungsbegriffs für die Gestaltung integrativer Lebensbereiche

Im folgenden sollen nun einige Lebensbereiche – Kindergarten und Schule, Arbeit, Wohnen sowie Freizeit – betrachtet werden unter dem Blickwinkel, wie dort ein dialektisches Verständnis von Gleichheit und Verschiedenheit zur Geltung gebracht worden ist oder werden kann.

2.1 Integrative Elementar- und Schulerziehung

Hier ist der allseits bekannte gemeinsame Besuch von Kindergärten und Schulen in integrativen Gruppen zu nennen, der letztlich den Versuch bildet, Sondergruppen, -klassen und -schulen so weit wie möglich überflüssig zu machen und auslaufen zu lassen. Dies ist ein langfristiger, widersprüchlicher und problematischer Prozeß mit vielen Umformungsgefahren, denn eine lediglich räumliche Zusammenlegung von Unterricht ohne pädagogische Veränderungen entwickelt natürlich noch keine neue Qualität. Besonders bei landesweiter, schulgesetzlich verankerter Einzelintegration stellen sich große Probleme der Qualitätssicherung (vgl. HINZ 1999a). Die Theorie der Andersartigkeit von Menschen mit Behinderungen droht bestehen zu bleiben; der ›Fortschritt‹ bestünde in der räumlichen Annäherung von »Sonderangeboten von Sonderlehrer/-innen in Sonderstunden und Sonderräumen nach Sonderprogrammen im Rahmen von Sondercurricula mit Sondermethoden für Sonderkinder« (HINZ 1997, 160), die jedoch weiterhin solche bleiben. Für die Weiterentwicklung hin zu einem integrationsfähigen Schulwesen müssen wir wohl mit ähnlichen Zeiträumen rechnen, wie sie von der Frauenforschung für die Weiterentwicklung der Koedukation nach der hundertjährigen Erfahrung mit der Frauenbildung konstatiert werden.

Am konsequentesten an einer Dialektik von Gleichheit und Verschiedenheit orientiert sich das Konzept der Integrativen Regelklassen in Hamburg (vgl. BÜRGERSCHAFT 1990; HINZ U.A. 1998), über dessen Einführung inzwischen auch in anderen Bundesländern diskutiert wird. Hier wird die – organisatorisch, aber nicht pädagogisch begründbare – Trennung in Schüler/-innen mit und ohne Behinderungen in bezug auf Lern-, Sprach- und Verhaltensprobleme aufgegeben zugunsten eines Bewußtseins darüber, daß in diesen Klassen heterogene Lerngruppen unterrichtet werden. Zusätzliche Ressourcen werden nicht an die Etikettierung einzelner Kinder gebunden, wodurch es hier nicht zu einer explosionsartigen Vermehrung individuellen sonderpädagogischen Förderbedarfs wie bei landesweiter Einzelintegration kommt. Sonderpädagogischer Förderbedarf wird mit einer schulbezogenen Ressourcenzuweisung und dem Verzicht auf die Etikettierung von Kindern mit Lern-, Sprach- und Verhaltensproblemen in der Tat zu einem »systemischen Begriff« (WOCKEN 1996). Weiterhin wird der Diagnostik der Mißbrauch für die Beschaffung von Ressourcen erspart, sie kann zu ihrer eigentlichen Aufgabe, zur kontinuierlichen, dialogischen, prozeßbegleitenden Beobachtung zurückfinden (vgl. BOBAN/HINZ 1998; HINZ 1997). Und es kann offen bleiben und pragmatisch phasenweise entschieden werden, welche Anforderungen an einzelne Kinder sinnvoll gestellt werden können. Eine organisatorische Zuordnung zum Lehrplan entsprechender Sonderschulen entfällt.

Gleichwohl gerät auch das Konzept der Integrativen Regelklasse in Widersprüche: Der Grundsatz der Nichtetikettierung gilt nur bis zur Mitte der vierten Klasse, denn dann muß in ›sonderpädagogischen Berichten‹ dokumentiert werden, wie die bisherige Entwicklung zu charakterisieren ist und welche Kinder die Ziele der Grundschule erreichen werden und welche nicht, – und im zweiten Fall kommt es dann zur Zuerkennung sonderpädagogischen Förderbedarfs und zur Nichtversetzung von der vierten in die fünfte Klasse einer allgemeinen Schule. Dieser Widerspruch ist indessen nicht der Integrativen Regelklasse anzulasten, sondern Ausdruck der Struktur eines hierarchisch gegliederten (in diesem Sinne nur aus Sonderschulen bestehenden) Sekundarschulwesens, innerhalb dessen die Gesamtschule lediglich eine weitere Form ist. Bei einer zehnklassigen Gesamtschule für alle wäre diese Hürde weder notwendig noch sinnvoll, sondern bis zur Frage der Vergabe von Abschlüssen verschiebbar.

Weiterhin werden in diese Klassen neben Kindern ohne offensichtliche Probleme auch Kinder mit Problemen des Lernens, der Sprache und des Verhaltens aufgenommen, nicht aber solche mit körperlichen, geistigen oder Sinnesbehinderungen. Sie sollen weiterhin in Integrationsklassen aufgenommen werden. Tragfähig und zukunftsträchtig dürfte das Konzept der Integrativen Regelklasse nur dann sein, wenn es synergetisch in Kombination mit Integrationsklassen als Möglichkeit zur Weiterentwicklung der wohnortnahen Integrationsschule gesehen und nicht als Chance (und Druck) zu größtmöglicher Kompensation und Heilung von Lern-, Sprach- und Verhaltensproblemen mißverstanden wird. Der nächste logische Entwicklungsschritt müßte daher in einer Zusammenführung beider Formen integrativer Erziehung in der Integrativen Grundschule liegen. Auch hier findet sich das dialektische Verständnis von Gleichheit und Verschiedenheit wieder: Unterricht in einer Lerngruppe mit gleichem Status und unterschiedlichen Unterstützungsbedürfnissen, mit Anteilen gemeinsamer und individueller Aktivitäten, gleicher und unterschiedlicher Ziele. Es wird darauf ankommen, die integrative Qualität dieser Dialektik zu erreichen oder zu erhalten und nicht in die traditionelle Theorie der Andersartigkeit (die z.B. in Sonderschulcurricula manifestiert wird) zurückzufallen oder in ihr zu verharren.

2.2 Berufliche Integration

Hier lassen sich im wesentlichen zwei Linien kennzeichnen, die als Ausdruck einer integrativen Entwicklung gesehen werden können:

Zum einen haben sich Integrationsfachdienste entwickelt, die – als Alternative zur Werkstatt für Behinderte – die Aufgabe übernehmen, vor allem Menschen mit ›geistigen Behinderungen‹, aber auch anderen Personenkreisen wie sozial Benachteiligten oder Psychiatrieerfahrenen zu Arbeitsplätzen auf dem ersten Arbeitsmarkt, also in regulären Betrieben, zu verhelfen. Hierzu ermitteln sie deren Qualifikationsprofile, suchen in Strukturen und Anforderungen entsprechende Arbeitsplätze, gegebenenfalls werden Arbeitsplätze auf die vorhandenen Qualifikationsprofile hin zugeschnitten. Weiter unterstützen sie ihre Kunden bei der Einarbeitung auf diesem Arbeitsplatz. Damit verbunden ist der Status als Arbeitnehmer/-innen mit Sozialversicherung, es wird nach der vorausgehenden Phase eines Praktikums ortsüblicher Tariflohn verdient statt eines Taschengeldes in der Werkstatt für Behinderte (vgl. BEHNKE/CIOLEK/KÖRNER 1993; HORIZON-ARBEITSGRUPPE 1995; diverse Beiträge in IMPULSE 1995ff.).

Zum anderen sind hier Integrationsbetriebe zu nennen, die mit der Intention gegründet und betrieben werden, behinderten und nichtbehinderten Menschen auf Dauer gemeinsame Arbeit zu ermöglichen. Ein bekanntes Beispiel hierfür ist das Stadthaus-Hotel Hamburg (vgl. BOBAN/HINZ 1996a; BOBAN/HINZ/LÜTTENSEE 1996). Auch dort ist die Grundidee das gemeinsame Arbeiten in einem Betrieb, bei gleichem Status, ortsüblichen Tariflöhnen und sozialversicherungspflichtigen Arbeitsverträgen. Hier ›verdanken‹ sich quasi die behinderten und nichtbehinderten Mitarbeiter/-innen ihre Arbeitsplätze gegenseitig – ohne die einen gäbe es die Arbeitsplätze der anderen nicht. Dieses von Eltern und Pädagogen/-innen entwickelte Projekt zeigt gleichzeitig ein gutes Beispiel für widersprüchliche Situationen, denn zu ihm gehört neben dem innovativen Integrationsbetrieb eine traditionelle, pflegesatzfinanzierte Wohngruppe mit den üblichen Vorstellungen eines Schonraumes, für den der Erzieher/die Erzieherin sorgen sollen. Dieses Projekt besteht aus einem riskanten, viel Mut und Eigeninitiative fordernden innovativen Betrieb – ohne strukturelles Netz, geschweige denn doppelten Boden –, und es gibt gleichzeitig Kompromisse und Ambivalenzen, den Rückgriff auf vorhandene Strukturen. Trotzdem ist eindeutig: Die jungen Leute können sehr gut unterscheiden zwischen dem privaten und dem professionellen Rahmen; die Rolle der Hoteliers bzw. der Gastgeber/-innen ist dort gelebte Praxis. Dabei ist sicherlich gerade die Begegnung zwischen Gästen und Gastgeber/-innen ein beeindruckender und anregender Bestandteil des Konzepts wie der Praxis. Dieser – von anderen als bewußte ›Zumutung der Konfrontation‹ gekennzeichnete – Punkt ist für alle Seiten ein zentraler, denn in anderen Projekten glaubt man in der Tat, den Gästen die Bedienung durch behinderte Mitarbeiter/-innen und den behinderten Mitarbeiter/-innen den Kontakt mit den Gästen nicht zumuten zu können.

Beide Formen beruflicher Integration – Integrationsfachdienste wie Integrationsbetriebe – weisen als Grundstruktur eine Dialektik von Gleichheit und Verschiedenheit auf: Gleich sind alle in ihrem Status, gemeinsam ist die Arbeit im gleichen Betrieb; gleichwohl gibt es Unterschiede in bezug auf die Selbständigkeit, auf konkrete Tätigkeiten und auf die Verantwortung. Die Ergänzung der unterschiedlichen Möglichkeiten bildet die Quelle, die das Ganze erst vollständig macht. Hier gibt es deutlich verbesserte Chancen für soziale Kontakte und für die Entwicklung einer »Vielfaltsgemeinschaft« (V. LÜPKE 1994).

2.3 Integratives Wohnen

Im Bereich des Wohnens sind integrative Formen bisher noch weit weniger entwickelt als im Berufsbereich. Ein anregendes Modell könnte die (für und von Menschen mit Körperbehinderungen entwickelte) Bremer Assistenzgenossenschaft sein, die auch in anderen Städten Nachahmung gefunden hat. Menschen mit Unterstützungsbedürfnissen kaufen sich die notwendige Assistenz, sind selbständige Arbeitgeber/-innen, können auch ›heuern und feuern‹. Hier sind die Machtverhältnisse radikal verändert, es gibt keinerlei Abhängigkeiten mehr von Betreuer/-innen, die totale Institution hat absolut keine Chance mehr.

Ähnliche Planungen gibt es in Hamburg für Menschen mit ›geistigen Behinderungen‹ (BOBAN 1996a): In einer Arbeitsgruppe mit Eltern und Pädagogen/-innen von Schüler/-innen aus Integrationsklassen wird für mehrere Projekte die Idee entwickelt, Wohngemeinschaften zu bilden, in denen einzelne Zimmer vermietet werden an Menschen mit und ohne Behinderungen; bei nichtbehinderten Menschen wird an Studierende (deren Zimmernot in Hamburg ein Dauerthema ist) oder an Künstler/-innen gedacht, wobei ergänzend Gemeinschaftsanteile (Ateliers, Übungsräume etc.) eingeplant werden. Auch hier sollen Unterstützungsdienste von außen, durch ein neu zu entwickelndes Konzept von Wohnassistenz organisiert werden – in Analogie zur Arbeitsassistenz. Bisher existieren bereits Einzelfälle von WG-Projekten, wenn etwa finanziell besser gestellte Eltern z.B. in Wien, Berlin, Bonn und München Häuser oder Etagen kaufen und dann weitervermieten, es gibt aber für derlei Projekte noch keine Strukturen. Auch hier wird wiederum die Dialektik von Gleichheit und Verschiedenheit deutlich: Behinderte und nichtbehinderte Menschen wohnen gemeinsam, mit gleichem Status, die Unterstützungsbedürfnisse sind allerdings unterschiedlich.

2.4 Integrative Freizeitaktivitäten

In den letzten Jahren beginnt sich ein Spektrum integrativer Freizeitaktivitäten und -gruppen zu entwickeln. In Hamburg gibt es z.B. mehrere integrative Theaterprojekte, Sport für alle in mehreren Stadtteilen, eine integrative Hockeygruppe, einen integrativen Tanzschulkurs, integrativen Konfirmandenunterricht und eine integrative Bauchtanzgruppe. Sie müssen sich entwickeln in einer Landschaft, die ganz andere und zudem unterschiedliche Orientierungen aufweist (vgl. BOBAN 1998). Zum einen dominiert sicherlich die Tendenz zu individualistischer Selbstvervollkommnung zugunsten eigener Spitzenleistungen in Sport, Musik, Technik oder anderswo. Daneben finden sich zwei Gegentendenzen, die man mit dem Stichwort ›Rückzug mit voller Dröhnung‹ im Sinne von Techno, Bungee-Springen u.ä. oder mit dem Stichwort ›Rückzug mit leisen Tönen‹ im Sinne von Verinnerlichung, Selbstversenkung und Meditation, etc. charakterisieren kann. Zu diesen Tendenzen stehen integrative Freizeitaktivitäten mit ihrer Tendenz zu Gemeinschaftserlebnissen, Gruppenerfahrungen und Projekten jeglicher Art in einem Spannungsverhältnis. Angesichts dieser Situation erweisen sich die gemeinhin als eher unproblematisch angesehenen Herausforderungen integrativer Freizeitaktivitäten in der Konkurrenz zu unterschiedlichsten Tendenzen der Ich-Vervollkommnung als gar nicht so simpel.

Wichtig ist dabei die Veränderung des Blickwinkels: Die Aufmerksamkeit muß das Produkt relativieren und den Prozeß stärker in den Blick nehmen, sie muß von der Selbstperfektionierung – etwa der Beweglichkeit des kleinen Zehs beim Ausdruckstanz – zur Selbstrelativierung und zum Erleben von Vielfalt umschwenken, vom Kümmern um Wirkung zur Begeisterung für Gefühle wechseln. Dies kann, so berichten nichtbehinderte Kursteilnehmer/-innen, psychisch ungeheuer entlastend sein und neue Qualitäten entdecken lassen (vgl. den Beitrag von BOBAN in Teil III dieses Bandes).

Die Veränderung des Blickwinkels führt u.U. auch zu neuen Formen und Prozessen, denn der Sinn der Sache kann nicht in einem schlichten Dabeisein von Menschen mit ›Behinderungen‹ liegen. So plant z.B. die integrative Gruppe des Hamburger Thalia-Theaters für alle Szenen jeweils zwei Fassungen ein, je nachdem ob die schwer-mehrfachbehinderte Mitspielerin weint und ›meckert‹ oder ob sie ruhig bleibt (vgl. HINZ 1999b). Die integrative Bauchtanzgruppe findet nicht, wie in zahlreichen Studios, in frontaler Reihe gegenüber einer Spiegelwand statt, sondern im Kreis, so daß alle ein oder mehrere Gegenüber haben. Und es wird dort auch nicht das unter Bauchtänzerinnen weit verbreitete ›Ich-bin-so-fit-und-schön-und-sexy-Dauerlächeln‹ eingeübt, sondern eine Vielzahl von (Gesichts-)Ausdrücken und Möglichkeiten bewußt gemacht (vgl. BOBAN in diesem Band). Strukturell muß es darauf ankommen, auf eine Öffnung ›allgemeiner‹ Angebote für alle Menschen hinzuarbeiten, sei es im Hobbybereich oder in der Erwachsenenbildung (vgl. MARKOWETZ 1998 und in Teil I dieses Bandes). Für künstlerische Projekte sollte angestrebt werden, unterstützende Gelder von der Kultur-, nicht von der Sozialbehörde einzuwerben, denn erst damit würde der Status als künstlerisches Projekt anerkannt.

Bei aller Integrationsorientierung muß gleichwohl mitbedacht werden, daß auch Gruppen Gleichbetroffener wichtig sind. Erfahrungsmöglichkeiten in Frauen-, Schwulen-, Ausländer-, Gehörlosen- oder Krüppelgruppen sind als stärkend bekannt. Als kritische Rückfrage bleibt jedoch andererseits, was das Gemeinsame dieser Gruppen Gleicher ist; womöglich ist es lediglich der Ausschluß von ›allgemeinen‹, d.h. für Durchschnittsmenschen konzipierten Möglichkeiten und Angeboten. Hier muß darauf geachtet werden, daß es nicht zu einer verschämten Rückkehr zur Theorie der Andersartigkeit unter dem Banner der Selbstorganisation und des Selbsthilfekonzepts kommt, bei dem dann letztlich doch wieder die Meinung Nichtbetroffener entscheidend wird, daß ›die das brauchen‹.

3. Bedeutung für pädagogische Praxis

Nachdem im zweiten Schritt verschiedene Lebensbereiche im Hinblick auf integrative Orientierungen im Sinne einer Dialektik von Gleichheit und Verschiedenheit betrachtet worden sind, soll es nun im folgenden um zwei Gebiete – Interaktion und Diagnostik – gehen, in denen eine integrative Ausrichtung ebenfalls unmittelbar prozeßhaft Folgen haben müßte.

3.1 Integrative Qualität in der Interaktion

Bisher treffen wir in der Praxis allzu häufig auf die Situation, daß Besprechungen – sei es in Klassen, Jugendgruppen, Wohngruppen oder wo auch immer – ohne den betroffenen Menschen mit ›Behinderungen‹, also intern stattfinden. In der Regel wird mit diesem Menschen auch nicht darüber gesprochen, was seine eigene Situation angeht, in welchen Zusammenhang er mit dem Etikett ›Behinderung‹ gebracht wird. Es herrscht eher die Haltung vor: Wir (Nichtbehinderten) sind die ausgebildeten Profis, wir erstellen die Förderpläne, wir sind qualifiziert für gezielte Förderung, wir wissen, was gut ist für diesen Menschen. Es gibt eine hierarchische Vorstellung über das Kompetentsein: an erster Stelle stehen wir, an zweiter stehen die Eltern (deshalb müssen wir sie im Rahmen der ›Elternarbeit‹ auch anleiten), schließlich kommt an dritter Stelle der Mensch mit ›Behinderungen‹ selbst. Hier wird wiederum eine stark defektologische Sichtweise deutlich.

Wenn wir demgegenüber eine andere, integrative Haltung einnehmen wollen, werden wir eine radikal dialogische Position vertreten. Dann geht es in erster Linie nicht um Entscheidungen für jemanden, sondern um gemeinsame Entscheidungen mit ihm oder ihr. Gefragt ist die pädagogische Begleitung von Personen, gefragt ist die Zeugenschaft

(MILLER 1979), das gemeinsame reflexive Gespräch über aktuelle oder vergangene Situationen und über anstehende Entscheidungen, auch im Sinne persönlicher Zukunftsplanung (vgl. DOOSE 1997). Eine solche Zeugenschaft übernehmende Begleitung bedeutet eine grundsätzlich andere Rollendefinition als die traditionelle Stellvertreterrolle, aber auch als die so progressiv erscheinende sozialpädagogische Rolle des Sich-Überflüssig-Machens. Sie ist nicht Ausdruck einer dialogischen Grundhaltung, sondern Ausdruck eines Förderoptimismus, der dem weit verbreiteten Fetisch der Autonomie nachjagt und damit die Intensität der Auseinandersetzung vermeidet, die für dialogische Beziehungen notwendig ist: die Stellungnahme nicht nur in einer Rolle, als Profi, sondern die Stellungnahme auch als Person. Wenn wir uns als Person herausfordern lassen, sind wir in anderer Intensität gefordert; dann geht es nicht mehr nur um den oder die andere, sondern auch unsere gemeinsame Beziehung wird thematisiert, unsere eigene Befindlichkeit, vielleicht auch unsere eigenen Ängste werden zum Thema. Sich auf diesen Weg einzulassen, birgt deutlich größere Risiken, bringt jedoch auch für alle Beteiligten größere Klarheit. In Integrationsklassen, insbesondere in der Sekundarstufe I, gibt es inzwischen eine Reihe von Erfahrungen unter dem Aspekt, wie Pädagogen/-innen Schüler/-innen mit ›geistigen Behinderungen‹ Zeugen/-innen und Gesprächspartner/-innen sein und bleiben können während der mitunter schwierigen Phase der Pubertät (vgl. BOBAN 1996b).

3.2 Integrative Qualität von Diagnostik

Diagnostik ist bisher wesentlich gekennzeichnet durch das Ermitteln objektiver Urteile über Persönlichkeiten oder bestimmte Fähigkeiten, sie dient häufig der Legitimation von Ressourcenzumessungen, in der Praxis gestaltet sie sich wesentlich durch standardisierte Testsituationen mit neutralen Testleiter/-innen, die um der Objektivität willen gerade keinen Dialog aufnehmen sollen, sondern ohne persönliche Beeinflussung das objektive Ergebnis zutage fördern sollen. Hier ist die Machtverteilung eindeutig: Ich teste dich, ich mache dich zum Objekt meiner Untersuchung, und ich verrate dir nicht wirklich, wozu das Ganze gut ist. Eine dialogische Haltung in der Interaktion und ein integratives Grundverständnis ist mit solcher Testdiagnostik nicht vereinbar. Auch Diagnostik ist gefragt, in den Dialog zu gehen und Formen gemeinsamer Reflexion zu entwickeln, die Menschen mit ›Behinderungen‹ nicht zum Objekt machen, sondern als Gesprächspartner/-innen ernstnehmen. Zwei Beispiele können verdeutlichen, in welche Richtung sich Diagnostik verändern und weiterentwickeln sollte.

So stellt das Diagnostische Mosaik (BOBAN/HINZ 1996b, 1998; SCHLEY 1988) die gemeinsame Reflexion über die Situation eines Menschen in den Mittelpunkt – möglichst bei Teilnahme des Menschen selbst. Dabei geht es explizit nicht um eine objektive Erfassung der Realität, sondern im wahrsten Sinne um Intersubjektivität, also den Austausch der verschiedenen subjektiven Sichtweisen, Wahrnehmungen und Anmutungen über die Situation. Es soll also eine Einigung erzielt werden über die Wahrnehmung der augenblicklichen Situation, die über Visualisierung in Bildern fixiert wird. Dabei werden – in je individuell angemessener Gewichtung – verschiedene Zugänge gewählt: die Betrachtung des Lebenswegs (biographische Analyse), des aktuellen Beziehungsgeflechts (Umfeldanalyse), der Wechselbeziehungen zwischen Selbstbewußtsein, Leistungsmöglichkeiten und Umwelt (Analyse der Lern- und Arbeitsdynamik), der Prozesse von Übertragung und Gegenübertragung (Analyse der Übertragungsbeziehungen) sowie möglicher ›sensibler‹

Konstellationen, Themen und Daten innerhalb der Familie (Analyse der Familienkonstellation). Erfahrungen in der Seminararbeit an Hochschulen zeigen, daß dieses Vorgehen für verschiedenste Menschen, egal welchen Alters, in unterschiedlichsten Situationen mit Gewinn angewandt werden kann. Je mehr Beteiligte einbezogen werden und je näher sie an der Person ›dran sind‹, desto ertragreicher wird dieses Verfahren sein können.

Den Schritt von der Analyse zur Planung von Entwicklungsschritten gehen auch amerikanische Verfahren (vgl. O'BRIEN/FOREST 1989; STAINBACK/STAINBACK 1996; BOBAN/ HINZ 1996b, 1998). Auch hier werden ›runde Tische‹ gebildet, und zwar mit den Menschen, von denen die betreffende Person sich Hilfe und Unterstützung erhofft. In mehreren Schritten wird die Situation analysiert und graphisch fixiert: Nach einem einführenden Blick auf die bisherige Entwicklung werden Träume und auch Alpträume für die Zukunft gesammelt, die Person wird charakterisiert, dabei werden ihre Vorlieben, Stärken und Gaben in den Vordergrund gestellt. Nachdem die Unterstützungsbedürfnisse thematisiert sind, wird eine Liste von Aktivitäten zum Erreichen dieses Ziels formuliert (»Making Action Plan«). In weiteren Schritten kann sodann der Weg (»PATH«) für geplante Veränderungen des nächsten Jahres genauer erhellt werden. Solche Zukunftskonferenzen (V. LÜPKE 1994) sind in den USA inzwischen obligatorisch für die letzten drei Jahre der Schulzeit; sie sollen gemeinsam mit der Betreffenden/dem Betreffenden der »persönlichen Zukunftsplanung« (DOOSE 1997) dienen. Die dem zugrunde liegende Haltung mag ein Beispiel aus Kanada verdeutlichen: Ein junger Mann mit deutlich autistischen Verhaltensweisen stand vor der Planung seiner Zukunft. Bei uns wäre die Chance auf medikamentöse Einstellung seiner übergroßen Unruhe und seines ständigen Laufens bis hin zur Psychiatrisierung sicherlich hoch gewesen. Diese Verhaltensweisen wurden jedoch nicht als störendes, womöglich gefährliches Faktum gesehen, sondern als seine Stärke: Zunächst engagierte man einen Begleiter (einen ›brotlosen Künstler‹), der mit dem jungen Mann gemeinsam durch die Stadt lief. Als zweiten Schritt überlegte man, wozu dieses Laufen gut sein könnte, und richtete einen Botendienst ein, der gemeinsam von dem jungen Mann und seinem Begleiter realisiert wird. So konnte diese seine Stärke für ihn selbst und für die Gemeinschaft nutzbringend eingesetzt werden.

4. Schlußbemerkungen

Für die integrative Gestaltung von Lebensräumen ist nicht gezielte Förderung, sondern pädagogische Begleitung gefragt. Wir als Pädagogen/-innen sind aufgefordert, in den Dialog einzutreten. Nicht unser Denken und Arbeiten für, sondern das gemeinsame Reflektieren mit anderen ist eine wichtige, sogar zukunftsweisende Qualifikation. Wir müssen lernen, zuerst gemeinsam Fragen zu stellen und nicht vorschnell Antworten zu geben. Weiter ist wichtig, an den Interessen und Fähigkeiten derer anzusetzen, mit denen wir zu tun haben, nicht an ihren Defiziten – und auch nicht an unseren Schubladen. Es kann jedoch nicht darum gehen, sie ›dort abzuholen, wo sie stehen‹ – denn damit wären wiederum wir die Aktiven, die Beförderer, und sie die Passiven, die Beförderten, die abgeholt werden. Es muß vielmehr darum gehen, sie bei der Entwicklung ihres individuellen Weges zu unterstützen – und das ohne jeden pädagogischen Kolonialismus. Gleichzeitig – und das ist das Anspruchsvolle an dieser Gratwanderung – muß es auch darum gehen, den Fetisch der Autonomie zu relativieren und die sozialpädagogische Strategie des Sich-

Überflüssig-Machens zu korrigieren. Orientierungen für Perspektiven können einerseits allgemein übliche Lebenssituationen in der jeweiligen Altersstufe und andererseits die Zielsetzung der größtmöglichen Einbindung in das Gemeinwesen und die Öffnung von Angeboten für alle bieten. Sich als Person solidarisch in den Dialog einlassen, das erscheint als anspruchsvolle und richtige Perspektive.

Literatur

BEHNKE, R./CIOLEK, A./KÖRNER, I.: Arbeiten außerhalb der Werkstatt. Die Hamburger Arbeitsassistenz – ein Modellprojekt zur beruflichen Integration für Menschen mit geistiger Behinderung. Geistige Behinderung 32 (1993), Praxisteil.

BOBAN, I.: Konzeptidee für ein Projekt »Integratives Wohnen in Hamburg«. Hamburg 1996 (a) (unveröff. Skript).

BOBAN, I.: »Ist die Liebe, wenn man ganz nahe bei einem sein will?« Ein Rückblick auf sechs Jahre Integration an einer Hamburger Gesamtschule. Behinderte in Familie, Schule und Gesellschaft 19 (1996 b), 5–12.

BOBAN, I.: Integrative Lebensräume für Jugendliche innerhalb und außerhalb der Schule. In: PREUSS-LAUSITZ, U./MAIKOWSKI, R. (Hrsg.), Integrationspädagogik in der Sekundarstufe. Gemeinsame Erziehung behinderter und nichtbehinderter Jugendlicher. Weinheim (Beltz) 1998, 154–163.

BOBAN, I./HINZ, A.: Geistige Behinderung und Integration. Überlegungen zum Verständnis der ›Geistigen Behinderung‹ im Kontext integrativer Erziehung. Zeitschrift für Heilpädagogik 44 (1993), 327–340.

BOBAN, I./HINZ, A.: Werkstadthaus Hamburg – Wohnen mitten in der Stadt und Arbeiten in einem rollstuhlgerechten Hotel. Zeitschrift für Heilpädagogik 47 (1996a), 384–387.

BOBAN,I./HINZ, A.: Kinder verstehen – mit Kindern gemeinsam Schritte planen. Hamburg 1996 (b) (unveröff. Skript).

BOBAN, I./HINZ, A.: Diagnostik für integrative Erziehung. In: EBERWEIN, H./KNAUER, S. (Hrsg.), Handbuch Lernprozesse verstehen. Wege einer neuen (sonder-)pädagogischen Diagnostik. Weinheim (Beltz) 1998, 151–164.

BOBAN, I./HINZ, A./LÜTTENSEE, J.: Das Stadthaus-Hotel Hamburg, ein Integrationsbetrieb in Hamburg. In: BUNDESVEREINIGUNG LEBENSHILFE (Hrsg.), Selbstbestimmung. Kongreßbeiträge. Marburg (Eigenverlag) 1996, 442–448.

BÜRGERSCHAFT DER FREIEN UND HANSESTADT HAMBURG: Integration behinderter Kinder in der Grundschule. Mitteilung des Senats an die Bürgerschaft. Hamburg 1990. Drucksache 13/6477 vom 11. 7. 1990.

DOOSE, S.: Persönliche Zukunftsplanung im Übergang von der Schule in das Erwachsenenleben. In: WILKEN, E. (Hrsg.), Neue Perspektiven für Menschen mit Down-Syndrom. Erlangen (Selbsthilfegruppe) 1997, 198–215.

FEUSER, G.: »Geistigbehinderte gibt es nicht!« Projektionen und Artefakte in der Geistigbehindertenpädagogik. Geistige Behinderung 35 (1996), 18–25.

HINZ, A.: »Integrative Diagnostik« zwischen Ressourcenbeschaffung und Verstehensprozessen. In: MEISSNER, K. (Hrsg.), Integration. Schulentwicklung durch integrative Erziehung. Berlin (Diesterweg-Hochschule) 1997, 159–169.

HINZ, A.: Stand und Perspektiven der Auseinandersetzung um den Gemeinsamen Unterricht vor dem Hintergrund leerer Kassen. Die neue Sonderschule 44 (1999a), 101–115.

HINZ, A.: Erfahrungen im Gemeinsamen Unterricht als Ansatzpunkte zur Weiterentwicklung der Pädagogik bei schwerster Behinderung. Vierteljahresschrift für Heilpädagogik und ihre Nachbargebiete (VHN) 68 (1999b), (im Erscheinen).

HINZ, A. U.A.: Die Integrative Grundschule im sozialen Brennpunkt. Ergebnisse eines Hamburger Schulversuchs. Lebenswelten und Behinderung Bd. 8. Hamburg (Buchwerkstatt) 1998.

HORIZON-ARBEITSGRUPPE: Unterstützte Beschäftigung. Handbuch zur Arbeitsweise von Integrationsfachdiensten für Menschen mit geistiger Behinderung. Reutlingen/Berlin/Hamburg/Gelsenkirchen (Selbstverlag) 1995.

IMPULSE (1995ff.): Impulse, Zeitschrift der Bundesarbeitsgemeinschaft Unterstützte Beschäftigung. Hamburg (Bezug über BAG UB, Schulterblatt 36, 20357 Hamburg sowie im Internet unter http://bidok.uibk.ac.at).

LÜPKE, K. V.: Nichts Besonderes: Zusammen-Leben und Arbeiten von Menschen mit und ohne Behinderung. Essen (Klartext) 1994.

MARKOWETZ, R.: Kinder und Jugendliche mit Behinderungen auf ihrem Weg in einen ganz »normalen« Verein. Behinderte in Familie, Schule und Gesellschaft 21 (1998), H. 3 und 4/5, Praxisteile.

MILLER, A.: Das Drama des begabten Kindes und die Suche nach dem wahren Selbst. Frankfurt (Suhrkamp) 1979.

O'BRIEN, J./FOREST, M.: Action for Inclusion. How to Improve Schools by Welcoming Children with Special Needs Into Regular Classrooms. Toronto (Inclusion Press) 1989.

PEOPLE FIRST: Wie man eine People-First-Gruppe aufbaut und unterstützt. Geistige Behinderung 34 (1995), Heft 1, Einhefter.

SCHLEY, W.: Schüler verstehen – Schülern begegnen. In: GOETZE, H./NEUKÄTER, H. (Hrsg.), Disziplinkonflikte und Verhaltensstörungen in der Schule. Oldenburg (Universität) 1988, 35–41.

STAINBACK, S./STAINBACK, W.: Inclusion. A Guide für Educators. Baltimore/London/Toronto/ Sydney (Paul H. Brooks) 1996.

WOCKEN, H.: Sonderpädagogischer Förderbedarf als systemischer Begriff. Sonderpädagogik 26 (1996), 34–38.

REINHARD MARKOWETZ

Soziale Integration behinderter Kinder und Jugendlicher in wohnortnahe Vereine

Grundlagen, Konzeption und Bilanz des Integrationspädagogischen Dienstes (IPD) von PFiFF e.V., einem modellhaft über drei Jahre hinweg erprobten Fachdienst zur Integration behinderter Kinder und Jugendlicher im Lebensbereich Freizeit und zur Unterstützung integrativer Prozesse in wohnortnahen Freizeitvereinen.

1. Zur Notwendigkeit integrativer Freizeitangebote

Bereits 1973 betonte der Deutsche Bildungsrat in seinen Empfehlungen zur pädagogischen Förderung behinderter und von Behinderung bedrohter Kinder und Jugendlicher die zentrale Funktion der Freizeitförderung im Rahmen der Rehabilitation Behinderter und gab zu erkennen, daß sich die soziale Eingliederung Behinderter zu einem wesentlichen Teil im Freizeitbereich vollzieht (vgl. DEUTSCHER BILDUNGSRAT 1973, 106). Leider wurden die Empfehlungen nicht in dem erwünschten Maße umgesetzt. Bis heute wird das Freizeitangebot für Behinderte als »gravierende Mangelsituation trotz erfreulicher Initiativen an vielen Orten und in vielfältiger Form« (ZIELNIOK 1990, 21) empfunden.

In einer Zeit, in der noch nicht einmal alle Behinderte auf ein attraktives und ansprechendes Freizeitangebot blicken, geschweige denn frei wählen können, setzen noch immer Politiker/-innen, Pädagogen/-innen und Fachleute aus den unterschiedlichsten Bereichen auf den leistungsfreien Sektor Freizeit als bevorzugtes Feld der sozialen Integration von Menschen mit Behinderungen. Unter bildungs-, sozial- und gesellschaftspolitischen Gesichtspunkten betrachtet, rangiert das Anliegen der sozialen Rehabilitation im Lebensbereich Freizeit allerdings weit hinter dem der schulischen und beruflichen Rehabilitation. Noch immer wird der Rechtsanspruch auf personelle und finanzielle Hilfen im Freizeitbereich stiefmütterlich behandelt und davon ausgegangen, daß der schulischen und der beruflichen Rehabilitation in Einrichtungen der Behindertenhilfe die soziale Integration ›ohne größeres Hinzutun‹ auf dem Fuße folgt.

Die Integration im Lebensbereich Freizeit sollte deshalb als eigenständiges und nicht als randständiges Handlungs- und Erfahrungsfeld ernst genommen und dementsprechend sozialpolitisch in Theorie und Praxis entfaltet werden, ohne dabei die ökosystemischen Zusammenhänge (vgl. BRONFENBRENNER 1989; HILDESCHMIDT/SANDER 1990; HOVORKA 1993) außer acht zu lassen. Zu Recht verweist JAKOB MUTH (1989, 19) darauf, daß Integration als »Gemeinsamkeit von behinderten und nichtbehinderten Menschen in allen Lebensbereichen unserer Gesellschaft« verstanden werden muß. Integration als »eine Lebens- und Daseinsform« (KOBI 1990, 62) darf nicht auf einige, uns Nichtbehinderten angenehme Lebensbereiche beschränkt werden. Es verwundert also nicht, wenn heute nach 25 Jahren Integrationsdiskussion und bisweilen schon beachtlichen Integrationsentwicklungen im Lebensbereich Vorschule und Schule (vgl. z.B. BORCHERT/SCHUCK 1992, PREUSS-LAUSITZ 1993) festgestellt wird, daß die Integration behinderter Kinder und Jugendlicher im Freizeitbereich nicht in dem Maße stattgefunden hat, wie sie von betroffenen Eltern eingefordert, gesellschaftlich erwünscht und von Fachleuten für möglich gehalten wird. Integrative Angebote sind noch immer die Ausnahme. Die vielen guten Ansätze haben kaum eigendynamische Entwicklungen erfahren. Eine Ausweitung und Überführung in die Normalität ist weitgehend ausgeblieben.

2. Was ist PFiFF?

Dort setzt das Projekt zur Förderung integrativer Ferien- und Freizeitmaßnahmen, kurz PFiFF (vgl. MARKOWETZ 1994, 1995, 1996a, b und c, 1998a, b, c und d) an. PFiFF sucht nach innovativen Wegen und Möglichkeiten, dem Wunsch Behinderter nach mehr Kontakten mit Nichtbehinderten im Freizeitbereich zu entsprechen. Nach dem Vorbild des Assistenz-Modells (vgl. z.B. THEUNISSEN 1995, 106; MILES-PAUL/FREHSE 1994) und unter Einbezug der Erfahrungen der Hamburger Arbeitsassistenz, einem Fachdienst zur beruflichen Integration von Menschen mit geistiger Behinderung (vgl. BEHNCKE/CIOLEK/ KÖRNER 1993 und CIOLEK 1995) nach dem amerikanischen Vorbild des Ansatzes »Supported Employment« (vgl. WEHMANN ET AL. 1992), wurde im Rahmen eines wissenschaftlich begleiteten Modellprojektes von März 1994 bis Januar 1998 das Konzept der »Integrationsbegleitung« entwickelt, in der Praxis erprobt und evaluiert. Das ›Projekt zur Förderung integrativer Ferien- und Freizeitmaßnahmen‹, kurz PFiFF, wurde auf Initiative einer kleinen Gruppe engagierter Personen und auf dem Erfahrungshintergrund von zehn Jahren integrativer Ferien- und Freizeitarbeit am 25. Januar 1993 mit 33 Gründungsmitgliedern ins Leben gerufen. PFiFF ist ein eingetragener, gemeinnützig anerkannter Verein mit Sitz in Ladenburg. Einzugs- und Wirkungsgebiet von PFiFF ist der gesamte Rhein-Neckar-Kreis, der größte Landkreis des Landes Baden-Württemberg mit den beiden Städten Heidelberg und Mannheim. Seit dem 20. September 1994 ist PFiFF e.V. anerkannter Träger der freien Jugendhilfe nach § 75 KJHG.

Der Verein selbst hat gegenwärtig über 200 passive Mitglieder. Das sind in der Mehrzahl Familien mit behinderten und nichtbehinderten Kindern, Personen mit hoher Bereitschaft zu sozialem Engagement, aber auch kompetente Fachleute aus der Sozial-, Sonder- und Regelpädagogik, Psychologie, Medizin und den verschiedensten therapeutischen Berufen. Ziel ist es, durch geeignete Maßnahmen die Gemeinsamkeit zwischen behinderten und nichtbehinderten Kindern im Lebensbereich Freizeit zu fördern und neue, erkenntnisreiche Wege einer ›integrativen Kinder- und Jugendarbeit‹ zu beschreiten.

PFiFF e.V. verfügt bis heute über *keine* Geschäftsstelle und *kein* hauptamtliches Personal, sondern wird ehrenamtlich vom Vorstand verwaltet. Das Arbeitskonzept steht unter dem Motto: *»Soviel Ehrenamtlichkeit wie möglich – soviel Professionalität wie nötig: ein Leben in Nachbarschaften!«* (vgl. dazu THIMM 1994) und zielt darauf ab, möglichst kostengünstig soziale Dienstleistungen anzubieten. Eine kleine engagierte Gruppe, bestehend aus dem Vorstand, 10 Vereinsmitgliedern und durchschnittlich 20 Sonderpädagogikstudenten/ -innen der Pädagogischen Hochschule Heidelberg, arbeitete zwischen 1995 und 1998 auf der Grundlage ehrenamtlicher Tätigkeit bzw. als Honorarkraft auf der Basis einer geringfügigen Beschäftigung aktiv im Projekt mit. Das Projekt wurde aufgrund seines Modellcharakters von der JUGENDSTIFTUNG BADEN-WÜRTTEMBERG über den Zeitraum von März 1994 bis Januar 1998 mit DM 38.000,– gefördert. Über diesen Zeitraum hinweg unterstützte der ROTARY-CLUB SCHRIESHEIM-LOBDENGAU das Projekt PFiFF mit weiteren DM 8.000,– pro Jahr, da die Stiftungsgelder nicht für Personalkosten ausgegeben werden durften. Im Rahmen des Projektes »Initiative Bildung« des Hauptvorstandes der Gewerkschaft Erziehung und Wissenschaft (GEW) wurde das Projekt PFiFF in die Projektliste aufgenommen.

3. Ziele und Aufgaben des Projekts PFIFF

PFiFF wurde wissenschaftlich begleitet und war Bestandteil des Forschungsprojektes »Stigma-Identitäts-These und Entstigmatisierung durch Integration« der Fakultät für Erziehungs- und Sozialwissenschaften einschließlich Sonderpädagogik der Pädagogischen Hochschule Heidelberg (vgl. MARKOWETZ/CLOERKES 1995, MARKOWETZ 1998e, Markowetz 1999). Forschungsstrategisch arbeiteten wir nach dem Konzept der Handlungsforschung. Forschungsgegenstand war die soziale Integration behinderter Kinder und Jugendlicher im Lebensbereich Freizeit (vgl. DUPPEL 1995; GEIGER 1996; GRAFF 1994; JENTZSCH 1994; LANG 1991, MARKOWETZ 1996b und c; MARKOWETZ/LANG 1991; SCHOEPE/WEISSHAAR/MARKOWETZ 1986; SPIEGELHALDER/PHILIPP 1995; STELZIG 1996). Als forschungsrelevant erachteten wir auf der Grundlage der Kontakthypothese (CLOERKES 1982) und dem Wissen über Einstellungen und Verhalten gegenüber Behinderten (CLOERKES 1985) dabei u.a. folgende *Fragestellungen*:
- Welche Erfahrungen machen die Teilnehmer/-innen von integrativen Ferienfreizeiten?
- Wie wirken sich die Erfahrungen auf die Einstellungen und Verhaltensweisen gegenüber dem Interaktionspartner/der Interaktionspartnerin aus?
- Lassen sich im Handlungs- und Erfahrungsfeld Freizeit Interaktionsspannungen, Vorurteile und Stigmatisierungen gegenüber Behinderten abbauen?
- Welche Rolle spielt dabei eine sog. integrative Freizeitpädagogik?
- Unter welchen Bedingungen können behinderte Kinder und Jugendliche Mitglieder in ganz ›normalen‹ Freizeitvereinen werden?
- Inwieweit erweist sich das ›pfiffige‹ Konzept der »Assistenz für Kinder und Jugendliche mit Behinderungen im Lebensbereich Freizeit« als Chance und gangbarer Weg für die Integration einzelner Behinderter in einen Freizeitverein *ihrer* Wahl?
- Wie könnten solche Integrationsmaßnahmen finanziert und institutionalisiert werden?
- Wie kann durch die Teilnahme behinderter Kinder und Jugendlicher an Freizeitangeboten von ›normalen Vereinen‹ die »neue Heterogenität in den Regelgruppen« zur Zufriedenheit aller pädagogisch bewältigt werden?
- Welche Erfahrungen machen und zu welchen Erkenntnissen kommen die an einer Integrationsmaßnahme beteiligten Personen?
- Werden Familien, deren behinderte Kinder ein hohes Maß an sozialer Integration in wohnortnahen Vereinen erfahren, entlastet?

Wir von PFiFF haben in unseren integrativen Ferienfreizeiten erlebt und dokumentiert (vgl. z.B. SCHOEPE/WEISSHAAR/MARKOWETZ 1986, MARKOWETZ/LANG 1991, GRAFF 1994, JENTZSCH 1994; STELZIG 1996 und CLOERKES in Teil III dieses Bandes), daß Freizeitaktivitäten und -inhalte, die nach integrationspädagogischen Gesichtspunkten geplant und im Rahmen von Projekten durchgeführt werden, von zentraler Bedeutung sind. Ein »gemeinsamer Gegenstand« (vgl. FEUSER 1995, 173f.) schafft als »vermittelndes, katalytisch wirkendes Etwas« zwischen den Subjekten vielseitige Erlebnisse und stiftet Begegnungen, die nachhaltig wirken. Integrative Ferienfreizeiten tragen dazu bei, Vorbehalte und Vorurteile abzubauen, Interaktionsspannungen zu reduzieren und die Einstellungen und Verhaltensweisen gegenüber behinderten Interaktionspartner/-innen deutlich zu verbessern. Allerdings bestehen berechtigte Zweifel über die ›Haltbarkeit‹ solcher positiver Effekte. Sofern die Kinder nach den ereignisreichen Erlebnissen einer integrativen Freizeit keine Möglichkeit zu weiteren qualitativen Kontakten haben, ihre Bekanntschaften nicht pflegen und die geschlossenen Freundschaften nicht fortsetzen können, (was bisweilen sehr schwer ist, weil die Kinder nicht aus dem gleichen Ort kommen und auf die Fahrdienste der Eltern angewiesen sind) verlieren sich ihre Wege. Den gemachten Erfahrungen fehlt Kontinuität und Konsistenz. Die gewonnenen Einsichten und Einstellungen sind instabil. Es kann nicht erwartet werden, daß die gerade mal eben relativierte Sichtweise von Behinderung und das günstige Bild vom Behinderten aufrechterhalten bleiben. Integration im Freizeitbereich darf nicht auf wenige Tage oder Wochen im Jahr beschränkt bleiben, sondern muß zu einem verläßlichen, wohnortnahen, selbst- und interessenbestimmten Handlungs- und Erfahrungsfeld werden, innerhalb dessen regelmäßige Kontakte möglich sind.

Deshalb wollte PFiFF in Zusammenarbeit mit anderen Vereinen, Institutionen, Gruppen, Clubs, Verbänden, Initiativen, Privatpersonen und Fachleuten aus Theorie und Praxis das Angebot an geeigneten Ferien- und Freizeitmaßnahmen im Rhein-Neckar-Kreis aufbauen, koordinieren und steigern helfen. Der Schwerpunkt der Vereinsaktivitäten lag dabei auf den Bestrebungen, möglichst viele Vereine, deren bestehendes Sport- und Freizeitangebot normalerweise nur an Nichtbehinderte gerichtet ist, für Kinder und Jugendliche mit Behinderungen zu öffnen. Dazu versuchte PFiFF zum einen, mit den Vereinen und Verbänden in Kontakt zu kommen, um durch Beratung und vielfältige Unterstützung von erfahrenen Mitarbeiter/-innen und in Zusammenarbeit mit Fachdiensten gemeinsam gangbare Möglichkeiten der Umsetzung dieses Zieles zu erarbeiten (siehe Abb. 1). Der Veranstaltungskalender »Integrative Ferien- und Freizeitmaßnahmen 1997« in unserem PFiFF-Programm für das letzte Jahr des Modellprojektes zeigt, daß in dieser Sache erfreuliche Entwicklungen stattgefunden haben (vgl. MARKOWETZ 1997c, 32f.). Zum anderen wollte

Abb. 1: Vermittlung und Begleitung von Kindern und Jugendlichen mit Behinderungen in Vereine als subjektorientierte Aufgabe des INTEGRATIONSPÄDAGOGISCHEN DIENSTES (IPD) von PFiFF e.V.

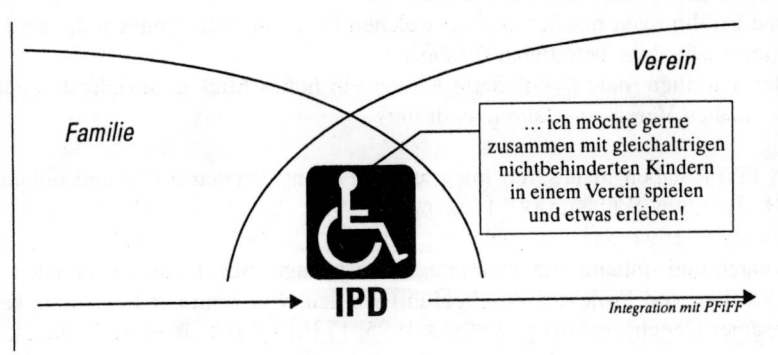

PFiFF behinderten und/oder von Behinderung bedrohten Kindern und Jugendlichen sowie deren Eltern konkret bei der Suche nach passenden Ferien- und Freizeitangeboten helfen. Gemeinsam mit ihnen stellte PFiFF Kontakt zu Vereinen her und ermöglichte den behinderten Kindern unabhängig von Art und Schweregrad ihrer Behinderung die Aufnahme und das Mitmachen bei den wohnortnahen Vereinsaktivitäten. Eine jede dieser Integrationsmaßnahmen wurde von PFiFF betreut und die Qualität der Maßnahme über einen Integrationspädagogischen Dienst, kurz IPD, gesichert. Der IPD war ein auf den Projektzeitraum zeitlich befristeter Fachdienst, den Eltern behinderter und von Behinderung bedrohter Kinder im Rhein-Neckar-Kreis beanspruchen konnten. Der mobile Dienst diente der sozialen Eingliederung behinderter Kinder und Jugendlicher in den Lebensbereich Freizeit. Die Assistentinnen und Assistenten des IPD brachten hierzu den Integrationsprozeß in Gang und unterstützten die Entwicklung von integrativen Prozessen in den wohnortnahen Freizeitvereinen.

PFiFF war deshalb zunächst Anlauf- und Kontaktstelle und koordinierte die Integrationsmaßnahmen. Darüber hinaus rekrutierte PFiFF Assistent/-innen, schulte diese in geeigneten ein- und weiterführenden Seminaren, begleitete sie individuell in ihrer Praxis und reflektierte gemeinsam in regelmäßigen Teamsitzungen die dabei gemachten Erfahrungen. In Abbildung 2 sind die Aufgabenbereiche und Tätigkeitsfelder des Projektes PFiFF im Überblick dargestellt.

PFiFF öffnete Vereine für die Arbeit mit Behinderten und bot den interessierten Vereinen alle dazu notwendigen Hilfen an. Die Erwartungen, die PFiFF an die Vereine hatte,

Abb. 2: Aufgabenbereiche und Tätigkeitsfelder des Projektes PFiFF im Überblick

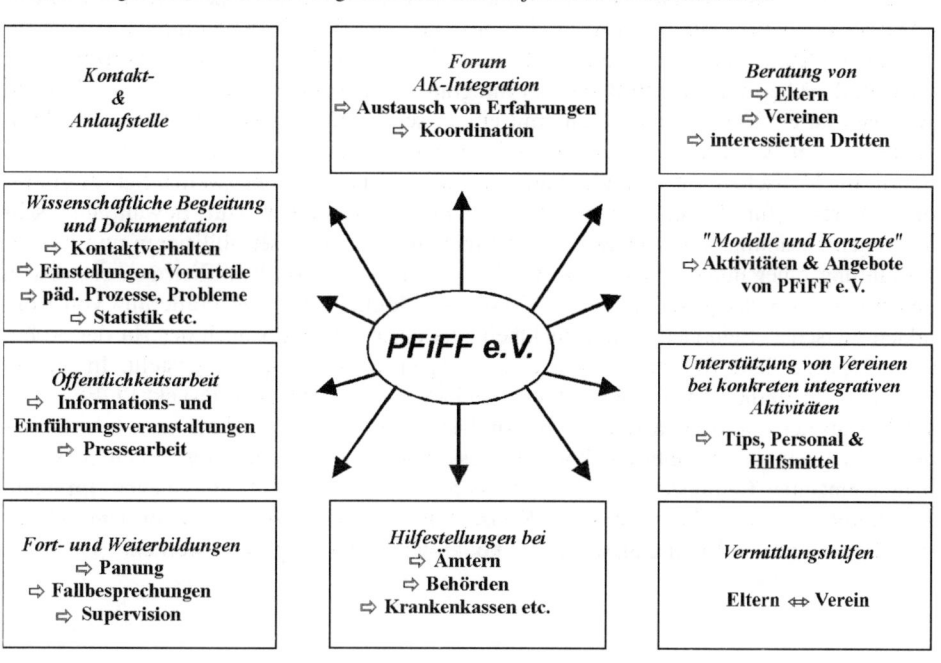

galt es stets an den eigenen Erfahrungen zu überprüfen. Nur so blieben wir vor den von uns angesprochenen Vereinen glaubhaft und wurden in unserem Anliegen ernstgenommen. Interessierte aus anderen Vereinen konnten sich darüber hinaus bei PFiFF selbst ein Bild von der integrativen Praxis machen und sich leichter für oder gegen die Aufnahme einzelner Behinderter entscheiden.

PFiFF führte deshalb während der Projektphase selbst modellhaft eine Reihe an integrativen Ferien- und Freizeitmaßnahmen durch:
- Zwei integrative Freizeiten in den Sommerferien,
- jährlich zwei integrative Wochenendfreizeiten,
- einen integrativen Spiel- und Freizeittreff,
- eine integrative Spielgruppe »pfiffikus« für Kinder im Alter von 2–4 Jahren an vier Vormittagen in der Woche,
- Kooperationen mit den umliegenden Vereinen,
- Vermittlungen von behinderten Kindern in Freizeitmaßnahmen anderer Veranstalter,
- Vermittlungen von behinderten Kinder in regelmäßig wöchentlich stattfindene Sport- und Freizeitangebote von Vereinen im Rhein-Neckar-Kreis mit und ohne Assisten/-in,
- vorbereitende Seminare für die Betreuer/-innen der integrativen Freizeitmaßnahmen,
- vorbereitende Seminare für interessierte Assistent/-innen im Rahmen des IPD,
- Beratung in allen Fragen, die die Integration Behinderter im Freizeitbereich betreffen,
- Informationsveranstaltungen, Presse- und Öffentlichkeitsarbeit.

An eine Ausweitung der Angebote war und ist nicht gedacht. Einige unserer Angebote konnten wir zuversichtlich und guten Mutes bereits innerhalb des Projektzeitraumes wieder einstellen, weil erfreulicherweise mit unserer Hilfe bzw. in kooperativer Zusammenarbeit andere Veranstalter/-innen von Ferien- und Freizeitmaßnahmen ihre Angebote für behinderte Kinder und Jugendliche öffneten. PFiFF möchte kein neuer Freizeitverein werden, der überregional den Bedarf an Integrationsmaßnahmen decken könnte. Ziel und Anliegen ist es, Vereine, die bereits mit einem sehr breit gefächerten Ferien- und Freizeitprogramm den Freizeitbedürfnissen Nichtbehinderter entsprechen, in einem ersten Schritt für Menschen mit Behinderungen zu öffnen. Erst in einem zweiten Schritt gilt es, diese Vereine für didaktisch-methodische Umstrukturierungen ›zur Bewältigung sehr heterogen zusammengesetzter Spiel- und Freizeitgruppen‹ zu sensibilisieren und bei der Einführung einer integrativen Freizeitpädagogik in der Praxis behilflich zu sein. Dabei gehen wir von einer grundsätzlichen Vielfalt an Möglichkeiten zur Förderung von Kontakten zwischen Behinderten und Nichtbehinderten im Freizeitbereich aus. In der Abbildung 3 (siehe Seite 87) sind hierzu einige Organisationsformen dargestellt. In diesem Beitrag soll lediglich zwei Möglichkeiten nachgespürt werden. Dem Projekt PFiFF ist besonders an der praktischen Entfaltung von Möglichkeit 4: »Aufnahme einzelner Behinderter in geeignete Vereinsangebote mit Assistent/-in« und der Möglichkeit 5: »Aufnahme einzelner Behinderter in geeignete Vereine ohne Assistent/-in« gelegen. Im nächsten Kapitel soll deshalb zunächst die Konzeption vorgestellt werden, bevor dann wichtige Erfahrungen und Erkenntnisse aus der konkreten Praxis aufgezeigt werden.

Abb. 3: Möglichkeiten zur Förderung von Kontakten zwischen Behinderten und Nichtbehinderten im Lebensbereich Freizeit

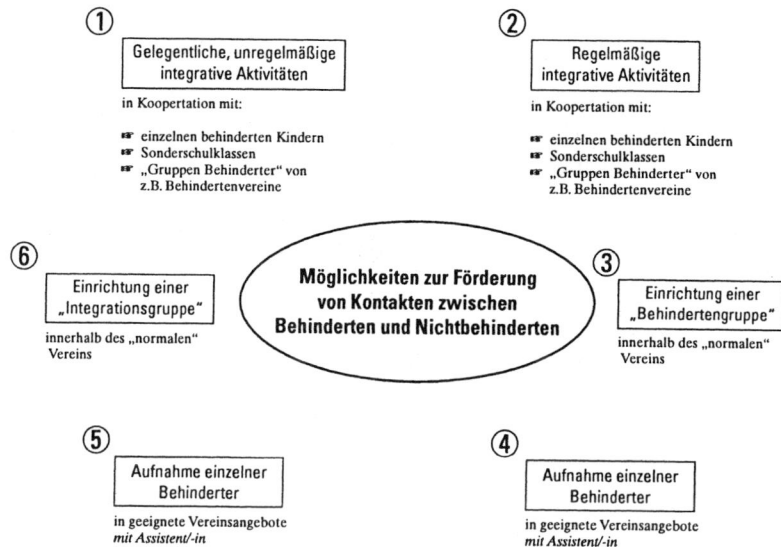

4. Konzeption des IntegrationsPädagogischen Dienstes (*kurz* IPD) von PFiFF e.V.

Der Verein PFiFF nimmt die Anträge von Eltern behinderter bzw. von Behinderung bedrohter Kinder auf »Vermittlung und Integration ihres Kindes in einen ›normalen, wohnortnahen‹ Verein« entgegen. Das weitere Vorgehen gliedert sich idealtypisch in sechs Phasen, die durchschnittlich einen Zeitraum von neun Monaten beanspruchen.

- *Phase 1: Erstgespräch mit den Eltern und Finden geeigneter Assistent/-innen*

In einem ersten persönlichen Gespräch werden zunächst formale Aspekte des Rechtsanspruches auf Einzelfallförderung für die Finanzierung der Integrationsmaßnahme und der Assistent/-innen im Sinne der Aufgaben und Ziele der Eingliederungshilfe des Bundessozialhilfegesetzes (BSHG) nach §§ 39 und 40 Abs. 1 Nr. 8 und Kinder- und Jugendhilfegesetzes (KJHG) nach § 35a besprochen und transparent gemacht (vgl. HENN 1995), so daß die Eltern einen entsprechenden Antrag bei den zuständigen Sozial- und Jugendämtern stellen können. Viel mehr aber geht es darum, die Wünsche und Vorstellungen der Eltern zu hören und ihr Kind kennenzulernen. Mit den Eltern wird vereinbart, daß PFiFF das Kind in seinem ›So-Sein‹ und seinen Freizeitbedürfnissen und –wünschen den an einer Tätigkeit als Assistent/-in interessierten und bereits in eigens dafür von PFiFF in vorbereitenden Seminaren geschulten Personen vertraulich und im Sinne eines verantwortungsvollen Umgangs mit persönlichen Daten vorstellen darf. PFiFF interessiert aus diesen Reihen eine Person für die Integrationsmaßnahme und schließt mit ihr einen Honorarkraftvertrag ab. Der Assistent/die Assistentin wird den Eltern und dem Kind bekannt gemacht. In einem gemeinsamen Gespräch wird abschließend entschieden, ob und falls ja, zu welchem Zeitpunkt die Maßnahme gestartet wird.

- *Phase 2: Kontaktphase des Assistenten/der Assistentin mit dem Kind und der Familie*

Der Assistent/die Assistentin nimmt über einen Zeitraum von etwa vier bis sechs Wochen wöchentlich ein bis zweimal für bis zu vier Stunden Kontakt zum Kind oder Jugendlichen und seinen Eltern auf. Hier soll sich allmählich eine Vertrauensbasis zwischen den beteiligten Personen aufbauen. Alle sollen reichhaltig Gelegenheit haben, sich in vielseitigen Situationen innerhalb und außerhalb des familiären Geschehens kennenzulernen. Der Assistent/die Assistentin gewinnt einen Überblick über die Bedürftigkeit des Kindes, lernt mit diesem umzugehen und erkundet gemeinsam mit ihm seine Interessen und Freizeitbedürfnisse. Am Ende sollten konkrete Vorstellungen über die weitere Freizeitgestaltung des Kindes vorliegen, die hinsichtlich einer realistischen Umsetzung mit den Eltern und PFiFF diskutiert und angegangen werden sollen.

- *Phase 3: Suche nach einem geeigneten Verein*

Dem Wunsch des Kindes entsprechend wird in den nächsten Wochen ein geeigneter Verein gesucht. Wichtigstes Kriterium für die Auswahl des Vereins ist dessen Nähe zum Wohnort des Kindes, damit spätere Kontakte zu den anderen Teilnehmer/-innen über die Vereinsaktivitäten hinaus leichter fortgeführt werden können. Der Assistent/die Assistentin nimmt nun Kontakt zum Verein auf und signalisiert den verantwortlichen, zukünftigen Leiter/-innen und bei Bedarf der Vereinsführung, daß ein »behindertes Kind aus der Nachbarschaft« gerne Mitglied im Verein werden möchte. Es gilt, die Idee der Integrationsbegleitung zu erläutern und bestehende Vorbehalte im Gespräch dialogisch zu entkräften. Ziel ist es, mit dem aufnehmenden Verein eine »Probephase« auszuhandeln, in der das behinderte Kind mit seinem Assistenten/seiner Assistentin an den Aktivitäten teilnehmen kann.

- *Phase 4: Integration und Mitgliedschaft auf Probe*

Der Assistent/die Assistentin ist dem behinderten Kind in allen Bereichen umfassend behilflich, damit eine schnelle und reibungslose Teilnahme an den Freizeitaktivitäten und am Vereinsleben möglich wird, die den Bedürfnissen des Kindes gerecht wird. Alle erdenklichen und notwendigen Hilfen sind anzubieten und zu leisten, damit sich der Verein bzw. dessen verantwortliche Leiter/-innen nicht unfreiwillig belastet und überfordert fühlen. Die permanente Anwesenheit des Assistenten/der Assistentin in dieser Phase, die sich durchaus über einen Zeitraum von bis zu sechs Monaten erstrecken kann, erachten wir deshalb für zwingend notwendig. Die Assistenz bleibt zunächst sehr stark auf das Kind beschränkt (»persönliche Assistenz«). Und doch ist bereits darauf zu achten, daß unnötige Abhängigkeiten und Fixierungen auf die zu begleitende Person das Interesse und die Annäherung der anderen Vereinsmitglieder nicht unmöglich machen. Das bedeutet, daß auch über die neue Situation gesprochen werden sollte. Erfreuliche Erfahrungen und aufkommende Probleme sind zu besprechen, zu analysieren und zu bewerten. Die didaktisch-methodische Gestaltung der Vereinsaktivitäten sollte vorerst noch nicht kritisiert werden, selbst wenn schon zu ersehen ist, daß die Qualität der freizeitpädagogischen Arbeit reformbedürftig ist.

- **Phase 5: *Reflektion der Mitgliedschaft auf Probe und der gemachten integrativen Erfahrungen***

In Gesprächen mit allen in irgendeiner Weise Beteiligten sollte der bis dahin erreichte Stand kritisch betrachtet und der weitere Verlauf der Integrationsmaßnahme besprochen werden. Es ist zu hinterfragen, ob die Integrationsmaßnahme im Sinne aller verläuft. Hoffnungen, Enttäuschungen, Erfolge und Fortschritte sollten zwischenbilanziert und eine Entscheidung darüber herbeigeführt werden, wie es weitergehen soll. Möglich ist eine Verlängerung der »Probephase« in der Absicht, zu einem späteren Zeitpunkt neu über die Fortführung oder den Abbruch der Maßnahme zu entscheiden. Im günstigsten Fall kann bereits über die Aufnahme des behinderten Kindes als ordentliches Vereinsmitglied entschieden werden. Wird die Maßnahme abgebrochen, gilt es sorgfältig die Ursachen und Zusammenhänge zu recherchieren. In jedem Fall sollte auf der Grundlage der gemachten Erfahrungen ein zweiter Versuch, möglicherweise auch in einem anderen Verein eventuell mit anderen Freizeitangeboten, unternommen werden. Entschließt sich der Verein für die Aufnahme des behinderten Kindes, folgt Phase 6.

- **Phase 6: *Stabilisierung der Integrationsmaßnahme und Überführung in die »Normalität«***

Durch die Mitgliedschaft des behinderten Kindes im Verein besteht nun ein verläßlicher, regelmäßiger Kontakt, dessen Qualität es jetzt zu sichern und zu steigern gilt. Die verantwortlichen Leiter/-innen haben damit auch ihren Willen zu integrativer Arbeit erklärt und sind jetzt freiwillig bereit, schrittweise Aufgaben zu übernehmen, die bis dato von der Integrationsbegleitung geleistet wurde. Ein Kompetenztransfer (vgl. FEUSER 1990, 171) soll stattfinden, der es möglich macht, daß sich die Assistent/-innen langsam und zunehmend überflüssig machen bzw. in immer stärkerem Maße zum Berater/zur Beraterin werden. Vor allen Dingen lassen sich jetzt aus der nicht mehr unmittelbar beteiligten Position heraus Vorschläge hinsichtlich der Gestaltung der Praxis nach integrationspädagogischen Gesichtspunkten leichter als zu Beginn einbringen. Inwieweit zu einer didaktischen Reform der freizeitpädagogischen Arbeit in den einzelnen Vereinen beigetragen werden kann, hängt im wesentlichen von der Bereitschaft der Leiter/-innen ab, sich für neue, bislang unübliche Wege zu begeistern und zu öffnen. Der Assistent/die Assistentin hat hierbei besonders sensibel zu reagieren und steht mitunter vor unüberwindbaren Hürden. Das Gelingen einer Integrationsmaßnahme darf deshalb nicht ausschließlich an den Veränderungen der ›bisherigen pädagogischen Praxis‹ hin zu einer ›integrations-pädagogischen Praxis‹ gemessen werden. Die soziale Integration eines behinderten Kindes ist auch dann als gelungen zu bewerten, wenn unter ganz normalen Bedingungen Behinderte und Nichtbehinderte zueinander finden, ihr Wohlbefinden zum Ausdruck bringen und Behinderung als Kriterium für den weiteren Verbleib in der Gruppe und im Verein immer mehr an Bedeutung verliert.

In Abbildung 4 (siehe Seite 90) sind sowohl die sechs Phasen im Verlauf des Integrationsprozesses in ihrer zeitlichen Abfolge als auch die Zielfunktionen der Integrationsmaßnahme zusammengefaßt. Der Begriff Zielfunktion beschreibt nicht nur die gegenwärtige Realisation und die pädagogische Zieldimension anzustrebender sozialintegrativer Lebensverhältnisse von Menschen mit Behinderungen, sondern meint auch die Einheit der acht individuell-gesellschaftlichen Zielfunktionen der Freizeit, nämlich Rekreation, Kompensation, Edukation, Kontemplation, Kommunikation, Integration, Partizipation und

Abb. 4: Zielfunktionen der Integrationsbegleitung

Familie
mit einem behinderten bzw. von Behinderung bedrohtem
Kind

Anliegen & Wünsche:
- Sozialkontakte mit gleichaltrigen nicht behinderten Kindern
- soziale Integration in einen wohnortnahen Verein, der den Neigungen, Bedürfnissen und Interessen des Kindes entspricht.
- angemessene Teilhabe an diesem Vereinsangebot
- kompetente Betreuung, Hilfen und Begleitung des behinderten Kindes bei der Eingliederungsmaßnahme
- Familienentlastung

PFiFF e.V.: IPD
IntegrationsPädagogischer Dienst für Eltern behinderter und von Behinderung bedrohter Kinder im Rhein-Neckar-Kreis

- *Kontakt- und Anlaufstelle*
- *unverbindliche Beratung*

Antrag der Eltern auf Vermittlung in einen Verein und Begleitung der Integrationsmaßnahme durch einen Assistenten/eine Assistentin

➔ **Beginn der Eingliederungsmaßnahme**

Phase 1:
Antrag der Eltern auf Eingliederungshilfe nach §§ 39 und 40 Abs. 1 Nr. 8 BSHG bzw. § 35a KJHG bei den zuständigen Jugend- und Sozialämtern

Phase 2:
Kontaktphase des Assistenten/der Assistentin mit dem Kind und der Familie

Phase 3:
Suche nach einem geeigneten Verein

Verein

Phase 4:
Integration und Mitgliedschaft auf Probe

Phase 5:
Reflexion der Mitgliedschaft auf Probe und der gemachten integrativen Erfahrungen

Phase 6:
Stabilisierung der Integrationsmaßnahme und „Überführung in die ‚Normalität'"

- „Integrative Prozesse im Verein"
- stabile, soziale Integration
- Familienentlastung

„Soviel Ehrenamtlichkeit wie möglich –
soviel Professionalität wie nötig:
Leben in der Nachbarschaft!"

Enkulturation, die es für behinderte Menschen herzustellen gilt (vgl. hierzu den Beitrag »Freizeit von Menschen mit Behinderungen« in diesem Band). Die Zielfunktionen entsprechen den acht grundlegenden Freizeitbedürfnissen *aller* Menschen. Menschen mit Behinderungen werden bisweilen solche Freizeitbedürfnisse abgesprochen. Besonders den gesellschaftlich orientierten Freizeitbedürfnissen wird kaum Rechnung getragen. Die Freizeitbedürfnisse in ihrer Gesamtheit stellen deshalb qualitative Kriterien für eine bedürfnisorientierte, integrative Erziehungs- und Bildungsarbeit im Lebensbereich Freizeit dar.

Eine Integrationsmaßnahme erstreckt sich insgesamt über einen maximalen Zeitraum von neun Monaten. Die Dauer und Intensität der einzelnen sechs Phasen der Integrationsbegleitung hängt sehr stark vom Einzelfall ab. Mit den beteiligten Personen sollte ein Zeit- und Hilfeplan erstellt werden, der alle notwendigen Freiheiten garantiert und ein zielgerichtetes Vorgehen über die einzelnen Phasen und über den vorgesehenen Gesamtzeitraum von neun Monaten ermöglicht. Konnten in dieser Zeit keine zufriedenstellenden integrativen Prozesse in Gang gebracht werden, gilt es, sich mit allen Beteiligten darüber auszutauschen und eine Klärung bezüglich des Abbruchs der Maßnahme oder einer sinnvollen Fortsetzung unter veränderten, günstigeren Bedingungen herbeizuführen. Es ist darauf hinzuweisen, daß die Dauer der »persönlichen Assistenz« selbstverständlich von Art und Schweregrad der Behinderung abhängig ist und deshalb fortlaufend sichergestellt sein muß.

Zur Ausübung der Tätigkeit als Assistent/-in wäre ein PKW des Vereins PFiFF für den mobilen Einsatz im gesamten Rhein-Neckar-Kreis von Vorteil. Leider steht dem Verein bis heute kein Fahrzeug zur Verfügung. Auf die komplexen Aufgaben wurden die Assistent/-innen in vorbereitenden und fortlaufenden Seminaren von PFiFF geschult. Alle Assistent/-innen haben sich regelmäßig zu individuellen Aus- und Absprachen und beratenden Sitzungen mit den beiden gesamtverantwortlichen Projektleiterinnen getroffen. In den Teamsitzungen wurden die gemachten Erfahrungen zusammengetragen, diskutiert und kommunikativ validiert. Die über einen Honorarkraftvertrag geregelte Tätigkeit wurde mit DM 15,– pro geleisteter Stunde vergütet. Die Honorarkräfte führten einen Nachweis über die geleisteten Stunden und stellten dem Verein PFiFF monatlich eine Rechnung. Solange von den zuständigen Ämtern und Behörden kein Geld für die Eingliederungsmaßnahmen gewährt wurde, übernahm PFiFF die Finanzierung der persönlichen Assistent/-innen. Im günstigsten Falle begann die Integrationsmaßnahme dann, wenn der Antrag der Eltern auf Eingliederungshilfe von den zuständigen Behörden und Ämtern genehmigt wurde und die Kostenübernahme garantiert war. Für die praktische Durchführung des Konzeptes und Koordination der Maßnahmen im Rahmen des Modellprojektes waren neben dem Vereinsvorstand die beiden auf Honorarbasis eingestellten Projektleiterinnen des Integrationspädagogischen Dienstes (IPD) zuständig.

5. Praktische Erfahrungen und Erkenntnisse – Bilanz

Nach einem vorbereitenden Wochenendseminar im Dezember 1994 stand PFiFF erstmalig eine Gruppe aus 12 grundlegend qualifizierten Personen, in der Regel Studierende der Sonderpädagogik an der Pädagogischen Hochschule Heidelberg, für den Einsatz als Assistent/-in zur Verfügung. Mit Beginn des Jahres 1995 konnten wir die integrationspädagogische Arbeit mit 6 behinderten Kindern und Jugendlichen aufnehmen. Bis Ende des Jahres 1997 hatten wir insgesamt 42 Anträge von Eltern behinderter bzw. von Behinderung bedrohter Kinder und Jugendlicher auf Vermittlung und soziale Integration in einen geeigneten, wohnortnahen Verein entgegengenommen. Davon konnten wir 30 bearbeiten und praktisch umsetzen. Zwei behinderte Kinder bzw. Jugendliche nehmen bis heute gemeinsam mit der Assistentin/dem Assistenten regelmäßig an den gewünschten Aktivitäten und Angeboten des Vereins teil.

In 23 Fällen konnte die Integrationsmaßnahme zur Zufriedenheit aller Beteiligten erfolgreich abgeschlossen werden (vgl. hierzu DUPPEL 1995; GEIGER 1996). Das bedeutet, daß die behinderten Kinder bzw. Jugendlichen ohne Assistenz auskommen und von den verantwortlichen Personen im Verein wie ein nichtbehindertes Kind auch selbstverständlich mitbetreut und begleitet werden. Trotzdem stehen wir mit einigen Vereinen und Familien weiterhin in Kontakt und stehen beratend zur Verfügung. Einzelne Vereine begrüßen diese Art von ›Nachbetreuung‹ sehr und machen durchaus davon Gebrauch. Zum gegenwärtigen Zeitpunkt können wir keine Angaben darüber machen, ob noch alle der 23 von PFiFF über den IPD in einen Verein vermittelten behinderten Kinder und Jugendlichen regelmäßig die Vereinsangebote besuchen oder sich bereits umorientiert und wieder abgemeldet haben. Eine Nachfrage diesbezüglich bei den Eltern der behinderten Kinder und Jugendlichen ist vorgesehen.

Vier Anträge wurden von den Eltern wieder zurückgezogen, bevor wir ihnen einen Assistenten/eine Assistentin vermitteln konnten. Als Gründe hierfür sind zu nennen: Zu lange Wartezeiten für die Eltern, eigene Zweifel über den erhofften Erfolg und die Unklarheit der Finanzierung der Maßnahme. Vielen Eltern ist in erster Linie an einer sofortigen Familienentlastung gelegen. Ihnen ist bewußt, daß trotz ihres Wunsches nach mehr gesellschaftlicher Teilhabe und nach mehr sozialer Integration ihres Kindes im Lebensbereich Freizeit enorme Schwierigkeiten zu bewältigen sind, die ihnen Zeit, Engagement und bisweilen sogar einen Eigenanteil an den Kosten abverlangt, ohne daß die gewünschten Erfolge garantiert werden.

Für acht behinderte Kinder bzw. Jugendliche konnte PFiFF aus dem Pool der zur Verfügung stehenden Personen keine Assistent/-innen finden. Als Gründe für die Ablehnung werden von den potentiellen Mitarbeiter/-innen in erster Linie Mobilitätsprobleme angegeben, die sich durch das Fehlen eines eigenen bzw. vereinseigenen Kraftfahrzeuges und wegen unverhältnismäßig langer Anfahrtswege mit öffentlichen Verkehrsmitteln ergeben. In Gesprächen mit den Assistent/-innen wurde aber auch deutlich, daß eigene Interessen und Vorlieben ebenso wie Abneigungen bezüglich Hobbys, Freizeitbedürfnissen und eigene Vorstellungen und Erwartungen von Vereinsstrukturen und Vereinsleben eine große Bedeutung spielen, sich für oder gegen ein Kind bzw. Jugendlichen zu entscheiden.

Abbildung 5 auf Seite 93 gibt einen zusammenfassenden Überblick über die Integrationsmaßnahmen unter Berücksichtigung der Behinderungsarten für den Zeitraum von Januar 1995 und Dezember 1997.

Die Assistent/-innen sehen sich nicht als professionell, sondern weitgehend ehrenamtlich tätige Personen, die sich gegen ein geringes Entgeld freiwillig sozial engagieren wollen. Sie können deshalb auch nur Assistenzdienste im Rahmen des ihnen Möglichen anbie-

Abb. 5: Integrationsmaßnahmen [IM] im Rahmen des IPD mit und ohne Einsatz einer Assistentin/ eines Assistenten für Menschen mit Behinderungen [ASSI] zwischen 1995 und 1997 (n = 42)

Art der Behinderung	gestellte Anträge (Eltern)	Antrag wieder zurückgezogen	Warteliste: Suche nach ASSI	laufende IM im Verein mit ASSI	IM erfolgreich abgeschlossen	IM abgebrochen
Geistige Behinderung	14	2	3	1	5	3
Körperbehinderung	12	1	2	–	7	2
Sprachbehinderung	2	–	–	–	2	–
Sehbehinderung	2	–	–	1	1	–
Gehörlosigkeit	1	–	–	–	1	–
Psychische Behinderung	1	1	–	–	–	–
Lernbehinderung	3	–	1	–	2	–
Verhaltensbehinderung	7	–	2	–	5	–
Σ	42	4	8	2	23	5

ten und realisieren. Der Ort, der Zeitpunkt, die Dauer, die Häufigkeit und die Art der Freizeitbetätigung laufen dadurch Gefahr, mehr von den Interessen des Assistenten/der Assistentin als von den Interessen des zu betreuenden behinderten Kindes/Jugendlichen bestimmt zu werden. In solchen Fällen war es besonders wichtig, in den gemeinsamen Teambesprechungen die Interessen und Bedürfnisse des Kindes zu thematisieren, um diese wieder in den Mittelpunkt unserer praktischen Bemühungen zu rücken. Als äußerst positiv bleibt zu erwähnen, daß kein Assistent/keine Assistentin wegen der Art und des Schweregrades einer Behinderung die Betreuung und Begleitung eines Kindes bzw. Jugendlichen abgelehnt hat. Allerdings ist anzumerken, daß Eltern von Kindern mit schwersten Behinderungen (vgl. FRÖHLICH 1989, 179) bislang noch keinen Antrag auf Integrationsbegleitung gestellt haben (vgl. hierzu auch Abb. 5).

Jene Assistent/-innen, die für PFiFF aktiv wurden und die Begleitung eines Kindes übernommen haben, gaben zu erkennen, daß ihnen die Kontaktaufnahme zum Kind und der Familie keine Probleme bereiteten. Die Eltern wurden durchweg als kooperativ und von der Notwendigkeit und Wichtigkeit der Maßnahme überzeugt erlebt. Auf die Vorstellungen und gezielten Vorschläge, die die Assistent/-innen einbringen und im Kontakt mit dem Kind herausarbeiten, gehen die Eltern in der Regel gerne ein. Die Assistent/-innen haben auch in Erfahrung gebracht, daß die behinderten Kinder unabhängig von den Eltern sehr wohl eine konkrete Vorstellung davon haben, welcher Freizeitbeschäftigung bzw. welchem Hobby sie nachgehen wollen und was sie daran fasziniert. Die Eltern äußern zwar, was ›für ihr Kind gut wäre‹, zeigen sich aber insgesamt offen für das, was der Assistent/die Assistentin auf Vorschlag des Kindes exemplarisch erprobt hat und hinsichtlich der Möglichkeiten einer realistischen Umsetzung vorschlägt. In vielen Fällen deckt sich der Wunsch des Kindes tatsächlich mit den Vorstellungen der Eltern. Behinderte Kinder (siehe Abb. 6, Seite 94) haben sehr vielfältige sportliche Interessen und hegen den Wunsch, Mitglied in einem entsprechenden Sportverein zu werden. Sie bleiben aber nicht darauf beschränkt. Der Vielfalt an Interessen sind keine Grenzen gesetzt. Behinderte Kinder wollen genauso wie nichtbehinderte Kinder in die freiwillige Feuerwehr, in einen Modelleisenbahn-Club, in einen Karnevalsverein, in einen Schachclub, zu Umwelt- und Naturschutzorganisationen, zu einem Spielmannszug, zu Töpferkursen, ein Instrument erlernen usw.

Abb. 6: Erfolgreich angefangene, erfolgreich abgeschlossene und erfolglos abgebrochene Integrationsmaßnahmen [IM] mit und ohne Einsatz einer Assistentin/eines Assistenten für Menschen mit Behinderungen [ASSI] in verschiedenen Vereinen (n=30); (ϑ t =36 Monate)

Art des Vereins	IM mit ASSI			IM ohne ASSI		
	erfolgreich		erfolglos	erfolgreich		erfolglos
	ange-fangen	abge-schlossen	abge-brochen	ange-fangen	abge-schlossen	abge-brochen
Schwimmverein	–	3	1	–	–	–
Turnverein	–	2	–	–	–	–
Bogenschießverein	–	–	–	–	1	–
Reitverein	–	2	1	–	–	–
Fußballverein	1	1	1	–	1	–
Hockey–Club	–	1	–	–	–	–
Softball-/Schlagballverein	–	–	–	–	1	–
Tischtennisverein	–	1	–	–	–	–
Judogruppe	–	–	–	–	1	–
Modellflugzeugverein	–	–	–	–	1	–
Musikverein/Spielmannszug	–	–	–	–	1	–
Karnevalsverein	–	1	–	–	–	–
Funker- und Radioverein	–	–	–	–	1	–
Feuerwehr	–	2	1	–	1	–
konfessionelle Jugendgruppe	1	1	–	–	–	–
Pfadfinder/-innen	–	1	1	–	–	–
Σ = 30	2	15	5	–	8	–

Die Elternarbeit gestaltet sich aus der Sicht der Assistent/-innen positiv. Den meisten Eltern ist an einer regelmäßigen Betreuung durch eine Assistentin/einen Assistenten als Bezugs- und Vertrauensperson gelegen. Sie und die Kinder akzeptieren es aber auch, wenn gelegentlich eine Vertreterin/ein Vertreter aus den Reihen von PFiFF einspringt. Insgesamt nehmen die Eltern die Integrationsmaßnahme ernst. Vor allem die Mütter erleben die Assistenz als echte Hilfe, die sie entlastet und ihrem behinderten Kind Perspektiven eröffnet. Die Eltern begreifen eine Integrationsbegleitung als Chance, die einerseits mit viel Hoffnungen verbunden ist, andererseits sehr kritisch bewertet wird, was das Gelingen, die Dauer und die Stabilität der Integrationsmaßnahme angeht. Optimistisch gestimmte Eltern, denen es wichtig ist, daß ihr behindertes Kind entsprechend seinen Neigungen, Bedürfnissen und Interessen im Freizeitbereich sozial integriert etwas unternehmen kann, beteiligen sich aktiv am Integrationsprozeß und leisten ihren Beitrag zum Gelingen der Maßnahme z.B. dadurch, daß sie ihr Kind regelmäßig und verläßlich zu den Vereinsaktivitäten fahren und abholen. Allerdings liegt nicht allen Familien soviel an der

Freizeit ihres Kindes. Für nicht wenige Eltern behinderter Kinder fängt die Freizeit erst nach den Hausaufgaben, der Nachhilfe und der Förderung durch Therapien an. Oft fehlt ihnen und den Kindern dann die Zeit für die Gestaltung der Freizeit außerhalb der Familie. In solchen Fällen erleben wir es immer mal wieder, daß Termine verschoben, den Assistent/-innen kurzfristig abgesagt werden und die Kinder nur unregelmäßig zu den Vereinsaktivitäten kommen. Hier leistete PFiFF viel Aufklärungsarbeit und versuchte den Eltern behinderter Kinder die wichtige Funktion der Freizeit (vgl. OPASCHOWSKI 1990, 95–96) für ihr behindertes Kind bewußt zu machen.

Im Rahmen des Projektes konnten wir fast jedem behinderten Kind bzw. Jugendlichen seinen Freizeitbedürfnissen und -interessen individuell entsprechen und einen geeigneten Verein finden. Dabei haben wir die Erfahrung gemacht, daß es nicht immer möglich ist, das Prinzip der Wohnortnähe durchgehend einzuhalten. So muß beispielsweise ein körperbehinderter Jugendlicher, dessen sehnlichster Wunsch es war, sich sportlich mit Bogenschießen zu betätigen, jetzt eine Fahrtstrecke von 30 Kilometern in Kauf nehmen, weil es einfach keinen nähergelegenen Verein gibt, der diese Sportart anbietet. Des weiteren hängt die wohnortnahe Vermittlung und Integration eines behinderten Kindes bzw. Jugendlichen in einen Verein seiner Wahl sehr stark von der Einstellung und Bereitschaft der Leiter/-innen der angefragten Vereine ab. Besonders Vereine, die sich nicht der leistungsorientierten, wettkampfmäßigen Vereinsarbeit, sondern dem Breitensport verpflichtet wissen und »Jedermann-Gruppen« favorisieren, lehnen die Aufnahme behinderter Kinder und Jugendlicher nicht durchgängig und grundsätzlich ab. Einzelne verantwortliche Leiter/-innen von Freizeitangeboten signalisieren durchaus eine hohe Bereitschaft, auch behinderte bzw. leistungsschwächere und problematischere Kinder sowie ausländische Kinder und Jugendliche bzw. Kinder von Asylbewerber/-innen aufzunehmen und teilhaben zu lassen.

Wir haben aber auch von den Ängsten und Nöten im Umgang mit Behinderten erfahren. Von den Vereinen wurde uns bestätigt, daß die personellen und materiellen Hilfen, wie sie ihnen von PFiFF angeboten und zur Verfügung gestellt werden, als entlastend und darüber hinaus als sehr lehrreich und effektiv empfunden werden. Es gibt aber auch Vereine, die den Assistenten/die Assistentin als störend wahrnehmen. Sie sehen in ihm zunächst einmal eine Person, die ›vieles besser weiß‹, ›Kontrolle ausübt‹, über eine ›verfeinerte Pädagogik‹ und bessere ›didaktisch-methodische Kenntnisse‹ verfügt und verändernd in die Praxis, ›die jetzt schon über so viele Jahre hinweg funktioniert hat‹ eingreifen möchte. Gelingt es beiden Interaktionspartnern, in einen vernünftigen Dialog zu kommen und die bestehenden gegenseitigen Ängste zugunsten eines kooperativen, gleichberechtigten Verhältnisses abzubauen, beurteilen beide Seiten ihre Zusammenarbeit als Bereicherung, die den integrativen Prozeß innerhalb des Vereins voranbringt.

In den Vereinen selbst gestaltet sich die Begegnung zwischen dem behinderten Kind und den nichtbehinderten Interaktionspartnern erfreulich positiv. Aus exemplarisch durchgeführten soziometrischen Erhebungen (vgl. GEIGER 1996) unter den teilnehmenden Kindern und Jugendlichen in den einzelnen Vereinen, die allerdings erst wenige Monate Kontakt zueinander hatten, ist vorläufig festzuhalten, daß die aufgenommenen behinderten Kinder und Jugendlichen keinen niedrigeren soziometrischen Status besitzen. Unter den nichtbehinderten Teilnehmer/-innen gibt es eher Kindern, die schon länger in der

Gruppe sind, aber aufgrund negativ bewerteter Verhaltensweisen wie Aggression, motorischer Unruhe und vulgären verbalen Entgleisungen weitaus unbeliebter eingeschätzt werden. Dieses Ergebnis deckt sich weitgehend mit den Beobachtungen, die die Assistent/-innen in der Praxis machen. Sie berichten, daß nach wenigen gemeinsamen Veranstaltungen die ›formale Integration‹ eine deutliche Wende nach ›innen‹ erfährt. Die Kinder und Jugendlichen beginnen, sich füreinander zu interessieren. Die sozialen Kontakte werden häufiger, vielseitiger und intensiver. Eine ganze Reihe dieser Kontakte werden allerdings über die Assistent/-innen vermittelt. Abschließend können wir noch nicht beurteilen, ob und inwieweit sich die Anwesenheit der Assistent/-innen und deren integrationspädagogisches Wirken förderlich oder hemmend auf das Zustandekommen von selbstbestimmten Sozialkontakten auswirkt. Sicher ist, daß sie sehr stark von der Persönlichkeit des jeweiligen Assistenten/der jeweiligen Assistentin und dessen/deren Art und Weise die Interaktionsdynamik zu gestalten, abhängt. Assistent/-innen spielen eine wichtige Rolle als Vermittler/-in zwischen den Subjekten. Wir haben durchaus beobachtet, daß die Anwesenheit des Assistenten/der Assistentin das behinderte Kinder zunächst davon abhält, intensiver mit den anderen Kindern in Kontakt zu kommen. Umgekehrt wurde aber auch festgestellt, daß das Kontaktbedürfnis der nichtbehinderten Interaktionspartner/-innen durch die Anwesenheit des Assistenten/der Assistentin geweckt wird, was durchaus zu qualitativen Kontaktsituationen mit der Möglichkeit freundschaftlicher Beziehungen führen kann.

Aus einzelnen Aussagen von Eltern, deren nichtbehinderte Kinder an der integrativen Gruppe teilnehmen, entnehmen wir keine grundsätzlich ablehnenden Haltungen. Ernste Bedenken gegen solche Integrationsmaßnahmen werden nicht geäußert. Man ist sich bewußt, daß »das mit der Integration Behinderter sicher alles nicht sehr leicht, aber eine gute Sache ist«. In Gesprächen wird zwar immer wieder deutlich, daß man sich nicht vorstellen kann, alle Behinderten unabhängig von Art und Schweregrad zu integrieren, aber man räumt der Integration mehr Chancen ein, wenn eine kompetente Person dem Verein und dem Behinderten behilflich ist.

Im Rahmen einer Diplomarbeit der Fachrichtung Sozialpädagogik der Evangelischen Fachhochschule für Sozialwesen in Ludwigshafen wurde die rechtliche Grundlage für die Finanzierung der Assistent/-innen untersucht (vgl. HENN 1995). Die Arbeit der Assistent/-innen ist eine Leistung, die den Aufgaben und Zielen der Eingliederungshilfe nach §§ 39 und 40, Abs. 1, Nr. 8 des BSHG und nach § 35a des KJHG entspricht, auf die ein Rechtsanspruch besteht, sofern ein Hilfeempfänger/eine Hilfeempfängerin anspruchs- und leistungsberechtigt ist. Es muß also bei den zuständigen Sozial- und Jugendämtern ein entsprechender Antrag auf Einzelfallförderung gestellt und den Behörden ein amtsärztlicher Nachweis vorgelegt werden, aus dem der Grad der Behinderung und die Zugehörigkeit zum anspruchsberechtigten Personenkreis hervorgeht. Die Ämter sind zwar grundsätzlich dazu verpflichtet, Eingliederungshilfe zu leisten, behalten sich aber vor, nach pflichtgemäßem, fachlich begründeten Ermessen über Art und Umfang im Einzelfall zu entscheiden. In alle Entscheidungen über die Notwendigkeit der Maßnahme sollten zukünftig mehr als bisher die Eltern mit ihrem behinderten Kind einbezogen werden. Unserer Erfahrung nach sollten die Sozial- und Jugendämter und alle an den Entscheidungen beteiligten Behörden in ihren Bedarfsplanungen und -feststellungen den Wunsch der Eltern nach mehr gesellschaftlicher Integration im Lebensbereich Freizeit stärker als bisher berücksichtigen. Dazu ist es notwendig, daß Ämter und Behörden auf innovative integrationsstarke Träger der freien Jugendhilfe schneller und mit einer besseren Budgetierung als bislang reagieren.

6. Zusammenfassung, Kritik und Ausblick

Zusammenfassend haben wir in der Kooperation mit sehr unterschiedlichen und breit gefächerten Freizeitvereinen erfahren, daß es weniger ein Problem ist, behinderte bzw. von Behinderung bedrohte Kinder und Jugendliche in einen ›normalen‹, wohnortnah gelegenen Verein zu vermitteln, der ihren Freizeitbedürfnissen und -interessen entgegenkommt. Aus sozialpädagogischer Sicht beurteilen wir deshalb unsere geleistete Arbeit durchweg positiv. Unabhängig von Art und Schweregrad konnten alle behinderten Kinder und Jugendliche in einen Verein vermittelt werden. Die Probleme beginnen eigentlich erst nach der Vermittlung. Die Assistent/-innen machen bei der Betreuung der Behinderten in den Vereinen die Erfahrung, daß es zahlreiche interne Vereinsstrukturen und freizeitpädagogische Gepflogenheiten gibt, z.B. interne personelle Querelen, strenge Disziplin, monotone, überlange Übungs- und Lernphasen, in denen sich die Kinder im wesentlichen selbst überlassen sind, kein gemeinsamer Beginn bei den Treffen im Verein, häufiger Wechsel der Übungs- bzw. Gruppenleiter/-innen etc., die die »personale und soziale Integration« (SPECK 1993, 170–172) von Kindern und Jugendlichen mit Behinderungen erschweren. Aus integrationspädagogischer Sicht beurteilen wir unsere geleistete Arbeit deshalb deutlich negativer. Es ist uns noch nicht annähernd gelungen, die Praxis in den Vereinen in eine Richtung zu verändern, die integrationspädagogische Gesichtspunkte, also Grundsätze wie das Prinzip der Individualisierung, das Prinzip der Inneren Differenzierung und das Prinzip der entwicklungslogischen Kooperation am gemeinsamen Gegenstand (vgl. FEUSER 1995, 168ff.) hinreichend berücksichtigt. Die »Einführung der Integrationspädagogik« in die gegenwärtige Freizeitpädagogik ist eine besondere Herausforderung, derer wir uns zwingend in Theorie und Praxis anzunehmen haben (vgl. MARKOWETZ in Teil I dieses Bandes).

6.1 Erfahrungen

Nach dreijähriger Erfahrung mit unserem Konzept der Integrationsbegleitung nach dem Assistenzmodell ergeben sich dennoch mit Blick auf die Integration von Menschen mit Behinderung im Lebensbereich Freizeit zukunftsweisende Perspektiven. Die damit verbundenen Hoffnungen, daß sich für einzelne behinderte bzw. von Behinderung bedrohte Kinder und Jugendliche durch die Integrationsmaßnahme eine stabile, wohnortnahe soziale Integration einstellt, die in den Familien zu einer spürbaren Entlastung führt, sind berechtigt. Mit der Finanzierung solcher Eingliederungshilfen könnte zum Ausdruck gebracht werden, daß Integration unverzichtbarer Bestandteil einer zeitgemäßen Jugend- und Sozialpolitik ist. Wir können uns einerseits durchaus vorstellen, daß PFiFF als Träger der freien Jugendhilfe das Konzept zu einem integrationspädagogischen Fachdienst für behinderte und von Behinderung bedrohter Kinder und Jugendlicher im Freizeitbereich verdichtet und professionalisiert, den Eltern im Rhein-Neckar-Kreis in Anspruch nehmen können. Hierfür wären dann vor allem die infrastrukturellen Voraussetzungen und Rahmenbedingungen zu schaffen. Andererseits zeigt sich, daß wir als ›nicht alteingesessener

Träger der Hilfe für Jugendliche mit und ohne Behinderungen‹ die hierfür notwendigen Rahmenbedingungen und eine vernünftige Finanzierungsgrundlage nicht schaffen können. Leider wurde unserem Antrag auf Einrichtung und Finanzierung eines integrationspädagogischen Familienentlastenden Dienstes von den zuständigen Behörden nicht entsprochen. Wir bemühen uns deshalb seit Mitte des Jahres 1998 verstärkt darum, daß bereits etablierte Einrichtungen unser modellhaft erprobtes Konzept des IPD übernehmen und im Rahmen ihrer Strukturen umzusetzen versuchen. In jedem Fall aber möchten wir von PFiFF e.V. diesen Dienst im Rahmen dessen, was mit ehrenamtlichem Engagement möglich und leistbar ist, auch weiterhin anbieten.

6.2 Kritische Analyse des Integrationspädagogischen Dienstes

Die positiven Wirkungen der integrativen Maßnahmen sind zu einem großen Teil auf den engagierten Einsatz der nicht professionell tätigen persönlichen Assistent/-innen zurückzuführen. Der Integrationspädagogische Dienst von PFiFF e.V. strebt einige wichtige Rahmen- und Arbeitsbedingungen für die erfolgreiche Integration von Kindern oder Jugendlichen mit Behinderungen in eine Freizeitgruppe an. Manche dieser Voraussetzungen konnten bislang vor allem aus finanziellen Gründen, mangels infrastruktureller Voraussetzungen und mangelnder Professionalität nur ansatzweise verwirklicht werden. Aus unseren Erfahrungen mit dem IPD ergeben sich einige Problemfelder, die den angestrebten Integrationsprozeß gefährden können. Die folgende Liste enthält einige **Rahmenbedingungen und Arbeitsprinzipien**, die vom IPD zwar weitestgehend berücksichtigt wurden, z.T. allerdings aus den o.g. Gründen nicht vollständig erfüllt werden konnten. Diese Kritik am Konzept des Integrationspädagogischen Dienst soll lediglich Anregungen geben, die zukünftig in den Reihen der Assisten/-innen thematisiert werden bzw. anderenorts Fachdiensten der Behindertenhilfe, die sich verstärkt um integrative Lösungen bemühen, hilfreich sein könnten.

- Die Integrationsbegleitung sollte eine kontinuierlich fortschreitende Arbeit sein. Da viele Assistent/-innen Studierende sind, werden die Integrationsmaßnahmen z.T. in den Semesterferien unterbrochen oder verzögert: *Mangelnde verläßliche zeitliche Kontinuität und Konsistenz.*
- Die Bezugspersonen sollten vor allem für die zu integrierenden Kinder und Jugendlichen, aber auch für alle anderen Beteiligten, möglichst dieselben bleiben. Durch Semesterferien (Praktika und Urlaub) oder Abschluß des Studiums kann es passieren, daß der Assistent/die Assistentin gewechselt werden muß: *Keine personelle Kontinuität.*
- Die Mitarbeiter/-innen des IPD sollten die Bedeutung und die Tragweite des Begriffs »Integration« (vgl. MARKOWETZ 1997a) verstanden haben. In Fortbildungen muß deshalb die Zielvorstellung immer wieder thematisiert und auf die konkrete praktische Arbeit bezogen werden: *Prozessuale Fortbildung unter Berücksichtigung ausgewogener Anteile von Theorie und Praxis.* (vgl. MARKOWETZ 1998a).
- Die Integrationsbegleitung verlangt meines Erachtens vielschichtigere Arbeit, als sie von ausschließlich ehrenamtlich arbeitenden Assistent/-innen leistbar ist. Es genügt oft nicht, daß ein Kind mit einer Behinderung einmal pro Woche in eine Freizeitgruppe begleitet wird. Die Assistent/-innen haben auch die Aufgabe, die Gruppensituation integrativ mitzugestalten, den Gruppenleiter/-innen Anregungen und Unterstützung zu geben, Bewußtseinsveränderungen bei allen Beteiligten in Gang zu bringen, organisa-

torische Fragen zu klären, u.v.m.: Notwendigkeit der *Professionalisierung integrationspädagogischer Arbeit.*
- Wenn eine Integrationsmaßnahme begonnen wird, sollte die Arbeit möglichst rasch weitergeführt werden. Häufige Unterbrechungen oder Verzögerungen erschweren den Integrationsprozeß für alle Beteiligten; soziale Beziehungen können nicht gefestigt und die Planung der Gruppenaktivitäten unter Berücksichtigung der Bedürfnisse aller kann nicht weiterentwickelt werden. Außerdem wird die Sonderstellung des Kindes mit Behinderung dadurch unnötig betont: *Professionelles, verantwortungsbewußtes und rasches Handeln.*

Diese Aufzählung könnte noch fortgesetzt werden, jedoch besteht dann die Gefahr, daß die Arbeit des Integrationspädagogischen Dienstes überproblematisiert wird. Das Konzept des IPD sieht eine Vorgehensweise vor, die möglichen Gefahren auszuweichen hilft. Selbstkritisch bleibt festzuhalten, daß trotz aller positiven Entwicklungen etliche Verbesserungsmöglichkeiten für den IPD angesagt sind. Die sehr junge konzeptionelle Idee des Integrationspädagogischen Dienstes steckt erst in den Anfängen ihrer praktischen Umsetzung. Welches **Potential an Einflußmöglichkeiten auf integrative Prozesse** im Integrationspädagogischen Dienst (IPD) von PFiFF e.V. steckt, soll hier nochmals betont werden. Der INTEGRATIONSPÄDAGOGISCHE DIENST (IPD)
– erleichtert durch die konkrete Mitarbeit der Assistentin/des Assistenten die Integration eines Kindes oder Jugendlichen mit einer Behinderung in einen Verein erheblich;
– vermittelt Kompetenzen im Umgang mit behinderten Menschen an Gruppenleiter/-innen und Vereine und ermöglicht dadurch die Integration weiterer Kinder;
– kann prinzipiell in allen Freizeitbereichen aktiv werden. Die Bedürfnisse, Interessen und Möglichkeiten des zu integrierenden Kindes können deshalb unter Berücksichtigung der örtlichen Gegebenheiten beachtet werden;
– übernimmt eine Art Pufferfunktion für alle Beteiligten. Schwierigkeiten und Probleme von Seiten der Eltern, des Vereins, der Gruppenleiter/-innen, der anderen Kinder und selbstverständlich auch des behinderten Kindes können über den Assistenten/die Assistentin entzerrt und zu einer befriedigenden Lösung gebracht werden;
– kann in versicherungstechnischen und finanzierungstechnischen Fragen beratend tätig werden. Durch die Erfahrungen des IPD und durch kompetente Mitarbeiter/-innen können viele Fragen in diesen Bereichen gelöst werden;
– kann seine Erfahrungen durch Öffentlichkeitsarbeit weitertragen und dadurch andere Vereine und Verbände für die Integration von Menschen mit Behinderungen öffnen und diesen das bereits vorhandene »Know-how« anbieten.

Zusammenfassend kann gesagt werden, daß der IPD Kindern und Jugendlichen mit einer Behinderung die Möglichkeit von integrativen, identitätsfördernden und positiven Selbsterfahrungen im Lebensbereich Freizeit eröffnet. Dies charakterisiert gleichermaßen das Hauptziel und die Hauptaufgabe des IPD. Der IPD von PFiFF e.V. stellt demnach ein tragfähiges und richtungsweisendes Konzept für die Integration von Kindern und Jugendlichen mit Behinderung im Lebensbereich Freizeit dar, außerdem hat er über seine derzeitige Organisation hinaus noch ein enormes Entwicklungspotential. Durch den Kompetenztransfer auf verschiedenen Ebenen (behinderte Kinder → nichtbehinderte Kinder; Assistent/-innen → Gruppenleiter/-innen; Verein PFiFF → andere Vereine; Öffentlichkeitsarbeit und Mundpropaganda) kann im günstigsten Fall ein Lawineneffekt entstehen, an dessen Ende die Integration von Menschen mit Behinderungen im Lebensbereich Freizeit als Normalität realisiert ist. Dies ist derzeit jedoch noch naive Zukunftsmusik, die lediglich in den hier dargestellten kleinen Erfolgen bereits sichtbar wird.

6.3 Vorteile des Konzepts

Alle Beteiligten können durch die gelungene Integration in Freizeitgruppen mit Hilfe des IPD folgende wichtige *Erfahrungen* sammeln:
- Die Kinder und Jugendlichen mit Behinderung erfahren soziale Akzeptanz und emotionale Annahme, die Zugehörigkeit zu einer Gruppe und persönliche Leistungsfortschritte. Sie schließen neue Kontakte und finden Freunde in ihrer Freizeitgruppe. Allerdings lernen sie auch die persönlichen Grenzen kennen, die durch ihre Beeinträchtigungen vorhanden sind. Sie machen positive Selbsterfahrungen und können somit ihr Privates und Soziales Selbst (vgl. hierzu MARKOWETZ 1998e und 1999) stärken.
- Die nichtbehinderten Kinder können Vorurteile und Einstellungen gegenüber Kindern mit Behinderung abbauen. Sie erhalten die Möglichkeit, sich mit Behinderungen zu beschäftigen, Informationen zu sammeln und ihre Ängste und Vorbehalte zu überwinden. Der Mensch bzw. das Kind und nicht seine Behinderung stehen bei der gemeinsamen Interaktion im Mittelpunkt.
- Die Gruppenleiter/-innen lernen den Umgang mit behinderten Kindern. Sie erfahren, wie sie ihre Freizeitaktivitäten entsprechend den Bedürfnissen der Kinder und Jugendlichen mit Behinderung variieren und differenzieren können. Davon profitieren auch die nichtbehinderten Kinder.
- Eltern und andere Beteiligte können von den Kindern lernen, daß eine Behinderung kein Hindernis für die Teilnahme am ›normalen‹ Leben darstellt oder als Begründung für die Verweigerung eines ›normalen‹ Lebens dienen kann.
- Vereine und Organisationen merken, daß ein für Menschen mit Behinderung offenes Freizeitangebot auch für nichtbehinderte Menschen attraktiv sein kann. Durch den Verzicht auf die vor allem in sportlichen Freizeitangeboten vorherrschenden Normen »höher, schneller, weiter« können zunehmend auch die individuellen Leistungsfähigkeiten von weniger sportlichen Menschen berücksichtigt werden. Dadurch gewinnt der sogenannte Breitensport (vgl. REINCKE in Teil II dieses Bandes) an Attraktivität.

Der Lebensbereich Freizeit könnte hierbei als geeignetes Integrations- und Handlungsfeld für die Umsetzung dienen. Die Arbeit des Integrationspädagogischen Dienstes, wie sie in diesem Beitrag vorgestellt wurde, trägt dazu bei, daß Integration im Freizeitbereich nicht zur ›Gleichmacherei‹ verkommt, die Menschen mit Behinderungen zu einseitigen Anpassungsleistungen zwingt, sondern daß in Anerkennung der Einmaligkeit jedes Menschen behinderte Kinder und Jugendliche in ihrem ›So-sein‹ akzeptiert und nach SCHLÖMER-KEMPERS Vorstellungen einer »egalitären Integration« (1989, 321–323) dennoch ein Höchstmaß an gesellschaftlicher Teilhabe erfahren können. Leider wird Integration im außerschulischen Bereich bislang nur in sehr geringem Ausmaß praktiziert (vgl. MARKOWETZ 1997b). »Segregation und Selektion« (FEUSER 1989, 11) von Menschen mit Behinderungen ist immer noch vorherrschend, auch wenn mehr und mehr integrative Lösungen gefordert werden. Der undifferenzierte Ruf nach Integration nützt jedoch wenig, wenn nicht gleichzeitig im kleinen damit begonnen wird, Menschen mit Behinderung zu integrieren.

6.4 Perspektiven

Unser erprobtes Konzept ließe sich durchaus auch auf andere Träger der Jugendhilfe und Einrichtungen der Behindertenhilfe übertragen. Insbesonders denken wir dabei an die ›Familienentlastende Dienste‹ (FED) im Rahmen der offenen Behindertenarbeit, die dank ihrer sehr breit gefächerten Hilfen und Dienste ohnehin schon große Bedeutung für Familien mit behinderten Kindern haben (vgl. z.B. THIMM 1994, 131–137). Den Familienentlastenden Diensten dürfte es am wenigsten schwer fallen, ihre Dienstleistungen um eine Variante zu erweitern, die vor allen Dingen jene Eltern anspricht, die nach integrativen Lösungen im Freizeitbereich suchen. Erste Initiativen, wie die des BIB e.V., einem ambulanten familienunterstützenden Dienst in München (vgl. SCHOLZ in Teil III dieses Bandes), wie die der AG Freizeit e.V. in Marburg (vgl. NIEHOFF 1994), wie die des Integrativen Hilfdienstes (IHD) des Vereins »Miteinander leben lernen« der Landesarbeitsgemeinschaft von »Gemeinsam leben – gemeinsam lernen – Eltern gegen Aussonderung« des Saarlandes (vgl. ROSENBERGER 1994, 9–11), wie die des b.i.f. neckarau des Vereins für Gemeindediakonie und Rehabilitation in Mannheim, der mit familienentlastenden und integrationsfördernden Diensten aufwartet (vgl. B.I.F. NECKARAU INFO 5/95), wie die Erlebnispädagogische Initiative »Eisbär« in Freiburg, die als Verein integrative Angebote macht (vgl. MAUCH 1996) oder die Konzeptentwicklung zur Integration von Menschen mit Behinderungen in die Evangelische Jugendarbeit im Dekanat Schwabach in Bayern (vgl. KÜHLEWIND 1997) seien hier stellvertretend für innovative integrative Entwicklungen genannt. Im Teil III dieses Bandes können Sie sich über gelungene sozialintegrative Praxisbeispiele informieren!

Die zahlreichen und positiven Rückmeldungen aus dem gesamten Bundesgebiet sowohl von Eltern behinderter Kinder, den Betroffenen selbst, Vertretern der Behindertenhilfe und Experten aus Theorie und Praxis schließlich zeigen uns, daß unser »pfiffiges« Konzept angenommen und als richtungweisendes Modell ernstgenommen wird. Es bleibt zu hoffen, daß unsere Vorarbeiten und Erfahrungen aus dem wissenschaftlich begleiteten Modellprojekt PFiFF für alle diejenigen eine wertvolle Hilfe sind, die ›Rat gegen Aussonderung‹ suchen und vor Ort mit der Integration behinderter Kinder und Jugendlicher im Lebensbereich Freizeit schon morgen praktisch beginnen möchten. Wir wünschen uns deshalb vielerorts »pfiffige« Ideen, damit bald ein Netz integrativer Hilfen entsteht, das Kindern und Jugendlichen mit Behinderungen und deren Eltern perspektivenreiche und selbstbestimmte Wege in die wohnortnahen, ganz ›normalen‹ Vereine eröffnet und die Aussonderung von Menschen mit Behinderungen zu überwinden vermag.

Wenn Sie denken, daß wir Ihnen weiterführenden ›Rat gegen Aussonderung‹ geben und Ihnen bei der Suche nach integrativen Lösungen sowie ihrer konkreten Umsetzung behilflich sein könnten, sollten Sie mit uns *Kontakt* aufnehmen:

PFiFF e.V.
Projekt zur Förderung integrativer Ferien- und Freizeitmaßnahmen
c/o Reinhard Markowetz
Cronbergergasse 12
68526 LADENBURG

Literatur

BEHNCKE, R./CIOLEK, A./KÖRNER, J.: Die Hamburger Arbeitsassistenz – ein Modellprojekt zur beruflichen Integration für Menschen mit geistiger Behinderung. Geistige Behinderung 32 (1993), 1–27.

B.I.F. NECKARAU DES VEREINS FÜR GEMEINDEDIAKONIE UND REHABILITATION E.V. 68199 MANNHEIM: Familienentlastende und integrationsfördernde Dienste. Pflegedienst und hauswirtschaftliche Hilfen. Info 5/1995. Mannheim (Selbstverlag) 1995.

BORCHERT, J./SCHUCK, K.D.: Integration: Ja! Aber wie? Ergebnisse aus Modellversuchen zur Förderung behinderter Kinder und Jugendlicher. Hamburg (Curio) 1992.

BRONFENBRENNER, U.: Die Ökologie der menschlichen Entwicklung. Natürliche und geplante Experimente. Frankfurt/Main (Fischer) 1989.

CIOLEK, A.: Hamburger Arbeitsassistenz, Fachdienst zur beruflichen Integration von Menschen mit geistiger Behinderung. Erfahrungen und Thesen zur Unterstützten Beschäftigung. Gemeinsam leben 3 (1995), 60–64.

CLOERKES, G.: Die Kontakthypothese in der Diskussion um die Verbesserung der gesellschaftlichen Teilhabechancen Behinderter. Zeitschrift für Heilpädagogik 33 (1982), 561–568.

CLOERKES, G.: Einstellung und Verhalten gegenüber Behinderten. Berlin (Marhold) 1985 (3. erw. Aufl.; zuerst 1979).

DEUTSCHER BILDUNGSRAT: Empfehlungen der Bildungskommission: Zur pädagogischen Förderung behinderter und von Behinderung bedrohter Kinder und Jugendlicher. Stuttgart (Klett) 1973.

DUPPEL, S.: Integration von Kindern und Jugendlichen mit geistiger Behinderung im Freizeitbereich. Möglichkeiten – Erfahrungen – Perspektiven. Heidelberg (Pädagogische Hochschule; unveröffentlichte Wissenschaftliche Hausarbeit) 1995.

FEUSER, G.: Allgemeine integrative Pädagogik und entwicklungslogische Didaktik. Behindertenpädagogik 28 (1989), 4–48.

FEUSER, G.: Aspekte einer integrativen Didaktik unter Berücksichtigung tätigkeitstheoretischer und entwicklungspsychologischer Erkenntnisse. In: EBERWEIN, H. (Hrsg.), Behinderte und Nichtbehinderte lernen gemeinsam. Handbuch der Integrationspädagogik. Weinheim/Basel (Beltz), 2. Aufl. 1990, 170–179.

FEUSER, G.: Behinderte Kinder und Jugendliche zwischen Integration und Aussonderung. Darmstadt (Wissenschaftliche Buchgesellschaft) 1995.

FRÖHLICH, A.: Schulische Integration schwerstbehinderter Kinder. Gutachterliche Stellungnahme für das Land Berlin. Pädagogisches Zentrum. In: DER SENATOR FÜR SCHULWESEN, BERUFSBILDUNG UND SPORT (Hrsg.), Sonderpädagogik heute – Bewährtes und Neues. Berlin o.J. (1989), 179–185.

GEIGER, A.: Integration und Identität – Wirkungen von schulischen und außerschulischen Integrationsmaßnahmen bei Kindern und Jugendlichen mit einer Behinderung. Heidelberg (Pädagogische Hochschule; unveröffentlichte Wissenschaftliche Hausarbeit) 1996.

GRAFF, S.: Integration behinderter Kinder und Jugendlicher im Lebensbereich Freizeit – aufgezeigt am Beispiel von PFiFF e.V. Heidelberg (Pädagogische Hochschule; unveröffentlichte Wissenschaftliche Hausarbeit) 1994.

HENN, C.: Rechtliche Grundlagen und Grenzen der Förderung für behinderte Kinder und Jugendliche im Freizeitbereich. Ludwigshafen (Evangelische Fachhochschule für Sozialwesen; unveröffentlichte Diplomarbeit) 1995.
HILDESCHMIDT, A./SANDER, A.: Der ökosystemische Ansatz als Grundlage für Einzelintegration. In: EBERWEIN, H. (Hrsg.), Behinderte und Nichtbehinderte lernen gemeinsam. Handbuch der Integrationspädagogik. Weinheim/Basel (Beltz), 2. Aufl. 1990, 220–227.
HOVORKA, H.: Endbericht zum Forschungsprojekt: Schulische Integration und soziales Umfeld. Eine Bestandsaufnahme der stützenden und hemmenden Bedingungen auf lokaler Ebene im Rahmen der Schulversuche zum gemeinsamen Unterricht behinderter und nichtbehinderter Kinder. Ausgeführt vom Verein SAFORT im Auftrag des Bundesministeriums für Unterricht und Kunst. Endbericht Band A (Berichtband) und Zusammenfassung der Ergebnisse – Empfohlene Maßnahmen und weiterführende Forschungsfragen (Kurzfassung). Wien (Selbstverlag) 1993.
JENTZSCH, F.: Die Bedeutung der Erlebnispädagogik für die Integration behinderter Kinder und Jugendlicher im Lebensbereich Freizeit. Grundlagen, Erfahrungen, Perspektiven. Heidelberg (Pädagogische Hochschule; unveröffentlichte Wissenschaftliche Hausarbeit) 1994.
KOBI, E.E.: Was bedeutet Integration? – Analyse eines Begriffs. In: EBERWEIN, H. (Hrsg.), Behinderte und Nichtbehinderte lernen gemeinsam. Handbuch der Integrationspädagogik. Weinheim/Basel (Beltz), 2. Aufl. 1990, 54–62.
KÜHLEWIND, R.: Integrative Freizeitarbeit in der Jugendhilfe – dargestellt am Beispiel der Evangelischen Jugendarbeit im Dekanat Schwabach. Würzburg (Julius-Maximilians-Universität; unveröffentlichte Wissenschaftliche Zulassungsarbeit) 1997.
LANG, M.: Begegnungsmöglichkeiten zwischen behinderten und nichtbehinderten Kindern durch eine gemeinsame Freizeit. Eine Untersuchung zu Aspekten einer integrativen Förderung. Heidelberg (Pädagogische Hochschule; unveröffentliche Wissenschaftliche Hausarbeit) 1991.
MARKOWETZ, R.: PFiFF e.V. – Projekt zur Förderung integrativer Ferien- und Freizeitmaßnahmen. Programm 1994, Programm 1995, Programm 1996, Programm 1997. Ladenburg (Selbstverlag) 1994/1995/1996a/1997c.
MARKOWETZ, R.: Integration von Menschen mit Behinderungen im Lebensbereich Freizeit – Chancen, Möglichkeiten und Perspektiven. Werkstattbericht aus einem Forschungsprojekt. In: OPP, G./FREYTAG, A./BUDNIK, I. (Hrsg.), Heilpädagogik in der Wendezeit. Brüche, Kontinuitäten, Perspektiven. Luzern (Edition SZH/SPC) 1996 (b), 74–89.
MARKOWETZ, R.: Integration von Kindern und Jugendlichen mit Behinderungen im Lebensbereich Freizeit. Praktische Erfahrungen und Erkenntnisse aus dem wissenschaftlich begleiteten Modellprojekt PFiFF. Gemeinsam leben 4 (1996c) 155–162.
MARKOWETZ, R.: Integration von Menschen mit Behinderungen. In: CLOERKES G., Soziologie der Behinderten – Eine Einführung. Heidelberg (Winter) 1997 (a), 187–237.
MARKOWETZ, R.: Freizeit behinderter Menschen. In: CLOERKES G., Soziologie der Behinderten – Eine Einführung. Heidelberg (Winter) 1997 (b), 269–299.
MARKOWETZ, R.: »Assistent/in für Menschen mit Behinderungen« – Ein ›neuer‹ heilpädagogischer Beruf in einem ›neuen‹ Handlungsfeld? Aufgezeigt am Beispiel der wohnortnahen Integration behinderter Kinder und Jugendlicher im Lebensbereich Freizeit. In: DER VORSTAND DER ARBEITSGEMEINSCHAFT BERUFLICHE BILDUNG E.V. –

HOCHSCHULE, BETRIEB UND SCHULE – (Hrsg.), Rehabilitationsberufe der Zukunft – Situation und Perspektiven. Ergebnisse des Workshops: Berufliche Rehabilitation. Meinhard Stach/Martin Knipp (Koordination). Neusäß (Kieser) 1998 (a), 119–153.

MARKOWETZ, R.: Praktische Erfahrungen und Erkenntnisse aus dem Projekt zur Förderung integrativer Ferien- und Freizeitmaßnahmen (PFiFF). In: ROSENBERGER, M. (Hrsg.), Ratgeber gegen Aussonderung. 2., überarbeitete und ergänzte Auflage. Heidelberg (Winter) 1998 (b), 315–342.

MARKOWETZ, R.: Kinder und Jugendliche mit Behinderungen auf ihrem Weg in einen ganz »normalen« Verein. Grundlagen, Konzeption und Bilanz des Integrationspädagogischen Dienstes (IPD) von PFiFF e.V., einem Fachdienst zur Integration behinderter Kinder und Jugendlicher im Lebensbereich Freizeit und zur Unterstützung integrativer Prozesse in wohnortnahen Freizeitvereinen. Behinderte in Familie, Schule und Gesellschaft 21 (1998c), 1–12 (Praxis Teil I).

MARKOWETZ, R.: Kinder und Jugendliche mit Behinderungen auf ihrem Weg in einen ganz »normalen« Verein. Grundlagen, Konzeption und Bilanz des Integrationspädagogischen Dienstes (IPD) von PFiFF e.V., einem Fachdienst zur Integration behinderter Kinder und Jugendlicher im Lebensbereich Freizeit und zur Unterstützung integrativer Prozesse in wohnortnahen Freizeitvereinen. Behinderte in Familie, Schule und Gesellschaft 21 (1998d), 1–12 (Praxis Teil II).

MARKOWETZ, R.: Dialogische Validierung identitätsrelevanter Erfahrungen. Ein interaktionistisches, beziehungsförderndes und identitätsstiftendes Konzept zur Entstigmatisierung von Menschen mit Behinderungen. In: DATLER, W. ET AL. (Hrsg.), Zur Analyse heilpädagogischer Beziehungsprozesse. Luzern (Edition SZH/SPC) 1998 (e), 65–71.

MARKOWETZ, R.: Identität als Gegenstand und Ziel einer integrativen (Heil-)Pädagogik. Heidelberg (Universität Koblenz-Landau; unveröffentlichtes Dissertationsmanuskript) 1999.

MARKOWETZ, R./CLOERKES, G.: Stigma-Identitäts-These und Entstigmatisierung durch Integration – ein Forschungsprojekt der Sonderpädagogischen Fakultät der Pädagogischen Hochschule Heidelberg im Überblick. Heidelberg (Pädagogische Hochschule; unveröffentlichtes Forschungsdesign) 1995.

MARKOWETZ, R./LANG, M.: Gemeinsame Ferien behinderter und nichtbehinderter Kinder. Videofilm. Audio-Visuelles-Zentrum (AVZ) der Pädagogischen Hochschule. Heidelberg 1991.

MAUCH, U.: Erlebnispädagogik. Mit Eisbär im Kanu unterwegs. Freiburg. Badische Zeitung vom 10. Mai 1996.

MILES-PAUL, O./FREHSE, U.: Persönliche Assistenz: Ein Schlüssel zum selbstbestimmten Leben Behinderter. Gemeinsam leben 2 (1994), 12–16.

MUTH, J.: Integration und gesellschaftliche Wertvorstellungen. In: ZÄH, K. (Hrsg.), 6. Treffen der BundesArbeitsGemeinschaft Eltern gegen Aussonderung von Kindern mit Behinderungen. Reutlingen 7./8. Mai 1988. Reutlingen (Selbstverlag) 1989, 19–26.

NIEHOFF, U.: Mitwirkung, Mitbestimmung, Selbstbestimmung ... auf dem Weg – Selbstbestimmung im Leben geistig behinderter Menschen. Unveröffentlichtes Manuskript. Marburg (Bundesvereinigung Lebenshilfe) 1994.

OPASCHOWSKI, H.W.: Pädagogik und Didaktik der Freizeit. Opladen (Leske & Budrich), 2. Aufl. 1990.

PREUSS-LAUSITZ, U.: Wohin geht die Integrationsentwicklung in Deutschland? In: HEYER, P. ET AL. (Hrsg.), Zehn Jahre wohnortnahe Integration. Behinderte und nichtbehinderte Kinder gemeinsam an ihrer Grundschule. Arbeitskreis Grundschule – Der Grundschulverband – e.V. Frankfurt/Main (Beltz) 1993, 30–37.

ROSENBERGER, M.: Familienentlastende Dienste – Wirklichkeit und Wünsche. Gemeinsam leben 2 (1994), 9–11.

SCHLÖMERKEMPER, J.: Pädagogische Integration. Über einen schwierigen Leitbegriff pädagogischen Handelns. Die Deutsche Schule 81 (1989), 316–329.

SCHOEPE, I./WEISSHAAR, B./MARKOWETZ, R.: Hand in Hand – ein Film über eine integrative Sportfreizeit. Heidelberg (Institut für Sport und Sportwissenschaft (ISSW) der Universität Heidelberg) 1986.

STELZIG, A.: Erlebnispädagogik im Lebensbereich Freizeit. Eine Untersuchung zu den Erwartungen und Bedürfnissen behinderter und nichtbehinderter Kinder und Jugendlicher vor und nach einer integrativen Ferienfreizeit. Heidelberg (Pädagogische Hochschule; unveröffentlichte Wissenschaftliche Hausarbeit) 1996.

SPECK, O.: Menschen mit geistiger Behinderung und ihre Erziehung. Ein heilpädagogisches Lehrbuch. München/Basel (Reinhardt). 6. völlig neu bearbeitete Auflage 1993.

SPIEGELHALDER, J./PHILIPP, A.: Auf dem Weg zur Gemeinsamkeit. Videofilm. Heidelberg (Audio-Visuelles-Zentrum (AVZ) der Pädagogischen Hochschule) 1995.

THEUNISSEN, G.: Pädagogik bei geistiger Behinderung und Verhaltensauffälligkeiten – Ein Kompendium für die Praxis. Bad Heilbrunn (Klinkhardt) 1995.

THIMM, W.: Leben in Nachbarschaften. Hilfen für Menschen mit Behinderungen. Freiburg/Basel/Wien (Herder) 1994.

WEHMANN, P. ET AL.: Supported Employment. Strategies for Integration of Workers with Disabilities. Stoneham 1992.

ZIELNIOK, W.J.: Zielaspekte einer Freizeitförderung für geistig behinderte Menschen. In: ZIELNIOK, W.J./SCHMIDT-THIMME, D. (Hrsg.), Gestaltete Freizeit für Menschen mit geistiger Behinderung. Theorie und Realisation unter integrativem Aspekt. Heidelberg (HVA-Edition Schindele), 4. Aufl. 1990, 19–32.

WILHELM REINCKE

Zur Integration Geistigbehinderter durch Bewegung, Spiel und Sport

1. Fragestellung

Naturgemäß steht in der erziehungswissenschaftlichen und bildungspolitischen Diskussion der *Integration Behinderter* die Schule im Blickpunkt. Demgegenüber tritt die pädagogische Relevanz des außerschulischen Bereichs, zumal der *Freizeit,* heute noch zurück. Gerade die Freizeit aber hat als Bereich mitmenschlich-sozialer Lebensgestaltung in den vergangenen Jahrzehnten außerordentlich an Bedeutung gewonnen. Dem muß die *Integrative Pädagogik* in Zukunft weitergehend Rechnung tragen, wenn die Integration behinderter Menschen als eine umfassende gesellschaftliche Normalität vorstellbar werden soll. Als ein freizeitpädagogisch beispielhafter Bereich wird im folgenden die Bewegungstätigkeit und -erziehung Behinderter unter dem Aspekt der Integration thematisiert. Dabei werden insbesondere Bewegung, Spiel und Sport der Geistigbehinderten untersucht. Hier tritt die gesellschaftliche Faktizität von Integration und Isolation besonders augenfällig in Erscheinung, einschlägige Probleme werden zum Teil geradezu wie durch das Vergrößerungsglas erkennbar.

Die Bewegungstätigkeit und Bewegungserziehung (auch) der Geistigbehinderten firmieren im Freizeitbereich weithin unter dem Begriff des ›*Sports*‹. Dies ist eine einengende Zuordnung, die im vorliegenden Zusammenhang sehr aufschlußreich ist (siehe unten). Die bei uns nach dem Zweiten Weltkrieg entstandene Institution ›*Behindertensport*‹ wiederum versammelt heute unter ihrem Namen und Einfluß die maßgeblichen Initiativen des ›*Freizeitsports*‹ Behinderter.

Bezugspunkt der folgenden Betrachtung sind *Leitbilder* des herkömmlichen ›Behindertensports‹, welche (auch) die Geistigbehinderten betreffen und in ihrer inhaltlichen sowie ideellen Gestaltung zugleich ein zutreffendes Bild vom allgemeinen Stand gesellschaftlicher Integration und Isolierung bieten. Die Annahme von Leitbildern kann helfen, aus vorliegenden Erscheinungsformen ›behindertensportlichen‹ Verständnisses Grundsätzliches zu extrahieren und sie damit überschaubarer zu machen. Diese Reduktion des Gegenstandes ist letztlich hypothetisch, kann aber auch schon mit dem Ergebnis wissenschaftlich belegbarer Vermutungen nützlich sein. Entsprechend dem vorläufigen Wissensstand bleibt aber der Begriff des ›Leitbildes‹ im folgenden allgemein gefaßt und läßt auch Synonyme zu (›Paradigma‹, ›Verständnisdimension‹ usw.).

Meine Thesen lauten im einzelnen:
- Der traditionelle und gegenwärtige ›Behindertensport‹ wird durch zwei grundlegende Verständnisrichtungen bestimmt: ein ›normalitätsorientiertes‹ und ein ›behinderungsorientiertes‹ Leitbild.

- Diese Leitbilder beinhalten je eigene sowie wechselseitige Widersprüche, die auf zugrundeliegende gesellschaftliche Desintegrationstendenzen weisen.
- Entsprechend diesem Antagonismus der Leitbilder werden auch die korrespondierenden Konzepte von ›Integration‹ fragwürdig. Bei integrativen Initiativen entsteht jeweils neuerlich gesellschaftlich-soziale Desintegration.
- Von dieser Problemlage sind die Geistigbehinderten und vor allem die Schwer-, Mehrfach- und Schwerstbehinderten nach Art und Ausmaß besonders betroffen. Diese Behinderten werden auch im Bereich von Bewegung, Spiel und Sport vorrangig zu Integrationsopfern.

Aufschlußreich ist im vorliegenden Zusammenhang allerdings nicht nur die bloße Existenz der unterstellten Leitbilder – sie sind sehr allgemeiner Herkunft. Bedeutsam ist hier vor allem ihr besonderer ›behindertensportlicher‹ Kontext. Generell geht diese Fragestellung dahin, im Bereich von Bewegung, Spiel und Sport Geistigbehinderter jenes *strukturelle Dilemma der Integration* zu verifizieren, welches OTTO SPECK (1988) bereits im Bereich der schulischen Integration Geistigbehinderter vorgefunden und das ALFRED SANDER (1992) unter dem Titel »*Selektion bei der Integration?*« erörtert hat (vgl. auch WENDELER 1992).

2. Problemaufriß

Die fraglichen Leitbilder (vgl. REINCKE 1994) weisen ihrer ursprünglichen Bedeutung nach über den engeren Bereich von Bewegung, Spiel und Sport Behinderter hinaus. Sie entsprechen den allgemeinen anthropologischen Prinzipien der sozietären und der individuellen Existenz. Dabei können sie einen Wertaspekt als Grundpostulate menschlicher Daseinsbestimmung annehmen. Damit sind sie dann nicht mehr ohne Rest rationaltheoretisch begründbar, zeigen sich vielmehr wesentlich als implizite Setzungen bestehender gesellschaftlicher und sozialer Wirklichkeit. Dies betrifft zum Beispiel weite Bereiche der Behindertenpädagogik.

Es soll hier nicht erörtert werden, warum gerade diese anthropologischen Prinzipien (und nicht andere) in der überkommenen Szenerie von Bewegung, Spiel und Sport Behinderter als bestimmende Verständnisrichtungen noch besonders augenfällig werden. Beim derzeitigen Kenntnisstand wird besser versucht, ihre besondere behindertensportliche Ausprägung zunächst einfach beschreibend zu kennzeichnen. Ihre individuellen sowie sozietären Grundbedeutungen akzentuieren sich im engeren ›behindertensportlichen‹ Verständnis als Antithese von Vorstellungen *normalitätsgemäßen Funktionierens* auf der einen Seite und *defizitären Andersseins* auf der anderen Seite. Ein möglicher Grund hierfür liegt in der Geschichte des ›Behindertensports‹: Dieser ist bei uns nach dem Zweiten Weltkrieg als Freizeitgestaltung Kriegsversehrter entstanden, also ehemaliger Nichtbehinderter, die erst lebensgeschichtlich spät zu Behinderten wurden.

Entsprechend ihrer derart umfassenden Bedeutung korrespondieren diese Leitbilder auch mit allgemeinen Grundpostulaten der Erziehung Behinderter. Ich habe am angeführten Orte (REINCKE 1994) diesbezüglich die bekannte Formel des niederländischen Phänomenologen VLIEGENTHART (siehe 1968) zitiert: »*Being different and joining in*« (frei übersetzt: »Anders sein und dabei sein«). Nach VLIEGENTHART (ebd.) befinden diese Postulate sich im Zustand gegenseitiger »*Spannung*«. GEORG ANTOR (1988) hat VLIEGENTHARTS Antithese im Bereich der schulischen *Integration* Behinderter als Widerspruch von Grundpostulaten der »*Gleichheit*« und der »*Verschiedenheit*« vorgefunden (siehe auch AHRBECK 1993). Unter integrativem Aspekt bedeutet demnach »*Gleichheit*« das Grundpostulat der Gemeinsamkeit von Behinderten und Nichtbehinderten; »*Verschiedenheit*« hingegen bedeutet das Grundpostulat der Wahrung der besonderen, individuellen Bedürfnisse des behinderten Menschen (ANTOR, ebd.; siehe auch ANTOR 1992).

Die entsprechenden behindertensportlichen Leitbilder – davon gehe ich wie die angeführten Autoren aus – bilden (zunächst) Widersprüche bzw. *Paradoxien* (ANTOR 1992). Deren prekären antagonistischen Aspekt hat hinsichtlich der Geistigbehindertenpädagogik GEORG THEUNISSEN (1994, 37) wie folgt umschrieben: »*Damit bewegt sich die heilpädagogische Förderung zwischen Extremen und wird von Gegensätzen geprägt. Am einen Ende des Spektrums steht die geforderte Norm (Leistungszuwachs, Anpassung), am anderen Ende befinden sich Konzepte, die ... das So-Sein des behinderten Menschen ... gewichten.*«

Aber die bloße Feststellung von Widersprüchen genügt heute nicht mehr. In einem integrativen Ansatz werde ich daher diese Leitbilder unter der Frage ihrer gegenseitigen *Beziehung* diskutieren. Ihre mögliche Verknüpfung (als sonderpädagogische Grundpostulate) wurde erstmals in der »Empfehlung« des DEUTSCHEN BILDUNGSRATES (1973) thematisiert (BLEIDICK 1990). Die hier in Rede stehende Zielgruppe der geistig und psychisch Behinderten (Schwerbehinderten) bildet hinsichtlich der Bewegungstätigkeit und -erziehung eine deutlich eigenständige Population. Damit gewinnt auch der vorliegende Versuch, überkommenes Verständnis des ›Behindertensports‹ auf Grundrichtungen bzw. Leitbilder zurückzuführen, besondere Aspekte. Auf diese Weise können verschiedene Begründungsversuche von Sport und Integration Behinderter unterschiedlich ausfallen (vgl. den Ansatz von KAPUSTIN 1987). Dies muß aber Übereinstimmungen in den Folgerungen zum Aspekt der Integration nicht ausschließen.

Die mit den obigen Thesen angedeutete Problemlage zeigt ihre Komplexität, durch die sie, wie gesagt, auch über den Bereich der Bewegungstätigkeit und -erziehung Behinderter hinausweist, zum Beispiel:
- in ungeklärten Fragen einer Standortbestimmung der ›Psychomotorik‹ (BRAUN 1992);
- in der Antithese von Sportpädagogik und Motopädagogik (zuletzt KIPHARD 1989);
- in der großen Kontroverse Leistungs-/Wettkampfsport versus Breiten-/Freizeitsport (hinsichtlich der Geistigbehinderten siehe FEDIUKS [1991] Forderung nach Abklärung des Sportverständnisses).

Vergleichbar komplex ist der Aspekt der Integration. Integration zielt sinnvollerweise auf komplexe Situationen. Dies manifestiert sich bereits in einem äußeren Umstand, der heute einhellig konstatiert wird: in der *Heterogenität* der fraglichen Zielgruppen. Diese tendiert in integrativen Vorhaben durch die Beteiligung Nichtbehinderter häufig sogar ins Extreme. In der didaktisch-methodischen Praxis bewährt Integration sich weithin als angemessener Umgang mit dieser Heterogenität.

Daß bei einer derart komplexen Materie die Fachmeinungen auseinandergehen, kann zunächst nicht verwundern. Den angedeuteten Grundwiderspruch beschreibe ich mit zwei weiteren Zitaten: In der »Lebenshilfe-Zeitung« (12/1992) heißt es im Vorblick auf eine Tagung zweier Behindertenverbände zum »*Recht auf Anderssein*« (1993 in Köln): »*Berechtigte Wünsche ... nach Glück und Hoffnungen auf Normalität stehen in einem Spannungsverhältnis zum selbstverständlichen Anrecht der So-Geborenen, angenommen zu werden, wie sie sind*«. Im Unterschied zu dieser polaren Aussage *(»Spannungsverhältnis«)* betont GABRIELE BRAUN (1992, 68) bei ihrer Standortbestimmung der Psychomotorik ausdrücklich die eine Seite: »*Als Grundlage steckt hinter diesem Begriff* (der Psychomotorik; Anm. d. Verf.) *eine ganz bestimmte Lebensphilosophie: Der Mensch ist nicht nur wertvoll, wenn er angepaßte Höchstleistungen bringt, sondern weil er so ist, wie er ist, ein Mensch mit Fehlern, Schwächen und Behinderungen und immer vielen liebenswerten Eigenschaften.*«

Wie weit diese Standortbestimmung der Psychomotorik tatsächlich zutrifft, kann hier dahingestellt bleiben. Die darin erkennbare, einsinnige Tendenz wird durch einen deutlichen weltanschaulich-humanitären Einschlag verstehbar, der einen sehr grundsätzlichen Standpunkt bildet. Ich habe es an anderer Stelle (REINCKE 1991) als ein Kennzeichen überkommener Motopädagogik beschrieben, daß ihr der humanitäre Anspruch zu einem ideologisierenden Humanismus geraten kann, der innere Widersprüche im Fachgebiet (und entsprechende Wissenschaftsdefizite) gezeitigt hat. Diese Gefahr birgt auch der vorliegende Zusammenhang. Ideologisierbar im hier gemeinten Sinne sind Denkweisen und Standpunkte einsiniger Prägung. Im Zusammenhang von Bewegung, Spiel und Sport Behinderter liegen einschlägige Voraussetzungen zum Beispiel schon dort vor, wo zu ausschließlich von ›Sport‹ oder ›Behindertensport‹ gesprochen wird (diesbezügliche Kritik bei ROLL/BUTTENDORF 1987). Bisweilen ist sogar immer nur von ›Leistungssport‹ Behinderter die Rede. Diese inhaltliche sowie ideelle Einengung muß alle irritieren, die sich vorstellen können, was ›Bewegung, Spiel und Sport Behinderter‹ alles sein können und tatsächlich auch sind.

3. Leitbilder des traditionellen behindertensportlichen Verständnisses

Diese derart engdimensionalen Begriffe von ›Sport‹, ›Leistungssport‹ etc. weisen bereits auf das eine der im folgenden unterstellten beiden Leitbilder. Dieses bezeichne ich – im behindertensportlichen Zusammenhang – als ein ›*normalitätsorientiertes Leitbild*‹. Es steht dem Normalisierungsprinzip nahe und wird damit (auch) für Geistigbehinderte beansprucht. Das entsprechende Konzept von ›Sport‹ betont Vorstellungen gesellschaftlich-sozialer Akzeptanz der Behinderten durch normalitätsadäquates (-äquivalentes) Verhalten. Darin verbirgt sich ein *adaptives Prinzip,* welches aber mehr und auch anderes beinhaltet als ein Ziel bloßer normalitätsbezogener Anpassung: Ziel einschlägigen Sporttreibens Behinderter ist letztlich eine autonome Daseinsbewältigung durch Lebensenergie und -tüchtigkeit, gegebenenfalls auch hohe Kompetenz, Höchstleistung und dergleichen. Dies soll eine ›Gleichheit‹ (ANTOR, 1988; 1992) mit den Nichtbehinderten im Sinne von Gleichwertigkeit, Gleichberechtigung, grundsätzlich auch Ebenbürtigkeit bedeuten. Dabei enthält dieses ›normalitätsorientierte‹ Sportverständnis – in einer bestimmten Akzentuierung – Elemente aller etablierten behindertensportlichen Sparten (Leistungs-/Wettkampfsport, Rehabilitationssport, Therapeutischer Sport, Freizeit-/Breitensport), ohne jedoch mit einer von diesen identisch zu sein.

Der Tatbestand der Behinderung wird unter diesem ›normalitätsorientierten‹ Grundverständnis einerseits durchaus als faktisch vorausgesetzt, andererseits jedoch als – in seinen Konsequenzen – durch den/die Betroffene/n selbst prinzipiell kompensierbar verstanden. Besagtes adaptives Prinzip bedingt eine sehr weitgehende Orientierung des Sporttreibens Behinderter am Allgemeinen Sport (der Nichtbehinderten). Die Kennmerkmale des so orientierten Sports sind damit vorwiegend konventionell und dabei maßgeblich in Richtung des Leistungs- und Wettkampfsports bestimmt. Es sind dies der Sportartenbezug, die Spezialisierung, das feste Regelwerk, der messende Vergleich, die Auslese der Leistungsfähigkeit usw.

Zumal unter einer diesbezüglichen Vorstellung von *Integration* richtet sich ein starkes Interesse dieses Sports auf seine Darstellung in der Öffentlichkeit – er sucht die Beachtung und Anerkennung der Bevölkerungsmehrheit der Nichtbehinderten. Dazu gehört auch, daß von einzelnen herausgehobenen, auch einmal außergewöhnlichen behindertensportlichen Ereignissen (Personen, Veranstaltungen, Leistungen) eine besondere Publizität erwartet wird. Ähnlich versteht sich das vielfach erklärte Ziel einer Teilnahme Behinderter an Sportveranstaltungen der Nichtbehinderten. 1992 war in diesem Zusammenhang sogar die Olympiade der Nichtbehinderten im Gespräch. Die großen Spiel- und Sportfeste ›Mein Olympia‹ (siehe KAPUSTIN 1989) beabsichtigen eine Öffentlichkeitsdarstellung des Sporttreibens der Geistigbehinderten sehr ausdrücklich (siehe auch VERMEER 1988).

Das kompensatorische Moment solchen ›Sport‹-Verständnisses hat FRANZ CHRISTOPH (1992) – selbst körperbehindert – pointiert, aber tendenziell richtig charakterisiert, indem er die Teilnehmer/-innen der Paralympics 1992 als »... *Trotzdem-Athleten, als Trotzdem-Menschen*« (ebd., 290) bezeichnet hat. Ein krasses Beispiel dieser Art kompensatorischer Normalitätsorientierung sind die fußballspielenden Beinamputierten (RUST 1992). Tenor der Medienberichterstattung über die Paralympics 1994 in Lillehammer war, die dort gezeigten Leistungen Behinderter als ›erstaunlich‹ zu qualifizieren.

Bei Geltung für die Geistigbehinderten ist dieses ›normalitätsorientierte‹ Leitbild in besonderem Maße geeignet, Vorstellungen von Behindertsein und Normalität zu polarisieren. Denn der ›normalitätsorientierte‹ Behindertensportler soll ja dem nichtbehinderten Sportler potentiell gleichwertig sein. Ein Behinderter mit dem Selbstverständnis eines prinzipiell ›normalen‹ Menschen, ausgestattet mit Lebensenergie und der Fähigkeit zu sportlichen (Höchst-) Leistungen, entfernt sich subjektiv schon von der Situation des Behindertseins selbst und nähert sich der Situation eines – wenn auch vielleicht irgendwie ›anderen‹ Nichtbehinderten.

Die folgende Kritik betrifft nicht den genuinen Widerspruch der beiden, hier angesprochenen anthropologischen Prinzipien, vielmehr ihren Widersinn als faktisch gewordene, behindertensportliche Verständnisrichtungen. Dieser läßt sich vorläufig als ungelöster Zwiespalt zwischen einem Sporttreiben im allgemeinen und einem Sporttreiben im besonderen sozialen (fachlichen, institutionellen usw.) Kontext beschreiben. Im Falle des ›normalitätsorientierten‹ Leitbildes ergibt sich dies unter anderem wie folgt: Der behinderte Mensch erkauft die Angleichung seines Sporttreibens an die ›Normalität‹ der Nichtbehinderten und damit seine Zugehörigkeit (VLIEGENTHART: »*joining in*«) zur gesellschaftlich-sozialen Allgemeinheit ausgerechnet damit, daß er sich in besondere Situationen begibt, die unter Umständen auch von seiner eigenen Alltagsexistenz erheblich abweichen. Hierzu ein Beispiel: Auf den großen Spiel- und Sportfesten ›Mein Olympia‹ betreiben Geistigbehinderte unter einem integrativen Gedanken leichtathletischen Wettkampf. Um diesen so normal wie möglich, also regelsportlich adäquat durchzuführen, werden die Teilnehmer/-innen nach Geschlechtern, diese wiederum nach bis zu sieben Altersgruppen, diese wiederum nach Leistungsgruppen klassifiziert (KAPUSTIN 1989, 165)!

Dieses Moment der *Besonderung* tritt bei dem zweiten, von mir angenommenen Leitbild noch deutlicher hervor. Ich bezeichne es – im behindertensportlichen Zusammenhang – als ein ›*behinderungsorientiertes Leitbild*‹. Das entsprechende pädagogische (therapeutische etc.) Veränderungskonzept folgt der Grundvorstellung, daß der behinderte Mensch zu seiner optimalen Förderung und Entwicklung individueller, und das heißt, besonderer und auch spezieller Anstrengungen bzw. Zuwendungen bedürfe (VLIEGENTHART [siehe oben]: »*Anders sein*« [»being different«]).

Dieses Leitbild entspricht der gängigen Vorstellung einer ›Sonder‹-*Pädagogik*. *Integration* wird nach diesem Verständnis durchaus möglich, jedoch indem der Behinderte/die Behinderte erst durch eine möglichst weitgehende Qualifizierung im gesonderten (individuellen, professionell spezifizierten) pädagogischen, therapeutischen etc. Betreuungskontext, zum Beispiel einer Sonderschule, in den Stand gesetzt werde, die Gemeinschaft mit Nichtbehinderten sinnvoll zu realisieren. Das beiden Leitbildern gemeinsame Merkmal der Besonderung bedeutet zugleich eine Wahrscheinlichkeit, daß ihnen zufolge der ›Sport‹ Behinderter in eine *soziale Separation* gerät. Deren Art und Ausmaß ergibt sich unter anderem nach Art und Schwere der Behinderung. So bietet sich den Sporttreibenden jener Behinderten, für die eine ›normalitätsbezogene‹ Orientierung nicht naheliegt, das ›behinderungsorientierte‹ Leitbild als Alternative, zum Beispiel das Sporttreiben in sogenannten ›*Sondergruppen*‹ (ROLL/BUTTENDORF 1987). Dies betrifft vor allem viele Geistigbehinderte, psychisch Behinderte, dabei zumal die Schwer- und Schwerstbehinderten.

4. Die Widersprüchlichkeit der herkömmlichen behindertensportlichen Leitbilder unter dem Aspekt der Integration

Damit wird hier folgendes unterschieden: Die unterstellten, behindertensportlichen Leitbilder sind in ihrer allgemeinen Bedeutung als anthropologische Prinzipien und entsprechende positive Grundideen nicht debattabel. Kritikfähig werden sie erst, wo sie sich als soziätare Wirklichkeit konkretisieren. In der gegenwärtigen, historisch gewordenen, behindertensportlichen Situation sind sie entsprechend auch kritikbedürftig. Dabei korrespondieren sie in ihrem defizitären Aspekt, da sie aus demselben gesellschaftlichen Gesamtzusammenhang kommen. Ihre Unzulänglichkeit unter Zielvorstellungen der Integration manifestiert sich damit auch als allgemeiner Zustand, und zwar als ein Mangel an einer selbstverständlichen Humanität im alltäglichen gesellschaftlichen und sozialen Umgang zwischen Behinderten und Nichtbehinderten. Dies kann etwa so aussehen: »*In Düsseldorf fand die REHA 1991 statt. In der Landeshauptstadt gibt es 16 behindertengerechte Hotelzimmer*« (FISCHER 1992, 7).

Das bedeutet soviel: In unserem Bildungs- und Sozialsystem fehlt es ja keineswegs an besonderen rehabilitativen (therapeutischen, sonderpädagogischen usw.) Initiativen und Institutionen für Behinderte. Ein Behinderter im Rollstuhl etwa kann auf der erwähnten Rehabilitationstagung eine Fülle behinderungsspezifischer Tatsachen über sich erfahren. Er kommt in separaten Situationen in den Genuß vielfältiger therapeutischer etc. Zuwendungen. Aber auf dem alltäglichen Schauplatz einer normalen Ortschaft kommt er unter Umständen nicht auf die Bordsteine und nicht in die Straßenbahn.

Ebenso haben Behinderte in behindertensportlichen ›Sondergruppen‹ heute schon vielerlei Möglichkeiten zur Bewegungstätigkeit. Daß dies separate und auch besondere Situationen sind, ist nicht grundsätzlich abwegig. Aber zu einsinnig bzw. ausschließlich verstanden und betrieben, wird eine solche ›behinderungsorientierte‹ Be-Sonderung, selbst wenn oder gerade weil sie integrativ intendiert ist, leicht zum Vermittlungsfeld sozialer Aus-Sonderung, wird diese im einschlägig negativen sozietären Umfeld sogar begünstigen.

Die diesbezügliche Situation des Sports Geistigbehinderter ist nicht eindeutig. Ihm bleibt vorwiegend – aber heute nicht mehr ausschließlich – die Entfaltung im behinderungsspezifischen Kontext. Aufs Ganze gesehen, ist dabei eine umfassende Integration geistig Behinderter im und durch Sport nicht annähernd realisiert. Hier gilt nach wie vor, was FRANK DURLACH bereits vor fünfzehn Jahren hinsichtlich der Integration Geistigbehinderter in Sportvereine Nichtbehinderter bemerkt hat: »*Für eine solche Konzeption scheint unsere Gesellschaft noch nicht ›reif‹ zu sein*« (DURLACH 1983, 91).

Die zugrundeliegende, gesellschaftliche Isolationstendenz setzt sich sodann unter den Geistigbehinderten selbst fort (siehe unten). Damit droht die entsprechende soziale Besonderung – auch oder ausgerechnet unter integrativer Intention – gerade im Falle der Schwer(st)behinderten zur Isolation zu geraten. Die Situation eines behinderten Menschen abseits der allgemeinen gesellschaftlich-sozialen Teilhabe ist dem Nichtbehinderten/der Nichtbehinderten nicht vollinhaltlich vorstellbar. In der eigenen behindertensportlichen Arbeit habe ich es mit geistigbehinderten Erwachsenen zu tun, die mehrheitlich zum Beispiel nicht richtig realisieren, was ›Höchstleistung‹ ist oder soll oder was eine ›Medaille‹ oder ein ›Pokal‹ bedeuten. Für solche Behinderte ist auch der Regelsport der Nichtbehinderten nicht die beste, vielfach nicht einmal eine angemessene Förderung.

Ich nenne Beispiele: Wie etwa sollen Geistigbehinderte in der regelsportlichen Weise Fußball spielen, wenn sie sich nicht mannschaftlich zuordnen können (oder wollen) oder wenn sie nicht richtig verstehen, was ein ›Tor‹ ist – ein geschlossener Zielraum mit einer unsichtbaren Frontseite, durch die der Spielgegenstand befördert werden soll – oder wenn sie nicht einsehen, daß man den Ball nicht auch mit der Hand spielen darf. Die herkömmliche Lösung ist es, die besonderen psychomotorischen Bedarfe Geistigbehinderter unter dem ›behinderungsorientierten‹ Leitbild der Förderung in besonderen Situationen bzw. Sonderinstitutionen zu überantworten. Seit einiger Zeit aber wächst auch bei uns eine Tendenz in Richtung einer verstärkten allgemeinsportlichen Teilhabe der Geistigbehinderten. Was dies unter dem Aspekt von Integration und Isolation bedeuten kann, versuche ich wieder am Falle der Mannschaftsspiele zu erläutern:

In einem Konzept UMBENHAUERS für »Fußballspielen mit Geistigbehinderten« (1986) ist vom »*Anspielpartner*« die Rede (2). Damit ist hier zwanglos unterstellt, daß die Beteiligten das mannschaftlich-taktische Prinzip des An- und Abspielens beherrschen oder zumindest erlernen können. Tatsächlich aber ist dies ein hochabstraktes Prinzip, das in den üblichen Sportgruppen Geistigbehinderter nur selten realisierbar ist. Ähnlich wird in einem Bericht von ARNS/HEMPEL/RIDDERBECKS (1987) über »Hockey als gemeinsame Sportart für geistig Behinderte und Nichtbehinderte« hervorgehoben, daß »... *Hockey als Mannschaftssport der Entwicklung eines Mannschaftsbewußtseins (Wir-Gefühl) förderlich sein kann*« (117). Fragen wir nun, wie solches möglich wird, erfahren wir: Eine »... *fortgeschrittene Gruppe ... führt den Doppelpaß mit Torschuß aus*« (118). Jahreshöhepunkt ist ein Hockeyturnier für Sonderschulen, auf welchem Hockey »... *auch von Geistigbehinderten regelgerecht und gut gespielt*« werde (117). Hier herrscht ersichtlich das Bedürfnis, mit diesen Geistigbehinderten die sportlichen Gebräuche der Nichtbehinderten möglichst genau nachzuvollziehen. »*Regelgerechtes*« gilt daher als »*gutes*« Spiel (ebd.).

Den Initiatoren derartiger ›Integration‹ genügt offenbar die gängige behinderungsspezifische Orientierung nicht mehr. Aber ihr daraus folgender Versuch, den Sport Geistigbehinderter zu ›normalisieren‹, scheint seinerseits wieder problematisch zu geraten. In einer didaktisch-methodisch angelegten, empirischen Untersuchung über integrativen Sport mit Geistigbehinderten sind STREICHER/LESKE (1985, 480) zu dem Ergebnis gekommen, die Begrenztheit dieses Sportunterrichts sei eindeutig durch das Regelwerk von Mannschaftsspielen vorgegeben (vgl. auch FEDIUK 1988). In Gruppen geistigbehinderter Erwachsener aus sieben lokalen Wohneinrichtungen, mit denen wir (an der Universität Bremen) seit Jahren Sportspiele betreiben, sind es allenfalls einzelne Teilnehmer/-innen, die das Prinzip des Mannschaftsspiels verstehen lernen.

Die Methode liegt nahe, nach der eine so verstandene ›Normalisierung‹ angestrebt wird – sie heißt *Selektion*. Im Bericht von ARNS/HEMPEL/RIDDERBECKS (1987) ist es eine »*fortgeschrittene Gruppe*« (118), die den Doppelpaß mit Torschuß praktiziert. Da die individuellen motorischen Voraussetzungen der Schüler/-innen sehr unterschiedlich seien, folgt als methodische Konsequenz eine »*sehr bald einsetzende Differenzierung*« (119). Diese betrifft hier aber eine Gruppe Geistigbehinderter, die für die integrative Arbeitsgemeinschaft ohnehin schon ausgewählt sind. Bei UMBENHAUER (1986) heißt es über das Objekt »Fußballspielen mit Geistigbehinderten« gleichlautend, dies sei ein »*differenzierender Sportunterricht*« in »*Neigungsgruppen*« (2). Als Höhepunkt dieser integrativen Arbeit gilt es bei ARNS/HEMPEL/RIDDERBECKS (1987, 118), wenn die Geistigbehinderten gemeinsam mit Gymnasiasten dann ein »*Trainingslager*« absolvieren und dort das Hockeyspiel in der regelsportlichen Form – also bitte sehr auch mit Originalschlägern – absolvieren.

Die Vorstellung ist im Grunde respektabel, der gesellschaftlich-sozialen Isolierung geistigbehinderter Menschen durch eine Adaptierung ihres Sports an die regelsportliche Normalität entgegenwirken zu wollen. Daß dies nicht ohne Vorgänge interner Selektion unter diesen Behinderten gelingt, muß noch nichts bedeuten. In beiden zitierten Artikeln ist jedoch kein Raum für Überlegungen zum Schicksal der »*Übriggebliebenen*« (SPECK 1988, 97). Dies läßt zumindest nicht ausschließen, daß sich mit der ›Integration‹ der einen Behinderten (unter dem ›normalitätsorientierten‹ Leitbild) die Isolation der anderen vertieft. In diesem Falle würde ein kleiner Teil aus der Gesamtgruppe der Geistigbehinderten dauerhaft herausgehoben und begünstigt, die übrigen aber würden durch dieselbe Selektion um so nachhaltiger benachteiligt. Indem solche ›Normalisierung‹ einem integrativen Anspruch folgt, zeitigt sie »*Integrationsopfer*« (SPECK, ebd.). Die notwendige Kritik am negativen Falle eines derart ›normalitätsorientierten‹ Sporttreibens mit Geistigbehinderten hat FRIEDHELM SCHILLING (1981, 2) vor Jahren schon so formuliert: »*Häufig starten Grenzfälle zur geistigen Behinderung, deren Sieg politisch oberflächlich verkauft wird. Dieser Sieg nutzt den geistig Behinderten nicht, im Gegenteil, er schadet ihnen, denn Wettkämpfe lenken von den eigentlichen Bedürfnissen der geistig Behinderten nach Bewegung und Spiel als pädagogische Aufgabe ab*«.

Die vorliegende Diskussion würde allerdings unzulässig auf die alte Kontroverse Leistungs-/Wettkampfsport versus Freizeit-/Breitensport verkürzt. Diese betrifft nämlich nicht die gesamte Gruppe der Geistigbehinderten. JÜRGEN PRELLERS Kritik, im Sport zeichne sich unter den Behinderten selbst eine Tendenz zu gesellschaftlicher Isolation der Geistigbehinderten ab, gipfelte (1987, 112) in der Feststellung, im Behindertensport (Nordrhein-Westfalens) hätten die schwer geistig Behinderten und andere Schwerstbehinderte keine sportliche Heimat (ebd.). Damit wäre eine *generelle Tendenz zum Ausschluß der Schwerbehinderten* aus dem institutionalisierten Sport anzunehmen, die unabhängig davon wäre, ob dies ein Wettkampfsport ist oder etwas anderes.

In der behindertensportlichen Praxis wird die Gefahr sozialer Isolation heute durchaus schon erkannt, die sich ausgerechnet im Zuge integrativer Initiativen ergibt. Daher wird auf den Spiel- und Sportveranstaltungen nach Art der ›Special Olympics‹ ein eigener Bereich mit Spielen, Entdeckungswanderungen usw. ohne Leistungsaspekt eingerichtet für jene Behinderten, für die der Wettkampf nicht in Frage kommt. Der integrative Anspruch dieser Feste geht bekanntlich dahin, Spiel- und Sportfeste ›für alle‹ zu sein (KAPUSTIN 1989). Aber von der bloßen Anwesenheit der vom Wettkampf »übriggebliebenen« Schwerbehinderten einschließlich ihrer Sonderbehandlung ist es bis zu ihrer umfassenden Einbindung in das soziale Gesamtgeschehen einer solchen Veranstaltung noch ein entscheidender, integrativer Schritt. Im negativen Falle ist es dann unerheblich, ob die Spielecke der Schwerbehinderten auf dem Areal des Spielfestes oder etwa auf dem Gelände der benachbarten Sonderschule liegt.

Sogar im Rahmen des Wettkampfprinzips selbst werden neuerdings behindertengerechte Modifikationen erprobt. Zum Beispiel wird auf Fußballtreffs für Geistigbehinderte, die seit 1989 von der Bundesvereinigung Lebenshilfe initiiert werden, das Turnier-Prinzip abgewandelt, um nicht nur den Leistungsstarken eine Chance zu bieten. Es sollen grundsätzlich »*... all die Sportler antreten, die sich auch zu Hause für Fußball engagieren, unabhängig von ihrer Spielstärke. Fußball sollte losgelöst vom Leistungsgedanken als Sport angesehen werden, der zuallererst Spaß macht. Von Anfang an sollte kein Sportler aufgrund seiner Behinderung ausgeschlossen werden*« (DIE LEBENSHILFE-ZEITUNG 10/1991). Dies scheint nun (abgesehen vom Problem der methodischen Umsetzung) im integrativen Sinne angemessen. Aber gerade dadurch gerät ein solches Konzept auch in Widerspruch zu überkommenem ›Sport‹-Verständnis. Der Verfasser/die Verfasserin des Artikels fragt angesichts solcher Relativierung des Wettkampfgedankens denn auch, ob »*... hier nicht gegen das Normalisierungsprinzip verstoßen*« werde (ebd.).

An dieser Stelle ist eine Erläuterung notwendig: Die didaktisch-methodische Differenzierung ist ein wichtiges und sogar unverzichtbares Prinzip der Integrativen Pädagogik. Vor allem bei einem stark heterogenen Klientel kommen wir ohne seine Gruppierung und eine entsprechende Spezifizierung der unterrichtlichen Maßnahmen nicht sinnvoll aus. Jedoch muß das Verhältnis von *äußerer Differenzierung* (= Differenzierung durch vorgängige Gruppenbildung) und *innerer Differenzierung* (= Differenzierung innerhalb einer gemeinsam unterrichteten Gruppe) bei integrativen Vorhaben besonders sorgfältig gestaltet werden. Unter integrativem Aspekt kann es ein Unterschied sein, ob zum Beispiel ein Betreuer die Fußballmannschaft des Wohnheims (= eine vorgängig gebildete, feste Gruppe, zu welcher es keinen freien Zugang gibt) zum Training versammelt, oder ob er *alle* Bewohner/-innen zu Bewegung, Spiel und Sport holt, die Lust dazu haben, und dann den verschiedenen Teilnehmer/-innen ein differenziertes Angebot macht. Im ersten Falle (äußere Differenzierung) sind bestimmte Bewohner/-innen (die im Sinne des Leistungsprinzips nicht genügen) aus der sporttreibenden Gruppe dauerhaft ausgeschlossen. Im zweiten Falle gewinnt der Slogan »*Sport für alle*« (des Deutschen Sportbundes) Aktualität.

Gegen eine zu weit gehende Selektion von Sportgruppen nach Art äußerer Differenzierung steht der Grundsatz der Nichtaussonderung oder – positiv gewendet – ein Ziel, »*Heterogenität als Chance*« (ROLL/BUTTENDORF 1987) zu nutzen. Statt dessen wird heute bei Geistigbehinderten die ›normalitätsorientierte‹ Homogenisierung von Sportgruppen durch Selektion bisweilen so weit getrieben, daß für eine solche Gruppe die (bei uns gültige) Bezeichnung ›geistig behindert‹ selbst zweifelhaft wird. Im negativen Falle bleiben dann die übrigen aus der Zielgruppe der ›Geistigbehinderten‹ – egal wie diese als Ganze definiert ist – von derartigem Sport ausgeschlossen und damit benachteiligt.

Es ist jedoch nicht grundsätzlich problematisch, daß einmal mit ausgewählten Geistigbehinderten eine Sache geübt wird, die sie besonders gut können und gern tun. Solche Selektion wird zuweilen mit Segregation kurzschlüssig gleichgesetzt. *Selektion* ist nicht grundsätzlich verfänglich und wird erst durch ein Moment der Unabänderlichkeit zur *Segregation*. Derartiges droht nun aber tatsächlich, wenn man zum Beispiel ein für ausgewählte Behinderte bestimmtes, regelsportlich betriebenes Spiel zur ›Mannschaftssportart für *die* Geistigbehinderten‹ schlechthin erklären will. Der Titel »Hockey als gemeinsame Sportart für geistig Behinderte und Nichtbehinderte« (ARNS/HEMPEL/RIDDERBECKS 1987) verheißt Integration und verschweigt, daß deren praktische Realisierung nur mit einem Teil der erklärten Zielgruppe möglich ist. Über die integrativen Erlebnisse der Hockey-AG wird in dem Artikel viel Positives berichtet. Der Bestand des Modellversuchs ist langfristig angelegt. Jene Behinderten aber, die nicht in der ›integrativen AG‹ sind, weil sie dieses schwierige Mannschaftsspiel nicht erlernen können oder wollen, werden nirgends erwähnt. Dieser integrative Sport ist zwar eine schulische Maßnahme, aber die Klassen, aus denen die Schüler/-innen kommen, also die im schulischen Alltag ›gemeinsam unterrichteten Gruppen‹, sind offenbar nicht wichtig. Das Beispiel zeigt, wie ›Normalisierung‹ und Besonderung Hand in Hand gehen können.

Entsprechende Vorbehalte gelten für das Konzept UMBENHAUERS (1986). Auf seiten der Nichtbehinderten verbirgt sich hinter der beschriebenen ›Normalisierungs‹-Tendenz vielleicht eine egozentrische Mentalität, die wir nicht einfach leugnen sollten. Sie erhellt aus einem Satz, wie ihn UMBENHAUER (allerdings unproblematisiert) in den Raum stellt: »*Die Sportart, die schwerpunktmäßig an einer Einrichtung* (für Geistigbehinderte; Anm. d. Verf.) *betrieben wird, ist zum großen Teil abhängig von Neigungen und Erfahrungen der Sportbetreuer selbst*« (1986, 1). Solche Präferenzen liegen nahe, werden jedoch gern als eine Art Gewohnheitsrecht des Übungsleiters verstanden. In diesem Falle wird unbedacht einer Art ›*Diktatur der Normalität*‹ das Wort geredet, die hier bedeutete, daß der Nichtbehinderte/die Nichtbehinderte im Sport mit dem Behinderten letztlich seine eigenen Belange realisiert. Dabei kommt dann kein Sport der Behinderten, sondern eigentlich ein Sport der Nichtbehinderten heraus. Wird diese Art ›Normal‹-Sport – irrtümlich oder idealistisch – sogar als ›Integration‹ im Sinne einer vermeintlichen ›Normalisierung‹ ausgegeben, erfüllt sich nunmehr eine Befürchtung wie die VLIEGENTHARTS (siehe oben), daß unter dem Postulat der ›Gleichheit‹ die Belange Behinderter in eine unangemessene Form gezwängt werden.

Gleiches geschieht hinsichtlich der besonderen didaktisch-methodischen Schwierigkeiten, welche die Arbeit mit integrativen, also heterogenen Gruppen Behinderter und Nichtbehinderter kennzeichnen. Diese werden bis heute in der einschlägigen Literatur unzureichend berücksichtigt (vgl. SPREEN 1987; hinsichtlich der Geistigbehinderten FEDIUK 1992). In der Unterrichtspraxis werden sie vielfach durch eine bloße – ›normalitätsorientierte‹ und/oder gedankenlose – Übernahme regelsportlicher Übungs- und Spielformen einfach negiert. Daher sind didaktisch-methodische Modelle für einen für den integrativen Zweck konzeptionell modifizierten Unterricht heute generell noch selten. In einer neuen Publikationsreihe über »Integrationssport« (FEDIUK 1992), in welcher die Frage der unterrichtspraktischen Operationalisierung von Integration ausdrücklich ansteht, konnte die integrative Sportgruppe aus Geistigbehinderten und Nichtbehinderten bislang nicht berücksichtigt werden, weil für diese die entsprechenden Praxiskonzepte noch fehlen (FEDIUK, ebd., V)! Sobald wir dagegen konsequent die tatsächlichen psychomotorischen Bedarfe und Interessen der Behinderten in unserer integrativen Gruppe berücksichtigen, erscheint die zwanglose Fortführung des Regelsports schnell als unzureichend, zum Teil auch widersinnig, und beinahe notwendig kommt es zu anderen, auch neuartigen Formen von Bewegung, Spiel und Sport, die mit dem Allgemeinen Sport unter Umständen nur noch wenig zu tun haben.

Das Gesagte sollte verdeutlichen, daß die beiden traditionellen Leitbilder – ›Gleichheit‹ und ›Verschiedenheit‹ – in ihrer überkommenen Beziehungslosigkeit sowie jeweiligen Vereinseitigung nicht zu einer umfassenden Verwirklichung von Integration genügen und die Wahrscheinlichkeit desintegrativer Entwicklungen fortbesteht. Ein bildungspolitisches Resultat ist die bekannte Diskrepanz zwischen der Bewegungsförderung Behinderter im Bereich des Schulsports und im Bereich des Freizeit- und Breitensports (BUTTENDORF 1987). Der Freizeit- und Breitensport Behinderter, welcher über die engeren ›sportlichen‹ Betätigungsmöglichkeiten hinaus für soziale Kommunikation ein besonders günstiges Szenario bietet, weist heute gegenüber dem Schulsport und auch gegenüber den anderen behindertensportlichen Sparten (Wettkampfsport, Rehabilitationssport, Therapeutischer Sport) noch einen deutlichen Entwicklungsrückstand auf.

5. Integration als Synthese der herkömmlichen Leitbilder

Es wurde dargelegt, daß der Widersinn der bestehenden ›normalitätsorientierten‹ sowie ›behinderungsorientierten‹ Leitbilder kein grundsätzlicher ist. Sie sind, als Prinzipien des Sporttreibens (geistig) Behinderter idealtypisch vorausgesetzt, jedes für sich unbezweifelbar und ermöglichen beide auch eine integrative Interpretation. So gesehen, lautet die Frage schon richtiger, ob beziehungsweise wo »*... es ... gelingen kann, beiden Aspekten, dem der Gleichheit wie dem der Ungleichheit, gerecht zu werden*« (AHRBECK 1993, 173). Im dialektischen Sinne soll hier jedoch weiter gefragt werden, und zwar nach der gegenseitigen *Beziehung* dieser Prinzipien beziehungsweise Leitbilder. Erst damit kann auch die Integration der entsprechenden bildungspolitischen Orientierungen sinnvoll thematisiert werden.

Dies erfordert nunmehr die Suche nach einer übergreifenden Leitvorstellung für Bewegung, Spiel und Sport geistig Behinderter, welche die bislang vorliegenden, disparaten Leitbilder auf höherer Ebene zur Synthese bringt, also in eine konstruktive Beziehung, die zugleich für Weiterentwicklung offen bleibt. Als gesellschaftlicher Entwurf müßte die so intendierte Integration die einschlägig bestehende Wirklichkeit einschließen und zugleich – wie ich meine, auch ideell – über diese hinausweisen.

›Integration‹ im Sinne einer solchen progressiven Leitvorstellung wäre mithin als eine dritte Instanz zu gestalten, welche die beiden herkömmlichen Leitbilder nicht aufhebt, diese lediglich fortführt. Ich möchte hierbei den ›evolutionären‹ Gedanken bekräftigen: Grundsätzlich steht der ›behinderungsorientierte‹ Anspruch des geistig behinderten Menschen auf eine eigenbestimmte Bewegungstätigkeit einschließlich einer möglichst weit individualisierten, spezialisierten und professionalisierten medizinischen, therapeutischen und pädagogischen Zuwendung in besonderen und auch separaten Situationen außer Frage. Gleichermaßen fundamental ist jedoch das Postulat einer ›normalitäts-orientierten‹ Bewegungstätigkeit Behinderter: ›Integration‹ meint grundsätzlich die chancengleiche und gleichberechtigte Teilhabe der Behinderten an den allgemeinen materiellen und immateriellen Gütern und damit an der ›Normalität‹ unserer Gesellschaft. Zu dieser gehört auch der Allgemeine Sport. Um auch einmal eine am Allgemeinen Sport orientierte Bewegungsförderung mit Geistigbehinderten zu betreiben, genügt bereits deren eigenes subjektives Bedürfnis, Dinge zu tun, die sie von den Nichtbehinderten (zum Beispiel aus Sportsendungen im Fernsehen) kennen. Damit spricht alles dafür, auch mit Geistigbehinderten einen ›Behindertensport‹ zu treiben, der ein regelsportliches Repertoire – gegebenenfalls einschließlich des Wettkampfprinzips – übernimmt und/oder adaptiert und für dessen Realisierung auch einmal eine entsprechende Gruppe ausgewählt wird.

Im Zuge ihrer dialektischen Verknüpfung werden sich die bestehenden Leitbilder allerdings – graduell – verändern. Integration in der hier vorgestellten, realutopischen Gestalt ist nur als schrittweiser Prozeß mit gleichsam ›endloser‹ Perspektive zu denken, der hier und jetzt niemals endgültig sein kann und auch niemals vollständig absehbar ist. Derartige Entwicklungen bahnen sich bei uns als Anfänge einer *neuen Sportkultur* bereits an. Diese verbindet nicht nur Menschen, sondern zum Beispiel auch fachliche Inhalte und praktische Methoden. Sie integriert im identischen Vorhaben (Spielveranstaltung, Unterrichtsprojekt, usw.) Phasen umfassender – ›normaler‹ – Gemeinsamkeit der (behinderten, nichtbehinderten) Beteiligten mit Phasen differenzierender Besonderung zu einer sozietären Ganzheit.

Gemäß ihrem *progressiven Charakter* erfüllt sich diese Integration nicht ohne Vorgänge und Zustände der *Innovation*. Über diese gilt es – vor allem auch im Falle der Geistigbehinderten – nicht mehr nur zu schreiben und zu reden. Es gilt, sie nunmehr verstärkt als konsequente Operationalisierung einer *pädagogischen Veränderungspraxis* auszuweisen, die sich gegenüber der übergreifenden wissenschaftlichen sowie politischen Bestimmung auch eigengesetzlich entfaltet (siehe etwa REINCKE 1993).

Unabhängig von solchen vorwärtsschauenden Überlegungen zeichnen sich, wie schon angesprochen, im Verhältnis der überkommenen Leitbilder seit einiger Zeit Veränderungen ab. Vor etwa fünfzehn Jahren hat FRIEDHELM SCHILLING aus einschlägig kritischer Position einen ›Behindertensport‹ – begrifflich gleichgesetzt mit einem Wettkampfsport Behinderter, – einer sinnvollen pädagogischen Bewegungsförderung Geistigbehinderter ausdrücklich nachgeordnet: »*Behindertensport läßt sich nicht ohne weiteres auf geistig Behinderte übertragen. Steckt hinter dieser Idee nicht das Prestigedenken der Schulen, der Eltern, der Betreuer? Es ist ein Irrtum, zu glauben, allein die Teilnahme an Wettkämpfen bedeute einen Schritt in Richtung Normalität. Wettkampf ist immer Endziel des Sporttreibens. Der geistig Behinderte sollte zunächst in seiner motorischen Entwicklung gefördert werden. Spielfeste statt Sportfeste. Normierte Wettkämpfe verführen zu leicht, Sportunterricht bei Geistigbehinderten in ein Trainingslager zu verwandeln*« (1981, 2).

Nach diesem tendenziell einsinnigen Verständnis bliebe den Geistigbehinderten faktisch kaum etwas anderes als die dauerhafte Förderung in ›behinderungsorientierter‹ Besonderung. Aber etwa seit den achtziger Jahren – spätestens seit der erfolgreichen Behindertenolympiade in Seoul 1988 – zeichnet sich auch bei uns ein Wandel der Einstellungen gegenüber dem Wettkampfsport Geistigbehinderter ab. Zum Beispiel gehört die in Würzburg initiierte Veranstaltung ›Mein Olympia‹ für Geistigbehinderte und Nichtbehinderte, deren Konzeption sich an den ›Special Olympics‹ orientiert, mit ihrer konsequenten Wettkampforientierung heute zu den größten behindertensportlichen Spiel- und Sportfesten im deutschsprachigen Bereich. Offenbar in gleicher Richtung wird gegenwärtig ein internationaler Trend zur Zunahme der sportlichen Aktivitäten Geistigbehinderter verzeichnet, welche »*... mit enormem Tempo*« und »*... insbesondere unter dem Aspekt der Integration*« (DOLL-TEPPER 1989, 63) geschehe. Sofern dies aber, wie vermutbar, vorwiegend ein Trend im Sinne des Wettkampfprinzips ist, hieße das zunächst nur, daß die Gesamtentwicklung im Falle der Geistigbehinderten neuerdings verstärkt »*... beiden Aspekten, dem der Gleichheit und dem der Verschiedenheit, gerecht*« (AHRBECK 1993, 173) wird. Dies wäre im hier geforderten, dialektischen Verständnis noch nicht zwangsläufig eine integrative Entwicklung. Im negativen Falle wäre wiederum nach den »*Übriggebliebenen*« (SPECK) solcher ›Integration‹ zu fragen und dabei vor allem nach der am meisten gefährdeten Gruppe: den Schwer- und Schwerstbehinderten. Nach alledem gilt nach wie vor die Maxime »*Mehr Schutz den Schwachen*« (GEISTIGE BEHINDERUNG Heft 1/1993, Editorial): In unserer in Sachen ›Integration‹ rückständigen Gesellschaft bedürfen die Geistigbehinderten und zumal die Schwächsten unter ihnen unverändert unser aller Solidarität.

Literatur

AHRBECK, B.: Psychologisch-pädagogische Diagnostik zwischen Segregation und Integration. Behindertenpädagogik 32 (1993), 164–181.

ANTOR, G.: Zum Verhältnis von Gleichheit und Verschiedenheit in der pädagogischen Förderung Behinderter. Zeitschrift für Heilpädagogik 39 (1988), 11–20.

ANTOR, G.: Pluralität der schulischen Normen – Uniformität des Lernortes? Erfahrungen mit der schulischen Integration Behinderter und Nichtbehinderter. In: LERSCH, R./VERNOOIJ, M. (Hrsg.), Behinderte Kinder und Jugendliche in der Schule. Bad Heilbrunn (Klinkhardt) 1992, 30–52.

ARNS, M./HEMPEL, M./RIDDERBECKS, F.: Hockey als gemeinsame Sportart für geistig Behinderte und Nichtbehinderte. Motorik 10 (1987), 117–120.

BLEIDICK, U.: Bildungspolitische Entwicklungslinien zur gesellschaftlichen Integration von Behinderten. In: SCHUCK, K. D., Beiträge zur Integrativen Pädagogik. Hamburg (Feldhaus) 1990, 51–67.

BRAUN, G.: Was ist Psychomotorik? Praxis der Psychomotorik 17 (1992), 68–71.

BUTTENDORF, T.: Formen der Zusammenarbeit zwischen Vereinen und Schule. In: DEUTSCHER BEHINDERTEN-SPORTVERBAND (Hrsg.), Übungsleiter im vereinsorientierten Behindertensport. Düsseldorf (Ullrich) 1987, 153–156.

CHRISTOPH, F.: Blinde Kuh in Barcelona. In: DER SPIEGEL Heft 38/1992, 287–290.

DOLL-TEPPER, G.: Problemstellungen, Ergebnisse und Trends zu Bewegung, Spiel und Sport geistig Behinderter mit Blick auf die internationale Diskussion. In: BÖS, K./DOLL-TEPPER, G./TROSIEN, G. U.A. (Hrsg.), Geistig Behinderte in Bewegung, Sport und Spiel. Marburg (Bundesvereinigung Lebenshilfe) 1989, 51–67.

DURLACH, F.: Integration geistig Behinderter in Sportvereine – Möglichkeiten der motorischen und sozialen Förderung. In: HÖSS, H./WOLF, G. (Hrsg.): Psychomotorische Förderung geistig Behinderter. Stuttgart (Wittwer) 1982, 85–92.

FEDIUK, F.: Integrierter Sport mit geistig retardierten und nichtretardierten Jugendlichen – Theoretische Grundlagen und Ergebnisse einer feldexperimentellen Untersuchung. Köln (Sport und Buch Strauß) 1988.

FEDIUK, F.: Sport und Menschen mit geistiger Behinderung – zu Problemen der Begrifflichkeit. In: DOLL-TEPPER, G./LIENERT, C. U.A. (Hrsg.): Sport von Menschen mit geistiger Behinderung. Marburg (Bundesvereinigung Lebenshilfe) 1991, 27–38.

FEDIUK, F.: Einführung in den Integrationssport. Teil I. Kassel (Gesamthochschule) 1992.

FISCHER, C.: Sportvereine sind gefordert: Integration als ständige Aufgabe. Neuer Start o.J. (1992), 7.

KAPUSTIN, P.: Familiensport als Integrationshilfe. In: DEUTSCHER BEHINDERTEN-SPORTVERBAND (Hrsg.), Übungsleiter im vereinsorientierten Behindertensport. Düsseldorf (Ullrich) 1987, 128–134.

KAPUSTIN, P.: »Mein Olympia« – Intentionen, Möglichkeiten und Grenzen von Spiel- und Sportfesten. In: BÖS, K./DOLL-TEPPER, G./TROSIEN, G. U.A. (Hrsg.): Geistig Behinderte in Bewegung, Spiel und Sport. Marburg (Bundesvereinigung Lebenshilfe) 1989, 160–169.

KIPHARD, E. J.: Psychomotorik in Praxis und Theorie. Gütersloh (Flöttmann) 1989.

PRELLER, J.: Integration zwischen Menschen mit unterschiedlicher Behinderung. In: DEUTSCHER BEHINDERTEN-SPORTVERBAND (Hrsg.), Übungsleiter im vereinsorientierten Behindertensport. Düsseldorf (Ullrich) 1987, 109–113.

REINCKE, W.: Motopädagogik im Widerstreit: Ganzheitsanspruch zwischen Obskurantismus und Fliegenbeinzählerei. Behindertenpädagogik 30 (1991), 338–362.
REINCKE, W.: Integrative Mannschaftsspiele für stark heterogene Gruppen. Praxis der Psychomotorik 18 (1993), 113–138.
REINCKE, W.: Leitbilder des Behindertensports unter dem Aspekt der Integration. In: DIECKMANN, R. (Red.), Sport für behinderte Kinder und Jugendliche. Integration im und durch Sport (?). Hannover (Neuer Start Verlag) 1994, 88–103.
ROLL, A./BUTTENDORF, T. : Heterogenität als Chance. Heidelberg (Universität) 1987.
RUST, H.: Widerspruch. Neuer Start o.J. (1992), 3.
SANDER, A.: »Selektion bei der Integration?« Der Beitrag von sonderpädagogischen Förderzentren. In: LERSCH, R./VERNOOIJ, M. (Hrsg.), Behinderte Kinder und Jugendliche in der Schule. Bad Heilbrunn (Klinkhardt) 1992, 106–117.
SCHILLING, F.: Probleme der Klassifizierung beim Sport mit geistig Behinderten. Heidelberg (unveröff. Kongreßpapier) 1981.
SPECK, O.: Das strukturelle Dilemma der schulischen Integration geistig behinderter Kinder. Geistige Behinderung 27 (1988), 93–100.
SPREEN, D.: Der Übungsleiter in homogenen und inhomogenen Sportgruppen. In: DEUTSCHER BEHINDERTEN-SPORTVERBAND (Hrsg.), Übungsleiter im vereinsorientierten Behindertensport. Düsseldorf (Ullrich) 1987, 57–61.
STREICHER W./LESKE, R.: Soziale Integration Geistigbehinderter im Sportunterricht der Grund- und Hauptschule. Zeitschrift für Heilpädagogik 36 (1985), 477–487.
THEUNISSEN, G.: Erlebnispädagogik für Menschen mit geistiger Behinderung. Geistige Behinderung 33 (1994), 32–42.
UMBENHAUER, H.: Fußballspielen mit geistig Behinderten. In: BOTHE, S./PRÄLING, K./SAURER, M./WAGNER, K.-V., Sport geistig Behinderter. Marburg (Bundesvereinigung Lebenshilfe) 1986, C1, 1–6.
VERMEER, A.: Der Einfluß von Sport auf die persönliche Kompetenz und soziale Stellung von geistig Behinderten. Motorik 11 (1988), 17–24.
VLIEGENTHART, W. H.: Anderssein und Mitmachen-wollen. In: V. BRACKEN, H. (Hrsg.): Erziehung und Unterricht behinderter Kinder. Frankfurt/Main (Akademische Verlagsgesellschaft) 1968, 18–33.
WENDELER, J.: Geistige Behinderung: Normalisierung und soziale Abhängigkeit. Heidelberg (Edition Schindele) 1992.

HARALD EBERT

Beiträge zu einer ökologisch orientierten Kooperation – Möglichkeiten kooperativer Freizeitgestaltung und projektorientierter Unterricht

1. Klärungen

Vor den Überlegungen zur kooperativen Freizeitgestaltung und zum projektorientierten Unterricht sind einige Klärungen notwendig, um im folgenden nicht mißverstanden zu werden.

1.1 Kooperative Freizeitgestaltung als Beitrag zu einer ökologisch orientierten sozialen Integration

Meine Überlegungen sind ein Beitrag zu einer *ökologisch orientierten sozialen Integration*. Ökologie verstehe ich als das bewegliche Gleichgewicht zwischen den verschiedenen Gliedern einer Lebensgemeinschaft und deren Zusammenwirken in verschiedenen gesellschaftlichen Systemen (BRONFENBRENNER 1980). Integration und Kooperation sind in diesen verschiedenen »Handlungsfeldern« zu verorten. Die ausschließliche Betrachtung der schulischen Kooperation bzw. Integration als Weg zur sozialen Integration verkürzt die Tragweite wichtiger Lebensfelder wie z.B. »Freizeit«. Die Diskussion um eine kooperative bzw. integrative Freizeiterziehung und Freizeitgestaltung ersetzt selbstverständlich keineswegs die bildungspolitische Entscheidung, ob Kinder mit Behinderungen gemeinsam mit Kindern ohne Behinderungen oder in entsprechenden Förderschulen oder in Kooperation der verschiedenen Schularten des gegliederten Bildungswesens unterrichtet werden. Vielmehr entspringt das Bemühen um eine kooperative bzw. integrative Freizeiterziehung einem eigenständigen pädagogischen Erziehungsauftrag.

1.2 Freizeiterziehung als eigenständiger Ansatz

Der Freizeitförderung und der außerschulischen Jugendbildungsarbeit wurde schon 1973 vom DEUTSCHEN BILDUNGSRAT wegen ihrer besonderen Chancen im Bereich der sozialen Integration ein entscheidender Stellenwert zugeschrieben: »Die soziale Eingliederung Behinderter vollzieht sich zu einem wesentlichen Teil im Freizeitbereich. ... Sonderpädagogische Förderung wird sich in stärkerem Maße als bisher auch auf diesen Bereich erstrecken müssen« (DEUTSCHER BILDUNGSRAT 1976, 106). Ein von REISER ET AL., Universität Frankfurt, vorgelegter Forschungsbericht (1994) und das Kooperationsprojekt »Gemeinsam leben – Gemeinsam Handeln« und in dessen Fortsetzung das Bund-Länder-Projekt (BLK) »Gemeinsam Handeln – Einander Erleben« in Baden-Württemberg (bis 1995) betonen die Bedeutung gerade außerschulischen gemeinsamen Lebens, Spielens, Arbeitens und Lernens (KLEIN/NESTLE/AMANN/KÜHN 1995).

Freizeit ist, als Teil unserer Lebenszeit, mit der Chance zur größtmöglichen selbstbestimmten *Entscheidungsfreiheit* verbunden. Sie überschreitet die fremdbestimmte Erwerbstätigkeit und zweckbestimmtes individuelles oder gesellschaftlich notwendiges Handeln. Freizeit ist Teil des *Lebensrhythmus* aller Menschen und *begründet sich unmittelbar* als Aspekt des freihandelnden Wesens Mensch und des in ihm liegenden Vermögens zur Selbstbestimmung. Freizeit stärkt das Verlangen nach Freiheit auf Dauer und wirkt zugleich als Triebfeder für eine wachsende gesellschaftliche Partizipation aller Menschen. *Freizeitgestaltung* ist eine an Lernen und kommunikatives Handeln gebundene, dem eigenen Vermögen zugleich entspringende und von ihm begrenzte Leistung des Menschen. *Freizeitpädagogik* intendiert die Organisation der Bedingungen für die Weitergabe von Lernhilfen zur Entwicklung der individuell größtmöglichen Selbständigkeit in der Freizeit. Der quantitativ ungeheuer große Gewinn unserer Gesellschaft an Freizeit muß in eine *qualitative Innovation* übersetzt und gegen ökonomisch oder politisch motivierte Begehrlichkeiten *gesichert* werden. Systematisch gliedert sich die Freizeitpädagogik in eine Pädagogik der *Tagesfreizeit,* der *Wochenfreizeit,* der *Jahresfreizeit* und der *Lebensfreizeit* (vgl. NAHRSTEDT 1990, 50ff.).

Die »*Selbstverwirklichung in sozialer Integration*« stellt, so die KULTUSMINISTERKONFERENZ (1994), das Leitziel der Erziehung von Menschen mit Behinderungen dar. Freizeiterziehung, verstanden als »Freiheitserziehung«, trägt zu deren Selbständigkeit bei, wenn das Maß der »Stellvertretung« durch Begleiterinnen und Begleiter, Fachmänner und Fachfrauen von den wirklichen Bedürfnissen der Betroffenen nach Hilfe begrenzt und die höchstmögliche »*Selbstbestimmung*« für die Menschen mit Behinderungen zu ermöglichen gesucht wird. Orientierungshilfen können hierbei die Freizeitbedürfnisse nach Rekreation, Kompensation, Edukation, Kontemplation, Kommunikation, Integration, Partizipation und Enkulturation, sowie die Leitprinzipien Erreichbarkeit, Offenheit, Aufforderungscharakter, freie Zeiteinteilung, Freiwilligkeit, Zwanglosigkeit, Wahlmöglichkeit, Entscheidungskompetenz und Initiativmöglichkeit sein (vgl. OPASCHOWSKI 1996, 204).

Eine empirische Untersuchung der Universität Würzburg zeigt, daß sich das Freizeitverhalten von Schüler/-innen mit geistiger Behinderung erst mit zunehmendem Lebensalter bezüglich der Freizeitaktivitäten, der Freizeitorte und der Freizeitpartner/-innen gegenüber den Vergleichsaltersgruppen ohne Behinderungen ausdifferenziert (RITTER 1993, 75ff.). Passives Freizeitverhalten, das den Menschen mit geistiger Behinderung häufig geradezu als ein Persönlichkeitsmerkmal zugeschrieben wurde und wird, ist eben auch als eine Konsequenz sozialer Isolationsprozesse im Freizeitbereich zu verstehen. NIEHOFF fordert, über die »›Nebenwirkungen‹ von Rehabilitationsansätzen nachzudenken, die einer umfassenderen Emanzipation von Menschen mit hohem Hilfebedarf entgegenstehen könnten« (1996, 2). Freizeitlernen wird somit zur Aufgabe für jede kooperative bzw. integrative Didaktik. Die Feststellung der besonderen Integrationschancen im Freizeitbereich trifft die sonderpädagogischen Institutionen nicht allein, sondern fragt vielmehr nach dem Bemühen anderer gesellschaftlich relevanter Gruppen, z.B. der Freizeit- und Kultureinrichtungen freier und kommunaler Träger, der freien und kommunalen Jugendhilfe, der Verbände und Vereine.

1.3 Integration als Prozeß

Soziale Integration soll als interaktionaler *Prozeß* im Zusammenwirken zwischen Individuen und verschiedenen gesellschaftlichen Systemen verstanden werden. Integration bezieht sich auf konkrete Handlungs*räume* unserer Alltagswirklichkeit (PFEFFER 1984, 102ff.) und ist biographischen Veränderungen in der *Zeit* unterworfen. »Das ›curriculum vitae‹ enthält alles, was uns das Leben zu lernen gibt« (LOCH 1981, 31), eben auch die lebenslange Begegnung und Auseinandersetzung mit den Chancen, aber auch Grenzen unseres jeweils eigenen Vermögens. Auch die kooperative Freizeitgestaltung zielt letztlich darauf, den *Prozeß der sozialen Integration* in Gang zu setzen und weiter zu qualifizieren.

1.4 Kooperation

Es lohnt sich, den Kooperationsbegriff genauer zu betrachten. Wird unter Kooperation zunächst vor allem die Zusammenarbeit von Lehrerinnen und Lehrern und/oder Erzieherinnen und Erziehern verstanden, meint Kooperation in unserem Zusammenhang auch und gerade das gemeinsame Leben, Spielen, Lernen und Arbeiten von Schülerinnen und Schülern mit und ohne Behinderungen in Unterricht und Schulleben bei Beibehaltung des spezifischen Bildungs- und Erziehungsauftrages der beteiligten Schulen. Zur fachlichen Qualifizierung scheint es mir wichtig, die im *Schulleben* verorteten Formen der schulischen Kooperation, die sich in erster Linie dem Gedanken der Begegnung und dem Lernen sozialen Verhaltens von Schülerinnen und Schülern mit und ohne Behinderung verbunden fühlen, von den Formen der *unterrichtlichen Kooperation* zu unterscheiden. KLEIN/NESTLE/AMANN/KÜHN (1995) schlagen für letztere den Begriff der »vertieften Kooperation« vor. Daneben sind, wie schon oben belegt, außerschulische Formen der Kooperation im Rahmen der *Freizeit* von besonderer Bedeutung.

1.5 Zusammenfassung

Kooperative Freizeitgestaltung versteht sich einer ökologisch orientierten sozialen Integration zugehörig und will den Prozeß der »Wiederherstellung eines gesellschaftlichen Ganzen« in Gang setzen. Freizeiterziehung begründet sich als originäres Erziehungsfeld.

2. Handlungsfelder einer ökologischen Kooperation

SCHOR und EBERHARDT (1996) berufen sich in der Begründung von schulischer Kooperation auf den Auftrag zur sozialen Integration, befürchten aufkeimende sozial-utilitaristische Tendenzen in unserer Gesellschaft, denen entgegengewirkt werden müsse, sowie eine mancherorts zu beobachtende Distanz der Eltern gegenüber der Schule zur individuellen Lebensbewältigung (Schule für Geistigbehinderte), verbunden mit der Forderung nach einer Ausweitung von gemeinsamem Leben und Lernen von Schülerinnen und Schülern mit und ohne Behinderungen. Sie betonen damit die Bedeutung des sozialen Lernens gegenüber dem lernzielgleichen Lernen, weil »eine Überzeichnung des Aspekts von lernzielgleichem Lernen dazu ... (führe), daß vielfältige Möglichkeiten des Miteinanderlernens hierdurch überlagert oder gar beeinträchtigt werden« (29). BERGES (1996, 246) konstatiert dagegen für die Praxis eine Eigendynamik der Schulleistungsorientierung und stellt in einer empirischen Studie über die Kooperationsklassen in Baden-Württemberg fest, daß das Leitziel »Leistungsfähigkeit« das »soziale Lernen« in der Kooperation dominiere.

Bei der Bestimmung des Verhältnisses von »Leistungsfähigkeit« und »sozialem Lernen« ist einerseits festzuhalten, daß die idealtypische Unterscheidung von Lernprozessen in kognitive und soziale Bereiche, dem tatsächlichen Lernen der beteiligten Schülerinnen und Schüler kaum gerecht werden kann. Andererseits sorgen fehlende Klärungsprozesse, in welchen Handlungsfeldern Kooperationen stattfinden und welche Teilziele jeweils verfolgt werden können, für Irritationen in der Praxis. Begründen sich Kooperationen vor allem mit der Hoffnung auf das Lernen sozialen Verhaltens und endlich mit der Erwartung, daß sich Einstellungen der beteiligten Schülerinnen und Schüler, Eltern, Lehrerinnen und Lehrer im Sinne der sozialen Integration positiv verändern, so hat die Forschung eine Reihe von quantitativen und qualitativen Bedingungen für entsprechende Kontakte formuliert (vgl. CLOERKES 1985, 209ff.). Bei kooperativem Unterricht, der unter ungünstigen Voraussetzungen wie zu kleinen Klassenräumen, hohen Schülerinnen- und Schülerzahlen usw. vierzehntägig oder in gar größeren Abständen stattfindet und, wie BERGES beobachtet, den Gedanken der Leistungsfähigkeit überbewertet, können durchaus kontraproduktive Wirkungen im Sinne der Kontakthypothese (CLOERKES 1982) erwartet werden. Die Handlungsfelder Unterricht, Schulleben und Freizeit müssen bezüglich ihrer Kooperationsziele unterschieden und die notwendigen Voraussetzungen zur Erreichung dieser Ziele wissenschaftlich untersucht und in der Folge umgesetzt werden. Für einen vertieften kooperativen Unterricht empfehlen sich nach KLEIN/NESTLE/AMANN/KÜHN (1995, KAP. F/I), aber auch im fortschreitenden bayerischen Modellversuch zur Kooperation, »Außenklassen« bzw. Klassen aus unmittelbar benachbarten Schulen.

2.1 Unterricht (Vertiefte Kooperation)

Nach BERGES bedarf »der kooperative Unterricht ... keiner neuen didaktischen Grundlegung, ... eine kooperative Akzentuierung didaktischer Modelle ist dagegen sicher notwendig, aber auch ausreichend« (1996, 249). Demgegenüber haben verschiedene Vertreterinnen und Vertreter der Integrationspägagogik die Weiterentwicklung der allgemeinen Didaktik für das Lernen in heterogenen Gruppen als aktuelle Herausforderung beschrieben. BERGES sieht in der Schülerinnen- und Schülerorientierung eine zentrale Kategorie und stellt vor allem eine Verdichtung der Schüler-Schüler-Interaktionen, verbunden mit einem Rückgang der Lehrer-Schüler-Interaktionen, im kooperativen Unterricht fest. Als Praxismodelle beobachtete er den handlungsorientierten Unterricht, Formen des Offenen Unterrichts und den Projektunterricht (1996, 249). Als Beispiel für ein Element kooperativer Unterrichtsgestaltung soll im folgenden, in der gebotenen Kürze, der Projektunterricht dargestellt werden.

Die Diskussion um den Projektunterricht wird vor allem unter methodischen Aspekten geführt. »Die Implikation einer Demokratisierung der Schule ... (wird) demgegenüber jedoch vernachlässigt« (GUDJONS 1986, 15). Die meisten Veröffentlichungen zur Projektmethode beziehen sich andererseits auf DEWEY und KILPATRICK (1935) und deren emanzipatorisches Projektverständnis, weshalb das Projekt auch als Element einer inneren Reform der Schule und bei DEWEY und KILPATRICK auch von Gesellschaft verstanden werden kann. Projektunterricht läßt sich als handelnde Auseinandersetzung mit der Alltagswirklichkeit beschreiben, als wechselseitiges Inbeziehungtreten von Mensch und Welt.

Für FREY (1990, 15) ist die Projektmethode eine »Form der lernenden Betätigung, die bildend wirkt«. In Abgrenzung zu anderen Lernmethoden charakterisiert er die Projektmethode anhand nachfolgender Merkmale: »Die Teilnehmer an einem Projekt
- greifen eine Projektinitiative von jemandem auf;
- verständigen sich auf gewisse Umgangsformen miteinander;
- entwickeln die Projektinitiative zu einem sinnvollen Betätigungsgebiet für die Beteiligten;
- organisieren sich in einem begrenzten zeitlichen Rahmen selbst;
- nutzen die veranschlagte Zeit, z.B. durch Planen und Einteilen, für die verschiedenen Tätigkeiten;
- informieren sich gegenseitig in gewissen Abständen. Die gegenseitige Information bezieht sich auf Aktivitäten, Arbeitsbedingungen und eventuell auf Arbeitsergebnisse;
- beschäftigen sich mit einem relativ offenen Betätigungsgebiet. Dieses ist nicht im voraus in kleine Lernaufgaben und -schritte aufbereitet;
- arbeiten soziale oder individuelle Prozesse und Konstellationen auf, die während des Projektablaufes auftreten;
- entwickeln selbst Methoden für die Auseinandersetzung mit Aufgaben, eigenen Betätigungswünschen und Problemen;
- versuchen in der Regel, die gesetzten Ziele im Betätigungsgebiet zu erreichen;
- decken zu Beginn und im Verlauf des Projektes eigene persönliche und gruppenmäßige Interessen unter Berücksichtigung des Ausgleichs zwischen beiden auf und entwickeln diese kritisch weiter;
- verstehen ihr Tun als Probehandeln unter pädagogischen Bedingungen;
- spüren auftretende Spannungen und Konflikte auf, um sie zu lösen;
- helfen in verschiedenen Situationen aus, auch wenn das eigene Interesse nicht im Vordergrund steht;
- befassen sich mit realen Situationen und Gegenständen, die ähnlich auch außerhalb der momentanen Lernsituation vorkommen;
- setzen sich auch mit aktuellen und sie selbst betreffenden Fragen auseinander«.

Auch er verweist darauf, daß ein »vollständiges, lebendiges Bild durch diese Merkmale nicht erreicht werden kann. Die Projektmethode ist eine offene Lernform«, bezeichnet das Lernen als »projektartiges Lernen« und empfiehlt »sich diesem projektartigen Lernen am besten durch Mittun oder Nachvollziehen und durch gleichzeitiges Herausarbeiten von Merkmalen zu nähern« (ebd. 16).

Als Beispiel für einen kooperativen projektorientierten Unterricht sollen Unterrichtseinheiten zum Thema »Wasser« skizziert werden, wie sie im Rahmen der Kooperation zwischen der Unterstufe einer Schule zur individuellen Lebensbewältigung in Unterfranken (10 Schülerinnen und Schüler) und der dritten Klasse einer benachbarten Grundschule (ca. 20 Schülerinnen und Schüler) durchgeführt wurden. Die Abbildung 1 zeigt eine Stoffsammlung und gibt eine Übersicht zum Thema Wasser. Bereits im Vorfeld der Kooperation bestanden, wenn auch viel zu selten, Kontakte zwischen den Schulen. Von Februar 1994 bis Juli 1997 begleitete der Lehrstuhl Geistigbehindertenpädagogik der Universität Würzburg diese Kooperation wissenschaftlich.

Abb. 1: Beiträge zu einer ökologisch orientierten Kooperation: Mindmap zum »Thema Wasser«

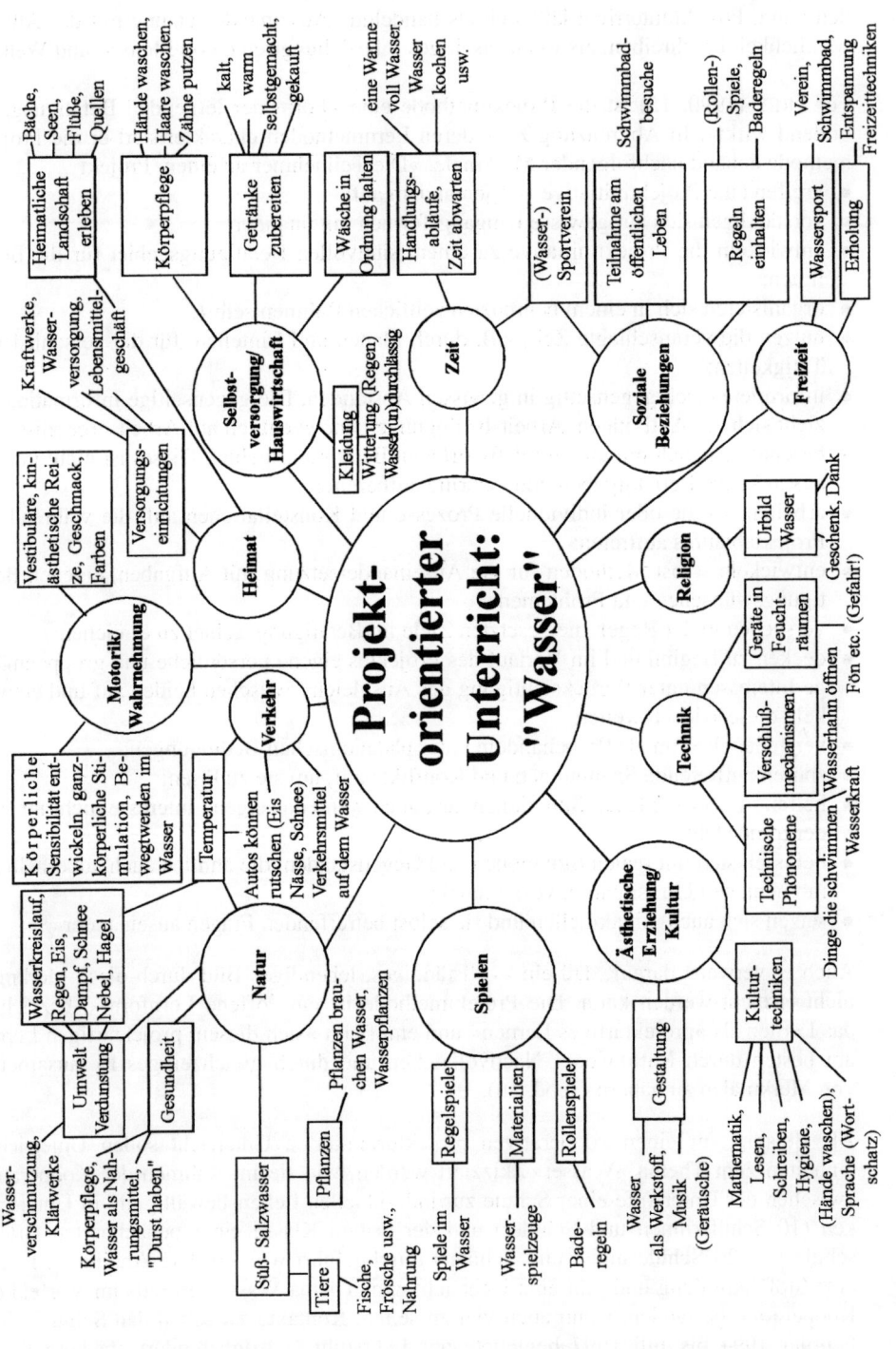

In den beiden vorausgegangenen Jahren hatten die Schülerinnen und Schüler an drei Schultagen gemeinsamen Unterricht in den Fächern Sachunterricht, Sport und Ästhetische Erziehung in insgesamt mindestens 5 Wochenstunden erhalten. Am Ende des zweiten Schuljahres stand ein gemeinsamer Schullandheimaufenthalt. Darüber hinaus wurden seitens der Universität weitere kooperative Formen des Schullebens in der Schule zur individuellen Lebensbewältigung angeregt und durch Studierende begleitet, z.B. eine Theatergruppe im Rahmen des Freizeitunterrichts und ein Nachmittagsprojekt »Freizeit«, für das die Eltern der Grundschülerinnen und Grundschüler und der Unterstufenkinder sowie die Mitarbeiterinnen und Mitarbeiter der Schule zur individuellen Lebensbewältigung Wahlangebote machten. Zu diesem Freizeitprojekt waren alle Schülerinnen und Schüler der beiden benachbarten Schulen eingeladen. Der Umfang des gemeinsamen Unterrichts wurde auf Wunsch der Grundschule im dritten und im derzeit laufenden vierten Jahr der Kooperation auf zwei gemeinsame Sachunterrichtsstunden und das eben beschriebene Freizeitprojekt begrenzt. Im dritten Schuljahr wurden die Kinder auf Wunsch der beteiligten Eltern gemeinsam auf die Kommunion vorbereitet.

Die Unterrichtseinheiten wurden im Team in einer längerfristigen Unterrichtsplanung (Jahresplanung, Trimesterplanung), ausgehend vom Lehrplan der Grundschule und der Schule zur individuellen Lebensbewältigung zu einer gemeinsamen Lehrplanung zusammengefaßt. Im dritten gemeinsamen Jahr zeigte sich zunehmend, daß weitergehende unterrichtliche Inhalte im Rahmen des Heimat- und Sachkundeunterrichts auch außerhalb der Kooperation von beiden Schüler/-innengruppen nachbereitet werden mußten: Für die Unterstufe im Sinne der Absicherung gemeinsam behandelter Inhalte und für die dritte Klasse im Sinne einer weiteren Ausdifferenzierung. Dies machte u.a. auch organisatorische Schwierigkeiten, weil die Stundentafel der dritten Klasse Grundschule in der dritten Klasse nur noch drei Wochenstunden für den Heimat- und Sachkundeunterricht vorsah.

Ein erster Schritt zur Qualifizierung des gemeinsamen Unterrichts bestand darin, den traditionellen Frontalunterricht durch Formen der Veranschaulichung und der Handlungsorientierung zu qualifizieren. Dazu vereinbarte das Team jeweils eine gemeinsame Grobplanung, oft aber auch die Vorbereitung bis in einzelne methodische Schritte. Mittels systematischer und unsystematischer Unterrichsbeobachtungen durch Studierende wurde deutlich, daß in dieser Form des Unterrichtens die Schülerinnen und Schüler der Unterstufe häufig überfordert waren. Insbesondere die Artikulationsphase »Erarbeitung« des Unterrichtsinhaltes bedurfte der weiteren inneren Differenzierung. Schließlich bot der projektorientierte Unterricht die Chance, am gemeinsamen Gegenstand mit individualisierten Zielen zu arbeiten.

Der Projektverlauf läßt sich im wesentlichen an den folgenden drei Phasen skizzieren:

1. *Planung*

- Eine Projektskizze mit einer entsprechenden zeitlichen Planung wurde als Plakat und in Form von Handzetteln für die Schülerinnen und Schüler gestaltet. Alle sollten eine Vorstellung von der zeitlichen Dauer des Projektes gewinnen können. Als Projektziel wurde eine Ausstellung zum Thema Wasser vereinbart.
- Die einzelnen, jeweils aus Schülerinnen und Schülern der Grundschule und der Schule zur individuellen Lebensbewältigung bestehenden Gruppen vereinbarten ihr konkretes Vorgehen: Welche Fragen interessieren uns?

2. *Durchführung*

- In drei weiteren Doppelstunden beschäftigten sich die Schülerinnen und Schüler mit den gewählten Fragestellungen und wurden bei der Auswahl der Lösungsmethoden ggf. unterstützt.
- Gewählte Lösungsstrategien (Methoden) waren: Die Beobachtung, das Experiment, das Gespräch und Literaturarbeit.
- Am Ende jeder Doppelstunde berichteten die Schülerinnen und Schüler im Plenum über den Fortgang der Projektarbeit und reflektierten, soweit notwendig, den Arbeitsfortgang in den einzelnen Gruppen.

3. *Projektabschluß*

- Die Ergebnisse wurden mittels der Struktur »Unsere Frage« – »Unser Weg« (Methode) – »Unsere Antwort« im Plenum eingebracht. Die Schülerinnen und Schüler bereiteten die Ausstellung vor, die sie für die Eltern zum Thema vorbereiten wollen (Projektziel).
- Die Arbeitsergebnisse reichten von der systematischen Darstellung der Funktionsweise einer Kläranlage bis zur experimentellen Unterscheidung von Gegenständen bezüglich ihrer Fähigkeit zu schwimmen.
- Abschließend wurde eine Ausstellung zum Thema »Wasser« den Eltern in Verbindung mit einem Projektfest vorgestellt. Die einzelnen Gruppen berichteten über ihre Projektarbeit.

Wesentlich für die Qualifizierung des methodisch-didaktischen Handelns im Rahmen der beschriebenen Kooperation war die regelmäßige Begleitung durch die Universität. Die Wirksamkeit integrativen Unterrichtens konnte auch in Hamburg durch die Errichtung eines Beratungszentrums Integration erhöht werden. In Baden-Württemberg wurde 1995 das Bund-Länder-Projekt »Gemeinsam Handeln – Einander Erleben« abgeschlossen. Für eine flächengreifende Umsetzung des Kooperationsgedankens wurden dort regionale »Arbeitsstellen Kooperation« (im Schuljahr 1996/97 in 27 von 30 Schulämtern) eingerichtet, in denen Lehrerinnen und Lehrer, Mitarbeiterinnen und Mitarbeiter von Kooperationsmaßnahmen Informationen, Materialien und Beratung für die konkrete Unterrichtspraxis finden können. BERGES (1996, 248) berichtet in seiner Untersuchung vom Wunsch der an Kooperationen beteiligten Lehrkräfte nach einem »training on the job«. Die betroffenen Lehrkräfte müssen durch geeignete Fortbildungsangebote und Maßnahmen zur Begleitung von Kooperationen (z.B. Arbeitsgemeinschaften, Lernwerkstätten) ermutigt werden, die pädagogische Herausforderung zu erkennen, anzunehmen sowie in der Fähigkeit, »neue Antworten« zu finden, und sei es um den Preis, gemachte Erfahrungen zur Disposition zu stellen, um ihre eigentliche (heil)-pädagogische Aufgabe wiederzuentdecken. Dies gilt natürlich auch für die Lehrerinnen- und Lehrerbildung der ersten und zweiten Phase.

2.2 Schulleben

Das Handlungsfeld Schulleben ist in besonderer Weise mit der Hoffnung, daß sich Einstellungen und Verhalten der beteiligten Schülerinnen und Schüler, Eltern und Lehrkräfte im Sinne der sozialen Integration positiv verändern, verknüpft. CLOERKES (1982) hat, wie oben bereits ausgeführt, eine Reihe von quantitativen und qualitativen Bedingungen für

entsprechende Kontakte formuliert. Neben BERGES (1996) hat NESTLE Thesen zur pädagogischen Wirkung von Kooperationsveranstaltungen vorgelegt, die mir beachtenswert erscheinen. Kooperationen
- hängen in erster Linie von zwischenmenschlichen Beziehungen und sekundär von den Rahmenbedingungen ab;
- sind dynamische Abstimmungsprozesse;
- sind grundsätzlich zwischen allen Schulen und Förderschulen möglich;
- sind auf die freiwillige Teilnahme angewiesen;
- beeinflussen durch die Qualität ihrer Handlungssituationen die sozialen Beziehungen;
- werden durch räumliche Nähe gefördert (1992, 111ff.).

BERGES relativiert die Bedingungen der Freiwilligkeit der Schülerinnen und Schüler und sieht dieses Postulat überbewertet: »Nicht die freiwillige Teilnahme der Schüler am gemeinsamen Unterricht ist entscheidend, sondern die Regelmäßigkeit und die Gestaltung der unterrichtlichen Kontakte« (1996, 250).

2.3 Freizeit

Zu Beginn meiner Ausführungen habe ich darauf hingewiesen, daß soziale Integration als interaktionaler *Prozeß* im Zusammenwirken zwischen Individuen und verschiedenen gesellschaftlichen Systemen verstanden werden soll. Die kooperative Freizeiterziehung ist dem Gedanken der Prozeßorientierung in besonderer Weise verpflichtet. Die Schule zur individuellen Lebensbewältigung hat mit dem Lern- bzw. Lebensbereich Freizeit eine besondere Aufgabe zur Förderung der Freizeitkompetenzen ihrer Schülerinnen und Schüler. In einer empirischen Studie haben BREITENBACH und EBERT für den Regierungsbezirk Unterfranken den Wunsch von Eltern nach vermehrten integrativen bzw. kooperativen Kontakten der Schule zur individuellen Lebensbewältigung und deren Tagesstätten zu gleichaltrigen Kindern und Jugendlichen ohne Behinderungen nachgewiesen. Die Eltern favorisieren auf dem Hintergrund ihrer Vorerfahrungen im bayerischen Schulsystem dabei ausdrücklich den Bereich der Freizeit und des Schullebens gegenüber dem ständig gemeinsamen Unterricht (vgl. BREITENBACH/EBERT 1996, 368). SCHUCHARDT (1990, 74f.) hat darauf hingewiesen, daß Freizeiterziehung für und mit Menschen mit geistiger Behinderung zunächst auch Maßnahmen der *Stabilisierung* zur Schaffung eines bedarfsgerechten Angebotes von Freizeitmöglichkeiten meint. Kooperation und Integration sollen durch *integrative* Begegnungsmaßnahmen von Menschen mit und ohne Behinderungen befördert werden und zielen letztlich auf die *Teilhabe* von Menschen mit Behinderungen an allgemeinen Freizeitangeboten.

Ziele einer Freizeiterziehung für Menschen mit geistiger Behinderung könnten demnach sein:
- Die Schaffung eines bedarfsgerechten Angebotes an Freizeitmaßnahmen für Menschen mit Behinderungen;
- die methodisch-didaktische Qualifizierung pädagogischer Angebote zur Erweiterung der jeweils eigenen Freizeitkompetenz;
- mehr Kontakte und Begegnungen zwischen Menschen mit und ohne Behinderungen in der Freizeit, um einen gegenseitigen Abbau von Vorurteilen und Ängsten zu fördern;

- eine angemessene Teilhabe von Menschen mit Behinderungen am allgemeinen Freizeitangebot, gegebenenfalls nach Schaffung entsprechender struktureller Voraussetzungen (z.B. barrierefreies Bauen);
- der Aufbau kompetenter Hilfen (Assistenten/-innen) zur sozialen Integration von Menschen mit Behinderungen im Lebensbereich Freizeit.

3. Überlegungen zu einem Modell »Kooperationsberatung«

In Unterfranken diskutieren derzeit Verantwortliche aus den Bereichen Universität, Schulverwaltung, Förderschulen, Grund- und Hauptschulen, kommunale Jugendpflege, Stadtjugendring und offene Behindertenarbeit der Lebenshilfe über die möglichen Aufgaben einer zu errichtenden »Beratungsstelle Kooperation« für die Stadt und den Landkreis Würzburg (vgl. Abb. 2).

Die Notwendigkeit einer institutionalisierten Begleitung der an Kooperationen beteiligten Schulen in den Bereichen Unterricht und Schulleben wurde oben bereits ausgeführt, sie wird zudem begründet von der Notwendigkeit, die Initiative zu Kooperationen vom zufälligen Engagement einzelner Personen unabhängig zu machen. Mit der Aufgabe der *Kooperationsbegleitung sind erfahrene Lehrerinnen und Lehrer* aus Regel- und Förderschulen zu beauftragen, die bezüglich ihrer weiteren dienstlichen Aufgaben entsprechend entlastet werden müßten (vgl. BERGES 1996, 263).

Bei der Schaffung von mehr Kontakten und Begegnungen zwischen Menschen mit und ohne Behinderungen in der Freizeit und bei dem Versuch, Menschen mit Behinderungen eine Teilhabe an den allgemeinen Freizeitangeboten der Jugendarbeit zu ermöglichen, ist die Zusammenarbeit mit den *öffentlichen und freien Trägern der Jugendhilfe* notwendig. Das Land Baden-Württemberg hat am Oberschulamt Stuttgart eine hauptamtliche Mitarbeiterin mit dieser Aufgabe betraut. Die Organisation der Jugendhilfe in Bayern unterscheidet sich allerdings durch eine weitreichende Übertragung staatlicher Aufgaben auf freie Träger, weshalb ein anderes Modell der Zusammenarbeit angemessen erscheint. Dabei ist es zunächst notwendig, Einblick in die Organisationsstrukturen der Jugendhilfe in Bayern zu erhalten. Der Bayerische Jugendring als Zusammenschluß der freien Träger der Jugendarbeit und das Landesjugendamt haben ihrerseits Interesse an qualifizierten Formen der Zusammenarbeit zwischen Jugendarbeit bzw. Jugendsozialarbeit und den Schulen einerseits und sozialintegrativen Leistungen der Jugendarbeit bzw. Jugendhilfe andererseits. Beispielsweise fördert der Bayerische Jugendring in einem Aktionsprogramm im Auftrag der Bayerischen Staatsregierung »präventive Jugendarbeit« zur Weiterentwicklung der sozialintegrativen Leistungen der Jugendarbeit.

Zur Erreichung der Ziele einer Freizeiterziehung für und mit Menschen mit geistiger Behinderung haben verschiedene freie Träger von Freizeitangeboten in Stadt und Landkreis Würzburg eine Koordinationsstelle errichtet, welche im Auftrag und gefördert von der Stadt Würzburg die verschiedenen Freizeitangebote für Menschen mit geistiger Behinderung abstimmt. Die Koordinationsstelle wird von der *offenen Behindertenarbeit der örtlichen Lebenshilfe* getragen, welche zugleich seit Beginn dieses Jahres im Sinne der Partizipation Freizeitassistenten/-innen für Menschen mit geistiger Behinderung anbietet. Die

Abb. 2: Beratungsstelle für Kooperation

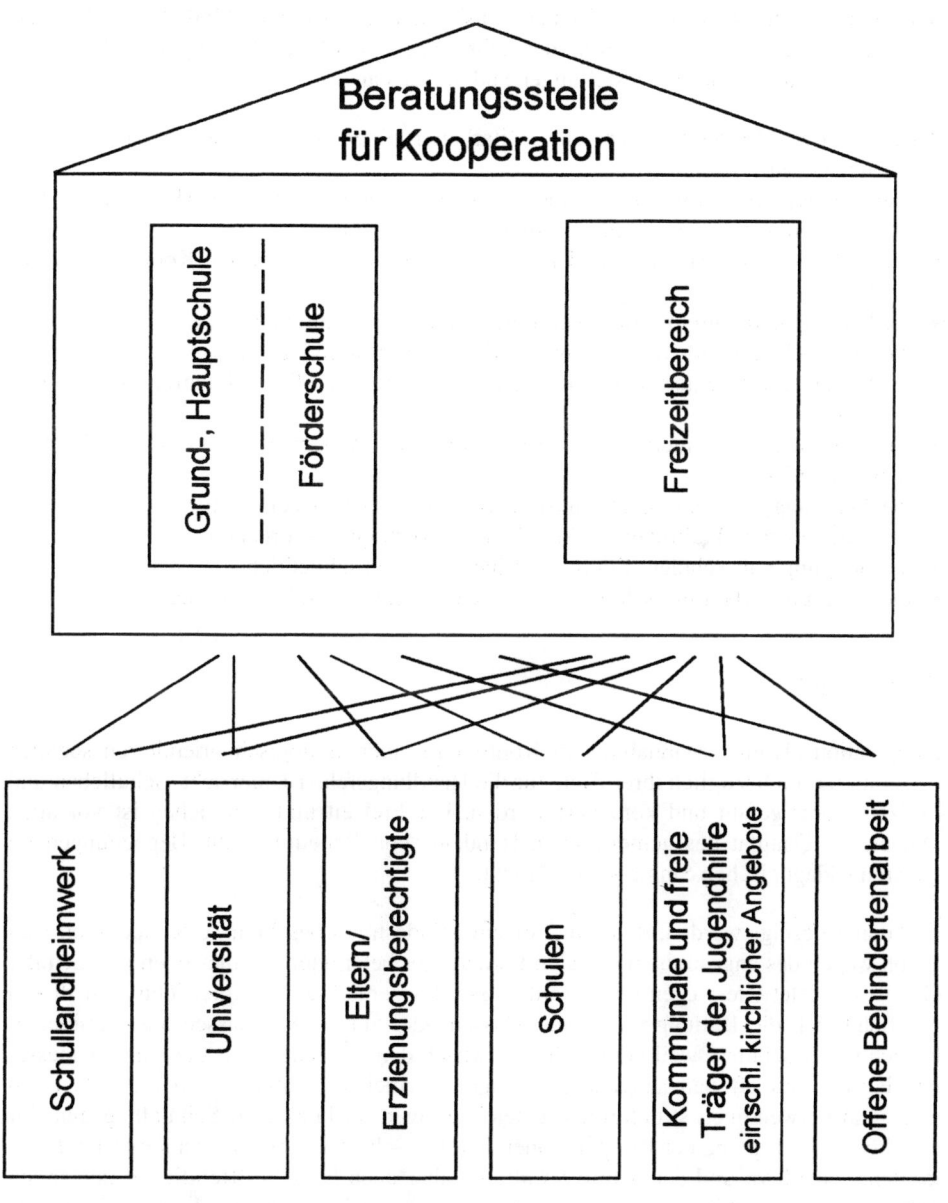

offene Behindertenarbeit arbeitet dabei nach dem Finanzierungsmodell der familienentlastenden Dienste über Eigenbeteiligung und öffentliche Förderung. Damit besteht im Grundsatz die Chance, in der Schule begonnene Kooperationen im Einzelfall auch in den Freizeitbereich zu »verlängern«.

Die Zusammenarbeit mit den Lehrstühlen für Grundschulpädagogik und Geistigbehindertenpädagogik der *Universität* bietet sich schließlich im Zusammenhang mit der Erprobung einer institutionalisierten Kooperationsbegleitung in einem Modellversuch einerseits und bei der Zusammenarbeit in der Lehrerinnen- und Lehrerbildung, etwa bezüglich methodisch-didaktischer Fragestellungen andererseits an.

Aufgaben der Mitarbeiterinnen und Mitarbeiter einer »Kooperationsberatungsstelle« könnten u.a. sein:
- Die gegenseitige Vermittlung von Kenntnissen in den verschiedenen Handlungsfeldern von Kooperationen Unterricht, Schulleben und Freizeit;
- die systematische Erfassung und Dokumentation von vorhandenen Kooperationsaktivitäten;
- die Planung und Durchführung von Fortbildungsveranstaltungen;
- die Begutachtung und Auswertung von Kooperationsaktivitäten;
- die Beratung der Regierung bei der Vergabe öffentlicher Mittel »Integration durch Kooperation«;
- das Vorhalten von Unterrichtsmaterialien (Mediothek, Lernwerkstatt etc.) und Unterrichtsmodellen;
- die Anregung zur Bildung interdisziplinärer Arbeitsgemeinschaften;
- die Beratung zur Qualifizierung bestehender Kooperationsvorhaben;
- die Beratung von Schulen, Eltern, Vereinen etc., und schließlich
- die Zusammenarbeit mit schulischen und außerschulischen Institutionen.

4. Ausblick

Kooperation als eine Maßnahme im Kontinuum einer ökologisch orientierten sozialen Integration muß bezüglich ihrer Ziele für die Handlungsfelder Unterricht, Schulleben und Freizeit klarer gefaßt und konzipiert werden. Für Freizeit und Schulleben ist vor allen Dingen die Qualität des gemeinsamen Handelns von Bedeutung, die Begegnungen im engeren pädagogischen Sinn erst ermöglicht.

Es konnte gezeigt werden, daß eine auf ein Mindestmaß beschränkte Kooperation sich schon wegen des angestrebten sozialen Lernens der beteiligten Schülerinnen und Schüler ebenso verbietet wie wegen der Erfordernisse des gemeinsamen Unterrichts. Für diesen empfiehlt sich die Bildung von Außenklassen oder zumindest Klassen aus unmittelbar benachbarten Schulen, weil gerade die didaktisch dem gemeinsamen Lernen angemessenen Formen des offenen Unterrichts genügend gemeinsame Zeit erfordern. Neben den zwingend notwendigen strukturellen Erleichterungen im konkreten Schulalltag muß für eine höhere Akzeptanz der Kooperationen bei den Schülerinnen und Schülern, den Lehrkräften, den Eltern und der Schulverwaltung, aber auch bei den öffentlichen und freien Trägern der Jugendhilfe geworben werden. Eine zentrale Bedeutung könnte hierfür die Schaffung einer institutionalisierten dezentralen Kooperationsberatung gewinnen.

Literatur

BERGES, M.: Dimensionen der Integration bei kooperativem Unterricht. Frankfurt/Main (Lang) 1996.

BREITENBACH, E./EBERT, H.: Die Einstellungen von Eltern gegenüber der Schule zur individuellen Lebensbewältigung in Unterfranken. Behindertenpädagogik in Bayern 39 (1996), 355–375.

BRONFENBRENNER, U.: Die Ökologie der menschlichen Entwicklung. Stuttgart (Klett) 1980.

CLOERKES, G.: Die Kontakthypothese in der Diskussion um eine Verbesserung der gesellschaftlichen Teilhabechancen Behinderter. Zeitschrift für Heilpädagogik 33 (1982), 561–568.

CLOERKES, G.: Einstellung und Verhalten gegenüber Behinderten. Eine kritische Bestandsaufnahme internationaler Forschung. Berlin (Marhold), 3. Aufl. 1985.

DEUTSCHER BILDUNGSRAT: Empfehlungen der Bildungskommission. Zur pädagogischen Förderung behinderter und von Behinderung bedrohter Kinder und Jugendlicher. Stuttgart (Klett), 2. Aufl. 1976 (zuerst 1973).

FREY, K.: Die Projektmethode. Weinheim/Basel (Beltz), 3. Aufl. 1990.

GUDJONS, H.: Was ist Projektunterricht? In: BASTIAN, J./GUDJONS, H. (Hrsg.), Das Projektbuch. Hamburg (Bergmann und Helbig) 1986, 14–28.

KLEIN, G./NESTLE, W./AMANN, S./KÜHN, K. (Hrsg.): Arbeitshandbuch Gemeinsam Handeln, Einander Erleben. Reutlingen (Selbstverlag) 1995.

KMK (Sekretariat der Ständigen Konferenz der Kultusminister der Länder in der Bundesrepublik Deutschland): Empfehlungen zur sonderpädagogischen Förderung in den Schulen in der Bundesrepublik Deutschland. Bonn 1994.

LOCH, W.: Anfänge der Erziehung. Zwei Kapitel aus einem verdrängten Curriculum. In: JEGGLE, U. ET AL. (Hrsg.), Lebensgeschichte und Identität. Frankfurt (Fischer) 1981, 31–83.

NAHRSTEDT, W.: Leben in freier Zeit. Darmstadt (Wissenschaftliche Buchgesellschaft) 1990.

NESTLE, W.: Kooperation als pädagogische Leitidee. In: KLEIN, G./NESTLE, W. (Hrsg.), Kooperation. Gemeinsam Leben – Gemeinsam Handeln. Rheinbreitach (Dürr und Kessler) 1992, 111–118.

NIEHOFF, U.: Zum Verhältnis von Freizeit, Erwachsenenbildung und Selbstbestimmung. Fachdienst der Lebenshilfe 2 (1996), 3–11.

OPASCHOWSKI, H.: Pädagogik der freien Lebenszeit. Opladen (Leske & Budrich), 3. Aufl. 1996.

PFEFFER, W.: Handlungstheoretisch orientierte Beschreibung geistiger Behinderung. Geistige Behinderung 23 (1984), 102–111.

REISER, H. ET AL. (Hrsg.).: Zur sozialen Integration von GrundschülerInnen mit sonderpädagogischem Förderbedarf innerhalb und außerhalb der Schule. Frankfurt/Main (Selbstverlag) 1994.

RITTER, R.: Das Freizeitverhalten von Kindern und Jugendlichen mit geistiger Behinderung. Eine empirische Untersuchung. Würzburg (Julius-Maximilians-Universität; unveröff. Zulassungsarbeit) 1993.

SCHOR, B./EBERHARDT, H.: Miteinanderlernen – ein Tor zum Miteinanderleben. Donauwörth (Auer) 1996.

SCHUCHARDT, E.: Soziale Integration behinderter Menschen durch Erwachsenenbildung bzw. Weiterbildung. In: ZIELNIOK, W.J./SCHMIDT-THIMME, D. (Hrsg.), Gestaltete Freizeit für Menschen mit geistiger Behinderung. Theorie und Realisation unter integrativem Aspekt. Heidelberg (HVA-Edition Schindele), 4. Aufl. 1990, 64–79.

GEORG THEUNISSEN

Lebensbereich Freizeit – ein vergessenes Thema für Menschen, die als geistig schwer- und mehrfachbehindert gelten

1. Einleitende Bemerkungen

Das Thema »Freizeit mit behinderten Menschen« nimmt heutzutage in der einschlägigen Literatur breiten Raum ein. Anthropologisch gesehen hat sie für behinderte Menschen die gleiche Bedeutung wie für jede andere Person auch. Allerdings ist festzustellen, daß die Frage, wie Menschen, die als geistig schwer- und mehrfachbehindert gelten, ihre Freizeit verbringen sollen, nur selten erörtert wird. Denn die meisten Beiträge zum Thema »Freizeit Geistigbehinderter« scheinen Menschen mit schwerster geistiger Behinderung kaum zu erreichen, ihre Situation und Bedürfnisse, ja ihre Freizeit zum Teil völlig zu verfehlen. Dies hatte man schon Anfang der 70er Jahre als Problem benannt: »Eine Anzahl von Schwerstbehinderten ist nicht in der Lage, an den oben beschriebenen Freizeitprogrammen teilzunehmen; sie sind aufgrund ihrer schweren körperlichen Behinderung bettlägerig oder aufgrund einer geistigen Behinderung anspruchsvollen Gruppenprogrammen nicht gewachsen« (KLUGE 1971, 100). Daraufhin wurden für diesen Personenkreis individualisierte Förder- und Spielprogramme zur Freizeitgestaltung angeregt, wobei aber Freizeit meist nur als »Förderzeit« betrachtet und aufbereitet wurde (ZIELNIOK 1971). An dieser Gepflogenheit hat sich bis heute kaum etwas geändert, so daß insgesamt betrachtet Freizeit für geistig schwer behinderte Menschen keine originäre Bedeutung erfährt; und überhaupt scheinen geistig schwer- und mehrfachbehinderte Menschen nach wie vor »Stiefkinder« einer »Freizeitpädagogik mit Behinderten« zu sein.

2. Personenkreis

Bevor wir auf das Thema der Freizeit näher eingehen, wollen wir kurz den Personenkreis skizzieren. Bekanntlich werden häufig sehr unterschiedliche Bewertungsmaßstäbe angelegt und Auffassungen vertreten, wenn es um die Definition und Beschreibung von Menschen mit schwerer geistiger Behinderung geht. Über alle Differenzierungen hinweg lassen sich fünf verschiedene *Problembereiche* (THEUNISSEN 1999) nennen, die jeweils mit dem Etikett »geistig schwerst- und mehrfachbehindert« in Verbindung gebracht werden:
- Schwerste Form einer intellektuellen (kognitiven) Beeinträchtigung (Menschen, die sich auf einem sehr frühen sensomotorischen Entwicklungsniveau bewegen);
- schwere körperliche Beeinträchtigung und/oder Sinnesschädigung im Zusammenhang mit einer (stark) reduzierten Lernbasis (sog. Intensivbehinderte);
- massive Verhaltensauffälligkeiten (Hospitalisierungssymptome) im Zusammenhang mit einer (schweren) kognitiven Beeinträchtigung;
- umfängliche autistische Verhaltensweisen (frühkindlicher Autismus) bei einer (stark) reduzierten Lernbasis;
- chronische Krankheiten (Anfallsleiden; Herzinsuffizienz; Psychose) bei einer (schweren) kognitiven Beeinträchtigung.

Diese Einteilung darf freilich nicht als ein starres Schema mißverstanden werden, da wir es häufig mit Problemüberlappungen und Verknüpfungen zu tun haben.

Bei genauerer Betrachtung der Problembereiche stellen wir fest, daß insbesondere Menschen, bei denen die Schwere der kognitiven Beeinträchtigung, ausgeprägte Formen einer Mehrfachbehinderung sowie autistische Verhaltensweisen dominieren, in starkem Maße von der Hilfe ihrer Mitmenschen abhängig sind. Deshalb spricht HAHN (1981) von einem *»Mehr an sozialer Abhängigkeit«*, das sich auf alle Lebensbereiche erstrecken kann und zugleich die Gefahr einer Überversorgung, Verdinglichung und totalen Fremdbestimmung in sich birgt. Hinzu kommt ein grundsätzliches *Verstehens- und Kommunikationsproblem*, das vor allem bei geistig schwer behinderten Menschen, die sich nicht sprachlich äußern können, eklatant in Erscheinung tritt, nämlich die Schwierigkeit, die subjektive Befindlichkeit, Wirklichkeitswahrnehmung und -konstruktion, die individuellen Bedürfnisse, Interessen, Stimmungen u.a.m. adäquat subjekthaft zu entziffern und zu erschließen (vgl. SEIFERT 1996, 201f.). Viele von ihnen können ihre Bedürfnisse und Wünsche nur durch schwer verständliche (unkonventionelle) Ausdrucksformen und Verhaltensweisen zum Ausdruck bringen, was von Bezugs- oder Umkreispersonen ein weniger an der kognitiven Logik denn an der Erlebens- und Empfindungssphäre orientiertes divinatorisches Verstehen durch empathisch-teilnehmendes Beobachten, Wahrnehmen, Vermuten und Antworten abverlangt (vgl. BRENNECKE/KLEIN 1992). Nicht selten kommt es gerade auf diesem unsicheren Terrain zur Fehlinterpretation von Bedürfnissen, wodurch Dialoge und Entwicklungsprozesse entgleisen können (vgl. LINGG/THEUNISSEN 1997, 80ff.). Es machen sich aber auch Umkreispersonen oftmals erst gar nicht die Mühe, die Bedürfnisse und Bekundungen geistig schwerst behinderter Menschen zu erforschen – und das nicht nur aus einer tiefen Verunsicherung oder Hilflosigkeit sowie aus Zeitmangel heraus, sondern ebenso mit der festen Überzeugung (gemäß der psychiatrisch-orthodoxen Lehrmeinung), daß »hier sowieso nichts mehr zu machen sei« (THEUNISSEN 1994; 1996; 1999).

Dieser *pädagogisch-therapeutische Nihilismus* korrespondiert mit einer ausschließlich defizitorientierten Sicht, indem Menschen mit geistiger Behinderung nur vom Nicht-Können, von ihren Mängeln her wahrgenommen und beschrieben werden. In der Hinsicht muß auch die obige Benennung von Problembereichen kritisch gesehen werden, da sie den Blick für *Menschenstärken*, individuelle Kompetenzen, positive Botschaften und Entwicklungspotentiale versperrt und damit dem »vollen Menschsein« (PORTMANN) nicht entspricht. Deshalb hebt GOLL (1994, 135) – quasi kontrapunktisch zur traditionellen Sicht – in Anlehnung an WOLFENSBERGER (1988) sog. »heart-qualities« (Aufrichtigkeit, Freundlichkeit, Echtheit, Vertrauen, Liebe, Freude an einfachen Dingen des Lebens) als positive Eigenschaften von Menschen mit geistiger Behinderung hervor und plädiert nachdrücklich für ein Umdenken in der Heilpädagogik und Behindertenhilfe. Am besten wäre es, auf etikettierende Begriffe wie »geistige Behinderung« oder »Schwerstbehinderung« völlig zu verzichten. Dann müßten wir von dem ausgehen, was behinderte Menschen im Einzelfalle brauchen (special needs), um zu einer relativ autonomen Realitätsbewältigung und Daseinsgestaltung zu gelangen. Dieses weithin im skandinavischen und angloamerikanischen Sprachraum verbreitete Denken steckt bei uns erst in den Anfängen; und es stellt sich die Frage, ob das Etikett »geistig schwerstbehindert« zur Zeit nicht noch beibehalten werden sollte, da der Bereich der Freizeit für diesen Personenkreis alles andere als gesichert zu sein scheint.

3. Freizeit im Kontext menschlicher Lebenszeit

Bemühungen, zu einer einheitlichen Definition von Freizeit zu gelangen, sind bis heute gescheitert. Vielmehr haben wir es mit unterschiedlichsten Begriffsauslegungen, Theorien oder Konzepten zu tun, die sich zum Teil unversöhnlich gegenüberstehen und eine Verständigung kaum zulassen. Über alle Differenzierungen hinweg läßt sich immer wieder die weitverbreitete Tendenz ausmachen, Freizeit als die von der beruflichen Arbeitszeit freie, übriggebliebene Zeit zu bestimmen (vgl. OPASCHOWSKI 1987, 77), der eine grundlegende (originäre) Bedeutung für menschliche Lebensverwirklichung, Lebenszufriedenheit und Lebensglück zugeschrieben wird. Freizeit wird demnach der Arbeit antithetisch gegenübergestellt, indem sie als ein Zeitraum (z.B. Feierabend, langes Wochenende, Urlaub) verstanden wird, »der dem einzelnen ein Minimum an ökonomischem, sozialem und normativem Zwang auferlegt und ein Maximum an individueller Wahl-, Entscheidungs- und Handlungsfreiheit gewährt« (OPASCHOWSKI 1973, 91). Freizeit gilt somit als eine selbstbestimmte Zeit der Muße, zur freien Beschäftigung oder als freie Erholungszeit.

Diese Theorie steht aber schon seit geraumer Zeit in der Kritik, und sie ist unseres Erachtens auch nicht aufrechtzuerhalten. Denn sie verkennt beispielsweise den persönlichkeitsbildenden Wert von Arbeit wie auch das »Erlebnis des Freiseins« in der Berufsarbeit, indem sie die berufliche Tätigkeit nur negativ bestimmt. Überdies geraten kulturelle, freizeitindustrielle oder ökonomische Abhängigkeits- oder Zwangsverhältnisse nicht in den Blick, die in der sog. freien Zeit sehr wohl bestehen können. Auch sie können eine menschliche Entfremdung befördern, wenn der einzelne vor dem Hintergrund einer breiten Palette an fremdgesteuerten Freizeitangeboten seine eigenen originären Bedürfnisse nicht mehr erkennt, der Verführung zur Konsumation unterliegt und einen »Haben-Modus« (FROMM 1979) entwickelt, der zugleich identitätsbildend ist und soziale Beziehungen regelt: »Ich bin, was ich habe und was ich konsumiere« (37). Insofern ist dieser Dualismus von Arbeit und Freizeit eine Sackgasse. Günstiger scheint der Vorschlag OPASCHOWSKIS zu sein, Freizeit im Kontext menschlicher »Lebenszeit« zu betrachten, d.h. vom Gesamtzusammenhang eines menschlichen Lebenstags auszugehen und darin »Zeitmodelle« zu eruieren und zu bestimmen, die individuelle und gesellschaftliche Bedeutung haben. Folgt man diesem Ansatz, so lassen sich mit Blick auf Menschen, die wir als geistig schwer- und mehrfachbehindert etikettieren, *sechs zentrale »Zeitmodelle«* ausmachen:

1. Versorgungszeit
2. Arbeitszeit
3. Verpflichtungszeit
4. Bildungszeit
5. Ruhe- und Schlafzeit
6. Freie Dispositionszeit.

Im Lebensalltag kommt es häufig zur Vermischung dieser Zeittypen, was von individuellen Voraussetzungen und Bedürfnissen sowie von äußeren Faktoren (zeitliche Vorgaben, Aufenthaltsort, Infrastruktur, Wochentag, Urlaub, Tätigkeit, ökonomische Interessen, Anforderungen) abhängt. Ferner können einzelne Zeitmodelle weitgehend ausgespart bleiben oder aber auch wesentlich dominieren. Dies alles hat Folgen für die Persönlichkeitsentwicklung des einzelnen, der freilich der Dominanz bestimmter Zeitmodelle nicht hilflos ausgeliefert ist, sondern der selbst seine Lebenszeit mitbestimmt und beeinflußt. Wir müssen also die Zeitmodelle in einem netzwerkartigen Prozeß »Lebenszeit« denken, der vielschichtige, verzweigte Wechselwirkungen aufweist und sich stets rekursiv weiterentwickelt. Im folgenden wollen wir nun die einzelnen Zeitmodelle kurz anskizzieren und dabei einige Probleme in bezug auf unser Thema andeuten.

3.1 Zur Versorgungszeit

Geistig schwer- und mehrfachbehinderte Menschen sind angesichts der Komplexität ihrer Beeinträchtigung auf kognitiver, motorischer, sensorischer, sozialer, emotionaler und aktionaler Ebene in starkem Maße von anderen abhängig, was insbesondere die alltägliche Versorgung betrifft. Darunter fassen wir Prozesse der Körperpflege/Hygiene, Toilettenregelung, des An- und Ausziehens, der Nahrungszufuhr u.a.m. Entsprechende Hilfeleistungen nehmen als aktivierende Pflege (Förderpflege) oder auch als statische Pflege in der Arbeit mit geistig schwerbehinderten Menschen zumeist breiten Raum ein. Oft bestimmen sie den zeitlichen Rahmen für alle weiteren Aktivitäten und Angebote (vgl. HAISCH 1995, 34). Die rehabilitative Versorgungszeit ist weitgehend festgelegt und hat mit einer Freizeit als »freie selbstgestaltete Zeit« nichts zu tun. Im Gegenteil: Sie sollte als eine eigenständige Größe kritisch wahrgenommen werden, da sie allzu leicht Wirkungen erzeugt oder Momente impliziert, die von geistig schwerbehinderten Menschen als streßhaft, physisch und psychisch belastend, entwertend, diskriminierend oder gar bedrohlich erlebt werden. Über die Verdinglichung und Fremdbestimmung geistig schwerbehinderter Menschen als »Objekte« einer entwürdigenden Versorgung in Behinderteneinrichtungen – und dies nicht nur vor dem Hintergrund einer Vermassung oder eines Personalmangels – ist schon an anderer Stelle berichtet worden (vgl. THEUNISSEN 1999). Hier genügt nur der Hinweis, daß eine Versorgungszeit unter derlei Vorzeichen menschenverachtend ist. Anzustreben wäre eine Synchronisierung bzw. strukturelle Koppelung der Versorgungszeit mit der freien Dispositionszeit (z.B. basal geprägtes Baden; genußvoll-ästhetisch zubereitete Mahlzeiten), so daß mehr Selbstbestimmungsmöglichkeiten des einzelnen in seinem Lebensalltag statthaben können.

3.2 Zur Arbeitszeit

Unter Arbeitszeit fassen wir in diesem Zusammenhang den Zeitrahmen, in welchem ein geistig schwerbehinderter Mensch außerhalb seiner primären Lebenswelt (häusliches Milieu, Wohngruppe) ein tagesstrukturierendes Angebot einer Werkstatt für Behinderte (WfB) oder vergleichbaren Einrichtung (Tagesförderstätte, Beschäftigungstherapie [BT], Arbeitstherapie [AT]) erhält, welches gesellschaftlich verwertbar sein soll. Wenn wir die Realität des Arbeitens betrachten, so stellen wir zunächst einmal fest, daß eine Integration geistig schwerbehinderter Menschen in WfB's alles andere als die Regel ist; und selbst in angegliederten Fördergruppen, eigenständigen Tagesstätten oder sog. Förderzentren finden nicht alle einen Platz. Folglich müssen wir zwischen jenen behinderten Menschen unterscheiden, die außerhalb ihres Wohnens arbeiten dürfen bzw. beschäftigt werden und jenen, die auf ein Angebot innerhalb ihrer primären Lebenswelt verwiesen werden. Der letzten Gruppe wird dabei die Chance zu einem Lebensraumwechsel mit vielseitigen, wertvollen, entwicklungsanregenden und persönlichkeitsfördernden Betätigungsmöglichkeiten völlig verwehrt. Stattdessen müssen sie sich häufig (und dies gilt vor allem für Pflegebereiche) unter einer anregungsarmen und diffusen Alltagssituation zurechtfinden, anregungsarm, weil außerhalb einer routinemäßig organisierten Grundversorgung nur wenig Zeit für differenzierte Angebote (auch basal pflegerisch-kommunikativer Art) bleibt; diffus, weil die versorgungsfreie Zeit ganz dem Zufall (Störfall) überlassen bleibt und damit unberechenbar, unkontrollierbar, unstrukturiert, leer und langweilig erlebt wird. Vor allem das Gefühl der mangelnden Realitätskontrolle und des Ausgeliefertseins fremdbestimmter Situationen erzeugt Unzufriedenheit und psychische Unausgeglichenheit; es kann auch Streß bedeuten und psychopathologisch anmutende Bewältigungsmuster befördern (vgl. hierzu LINGG/THEUNISSEN 1997).

Aber auch für diejenigen, die einen Arbeits- oder einen Beschäftigungsplatz haben, kann die Situation äußerst unbefriedigend (identitätsbeschädigend) sein, wenn unter ungünstigen Rahmenbedingungen eine monotone und langweilige Beschäftigung statthat und dominiert (vgl. auch JACOBS 1984, 76). Konzepte, die deswegen auf eine organisierte Freizeit zur Reproduktion der Arbeitskraft setzen, greifen allerdings zu kurz, wenn sie einerseits den notwendigen Veränderungsbedarf in bezug auf Arbeitssituation und -angebote und andererseits die originären menschlichen Bedürfnisse nach einer selbstbestimmten Freizeit ignorieren.

3.3 Zur Verpflichtungszeit

Unter der sog. Verpflichtungszeit versteht das DFG-FREIZEITLEXIKON (1986) eine auf bestimmte Zwecke gerichtete Zeit, in der zum Beispiel Hausarbeiten, hauswirtschaftliche Tätigkeiten, häusliche Kindererziehung, Einkäufe oder Behördengänge zu verrichten sind. Diese Zeit hat häufig sozialverpflichtenden Charakter und ist für ein soziales (zwischenmenschliches) Zusammenleben unverzichtbar. Auch wenn für viele Alltagsmenschen die Verpflichtungszeit zu einer »Plage« geworden ist, sollte ihr anthropologischer Wert in bezug auf Kontrolle der eigenen Lebensumstände und autonome Lebensbewältigung nicht unterschätzt werden. Daran anknüpfend hat die Verpflichtungszeit gerade für behinderte Menschen, die in Institutionen leben und allzu leicht dazu »verurteilt« werden, ein ausgesprochen fremdbestimmtes Dasein fristen zu müssen, konstitutive Bedeutung. Über entsprechende Institutionalisierungseffekte, insbesondere über die sog. erlernte Bedürfnislosigkeit und Hilflosigkeit, ist inzwischen viel berichtet worden (vgl. LINGG/THEUNISSEN 1997; THEUNISSEN 1997). Will man die Veränderung im Sinne einer Humanisierung und Enthospitalisierung, so bedarf es neben notwendigen strukturellen Maßnahmen insbesondere auch einer pädagogischen Konzeption, in der die sog. Verpflichtungszeit als subjektiv bedeutsames tagesstrukturierendes Angebot aufbereitet wird. Denn die Verpflichtungszeit macht anthropologisch gesehen dann Sinn, wenn der einzelne sich zum Beispiel in einer häuslichen Lebensverwirklichung (kochen, backen, einkaufen, Zimmer pflegen) wiederfinden kann, wenn er Eigenentscheidungen treffen und Handlungsautonomie verwirklichen kann, wenn er sozialverpflichtende Tätigkeiten für sich und andere als bedeutsam erfahren kann, wenn sie für ihn und andere »passend« sind und wenn er soziale Anerkennung durch die Gruppe erfährt. Gemeinsame Kochprojekte mit geistig schwerbehinderten Menschen in ihrer Wohngruppe sind ein Beleg dafür (vgl. THEUNISSEN 1993, 115f.; 1994). Solche Initiativen sind funktionalistisch-reparativen heilpädagogischen Konzepten, insbesondere der sog. Heilpädagogischen Übungsbehandlung, bei weitem überlegen. Die Verpflichtungszeit als regelmäßiges tagesstrukturierendes Angebot ermöglicht einerseits das vielbeschworene Lernen im »natürlichen Lebensraum«, andererseits leistet sie einen wesentlichen Beitrag zur Selbstbestimmung, die wesenhaft zum Menschsein gehört.

3.4 Zur Bildungszeit

Die Notwendigkeit einer schulischen und außerschulischen Bildung von Menschen mit geistiger Behinderung ist heute fachwissenschaftlich gesehen unumstritten. Sie zählt zu einem wichtigen tagesstrukturierenden Angebot, das im Falle von Erwachsenenbildung häufig als Bestandteil einer Freizeitgestaltung ausgelegt wird. Mit dieser engen Verschränkung wird aber der Eigenwert von Erwachsenenbildung bei Menschen mit geistiger Behinderung verkannt, ja entwertet. Solange das Recht auf Erwachsenenbildung für geistig behinderte Menschen noch nicht gesichert ist, ist es allein aus politischen Gründen um so wichtiger, zwischen Bildung und Freizeit zu differenzieren, ohne dabei den Gesamtzusammenhang aus dem Auge zu verlieren. Unterschiede bestehen unter anderem darin, daß Bildung als (zielgruppenbezogenes) Kursangebot aufbereitet spezifischer Lehrziele, einer klar strukturierten Lernsituation und Organisation sowie einer sorgfältigst geplanten methodischen Vorgehensweise und Evaluation bedarf, während Freizeitaktivitäten in der Regel mit einem kostengünstigeren, weniger aufwendigeren, pädagogisch offeneren Setting auskommen. BAUMGART (1991, 54) nennt hierzu folgendes Beispiel: Ein Kochkurs kann sowohl ein Bildungsangebot als auch eine Freizeitaktivität sein. Im Falle einer reinen Freizeitunterhaltung »wird zusammen eingekauft, miteinander gekocht und nachher gemeinsam gegessen. Das alles macht großen Spaß. Sicher wird auch immer irgend etwas dabei ›hängen‹ bleiben, was ein anderes mal wieder zur Anwendung kommen kann. Wenn aber mit einem Kochkursangebot bestimmte Lernziele verbunden und geplant angegangen werden, dann geht es darum, daß am Ende des Kurses jeder Teilnehmer in der Lage ist, irgend etwas aus dem Übungsplan ganz allein herzustellen: einen Salat einschließlich Soße anrichten oder Spaghetti kochen, Schnitzel braten oder Pudding zum Nachtisch machen usw. Darüber hinaus sollte er etwas über die verwendeten Lebensmittel wissen, wo sie herkommen, welche Eigenschaften sie haben, was gesund und schädlich ist, ob ein bestimmtes Gericht dick macht oder nicht. Er sollte im Kurs auch erfahren, wie die verwendeten Lebensmittel hergestellt werden oder aus welchen Ländern sie kommen, wie sie wachsen, wie sie aufbereitet werden und ähnliches.«

Bei Menschen mit schwerer geistiger Behinderung wird häufig der Sinn einer Erwachsenenbildung angezweifelt bzw. der Bildungsbegriff verworfen. Statt dessen ist von Förderung und Therapie in eigens hierzu geschaffenen Räumen oder Zentren die Rede. Der Verzicht auf den Bildungsbegriff hat in Anbetracht der jahrzehntelangen Psychiatrisierung der Heilpädagogik Tradition; es ist aber auch ein vages, unreflektiertes Bildungsverständnis verbreitet, welches oft in einer idealisierend-überhöhenden Bildungsidee Ausdruck findet. Bildung im ursprünglichen Sinne meint jedoch ein Programm, dem es um die Entwicklung von Selbstbestimmung des Menschen als ein sozial verantwortungsbewußtes Gesellschaftswesen zu tun ist (vgl. KLAFKI 1985; THEUNISSEN 1993; THEUNISSEN/PLAUTE 1995). Angebote unter dem Leitbegriff der Förderung lassen eine solche übergeordnete pädagogische Zielperspektive vermissen und begünstigen häufig »ein unverbundenes Nebeneinander oder gar Gegeneinander von zahllosen Einzelaktivitäten« (KLAFKI 1985, 13). Dies kann im Einzelfalle bedeuten, daß es den heilpädagogischen Fördermaßnahmen um Gewinnung von mehr Autonomie für Menschen mit schwerer geistiger Behinderung überhaupt nicht zu tun ist. Allein aus diesem Grunde ist Bildung als oberste Kategorie dem Förderbegriff oder der heilpädagogischen Therapie vorzuziehen. Unsere Aufgabe sollte es sein, in diesem Sinne originäre Bildungsangebote für geistig schwerbehinderte Menschen einzufordern, um damit zugleich auch ein wichtiges Stück an »Normalisierung« zu verwirklichen. Eine Subsumierung von Bildungsangeboten unter Freizeitgestaltung ist einer solchen Intention eher abträglich.

3.5 Zur Schlaf- und Ruhezeit

Bei diesem Zeitmodell wollen wir uns kurz fassen. Das Bedürfnis nach Schlaf und Ruhe ist etwas völlig selbstverständliches, und wir alle wissen, daß der Zeitraum, den wir dafür benötigen, nur individuell erschlossen werden kann. Gerade dieser Selbstbestimmungsfaktor wird in der Arbeit mit Menschen, die wir als geistig schwerbehindert beschreiben, häufig ignoriert, ja pervertiert. Viele Jahrzehnte war es im stationären Anstaltswesen Gepflogenheit, geistig schwerbehinderten Menschen täglich eine Schlaf- und Ruhezeit von mehr als 14 Stunden aufzuzwingen, und noch heute entsprechen Tagesabläufe in bezug auf Schlaf- und auf Versorgungszeiten oft nicht den individuellen Bedürfnissen, sondern in erster Linie den Interessen der Kostenträger, der Institution oder auch der Mitarbeiterschaft. Davon abgesehen werden Gründe für ausgedehnte Schlaf- und Ruhezeiten bei geistig schwerbehinderten Menschen häufig in der Person gesucht, d.h. als wesensbedingt betrachtet. Natürlich gibt es geistig behinderte Menschen, die mehr Schlaf und auch Ruhe als andere benötigen, doch darf daraus keine Verallgemeinerung und Einebnung individueller Unterschiede erfolgen; und ebensowenig ist ein bloßes (von außen auferlegtes) Liegen, Dösen oder Schlummern, womöglich für mehrere Stunden am Tage, abseits vom interessanten, kommunikationsreichen Geschehen, Freizeit. Selbst wenn dabei Entspannung oder Ablenkung vom Alltag stattfinden sollten, kommen bei einem solchen Zeitvertreib wesentliche Bestimmungsmomente von Freizeit völlig abhanden.

3.6 Zur freien Dispositionszeit

Hierunter verstehen wir einen Zeitraum, der anthropologisch betrachtet als selbstbestimmte Freizeit wesentlich bestimmt wird durch Subjektivität, Spontaneität, Zufall, Erholung, Unterhaltung, Intimität, (schützende) Privatheit, Spiel, Geselligkeit, Hobby, ästhetische Kulturbetätigung, Lebensfreude und Freiheit (vgl. auch PÖGGELER 1993, 12f.). Vor diesem Hintergrund können wir eine ganze Palette unterschiedlicher Funktionen von Freizeit als »freie Dispositionszeit« ausmachen, stichwortartig seien genannt

- *rekreative-kompensatorische* (Defizitausgleich)
- *anthropologisch-komplementäre* (Kräfteausgleich)
- *sozial-integrative* (Vereinsleben)
- *hedonistische* (Sehnsucht nach Glück, Unterhaltung)
- *kommunikative* (Partnerschaft, Freundschaft, Geselligkeit)
- *bildende* (Lernen)
- *kathartisch-magische* (psychische Entlastung, Realitätsflucht)

- *kulturell-partizipierende* (Theater, Konzert, Kino)
- *musisch-kontemplative* (Hausmusik, ästhetisches Tun in der Innerlichkeit)
- *therapeutische* (Steigerung von Selbstwertgefühl, Selbstvertrauen ...)
- *gesundheitsfördernde* (Rehabilitationssport).

Welche Funktionen zum Tragen kommen, hängt von jedem einzelnen ab, da Freizeit an subjektive Faktoren (Interessen, Bedürfnisse, Ressourcen, Geschmack) gebunden ist und einen Zeitraum meint, »über dessen Verwendung man selbst frei verfügen kann und will« (PÖGGELER 1993, 12). Diese Freiheit in der Freizeit darf freilich nicht absolut gesetzt werden, sondern es müssen auch gesellschaftlich-lebensweltliche Einflüsse mitbedacht werden. Wir alle wissen, daß der sog. Freizeitmensch allzu leicht der Verführung durch Freizeitindustrie und Kulturbetriebe unterliegt, dennoch bleibt ihm die freie Entscheidung und Spontaneität im Kern erhalten, d.h. die Sehnsucht nach Glück, der Wunsch nach Verwirklichung der Grundphänomene menschlichen Lebens, wird nicht völlig verbannt. Dies gilt auch für Menschen mit geistiger Behinderung, denen häufig eine selbstbestimmte, selbstgestaltete und sinnerfüllte Freizeit durch eine klinisch organisierte Rundumversorgung, durch Tradition und Bräuche im Anstaltswesen, verwehrt wurde. Insofern dürfen wir uns nicht wundern, daß ihre freie Zeit eher durch Langeweile und Leere gekennzeichnet ist, in deren Konsequenz sich weitverbreitete depressive Tendenzen, apathisches Verhalten, Passivität, Gleichgültigkeit wie aber auch Auswüchse eines selbstverletzenden oder fremdaggressiven Verhaltens einstellen. Befragungen zeigen auf, daß Bewohner von traditionellen Großeinrichtungen im Unterschied zu Behinderten aus Wohnheimen oder Familien ein weitaus schmaleres Spektrum an Freizeitaktivitäten realisieren, ein geringeres Maß an speziellen Kompetenzen und Kenntnissen zur autonomen Freizeitgestaltung aufweisen, in ihrer Freizeit stärker durch Brauchtum, Stop- und Hinweisschilder geregelt werden und deutlich weniger an extramuralen kulturellen Veranstaltungen oder auch an einem Vereinsleben partizipieren (vgl. HUSLISTI/HUSLISTI 1994, 174, 183, 196). Dafür ist sowohl eine unzureichende Förderung von Freizeitkompetenzen als auch eine unzureichende Öffnung der Anstalten nach außen haftbar zu machen. Wir dürfen annehmen, daß derlei Freizeitprobleme und insbesondere die damit verknüpften Entfremdungserscheinungen bei institutionalisierten geistig schwerbehinderten Menschen am schärfsten zum Ausdruck kommen.

4. Individualisierte Bildungsangebote als Vehikel für Freizeitautonomie

Will man dies verändern, so bedarf es einerseits eines individualisierten Curriculums zur Förderung von Freizeitkompetenzen (z.B. durch Erwachsenenbildung) und andererseits geeigneter Rahmenbedingungen, einer sog. least restrictive environment (Nischen für autonome Daseinsgestaltung und -verwirklichung) sowie einer Integration und Inclusion in gesellschaftlich-kulturellen Lebensräumen. Unter Freizeitkompetenz verstehen wir in diesem Zusammenhang die Fähigkeiten und Fertigkeiten einer Person zu einem selbstbestimmten, sinnerfüllten Freizeitleben in einem anregenden, unterstützenden und entwicklungsfördernden Milieu. Oberstes Ziel des individualisierten Curriculums (Bildung) ist die Befähigung geistig behinderter Menschen, Freizeit als freie, selbstbestimmte Zeit zur Daseinsverwirklichung zu nutzen und zu erleben. Ein breites Spektrum an Freizeitfertigkeiten stellt hierzu eine wesentliche Bereicherung dar, die vor dem Hintergrund von Hospitalisierung, Institutionalisierung oder individueller Beeinträchtigungen im Einzelfalle erlernt werden müssen. Dabei darf man nicht nach heilpädagogisch-therapeutischer Manier beim Erwerb von Techniken (skills) stehenbleiben, sondern entscheidend ist die Aneignung »ganzer« Aktivitäten, d.h. Vor- und Nachbereitungsprozesse (Aufräumen) müssen stets mitbedacht werden. Was nutzt zur autonomen Freizeitgestaltung der Umgang mit Pinsel und Farben, wenn man nicht gelernt hat, sich die Utensilien selbst zusammenzustellen und zu holen?

Ein entsprechendes Beispiel haben WALL und ROYSTON (1995) vorgestellt. Über ein zeitlich befristetes, gezieltes und systematisch angelegtes Programm einer Verhaltensmodifikation wurden vier jungen Erwachsenen mit schwerer geistiger Behinderung drei Freizeitspiele beigebracht, auf die sie in ihrer Freizeit nach eigenem Belieben zurückgreifen sollten. Den Autorinnen war es dabei insbesondere um die Entwicklung eines selbstbestimmten, aktiven Freizeitverhaltens zu tun, um die Betroffenen in ihrer Freizeit vor Langeweile und Passivität zu schützen. Solche Programme lassen sich als spezielle Bildungskurse aufbereiten, die in diesem Falle einer autonomen Freizeitverwirklichung wesentlich zuarbeiten können. Hier wird noch einmal deutlich, daß wir Freizeit nicht nur unter dem Primat von Förderung sehen, wie es manche (insbesondere ältere) freizeitpädagogische Ansätze oder Konzepte suggerieren. Freilich muß es sich bei den assistierenden Bildungsprogrammen nicht nur um stringente, verhaltenssteuernde Lehrgänge handeln, ebenso denkbar ist eine Unterstützung und soziale Bekräftigung eines »aktiven Lernens« in Alltagssituationen, um Freizeitkompetenzen (einschließlich Entscheidungs- und Handlungsautonomie) zu fördern.

Im folgenden haben wir nun die wichtigsten *Schritte und Bausteine eines individualisierten Curriculums* zur Förderung und Sicherung von Freizeitkompetenzen zusammengestellt.

1. Schritt: *Bildung einer Arbeitsgruppe*

- Personen bestimmen, die an der Konzeptentwicklung und Planung beteiligt werden sollen (Mitarbeiter eines Gruppenteams, Fachdienste, Mitglieder des Heimbeirats, nach Möglichkeit Betroffene, ggf. in Begleitung durch einen persönlichen Assistenten).

2. Schritt: *Bestimmung allgemeiner Lernziele*

- Erweiterung des Repertoires an Freizeitfertigkeiten (Handlungskompetenz);
- Entwicklung der Selbstbestimmungsfähigkeit (Selbstentscheidung);
- Entwicklung eines Freizeitbewußtseins (Freizeit als frei zu gestaltender Raum);
- Entwicklung des Bewußtwerdens eigener Bedürfnisse, Wünsche, Stärken und Potentiale;
- Entwicklung der Fähigkeit, Bedürfnisse, Interessen oder Wünsche zu äußern;
- Entwicklung sozialer Kompetenzen (Kooperationsfähigkeit);
- Entwicklung von Realitätskontrolle und -bewältigung.

3. Schritt: *Entwicklung eines »Personal Profile«*

- Fähigkeiten, Stärken und Wünsche erfassen;
- Informationen über Aktivitätswünsche und Lernstrategien erfassen;

- Herausfinden, was der einzelne mit Dingen tun kann, was er in Interaktion mit anderen tun kann, was er gerade im Begriff ist zu lernen, welche Dinge bzw. Aktivitäten er am liebsten mag, wo und wann er am liebsten diese Dinge tut, welche Umgebungsstimuli sein Interesse am stärksten fördern, welche Emotionen ausgelöst werden.

4. Schritt: *Beschreibung des Tages- und Wochenablaufs*

- Für jeden Wochentag den konkreten Ablauf in chronologischer Reihenfolge (von morgens bis abends) mit den realen Aktivitäten der Person erfassen;
- Jene Zeit fokussieren, die der Person zur freien Verfügung steht;
- Aktivitäten erfassen, die der Person zur freien Wahl als Einzel- oder auch Gruppenangebot offeriert werden;
- Erfassen, was die Person in ihrer Freizeit tut, wo sie sich überwiegend aufhält, wie lange sie Aktivitäten durchführt;
- Soziale Kommunikationen, Interaktionen mit Bezugspersonen, pädagogische Einstellungen, Wahrnehmungen oder Prognosen erfassen und beschreiben.

5. Schritt: *Vergleichende Analyse der realen Aktivitäten mit dem »Personal Profile«*

- Überprüfen, inwieweit der Tages- oder Wochenplan mit dem persönlichen Interessenprofil übereinstimmt (was würde die Person am liebsten tun und was tut sie statt dessen?);
- Situationen erfassen, die entwicklungshemmend oder -fördernd sind.

6. Schritt: *Entwurf eines Programms zur selbstbestimmten Freizeitgestaltung*

- Vor dem Hintergrund des Personal Profile Aktivitäten bestimmen, die die Person in ihrer freien Zeit realisieren möchte bzw. könnte;
- Anzahl der Aktivitäten festlegen;
- Rahmenbedingungen abstecken, die zur Sicherung und Realisierung der freien Zeit erforderlich sind;
- Unterstützungsbedarf ermitteln, der im Rahmen der freien Zeit notwendig ist und der als zeitlich befristetes additives Bildungsprogramm aufbereitet werden muß;
- Bezugsperson bestimmen, die sich zur Unterstützung des Konzepts verantwortlich zeichnet.

7. Schritt: *Entwurf eines speziellen individualisierten Bildungsprogramms*

- Verhaltensweisen bestimmen und hierarchisieren, die zu erlernen bzw. zu unterstützen sind;
- Materialien/Medien bestimmen, an denen aktives Lernen stattfinden kann;
- Methoden bestimmen, die zum Aufbau, zur Stabilisierung und Differenzierung der erwünschten Verhaltensweisen als sinnvoll erachtet werden;
- Evaluationskriterien festlegen;
- Zeit der Förderung bestimmen;
- Raumfrage klären (Therapieraum/realer Lebensraum);
- Person bestimmen, die den Bildungskurs durchführt.

8. Schritt: *Evaluation und Programmabsicherung*

- Evaluationskriterien festlegen (Zunahme der Selbstbestimmungsfähigkeit, Freizeitkompetenz, Respekt vor der Person, soziale Interaktionen, Sicherung der freien Dispositionszeit);
- Zeitpunkte der Programmüberprüfung bestimmen;
- Kriterien einer jährlichen Programmüberprüfung festlegen (was hat sich nach einem Jahr in bezug auf Interessenlage des behinderten Menschen, seine Bezugspersonen, Gruppenzusammensetzung, institutionelle Rahmenbedingungen verändert?).

Alles in allem wird deutlich, daß mit diesem Konzept ein Ansatz verfolgt wird, nach dem Freizeit auf Freiwilligkeit und Freiheit beruht und nichts mit permanenten pädagogischen Anforderungen oder auch Abhängigkeiten zu tun hat. In der Sicht darf natürlich ein individualisiertes Bildungsangebot zur Anbahnung von Freizeitkompetenzen nicht den Betroffenen aufgestülpt werden, sondern es darf selbst im Falle einer Hospitalisierung nur subjektzentriert und dialogisch-kooperativ – von der Person, mit ihr und für sie – erschlossen werden.

Womöglich benötigen einzelne Menschen mit schwerer geistiger Behinderung noch stärker als andere eine »freie Zeit«, wo sie zu sich selbst finden und »ganz Mensch« (Schiller) sein können, wo sie im Gegensatz zur übrigen Zeit nicht einem ständigen reglementierenden und kontrollierenden Einfluß von Pflege, Versorgung, Pädagogik oder Förderung ausgesetzt sind. Dieser Verzicht auf Förderung in der Freizeit bedeutet keine pädagogische Laisser-faire-Haltung gegenüber dem behinderten Menschen, sondern die Respektierung seines So-Seins sowie die Wertschätzung originärer menschlicher Bedürfnisse nach Entspannung, psychisch-physischem Wohlbefinden, Muße, Unterhaltung und Selbstverwirklichung im zweckfreien (ästhetischen) Tun. Hinzu kommen Grundbedürfnisse nach sozialer Kommunikation, was letztlich bedeutet, daß der Pädagoge für den geistig behinderten Menschen auch als dialogischer Partner und Vertrauensperson präsent sein sollte. Vor allem Menschen mit schwerer geistiger Behinderung haben ein ausgeprägtes Bedürfnis nach sozialer Kommunikation, weswegen sie die personale Begegnung brauchen. Insofern hat im Einzelfalle die pädagogische Bezugsperson die Freizeitgestaltung des Einzelnen zu begleiten, indem sie zum Beispiel mit dem Betroffenen spazierengeht, Ausflüge unternimmt, kulturelle Veranstaltungen besucht, Sport treibt, spielt u.a.m., so daß eine gemeinsam inniglich erlebte Du-Erfahrung statthaben kann. Dabei spielt auch die Orientierung am Normalisierungs- und Integrationsprinzip eine wesentliche Rolle, da geistig schwerbehinderte Menschen den gleichen Anspruch auf eine Teilnahme am kulturellen Leben haben wie alle anderen Personen mit geistiger Behinderung. Eine »besondere« Freizeitpädagogik für Menschen mit schwerer geistiger Behinderung gibt es somit nicht. Wohl aber ist der Grad der Assistenz höher, wenn es um soziale Integration geht, z.B. um Gemeinschaftsveranstaltungen, Gruppenspiele, Eingliederung in Sportvereine oder Partizipation an kulturellen Freizeitangeboten. Freizeitpädagogik ist unter dieser Perspektive zugleich auch Kulturarbeit. Nicht nur integrative Ferienfreizeiten, sondern auch sog. Freizeitclubs, Café- oder Teestuben als Treffpunkte leisten hierzu einen wichtigen Beitrag. Wir dürfen annehmen, daß Freizeit unter dieser Perspektive am ehesten Integration und Inclusion befördern kann.

Literatur

BAUMGART, E.: Didaktische und methodische Aspekte in der Erwachsenenbildung für Menschen mit einer geistigen Behinderung. In: BUNDESVEREINIGUNG LEBENSHILFE FÜR GEISTIG BEHINDERTE (Hrsg.), Erwachsenenbildung für Menschen mit geistiger Behinderung, Marburg (Eigenverlag) 1991, 36–58.

BRENNECKE, A./KLEIN, F.: Die verstehende Haltung als Grundorientierung einer ökologisch fundierten Frühförderung. Frühförderung interdisziplinär 11 (1992), 31–40.

DFG-FREIZEITLEXIKON 1986.

FROMM, E.: Haben oder Sein. Frankfurt (Europäische Verlagsanstalt) 1979.

GOLL, H.: Vom Defizitkatalog zum Kompetenzinventar. In: HOFMANN, T./KLINGMÜLLER, B. (Hrsg.), Abhängigkeit und Autonomie. Neue Wege in der Geistigbehindertenpädagogik. Berlin (Verlag für Wissenschaft und Bildung) 1994, 130–154.

HAHN, M.: Behinderung als soziale Abhängigkeit. Zur Situation schwerbehinderter Menschen. München (Reinhardt) 1981.

HAISCH, W.: Verhaltensauffälligkeiten und strukturelle Bedingungen in der Betreuung. In: STRUBEL, W./WEICHSELGARTNER, H. (Hrsg.), Behindert und verhaltensauffällig. Zur Wirkung von Systemen und Strukturen. Freiburg (Lambertus) 1995, 28–67.

HUSLISTI, B./HUSLISTI, S.: Der Lebensbereich Freizeit von Erwachsenen mit geistiger Behinderung. Freiburg (Katholische Fachhochschule; unveröffentlichte Diplomarbeit) 1994.

JACOBS, K.: Autistische Jugendliche – Berufliche Bildung und Integration. Bonn – Bad Godesberg (Dürr) 1984.

KLAFKI, W.: Neue Studien zur Bildungstheorie und Didaktik. Weinheim (Beltz) 1985.

KLUGE, K.-J.: Angewandte Gesundheitsförderung und angewandte Rehabilitation. In: KLUGE, K.-J. (Hrsg.), Gesundheitsförderung und Rehabilitationshilfen für Behinderte durch Freizeitprogramme. Bonn – Bad Godesberg (Bundesministerium für Jugend, Familie und Gesundheit) 1971, 90–126.

LINGG, A./THEUNISSEN, G.: Psychische Störungen bei Geistigbehinderten. Freiburg (Lambertus) 1997.

OPASCHOWSKI, H.W.: Freizeitpädagogik. In: GROOTHOFF, H.-H. (Hrsg.), Pädagogik. Frankfurt (Fischer) 1973, 91–95.

OPASCHOWSKI, H.W.: Pädagogik und Didaktik der Freizeit. Opladen (Leske & Budrich) 1987.

PÖGGELER, F.: Die Bedeutung der Freizeit für den Menschen. In: VERBAND KATHOLISCHER EINRICHTUNGEN FÜR LERN- UND GEISTIGBEHINDERTE (Hrsg.), Freizeit – Zeit zum Menschsein. Tagungsbericht. Freiburg (Verband Katholischer Einrichtungen für lern- und geistigbebehinderte Menschen) 1993, 7–15.

SEIFERT, M.: Schwere geistige Behinderung und Autonomie – ein Widerspruch? In: LEBENSHILFE FÜR GEISTIG BEHINDERTE E.V. (Hrsg.): Selbstbestimmung. Marburg (Eigenverlag) 1996, 201–212.

THEUNISSEN, G.: Heilpädagogik im Umbruch. Über Bildung, Erziehung und Therapie bei geistiger Behinderung. Freiburg (Lambertus) 1993.

THEUNISSEN, G.: Abgeschoben, isoliert, vergessen – Schwerstgeistig- und mehrfachbehinderte Menschen in Anstalten. Frankfurt (R.G. Fischer) 1994.

THEUNISSEN, G.: Wider die Psychiatrisierung geistiger Behinderung. Geistige Behinderung 35 (1996), 307–319.

THEUNISSEN, G.: Selbstbestimmung und Empowerment handlungspraktisch buchstabiert – Zur Arbeit mit Menschen, die als geistig schwer und mehrfachbehindert gelten. In: HÄHNER, U. ET AL. (Hrsg.), Vom Betreuer zum Begleiter. Eine Neuorientierung unter dem Paradigma der Selbstbestimmung. Marburg (Lebenshilfe) 1997, 153–168.

THEUNISSEN, G.: Wege aus der Hospitalisierung – Empowerment in der Arbeit mit schwerstbehinderten Menschen. Bonn (Psychiatrie) 1999.

THEUNISSEN, G./PLAUTE, W.: Empowerment und Heilpädagogik. Freiburg (Lambertus) 1995.

WALL, M.E./ROYSTON, P.A.: Leisure skills instruction as a strategy for creating option-rich enviroments: A collaborative effort. Paper, presented at the Annual Conference of the Association for Persons with Severe Handicaps (TASH). San Francisco (California), December 2, 1995.

WOLFENSBERGER, W.: Common assets of mentally retarded people that are commonly not acknowledged. Mental Retardation 26 (1988), 63–70.

ZIELNIOK, W.J.: Erfahrungen aus Freizeiten mit Geistigbehinderten, In: KLUGE, K.-J. (Hrsg.) Gesundheitsförderung und Rehabilitationshilfen für Behinderte durch Freizeitprogramme. Bonn – Bad Godesberg (Bundesministerium für Jugend, Familie und Gesundheit) 1971, 163–176.

MAX KREUZER

Zur Bedeutung und Fachlichkeit der Freizeitarbeit in Wohneinrichtungen

> »In der Freizeit tu ich Handarbeiten machen oder Musik hören, viel spazieren gehen, und wenn ich samstags zu Hause bin, gehe ich manchmal bis 17 Uhr spazieren.« (Doris)
>
> »Da gehe ich erst einmal an meinen Videotext und gucke die Temperatur nach und die Quoten, was ich gestern im Fernsehen gesehen habe, und dann mache ich meine Rätsel und Skrabble allein.« (Eberhard)
>
> »Mensch ärgere Dich nicht spiel ich manchmal mit dem Herbert, aber wenn der mich rausgeworfen hat, dann werde ich immer wütend, obwohl man sich ja nicht ärgern soll.« (Leni)
>
> »Ich male. Ich bin Kunstmaler und ich kann knüpfen.« (Anke)
>
> »Dann tu ich Fernsehgucken, und ich tu viel Zeitung lesen und Musik hören, oder, wenn es Regenwetter ist, dann muß ich zu Hause bleiben, und dann gucke ich wieder Fernsehen. Ich will ja schließlich nicht naß werden.« (Hans)
>
> »Hier im Wohnheim mache ich Stoffmalerei, wenn der Betreuer Zeit hat.« (Doris)
>
> »Kneipenbesuche haben wir auch schon mal gemacht.« (Silke)
>
> »Ab und zu will ich mit meinem Freund ausgehen, aber der muß ja erst um Erlaubnis fragen, der darf nicht einfach weg, ohne zu fragen, und ich muß ja auch um Erlaubnis fragen. Deswegen können wir nicht einfach so wegfahren; das finde ich schade.« (Marlies)
>
> »Ich beschäftige mich immer selbst. Ich setze mich dann immer aufs Bett und höre Musik.« (Brigitte)
>
> »Ich würde ja gern mal in ein Konzert gehen, aber wer bezahlt das. Ich kriege ja nur 10 DM und das ist ja zu teuer.« (Klaus)

Dies sind Aussagen, die CLAUDIA GEURDEN (1997) in Interviews mit den Bewohnerinnen und Bewohnern einer Wohnstätte, die als vorbildlich gilt, gesammelt hat. Sie spiegeln offensichtlich persönliche Vorlieben und Gewohnheiten, die Bestandteile des individuellen Lebensstils sind, wieder. Welche »Lebensqualität« kommt in ihnen zum Ausdruck? In welcher Weise korrespondiert das Ausmaß der geäußerten Zufriedenheit mit den subjektiven Bedürfnislagen und den zur Verfügung gestellten Lebensbedingungen (vgl. u.a.: IRIS BECK 1994, S. 236ff.; ELISABETH WACKER 1996)?

Die Fachdiskussion zum Lebensbereich »Freizeit« von Menschen mit Behinderungen ist in den letzten Jahren erst richtig in Gang gekommen. Im folgenden Beitrag wird es darum gehen, für Mitarbeiterinnen und Mitarbeiter in Wohneinrichtungen für Menschen mit einer geistigen Behinderung fachliche Ansatzpunkte zu diskutieren, die es ermöglichen können, das komplizierte Verhältnis von Anspruch und Wirklichkeit im Lebensbereich Freizeit zu reflektieren und in der eigenen Praxis zu verändern.

1. »Freizeit« im Alltag von Heim- und Wohngruppenbewohnern – Daten und Deutungen aus empirischen Studien

RAINER WEDEKIND, BIRGIT CONRADT und THOMAS MUTH (1994) haben in einem Forschungsbericht eine ausführliche empirische Studie zum Alltag von Menschen mit einer geistigen Behinderung in drei unterschiedlichen Wohnformen vorgelegt. Die Daten beziehen sich auf 1990 und 1991. Es wurden vier Heilpädagogische Heime in öffentlicher Trägerschaft (im Rheinland und in Hessen) und kleinere Wohnstätten freier Träger untersucht. In den Heilpädagogischen Heimen (HPH/HPE) wurden die Heimgruppen und die Außenwohngruppen (AWG) unterschieden und verglichen. Zudem wurde die Situation »schwerstbehinderter« Bewohner eigens beleuchtet. 750 Heimbewohner und 84 AWG-Bewohner wurden erfaßt. Der Frauenanteil lag bei 36%. Die Bewohner sind Erwachsene, die Hälfte von ihnen im Alter von 30 bis 50 Jahren. Etwa 90% von ihnen sind seit mehr als 10 Jahren stationär untergebracht, 30% sogar schon mehr als 30 Jahre. Der Schwerpunkt des Hilfebedarfs im Alltag wird in der »Hilfe zur Körperpflege« gesehen, geringer Bedarf dagegen in den Bereichen »Bewegung« und »Mobilität«. Der Betreuungsschlüssel liegt bei einer durchschnittlichen Gruppengröße von 7 bis 12 zwischen 1 : 1,2 und 1 : 1,7.

1.1 Daten zum Alltag der Heimbewohner unter dem Aspekt der Tätigkeiten und der vorfindbaren (Tages- und Wochen-)Zeitstruktur

»Insgesamt haben etwa 60% der Bewohner/-innen der beteiligten Einrichtungen eine regelmäßige Betätigung« (WEDEKIND/CONRADT/MUTH 1994, 139). Ihr zeitlicher Umfang ist jedoch sehr unterschiedlich. »Faßt man alle zusammen, die in der Summe ihrer Tätigkeiten mindestens 20 Stunden in der Woche beschäftigt sind, so kann gerade noch für 40% von tagesstrukturierenden Maßnahmen gesprochen werden« (140) (s. Tab. 1).

Tab. 1: Arbeitszeit und Wohnsituation

		HPH/HPE		AWG		FREIE	
		n	%	n	%	n	%
Arbeitszeit/Woche	unter 10 Std.	424	56,4%	35	41,7%	21	20,6%
	10–19 Std.	69	9,2%	3	3,6%	11	10,8%
	20 und mehr	259	34,4%	46	54,8%	70	68,6%

Dabei macht die Anzahl der in einer Werkstatt für Behinderte beschäftigten Bewohner insgesamt nur 120 aus; die übrigen und damit die Mehrheit der »Beschäftigten« sind in heiminternen Einrichtungen in Form von Beschäftigungstherapie/Werktherapie (BT/WT), Arbeitstherapie (AT) oder in Hausarbeiten tätig. Als geplante und regelmäßige Formen einer Tagesstrukturierung können noch die »*Aktivitäten zur Förderung*« in den Einrichtungen betrachtet werden. In den vier Heimen und den Wohnstätten der freien Träger machen diese durchschnittlich 3,5 Stunden pro Woche je Bewohner aus, in den AWG etwa 6,5 Stunden. Beim Inhalt dieser Förderstunden ergibt sich eine Gewichtung: es dominiert das, was man »lebenspraktisches Training« nennt.

Wenn man es grob überschlägt, hat nur eine Minderheit der untersuchten Bewohner/ -innen *wöchentlich eine durch Arbeit und Förderung strukturierte Zeit von mindestens 24 Stunden*. Die übrigen haben, so kann man festhalten, sehr viel freie Zeit, d.h. Zeit, in der sie nicht regelmäßigen Verpflichtungen nachgehen. In einer Detailbeobachtung stellen die Autoren fest, daß die *»Essenszeiten«* (12.30 und 17.30 Uhr) zumindest für manche Bewohner die einzige verläßliche Tagesstrukturierung darstellen.

1.2 Formen und Gestalten von Freizeit

Welche Formen und Gestalten von Freizeit sind im Rahmen dieses beachtlichen Ausmaßes an freier Zeit nach den Ergebnissen der Studie von WEDEKIND/CONRADT/MUTH (1994) prägend für die Bewohner/-innen? Zunächst geht es um die Beteiligung an Angeboten der Gruppenfreizeit. Die Autoren finden deutliche Unterschiede. »Die Beteiligung an Angeboten, die eine aktive Betätigung verlangen, fällt deutlich gegenüber Urlaub und Ausflügen ab, an denen auch *eine mehr oder minder passive Teilnahme* möglich ist« (146) (s. Tab. 2).

Tab. 2: Beteiligung an Angeboten der Gruppenfreizeit

	HPH/HPE		AWG		FREIE	
	n	%	n	%	n	%
Ausflüge	642	85,4%	83	98,8%	88	86,3%
Urlaub	548	72,9%	76	90,5%	85	83,3%
Schwimmen	194	25,8%	24	28,6%	37	36,3%
Kegeln	123	16,4%	40	47,6%	23	22,5%
Reiten	55	7,3%	4	4,8%	5	4,9%
Tanzen	117	15,6%	22	26,2%	22	21,6%
Musik/Rhythmik	115	15,3%	22	26,2%	33	32,4%
Kochen	161	21,4%	33	39,3%	28	27,5%
Snoelzen	54	7,2%	4	4,8%	9	8,8%
Andere	154	20,5%	24	28,6%	21	20,6%

Von der Mehrzahl der Heimbewohner werden *»externe« Freizeitangebote* bisher nicht genutzt (s. Tab. 3).

Was die *»persönliche Gestaltung der Freizeit«* angeht, kommen die Autoren zu der folgenden Einschätzung: Sie »wird dominiert von eher passiven Tätigkeiten wie herumsitzen, radiohören und fernsehen. Ein Großteil der Bewohner ist auch recht gesellig, unterhält sich gerne und mag Spaziergänge. Eher aktiven Beschäftigungen wie Gesellschaftsspiele,

Tab. 3: Nutzung externer Freizeitangebote

	HPH/HPE		AWG		FREIE	
	n	%	n	%	n	%
externe Freizeit?						
nie	405	53,9%	31	36,9%	43	42,2%
manchmal	215	28,6%	28	33,3%	43	42,2%
oft	77	10,2%	23	27,4%	16	15,7%
keine Angabe	55	7,3%	2	2,4%		

Basteln, Sport treiben oder auch Besuche von Cafés geht nur der kleinere Teil der Bewohner nach« (147).

In ihrer *Gesamteinschätzung zum Lebensbereich Freizeit* betonen WEDEKIND/CONRATH/MUTH (1994) »die qualitativ und quantitativ bessere Situation der Heimbewohner/innen der AWG. (...) Sie nehmen verstärkt externe Freizeitangebote wahr, sind selbständiger in der Freizeitgestaltung und verbringen ihre Zeit eher mit aktiven Beschäftigungen. Zwischen den Heimbewohnern, sei es in der HPH/HPE, sei es in Einrichtungen freier Träger, sind die Unterschiede recht gering. Die Bewohner/innen bei freien Trägern profitieren stärker von einem gruppenbezogenen Freizeitangebot. Bei der Gestaltung der persönlichen freien Zeit gleichen sich die beiden Gruppen doch ziemlich, es herrscht eine klare Tendenz, sich eher passiv zu verhalten« (149).

1.3 Zum Verhältnis von Arbeit und Freizeit

Aus der *Befragung der Beschäftigten* zu ihrer Arbeitssituation ergeben sich in der Studie nur schmale Hinweise auf den Lebensbereich Freizeit: »Die Beschäftigten beklagen, daß zuwenig Zeit für die Bewohner/innen zur Verfügung steht. Vor allem von einer *Entlastung von ›fachfremden‹ Tätigkeiten* wie Hausarbeit etc. versprechen sich die Beschäftigten eine Menge. Dadurch bliebe dann mehr Zeit, sich mit dem einzelnen Bewohner zu beschäftigen, konstruktive Aktivitäten zu organisieren und im Kontakt mit Kollegen den Arbeitsalltag zu reflektieren. So registrieren die Mitarbeiter/innen fast durchweg mangelnde Gelegenheit zu therapeutischen Tätigkeiten im weitesten Sinne. Die Mitarbeiter/innen vermissen vor allem die Gelegenheit, sich mit dem einzelnen Bewohner zu beschäftigen, die Freizeit zu gestalten und spontane Aktivitäten zu entwickeln. Zuviel Zeit kosten die hauswirtschaftlichen, organisatorischen und auch pflegerischen Aufgaben« (WEDEKIND/CONRADT/MUTH 1994, 214).

Die Auswertung des Protokolls einer teilnehmenden Beobachtung in einer Heimgruppe verdeutlicht diese Einschätzung: »Die Mitarbeiter der Gruppe sind ganz mit der Bewältigung des Tages beschäftigt. Über die Tagesgeschäfte hinausgehende Fragen tauchen nicht auf. (...) Das externe Angebot scheint für die Gruppen dieser Größe und dieses Schwierigkeitsgrades zu gering. Eine Tagesstrukturierung für die Bewohner ist nur über die Mahlzeiten möglich« (S. 172). Bei den *Fortbildungswünschen* taucht »Anregung zu Freizeitangebote« nicht auf. Es dominieren Wünsche nach »behinderungsspezifischen Informationen« und nach der Vermittlung »therapeutischer Verfahren« (216).

1.4 Gesamteinschätzung

Als Gesamteinschätzung stellen die Autoren u.a. fest: Der Vergleich aller Daten »hat deutlich gemacht, daß auch schwerer behinderte Bewohner eine ... *angemessenere Lebenssituation außerhalb der HPH/HPE* erhalten als in den Heimen. Soziale Isolierung und unzureichende Tagesstrukturierung drohen schwerer geistig behinderten Menschen eher in den größeren HPH/HPE, mit der z.T. auch größeren Gruppengröße, als in den kleineren AWG« (280). WEDEKIND, CONRADT und MUTH fordern für alle genannten Wohnformen, den »*Ausbau von tagesstrukturierenden Angeboten,* da der zeitliche Umfang tagesstrukturierender Maßnahmen für den einzelnen Bewohner vielfach als unzureichend bewertet werden muß« (ebd.).

1.5 Ergänzung durch regionale Detailanalysen

1.5.1 Erkens (1991)

RENATE ERKENS fand in einer Untersuchung zum Freizeitverhalten der 40 Bewohnerinnen und Bewohner von 7 Außenwohngruppen eines heilpädagogischen Heims die folgende Rangliste bevorzugter Formen der Freizeitgestaltung:

Tab. 4: Rangliste bevorzugter Formen der Freizeitgestaltung

Ausflüge und Kinobesuch	72%
Musik hören	67%
Tisch- und Gesellschaftsspiele	40%
Fernsehen	35%
Sport/Fußball	32%
Schwimmen	30%
Spaziergänge	22%

Insgesamt 34% der befragten Bewohner gaben an, kein Hobby zu haben. Die bestehenden Hobbys verteilten sich relativ gleich auf: Schwimmen, Kegeln, Sport und Musikhören. Die Hälfte aller Bewohner klagte über Langeweile. »Fast alle geplanten Aktivitäten stehen im Rahmen der ›reinen‹ Behindertenkreise. Mit Ausnahme von zwei Bewohnern und zwei Bewohnerinnen, die einen Volkshochschulkurs besuchen, bleiben die übrigen unter ›ihres Gleichen‹« (26f.). ERKENS leitet aus ihrer Analyse des Freizeitverhaltens der Bewohnerinnen und Bewohner in Außenwohngruppen die »Erhöhung der Mobilität als vorrangige Aufgabe« (28) ab. Die Abhängigkeit vom Personal (insbesondere »Personalmangel«) und von der Nutzung der heimeigenen Fahrzeuge solle dadurch so weit wie möglich reduziert werden. Darin liege der Schlüssel zu mehr eigenständiger und selbstbestimmter Entfaltung im Lebensbereich Freizeit.

1.5.2 Auhagen/Vogt (1992)

KLAAS AUHAGEN und SILKE VOGT untersuchten das Freizeitverhalten von 20 Heimbewohnern und 8 Bewohnern von Außenwohngruppen, die noch vor kurzem auf den Heimgelände gelebt hatten. Ihr Fazit: »*Die Befragten verbringen einen großen Teil ihrer Freizeit in der häuslichen Umgebung.* Wir konnten feststellen, daß Fernsehen hier den größten Teil der Zeit einnimmt. Fernsehen und Fernseher werden zu einem Symbol für Freizeit. Der starke Medienkonsum kann als Konkurrenz zu den Aktivitäten außerhalb angesehen werden. Gerade für Behinderte, die mobilitätseingeschränkt sind, kann Fernsehen die Funktion einer sekundären Umwelt einnehmen. Das bedeutet, daß das Fernsehen nicht nur unterhaltende und informative (bildende) Aufgaben wahrzunehmen hat, sondern auch die sozialen Komponenten des Freizeitbereichs abdecken muß. Auch in den Aktivitäten nach außen stehen die ›Masseninteressen‹ im Vordergrund. Spazierengehen und in nahen Geschäften Einkaufen sind die beliebtesten aktiven Interessen, abgesehen von den Angeboten des Heims, wie Kegeln, Schwimmen und Begegnungszentrum« (17).

Die Autoren haben einen Unterschied in Bezug auf die Wohnformen entdeckt: Während in den Heimgruppen neben der Nutzung der heimeigenen Angebote die Umsetzung von »Masseninteressen« (Fernsehen, Spazierengehen) dominierte, konnten sie die Umsetzung von »individuellen spezifischen Interessen« fast ausschließlich nur in den Außenwohngruppen beobachten (9). Im Unterschied zu ERKENS konnten AUHAGEN/VOGT nicht feststellen, daß die Befragten ein Defizit, z.B. Langeweile, verspüren. »Dadurch wird Freizeit nicht als Problem angesehen und empfunden. Diese Blickrichtung scheint auch manchmal auf die Betreuer überzugreifen« (19).

AUHAGEN/VOGT fordern aufgrund ihrer Beobachtungen eine intensivere Beschäftigung mit den Grundlagen der »professionellen Freizeitpädagogik« und die Entwicklung von »integrativen Freizeitangeboten« (22ff.). »Eine vernünftige und gezielt arbeitende Freizeitpädagogik könnte den Behinderten ein Leben außerhalb der Heime sicherlich eher und besser ermöglichen. Die Öffnung der Institutionen, die Verkleinerung ihrer Organisationsform in Wohngruppen, in betreute Einzelwohnungen u.ä. folgt einem richtigen Weg. Doch wenn die geistig behinderten Personen jetzt die Heime verlassen, dürfen sie im Freizeitbereich nicht alleine gelassen werden. Man könnte jetzt sagen, daß jeder doch machen soll, was er will. Jedoch in Anbetracht der geringen Möglichkeiten, die ein behinderter Erwachsener durch ein planmäßiges Erlernen von Freizeitverhalten erfahren hat, ist eine solche Ignoranz nicht angebracht. Durch Freizeitpädagogik kann der behinderte Erwachsene Entwicklungen nachvollziehen, die Nichtbehinderte meist schon in der Kindheit unbewußt vollzogen haben. Man kann zwar nicht vermissen, was man nicht kennt, doch das Vorenthalten einer erlernten positiven und aktiven Freizeit wäre eine erneute Diskriminierung, eine bewußte Benachteiligung« (31).

1.5.3 Geurden (1997)

In der weiter oben schon angesprochenen Untersuchung zum Freizeitverhalten der 16 Bewohnerinnen und Bewohner einer kleinen Wohnstätte eines freien Trägers findet CLAUDIA GEURDEN (1997) einen deutlichen Unterschied gegenüber den von WEDEKIND U.A. vorgestellten Ergebnissen: »Der Anteil derer, die *externe Angebote* nutzen, liegt in der untersuchten Wohnstätte deutlich über dem der Einrichtungen der freien Träger, den die Studie nennt« (160).

»Bei den ›*spontanen Freizeitaktivitäten mit der Gruppe*‹ liegen – gemessen an der Anzahl der Freizeitmöglichkeiten und ihrer Nennung durch die Bewohner/innen die ›Ausflüge‹ vorn; von allen 177 Antworten fallen 83 (47%) in diese Kategorie. ›Feste Feiern auf der Gruppe‹ wird von allen 16 Bewohner/innen genannt, ›Spaziergang‹ von 15 Bewohner/innen.« Es folgen Besuch des Tierparks, Café-, Restaurant- und Kinobesuche als nächst häufige Freizeitaktivitäten mit der Gruppe (95). »Bei den ›*individuellen Freizeitaktivitäten*‹ liegen, gemessen am Variationsreichtum der Antworten der Bewohner/innen die ›häuslich-aktiven Möglichkeiten‹ vorn; von allen 172 Antworten fallen 83 (48%) in diese Kategorie. Dennoch wird aus der Kategorie ›häuslich-passive Möglichkeiten‹ das ›Musikhören‹ von allen genannt, ›Fernsehen‹ von 15 Befragten.« Es folgen Freundetreffen, Gesellschaftsspiele und Kirchgang als nächst häufige individuell gewählte Aktivitäten (96).

Insgesamt entsteht in der Untersuchung von GEURDEN der sichere Eindruck von einem Alltag in der Wohnstätte, in dem alle Bewohner/-innen ohne Ausnahme ihre freie Zeit individuell und sozial in regelmäßigen und spontanen Aktivitäten, verbunden mit übernommenen notwendigen Verbindlichkeiten (Küchendienst, Putzen, Krankengymnastik) gestalten. GEURDEN kann individuell unterschiedliche Tages- und Wochenstrukturen für alle Bewohner/-innen aufzeigen. Trotzdem sieht sie »Defizite in der Mobilität, in der Zugänglichkeit und Ausstattung der öffentlichen Einrichtungen, den Mangel an allgemeinen, spezifischen und integrativen Freizeitangeboten und den Personalmangel der Wohneinrichtungen als *die zentralen Hemmnisse* für die Entfaltung des alltäglichen Lebens und die Freizeit der Bewohner/innen« (120).

Bevor einige Ideen zur Freizeitförderung durch fachliche Arbeit (siehe dazu Abschnitt 3) weiter diskutiert werden, soll zunächst – über die empirische Evidenz aus dem vorausgehenden Abschnitt hinaus – an fünf verallgemeinerten Thesen beleuchtet werden, wie die Freizeit (nicht nur) behinderter Menschen durch ihre Lebenslage bestimmt und geformt wird.

2. Thesen zum Zusammenhang von Freizeit und Lebenslage

Dieser Abschnitt nimmt reichlich Bezug auf das Kapitel »Freizeit« im »*Wissenschaftlichen Gutachten zur Lebenssituation von behinderten Menschen und zur Behindertenpolitik in NRW*« (1993), erstellt von einer Arbeitsgruppe unter Leitung von Prof. Dr. CLEMENS ADAM von der Universität Dortmund. Es wurde erarbeitet im Auftrag des MINISTERIUMS FÜR ARBEIT, GESUNDHEIT UND SOZIALES DES LANDES NRW (1993). Der Titel des Gutachtens ist schlicht »*Behinderte Menschen in Nordrhein-Westfalen*«. Diesem Gutachten liegt u.a. auch eine ausführliche Kenntnisnahme der Meinungen und Einschätzungen betroffener Personen, in erster Linie von Menschen mit Behinderungen, zugrunde.

Ich gehe davon aus, daß der Bereich »Freizeit« und die darin erfahrene persönliche Entfaltung und Lebensqualität *ein abgeleiteter Bereich* ist. Dazu fünf Thesen:

These 1:
Wer nicht arbeitet, hat auch keine Freizeit, allenfalls hat er oder sie viel freie Zeit.

Freizeit steht in doppelter Beziehung zum Bereich der Arbeit. Zum einen: Im Alltagsverständnis und auch in der soziologischen Theorie wird nicht selten von einem »Dual ›Arbeit und Freizeit‹« (BARDMANN 1986) ausgegangen. In aller Regel geht es darum, den Arbeitsbereich von einem Freizeitbereich zu differenzieren und beide ins Verhältnis zueinander zu setzen. »Dabei ist Arbeit die ›Zentralkategorie‹, während Freizeit als ihr ›Gegenbegriff‹ verwendet wird« (25). »Als Gegenbegriff zur Arbeitskategorie wird der Freizeitbegriff normativ aufladbar. (...) Der Freizeitbegriff wird dazu genutzt, einen qualitativen Kontrastzustand zur Situation der Arbeit auszudrücken. Dazu werden ihm Konnotationen wie Freiheit, Selbstbestimmung und Selbstverwirklichung zugemutet« (26f.). Kurz gesagt: Wer an der Erwerbsarbeit teilnimmt, hat danach Anspruch auf Freizeit, braucht Freizeit, nutzt Freizeit. Diese Vorstellung oder Sichtweise impliziert, daß in der heutigen Situation für mehr als die Hälfte der Bevölkerung von Freizeit nicht gesprochen werden kann, nämlich bei »Kindern, Jugendlichen, Hausfrauen, Arbeitslosen, Kranken, Behinderten und Rentnern etc.« (MINISTERIUM ... 1993, 205).

Zum anderen bestimmt die Art der Erwerbsarbeit darüber, wieviel an Selbstentfaltung, an Kreativität, an Fähigkeiten, an Lernen, an Kommunikation und an sozialer Teilnahme im Arbeitsprozeß selbst erfahren und zugemutet wird. Insofern ist die Arbeit nicht ein Gegenbild, sondern ein Vorbild für die Freizeit. Die Bedeutung der Erwerbsarbeit für die Freizeit wird besonders an der Situation von Arbeitslosen deutlich: »Der Arbeitslose erlebt die zusätzliche Zeit als weitgehend unfreie Zeit, als eine Art von ›Zwangsfreizeit‹, d.h. zwangsweise Ausdehnung seiner arbeitsfreien Zeit. (...) Am meisten wird der Lebensrhythmus von Arbeit und Freizeit, von Anspannung und Entspannung vermißt. Arbeitslosen zerrinnt die Zeit folgenlos zwischen den Fingern, wenn es ihnen nicht gelingt, durch selbstgesetzte Aufgaben den Tagesablauf zu strukturieren« (OPASCHOWSKI 1994, 38f.).

In vergleichbarer Lage sind die arbeitslosen, nicht- oder nur geringfügig beschäftigten Menschen mit schwerer Behinderung. HANS STADLER hat die Situation einer größeren Anzahl von Absolventen der Schule für Körperbehinderte und von Abgängern aus Berufsbildungswerken unter dem Titel «Ein Leben ohne Erwerbsarbeit als behindertenpädagogisches Problem« (1992) thematisiert. »Ein Leben ohne Arbeit vermittelt Gefühle der Bedeutungs- und Wertlosigkeit; das Fehlen von Kontakten zu anderen Berufstätigen führt zur sozialen Isolierung. Diese Aussagen sollen klarstellen, daß ein Leben ohne Arbeit kein erstrebenswertes Ziel ist« (172).

HELMUT SPÄTE (1995) hat – quasi als Lehre – aus Veränderungen nach der Wende in den neuen Bundesländern gefolgert, daß »auch der Begriff der Arbeit alter Prägung seine (in der DDR, Erg.: M.K.) absolute und zentrale Bedeutung zunehmend verlieren dürfte. Auch in unserer Rehabilitationsstrategie wird sich der Homo laborans mit dem Homo ludens vereinen müssen, um Schritt halten zu können mit der Entwicklung der polaren Einheit von Arbeit und Muße in der gesamten Gesellschaft. Auch bei geistig behinderten Menschen wird im Rahmen der Umorientierung und Neubesetzung der Werte die Vorbereitung auf das Leben zunehmend darauf zu orientieren haben, wie Freizeit verbracht wird. Freizeitfähigkeit wird (neben Arbeitsfähigkeit) künftig mehr als bisher ein Kriterium einer sinnvollen Lebensbewältigung sein« (25). Diese zunächst positive Wendung und

Hoffnung formulierte er angesichts von zahlreichen schmerzlichen Erfahrungen, daß schwerbehinderte und psychisch kranke Menschen, die in der DDR im Arbeitsprozeß integriert waren, nach der Wende schnell in die Erwerbsunfähigkeitsrente und damit aus dem Arbeitsleben abgeschoben wurden.

These 2:
Die Personengruppen, die nicht in Erwerbsarbeit einbezogen sind oder waren und die deshalb in der Regel über wenig oder keine finanziellen Mittel verfügen, haben für die dominierende Freizeitbranche und ihre Fachleute wenig Bedeutung.

»Behinderte Menschen sind von möglichen Freizeitaktivitäten solange ausgeschlossen, wie ihre Arbeitskraft durch die ihnen zur Verfügung stehenden Arbeitsplätze nicht angemessen entlohnt wird und sie aufgrund finanzieller Ressourcen nicht gleichberechtigt an der konsumorientierten Gesellschaft partizipieren können« (MINISTERIUM ... 1993, 208). Dies trifft für die Mehrzahl der behinderten Bewohnerinnen und Bewohner in Heimen, Wohnstätten und (Außen)Wohngruppen zu. Sie sind i.d.R. von den Angeboten abhängig, die ihnen dort auf der Basis der nach § 100 BSHG bewilligten Eingliederungshilfe gemacht werden. »Ein ›Zwang‹ zur Subkultur kann die Folge sein, wenn behinderte Menschen aufgrund fehlender Rahmenbedingungen unfreiwillig in die Abhängigkeit von behindertenspezifischen Angeboten verwiesen werden« (MINISTERIUM ... 1993, 209).

Generell gilt bisher: Der Rechtsanspruch auf Förderung durch öffentliche Mittel ist in den Bereichen der medizinischen und der beruflichen Rehabilitation weithin akzeptiert. Demgegenüber sind die Angebote und Hilfsmittel der »sozialen Eingliederung«, der der Lebensbereich Freizeit angehört, in der Regel vom privaten finanziellen Einsatz abhängig oder werden höchstens als Zuschüsse im Rahmen der »Freiwilligen Leistungen« von den Gemeinden unterstützt, obgleich nach § 40 Abs.1 Nr. 8 BSHG und DVO zu § 47 BSHG in §§ 8, 9, 19, 21 und 22 sozialrechtliche Grundlagen für Förderung als Rechtsanspruch formuliert sind.

Deutlichen Ausdruck der Bedeutung des Lebensbereichs Freizeit in der aktuellen sozialpolitischen Diskussion stellt ihre Repräsentanz im »Vierten Bericht der Bundesregierung über die Lage der Behinderten und die Entwicklung der Rehabilitation« (Januar 1998) dar. Die entsprechende Passage ist in dem umfangreichen Bericht so kurz (9 Zeilen), daß sie hier spielend vollständig zitiert werden kann; sie enthält im Vergleich zu anderen Bereichen der Rehabilitation keine konkreten Vorschläge und spricht keine Entwicklungsperspektiven an, zudem ist sie mißverständlich: »Freie Zeit am Feierabend oder am Wochenende bietet auch für behinderte Menschen gute Möglichkeiten der Kompensation von einseitigen Belastungen und des sozialen Miteinander, auch mit Nichtbehinderten. Jugendzentren, Institutionen der Erwachsenenbildung, Kommunikationszentren sollten sich stärker als bisher öffnen und dafür Sorge tragen, daß Chancen der Begegnung in der Freizeit genutzt und Vorurteile abgebaut werden« (BUNDESMINISTERIUM ... 1998, 122). Es wird hier nur noch einmal abgeschwächt wiederholt, was der DEUTSCHE BILDUNGSRAT schon 1973 formuliert hatte: »Die soziale Eingliederung vollzieht sich zu einem wesentlichen Teil im Freizeitbereich. Dies gilt sowohl für die Behinderten, die bei ihren Familien wohnen, als auch für diejenigen, die in Heimen leben. (...) Der Erfolg der Freizeitförderung für Behinderte wird davon abhängen, inwieweit die Träger von allgemeinen Freizeiteinrichtungen und Verbänden entsprechende Initiativen entwickeln«

(106ff.). Die Einschätzung, daß soziale Integration zu einem »wesentlichen Teil« im Freizeitbereich vollzogen werden kann, wird allerdings davon abhängen, welche Kriterien für »soziale Integration« zugrundegelegt werden.

These 3:
Die Möglichkeiten der Mitgestaltung oder Selbstgestaltung der individuellen Wohn- und Lebenssituation sind Quellen und Ausgangspunkt der Entwicklung von Freizeitinteressen.

Die immer wieder in Präambeln und Konzepten betonte zentrale Bedeutung der Freizeit für die Persönlichkeitsentwicklung, die Kommunikation und soziale Teilhabe kann nur zur Geltung kommen, wenn es insgesamt und allgemein »Zielperspektive der Behindertenpolitik und -arbeit« wird, »mehr Wahlmöglichkeiten zu schaffen, Kommunikations- und Handlungsräume kontinuierlich zu erweitern oder neu zu erschließen« (MINISTERIUM ... 1993, 235). Dies beginnt im Alltag, im Wohnbereich, beim Einkaufen, beim Kochen, beim Tagesplan, beim Hausarbeitenmachen, bei der »häuslichen Lebensverwirklichung« (THEUNISSEN 1995, 73). Der Abbau von Mobilitätsbarrieren, bzw. die Beseitigung von »Zugänglichkeitsproblemen« spielt eine außerordentliche Rolle.

Ein Ergebnis der Untersuchung von WEDEKIND U.A. (1994) paßt gut in diesen Zusammenhang. Die Autoren stellen fest: Die Bewohnerinnen und Bewohner der Außenwohngruppen »nehmen verstärkt externe Freizeitangebote wahr, sind selbständiger in der Freizeitgestaltung und verbringen ihre Zeit eher mit aktiven Beschäftigungen, obwohl in den AWG mehr Hausarbeiten und Besorgungen anfallen als im Heimalltag, d.h. also, obwohl sie weniger freie Zeit haben« (149). In der Personalbefragung wird dies ebenfalls deutlich: »Zwar sind die Mitarbeiter/innen in den AWG nicht unbedingt begeistert von der Verlagerung eines Tätigkeitsschwerpunktes hin zur Hausarbeit. (Aber zugleich) ... erleben sie das Zusammenleben intensiver. Man beschäftigt sich mehr miteinander, schon deshalb, weil viele Dinge gemeinsam erledigt und besprochen sein wollen« (199). Das heißt: Obwohl in den Außenwohngruppen weniger freie Zeit für die vielleicht so empfundene »wirkliche« fachliche Arbeit bleibt, ist im Endeffekt auch nach den Erfahrungen des Personals das fachliche Ergebnis besser als im Heimalltag.

These 4:
Wer in seinem Leben wenig Chancen hat, Interessen zu bilden und selbst zu entscheiden, wird dies auch nicht können oder wollen, wenn er/sie es in der freien Zeit soll.

Wer auf Hilfe und Unterstützung oder sogar Versorgung durch andere angewiesen ist, dem droht die Gefahr, von der Einstellung und Einschätzung seiner Helfer und Betreuer darüber, was für ihn, den Betreuten, wichtig und wertvoll ist, abhängig zu werden. Das Selbstbestimmtleben-Paradigma und das Assistenz-Modell signalisieren den Widerstand der Betroffenen gegen Bevormundung und lebenslange Abhängigkeit von Fachleuten. »Die neue soziale Bewegung des selbstbestimmten Lebens basiert auf der Erfahrung, daß Abhängigkeit von institutioneller, professioneller Hilfe (kombiniert mit den Erfahrungen) von Ausgrenzung und Diskriminierung vielfach zu Unselbständigkeit, Passivität und einer Anspruchshaltung des Versorgtwerdens (führt)« (MINISTERIUM ... 1993, 29).

Die letzten drei Punkte der »Duisburger Erklärung« vom Kongreß »Ich weiß doch selbst, was ich will« (1994) lauten:
- »Betreuer sollen uns helfen, daß wir Dinge selbst tun können. Sie sollen sich mit Geduld auf behinderte Menschen einstellen. Wir wollen zusammenarbeiten, wir sind keine Befehlsempfänger.
- Wir können mehr, als uns zugetraut wird – zum Beispiel allein fortgehen oder mit der Bahn fahren. Das wollen wir zeigen; auch wenn man mal etwas gegen den Willen der Eltern oder der Betreuer tun muß.
- Wir wollen oft mit behinderten Menschen aus anderen Orten sprechen, um zu wissen, wie sie leben. So können wir vergleichen und sagen, was besser werden soll. Wir wollen Gruppen bilden, in denen wir miteinander reden können.«

Bezogen auf die Freizeit kann eine Entwicklung im fachlichen Verständnis und im Bewußtsein der Fachkräfte festgestellt werden: »In den 60er Jahren spielte die Freizeit innerhalb der institutionellen Versorgung kaum eine Rolle. Alle Maßnahmen waren auf die medizinische, schulische und berufliche Rehabilitation ausgerichtet. Die Freizeitgestaltung wurde überwiegend den Familien überlassen. Erst in den 70er Jahren wurde die Freizeit als Aufgabenbereich der Behindertenhilfe entdeckt. Sonderschulen, Berufsbildungswerke, Werkstätten, Heime und Wohnheime erkannten die Bedeutung freizeitpädagogischer Maßnahmen für die Persönlichkeitsentwicklung und der sozialen Integration behinderter Menschen. So ging es in dieser Zeit darum, Formen organisierter Freizeit pädagogisch und therapeutisch zu nutzen. Besonders (oder erst) durch die Selbsthilfebemühungen Betroffener und Eltern bzw. Angehöriger entstanden organisierte Freizeitangebote, die sich um vielfältige Formen der Freizeitgestaltung bemühten, um bestehende Defizite im Freizeitbereich zu kompensieren und um den Interessen und spezifischen Bedürfnissen behinderter Menschen im Freizeitbereich Rechnung zu tragen« (MINISTERIUM ... 1993, 220 f.). Es wird also behauptet und festgestellt, daß, solange die Entscheidung oder Bestimmung in den Händen der Fachleute war und bleiben konnte, die Freizeit entweder übersehen bzw. vernachlässigt wurde, oder als weiterer Bereich der Rehabilitation und Therapie zugeschlagen und damit letzlich funktionalisiert wurde oder noch wird.

These 5:
Wer nicht bereit oder nicht in der Lage ist, sich auf hohem Niveau in gesellschaftlich hoch gewerteten Lebensbereichen Fähigkeiten und Bedürfnisse anzueignen, dem wird nicht leicht zugetraut und zugestanden, eigene Fähigkeiten und Bedürfnisse in anderen Lebensbereichen zu entwickeln.

In der Regel ist Behindertsein und der Anspruch auf Hilfe und Betreuung sowie Förderung und Therapie gebunden an die Feststellung von Fähigkeits- und Leistungseinschränkungen, kurz an die Diagnose von Defiziten. Diese fachliche Praxis bestätigt und verstärkt im Umgang mit den Betroffenen soziale Einstellungen und Vorurteile, die nach GOFFMAN (1975) der Tendenz unterliegen, »eine lange Kette von Unvollkommenheiten auf der Basis der ursprünglichen einen zu unterstellen« (14).

So ist (nicht nur) in Freizeitaktivitäten zumindest bei Erwachsenen damit zu rechnen, daß die Tätigkeiten behinderter Menschen im Zusammenhang mit oder als Zeichen von bzw. der »Behinderung« gewertet werden: entweder als »typisch behindert« oder als »unverhältnismäßig untypisch behindert« und damit herabgesetzt oder übertrieben bewundert werden. Auf jeden Fall sind Mißverständnisse kaum zu vermeiden. Auch Fachkräfte sind vor durch solche Vorurteile verzerrten Wahrnehmungen und Mißverständnissen nicht sicher. Neulich fand ich innerhalb der Beschreibung einer Theatergruppe bei der Vorstellung des beteiligten Personenkreises folgende Kurzcharakteristiken: »Sascha: 15 Jahre, mit einer leichten geistigen Behinderung bis Lernbehinderung« und »Sonja: 21 Jahre, Studentin«. Es werden nicht Motivation, Erfahrung und Fähigkeit zum Theaterspielen, sondern vielmehr soziale Karrierechancen als situative Personmerkmale mitgeteilt. Auch in der Integrationsdiskussion sind diese Fallstricke oder Fußangeln als Folgen der vorgängigen Diskriminierung in Form einer allgemeinen Defiziterwartung zu beobachten.

Zum *Stellenwert der Freizeit im Alltag von Menschen mit Behinderungen* kann zusammenfassend festgehalten werden: Wenn die genannten Zusammenhänge Gültigkeit haben und Freizeit mit Recht als ein abgeleiteter Lebensbereich angesehen werden muß, dann ist durch Veränderungen in den Lebensbereichen Arbeit, Wohnen, Verdienstmöglichkeit, durch die Erweiterung von Selbstbestimmung und durch den Abbau von Diskriminierungen zugleich eine neue Basis zur individuellen Entfaltung auch im Lebensbereich Freizeit geschaffen.

3. Wie kann der Arbeitsbereich »Freizeit« zur Entwicklung von aktiver und selbstbestimmter Freizeit beitragen?

Im folgenden wird davon ausgegangen, daß *»Freizeitarbeit«* ein Segment in der notwendigen beruflichen Qualifikation der Beschäftigten in Wohneinrichtungen für Menschen mit einer geistigen Behinderung darstellt. Dieses Praxisfeld ist einem Grundtypus sozialen Handelns zugeordnet, in dem »die Bewältigung von Zusammenleben im Mittelpunkt der beruflichen Tätigkeit« (MÜLLER 1987, 1051) steht. Und »Voraussetzung dafür, Formen des Zusammenlebens zu finden, die weder auf illusionären Voraussetzungen und Zielen beruhen noch resignativ den Weg des geringsten Widerstandes suchen, ist die Fähigkeit, den Status der Arbeitsbeziehung immer neu zu reflektieren und immer neu Arbeitsbündnisse auszuhandeln, die von beiden Seiten getragen werden können«. BURKHARD MÜLLER verweist darauf, daß sich diese Reflexion auch auf die »gesellschaftlichen Machtverhältnisse«, die zu einer Heimunterbringung geführt haben, und auf die »antizipierbaren Stigmatisierungs- und Selbststigmatisierungsprozesse, welche die Zukunftsperspektive dieser Situation beeinträchtigen« zu beziehen habe (1053). Die folgenden drei Abschnitte formulieren einige fachliche Reflexionsansätze und Beispiele für die Ausgestaltung der Freizeitarbeit, die in die Arbeitsbündnisse von Seiten der Beschäftigten eingehen können.

3.1 Wie sieht die gesellschaftliche Normalität der Freizeitgestaltung aus?

Bei der Suche nach Antworten kann man interessante Ergebnisse und Einschätzungen finden. Die *»Freizeit zu Hause«* ist deutlich in Zunahme begriffen. Zudem ist in der Freizeit nichtbehinderter Menschen ein *deutlicher Widerspruch von Wunsch und Wirklichkeit* festzustellen. OPASCHOWSKI (1987, 23) stellte schon 1983 eindrücklich fest, daß nur beim Ausmaß der Beschäftigung »Zeitung lesen« Wunsch und Wirklichkeit im Einklang stehen. Weiterhin weist er darauf hin, daß Freizeit allgemein im Spannungsverhältnis von Entfaltung, Freiheit, Selbstbestimmung und auf der anderen Seite von Langeweile, Vereinsamung, Streß und sogar Gesundheitsgefährdung steht. Freizeit steht immer auch in der Gefahr zu mißlingen.

Schließlich wird gerade an neueren Untersuchungen deutlich, daß die *passiv-rezeptive Freizeitnutzung* eindeutig im Vormarsch ist, d.h. immer »normaler« wird. »Die Medien haben das Freizeitverhalten grundlegend verändert, wenn nicht gar revolutioniert« (OPASCHOWSKI 1994, 34). Das Fernsehen hat die ehemals beliebteste Freizeitbeschäftigung, nämlich »aus dem Fenster gucken« abgelöst. »Generell ist feststellbar: Mit der Lebensphase ändert sich die Rolle des Medienkonsums im Freizeitleben der Bevölkerung. Der *Fernsehkonsum* stellt dabei das einzig stabile Freizeitelement dar, das in der Jugend (90%) genauso wichtig wie im Alter (90%) ist« (36).

In der Untersuchung »*Jugendliche in ihrer Freizeit* – Welche Veränderungen brauchen wir?« (1995) resümieren NORBERT HUPPERTZ und JOHANN KRAUS: »Ohne nun fordern zu wollen, junge Menschen sollten immer aktiv sein, fällt doch die Dominanz der ›passiven Aktivitäten‹ ins Auge: Musik hören, fernsehen, rumziehen, faulenzen etc. Wirklich aktive Freizeitbeschäftigung findet eine größere Gruppe nur im Sport: Dieser rangiert dabei an oberster Stelle. Lesen, Musik machen usw. fallen dagegen weit ab. Etwa 40% der befragten Jugendlichen tun ›organisiert‹ nichts: Sie gehören keinem ›Verein o.ä.‹ an. ›Zeiten, in denen es Dir langweilig ist‹ haben 15,6% oft, 46,2% manchmal, 29,9% selten, 8,3% nie« (196). Als wirklich beachtlich und auffällig erwähnen die Autoren die »festzustellende Zufriedenheit mit dem Konsum«. Nur 13,4% sind »weniger« und »lediglich 1,8% ›unzufrieden‹ mit ihrer Freizeit« (197).

Es sieht so aus, als ob sich die geistig behinderten Heimbewohner zumindest in ihrer Freizeitnutzung (siehe Abschnitt 1) nicht deutlich von den nichtbehinderten Jugendlichen der oben beschriebenen Stichprobe unterscheiden. Fachkräfte, die sich für die Freizeitgestaltung behinderter Menschen im Heim- und Tagesstättenbereich und in den offenen Hilfen engagieren, achten darauf, daß sie *nicht von einem unrealistischen Idealbild der Freizeit ausgehen*. Diese Gefahr liegt nämlich allein schon deshalb nahe, weil Freizeitaktivitäten anzuleiten und zu organisieren für sie Erwerbsarbeit ist. Und wer will nicht »gute Arbeit« leisten? Dabei könnte in Vergessenheit oder aus dem Blick geraten, daß oft für die Klienten die Zeit, die für die Beschäftigten Arbeitszeit ist, Freizeit oder »freie« Zeit ist. Eine regelmäßige Kontrollüberlegung über den persönlichen Maßstab gelungener Freizeit kann sein, sich über seine eigene Freizeit klar zu werden. Ein Thema für die Teamsupervision.

3.2 Orientierung am Normalisierungsprinzip

Weiter soll überprüft werden, welche Orientierung das *Normalisierungsprinzip* zur vorliegenden Fragestellung nahelegt und ermöglicht. Das Normalisierungsprinzip besagt in diesem Zusammenhang in den Worten von WALTER THIMM (1994): »Wichtig ist die klare Trennung von Arbeit – Freizeit – Wohnen, und zwar sowohl hinsichtlich der Orte als auch der Menschen, denen ich in diesen Bereichen begegne. Es gehörte zu den frühesten Forderungen bei der Reform der großen Anstalten für Behinderte, diese Trennung wichtiger Lebensbereiche durchzusetzen. Die für unsere Gesellschaft typische, in vieler Hinsicht als Freiheitsraum empfundene Trennung unserer Privatsphäre von der des Berufslebens, und dann wiederum die Ausweitung unseres Lebensraumes in Freizeitaktivitäten, all dieses ist auch heute noch bei vielen behinderten Menschen nicht verwirklicht« (38f.).

ANDREAS KÖNIG (1992) vertritt einen vergleichbaren Standpunkt. Zur Qualitätsbeurteilung und -entwicklung von Wohneinrichtungen schlägt er nach WOLFENSBERGER 42 Kategorien vor, zu denen er jeweils als Orientierung ein positives, ein neutrales und ein negatives Beispiel nennt. Die Kategorie 19 lautet »*Kulturadäquate Trennung der Programmpunkte*«. Als »positives Beispiel« schreibt er: »Die Bewohnerinnen einer Wohngruppe verlassen fünf mal wöchentlich ihre Gruppe, um zu ihrem Arbeitsplatz zu fahren, der sich am anderen Ende des Ortes befindet. Ihre Freizeit verbringen sie häufig (besonders am Wochenende) in der näheren Umgebung des Ortes. – In einer Gruppe, in der schwer behinderte, nicht mobile Männer und Frauen leben, werden diese fünf mal wöchentlich in ihren Rollstühlen zu einem Tagesprogramm gefahren, welches in einem anderen Gebäude der Vollzeiteinrichtung stattfindet. Ihre Freizeit verbringen diese Männer und Frauen sowohl innerhalb als auch außerhalb der Einrichtung« (58).

Allerdings nicht vom Normalisierungsprinzip, sondern von der Zielsetzung, *soziale Integration im Lebensbereich Freizeit zu fördern,* hergeleitet, schlagen NORBERT SCHWARTE und RALF OBERSTE-UFER (1997) in LEWO, einem Instrument zur Qualitätsentwicklung, vor, »den Nutzern eines wohnbezogenen Dienstes gezielt und ihren Bedürfnissen und Wünschen gemäß allgemeine Freizeitangebote zugängig zu machen und sie so weit wie möglich in Vereine, Freizeitgemeinschaften oder Kirchengemeinden zu integrieren. [...] Ein wohnbezogener Dienst sollte also den in der Gemeinde angebotenen Aktivitäten grundsätzlich den Vorzug vor selbst organisierten Angeboten geben« (154).

Abgesehen davon, daß zu bezweifeln ist, ob die persönliche Entfaltung in der Freizeit nur an besonderen Freizeitorten »kulturadäquat« möglich und erstrebenswert ist, birgt diese Auslegung des Normalisierungsprinzips – zum Maßstab erhoben – *Gefahren und verhängnisvolle Folgen* in sich:
- Die in der Realität – nicht nur im Alltag von Menschen mit Behinderung – dominierende wohnbezogene Freizeitgestaltung wird entwertet.
- Die Selbstbestimmung der Bewohner/-innen wird einem Prinzip (Normalisierung oder soziale Integration) untergeordnet.
- Den im Wohnbereich beschäftigten Fachleuten wird eine Qualifikation entzogen.
- Der Gruppenalltag bzw. das Zusammenleben in der Gruppe oder Wohnstätte verliert wichtige soziale Anknüpfungspunkte und Aushandlungsthemen.
- Die Gefahr von Interaktionsspannungen, Unsicherheiten und Isolierung im sozialen Umgang mit Nichtbehinderten wird unterschätzt.
- Die oftmals geäußerte Klage über den Personalmangel, dessentwegen der Lebensbereich Freizeit zu kurz komme, kann dadurch entlegitimiert und ad acta gelegt werden.

Die Gestaltung der freien Zeit hat ihr *Zentrum im unmittelbaren Wohnumfeld* und findet seine Form aus den Ideen und Erfahrungen zusammen mit den Personen, mit denen regelmäßiger Umgang gepflegt wird, und aus den dort zur Verfügung stehenden bzw. gestellten Materialien und der bestehenden Ausstattung. Die Gestaltung der freien Zeit ist natürlicher Bestandteil des Zusammenlebens und seiner Bewältigung als fachlicher Aufgabe. Das Aufsuchen von (besonderen) Freizeitorten beginnt im eigenen Wohnbereich, wird dort geplant, unterstützt oder behindert; und Freizeit findet in der Rückkehr von einer Veranstaltung, einem Kurs oder einer Reise nach Hause nicht sein natürliches Ende, sondern geht dann zu Hause normalerweise solange weiter, bis eine Ruhephase eingelegt oder die Erwerbsarbeit wieder aufgegriffen wird. Wenn die Gestaltung der freien Zeit im unmittelbaren Wohnumfeld, in der Wohngruppe oder im Wohnheim nicht erfahrbar ist, stellt die Inanspruchnahme von besonderen »Fachdiensten für Freizeit« und »integrativer – oder spezieller Freizeitclubs« keine Bereicherung, sondern eine Verschiebung der Verantwortung, einen Notbehelf und ein Alibi dar.

Selbstverständlich informieren Fachkräfte im Gruppendienst regelmäßig über Freizeitangebote in der Umgebung und treten bei den Bewohnerinnen und Bewohnern als »Anstifter«, diese kennenzulernen, auf. Sie veröffentlichen auch das gruppeninterne Angebot und die weiteren Planungen für die freie Zeit in ihrer Gruppe, um gruppenübergreifende Beteiligung zu ermöglichen und dadurch ausdrücklich zu dokumentieren, daß diese erwünscht ist.

3.3 Der »freizeitpädagogische Diskurs«

Schließlich soll noch in aller Kürze auf den allgemeinen »*freizeitpädagogischen Diskurs*« Bezug genommen werden, um zur Entwicklung freizeitpädagogischer Kompetenz zu motivieren und eine mögliche Fundierung anzudeuten. Selbstverständlich hat die Freizeitpädagogik wie jede spezielle Pädagogik das Ziel, eine bestimmte Fähigkeit zu fördern; hier ist es die »Freizeitfähigkeit«. »Mit dem Wandel des gesellschaftlichen Freizeitangebots muß auch die Freizeitfähigkeit Schritt halten. Freizeitpädagogik bezeichnet die Aufgabe, dem Bürger zu erleichtern, seine Freizeitfähigkeit weiterzuentwickeln« (NAHRSTEDT 1990, 2). Was für die anderen Lebensbereiche recht ist, muß für die Freizeit ebenfalls billig sein. In seiner theoretischen Herleitung sieht WOLFGANG NAHRSTEDT die Freizeitkompetenz als »eine Form der Zeitkompetenz« (140). »Zeitkompetenz bezeichnet die Fähigkeit jedes einzelnen, über seine eigene Zeit selbstbestimmt entscheiden zu können« (141). »Erfüllte Zeit«, »Eigenzeit« und »Rückgewinnung enteigneter Zeit« werden zu orientierenden Stichworten in der »demokratischen Freizeitpädagogik«, wie NAHRSTEDT seine Konzeption nennt.

Darin unterscheidet er »Tagesfreizeit«, »Wochenfreizeit«, »Wochenendfreizeit«, »Jahresfreizeit«, »Urlaubsfreizeit«, »Freizeitjahr« und »Lebensfreizeit« (55ff.). Den darin gegebenen Möglichkeiten ordnet er drei Lernbereiche und damit drei Pädagogiken unter: »Freizeitlernen meint dann das Erlernen der Fähigkeit, Freizeit als ›Zeit der Freiheit‹ im Rahmen der Gesamtzeit mit demokratischer Zielsetzung gestalten zu können. Kulturlernen bedeutet die Aneignung der Fähigkeit, Freizeit zur Qualifizierung von Freizeitkünsten nutzen zu können. Reiselernen bezeichnet den Erwerb der Fähigkeit zur Kunst des Reisens. Freizeitpädagogik (Freizeitberatung), Kulturpädagogik (Kulturarbeit) und Reisepädagogik (Animation, Reiseleitung) zusammen entwickeln den Gesamtrahmen für pädagogisches Handeln im Freizeitbereich« (149). Der natürliche Ausgangspunkt für »Freizeitgestaltung« und damit auch für »Freizeitlernen und Freizeitpädagogik« ist die

»Offenheit von Freizeitsituationen«; gemeint sind »räumliche Offenheit«, »zeitliche Offenheit«, »Beziehungsoffenheit«, »Inhaltsoffenheit« und »soziale Offenheit« (179).

NAHRSTEDT hat die »Qualifizierung und Professionalisierung des Freizeitpädagogen« (193) und die Weiterentwicklung eines »neuen Typs pädagogischer Einrichtungen und Maßnahmen, die sich systematisch von bisherigen pädagogischen Handlungsfeldern unterscheiden« (185) im Sinn. »Freizeiteinrichtungen für alle«, deren »eigentliches Anliegen die Förderung selbstbestimmter Interessensentwicklung« (191) sei, so lautet die Vision. Hier findet der freizeitpädagogische Diskurs Anschluß an den aktuellen Schwerpunkt des behindertenpädagogischen Diskurses.

LARS HAVENITH (1996) hat die Konsequenzen dieser Freizeitpädagogik für Erwachsene mit geistiger Behinderung ausgeleuchtet. Der Ausgangspunkt einer Umsetzung liegt danach in einer besonderen Qualität des Umgangs im Zusammenleben der wohnbezogenen Fachleute und der Bewohnerinnen und Bewohner: »Wege zu einer selbstbestimmten Freizeit müßten zunächst eine Elimination sämtlicher (Sonder-)Pädagogik im Sinne begrenzender Zwangs- und Anpassungspädagogik beinhalten, da pädagogische Unterstützung zumindest im Freizeitbereich nur Angebotscharakter haben darf. Wichtig wäre, daß die Umgebung der betroffenen Menschen lernt, diesen zuzuhören (auch nonverbal), um dann die konkreten und selbstverständlichen technischen, sozialen und pädagogischen Hilfen zur Umsetzung der Freizeitvorstellungen zu finden« (43). Fachleute im Gruppendienst bringen sich dadurch in die Lage, für ihre Bewohner »*Freizeitassistenten*« zu sein oder Personen zu gewinnen, die bereit sind, Aktivitäten einzelner Bewohner oder Kleingruppen auch nach außerhalb der Einrichtung zu begleiten.

MARTIN GRUYTERS (1995) hat sich diese Vorstellung zu eigen gemacht und seine Freizeitassistenz so beschrieben:

»Wir haben viele Dinge unternommen. Etliches mehr haben wir außer Acht gelassen. Ich sah meine Aufgabe als zusätzliche Fachkraft darin, den Bewohnern bei der Verwirklichung ihrer im Freizeitbereich angesiedelten Vorstellungen zur Seite zu stehen. Unsere Aktivitäten sollten so weit möglich ohne Druck ablaufen. Wir verbrachten schließlich die Freizeit miteinander.

Die einzelnen Bewohner sollten spüren, daß die Gruppe hinter ihnen steht, solange der Frieden gewahrt wird. Sie sollten alles, was ihnen am Herzen lag, – auch 10 mal – sagen können und sollten wissen, daß sie die gleiche Würde, die gleichen Rechte (und Pflichten: z.B. Straßenverkehrsregeln), die gleichen Bedürfnisse und die gleiche Wichtigkeit haben wie jeder andere Erdenbürger auch.

Ferner wollte ich ihnen Gelegenheiten anbieten, in denen sie ihre Selbständigkeit und Selbstbestimmung nutzen und walten lassen konnten. Sie sollten frei wählen, ob sie an den Unternehmungen teilnehmen, ob sie sie abbrechen, wie schnell sie und in welcher Entfernung von der Gruppe sie gehen, wieviele Pausen sie machen, ob und was sie essen, ob und was sie trinken, wen sie begrüßen, wohin sie das nächste Mal gehen, oder ob sie sich lieber in den Bus oder die Bahn setzen wollten.

Auch bemühte ich mich darum, ehrliche Äußerungen auszusprechen, die ihr Selbstvertrauen stärken sollten, wie z.B. ›Sie haben zu entscheiden‹ / ›Das können Sie selbst genauso gut.‹ / ›Mir ist das egal, entscheiden Sie sich für was.‹ / ›Das könnte ich nicht.‹ /

›Da hätte ich nicht die Ausdauer für.‹ / ›Weiß ich nicht.‹ / ›Das habe ich gar nicht gesehen.‹ / ›Wo gehts denn da lang?‹ / ›Danke.‹ / ›Warn Sie schon mal da?‹ / ›Wie hat Köln gespielt?‹ / ›Wie gehts Ihrem Fuß oder Ihrer Erkältung?‹ / ›Haben Sie das oder das schon gehört?‹ / ›Hats geschmeckt?‹ / ›Fahren Sie am Wochenende weg?‹ usw« *(32ff.).*

Die Unternehmungen, die dabei entstanden, waren voll von Aushandlungen, Überraschungen, Spaß und Nähe für alle.

»Freizeitspezialisten« in internen Fachdiensten oder Freizeitclubs eröffnet sich ein umfangreiches Praxis- und Wirkungsfeld, wenn sie sich auf die Lebenssituation behinderter Menschen in Wohneinrichtungen einlassen:

- Zunächst und zuallererst können sie durch die Beratung und Fortbildung die Mitarbeiter im Gruppendienst mit der Freizeitpädagogik und ihren Möglichkeiten vertraut machen. Sie erinnern daran und pochen darauf, daß der gruppeninterne Lebensbereich Freizeit wertvoll ist; sie bemühen sich, Argumente zu entkräften, die vielleicht lauten: »Das würde ich tun, wenn ich Zeit hätte«, und versuchen, den Bedingungen, die solche Klagen begründen, entgegenzuwirken.
- Zudem mischen sie sich in alle Belange und Entscheidungen ein, die institutionell getroffen werden und Konsequenzen für die »Freizeit« haben. Daß das viele Belange und Bereiche sind, wurde ausführlich belegt (siehe Abschnitt 2).
- Sie achten darauf, daß »Förderung« und »Freizeit« nicht vermischt werden. »Dieser *Verzicht auf Förderung in der Freizeit* bedeutet keine pädagogische Laisser-faire-Haltung oder Gleichgültigkeit gegenüber dem behinderten Menschen, sondern die Respektierung seines So-Seins sowie die Wertschätzung originärer menschlicher Bedürfnisse nach Entspannung, psychisch-physischem Wohlbefinden, Muße, Unterhaltung und Selbstverwirklichung im zweckfreien (ästhetischen) Tun« (THEUNISSEN 1995, 81). Ebenso sind therapeutische Begründungen für unspezifische, aber auch für die spezifischen Freizeitaktivitäten abzuweisen und auszuschließen. Daß aber auch in therapeutischen Settings persönliche Vorlieben und Hobbys entstehen können, darauf hat der Saxophonist KLAUS KREUZEDER (1996, 406) hingewiesen. *Erwachsenenbildung* kann dem *Erwerb von Freizeitkompetenzen* dienen, sollte aber nicht als bloße Freizeitbeschäftigung »verkannt, ja entwertet« werden (THEUNISSEN 1995, 74). Erwachsenenbildung ist ein vorzüglicher Ort, Angebote, Entfaltungsbereiche und Ideen kennenzulernen, die zum Gegenstand selbstgewählter und gemeinsamer Freizeit werden können.
- Zielgruppenbezogene und integrative Angebote der »Kulturpädagogik« und der »Reisepädagogik« (vgl. WALTHER 1997) sind kein Luxus, sondern ein notwendiger Ausdruck für die Gleichstellung von Menschen mit Behinderung; ihre Repräsentanz und ihr Gewicht muß in Konzepten der Einrichtungen und in den Kriterien-Katalogen zur Qualitätssicherung und -entwicklung ihren festen Platz finden.
- Viele schöne und eindrucksvolle Beispiele von gelungenen Freizeitangeboten im Sinne von Lebensstilkultur und Kulturarbeit sind allerdings nicht selten in Kontexten entstanden, in denen außergewöhnliche Umstände günstig zusammentrafen. Es waren oftmals gewissermaßen Zufälle, denen sie ihre Existenz verdankten; sie sind in »Nischen« entstanden und konnten sich so erst entwickeln.

Ein Beispiel: STEFAN AHLER *(1993) berichtet von der Entstehung einer kunst- und kreativtherapeutischen Gruppe. Er arbeitete zunächst neben seinem Studium als Nachtwache in einem Behindertenwohnheim. Durch den engen Kontakt zu den Bewohnern entstand ein Vertrauensverhältnis, so daß diese sich bald mit Ängsten, Sorgen und Nöten an ihn wandten. Dann wurde er auch im Tagdienst öfters als Aushilfe kurzfristig einer Gruppe zugeteilt und hatte deshalb, wie er schreibt, »zu wenig Möglichkeiten, pädagogische und therapeutische Ideen strukturiert und geplant umzusetzen« (202). Nach dem Vorbild der anderen Betreuer, die neben der Alltagsarbeit z.B. eine Sportgruppe, eine Theater-AG und Freizeitaktivitäten anboten, plante* AHLER, *seinen »Tagdienst umzustrukturieren und auch eine Gruppe zu gründen« (202). Dabei sollte die Aufgabenstellung aber nicht vorgegeben werden, »vielmehr sollte es um Bildung und Emanzipation durch künstlerisch-kreatives Schaffen gehen, also um eine Tätigkeit, die stark von der Selbständigkeit und der Phantasie der Teilnehmer geprägt sein sollte« (202). Er brachte einige Male Mal- und Zeichenmaterial mit zu seinem Tagdienst und es fanden sich Jugendliche und Erwachsene, die begeistert waren, ihren eigenen Ideen freien Lauf zu lassen und eigenständig zu malen, zu gestalten und zu basteln, wenn auch viele Hemmungen zeigten, ihrer Individualität zu trauen.* AHLER *wurde deutlich, »daß ein kunst- und kreativtherapeutischer Bedarf im Wohnheim besteht, der vom bisherigen Freizeitangebot nicht abgedeckt wurde« (203).*

Auf diese Weise beginnen viele Geschichten, aber viele enden genauso zufällig, wie sie begonnen wurden. *Solche Gruppen dürfen nicht dem Zufall überlassen bleiben.* Es geht nicht darum, daß die Freizeitspezialisten solche Gruppen allesamt selbst übernehmen. Ihre Aufgabe ist es allerdings, den günstigen Zufall zu steuern, solche Gruppen zu verstetigen und zu helfen, ihre Existenz zu sichern. Dazu ist es möglich, interessierte Könner in die Wohneinrichtung zu holen und/oder mit Gruppen aus der Wohneinrichtung hinaus zu interessierten Könnern und in deren Gruppen zu gehen (vgl. z.B. BRAND 1996). Malerei, Film, Theater, Musik, Tanz, Zirkus sind Stichwörter. Behinderte Menschen erfahren hier, daß ihre Fähigkeiten erwünscht sind, ihre Produkte geschätzt werden. Sie erleben, daß sie sich hier von nichtbehinderten Menschen nicht wesentlich unterscheiden.

4. Zusammenfassung und Rückblick

»Freizeitarbeit« in Wohneinrichtungen für Menschen mit einer geistigen Behinderung als ein Teil der beruflichen Tätigkeit von Betreuern oder »Begleitern« und das Nachdenken über die Kunst, darin Qualität zu sichern, war Gegenstand dieses Beitrags. Und Qualität »kommt nicht allein zum Tragen, indem perfekt gepflegt wird und der Heimalltag funktioniert, sondern indem Selbständigkeit gefördert und gefordert wird, indem abgewogen wird, wieviel Reglementierung eine fachlich angemessene Hilfe im organisierten Zusammenleben zwingend erfordert und welche Handlungsspielräume und Lebensräume jedem einzelnen Nutzer von Wohneinrichtungen gegeben sein müssen und werden – auch unter den Bedingungen der Gemeinschaft und den Zwängen einer Institution. Aus diesem Blickwinkel bedeutet well-being/Wohlfahrt vorrangig das Wohlbefinden derjenigen, die Experten ihrer Situation und die Kunden – und damit die Könige – der Behindertenhilfe sein sollten« (WACKER 1996, 310).

Literatur

AHLER, S.: Identität durch Wort und Bild. Entwurf einer Kunst- und Kreativtherapie für behinderte Jugendliche. Münster/Hamburg (Lit-Verlag) 1993.

AUHAGEN, K./VOGT, S.: Freizeitgestaltung und Freizeitverhalten geistig behinderter Erwachsener. Mönchengladbach (unveröffentlichte Projektarbeit an der Fachhochschule Niederrhein) 1992.

BARDMANN, TH. M.: Die mißverstandene Freizeit. Freizeit als soziales Zeitarrangement in der modernen Organisationsgesellschaft. Stuttgart (Enke) 1986.

BECK, I.: Neurorientierung in der Organisation pädagogisch-sozialer Dienstleistungen für behinderte Menschen: Zielperspektiven und Bewertungsfragen. Frankfurt/Main (Lang) 1994.

BRAND, K.-M.: Kultur gegen Barrieren ... ein Experiment. Nachdenken über einen konkreten Umsetzungsversuch von Aspekten integrativer Spiel- und Kulturpädagogik in einer zentralen Großeinrichtung. Gemeinsam leben 4 (1996), 149–154.

BUNDESMINISTERIUM FÜR ARBEIT UND SOZIALORDNUNG (Hrsg.): Vierter Bericht der Bundesregierung über die Lage der Behinderten und die Entwicklung der Rehabilitation. Bonn 1998.

DEUTSCHER BILDUNGSRAT: Empfehlungen zur pädagogischen Förderung behinderter und von Behinderung bedrohter Kinder und Jugendlicher. Stuttgart (Klett) 1973.

DUISBURGER ERKLÄRUNG. In: Selbstbestimmung. Kongreßbeiträge. Marburg (Bundesvereinigung Lebenshilfe) 1996, 10–11.

ERKENS, R.: Einführung zur aktiven Freizeitgestaltung von Bewohnern in Außenwohngruppen. Düsseldorf (unveröffentlichte Abschlußarbeit an der Fachschule für Heilpädagogik) 1991.

GEURDEN, C.: Freizeitgestaltung und Freizeitverhalten im Alltag einer Wohneinrichtung für geistig behinderte Erwachsene. Mönchengladbach (unveröffentlichte Diplomarbeit an der Fachhochschule Niederrhein) 1997.

GOFFMAN, E.: Stigma. Über Techniken der Bewältigung beschädigter Identität. Frankfurt/Main (Suhrkamp) 1975.

GRUYTERS. M.: Versuch der Mitgestaltung einer möglichst abwechslungsreichen und Kompetenzenfördernden Freizeit einer Heimgruppe. Mönchengladbach (unveröffentlichte Projektarbeit an der Fachhochschule Niederrhein) 1995.

HAVENITH, L.: Chancen und Grenzen einer selbstbestimmten Freizeit bei Erwachsenen mit geistiger Behinderung. Mönchengladbach (unveröffentlichte Diplomarbeit an der Fachhochschule Niederrhein) 1996.

Huppertz, N./KRAUS, J.: Jugendliche in ihrer Freizeit – Welche Veränderungen brauchen wir? Neue Praxis 2 (1995), 196–201.

KÖNIG, A.: ›Normalisierung‹ konkret – Wolfensbergers Verfahren PASSING. In: BUNDESVEREINIGUNG LEBENSHILFE E.V. (Hrsg.), Qualitätsbeurteilung und -entwicklung von Wohneinrichtungen für Menschen mit geistiger Behinderung. Bericht über eine Fachtagung der Bundesvereinigung Lebenshilfe. Marburg (Eigenverlag) 1992, 37–84.

KREUZEDER, K.: Künstler und behindert – kein Problem? In: ZWIERLEIN, E. (Hrsg.), Handbuch Integration und Ausgrenzung. Behinderte Mitmenschen in der Gesellschaft. Neuwied (Luchterhand) 1996, 405–407.

MINISTERIUM FÜR ARBEIT, GESUNDHEIT UND SOZIALES DES LANDES NORDRHEIN-WESTFALEN (Hrsg.): Behinderte Menschen in Nordrhein-Westfalen. Wissenschaftliches

Gutachten zur Lebenssituation von behinderten Menschen und zur Behindertenpolitik in NRW. Düsseldorf 1993.

MÜLLER, B.: Sozialpädagogisches Handeln. In: EYFERTH, H./OTTO, H.-U./THIERSCH, H. (Hrsg.): Handbuch zur Sozialarbeit/Sozialpädagogik. Neuwied (Luchterhand) 1987, 1045–1059.

NAHRSTEDT, W.: Leben in freier Zeit. Grundlagen und Aufgaben der Freizeitpädagogik. Darmstadt (Wissenschaftliche Buchgesellschaft) 1990.

OPASCHOWSKI, H. W.: Einführung in die Freizeitwissenschaft. Opladen (Leske & Budrich) 1994.

SCHWARTE, N./OBERSTE-UFER, R.: LEWO Lebensqualität in Wohnstätten für erwachsene Menschen mit geistiger Behinderung. Ein Instrument zur Qualitätsentwicklung. Ein Handbuch der Bundesvereinigung Lebenshilfe. Marburg 1997.

SPÄTE, H.F.: Beschäftigung und Berufsausbildung für Behinderte nach der Wende in den »neuen Ländern«. Gemeinsam leben 3 (1995), 21–25.

STADLER, H.: Ein Leben ohne Erwerbsarbeit als behindertenpädagogisches Problem. In: MÜHLUM, A./OPPL, H. (Hrsg.), Handbuch der Rehabilitation. Neuwied (Luchterhand) 1992, 161–186.

THEUNISSEN, G.: Pädagogik bei geistiger Behinderung und Verhaltensauffälligkeit. Ein Kompendium für die Praxis. Bad Heilbrunn (Klinkhardt) 1995.

THIMM, W.: Leben in Nachbarschaften. Hilfen für Menschen mit Behinderungen. Freiburg/Basel/Wien (Herder), 2. Aufl. 1994.

WACKER, E.: Die Qualitätsfrage als Muß, Mode oder Möglichkeit zur Verbesserung von Hilfen. Gedanken zur Kunst, Qualität zu sichern. Behindertenpädagogik 35 (1996), 301–312.

WALTHER, H.: Von der Freizeitpädagogik zum Reisebüro für Menschen mit Behinderungen. In: HÄHNER, U./NIEHOFF, U./SACK, R./WALTHER, H. (Hrsg.): Vom Betreuer zum Begleiter. Eine Neuorientierung unter dem Paradigma der Selbstbestimmung. Marburg (Bundesvereinigung Lebenshilfe) 1997, 225–239.

WEDEKIND, R./CONRADT, B./MUTH, TH.: Wege der Eingliederung geistig behinderter Menschen aus Psychiatrischen Kliniken in ein Leben so normal wie möglich. Schriftenreihe des Bundesministeriums für Gesundheit, Band 32. Baden-Baden (Nomos) 1994.

CHRISTIAN LINDMEIER

Integrative Erwachsenenbildung im Interesse von Menschen mit (geistiger) Behinderung

1. Einleitung

Anders als die Schule unterliegt die Erwachsenenbildung strukturellen Bedingungen, die der Frage nach der Qualität und Funktion des 4. Bildungssektors ihr eigenes Gepräge verleihen. Zwei ihrer zentralen strukturellen Bedingungen lassen sich folgendermaßen zusammenfassen (vgl. auch MADER/WEYMANN 1979):

- Die Wahrnehmung von Bildungsangeboten der Erwachsenenbildung ist *freiwillig*; ihr sind keine lernenden Erwachsenen wie der Schule die Schüler vorgegeben. Dies hat zur Folge, daß sie die aus eigenem Interesse Nachfragenden mit dem Angebot zufriedenstellen muß. Dabei muß sie ständig bestrebt sein, neue Adressaten und potentielle Teilnehmer ausfindig zu machen und zu gewinnen.
- Erwachsenenbildung hat keinen formalisierten Bildungsauftrag wie die Schule. Sie »definiert« ihren Bildungsauftrag vielmehr entsprechend den sie tragenden Bildungsinteressen unterschiedlich. Die Motivationslage der »Nutzer« und die Offenheit für eine *Pluralität* des Angebotes müssen sie daher in einem Maße beschäftigen, wie dies in keinem anderen Bildungssektor der Fall ist.

Seitdem die Erwachsenenbildung sich institutionell ausweitet und eine gewisse Professionalisierung erfahren hat, wird vor allem aufgrund der beiden eben genannten strukturellen Bedingungen als eines ihrer *originären Themen* (vgl. MADER/WEYMANN 1979) die Diskussion über *Teilnehmerorientierung, Zielgruppenentwicklung* und *Adressatenforschung* angesehen. Es ist mittlerweile allgemein akzeptiert, daß der Begriff der »Zielgruppe« dabei als Bindeglied und Vermittlungsbegriff zwischen Adressatenforschung einerseits und Teilnehmerorientierung andererseits verwendet werden soll (SCHÄFFTER 1981). Der Hintergrund dieser Abgrenzung ist nach MADER folgender: »Bevor der individuelle Teilnehmer mit seinen Lernbedürfnissen und Motivationen, mit den Prägungen seiner Lebenswelt und seinen biographisch aufgeschichteten Erfahrungen in einer Lernsituation eine unmittelbare Beziehung zur Weiterbildung aufnimmt, gibt es eine mittelbare und institutionelle Beziehung zu ihm, in dem er als Adressat oder Mitglied einer Zielgruppe in der Planung der Weiterbildung antizipiert wird« (1990, 3). Dabei ist für den Zielgruppenbegriff kennzeichnend, daß in ihm sowohl die makrodidaktische Ebene der Programmplanung als auch mikrodidaktische Implikationen wie z.B. die Situationsorientierung, der Lebensweltbezug oder psychosoziale Arbeitsformen mitgedacht sind (vgl. SCHÄFFTER 1981). Die Begriffe *Adressat* und *Zielgruppe* sind also Kategorien institutioneller und organisatorischer Beziehungen zum potentiellen *Teilnehmer*; sie entspringen dem Interesse an der Institutionalisierung und Professionalisierung der Weiterbildung.

Neben dieser institutionellen Planungsfunktion gab es aber von Anfang an – d.h. seit den 60er Jahren – auch eine mit Adressatenforschung und Zielgruppenentwicklung verknüpfte gesellschaftspolitische Zielsetzung der *sozialen Integration* Bildungsbenachteiligter durch Erwachsenenbildung: »Zielgruppenarbeit ist immer wieder eingeführt und begründet worden als Beitrag zur *Demokratisierung* der Gesellschaft, insofern sie in der Lage sei, der Mittelstandsorientierung der Weiterbildung gegenzusteuern. Zudem war die Ungleichheit der Chancen spezifischer Bevölkerungsgruppen, die sich in der liberalen Chancengleichheit der Weiterbildung nochmals reproduzierte, ein ständiges Ärgernis und verlangte nach besonderen Chancen für diese Gruppen. Demokratisierung und Chancengleichheit waren (bildungs-)politische Ziele, die mit der Zielgruppenarbeit verknüpft waren und sind« (MADER 1990, 5).

Die Zielgruppenarbeit sollte diesbezüglich ein besonderes Beziehungsverhältnis zwischen Weiterbildungsinstitutionen und einer bestimmten Gruppe herstellen, indem sie bei der Planung vorrangig »latente Bedürfnisse, die man aus den sozialen und psychischen Dispositionen der Zielgruppen aufbereitet« (GIESECKE 1993, 121) antizipiert, um die Mitglieder dieser Zielgruppe adäquat zur Artikulation und Durchsetzung ihrer Interessen zu befähigen und ihnen dadurch zur gleichberechtigten Teilnahme, Mitwirkung und Mitverantwortung an gesellschaftlichen und politischen Entscheidungsprozessen verhelfen zu können (vgl. DEGEN-ZELASZNY 1974).

2. Zur Rekonstruktion des Zielgruppenansatzes in der Erwachsenenbildung im Interesse von Menschen mit (geistiger) Behinderung

Zunächst eine Vorbemerkung. Im folgenden ist immer dann, wenn es um konkrete Beispiele geht, von Menschen mit geistiger Behinderung die Rede. Aussagen allgemeiner Art betreffen hingegen alle Erwachsene mit Behinderung, unabhängig von der Art ihrer Behinderung. Ein weiterer Grund, das Adjektiv (geistig) in Klammern zu setzen rührt daher, daß der Verfasser die Auffassung vertritt, daß eine derartige Verallgemeinerung pädagogisch wertlos ist und hinsichtlich des Handelns in konkreten Situationen einer so präzisen Beschreibung und Interpretation bedarf, daß eine Pauschalisierung wie »geistige« Behinderung nur als Diskriminierung angesehen werden kann.

Im Zusammenhang mit der unter 1. dargestellten gesellschaftspolitischen Zielsetzung hat das Konzept seit den 70er Jahren auch Bedeutung für die Weiterbildung im Interesse (geistig) behinderter Mitbürger als einem der Aufgabenfelder einer *integrativen Erwachsenenbildung* (vgl. SIEBERT 1993) erlangt und bis heute, zumindest in der Heilpädagogik, behalten (vgl. THEUNISSEN 1991, 1995; JOSEK/ROTTER 1995; SPECK 1996). Als Paradebeispiel für eine politisch-emanzipatorische Zielgruppenarbeit mit (körperlich) behinderten Erwachsenen gelten noch immer die von ERNST KLEE (vgl. 1976) Anfang der 70er Jahre an der VHS Frankfurt/Main durchgeführten »Kurse zur Bewältigung der Umwelt«.

Die bekannteste Anpassung dieses Konzeptes auf die Erwachsenenbildung im Interesse von Menschen mit Behinderung stammt von ERIKA SCHUCHARDT (vgl. 1987a, 1987b, 1987c), an deren »Zielgruppen-Interaktions-Konzept (ZIK)« sich seit den 80er Jahren viele Theoretiker und Praktiker in der Heilpädagogik ausgerichtet haben. Es fällt daher auch nicht schwer, sämtliche Modelle und Organisationsformen der gegenwärtig realisierten Erwachsenenbildung im Interesse von Menschen mit (geistiger) Behinderung den drei Lernschritten der *Stabilisierung, Integration* und *Partizipation*, die dieses Konzept als wechselseitigen Lernprozeß von behinderten und nichtbehinderten Teilnehmern vorsieht, zuzuordnen (vgl. RADTKE 1980; SPECK 1996). Grundlage dieses Konzeptes ist ein Krisenverarbeitungsmodell, das SCHUCHARDT anhand ihrer Biographieforschung bei von Krisen Betroffenen herausgearbeitet hat (vgl. 1987b).

Wie SCHUCHARDT hierzu ausführt, erlebt der Betroffene im ZIK-Lernschritt 1 die angestrebte persönliche *Stabilisierung* »zunächst allein im Kreis Gleichbetroffener und auch außerhalb einer Bildungsstätte, um in gewohnter Umgebung die persönlichen Probleme zu klären, sich mit anderen auszutauschen und Ängste abzubauen. Erst danach, wenn jeder sich seiner eigenen Lage voll bewußt geworden ist und seine isolierte Situation als nicht selbst verschuldet, sondern als lebensgeschichtlich wie gesellschaftlich bedingt erkannt hat, ist das Selbstwertgefühl so weit stabilisiert, daß der notwendige Schritt gemacht werden kann, die *Störung der Beziehungsfähigkeit* [Hervorh. d. Verf.] durch integrative Seminare mit Nichtbehinderten abzubauen« (SCHUCHARDT 1987a, 47). Nach RADTKE (1980) ist in diesem Stadium auch der *Vergleich zu Leistungen* nichtbehinderter Teilnehmer zu vermeiden, weil damit Fremdmaßstäbe eingeführt würden, die zu einer Infragestellung jeglicher hier erzielter Erfolge führen müßte.

An dieser Stelle setzt dann die *Integration* als zweiter ZIK-Lernschritt ein. »In gemeinsamen Veranstaltungen gilt es, sich der wechselseitigen Vorurteile bewußt zu werden, sie auszusprechen und mit Hilfe von Interaktionsanalysen neue veränderte Einstellungs- und Verhaltensweisen des Miteinander zu erlernen« (SCHUCHARDT 1987a, 48). Dabei ist vor allem wichtig, daß auch der Nichtbehinderte die Kompetenz des Behinderten entdeckt und zu würdigen lernt und ihn dadurch als Partner gewinnt (ebd.). Das möglicherweise noch vorhandene Sicherheitsbedürfnis der behinderten Teilnehmer soll durch die spezifische Ausrichtung auf seine Lernvoraussetzungen und -bedürfnisse gewahrt bleiben (vgl. RADTKE 1980).

Hinsichtlich der Realisierung des dritten ZIK-Lernschrittes der *Partizipation* ist es die Aufgabe des Erwachsenenbildners, »die Teilnehmer der Lerngruppe zu befähigen, von sich aus an Veranstaltungen der allgemeinen Weiterbildung teilzunehmen oder auch eigene Interaktionsangebote zu initiieren« (SCHUCHARDT 1987a, 48), was nur dann gelingen wird, »wenn das Selbstwertgefühl auf beiden Seiten stabilisiert worden ist und das Zusammensein ungezwungen und vorurteilsfrei verlaufen kann« (ebd.), womit sich Zielgruppenarbeit letztendlich selbst überflüssig macht und wieder in ein durch sie verändertes Weiterbildungsangebot einmündet. Wie RADTKE betont, ändert an dieser Forderung auch der Tatbestand nichts, daß etliche Betroffene nie über die erste Stufe hinauskommen, und daß die Mehrzahl der behinderten Teilnehmer auf der zweiten Stufe stehenbleibt, denn »ein Ziel verliert nicht dadurch an Wert, daß es nur von wenigen erreicht wird« (1980, 32).

Dennoch trifft auch hier der Einwand MADERS gegenüber dem Zielgruppenansatz zu, »daß die für eine solche Zielgruppe ... planende Institution im Prozeß der Zielgruppenentwicklung eine Vorstellung davon entwickeln [muß], was denn für diese Gruppe ›benachteiligt‹ oder ›unterprivilegiert‹ und ein durch Bildung zu behebendes Defizit sei« (1990, 5). Die institutionelle Absicht, ein emanzipatorisches Angebot zu schaffen, schlägt sich in einer solchen Defizitanalyse nieder, was auch an den Ausführungen SCHU-CHARDTS und RADTKES deutlich wird, in denen von Defiziten wie »Beziehungsstörung« oder »Leistungsminderung« ausgegangen wird. Dies erscheint wenig kongruent mit der andererseits bei SCHUCHARDT erhobenen Forderung nach dem Abbau von Vorurteilen durch die Entdeckung der Kompetenzen der Behinderten. Daß es doch meist bei separativen Angeboten für Menschen mit (geistiger) Behinderung bleibt und Menschen ohne Behinderung kein Interesse an der Teilnahme an diesen Angeboten haben, ist ein Indiz dafür, daß für sie ebenfalls die Defizite der Behinderten im Vordergrund stehen; ein gängiges Vorurteil, das durch den Zielgruppenansatz allerdings stabilisiert wird. Aus meiner zehnjährigen Erfahrung als Kursleiter von Kursen für die Zielgruppe der Menschen mit geistiger Behinderung an zwei nordbayerischen Volkshochschulen ergibt sich, daß es bis auf einige wenige Ausnahmen keine Beteiligung nichtbehinderter Teilnehmer an Kursen für Menschen mit und ohne Behinderung gab, die die Leistungsfähigkeit und die Bedürfnislage (geistig) behinderter Erwachsener zum Ausgangspunkt hatten. Hinzu kam, daß auch der Lernort, an dem diese Kurse stattfanden, jeweils Behinderteneinrichtungen waren, weil die räumlichen Bedingungen in den Volkshochschulen nicht behindertengerecht waren, und vor allem, weil die Kosten für Hin- und Rückfahrt oder für die Anmietung behindertengerechter Räume das ohnehin bei derartigen Kursangeboten bestehende finanzielle Defizit als nicht mehr tragbar hätten erscheinen lassen.

Wegen seiner Ausrichtung an der *Kompensation von Defiziten* und der daraus folgenden *Tendenz zur Homogenisierung* der Bildungsangebote für verschiedene Zielgruppen des Adressatenkreises der »sozial Benachteiligten« ist das Konzept der Zielgruppenarbeit in der allgemeinen Erwachsenenbildung seit Ende der 80er Jahre immer häufiger in Frage gestellt worden, was zur Folge hatte, daß sich die allgemeine Erwachsenenbildung in den letzten zehn Jahren theoretisch wie praktisch immer weniger um die Zielgruppenarbeit mit Menschen mit (geistiger) Behinderung bemüht hat. Symptomatisch hierfür ist, daß die meisten Arbeiten zum Thema, die vom Deutschen Volkshochschul-Verband bzw. einigen Landesverbänden der Volkshochschulen herausgegeben wurden, aus den Jahren Ende der 70er und Anfang der 80er Jahre stammen (vgl. hierzu den Überblick von MAASSEN/ SCHMIDT 1983). Die letzte größere Veröffentlichung zum Thema, an der der Deutsche Volkshochschul-Verband maßgeblich beteiligt war, war das Forschungsprojekt des Bundesministeriums für Bildung und Wissenschaft zum Stand der sozialen Integration Behinderter durch Weiterbildung in der Bundesrepublik Deutschland (vgl. SCHUCHARDT 1987a; zum Forschungsauftrag vgl. auch SCHUCHARDT/TIETGENS/BLEIDICK 1987). Wie SCHUCHARDT bereits in dieser Studie konstatieren mußte, haben die Zahl und die Differenzierung der Angebote seit dem »Jahr der Behinderten« (1981) »langsam aber stetig wieder abgenommen« (1987a, 89), wobei von einem flächendeckenden Angebot ohnehin nicht die Rede sein konnte. Angebote zur Realisierung des ZIK-Lernschrittes »Integration« hatten allerdings auch in dieser Hochphase der Zielgruppenarbeit mit Behinderten in der allgemeinen Erwachsenenbildung nur Anteile von 10,0% (1979), 6,4% (1981) und 5,4% (1983), Angebote zur Realisierung des ZIK-Lernschrittes »Partizipation« sogar nur Anteile von 4,8% (1981) und 4,2% (1983), während 1979 noch keines dieser Angebote zu verzeichnen war (vgl. SCHUCHARDT 1987a, 112).

Im gleichen Zeitraum hat sich die Heilpädagogik, insbesondere aber der Zweig der Geistigbehindertenpädagogik, zunehmend selbst dieses Aufgabenfeldes angenommen, was – (allgemein-)erwachsenenpädagogisch betrachtet – eine zunehmende *Desintegration* dieses Personenkreises eher befördert als verhindert hat. Und dies nicht nur, weil die Kurse homogen zusammengesetzt wurden, sondern auch weil die Lernorte, an denen diese Bildungsangebote durchgeführt wurden, immer häufiger in Behinderteneinrichtungen (WfBs, Wohnheime, spezielle Erwachsenenbildungsträger und -institutionen für Menschen mit Behinderung) verlagert wurden (vgl. auch SPECK 1996). Außerdem ist dieser Prozeß von einem eklatanten Mangel an *Professionalisierung* hinsichtlich der Institutionalisierung dieser Angebote und der Qualifizierung der Mitarbeiter/-innen begleitet, der von den Behinderteneinrichtungen und ihren Trägern sowie ihren Dachverbänden trotz vieler Bemühungen in den letzten Jahren (z.B. durch Tagungen, Zusatzausbildungen für Mitarbeiter/-innen) bisher nicht kompensiert werden konnte.

Dieses Professionalisierungsdefizit auf seiten der Heilpädagogik zeigt sich auch in theoretischer Hinsicht, denn obwohl sich seit Mitte der 80er Jahre das heilpädagogische Schrifttum zur Erwachsenenbildung im Interesse von Menschen mit (geistiger) Behinderung, meist in Form von Praxisberichten, Tagungsdokumentationen oder überblickhaften Darstellungen (vgl. exemplarisch PREUSS 1990; BUNDESVEREINIGUNG LEBENSHILFE E.V. 1991; BADELT 1992, THEUNISSEN 1991, 1995; JOSEK/ROTTER 1995; SPECK 1996) um ein vielfaches vergrößert hat, findet sich in keinem Beitrag die Aufarbeitung der aktuellen Diskussion über das Konzept der Zielgruppenarbeit und die Möglichkeiten einer *sozialen Integration* durch Weiterbildung in der allgemeinen Erwachsenenpädagogik. Ich möchte daher im folgenden die aktuelle Diskussion über integrative Erwachsenenbildung in der allgemeinen Erwachsenenbildung, die sich als Übergang von der Zielgruppenarbeit zur *interkulturellen Bildung* kennzeichnen läßt, für die Heilpädagogik aufbereiten.

3. Zur aktuellen Kritik des Zielgruppenkonzeptes in der allgemeinen Erwachsenenbildung

Wie die Entwicklung des Konzepts der Zielgruppenarbeit in der integrativen Erwachsenenpädagogik zeigt, hat sich vor allem ihr politisch-emanzipatorischer Anspruch, der im wesentlichen für ihre *sozial-integrative* Ausrichtung von Bedeutung war, allmählich in das genaue Gegenteil dessen verkehrt, was mit der konzeptionellen Idee beabsichtigt war. WILTRUD GIESECKE spricht in diesem Zusammenhang von einem »Kalmierungs- und Domestizierungsprozeß« (vgl. 1993), der die ursprünglich politisch-emanzipatorische Ausrichtung der Zielgruppenarbeit völlig nachrangig werden ließ. Im Klartext bedeutet das, daß die Träger der Erwachsenenbildung das Konzept der Zielgruppenarbeit nur noch unter *marktorientierten* Gesichtspunkten realisieren, oder als Mittel zur *Sozialpädagogisierung* und *politischen Instrumentalisierung* mißbrauchen. GIESECKE führt hierzu aus: »Zielgruppenarbeit in dieser Phase unterscheidet sich nur noch organisatorisch-methodisch von anderen marktorientierten Angeboten. Ja, diese erfahren selber eine Spezifizierung, besser Homogenisierung, indem bestimmte ausgegrenzte Zielgruppen angesprochen werden (z.B. Englisch für Senioren, Englisch für Hausfrauen am Vormittag). Zielgruppenarbeit ist ... ein selbstverständlicher Planungsbereich geworden, der die Planungsqualität differenziert hat, aber seine politische bildungstheoretische Brisanz dabei verlor. Sie ist ein Planungsinstrument, das über Homogenisierung gezielter Werbeaktivitäten möglich macht« (1989, 81).

Parallel hierzu vollzieht sich unter dem Deckmantel der Reformulierung des Zielgruppenansatzes eine Sozialpädagogisierung und Instrumentalisierung. »In bildungspolitischen Programmen spricht man gegenwärtig von Problem- oder Randgruppen, die gesellschaftliche Legitimationsprobleme aufwerfen, weil sie auf den Arbeitsmarkt drängen, aber im Zuge der Arbeitsplätzeverknappung wenig Chancen haben. Sondervorhaben sollen ... die Affirmation an das Normale, nicht die Entwicklung eines eigenen Lebensentwurfes ... bewirken. Da aber die Selbstverantwortung, die Eigeninitiative im Mittelpunkt gegenwärtiger bildungspolitischer Vorstellungen steht, wird auf diese sogenannten »Randgruppen« (Frauen, Arbeitslose etc.) eben nur am Rande eingegangen. Bildungsangebote haben hier für die staatlichen Instanzen legitimierenden instrumentellen Charakter. Sie gleiten ab in eine Betreuungs- und Befriedigungsarbeit. (...) Bildungsveranstaltungen werden so zu Aufbewahrungsorten für diejenigen, die die Selbstaktivität in dem gesellschaftlich geforderten Sinne nicht realisieren können, um zu ihrem Recht zu kommen« (GIESECKE 1993, 128f.).

Zu einer ähnlichen Beurteilung der gegenwärtigen Lage kommt auch WILHELM MADER (1990). Seiner Ansicht nach beruht das bisherige Verständnis von Adressaten, Zielgruppe und Teilnehmern in der Weiterbildung auf einigen Annahmen, die aufgrund massiver Umwälzungen in unserer gegenwärtigen Gesellschaft und eines weiterentwickelten Kenntnisstandes so nicht mehr bestehen. Dementsprechend müßten die bisher entwickelten Adressaten- und Zielgruppenkonzepte fortgeschrieben und weiterentwickelt werden. Dabei sind nach seiner Auffassung seit Beginn der 80er Jahre vor allem drei für das Zielgruppenkonzept folgenschwere Umwälzungen zu konstatieren, von denen zwei auch unmittelbare Auswirkungen auf die integrative Erwachsenenbildung und die gesellschaftspolitischen Zielsetzungen des Zielgruppenansatzes haben.

- Ähnlich wie GIESECKE konstatiert MADER, daß Zielgruppenkonzepte für diejenigen Teilbereiche der Weiterbildung zu problematischen Planungs- und Reflexionsinstrumenten geworden sind, in denen Bildungsmaßnahmen nicht mehr vorrangig einem inhaltlichen Lernziel oder Abschluß oder dem Erwerb verwertbaren Wissens und Könnens dienen, sondern zum psychosozialen Aufenthaltsort sui generis werden. Dies geschieht vor allem dort, wo die Teilhabe an Bildungsmaßnahmen die befriedigende Teilhabe am Beschäftigungssystem oder die Teilhabe an einem befriedigenden privaten Lebenszusammenhang ersetzt, also dort, wo Bildung keinen transitiven Charakter mehr hat und ihren Sinn ausschließlich im Aufrechterhalten ihres eigenen Prozesses findet. Da der Bildungsinhalt dadurch zweitrangig wird, fungiert er nur noch als Anlaß und Medium solcher Quasi-Lebenswelten. »Nimmt man diesen Strukturwandel im Verhältnis von Leben, Arbeit und Lernen ernst, so wird Zielgruppenorientierung im alten Verständnis fragwürdig bzw. kann zur bloßen Legitimationsfolie zum Zweck der Einwerbung von Geldern verkommen« (1990, 8). Dadurch droht insbesondere bei Angeboten für »Benachteiligte« und »Minderprivilegierte«, daß sie eine eigenständige »Lebenswelt« in sich kreisender Teilsysteme von Bildung ausbilden, in der die ursprüngliche Adressaten- oder Zielgruppenorientierung sich unter der Hand in eine gemeinsame soziale Lage, in eine Subkultur verwandelt. »Es spricht viel dafür«, so MADER weiter, »daß zunehmend solche in sich kreisende Teilsysteme von Bildung entstehen: die rüstigen und gebildeten Alten organisieren Bildung für die weniger rüstigen und weniger gebildeten Alten möglichst in einer Akademie für Altenbildung... ; Frauen, die die diskriminierenden Ausgrenzungen von Frauen erkennen und erleben, organisieren Weiterbildung nur für Frauen zu frauenspezifischen Themen etc. (...) Das Ambivalente dieser Entwicklung liegt in der Zunahme selbstbestimmter Verfügung über den Bildungsprozeß einerseits und der gleichzeitigen strukturellen Ausgrenzungen der Aktivitäten aus den weiterhin bestehenden Zentralsystemen einer Gesellschaft, die nach wie vor Zuteilung von Chancen und Zugang zur Macht beherrschen, andererseits« (1990, 8f.).

- Eine weitere Veränderung, die das Zielgruppenkonzept in der allgemeinen Erwachsenenbildung gegenwärtig zur Disposition stellt, betrifft den aufklärerischen Impetus ihrer politisch-emanzipatorischen Zielsetzung selbst. Sie resultiert aus der komplexer gewordenen Erkenntnis des Subjekthaften, des Individuellen, des Personalen im gesellschaftlichen und kulturellen Ganzen. Da aber jede Zielgruppenarbeit letztendlich den konkreten, individuellen Teilnehmer meint, beeinflußt verändertes Wissen über Individualität und Subjektivität notwendigerweise auch das Zielgruppenkonzept. Dadurch wird die Aufmerksamkeit von der Struktur des zu vermittelnden Wissens stärker hin auf die Probleme der pädagogischen Interaktion gerichtet. Die Deutung der biographischen, generativen und lebensweltlichen Erfahrung der Teilnehmer wird dadurch zum Schlüsselproblem für eine erfolgreiche Gestaltung des Bildungsprozesses. Damit wird aber nicht nur deutlich, daß die Grenzen zu therapeutischen Erfahrungen und Konzepten auch in der Erwachsenenbildung immer mehr im Flusse sind, sondern auch, daß *gruppenbezogene* Ansätze in der allgemeinen Erwachsenenbildung gegenwärtig generell eine Relativierung erfahren.

CHRISTIANE SCHIERSMANN stellt daher in einer neueren Veröffentlichung die Frage, »...ob es denn durchgängig sinnvoll sei, Lernen in homogenen Gruppen zu organisieren, oder ob nicht gerade auch der Austausch unterschiedlicher Milieus interessante Lernerfahrungen ermöglicht« (1995, 24). Sie fügt dem allerdings hinzu: »Ungeachtet dieser Einschränkung wird die Erwachsenenbildung auf die spezifische Ansprache gesellschaftlicher Gruppen auch in Zukunft nicht verzichten können, wenn sie an ihrem Anspruch zumindest in Ansätzen festhalten will, auch andere als die schon bildungsaktiven Teilnehmer/innen zu erreichen und wenn sie sich nicht nur am Prinzip des sich selbst regulierenden Marktes orientieren will« (ebd.).

4. Integrative Erwachsenenbildung als interkulturelle Bildung

Nach SIEBERTS Auffassung ist das Konzept der Zielgruppenarbeit gerade dabei, durch eine neue Ausrichtung *integrativer Erwachsenenbildung* abgelöst zu werden. Diese neue Phase zeichnet sich gegenwärtig vor allem in den Diskussionen über die multikulturelle Gesellschaft und das interkulturelle Lernen und die Weiterbildung im Interesse von Frauen ab. SIEBERT charakterisiert sie folgendermaßen: »›Integration‹ bedeutet jetzt nicht mehr Angleichung, Nivellierung, Verstehen um jeden Preis, sondern Anerkennung von (kultureller, geschlechtlicher, altersspezifischer) Differenz, von Vielfalt und Pluralität. Die Grenzen des Fremdverstehens werden erkannt und anerkannt« (1993, 79). Jede integrative Bildungssituation ist damit nicht nur als Interaktionsprozeß, sondern als *interkulturell* im Sinne eines Austausches unterschiedlicher lebensweltlicher Erfahrungen, die wechselseitig als »fremd« erlebt werden, aufzufassen. Dadurch aber wird die Problematik des Fremd- und Selbstverstehens zur zentralen Aufgabe der allgemeinen Erwachsenenbildung, wobei natürlich nicht nur ausländische, sondern auch »inländische« Teilnehmer von Erwachsenenbildungsveranstaltungen als Repräsentanten fremder (Sub-)Kulturen aufgefaßt werden (vgl. ARNOLD 1992, 1996). An dieser Stelle ist auch insbesondere auf die lebensweltorientierte Erforschung der Differenzierung von Weiterbildungsinteressen und -einstellungen aus der Sicht der sozialen Milieuforschung hinzuweisen, wie sie die Freiburger Forschungsgruppe um TIPPELT seit 1994 vorgelegt hat (vgl. z.B. BARZ/TIPPELT 1994; TIPPELT/ECKERT/BARZ 1996; TIPPELT/ECKERT 1996). Es wäre außerordentlich fruchtbar, diesen Forschungsansatz in modifizierter Form auch bei der »Adressatengruppe« der Menschen mit (geistiger) Behinderung zur Anwendung zu bringen.

Fremdheit aber wird dadurch nicht mehr als objektiver Tatbestand, sondern als eine die eigene Identität in positiver Hinsicht herausfordernde Erfahrung angesehen. Dies geschieht allerdings nur, wenn Grenzen des bloßen »Befremdetseins« zu Kontaktflächen werden. Das bedeutet, daß nur dann, wenn wir uns näher gekommen sind, die Fremdheit des anderen überhaupt erst in Erscheinung tritt. »Fremdheit« wird dabei nicht als eine Eigenschaft von Dingen oder Personen, sondern als ein *Beziehungsmodus* aufgefaßt, in dem wir anderen Menschen oder unserer »dinglichen« Umwelt begegnen. Es handelt sich also um einen wechselseitigen Begriff, dessen Bedeutung sich nur dann voll erschließt, wenn man seine eigenen Anteile an diesem Beziehungsverhältnis mit zu berücksichtigen vermag. Dabei geht es um die Fähigkeit, »seine eigene Position und Sichtweise als *eine* Möglichkeit unter anderen zu erkennen und dabei zu sehen, daß das, *was* und *wie* ich es als fremd erlebe, sehr wesentlich von meinen eigenen Lebenserfahrung und meiner Biographie abhängt« (SCHÄFFTER 1991, 12). Das Gleiche gilt für mein jeweiliges Gegenüber: Auch aus der Perspektive der »anderen Seite« (d.h. zum Beispiel einer anderen Person, einer anderen sozialen Gruppe, einer anderen Generation, einer anderen Nation oder Kultur) kann meine Eigenheit oder Eigentümlichkeit auf sehr verschiedene und für mich vielleicht schwer nachvollziehbare Weise fremd erscheinen. SCHÄFFTER faßt daher zusammen: »Die Einsicht in diese Vielschichtigkeit einer Distanz, die zwischen Menschen liegen kann, die in ein und derselben Zeit leben, vermittelt uns ein weitaus realistischeres Bild von den praktischen Verständigungsproblemen, als man es bei den bislang gewohnten einseitigen Problembeschreibungen erhält« (1991, 13). Das Aushalten der Erfahrung des »Nicht-Verstehens« des anderen und die Einsicht in die Tatsache, daß sich Fremdheit und Eigenheit in einer »unzerreißbaren Struktur« wechselseitig und aneinander konstituieren, wird dabei paradoxerweise zum integrativen Bildungsauftrag schlechthin sowie zur sozialethischen Voraussetzung eines gemeinsamen Lern- und Bildungsprozesses.

Dabei ist zu berücksichtigen, daß es durchaus unterschiedliche Arten des Fremderlebens gibt, und daß auch die Deutungen dessen, was als fremd- oder andersgeartet erfahren wird, erheblich variieren können. SCHÄFFTER unterscheidet diesbezüglich fünf besonders häufig vorkommende Arten des Fremderlebens oder »Befremdetseins«:
- *»Das Fremde als das Auswärtige*, das Ausländische, d.h. als etwas, das sich jenseits einer räumlich bestimmbaren Trennungslinie befindet. (...) Diese Perspektive enthält gleichzeitig eine starke Betonung des ›Inneren‹ als Heimat oder Einheitssphäre.
- *Das Fremde als Fremdartiges*, z.T. auch im Sinne von Anomalität, von Ungehörigem oder Unpassendem steht in Kontrast zum Eigenartigen und Normalen, d.h. zu Eigenheiten, die zum Eigenwesen eines Sinnbezirks gehören.

- *Das Fremde als das noch Unbekannte* bezieht sich auf die Möglichkeit des Kennenlernens und des sich gegenseitig Vertrautmachens von Erfahrungsbereichen, die prinzipiell erreichbar sind.
- *Das Fremde als das letztlich Unerkennbare*, ist das für den [eigenen, d. Verf.] Sinnbezirk transzendente Außen, bei dem Möglichkeiten des Kennenlernens prinzipiell ausgeschlossen sind.
- *Das Fremde als das Unheimliche* zieht seine Bedeutung aus dem Gegensatz zur Geborgenheit des Vertrauten. Hier geht es um die beklemmende Erfahrung, daß auch Eigenes und Vertrautes zu Fremdartigem umschlagen kann. Die Grenze zwischen Innen und Außen verschwimmt, wenn das ›Heimische‹ unheimlich wird« (1991, 14).

Diese und weitere Modalitäten des Fremderlebens lassen sich aber nicht nur inhaltlich, sondern auch nach unterschiedlichen Deutungsmustern der Fremdheitserfahrung systematisieren. Hier unterscheidet SCHÄFFTER (1991, 16ff.) vier Ordnungsschemata:

- *Das Fremde als Resonanzboden des Eigenen.* Dieses Deutungsmuster bezieht sich auf die Verbundenheit von Eigenem und Fremdem. Das Fremde bestimmt als Ursprüngliches oder unbestimmtes Allgemeines die Kontrastfläche, auf der eine »Eigenheit« ihre spezifische »Gestalt« gewinnen kann.
- *Das Fremde als Negation des Eigenen.* Wird Fremdheit als Negation von Eigenheit gedeutet, so dient diese Deutung letztlich – trotz oder gerade wegen der Bedrohung des Eigenen, die dabei erfahren wird – der Bestätigung des »Richtig-Seins« des Eigenen. Diese Bestätigung geschieht durch Ausgrenzung des Anders- oder Fremdartigen, und das Aufbauen eines »Gegenbildes« hierzu.
- *Das Fremde als Chance zur Ergänzung und Vervollständigung von Eigenem.* In diesem Falle wird Fremdheit gedeutet als etwas, das in seiner Eigenbedeutung nur insofern zu achten ist, als es der Verbesserung und Vervollkommnung des Eigenen dient. Das Fremde wird angeeignet, einverleibt, assimiliert, und damit in seiner Eigenbedeutung enteignet oder als etwas für die Ausprägung der Eigenheit Unbedeutsames abgestoßen.
- *Eigenheit und Fremdheit als Zusammenspiel sich wechselseitig hervorrufender Kontrastierungen.* Wird Fremdheit derart gedeutet, so geschieht letztlich, auch wenn dem eine krisenhafte Erfahrung zugrundeliegt, eine radikale Anerkennung einer gegenseitigen Differenz, die als Konstitutionsbedingung für die Profilierung der jeweiligen Eigenheit fungieren kann.

Integrative Erwachsenenbildung, die sich auf den schmalen Grad des Fremdverstehens »zwischen Faszination und Bedrohung« (vgl. SCHÄFFTER 1991) wirklich begeben will, wird die Bildungsarbeit im Interesse von Menschen mit (geistiger) Behinderung nicht vernachlässigen dürfen. Dabei muß man sich klarmachen, daß die Fremdheit von Menschen mit (geistiger) Behinderung in unserem Alltagsleben meist nicht als das noch Unbekannte erlebt wird, das man kennenlernen und mit dem man vertraut werden möchte, sondern meist als das Fremdartige, ja sogar Anomale schlechthin, oder gelegentlich auch als das letztlich Unerkennbare oder Unheimliche, mit dem man möglichst nichts zu tun haben möchte.

Daher wäre es schon ein Gewinn, wenn Menschen mit (geistiger) Behinderung überhaupt als Fremde erkannt und anerkannt würden, was natürlich nur unter der Voraussetzung einsichtig wäre, daß man sich klarmacht, daß die Fremdheitserfahrung Eigenheit stets *mit*konstituiert. Diese Erfahrung wird sich aber nur einstellen, wenn sich Menschen mit und ohne Behinderung in die *Nähe* einer gemeinsamen existentiellen Situation begeben. Eine Bildungsarbeit, der diese Einsicht zugrunde läge, schiene mir jedenfalls eher der Gefahr entgehen zu können, die Erfahrung des »Nicht-Verstehens« in die Faktizität des »Nicht-Verstehbaren« umzumünzen und das »Nicht-Verstandene« in eine Wesenseigenschaft des behinderten Menschen als des »ganz anderen« umzudeuten. Das hieße aber einzusehen, daß es die eigenen Wahrnehmungsweisen und Erfahrungsmöglichkeiten sind, durch die Teile der Außenwelt uns zu befremden vermögen. Deshalb wird es bei der Erwachsenenbildung im Interesse von Menschen mit (geistiger) Behinderung, die sich als interkulturelle Bildung versteht, in erster Linie um die Anbahnung von Bildungsprozessen gehen, die seitens der Behinderten wie der Nichtbehinderten resonante, komplementäre und kontrastive Fremdheitserfahrungen ermöglichen. Es wären noch mehr Züge des vielschichtigen Phänomens der Fremdheit herauszuarbeiten. Einige heilpädagogische Arbeiten haben sich bereits in sehr grundlegender Form darum bemüht (vgl. STINKES 1993; KLEINBACH 1994). Im Rahmen dieses Beitrags kann es nur darum gehen, diese Reflexionsebene für konzeptionelle Überlegungen zu einer integrativen Erwachsenenbildung im Interesse von Menschen mit (geistiger) Behinderung zu eröffnen.

Erwachsenenbildung mit dem Ziel sozialer Integration, »d.h. als Form des lernförderlichen Aufgreifens von sozialen Divergenzen und Brüchen, hat daher Gelegenheiten zu organisieren, in denen ohne negative Sanktionen ›Fehler‹ gemacht, ›Mißverständnisse‹ geäußert, ›Unwissen‹ preisgegeben, Vorurteile zugegeben, verbotene Gedanken aufgedeckt werden dürfen. Was sonst im täglichen Leben nicht ›lernförderlich‹ wirkt, kann im geschützten und methodisch gesicherten Rahmen der Lernsituation für Verarbeitungsprozesse fruchtbar gemacht werden« (SCHÄFFTER 1986, 48).

5. Konsequenzen für eine integrative Erwachsenenbildung im Interesse von Menschen mit (geistiger) Behinderung als interkuturelle Bildung

Dieses neue sozial-integrative Erwachsenenbildungskonzept versucht also mit der Frage nach den Verständigungsmöglichkeiten angesichts von Differenzen das *Verhältnis* von Gleichheit und Verschiedenheit in den Mittelpunkt des Interesses und der Bildungsbemühungen zu stellen. Ich könnte mir durchaus vorstellen, daß die Entwicklung der Erwachsenenbildung im Interesse von Menschen mit (geistiger) Behinderung diesbezüglich in Zukunft ähnlich verlaufen wird wie die Weiterbildung im Interesse von Frauen, wenngleich auch gegenwärtig weder von seiten der allgemeinen Erwachsenenbildung noch von seiten der Heilpädagogik ein praktischer oder theoretischer Beitrag zur Bedeutung dieser Überlegungen für das gemeinsame Weiterlernen von behinderten und nichtbehinderten Menschen im Erwachsenenalter vorliegt. Es läßt sich aber aus den immer zahlreicher werdenden Reflexionen über das dialektische Verhältnis von Gleichheit und Verschiedenheit im Kontext der Diskussion um die schulische Integration behinderter und nichtbehinderter Kinder und Jugendlicher (vgl. REISER 1991; BOBAN/HINZ 1993; PRENGEL 1993) schließen, daß dies nur noch eine Frage der Zeit ist.

An dieser Stelle ist auf erste zaghafte Ansätze hinzuweisen, die in diese Richtung weisen könnten:
- EVEMARIE KNUST-POTTER (1993) zeigt in einem Bericht über Erwachsenenbildung im Interesse von Menschen mit (geistiger) Behinderung in England auf, daß sich die Entwicklung dort schon seit Jahren in diese Richtung vollzieht. Nach einer anfänglichen Etappe der »Förder- und Trainingsprogramme innerhalb von Sonder-Einrichtungen« sowie einer zweiten Etappe der »zielgruppenspezifischen Angebote in öffentlichen Einrichtungen«, kündigt sich in England nun seit einigen Jahren ein »Wendepunkt aufgrund eines sonderpädagogischen Paradigmenwechsels« an: »Innerhalb dieser Etappe geht es um die Ausweitung auf ganz andere Dimensionen der Erwachsenenbildung: solche, die explizit das Selbstbild und Fremdbild des individuellen Menschen mit (geistiger) Behinderung in den Mittelpunkt stellen. Hier werden Ebenen ganz bewußt und gezielt beschritten, die vieldimensionale Lern-, Denk- und Einstellungsmodalitäten *aller* involvierten Personen berühren, aktivieren und hinterfragen. Von zentraler Bedeutung für dieses neue Lernen sind hier die ›Self Advocacy‹ Kurse sowie die Angebote zur ›integrativen Erwachsenenbildung‹« (KNUST-POTTER 1993, 9; vgl. hierzu auch SUTCLIFFE 1993).
- 1994 bis 1997 wurde unter meiner Leitung in Würzburg ein Erwachsenenbildungs-Integrations-Projekt (EIP) in Anlehnung an englische Vorbilder durchgeführt, das einen Schritt in diese Richtung darstellen könnte (vgl. LINDMEIER 1996, 1997). Dabei ging es nicht nur darum, ehemalige Schülerinnen und Schüler der Schule für (geistig) Behinderte, die heute in Werkstätten für Behinderte arbeiten, in das reguläre Kursangebot der Volkshochschule Würzburg zu integrieren, sondern auch darum, biographische und lebensweltliche Differenzen aufzudecken und in einer für beide Seiten bildungsrelevanten Weise zu thematisieren. Dies geschah in einem der letzten VHS-Semester beispielsweise in einem nur für Frauen angebotenen WEN-DO-Kurs zur Selbstbehauptung und Selbstverteidigung, an dem zwei Arbeiterinnen aus der Werkstatt für Behinderte teilnahmen. Dabei konnten die behinderten wie die nichtbehinderten Frauen erfahren, daß sich ihre Lebensumstände zwar in vielen Punkten gleichen, in anderen aber auch erheblich differieren. War es für die behinderten Frauen ein regelrechtes »Aha-Erlebnis«, daß auch nichtbehinderte Frauen mit ihrer gesellschaftlichen Rolle als Frau erhebliche Probleme haben können, so konnten die nichtbehinderten Frauen hautnah erfahren, daß das Zusammentreffen von weiblichem Geschlecht und Behinderung in unserer Gesellschaft häufig eine doppelte Erschwerung der Lebenssituation mit sich bringt. Während es also auf seiten der behinderten Frauen darum ging, mit ihren Problemen und Wünschen unter *ihresgleichen* ernst genommen zu werden, ging es auf seiten der nichtbehinderten Frauen gerade umgekehrt um ein Lebendigwerden von Verbundenheit mit der durchaus *differenten* Lebenssituation der beiden behinderten Frauen.

6. Schluß

Abschließend möchte ich noch einmal darauf hinweisen, daß es bei der Realisierung dieses neuen integrativen Konzepts der interkulturellen Erwachsenenbildung auch im Bezug auf Menschen mit (geistiger) Behinderung ganz entscheidend sein wird, die zentrale Frage, ob sich Begründungen und Zielperspektiven für die Veränderung des Verhältnisses von Menschen mit und ohne Behinderung am Postulat der »Gleichheit« oder an dem der »Differenz« orientieren sollten, nicht im Gegenzug zur Zielgruppenarbeit einseitig in Richtung »Differenz« aufzulösen. Wir wären damit lediglich bei einer neuen, zweifellos subtileren »sonderanthropologischen« Legitimation der Erwachsenenbildung im Interesse von Menschen mit (geistiger) Behinderung angekommen.

Hierbei könnten uns Erfahrungen aus der Weiterbildung im Interesse von Frauen Orientierung bieten. Nach SCHIERSMANN liegt das Problem des Differenzbegriffs vor allem darin, daß er aufgrund der historischen Tradition fast automatisch in Verdacht steht, mit hierarchischen Strukturen verhaftet zu sein und ein biologisches Anderssein der Frauen als Ausgangspunkt für die Behauptung einer psychischen und sozialen Andersartigkeit heranzuziehen. »Soll erreicht werden, daß mit der aktuellen Neuorientierung auf das weibliche ›Anderssein‹ auf der einen Seite nicht eine neokonservative, auf Sicherung traditioneller Herrschaftsstrukturen ausgerichtete Politik unterstützt wird und auf der anderen Seite die gesellschaftsverändernden Impulse der alten Gleichheitspostulate aktualisiert werden, so ist die Zielperspektive m. E. an der Dialektik von Gleichheit und Differenz zu orientieren. (...) Das dabei zugrunde gelegte Verständnis von Differenz ist kein natur-, sondern ein kulturbezogenes. *Differenz wird als historisch entstanden und veränderbar angesehen, d.h. sie bezieht sich auf die unterschiedlichen Lebensweisen und unterschiedlichen Formen der Verarbeitung von Erfahrungen* [Hervorh. d. Verf.]« (1991, 130f.).

Der bestehenden »Erwachsenenpädagogik« eine solche Wirklichkeitsdeutung anzubieten, könnte in Zukunft der bedeutendste Auftrag der (Geistig-)Behindertenpädagogik sein, denn die Herausforderung dieses Faches liegt heute nicht mehr darin, (geistig) behinderte Menschen in Sonderinstitutionen zu fördern. Es geht vielmehr darum, in Kooperation und Erlebnisgemeinschaft mit den Menschen, die wir als (geistig) behindert bezeichnen, die dynamische Balance von Fremdheit und Nähe, Gleichheit und Verschiedenheit im Sinne einer Verlebendigung und Humanisierung unserer (Bildungs-)Kultur wirksam werden zu lassen. Eine emanzipierte und befriedete Gesellschaft ist »...kein Einheitsstaat, sondern die Verwirklichung des Allgemeinen in der Versöhnung der Differenzen. Politik, der es darum im Ernst noch ginge, sollte deswegen die abstrakte Gleichheit der Menschen nicht einmal als Idee propagieren. Sie sollte statt dessen auf die schlechte Gleichheit heute ... den besseren Zustand denken ... als den, in dem man ohne Angst verschieden sein kann« (ADORNO 1980, 113).

Literatur

ADORNO, TH. W.: Minima Moralia. In: ADORNO, TH. W., Gesammelte Schriften, Bd. 4. Frankfurt/Main (Suhrkamp) 1980.
ARNOLD, R.: Erwachsenenbildung als Interkulturelle Bildung. Grundlagen der Weiterbildung 2 (1990), 99ff.
ARNOLD, R.: Deutungslernen in der Erwachsenenbildung. Grundlinien und Illustrationen zu einem konstruktivistischen Lernbegriff. Zeitschrift für Pädagogik 42 (1996), 719–730.
BADELT, J.: Erwachsenenbildung geistig behinderter Menschen. Ein Überblick. Geistige Behinderung 31 (1992), 4–14.

BARZ, H./TIPPELT, R.: Lebenswelt, Lebenslage, Lebensstil und Erwachsenenbildung. In: TIPPELT, R. (Hrsg.), Handbuch Erwachsenenbildung/Weiterbildung. Opladen (Leske & Budrich) 1994, 123–146.

BOBAN, I./HINZ, A.: Geistige Behinderung und Integration. Überlegungen zum Verständnis der »geistigen Behinderung« im Kontext integrativer Erziehung. Zeitschrift für Heilpädagogik 47 (1993), 327–340.

BUNDESVEREINIGUNG LEBENSHILFE FÜR MENSCHEN MIT GEISTIGER BEHINDERUNG E.V. (Hrsg.): Erwachsenenbildung für Menschen mit geistiger Behinderung. Marburg (Eigenverlag) 1991.

DEGEN-ZELASZNY, B.: Zielgruppenarbeit als Mittel zur Demokratisierung der Volkshochschule. Hessische Blätter für Volksbildung 3 (1974), 198–205.

DEUTSCHER VOLKSHOCHSCHUL-VERBAND: Stellung und Aufgabe der Volkshochschule. Bonn (Eigenverlag) 1978.

GIESECKE, W.: Problematik des Zielgruppenbegriffs in der Erwachsenenbildung. In: DALKNER, D./LUDWIGS, W./UNGAR, M. (Hrsg.), Friesland Kolloquium. Erwachsenenbildung für Menschen mit (geistiger) Behinderung vom 2. bis 4. Juni 1988. Dokumentation. Oldenburg (Eigenverlag) 1989, 74–86.

GIESECKE, W.: Arbeitsformen feministischer Zielgruppenarbeit. In: MADER, W. (Hrsg.), Weiterbildung und Gesellschaft. Grundlagen wissenschaftlicher und beruflicher Praxis in der Bundesrepublik Deutschland. Bremen (Universität) 1993 (2. erw. Aufl.), 121–161.

JOSEK, S.-M./ROTTER, B.: Erwachsenenbildung für Menschen mit geistiger Behinderung. Ein Forschungsbericht. Marburg (Lebenshilfe Verlag) 1995.

KLEE, E.: Behinderten-Report II. Frankfurt/Main (Fischer) 1976.

KLEINBACH, K.: Zur ethischen Begründung einer Praxis der Geistigbehindertenpädagogik. Bad Heilbrunn (Klinkhardt) 1994.

KNUST-POTTER, E.: Erwachsenenbildung – ein Fundament für normalisierte Lebensbedingungen. Erwachsenenbildung und Behinderung 4 (1993), 8–14.

LINDMEIER, CH.: Erwachsenenbildungs-Integrations-Projekt (EIP). Erwachsenenbildung und Behinderung 7 (1996), 26–27.

LINDMEIER, CH.: Zu zweit im Kurs. Assistenzmodell an der Volkshochschule. Zusammen 17 (1997), 12–13.

LINDMEIER, CH.: Erwachsenenbildung für Menschen mit geistiger Behinderung unter integrativem Aspekt. Geistige Behinderung 37 (1998), 132–144.

MAASSEN, D./SCHMIDT, H. (Hrsg): Weiterbildung mit Behinderten an Volkshochschulen. Frankfurt/Main (Päd. Arbeitsstelle des Deutschen Volkshochschulverbands) 1983.

MADER, W.: Adressatenforschung und Zielgruppenentwicklung. Grundlagen der Weiterbildung-Praxishilfen (1990), 1–16 (Loseblattsammlung).

MADER, W./WEYMANN, A.: Zielgruppenentwicklung, Teilnehmerorientierung und Adressatenforschung. In: SIEBERT, H. (Hrsg.), Taschenbuch der Weiterbildungsforschung. Baltmannsweiler (Burgbücherei Schneider) 1979, 346–376.

PRENGEL, A.: Pädagogik der Vielfalt. Verschiedenheit und Gleichberechtigung in Interkultureller, Feministischer und Integrativer Pädagogik. Opladen (Leske & Budrich), 2. Aufl. 1995.

PREUSS, E.: Erwachsenenbildung für Behinderte – ein unerledigtes Thema. Erwachsenenbildung und Behinderung 1 (1990), 2–9.

RADTKE, P.: Die Weiterbildung behinderter Mitbürger. Forum 20 (1980), 29–36.

REISER, H.: Wege und Irrwege zur Integration. In: SANDER, A./RAIDT, P. (Hrsg.), Integration und Sonderpädagogik. St. Ingbert (Röhrig) 1991, 13–33.
SCHÄFFTER, O.: Zielgruppenorientierung in der Erwachsenenbildung. Aspekte einer erwachsenenpädagogischen Planungs- und Handlungskategorie. Braunschweig (Westermann) 1981.
SCHÄFFTER, O.: Lehrkompetenz in der Erwachsenenbildung als Sensibilität für Fremdheit – Zum Problem lernförderlicher Einflußnahme auf andere kognitive Systeme. In: ARMAND, CL. U. A. (Hrsg.): Sensibilisierung für Lehrverhalten. Frankfurt/Main (Päd. Arbeitsstelle des Deutschen Volkshochschulverbands) 1986, 41–52.
SCHÄFFTER, O.: Modi des Fremderlebens. Deutungsmuster im Umgang mit Fremdheit. In: SCHÄFFTER, O. (Hrsg.), Das Fremde: Erfahrungsmöglichkeiten zwischen Faszination und Bedrohung. Opladen (Westdeutscher Verlag) 1991, 11–42.
SCHIERSMANN, CH.: Zur Dialektik von Gleichheit und Differenz als Ausgangspunkt und Zielperspektive von Bildungsprozessen im Interesse von Frauen. In: FRIEDENTHAL-HAASE, M. U.A. (Hrsg.): Erwachsenenbildung im Kontext: Beiträge zur grenzüberschreitenden Konstituierung einer Disziplin. Günther Dohmen zum 65. Geburtstag. Bad Heilbrunn (Klinkhardt) 1991, 130–141.
SCHIERSMANN, CH.: Zielgruppenorientierung. Ein aktuelles Leitprinzip der Erwachsenenbildung? Pädagogik Extra 47 (1995), 21–25.
SCHUCHARDT, E.: Schritte aufeinander zu – Soziale Integration durch Weiterbildung. Zur Situation Behinderter in der Bundesrepublik Deutschland. Bad Heilbrunn (Klinkhardt) 1987a.
SCHUCHARDT, E.: Soziale Integration Behinderter. Bd. 1: Biographische Erfahrung und wissenschaftliche Theorie. Bad Heilbrunn (Klinkhardt) 1987b (3. Aufl.).
SCHUCHARDT, E.: Soziale Integration Behinderter. Bd. 2: Weiterbildung als Krisenverarbeitung. Bad Heilbrunn (Klinkhardt) 1987c (3. Aufl.).
SCHUCHARDT, E./TIETGENS, H./BLEIDICK, U.: Soziale Integration durch Weiterbildung. Projekte des Bundesministeriums für Bildung und Wissenschaft. Zeitschrift für Heilpädagogik 38 (1987), 357–363.
SIEBERT, H.: Theorien für die Bildungspraxis. Bad Heilbrunn (Klinkhardt) 1993.
SPECK, O.: System Heilpädagogik. Eine ökologisch-reflexive Grundlegung. München/Basel (Reinhardt) 1996 (3. erw. Aufl.; zuerst 1987).
STINKES, U.: Spuren eines Fremden in der Nähe. Das »geistigbehinderte« Kind aus phänomenologischer Sicht. Würzburg (Königshausen & Neumann) 1993.
SUTCLIFFE, J.: Adults with learning difficulties. Education for choice & empowerment. Leicester (National Institute of Adult Continuing Education) 1993.
THEUNISSEN, G.: Heilpädagogik im Umbruch. Freiburg (Lambertus) 1991.
THEUNISSEN, G.: Empowerment und Erwachsenenbildung. In: THEUNISSEN, G./PLAUTE, W.: Empowerment und Heilpädagogik. Ein Lehrbuch. Freiburg (Lambertus) 1995, 162–186.
TIETGENS, H.: Die Erwachsenenbildung. München (Juventus) 1981.
TIPPELT, R./ECKERT, TH.: Differenzierung in der Weiterbildung: Probleme institutioneller und soziokultureller Integration. Zeitschrift für Pädagogik 42 (1996), 667–686.
TIPPELT, R./ECKERT, TH./BARZ, H.: Markt und integrative Weiterbildung. Zur Differenzierung von Weiterbildungsanbietern und Weiterbildungsinteressen. Bad Heilbrunn (Klinkhardt) 1996.

UDO WILKEN

Urlaub, Reisen und Tourismus für behinderte Menschen

1. Auswirkungen der Behinderung auf die Tourismusgestaltung

Nach der amtlichen Schwerbehinderten-Statistik waren zum Jahresende 1993 in der Bundesrepublik Deutschland 6,38 Millionen Schwerbehinderte, also Personen mit einem anerkannten Grad der Behinderung von mindestens 50, erfaßt. Dies sind ca. 8% der Bevölkerung (STATISTISCHES BUNDESAMT 1994). Hinsichtlich der Gesamtgruppe behinderter Personen ist nach verläßlichen Angaben des SOZIALDATA-INSTITUTS MÜNCHEN von einem Anteil von 13,54% an der Gesamtbevölkerung auszugehen (OPPL 1990, 33). Hochgerechnet ergibt dies eine Zahl von über 10 Millionen behinderter Personen, unter ihnen ca. 500 000 Rollstuhlnutzer (ESCALES 1990, 83).

Von den 6,38 Millionen Schwerbehinderten sind
- 2,3% unter 18 Jahre alt,
- 47,9% in einem Alter von 18–65 Jahren und
- 49,8% 65 Jahre und älter.

Lediglich 4,5% der erfaßten schwerbehinderten Personen haben eine angeborene Behinderung. Daraus wird deutlich, daß Behinderung ein Ereignis darstellt, mit dem die Betroffenen in der Mehrzahl erst im Laufe ihres Lebens schicksalhaft konfrontiert werden. Bei den Behinderungsbildern sind Schäden an den inneren Organen, etwa nach Herzinfarkt, mit 32% am häufigsten, gefolgt von Wirbelsäulenschäden und funktionellen Einschränkungen der Gliedmaßen, Querschnittlähmungen, zerebralen Störungen sowie seelisch-geistigen Behinderungen. Über 550 000 Personen wurden als sehbehindert, hörgeschädigt oder sprachgestört mit einem Schweregrad der Behinderung von 50 und mehr erfaßt.

Wenn nun im Zusammenhang mit dem Tourismus die Urlaubs-, Ferien- und Reisebedingungen von Menschen mit Behinderungen bedacht werden sollen, so ist es geboten, aus den behinderungsspezifischen Daten mindestens zweierlei Folgerungen zu ziehen. Zum einen können aus der inhomogenen Gesamtgruppe behinderter Personen drei Zielgruppen für behindertentouristische Gestaltungsaufgaben gebildet werden (WILKEN 1993b, 347). Dies sind:
1. behinderte Personen im engeren Sinne, bei denen körperliche, geistige oder seelische Funktionen sowie das Hören, Sprechen oder Sehen beeinträchtigt sind,
2. chronisch erkrankte Menschen, etwa mit Herz-Kreislauf-Schäden, Diabetes oder Dialysepatienten,
3. altersbehinderte Personen.

Aufgrund der unterschiedlichen Behinderungsauswirkungen ist es erforderlich, für diese Zielgruppen die Urlaubs-, Ferien- und Reisebedingungen so zu gestalten, daß behinderten Personen keine unnötigen Nachteile zugemutet werden.

Obwohl die Bedürfnisse behinderter Personen im Grunde genommen so alltäglich und normal sind wie die anderer Mitbürger auch, erfordern die Lebenserschwernisse, die als Folge einer Behinderung entstehen, eben doch eine angemessene Berücksichtigung und damit zugleich eine Stärkung des sozialen Verantwortungsgefühls der nicht behinderten Bevölkerung (WILKEN 1991, 287ff.). Wie bei anderen das Gemeinwohl betreffenden Aufgaben sind auch hier gesetzlich-flankierende Hilfen unerläßlich, um ein gleichberechtigtes Miteinander im Leben unserer Gesellschaft zu ermöglichen. Wenn auch prosoziales Verhalten nicht auf dem Rechtswege verordnet werden kann, so ermöglichen doch rechtsgültige Normen etwa im Blick auf die technische Barrierefreiheit von Verkehrsmitteln und Gebäuden, daß Menschen mit Behinderungen stärker als bisher an den üblichen Gesellungsformen, zu denen eben auch der Tourismus gehört, Anteil haben werden. Ist nämlich erst einmal eine weitgehende technische Barrierefreiheit bei Verkehrsmitteln und Gebäuden durchgesetzt, so werden sich durch die Präsenz behinderter Menschen auch bestehende vorurteilsbezogene, dissoziale Barrieren leichter minimieren lassen.

Die andere Folgerung besteht darin, daß die Tourismusbranche ihre Freizeitstätten und Freizeitangebote stärker als bisher behinderten Menschen zu öffnen hat (vgl. LETTL-SCHRÖDER 1990). Dies ist – neben dem grundgesetzlich in Artikel 3 formulierten Benachteiligungsverbot – allein schon deshalb angezeigt, weil angesichts der statistischen Daten von 10 Millionen behinderten Menschen hier ein Marktsegment besteht, das bislang von der Tourismusbranche bei weitem nicht hinreichend in seinen Urlaubs-, Ferien- und Reisebedürfnissen ernstgenommen wird. Es muß dabei bedacht werden, daß die in Rede stehende Zielgruppe nicht nur aus den über 10 Millionen Menschen mit Behinderungen besteht (vgl. BUNDESTAGS-DRUCKSACHE 12/7993 vom 17. 6. 1994, 4), sondern hier sind im Sinne eines Multiplikatoreneffektes noch die Begleitpersonen hinzuzuzählen: also Eltern, Geschwister und Großeltern bei den Jüngeren; Freunde, Ehepartner und Assistenten bei den Jugendlichen und Erwachsenen. Die britische Marketing-Studie von TOUCHE ROSS (1993, 25) kommt dabei für Deutschland auf 13 Begleitpersonen bei 10 behinderten Reisenden.

Bezogen auf vergleichbare Bedürfnislagen hinsichtlich des Abbaus von Mobilitätsbarrieren und sozialen Vorurteilen (vgl. WILKEN 1985, 146ff.) wären als größte Referenzgruppe die Senioren von 65 Jahren und mehr zu beachten. Nach Subtraktion der statistisch als schwerbehindert erfaßten 3 Millionen älteren Personen von 65 Jahren und darüber handelt es sich hier um 8 Millionen Senioren (vgl. KURATORIUM DEUTSCHE ALTERSHILFE 1991, 18), die auch im Alter auf ihr lebensgeschichtlich erworbenes »Bürgerrecht auf Urlaubsreisen« (WILKEN 1990a, 97f.) nicht verzichten wollen. Angesichts der Daten und Fakten können wir davon ausgehen, daß mindestens ein Viertel bis ein Drittel unserer Bevölkerung von 80 Millionen Menschen an einer Berücksichtigung behinderungs- und altersspezifischer Bedürfnisse im weitesten Sinne interessiert ist, um entweder als direkt Betroffene den eigenen Urlaub oder den gemeinsamen Urlaub mit betroffenen Angehörigen oder Freunden bedürfnisgerechter und befriedigender gestalten zu können.

2. Öffnung des Reisemarktes für Menschen mit Behinderungen

Daß Personen mit Behinderungen gerne reisen und urlauben, wenn ihnen dazu die Möglichkeiten eröffnet werden, belegen seit Jahrzehnten die Erfahrungen gemeinnütziger Reiseveranstalter aus dem Bereich der Behindertenorganisationen, der Wohlfahrtsverbände und Kirchen. Neben den von ihnen angebotenen Gruppenreisen belegt die Reisepraxis, daß immer mehr behinderte Urlauber Individualreisen bevorzugen, ggf. unter Assistenz eines Reisehelfers. Dabei vermögen insbesondere auch die Pauschalreiseangebote der Touristikunternehmen den angestrebten Normalisierungsprinzipien zu entsprechen, wenn sie die speziellen Bedürfnisse behinderter Reisender berücksichtigen.

Für einen Zeitraum von mehr als 15 Jahren läßt sich am Beispiel der Touristik Union International (TUI) darstellen, daß die Berücksichtigung behinderungsspezifischer Belange zu einer vermehrten Nachfrage und damit zu einem ständig wachsenden Markt geführt hat. Wurde aus Anlaß des Internationalen Jahres der Behinderten 1981 die erste Liste mit 54 behindertenfreundlichen Hotels und Ferienanlagen in 17 Zielgebieten von der TUI herausgegeben, so waren es 1983 bereits 190 Unterkunftsangebote in 26 Urlaubsländern, die von 2100 behinderten Urlaubern und ihren Begleitern gebucht wurden, unter ihnen 300 Rollstuhlnutzer. Reisten 1991 7000 behinderte Personen, darunter 1400 Rollstuhlnutzer, so waren es 1995 11100 behinderte Reisende, unter ihnen 2500 Rollstuhlnutzer. Ihnen stehen über 370 als »behindertenfreundlich« ausgewiesene Hotels und Ferienanlagen in 49 Urlaubsländern zur Auswahl (vgl. URLAUBS-INFORMATIONEN FÜR BEHINDERTE UND IHRE BEGLEITER, ZUSATZINFORMATIONEN ZU DEN TUI-KATALOGEN 1992–1996). Obgleich sich TUI nicht als Spezialanbieter für Behindertenreisen versteht, hat dieses behindertenspezifische Angebot, das in abgewandelter Form auch die anderen großen Touristikunternehmen wie Neckermann-Reisen oder ITS führen, dazu beigetragen, daß eine schrittweise Partizipation behinderter Menschen an den in unserer Gesellschaft üblichen, normalen Reiseformen erfolgt.

Auch etliche kleinere Reiseagenturen konnten sich in den vergangenen 10 Jahren am Markt etablieren und expandieren. Mit ihren attraktiven Urlaubsangeboten wenden sie sich speziell an Rollstuhlnutzer, an Körperbehinderte und Geistigbehinderte, an Sehbehinderte und Blinde sowie an Dialysepatienten und Mehrfachbehinderte (vgl. ESCALES 1995). Entsprechend der Nachfrage haben sich diese Reiseangebote den Bedürfnissen behinderter Urlauber angepaßt, so daß hier sowohl Individualreiseangebote, mit spezifischen behinderungsbezogenen Informationen für den Indoor- und Outdoor-Bereich, vermittelt werden können, als auch Gruppenreisen mit einem qualifizierten Betreuungs- und Assistenzprogramm, das zugleich die Teilnahme an Sportangeboten und erlebnisbezogener Animation (WILKEN 1995 a, 3f.) sicherstellt.

Anders als es den großen Reiseveranstaltern möglich wäre, erreichen die Spezialanbieter ihre Zielgruppe nur schwer, vor allem aufgrund des hohen Kostendrucks von Vertrieb und Werbung. Daher sind beabsichtigte Kooperationsinitiativen zu begrüßen, die zu einem gemeinsamen Reisekatalog dieser Anbieter im deutschsprachigen Raum führen sollen (vgl. ZELLMER Reisen 1995, 1; rbf-TOURISTIK 1999) und die bereits auf europäischer Ebene zu einem ersten Zusammenschluß von sieben Spezialanbietern geführt haben (vgl. HANDICAPPED KURIER 1/1996, 13). Allerdings bleiben auch die Angebote der großen Reiseunternehmen weithin ein »Zufalls- und Geheimtip«, solange sich nämlich in ihren Reisekatalogen keine entsprechenden Hinweise finden, die auf die bestehenden behinderungsspezifischen Informationsmöglichkeiten aufmerksam machen. Es steht also um das kommunikative Marketing von Behindertenreisen nicht zum besten. Zwar verschließt sich der Reisemarkt nicht mehr den Bedürfnissen behinderter Urlauber, aber er öffnet sich nur zögerlich. Bedingt durch begrenzte Werbemöglichkeiten und eine zurückhaltende Praxis der Vermarktung, haben wir es gegenwärtig mit einem weithin »verschwiegenen« Reisemarkt zu tun, der noch vielfach tabuisiert wird.

3. Enttabuisierung durch Integration ins allgemeine Reise- und Urlaubsgeschehen

Die zurückhaltende Vermarktung von Behindertenreisen liegt zweifelsohne auch darin begründet, daß in unserer Gesellschaft der Umgang mit behinderten Menschen weithin von ambivalenten Gefühlen geprägt ist, die zwischen Zuwendung und Vermeidung oszillieren. Diese Verhaltensunsicherheit beeinträchtigt die Kommunikation und läßt bei der Tourismusbranche Bedenken entstehen, daß die Anwesenheit von behinderten Personen sich geschäftsschädigend auswirken könnte. Nicht zuletzt haben Gerichtsentscheidungen wie das Frankfurter Reiseurteil von 1980 oder das Flensburger Urteil von 1992 (vgl. WILKEN 1982, 386; 1993c, 113) zu einer nicht unbegründeten Verunsicherung beigetragen.

Allen Erfahrungen zufolge basieren aber die bestehenden ambivalenten Verhaltensweisen auf einer allgemeinen Verhaltensunsicherheit gegenüber behinderten Personen und nicht auf einer grundsätzlichen Ablehnung. Häufig sind sie das Ergebnis einer gedanklichen Ausgrenzung und Nichtwahrnehmung dieses Personenkreises. Und schließlich richten sich nicht alle negativ getönten Reaktionsweisen gegen den behinderten Menschen als Person, sondern oftmals primär gegen das als konsternierend erlebte Faktum einer Behinderung und die durch sie hervorgerufenen existentiellen Verunsicherung. Vor allem aber gilt: Verhaltensweisen sind erlernt, mithin lassen sie sich auch verändern!

Insgesamt kann aufgrund statistischer Untersuchungen zur gesellschaftlichen Akzeptanz behinderter Personen im Tourismus (vgl. ZEIMETZ 1990, 66ff.) davon ausgegangen werden, daß die Integration behinderter Urlauber und ihre Partizipation am Feriengeschehen weitaus problemloser erfolgt als erwartet. Vor allem wird durch diese Untersuchungen deutlich, daß von behinderten Individualreisenden eigentlich keinerlei Störungsgefühl vermittelt wird. Demgemäß fühlten sich nach der Reiseanalyse 1986 des Studienkreises für Tourismus lediglich 2,7% der nichtbehinderten Reisenden durch Behinderte gestört (vgl. GAYLER 1989, 19ff.). Die Störungsbereitschaft erhöht sich jedoch von 2,1% auf 6%, wenn behinderte Touristen als Gruppe erscheinen (vgl. WILKEN 1997, 107ff.). Anders als bei der barrierefreien architektonischen Gestaltung lassen sich für den Abbau sozialer Barrieren im Blick auf tolerable Gruppengrößen keine verbindlichen Angaben machen. Zu bedenken ist stets: Gruppen signalisieren, daß sie zusammengehören. Bei Außenstehenden kann dadurch ein Distanzierungsmechanismus als Schutz vor der als zu dominant eingeschätzten Gruppe ausgelöst werden. Dies gilt für alle Gruppen und nicht etwa nur gegenüber Behindertengruppen. Aus dieser Distanzierung kann es zu Rückzugsverhalten kommen, aber auch zu direkter Ablehnung, zu aggressivem Spott und zu Regreßforderungen, wie sie aus den Reiseurteilen bekannt sind (vgl. RAT-TEAM 1994, 110ff.). Das Störungsempfinden kann andererseits auch durch einen unbewußten Sozialneid hervorgerufen werden. Denn eine lebendige und interaktive Gruppe konfrontiert den Individualreisenden mit seiner nicht immer freiwillig gewählten Einsamkeit inmitten des pulsierenden »Massentourismus«.

Gerade Kontakt, Kommunikation und Geselligkeit sind es, die im Urlaub als Erholungsqualitäten ersehnt werden. Für den Behindertentourismus bedeutet das: Wenn Kontakt und Geselligkeit im Rahmen einer Gruppe im Urlaub als durchaus normal und bedürfnisgerecht anzusehen sind, ja als Kontrast zu einer im Alltag weithin »erlittenen« Isolierung eine gewisse kompensatorische Funktion besitzen, so sollten Gruppenreisen von Behinderten nicht nur negativ bewertet werden. Aber es sollte darauf geachtet werden, daß im Binnenverhältnis wie in der Außenwirkung der Gruppe die Chancen der Individualisierung beachtet werden. Trotz möglicher negativer Reaktionen, die statistisch gesehen die Ausnahme bilden und die nicht zum geringsten durch eine unsensible Integrationspraxis verursacht werden, ist aber im Urlaub ein kommunikatives Harmoniebedürfnis leitend. Dieses ermöglicht es, die sozial einengenden Rollen des Alltags ein Stück weit aufzuheben und ein Mehr an Gelassenheit zu praktizieren. Freilich nehmen die Urlauber auch ihr Alltags-Ego mit auf Reisen, so daß Urlaub, Ferien und Reisen immer wieder durch Urlaubs- und Freizeitegoismen belastet werden. Wenn nach einer Erhebung zum Freizeit-Streß sich 45% der Bürger gestreßt fühlen, wenn sie im Rahmen ihrer persönlichen Freizeitaktivitäten auch »auf andere Rücksicht nehmen müssen« (vgl. OPASCHOWSKI 1987, 2), wenn »von anderen gestört werden« heute bereits »jeden zweiten Jugendlichen wütend und aggressiv« macht (OPASCHOWSKI 1994, 2), so sind die Reaktionsweisen, denen behinderte Urlauber, ihre Angehörigen, Freunde und Assistenten immer wieder einmal ausgesetzt sind, entsprechend realistisch einzuordnen.

Ähnlich wie bei den technischen Barrieren wird man bei den sozialinteraktiven Barrieren dem Tourismusgewerbe nicht ansinnen können, gesellschaftliche Verhaltensweisen, die den Alltag beherrschen, für die Urlaubszeit als irrelevant zu erklären und sie wegzutrainieren. Dennoch sollte von den Ferien-, Urlaubs- und Reiseanbietern erwartet werden dürfen, daß sie im Rahmen des Möglichen darauf achten, daß sich nicht aus Unkenntnis und Unsicherheit im Umgang mit behinderten Reisenden dissoziierende Barrieren und Ausgliederungstendenzen aufbauen. Als »Meinungsführer« und »Multiplikatoren« (vgl. CLOERKES 1986, 140) des Urlaubsgeschehens kommt ihnen eine sozialintegrative Gestaltungsaufgabe zu. Deshalb ist das Tourismuspersonal für ein integratives Sozialmanagement auf der Grundlage einer animativen Sozialdidaktik (vgl. WILKEN 1990b, 464ff., 1993a, 24ff.) im Rahmen der Aus-, Fort- und Weiterbildung zu qualifizieren.

Aufgrund des Wissens um das komplementäre Bezogensein von Alltag und Urlaub, von Arbeits- und Freizeitwelt sollte aber im Bewußtsein bleiben, daß die Aufgaben, die sich dem Tourismus im Zusammenhang mit der Förderung einer integrativen Ferien- und Reisekultur stellen, lediglich Teilaspekte einer gesellschaftspolitisch umfassenderen integrativen Sozialdidaktik sind, die sich auf eine Stärkung des sozialen Verantwortungsgefühls insgesamt beziehen muß (vgl. WILKEN 1991, 287ff.; 1995b, 252ff.). Allerdings sind die hierfür notwendigen sozialen Leitbilder in unserer individualistischen Gesellschaft bislang noch kaum entwickelt. Da jedoch die Teilhabe am Tourismus in hohem Maße Lebensqualität symbolisiert, wird es darauf ankommen, offensiv und mit Sympathie das erforderliche soziale Bewußtsein für die Partizipation aller Bevölkerungsgruppen am Tourismus stärker als bisher zu entwickeln. Eine besondere Bedeutung kommt dabei der frühzeitigen Aktivierung des sozialintegrativen Potentials junger Menschen durch Schulreisen und Klassenfahrten zu (vgl. WILKEN 1998, 259ff.). Nicht zuletzt wird diese Forderung europaweit mit dem Begriff »Tourism for All« propagiert. Gesellschafts- und freizeitpolitisch ist es deshalb unerläßlich, Verbündete zur Bearbeitung dieser komplexen Problemlagen zu gewinnen, damit sich sozialintegrative Lebensstile und Leitbilder sowohl in der Alltags- und Freizeitwelt wie auch im Urlaub entfalten können.

4. Tourismuspolitische Entwicklungen

Als Konsequenz einer Fachtagung, die 1988 zur Thematik »Touristik und geistige Behinderung« stattfand und deren Teilnehmer sich aus annähernd allen mit dem Tourismus befaßten Branchen, Verbänden und Ministerien sowie den führenden Behindertenorganisationen zusammensetzten, wurde der »Arbeitskreis Tourismus für Menschen mit Behinderungen« gegründet (vgl. BUNDESVEREINIGUNG LEBENSHILFE 1989, 171; WILKEN 1993c, 114ff.). Seit 1989 arbeiten in ihm Vertreter der Behindertenorganisationen, der Touristikunternehmen und Wissenschaftler daran, die Bedingungen des Reisens für Behinderte zielgruppen- und marktgerecht zu entwickeln und den Individualtourismus von behinderten Personen auch im sozial- und tourismuspolitischen Raum abzusichern.

Es kann mit als ein Ergebnis dieses Arbeitskreises gewertet werden, daß es 1990 im Deutschen Bundestag (BUNDESTAGSDRUCKSACHE 11/7425 vom 19. 6. 1990) zu einer Beschlußempfehlung zur Thematik »Reisen und Behinderung« gekommen ist, die von einer breiten Mehrheit aller Parteien getragen wurde (BUNDESTAGSDRUCKSACHE 11/8213 [neu] vom 29. 10. 1990). Dabei wurde Übereinstimmung erzielt in dem Bemühen, die Integration behinderter Personen voranzutreiben sowie bau- und verkehrstechnische Barrieren zu vermeiden. Ferner wurde die Etablierung einer zentralen Informationsstelle zu Behindertenreisen empfohlen, die angeschlossen sein sollte an die gängigen fremdenverkehrstypischen Buchungssysteme. Die Notwendigkeit für die Erarbeitung eines gesamtdeutschen Reiseführers für Behinderte wurde verdeutlicht sowie die Entwicklung von Kriterien und Symbolen, um die Kennzeichnung in Katalogen und vor Ort zu erleichtern. Dies auch, um haftungsrechtliche Ansprüche begrenzen zu können. Schließlich wird angeregt, das Thema Behindertenreisen in die Lehrpläne der Tourismusberufe aufzunehmen und Forschungsaufträge zum Behindertentourismus zu vergeben.

Im Blick auf die Umsetzungspraxis dieser Beschlußempfehlung hat es in den vergangenen Jahren weitere Diskussionen im Bundestag gegeben, um die »Urlaubs- und Freizeitmöglichkeiten für behinderte Menschen« (BUNDESTAGSDRUCKSACHE 12/6270 vom 1. 12. 1993) nachhaltig zu verbessern. Dabei wurde gefordert, »unter Einbeziehung der touristischen Spitzenorganisationen und der Fremdenverkehrsstellen« für eine zügige Realisierung aller Schritte zu sorgen, »die für ein behindertengerechtes Reisen erforderlich sind«. Schließlich erging vom Ausschuß für Fremdenverkehr und Tourismus im Juni 1994 eine einmütige interfraktionelle Beschlußempfehlung an den Deutschen Bundestag (BUNDESTAGSDRUCKSACHE 12/7993 vom 17. 6. 1994), in dem die Bundesregierung aufgefordert wird, barrierefreies Reisen zu ermöglichen und die Forderung des Antrags »Reisen und Behinderung« (BUNDESTAGSDRUCKSACHE 11/7425 v. 19. 6. 1990) umzusetzen. In der Bundestagssitzung am 23.6.1994 wurde diese Beschlußempfehlung einstimmig angenommen (DEUTSCHER BUNDESTAG, 235. Sitzung, TOP 22o, Protokoll 12/235).

Die politische Diskussion der vergangenen Jahre hat dazu geführt, daß die Thematik des »Reisens für Alle« auch in die politischen Programme der Parteien Eingang gefunden hat.

Als Beispiel seien die »Tourismuspolitischen Leitlinien der SPD« (1993) genannt, in denen die spezifischen Bedürfnisse von behinderten Personen unter dem Aspekt der Integration in das allgemeine Reisegeschehen dargelegt werden und die anzustrebenden Verbesserungen klar und eindeutig entfaltet werden.

Auch seitens der Fremdenverkehrsbranche sind entsprechende Stellungnahmen erfolgt. So verweisen etwa die »Leitlinien des Deutschen Fremdenverkehrsverbandes zum Reisen für und mit Menschen mit Behinderungen« auf den bisher erreichten Stand und verdeutlichen die Bedingungen für eine koordinierte Weiterentwicklung. Dabei wird als erforderlich erachtet eine »zentrale und finanziell wie personell ausreichend ausgestattete Informationsstelle, die Auskünfte über Reiseangebote für die unterschiedlichsten Arten von Behinderungen« ebenso geben kann wie »Hilfestellung bei der baulichen Umgestaltung«. Zu vermeiden sei die Ausgrenzung von »Randgruppen« durch »ein eindeutiges Bekenntnis zu dieser Gästegruppe in enger Zusammenarbeit mit den Behindertenorganisationen, mit anderen touristischen Spitzenorganisationen und in Gesprächen mit Politikern und Entscheidungsträgern« (DEUTSCHER FREMDENVERKEHRSVERBAND 1993, 4; vgl. WILKEN 1989, 48).

Auch im internationalen Bereich sind tourismuspolitische Entwicklungen zu beobachten. So hat die VOLLVERSAMMLUNG DER VEREINTEN NATIONEN 1993 – im Anschluß an die INTERNATIONALE DEKADE DER BEHINDERTEN – als einen weiteren Schritt auf dem Weg zu einer Antidiskriminierungs-Konvention »22 UNO-Standardregeln über Chancengleichheit für Menschen mit Behinderungen« verabschiedet. Dort heißt es im Hinblick auf den Behindertentourismus in Regel 11: »Fremdenverkehrsämter, Reisebüros, Hotels und andere Einrichtungen, die mit der Organisation von Freizeit(angeboten) und Reisen befaßt sind, sollten ihre Dienste auch behinderten Menschen anbieten und dabei deren besondere Bedürfnisse beachten. Eine geeignete Schulung sollte dieser Beratung vorausgehen« (BUNDESVEREINIGUNG LEBENSHILFE 1995, 38; vgl. HELIOSCOPE 1995). In Übereinstimmung mit dieser UNO-Empfehlung wurde im Jahre 1994 bei der Europäischen Kommission in Brüssel die Arbeitsgruppe »Independent Living – Tourism for All« ins Leben gerufen. In ihr sind inzwischen alle 15 Mitgliedsländer der Europäischen Union sowie die EFTA-Länder vertreten (vgl. HELIOS FLASH Nr. 4, 1994). Aufgabe dieser Arbeitsgruppe ist es, Empfehlungen auszuarbeiten, damit europaweit die Bedingungen für angemessene Reisestandards zugunsten behinderter Personen entwickelt und koordiniert werden können.

Ein weiteres, mit der Konstituierung dieser europäischen Arbeitsgruppe verbundenes Ziel ist die Etablierung von Nationalen Koordinationsstellen unter Einbeziehung der Tourismusbranche und der Behindertenorganisationen. Ihre Aufgabe soll es sein, als Sammelstelle für alle Organisationen zu fungieren, die sich im Bereich des Behindertentourismus in den jeweiligen Mitgliedsstaaten engagieren. Nachdem bereits in zehn europäischen Ländern entsprechende Koordinierungsstellen bestehen, ist im April 1996 auch für die Bundesrepublik Deutschland mit der *Nationalen Koordinationsstelle »Tourismus für Menschen mit Behinderungen – Tourism for All«* – (c/o BUNDESARBEITSGEMEINSCHAFT CLUBS BEHINDERTER UND IHRER FREUNDE E.V., Eupener Str. 5, 55131 Mainz) eine solche Koordinierungsstelle installiert worden.

Schließlich wurde als eine Konsequenz der Beschlußempfehlung der Bundesregierung zu »Reisen und Behinderung« aus dem Jahre 1994 unter Federführung des Behindertenbeauftragten im Jahre 1996 das Forschungsprojekt »Tourismus für behinderte Menschen« initiiert. Die Forschungsergebnisse, die als drei Einzelstudien vorliegen (vgl. BUNDESMINISTERIUM FÜR VERKEHR, BAU- UND WOHNUNGSWESEN 1998; DEHOGA 1998; BUNDESMINISTERIUM FÜR GESUNDHEIT 1999), bestätigen in empirisch eindrucksvoller Weise nun auch offiziell weitgehend den bisherigen Sach-, Problem- und Wissensstand. Es wird darauf ankommen, die Impulse dieses Forschungsprojektes für eine humane und nachhaltige Weiterentwicklung des Tourismus zu nutzen, damit Urlaub von Menschen mit Behinderungen möglichst zu einem Urlaub ohne Behinderung wird.

Literatur

BUNDESMINISTERIUM FÜR GESUNDHEIT (Hrsg.): Reisen für behinderte Menschen. Baden-Baden (Nomos) 1999.

BUNDESMINISTERIUM FÜR VERKEHR, BAU- UND WOHNUNGSWESEN (Hrsg.): Gästefreundliche, behindertengerechte Gestaltung von verkehrlichen und anderen Infrastruktureinrichtungen in Touristikgebieten. Bad Homburg v.d.H. (FMS Fach Media Service) 1998.

BUNDESVEREINIGUNG LEBENSHILFE FÜR GEISTIG BEHINDERTE E.V.: Geistig behinderte Menschen und Touristik. Marburg (Eigenverlag) 1989.

BUNDESVEREINIGUNG LEBENSHILFE FÜR GEISTIG BEHINDERTE E.V.: Rechtsdienst der Lebenshilfe Nr. 4, 1995.

CLOERKES, G.: Erscheinungsweise und Veränderungen von Einstellungen gegenüber Behinderten. In: WIEDL, K.H. (Hrsg.), Rehabilitationspsychologie. Grundlagen, Aufgabenfelder, Entwicklungsperspektiven. Stuttgart/Berlin/Köln/Mainz (Kohlhammer) 1986, 131–149.

DEHOGA – Deutscher Hotel- und Gaststättenverband (Hrsg.): Tourismus für behinderte Menschen. Angebotsplanung, Angebotsumsetzung, Öffentlichkeitsarbeit. Bonn 1998 (INTERHOGA, 53134 Bonn, Postf. 200455).

DEUTSCHER FREMDENVERKEHRSVERBAND: Leitlinien zum Reisen für und mit Menschen mit Behinderungen. Bonn 1993.

ESCALES, Y.: Reisetips Deutschland. Selbsthilfe. Zeitschrift der BAG Hilfe für Behinderte o.J. (1990), Heft 5–6 , 81–92.

ESCALES, Y.: Reisen für Behinderte. Bonn (FMG-Verlag) 1995.

EUROPÄISCHE KOMMISSION, Generaldirektion XXIII – Tourismus (Hrsg.): Reiseziel Europa für Behinderte. Ein Handbuch für Tourismusfachleute. Amt für amtliche Veröffentlichungen der Europäischen Gemeinschaften. L-2985 Luxembourg 1996.

GAYLER, B.: Gesellschaftliche Akzeptanz von behinderten Reisenden. In: BUNDESVEREINIGUNG LEBENSHILFE FÜR GEISTIG BEHINDERTE E V. (Hrsg.): Geistig behinderte Menschen und Touristik. Marburg 1989, 19–43.

HANDICAPPED-KURIER, Bonn (FMG-Verlag) 1/1996.

HELIOS FLASH: Nr. 4, April–Mai 1994, herausgegeben von der Europäischen Kommission in Brüssel.

HELIOSCOPE: Nr. 6, Winter 1995, herausgegeben von der Europäischen Kommission in Brüssel.

KURATORIUM DEUTSCHE ALTERSHILFE: Presse- und Informationsdienst. Köln 1991.

LETTL-SCHRÖDER, M. (Hrsg.): Reisen für Behinderte. Die Nachfrage nach behindertengerechten Reisen wird wachsen. Sonderdruck aus zehn Ausgaben der Zeitschrift für Fremdenverkehrswirtschaft International im Jahre 1989. 1990.

OPASCHOWSKI, H. W.: Lärm, Gedränge, Pflichtbesuche: Immer mehr Bundesbürger klagen über Freizeitstreß. Der Freizeitbrief Nr. 63. BAT Freizeitforschungs-Institut, Hamburg 1987.

OPASCHOWSKI, H. W.: »Voll gestreßt«: Was Jugendliche in der Freizeit aggressiv macht. Freizeit aktuell Nr. 113. BAT Freizeitforschungs-Institut. Hamburg 1994.

OPPL, H.: Die Lebenslagen von behinderten Kindern und Jugendlichen. In: SPECK, O./MARTIN, K.-R. (Hrsg.), Sonderpädagogik und Sozialarbeit. Handbuch der Sonderpädagogik, Band 10. Berlin (Marhold) 1990, 28–45.

RAT-TEAM e.V.: Besser reisen bei Krankheit und Behinderung. Linz 1994.

rbf-TOURISTIK GmbH: Katalog »Reisen für Menschen mit und ohne Handicap«. Meerbusch 1999.

REISE ABC '96, hrsg. v. Bundesverband Selbsthilfe Körperbehinderter Krautheim 1996.

SPD-BUNDESTAGSFRAKTION: Tourismuspolitische Leitlinien. Tourismus in Deutschland. Bonn 1993.

STATISTISCHES BUNDESAMT VII D-R ARBEITSUNTERLAGEN: Statistik der Schwerbehinderten, Stand 31. 12. 1993. Wiesbaden 1994.

TOUCHE ROSS MANAGEMENT CONSULTANTS, HUGH CODE: Profiling from opportunities – A new market for tourism. London (Greene Belfield Smith) 1993.

WILKEN, U.: Reisen mit Behinderten. Grundzüge einer animativen Sozialdidaktik für Urlaub und Ferien. Zeitschrift für Animation 3 (1982), 384–389.

WILKEN, U.: Das Alten-Klischee im Tourismus. Zeitschrift für Animation 6 (1985), 146–149.

WILKEN, U.: Die Bedeutung des Tourismus für geistig behinderte Menschen. In: BUNDESVEREINIGUNG LEBENSHILFE FÜR GEISTIG BEHINDERTE E.V. (Hrsg.): Geistig behinderte Menschen und Touristik. Marburg 1989, 44–61.

WILKEN, U.: Touristik und Feriengestaltung mit geistig behinderten Menschen. In: ZIELNIOK, W.J./SCHMIDT-THIMME, D. (Hrsg.): Gestaltete Freizeit für Menschen mit geistiger Behinderung. Theorie und Realisation unter integrativem Aspekt. Heidelberg (HVA-Edition Schindele), 4. Aufl. 1990 (a), 97–109.

WILKEN, U.: Behinderung, Freizeit und Touristik. In: SPECK, O./MARTIN, K.-R. (Hrsg.), Sonderpädagogik und Sozialarbeit. Handbuch der Sonderpädagogik, Band 10. Berlin (Marhold) 1990 (b), 460–470.

WILKEN, U.: Touristik und Feriengestaltung als Bausteine einer integrativen Sozialdidaktik. In: SANDER, A./RAIDT, P. (Hrsg.): Integration und Sonderpädagogik. St. Ingbert (Röhrig) 1991, 287–296.

WILKEN, U.: Elemente einer integrativen Ferien- und Reisekultur. Freizeitpädagogik, Sonderheft: Reisen trotz Handicaps? 15 (1993a), 24–28.

WILKEN, U.: Behindertentourismus. In: HAHN, H./KAGELMANN, H. J. (Hrsg.): Tourismuspsychologie und Tourismussoziologie. Ein Handbuch zur Tourismuswissenschaft. München (Quintessenz) 1993 (b), 346–350.

WILKEN, U.: Diskriminierung behinderter Menschen in der Reiserechtsprechung. Zeitschrift für Heilpädagogik 44 (1993c), 113–116.

WILKEN, U.: Arbeit, Freizeit und Tourismus – Notizen zum Stellenwert von Ferien- und Urlaubsreisen von Menschen mit Behinderungen. Zur Orientierung 4 (1995a), 2–5.

WILKEN, U.: Würde und Selbstbestimmung behinderter Menschen wahren. Blätter der Wohlfahrtspflege 142 (1995b), 252–255.
WILKEN, U: Behinderte (k)eine Chance zum Reisen und Ferien machen? In: WILKEN, U., Selbstbestimmt leben II – Handlungsfelder und Chancen einer offensiven Behindertenpädagogik. Hildesheim/Zürich/New York (Olms), 2. Aufl. 1997, 107–133.
WILKEN, U.: Der pädagogische Stellenwert von Schulreisen und Klassenfahrten – Der Schullandheimaufenthalt als Chance zur Entwicklung wechselseitiger Integrationskompetenz von behinderten und nichtbehinderten Schülern. Zeitschrift für Heilpädagogik 49 (1998), 259–265.
ZEIMETZ, A.: Zur gesellschaftlichen Akzeptanz behinderter Menschen, untersucht im Bereich Tourismus. Mainz (Universität Mainz, unveröffentlichte Magisterarbeit) 1990.
ZELLMER REISEN: Katalog Reisen für Behinderte 1995.

JÜRGEN DANIELOWSKI

Gegen den »Samariterblick«
»Behindertenarbeit« als integrative Gemeindeentwicklung

Einen Glückstreffer habe ich gelandet! Dank meiner Frau war ich im Kino; in dem Film *Am achten Tag«*. Eine wirklich wunderbare Geschichte! Sie erzählt von dem buchstäblichen Zusammenprall zweier Menschen: von Harry, einem erfolgreichen Werbemanager, und von Georges, einem jungen Mann mit Down-Syndrom. Auf eigene Faust verläßt Georges an einem Wochenende das Heim, in dem er seit dem Tod der Mutter lebt. Unterwegs – es gießt in Strömen – passiert es: Georges und Harry treffen aufeinander und mit ihnen zwei Welten: die durchgeplante, aufgestylte, seelenlose Businesswelt und die Traumwelt unbekümmerter, grandioser Freiheit. Harry tut, was der Erfolg verlangt; Georges tut, was er will. Harry pendelt zwischen Penthouse und Chefetagen; Georges kennt viele Wirklichkeiten. Harry geht keine Risiken ein; Georges geht seinen Träumen nach. Sehr vertraut auch die anderen Beteiligten: die Mutter, die über Georges schwebt wie eine gute Fee; die liebevolle, aber überforderte Schwester; die Verkäuferin, die schockiert die Flucht ergreift, als ihr Georges sein Gesicht zukehrt; der genervte Harry, der den aufgelesenen Georges vergeblich bei der Polizei abzuladen versucht. Nur eins verbindet die beiden himmelweit verschiedenen Männer: ihr brennender Wunsch nach Gegenliebe. Georges allerdings kann etwas, was Harry nicht schafft: vorbehaltlos lieben. Dieses Talent führt beide in eine wundersame, befreiende Freundschaft.

Über die Personen hinaus hat mich der Film auch deshalb berührt, weil er seine Handlung in ein biblisches Motiv einbettet: in die Schöpfungsgeschichte. Mit Zitaten aus der Genesis beginnt das Ganze, mit dem Gewicht göttlicher Worte endet der Film; und der Regisseur Jaco van Dormael legt seine eigene Botschaft in diese Sätze hinein: »Am siebten Tag schuf der Herr den Sonntag. Am achten Tag schuf er – Georges. Und siehe, es war sehr gut.«

1. Denk- und Glaubenstradition

Unter dem Eindruck dieses Filmes und seiner Bilder möchte ich die Traditionen und die Praxis meiner Kirche befragen; mir steht dabei der mir vertraute Raum der *Evangelischen Kirche im Rheinland* vor Augen, aber ich vermute, in anderen Kirchen sieht es ähnlich aus. Wie also gestaltet sich die Begegnung zwischen Menschen mit Behinderung und Menschen ohne Behinderung in der Kirche? Wie verhalten wir uns zueinander? Wie Harry, wie die Schuhverkäuferin, die Kellnerin ... ? Haben wir Erfahrungen gesammelt, die denen des Films auch nur annähernd nahekommen? Inwieweit ist der schöne biblische Rahmen, den Jaco van Dormael zeichnet, durch unsere Traditionen gedeckt?

Um bei der letzten Frage anzuknüpfen – leider redet die *Bibel*, das zentrale Dokument unseres Glaubens, keineswegs so vorbehaltlos positiv über Menschen mit Behinderung, wie es der Film vermuten läßt.

»Wie ein Beutel mit Edelsteinen auf einem Steinhaufen, so ist's, wenn man einem Trottel (einem Unvernünftigen) Ehre antut« (Sprüche 26, Vers 8).

Diese wenig schmeichelnde Sichtweise durchzieht die Bibel. Darin ist sie ganz menschlich, daß sie die abwertenden Einstellungen der Menschen ihrer Zeiten widerspiegelt. Oft werden in der Bibel Behinderung und Krankheit gleichgesetzt und als deutlicher Beleg für die Abwesenheit Gottes oder gar als Strafe Gottes für irgend etwas interpretiert.

»Nichts Gesundes ist an meinem Fleische ob deines Grolls, nichts Heiles an meinen Gebeinen ob meiner Sünde« (Psalm 8, Vers 4).

Menschen mit Behinderungen – und diese werden minutiös aufgezählt – durften nicht Priester werden und an den Altar treten, weil sie durch ihre Behinderung, so der Irrglaube, das Heiligtum Gottes verunreinigen würden, so zu lesen in 3. Mose 21, Verse 16–24 (zur biblischen Sicht von Behinderung vgl. SCHMIDT 1979, 25f., 109ff.). Insbesondere Menschen mit geistiger und seelischer Beeinträchtigung wurden aus der Gemeinschaft, die auch soziale Sicherheit für den Einzelnen garantierte, in die Isolation gedrängt. So erscheinen sie auch in neutestamentlichen Zeiten entweder als abschreckende Höhlenbewohner oder als heilungsbedürftige Besessene. Behindert sein, krank sein – das hieß, in Ungnade gefallen zu sein, sein Dasein im Unheil zu fristen. Gesund sein, ohne Behinderung zu leben – das bedeutete, von Gott gesegnet zu sein, an seinem Heil zu partizipieren. Bis heute verwenden *Exegeten und andere Theologen* recht gedankenlos diese Negativfolien. Da ist beispielsweise in einem gängigen Kommentar zum Markusevangelium zu lesen:

»Das Kommen der Gottesherrschaft besteht in der Zurückführung des Kranken und Entstellten zur schöpfungsmäßigen Gesundheit und Ganzheit« (GRUNDMANN 1973, 45).

Der Kranke und Versehrte (der »Entstellte«!) ist demnach nicht »ganz«, entspricht der Schöpfungsordnung nicht, paßt nicht in das Gottesreich! Solche abwegigen Stigmatisierungen finden sich zuhauf bei zahllosen namhaften Professoren der Theologie, die junge Menschen für einen Beruf ausbilden, der den sensiblen Umgang mit Menschen erfordert. Sie finden sich bedauerlicherweise auch in der wichtigen ökumenischen ERKLÄRUNG VON 1989 (90, 94) *»Gott ist ein Freund des Lebens«*. Trotz des ernsthaften Versuchs dieser Schrift, die Menschenwürde für alle zu beschreiben, bedienen sich die kirchlichen Würdenträger einer entlarvenden Sprache, wenn sie Fragen der Behinderung thematisieren; da wird von »behindertem menschlichem Leben« geredet, als gehe es nicht um Menschen, als sei das Leben von Menschen mit Behinderung kein vollständiges Leben, sondern eben unvollständiges, behindertes Leben. Da wird behauptet, Gott wolle »den Behinderten, er will nicht die Behinderung«, als sei die Behinderung etwas Widergöttliches. Und wenn Gott, wie es in der Erklärung heißt, die Behinderung nicht will – wie können dann die Kirchen gegen die Embryopathische/Eugenische Indikation sein? Ähnlich abwegige Formulierungen wie in der kirchenoffiziellen Schrift finden sich leider auch in der jüngsten STELLUNGNAHME DES DIAKONISCHEN WERKES DER EVANG. KIRCHE IN DEUTSCHLAND VOM 24. 9. 1996 zur europäischen Bioethik-Konvention. In der diakonischen Verlautbarung wird von »behindertem ... und verfehltem Menschsein« (2) gesprochen. Nicht genug damit – im nächsten Halbsatz tauchen gar »Träger des Bösen« auf; in der Hoffnung auf ein »Heilwerden« sei »gegen das Böse ... anzutreten« und »für Menschen, die Täter und Opfer in einem sind, einzutreten« (2). Eine heillose Begriffsverwirrung! Aber die Sprache verrät den Geist.

Ich denke, wir in Kirche und Diakonie tragen über diese abwertenden Deutungsmuster hinaus eine weitere spezifische Hypothek mit uns herum: unseren *Samariterblick*. Nicht anders als die übrige Gesellschaft mit ihrem Gesundheitsfetischismus, der jeden Anflug von Schwäche zu kurieren bestrebt ist, betrachten wir Behinderungen als heilungsbedürftige Krankheiten. Folglich sind wir in die Fußstapfen des wunderwirkenden Jesus getreten, um Behinderten mit den Mitteln der Therapie, der Fürsorge und Medizin zu helfen. Auf dieses Schema geht die sog. christliche Liebestätigkeit zurück; sie versteht oder verstand sich in diesem Sinne als Mitleidethik. Die Rollen waren klar verteilt: hier der barmherzige Samariter, dort das bedauernswerte Objekt der Barmherzigkeit. Zwischen Harry und Georges entstand ein Gefühl der Sympathie und der Freundschaft. Wir kommen her von einem einseitigen Pflichtgefühl; nicht partnerschaftliche Liebe und Gegenliebe bestimmt unser Handeln, sondern *Barmherzigkeit*. Barmherzigkeit genügt aber nicht, wo es um Gleichheit geht; auch nicht, wo es um gleiche Rechte geht. Barmherzigkeit verstellt den Blick für die wechselseitigen Lebenserfahrungen, die Menschen in ihrer Verschiedenheit sammeln können. Barmherzigkeit vermochte nicht, der verbrecherischen Euthanasiepraxis Einhalt zu gebieten. Im Gegenteil: Barmherzigkeit wurde und wird wieder als Argument *für* Euthanasie ins Feld geführt! Das Verhalten überwiegender Teile der Kirchen war gegenüber der Nazi-Euthanasie durch Willfährigkeit und Entschlußunfähigkeit geprägt (vgl. dazu KULENKAMPFF 1988, 171ff.). Zu einem ähnlichen Ergebnis kommt auch UWE KAMINSKY in seiner großen Studie »Zwangssterilisation und ›Euthanasie‹ im Rheinland« (1995, 298ff., 370ff., 494ff., 525ff.). Barmherzigkeit wird also nicht die biotechnologischen Entwicklungen aufhalten, die nichteinwilligungsfähige Menschen zu Forschungsobjekten degradieren. Ich denke, alle diese religiösen Klischees und theologischen Stigmatisierungen haben uns stärker bestimmt als reale Begegnungen, stärker als das direkte Zusammentreffen, stärker als akute Irritationen und glückliche Umstände zum Entdecken einer Freundschaft. Unsere christliche Tradition hat m.E. eher dazu beigetragen, Vorbehalte und Berührungsängste zu vertiefen als sie zu überwinden.

2. Traditionelle Praxis

Georges und Harry trafen (auf)einander; und sie lassen uns miterleben, wie Vorurteile und Berührungsängste überwunden werden: durch direkte Alltagskontakte und, wenn es sein muß, durch handfeste Kollisionen. Allerdings spielt sich die Geschichte nur auf der Kinoleinwand ab, nicht im tatsächlichen Leben. Es ist wohl nicht so, daß die sonstige Gesellschaft im Blick auf Integrationsprozesse weiter wäre als etwa die Menschen in der Kirche. Andererseits hat es in den Kirchen an ehrlichen und intensiven Bemühungen nie gefehlt. In der Vergangenheit gehörten christliche Persönlichkeiten häufig zu den wenigen, die überhaupt auf Menschen mit Behinderungen zugingen.

Historisch gesehen konzentrierte sich kirchliche Behindertenarbeit allerdings weitgehend auf das sog. *Anstaltswesen*. Menschen mit den verschiedensten Behinderungen wurden in überwiegend konfessionelle Großeinrichtungen eingewiesen. Die Konzeptionen dieser

Einrichtungen verfolgten durchaus differenzierte Ziele. Im Kontext gesellschaftlicher Veränderungen haben sie sich weiterentwickelt und verstehen sich heute als geschützte »Orte zum Leben«. Gleichwohl geht von dem etwa einen Dutzend Behindertengroßeinrichtungen sowie den weiteren 40 Heimen der diakonischen Behindertenhilfe im Bereich unserer Landeskirche eine beträchtliche Sogwirkung aus. Diese Einrichtungen repräsentieren gewissermaßen die kirchliche Behindertenarbeit. Sie prägen nicht nur das Image, in sie hinein fließen auch regelmäßig Kirchenbeiträge und Spenden. Gemeinden und verantwortliche Mitarbeiter/-innen in den Gemeinden fühlen sich durch solche Aktivitäten der Diakonie zugleich allerdings »entlastet« und ihrer eigenen Verantwortung enthoben. Mancherorts sehen sich Gemeinden aufgrund der Größe der nahegelegenen Einrichtung sogar ein wenig bedrängt und neigen dazu, sich abzugrenzen. Im skizzierten Film versuchte der Manager Harry, Georges bei der nächstbesten Polizeistation abzuliefern. Ähnlich müssen Menschen mit Behinderungen in der Kirche damit rechnen, als diakonische Fälle betrachtet und an die Stationen der Diakonie delegiert zu werden (vgl. MOLTMANN 1984, 37). Zugegeben, anders als Polizeistationen sind die Einrichtungen der Diakonie auf diese Aufgabe spezialisiert; Mitarbeiterinnen und Mitarbeiter engagieren sich kompetent und beharrlich im Interesse behinderter Menschen.

Es wird leicht übersehen, daß insgesamt zu wenige Plätze insbesondere für die individuelle Lebensgestaltung zur Verfügung stehen. 70–80% aller Menschen mit Behinderungen leben außerhalb von Einrichtungen, in der Regel im elterlichen Haushalt. Ihre Möglichkeiten zu verbessern, liegt zwar in der Hand staatlicher Sozialpolitik; freie Träger dürfen m.E. die Politik nicht aus ihrer Verantwortung für die gesellschaftliche Integration entlassen. Gleichwohl beteiligen sich kirchliche Stellen in einzelnen Fällen etwa am Aufbau gemeindlicher betreuter Wohngruppen.

Größere Möglichkeiten liegen aber im Bereich der *gemeindlichen Freizeitarbeit*. Seit vielen Jahren bieten eine ganze Reihe von Ortsgemeinden und Kirchenkreisen entsprechende Gruppen für behinderte Menschen an. Genaue Zahlen über Größenordnungen existieren nicht. In der Evangelischen Kirche im Rheinland mit ihren 825 Gemeinden in 46 Kirchenkreisen leben etwa 3,2 Millionen Menschen. Statistisch gesehen dürften ca. 8–9% von ihnen behindert sein, darunter 0,5% mit einer geistigen Behinderung. Eine interne Umfrage von 1996 lieferte uns einen ungefähren Überblick über die Anzahl von Freizeitgruppen und die integrativen Aktivitäten in der Konfirmandenarbeit und der Gottesdienstgestaltung. Vergleichsweise häufig versammeln sich Menschen mit geistiger Behinderung in besonderen Gemeindegruppen. Die wohl ältesten feierten kürzlich ihren 20. Geburtstag. Sechs Kirchenkreise verfügen über institutionalisierte Behindertenreferate mit festangestellten Mitarbeiter/-innen und vielen Honorarkräften. Diese Referate bieten in der Hauptsache Familienassistenzdienste an; sie organisieren Ferienfahrten und betreuen örtliche Freizeitgruppen. Recht genaue Zahlen liefern die Gehörlosen- und Schwerhörigenseelsorge sowie die Blindenseelsorge, da Menschen dort gesondert zusammenkommen. Für die Gehörlosen- und Schwerhörigenseelsorge werden bei 10 500 statistisch veranschlagten Gemeindegliedern 865 aktiv Teilnehmende registriert. In einigen wenigen Kirchenkreisen bestehen darüber hinaus besondere Gruppen für körperbehinderte Menschen. Wieviele Menschen mit Behinderungen am »normalen« Gemeindeleben, z.B. an Gottesdiensten, Frauenkreisen, Jugendgruppen usw. teilnehmen, läßt sich kaum feststellen. Es dürfte ein erheblicher Prozentsatz sein.

Beeindruckend ist, zu sehen, daß viele dieser Gruppen aus der *Initiative sogenannter Ehrenamtlicher*, freiwillig und unbezahlt Mitarbeitender, hervorgegangen sind; gelegentlich auch aus dem persönlichen Engagement eines Gemeindepfarrers oder einer hauptamtlichen Mitarbeiterin. Am Anfang stand jedenfalls kein offizielles Projekt der Gemeinde, sondern der hochmotivierte, oft halbprivate Einsatz einzelner – übrigens überwiegend von Frauen in mittlerem bis höherem Alter und erstaunlich häufig auch von Jugendlichen, denen wir allzu leicht individualistische Gleichgültigkeit nachsagen. Jene zentralen Initiativpersonen leisten nicht nur Hebammendienste für ein wichtiges Gebiet der Gemeindearbeit; sie tragen auch dazu bei, daß junge Menschen ihre soziale Kompetenz erweitern, verstärkt in soziale Berufe einsteigen und nicht zuletzt auch eine neue Beziehung zu ihrer Kirchengemeinde finden. Ihre Aktivitäten erhielten von Zeit zu Zeit Auftrieb durch kalendarische Daten wie das 1981 von der UNO ausgerufene »Jahr der Behinderten« oder auch durch Gemeindefeste, bei denen es guter Brauch ist, daß die unterschiedlichsten Menschen für einen Augenblick zusammenkommen.

Was *das Konzeptionelle der Freizeitgruppenarbeit* angeht, so wird man sagen müssen: Auch diese Aktivitäten waren ursprünglich nicht integrativ angelegt, jedenfalls nicht sozialintegrativ im Sinne der Ermöglichung von partnerschaftlicher Kommunikation zwischen behinderten und nichtbehinderten Gemeindegliedern. Allenfalls stand eine räumliche Integration im Blick, der Treffpunkt unter dem Dach der Kirche. Vornehmlich ging es darum, einer vernachlässigten Gruppe von Menschen Alternativen für die Freizeitgestaltung zu bieten. Und selbst Gruppen, die einmal ausdrücklich integrativ begannen, entwickelten sich regelmäßig zu Sondergruppen. Die nichtbehinderten Mitglieder waren mobiler und flexibler; sie wuchsen aus solchen Gruppen heraus, während die behinderten Teilnehmer/-innen zurückblieben. Diese Mitglieder entwickeln eine starke Gruppenbindung, die über viele Jahre konstant bleibt; sie werden mit der Gruppe alt, in der sie sich zuhause fühlen. Ihre Gruppen üben zudem eine große Anziehungskraft aus; von überall her stoßen Interessierte dazu. Mit der Expansion nimmt allerdings auch die Absonderung zu.

Wie es scheint, bestehen in der kirchlichen Freizeitarbeit mit Menschen mit Behinderung unausgesprochen zwei Ziele nebeneinander; manchmal geraten sie auch in Spannung zueinander, weil sie sich nicht gleichzeitig verwirklichen lassen: einerseits der Wunsch, Menschen mit Behinderung gezielte, spezifische Angebote zu machen, die sie sonst möglicherweise nicht bekommen, und andererseits das erst nachträglich ins Gespräch gebrachte Interesse, die Kommunikation zwischen Menschen mit Behinderung und ohne Behinderung zu fördern – gewissermaßen Sonderförderung contra Sozialintegration. Alles in allem wird in unserer Kirche nach meinem Eindruck immer noch mehr »Behindertenarbeit« betrieben als integrative Gemeindeentwicklung angestrebt.

Ich bedaure das, weil wir uns miteinander um wesentliche Erfahrungen bringen, kann dieser Situation aber zugleich einen gewissen Sinn abgewinnen. Es fehlen ja tatsächlich Freizeitangebote; jedenfalls Menschen mit geistiger Behinderung verbringen einen Großteil ihrer freien Zeit zuhause, Eltern müssen u.a. auch Freizeitgestalter für ihre Kinder sein. Darüber hinaus haben Menschen mit einer Sinnesbehinderung oder mit geistiger Behinderung selbstverständlich das Recht, unter sich zu sein. Viel deutlicher müssen wir mit ihnen auch für das *Recht auf religiöse Selbstbestimmung* eintreten. Dieses Recht beinhaltet die Möglichkeit, den eigenen Glauben selbständig in der der eigenen Ausdrucksweise entsprechenden Form praktizieren zu können. Schließlich gehört *Seelsorge* zu den zentralen Aufgaben kirchlicher Arbeit. Seelsorge aber kann nicht anders, als sich ganz auf die besondere Situation des/der einzelnen und seiner Familie einzulassen. So erfährt die Seelsorgerin bzw. der Seelsorger etwas von den besonderen Herausforderungen, vor denen Betroffene und Angehörige mit der Behinderung stehen, von den Lebensleistungen, aber auch den Krisen, die in Sinnfragen von religiöser Tragweite hineinführen. Zu wünschen wäre, daß mehr Gemeindepfarrerinnen und -pfarrer die seelsorgerische Begleitung von Menschen mit Behinderung und ihren Angehörigen als selbstverständliche Aufgabe ihres Gemeindedienstes erkennen können – wie im übrigen auch die Förderung wechselseitiger Kontakte zwischen Menschen mit unterschiedlichem Sprachverhalten seelsorgerische Sensibilität erfordert (vgl. DANIELOWSKI 1995, 4ff.).

3. Integrative Gemeindeentwicklung

Dennoch – viele Menschen mit Behinderung bzw. ihre Angehörigen wünschen sich gerade nicht abgeschirmte Schonräume, sondern suchen Kontakte über den eigenen Kreis hinaus. Nach jedem Besuch z.B. von Theologiestudenten oder Vikaren in einer gemeindlichen Gruppe geistigbehinderter junger Leute steht die eindringliche Frage im Raum: »Wann kommt ihr wieder?« Und in der Tat – allen Unkenrufen zum Trotz bietet sich die Ortskirchengemeinde für solche Begegnungen über Grenzen hinweg an. Gemeinden sind öffentliche Räume, in denen wie in kaum einem anderen gesellschaftlichen Bereich Menschen von so großer Verschiedenheit zusammenkommen. Da sitzen manchmal die in jeder Hinsicht gegensätzlichsten Typen nebeneinander. Sie begegnen einander in dem verbindenden Gedanken, zu einer Gemeinde zu gehören, demselben Gott gegenüberzustehen und der Vision von Geschwisterlichkeit entgegenzugehen.

Menschen öffnen sich in der Kirche füreinander oder sie leben nicht wirklich Kirche. Wenn wir im Blick auf Menschen mit und ohne Behinderung von sozialer Integration reden, so ist also wenigstens das Fundament dazu bereits gelegt.

Allerdings darf man von den nur punktuellen Kontakten, so anregend und verbindend sie sein mögen, nicht zu viel erwarten. Nachhaltig verändern nur längerfristige Nachbarschaften die Einstellungen. Deshalb setzen wir auf *kontinuierliche Lernprozesse*, etwa auf die gemeinsame Konfirmandenzeit, vor allem aber auf das gemeinsame Leben im Kindergarten und in der Kindertagesstätte. Unter den Erzieherinnen der mehr als 800 evangelischen Einrichtungen dieser Art in unserer Kirche ist die Bereitschaft erfreulich gewachsen, sich an integrativer Arbeit zu beteiligen. Die entsprechenden Fortbildungskurse, die wir anbieten, sind regelmäßig gut belegt. Neben der Form der integrativen Gruppe bietet der örtliche Kindergarten insbesondere die Chance zu wohnortnaher Einzelintegration. Deshalb lautet einer der Leitgedanken aus den *»Grundsätzen für eine integrative Gestaltung des Lebens in den evangelischen Tageseinrichtungen für Kinder«*:

»Alle Kinder eines Wohnbezirks bzw. Wohnortes sollen die Möglichkeit haben, die Tageseinrichtung ihres Wohnbereiches zu besuchen (Wohnortprinzip). So wird die soziale Integration behinderter Kinder gestützt, Kontakt und Nachbarschaftshilfe den Eltern ermöglicht« (erarbeitet vom RHEINISCHEN VERBAND EVANGELISCHER TAGESEINRICHTUNGEN FÜR KINDER, Düsseldorf, 10. 4. 1992).

Wir hegen die Hoffnung, daß mit den Kindern dieser Einrichtungen ein Erfahrungsschatz heranwächst, der für das Leben der Gemeinden von großem Gewinn sein wird. Im Blick auf diese Erfahrungen wird es eines Tages berechtigt sein, nicht mehr von Behindertenarbeit zu reden, sondern von integrativer Gemeindeentwicklung. An den Elementarbereich anknüpfend arbeitet unsere Kirche ebenso an der Weiterentwicklung der gemeinsamen Erziehung in der Schule am Wohnort mit. In ihrer Stellungnahme von 1991 »*Integration beeinträchtigter Kinder und Jugendlicher in den schulischen Unterricht aller Schulformen*« sagte die EVANGELISCHE KIRCHE IM RHEINLAND ihre vorbehaltlose Unterstützung für diesen Prozeß zu. In der Stellungnahme heißt es:

»Für Christen sollte Integration selbstverständlich sein ... Schulische Integration ist ein besonders wichtiger Meilenstein in der Verwirklichung integrativer Lebensgestaltung« (6).

Damit wir in dieser Perspektive vorankommen, wird es allerdings nötig sein, daß wir die gegenwärtig deutlichen Grenzen verändern. Sie sind nicht finanzieller Art, sondern mentaler und struktureller Art. Mental, weil das Konzept der integrativen Gemeindeentwicklung keineswegs schon zum allgemeinen Basiswissen kirchlicher Mitarbeiter/-innen einschließlich der Pfarrer/-innen gehört. Vielmehr gilt es, das immer noch gängige Denkschema, das Menschen in Kerngruppen und in Randgruppen sortiert, durch integrative Sichtweisen abzulösen. Strukturell, weil die internen Kommunikationsnetze durchaus nicht optimal funktionieren, weder auf der Ebene der Mitarbeitenden noch zwischen den Gruppen. Damit sozialintegrative Prozesse vorankommen, ist es aber notwendig, die Kommunikation zu verbessern. Menschen mit Behinderung können entsprechend ihren Interessen und ihrer biographischen Entwicklung Zugang zu den Kreisen von Menschen ohne Behinderung nur finden, wenn die bestehenden »Regel«-Gruppen für alle durchlässiger werden.

Landeskirchlicherseits versuchen wir, durch *Aus- und Fortbildungsangebote* weitere Mitstreiterinnen und Mitstreiter für diese Anliegen zu gewinnen. Dazu hat die Evangelische Kirche im Rheinland 1992 die *landeskirchliche Pfarrstelle für gemeindenahe Behindertenarbeit* eingerichtet. Analog der Erweiterung des Grundgesetzartikels 3 bemühen wir uns um Ergänzungen unseres wichtigsten Kirchengesetzes, der *Kirchenordnung*, mit dem Ziel, die Rechtsgleichheit zwischen Menschen mit und ohne Behinderung auch für das kirchliche Leben festzuschreiben. Zunächst muß freilich erst die Diskussion über unsere Vorschläge beginnen.

Nach meinem Eindruck befinden wir uns in Kirche und Theologie ebenfalls in jenem vielzitierten *Paradigmenwechsel,* wie er im pädagogischen und sozialpolitischen Feld vermutet wird. Der Kampf Betroffener und Mitbetroffener für gleichberechtigte Teilhabe hat nicht nur die gesellschaftliche Landschaft verändert. Auch Gemeindemitglieder mit und ohne Behinderung öffnen sich füreinander und probieren erste Schritte aus hin zu partnerschaftlichen, fairen Beziehungen. Theologen haben begonnen, die inhumanen Auslegungstraditionen ihrer Zunft aufzudecken und aufzuarbeiten. Große Verdienste kommen hierin vor allen anderen ULRICH BACH zu. Er brandmarkt jene vorurteilsbeladenen Denkmuster als »theologischen Sozialrassismus« (1991, 41). Unsere Kirche hat 1985 eine Art *Mitschuldbekenntnis* abgelegt, als sie erklärte:

»Wir bekennen, daß wir in unserer Kirche zu wenig Widerstand gegen die Zwangssterilisierung, die Ermordung kranker und behinderter Menschen und gegen unmenschliche Menschenversuche geleistet haben. Wir bitten die überlebenden Opfer und die hinterbliebenen Angehörigen der Ermordeten um Vergebung.« Und einige Sätze weiter: »Wir bitten Gott, daß er uns ... zu einer Gemeinde aus behinderten und nichtbehinderten Schwestern und Brüdern auferbaue« (SYNODALERKLÄRUNG VON 1985, 20).

Ein wichtiges Dokument, ein mutiges Signal, das zur Umkehr auf einen gemeinsamen Weg einlädt! Wer weiß, vielleicht haben inzwischen auch in der bescheidenen Wirklichkeit unserer Kirche Menschen mit und ohne Behinderung ihren »achten Tag« erlebt, so wie Harry und Georges ihn im Film erleben durften ...

Literatur

BACH, U.: Getrenntes wird versöhnt. Neukirchen (Neukirchener Verlag) 1991.

DANIELOWSKI, J.: Menschen seelsorgerlich begleiten. In: Behindertenhilfe aktuell 4/1995 (Düsseldorf), 4–7.

ERKLÄRUNG DES RATES DER EVANGELISCHEN KIRCHE IN DEUTSCHLAND UND DER DEUTSCHEN BISCHOFSKONFERENZ: Gott ist ein Freund des Lebens. Herausforderungen und Aufgaben beim Schutz des Lebens. Gütersloh (Gütersloher Verlagshaus Gerd Mohn) 1989.

EVANGELISCHE KIRCHE IM RHEINLAND – Schulabteilung: Integration beeinträchtigter Kinder und Jugendlicher in den schulischen Unterricht aller Schulformen. Eine Stellungnahme. Düsseldorf am 13. 12. 1991.

GRUNDMANN, W.: Das Evangelium nach Markus (Theologischer Kommentar zum Neuen Testament). Berlin (Evangelische Verlagsanstalt), 6. Aufl. 1973.

KAMINSKY, U.: Zwangssterilisation und ›Euthanasie‹ im Rheinland. Evangelische Erziehungsanstalten sowie Heil- und Pflegeanstalten 1933–1945. Schriftenreihe des Vereins für Rheinische Kirchengeschichte, hrsg. von H. Faulenbach u.a., Band 116. Köln (Rheinland-Verlag) 1995.

KULENKAMPFF, C.: Zwangssterilisierung, Vernichtung sogenannten lebensunwerten Lebens und Menschenversuche im Dritten Reich. In: SEIM, J. (Hrsg.), Mehr ist eben nicht. Kranksein, Behindertsein, Menschsein. Gütersloh (Verlag Jakob van Hoddis) 1988, 166–173.

MOLTMANN, J.: Diakonie im Horizont des Reiches Gottes. In: MOLTMANN, J., Diakonie im Horizont des Reiches Gottes. Schritte zum Diakonentum aller Gläubigen. Neukirchen (Neukirchener Verlag) 1984, 22–41.

SCHMIDT, H.-G.: In der Schwäche ist Kraft. Behinderte Menschen im Alten und Neuen Testament. Hamburg (Friedrich Wittig Verlag) 1979.

SYNODALERKLÄRUNG DER EVANGELISCHEN KIRCHE IM RHEINLAND VON 1985. »Erklärung zur Zwangssterilisierung, Vernichtung sogenannten lebensunwerten Lebens und medizinischen Versuchen an Menschen unter dem Nationalsozialismus«. In: SEIM, J. (Hrsg.), Mehr ist eben nicht. Kranksein, Behindertsein, Menschsein. Gütersloh (Verlag Jakob van Hoddis) 1988, 17–21.

III. Sozialintegrative Praxisbeispiele

GÜNTHER CLOERKES

Die sozialintegrativen Praxisbeispiele im Überblick

Wie sieht integrative Freizeit von behinderten und nichtbehinderten Menschen in der Praxis aus? In welchen Zusammenhängen läßt sie sich gut realisieren? Wie kann sie optimal organisiert werden? Was ist bei der Durchführung zu bedenken? Welche Probleme sind möglich, wie lassen sie sich lösen? Und wie sind die Ergebnisse mit Blick auf die in den ersten beiden Teilen dieses Sammelbandes herausgearbeiteten Ziele von Integration?

Im folgenden, praxisorientierten Teil werden ausgewählte Beispiele für integrative Freizeitmöglichkeiten vorgestellt, und zwar in folgenden Bereichen:

1. Familienunterstützung und betreutes Wohnen
2. Kooperation im schulnahen Raum
3. Spielen, Kultur- und Jugendarbeit
4. Sport
5. Ferienfreizeiten, Erlebnispädagogik
6. Erwachsenenbildung.

Bereich 1: Im ersten Praxisfeld berichtet MARGIT SCHOLZ über die ambulante Familienunterstützung durch BIB e.V., einen Verein zur Betreuung und Integration behinderter Kinder in München. MARION LEISMANN gibt eine Übersicht über die Aktivitäten des Vereins »Integrationsmodell Ortsverband Duisburg e.V.«.

Bereich 2: Welche integrativen Verbindungen können zwischen (Sonder-)Schule und Freizeit behinderter Kinder und Jugendlicher gefördert werden? Das Mannheimer Teichbau-Projekt (WALTER BURKHART) ist ein gutes Beispiel für gelungene Kooperation zwischen einer Sonderschule für Menschen mit geistiger Behinderung und einer Gesamtschule. JENS EGGERT berichtet über eine kooperative Judo-AG. LIA AMBROSIUS U.A. zeigen, daß gemeinsames Trommeln Kindern der Grundschule, der Förderschule (Schule für sogenannte Lernbehinderte) und der Schule für Geistigbehinderte gleichermaßen Freude macht.

Bereich 3: Besonders vielfältige Möglichkeiten für integrative Freizeitaktivitäten bietet der Bereich Spielen, Kultur- und Jugendarbeit. ECHO, der Münchner Verein für integrative Spiel- und Kulturpädagogik, stellt sich vor (BÜGLER/BRAND). Da gibt es das »Café Bücherwurm« in Aschaffenburg (KUHN/WIMMER). Oder die integrative Spielgruppe des Thalia-Theater in Hamburg (WILKEN-DAPPER), das Erlebnistheater »SinnFlut« in Köln (GRÜTJEN/WACHE), den »Circus Mignon« in Hamburg (KLIEWER), den Spielkreis im Gemeindezentrum Meckenheim (KÖNIG). RENATE ZIMMER und LOTHAR KÖPPEL zeigen uns, wie barrierefreie Kinderspielplätze aussehen müssen. Um Jugendarbeit für alle geht es schließlich in den Beiträgen von WILKEN-DAPPER (Musikband »Just Fun«) und SCHNEIDER/STEINHAUSEN (Jugendhaus).

Bereich 4: Sport für alle – hier gibt es ebenfalls wichtige Praxiserfahrungen. UWE RHEKER diskutiert das »Paderborner Modell« als Beispiel für familiennahen Integrationssport. Bewährt haben sich auch der integrative Kanusport (BAUMEISTER/HIRNING) und integrative Schwimmgruppen (THIEME).

Bereich 5: Ein zentrales Praxisfeld sind erlebnispädagogisch orientierte Ferienfreizeiten für Kinder, Jugendliche und Erwachsene mit und ohne Behinderungen. Bereits seit langem bekannt ist das gemeinsame Kuttersegeln: MATTHIAS MOCH hat die praktischen Erfahrungen wissenschaftlich aufbereitet. Es folgt ein stimmungsvoller Bericht von BRAND und RIEHL über eine Reise nach Österreich und Prag. Das Jugendfreizeit- und Bildungswerk Karlsruhe stellt seine Aktivitäten im Rahmen des Projekts »Integration – Gemeinsame Ferien« vor (HERBST). Abgerundet wird dieser Bereich mit einigen Kurzberichten über (meist erlebnispädagogische) Ferien- und Freizeitmaßnahmen (CLOERKES).

Bereich 6: Am Ende des Praxisteils stehen zwei Beiträge zu den Möglichkeiten integrativer Erwachsenenbildung, einmal als Weiterbildungsangebot der Volkshochschule (BRODISCH/GALLE-BAMMES) und zum anderen als Angebot für Körper und Seele beim Bauchtanz für alle (BOBAN).

MARGIT SCHOLZ

BIB e.V. – Ein ambulanter familienunterstützender Dienst. Die Erfolge und Schwierigkeiten bei der Verwirklichung des Integrationsgedankens

1. Was ist BIB e.V.?

Hinter der Abkürzung verbirgt sich der Name »Verein zur Betreuung und Integration behinderter Kinder (BIB e.V.)«. Wir sind ein ambulanter *familienunterstützender* Dienst und im Rahmen der offenen Behindertenarbeit tätig. Den Gründungsmitgliedern von BIB e.V. war die Integration sehr wichtig, was sich auch in der Namensgebung niederschlug. Ich möchte in meinen Ausführungen zunächst die Ziele und Aufgaben von BIB darlegen und im Anschluß daran darauf eingehen, was ein ambulanter Dienst wie BIB e.V. im Hinblick auf Integration leisten kann. Ich möchte aufzeigen, wie der Integrationsgedanke in den letzten Jahren verwirklicht werden konnte, wo uns die Umsetzung gelungen ist und wo wir an Grenzen gestoßen sind.

Der Verein hat eine hauptamtliche Mitarbeiterin, Diplom-Sozialpädagogin (FH), die für die pädagogische Arbeit und die Vereinsgeschäftsführung zuständig ist. Eine Teilzeitmitarbeiterin ist zuständig für die gesamten administrativen Aufgaben des Vereins. Hinzu kommt ein/-e Jahrespraktikant/-in der Fachhochschule für Sozialwesen. Dem Verein stehen derzeit (Stand Januar 1994) 63 freie Helfer/-innen zur Verfügung, die regelmäßige Einsätze in den Familien leisten. In 54 Familien finden regelmäßige Einsätze statt (bei schwerstbehinderten Kindern werden auch mehrere Helfer eingesetzt). Hinzu kommen sporadische Betreuungen in akuten Notsituationen und Betreuungen während der Ferienzeiten. Im Jahr 1993 wurden fast 6000 Einsatzstunden von den freien Helferinnen geleistet. Wir erhalten eine finanzielle Unterstützung durch das Stadtjugendamt München für Personal- und Sachkosten, sowie durch das Bayerische Landesamt für Versorgung und Familienförderung nach den Richtlinien der offenen Behindertenarbeit des Bayerischen Staatsministeriums für Arbeit, Familie und Sozialordnung für die Bezahlung der Helferinnen.

Vorrangig verfolgt BIB das Ziel, Eltern sowie alleinerziehenden Müttern und Vätern eine *Unterstützung* bei der Betreuung und Pflege ihrer behinderten Kinder anzubieten. Unser Angebot der *Familienunterstützung* richtet sich somit nicht nur an das behinderte Kind/ den Jugendlichen, sondern auch an dessen Familienangehörige (Eltern, Geschwister, Pflege- und Adoptiveltern, Großeltern). Es zeigt sich, daß Familien und alleinerziehende Elternteile mit behinderten Kindern/Jugendlichen größeren Belastungen ausgesetzt sind als Familien mit nichtbehinderten Kindern. Ich möchte einige dieser Belastungssituationen aufführen, wie z.B. Frühförderung, intensive Pflege und Betreuung des Kindes, Isolation der Familie, eingeschränkte Freizeitmöglichkeiten, fehlende Zweisamkeit mit dem Partner, der Druck, den nichtbehinderten Kindern gerecht zu werden, und bei alleinerziehenden Elternteilen die alleinige Verantwortung für das behinderte Kind, ggf. auch Berufstätigkeit des Elternteils. Deshalb möchten wir den Eltern, alleinerziehenden Müttern und Vätern ein Unterstützungsangebot bieten, damit sie zumindest für einige Stunden in der Woche von der Pflege und Betreuung ihres behinderten Kindes befreit sind. Sie haben dann die Möglichkeit sich auszuspannen, Zeit für sich zu haben, etwas mit dem Partner und/oder den nichtbehinderten Kindern zu unternehmen. Gerade auch alleinerziehende Elternteile brauchen die Möglichkeit, weggehen, Kontakte und Freundschaften außerhalb des Hauses pflegen zu können, damit die Isolation nicht zu groß wird. Häufig benötigen jedoch berufstätige alleinerziehende Mütter/Väter eine Unterstützung, um die Betreuung und Pflege ihres behinderten Kindes während der Abwesenheit zu organisieren.

Der *präventive Gedanke* unseres Unterstützungsangebotes ist uns ein sehr wichtiges Anliegen. Wir möchten frühzeitig eine Unterstützung anbieten, bevor eine körperliche und psychische Erschöpfung eintritt. Dies setzt jedoch voraus, daß wir auch die Eltern mit kleineren Kindern erreichen und sie von unserem Unterstützungsangebot erfahren, was in den letzten Jahren durch eine intensive Öffentlichkeitsarbeit erreicht werden konnte. Diese frühzeitige Hilfe führt dazu, daß die Kinder länger in ihrer gewohnten Umgebung bleiben können, also Heimeinweisungen hinausgezögert oder gar vermieden werden können und damit eine erneute Ausgrenzung und Aussonderung unterbunden wird. Somit ist der präventive Gedanke sehr eng mit dem Integrationsgedanken verknüpft, dessen Verwirklichung ein weiteres Ziel von BIB darstellt.

Was heißt nun *Integration* für uns als ambulanten familienunterstützenden Dienst? Wir sehen folgende Aspekte der Integration:
1. Die Möglichkeit der Begegnung von behinderten und nichtbehinderten Menschen.
2. Ein gemeinsames Erleben zwischen Behinderten und Nichtbehinderten ermöglichen.
3. Den Abbau von Berührungsängsten, eine gegenseitige Annäherung und Bereicherung erreichen.
4. Eine Bewußtseins- und Einstellungsänderung bei Nichtbehinderten bewirken.
5. Verständnis, Akzeptanz und Sensibilität für den behinderten Menschen vermitteln, damit der behinderte Mensch als gleichwertiger Partner wahrgenommen und anerkannt wird.
6. Die Selbständigkeit beim behinderten Kind/Jugendlichen fördern und unterstützen.

Ein letzter und sehr wichtiger Bereich, den ich als weiteres Vereinsziel aufführen möchte, ist die *Elternarbeit*. Wir möchten die Familien bei ihrem Verarbeitungsprozeß begleiten, eine Unterstützung in akuten Krisensituationen anbieten, sie stärken, ihre Interessen gegenüber Behörden und Ämtern durchzusetzen und zu vertreten, sowie einen Erfahrungsaustausch mit anderen Eltern ermöglichen.

2. Der Begriff »Familienunterstützung«

In der Fachwelt werden heute weitestgehend die Begriffe »Familienentlastung, Familienentlastungsdienst (FED)« verwendet. Bereits während der Aufbauphase sind wir von dieser Verwendung weggekommen und sprechen seither von *Familienunterstützung*. Entlastung setzt voraus, daß eine Belastungssituation in der Familie vorliegt. Dies ist in der Realität auch der Fall. Was uns jedoch bewog, zum Begriff der »Unterstützung«

überzugehen, war die negative Besetzung von »Last«, was aus Formulierungen, wie »Du bist mir lästig, Du bist mir eine Last, behinderte Menschen als finanzielle Last für die Gesellschaft« deutlich wird. Trotz aller schwierigen Anforderungen und Herausforderungen, die auf Eltern von behinderten Kindern zukommen, werden die Kinder nicht als »Last« mit diesen negativen Besetzungen empfunden.

Ich selbst habe im Zusammensein mit den Kindern immer wieder erlebt, wieviel Liebe, Wärme, Herzlichkeit, Offenheit, Direktheit und Nachsicht uns die Kinder entgegenbringen. Dies sind in unserer leistungsorientierten Gesellschaft wichtige zwischenmenschliche Werte, die uns nicht verlorengehen dürfen, was jedoch dann sehr schnell der Fall ist, wenn nur einseitig die Last und Belastung gesehen wird und die Stärken und Fähigkeiten der behinderten Kinder übersehen werden. Eltern von behinderten Kindern brauchen Hilfe, Unterstützung und Verständnis, um den Anforderungen mit einem behinderten Kind gewachsen zu sein. Dies sehen wir als unsere Aufgabe an. Ich denke, auch dies ist ein kleiner Bereich, der zur Integration beitragen kann. Durch die Bewußtseinsveränderung kann eine Wertschätzung des behinderten Menschen erreicht werden, wodurch die Angehörigen und der Behinderte selbst nicht mehr das Gefühl haben, in unserer leistungsorientierten Gesellschaft als Last und Belastung empfunden zu werden.

3. Die Verwirklichung der Vereinsziele

3.1 Zu betreuender Personenkreis

Unser familienunterstützender Dienst richtet sich an Eltern sowie an alleinerziehende Mütter und Väter, aber auch an Menschen, die mit den behinderten Kindern/Jugendlichen in einer familienähnlichen Lebensgemeinschaft (z.B. Pflegefamilien) im Stadtgebiet München zusammenleben. Betreut werden Kinder und Jugendliche (vom Säugling bis zum jungen Heranwachsenden) ohne Einschränkung auf einzelne Behinderungsarten (geistig und/oder körperbehinderte Kinder und Jugendliche, mehrfach behinderte Kinder, Kinder mit seelischen Behinderungen, Verhaltensauffälligkeiten und Lernbehinderungen).

3.2 Die Betreuung des behinderten Kindes in der Familie – die Besonderheiten der Einsatzgestaltung

Das Unterstützungsangebot von BIB sieht so aus, daß ein Helfer/eine Helferin in einer Familie fest eingesetzt wird und dort stundenweise, in der Regel ein- bis zweimal die Woche die Betreuung des behinderten Kindes übernimmt. Je nach Bedarf der Familien finden die Betreuungen nachmittags, abends, am Wochenende und während der Ferienzeiten statt. Hinzu kommen auch Betreuungen in den Vormittagsstunden z.B. bei Krankheit des Kindes und/oder Berufstätigkeit der Eltern, bei kleinen Kindern, die noch nicht in eine Vorschuleinrichtung gehen und während der Ferienzeiten der Kinder. Jedes Jahr in den Ferien stellt sich besonders für die alleinerziehenden und/oder berufstätigen Mütter und Väter das Problem der Betreuung ihres behinderten Kindes, da die Schließungszeiten der Einrichtungen die zur Verfügung stehenden Urlaubstage übersteigen. In diesen Fällen werden Ferienbetreuungen angeboten. Die Ferienbetreuungen werden auch bei schwerstbehinderten Kindern dringend benötigt, da die ganztägige Betreuung eine starke körperliche und psychische Anstrengung für die Familie bedeutet. Wir haben auch eine Reihe von Helfer/-innen, die sehr zeitintensive Betreuungen (z.B. über mehrere Tage und über Nacht) übernehmen. Einige Helfer/-innen fahren mit der Familie auch in Urlaub, um die Eltern dort stundenweise bei der Pflege und Betreuung des behinderten Kindes zu unterstützen.

Für die *Einsatzgestaltung* ist es unerläßlich, die Familie und das behinderte Kind vorher kennenzulernen. Dies erfolgt durch *Hausbesuche* in neuen Familien die nach einer Betreuung angefragt haben. Durch diese Besuche kann festgestellt werden, welche Behinderung bei dem Kind vorliegt und welche Besonderheiten bei der Betreuung beachtet werden müssen. Diese Informationen können bereits im Vorfeld an den Helfer/die Helferin weitergegeben werden. Dies ermöglicht es dem Helfer/der Helferin zu entscheiden, ob die Betreuung des Kindes vorstellbar ist, bevor der Erstkontakt zur Familie aufgenommen wird. Durch diesen persönlichen Erstkontakt mit der Familie besteht auch die Gelegenheit, die Familiensituation, die Wünsche, Bedürfnisse und Erwartungen der Eltern kennenzulernen sowie die Möglichkeiten und Unterstützungsangebote von BIB aufzuzeigen. Nur so kann abgeklärt werden, ob die Familie nicht noch andere Formen der Unterstützung benötigt, die von BiB selbst nicht geleistet werden können.

Bei der Auswahl, welcher Helfer/welche Helferin in welcher Familie eingesetzt wird, müssen mehrere Kriterien berücksichtigt werden:
- Der Bedarf der Familie,
- die Zeitkapazität des Helfers/der Helferin,
- die Wohnortnähe,
- Erfahrungen des Helfers/der Helferin im Umgang mit behinderten Kindern,
- die Grenzen des Helfers/der Helferin erkennen, um Überforderungssituationen zu vermeiden,
- das subjektive Empfinden, welcher Helfer/welche Helferin aufgrund der Persönlichkeit in welche Familie und zu welchem Kind passen könnte.

3.3 Helferwerbung und Helfergewinnung

Um den Betreuungsbedarf der Familie abzudecken und um auf deren individuelle Bedürfnisse eingehen zu können, müssen immer wieder neue Helfer/-innen für den Einsatz in den Familien geworben werden: Dies erfolgt über Aushänge an Schulen (Gymnasien und Fachoberschulen), an verschiedenen Fakultäten der Universität und der Fachhochschule, sowie durch Inserate in den Tageszeitungen und stadtteilbezogenen Wochenblättern, vor allem aber auch durch Mundpropaganda bereits tätiger Helfer/-innen. Unser Helfer/-innen-Stamm setzt sich zum größten Teil aus Studenten/Studentinnen und jungen Menschen zusammen. Hinzu kommen aber auch Berufstätige, Rentner/-innen und Frauen, die nach der Kindererziehung nach einem neuen sozialen Engagement suchen. Die Voraussetzungen für die Übernahme einer Betreuung sind:
- Freude und Spaß am Zusammensein mit Kindern haben,
- Bereitschaft, sich auf das behinderte Kind einzulassen,
- Teilnahme an einem zweitägigen Seminar.

3.4 Schulung, Anleitung und Begleitung der Helfer/-innen

Für neu hinzugekommene Helfer/-innen, die sich auf die Werbung gemeldet haben, werden zweitägige *Schulungen* als Vorbereitung auf die Betreuung des behinderten Kindes durchgeführt. Ziel der Schulung ist es:
- Ängste und Unsicherheiten im Umgang mit behinderten Kindern abzubauen,
- sich mit der Helferrolle auseinanderzusetzen,
- Sensibilität für die besondere Lebenssituation von Familien mit behinderten Kindern zu entwickeln,
- den Helfer/-innen Mut zu machen, sich auf eine Begegnung einzulassen,
- ein Zusammengehörigkeitsgefühl unter den neuen Helfer/-innen zu entwickeln.

Um den Helfer/-innen eine regelmäßige *Anleitung und Begleitung* geben zu können, wurde ein *Helfer/-innen-Stammtisch* eingerichtet. Hier haben sie Gelegenheit, sich zu einem gegenseitigen Erfahrungsaustausch zu treffen. Die Helfer/-innen können über ihre Betreuungssituation mit Gleichgesinnten sprechen und ihre Erlebnisse, Schwierigkeiten oder Unsicherheiten im Umgang mit dem Kind und/oder den Eltern erzählen. Bei akut auftretenden Konflikten werden auch intensive Einzelgespräche mit dem/der jeweiligen Helfer/Helferin geführt. Regelmäßige Supervisionsabende für die Helfer/-innen dienen dazu, die eigene Helferrolle zu reflektieren, Konflikte anzusprechen und hierfür im Gespräch mit anderen Lösungsmöglichkeiten zu erarbeiten. Diese *Anleitung und Begleitung* ist für den weiteren Einsatz in der Familie sehr wichtig, damit Enttäuschungen, Frustrationen und Mißverständnisse vermieden, aufgefangen, abgeschwächt oder beseitigt werden können. Nur so ist eine kontinuierliche Betreuung über einen längeren Zeitraum hinweg gewährleistet.

3.5 Die Durchführung von Aktivitäten

Während des Jahres werden drei bis vier *Kinderfeste* für die behinderten Kinder/Jugendlichen und deren Geschwister und Eltern durchgeführt. Für die Helfer/-innen bieten diese Feste eine gute Gelegenheit, auch andere behinderte Kinder kennenzulernen und neue Anregungen für das Spiel und die Beschäftigung mit den Kindern zu bekommen. Die Eltern haben die Möglichkeit, sich untereinander kennenzulernen, miteinander in Kontakt und ins Gespräch zu kommen. Für die behinderten Kinder und Jugendlichen werden drei *Wochenendfreizeiten* im Jahr angeboten. Den Eltern bieten diese Freizeiten Möglichkeiten, ohne das behinderte Kind etwas zu unternehmen, sich mit Freunden zu treffen oder den Freizeitaktivitäten zu widmen, die mit dem behinderten Kind nicht möglich wären. Weiter findet eine *Freizeitgruppe* statt, die auf Anregung einiger Eltern gegründet wurde. Dahinter steckte der Wunsch, den Kindern eine Möglichkeit zu bieten, zusammen mit Gleichaltrigen die Freizeit zu verbringen und sich von den Eltern abzulösen. Die Gruppe von acht Kindern (Jungen und Mächen gemischt) im Alter von 12 Jahren trifft sich regelmäßig einmal im Monat am Wochenende einen ganzen Tag zusammen mit zwei Helfer/-innen. Die Unternehmungen wie Wandern, Schwimmen, Museums- und Theaterbesuche, Spielenachmittage u.v.m. planen die Helferinnen zusammen mit den Kindern.

Seit zwei Jahren gibt es in Kooperation mit dem Verein Spielratz e.V. (Verein für pädagogische Ferien- und Freizeitaktionen; bekannt durch die integrative Stadtranderholung während der Sommerferien) ein Projekt »*Winterfreizeit für behinderte Kinder – Spiel und Spaß im Schnee*« für Kinder im Alter von 12 bis 14 Jahren. In diesem Projekt sind Helfer/-innen von Spielratz e.V. und BIB e.V. gemeinsam tätig, und die Konzeption wurde gemeinsam erarbeitet. Die Helfer/-innen treffen sich je nach Schneelage an vier Tagen, um den Kindern Erfahrungen im Umgang mit dem Medium Ski und Schlitten zu vermitteln. Spiel und Spaß im Schnee sollen im Vordergrund stehen. Bei der Freizeitgruppe und den Kindern der Winterfreizeit handelt es sich ausschließlich um behinderte Kinder. Dies vor allem auf Wunsch der Eltern, die mit integrativen Gruppen schlechte Erfahrungen gemacht haben. Die Interessen und Bedürfnisse der behinderten Kinder wurden dort übergangen, die Schwächen der Kinder nicht gesehen und deren Stärken nicht erkannt. Dies führte dazu, daß die Kinder in Überforderungssituationen und in Isolation gerieten.

Was können nun diese aufgeführten Aktivitäten zur Integration beitragen? Gerade für neue Helferinnen, die noch keine Erfahrungen im Umgang mit behinderten Kindern gemacht haben, die noch sehr unsicher und ängstlich sind, bieten die Feste und Wochenendfreizeiten eine gute Gelegenheit, mit Kindern in Kontakt zu kommen und andere Helfer/-innen in diesem Umfang mit den behinderten Kindern zu erleben. Das ist eine gute Möglichkeit der Begegnung und gegenseitigen Annäherung, um Berührungsängste abzubauen. Die verschiedensten Aktivitäten der Freizeitgestaltung von behinderten Kindern bieten eine sehr gute Gelegenheit, mit den Kindern in die Öffentlichkeit zu gehen und somit der Isolation und Ausgrenzung entgegenzuwirken. Hinzu kommt, daß die Kontaktfähigkeit der Kinder untereinander gestärkt und gefördert wird.

Wie gestaltet sich das Miteinander von behinderten und nichtbehinderten Kindern? In den ersten Jahren unseres Vereinsbestehens waren bei den Kinderfesten und Wochenendfreizeiten außer den Geschwisterkindern und den Kindern unserer Helfer/-innen keine anderen nichtbehinderten Kinder dabei. Der Integrationsgedanke war daher für uns aus mehreren Gründen schwer umzusetzen:
– Das Alter der behinderten Kinder reichte vom Kleinkind bis Jugendalter und die Behinderungen waren sehr verschieden, so daß die Auswahl der Spiel- und Beschäftigungsmöglichkeiten sehr schwierig war.
– Hinzu kam die Unsicherheit der Helfer/-innen im Umgang mit den behinderten Kindern und Jugendlichen.
– Wir hatten keinerlei Erfahrungen in der Gestaltung und Durchführung von integrativen Kinderfesten.
– Die Eltern kleinerer Kinder wünschten sich einen gewissen »Schonraum«. Es war ihnen wichtig, gleichgesinnte Eltern um sich herum zu haben und nicht mit Fragen und Blicken von Eltern nichtbehinderter Kinder konfrontiert zu werden. Die Eltern mußten sich auch untereinander erst kennenlernen und Barrieren abbauen.

Je mehr Erfahrungen wir jedoch im Umgang mit den verschiedensten behinderten Kindern und Jugendlichen machten und je besser sich die Eltern untereinander kennenlernten, desto größer wurde auch der Wunsch nach integrativen Kinderfesten. So kam es uns sehr gelegen, als vor drei Jahren »Round Table« (ein Zusammenschluß von Akademikern verschiedenster Berufsgruppen mit dem Ziel, gegenseitig soziale Kontakte zu pflegen und sich zugleich auf dem sozialen Sektor aktiv zu engagieren) auf uns zu kam. Round Table äußerte den Wunsch, aktiv bei BIB mitzuwirken. Sie hatten die Idee, Kinderfeste und Wochenendfreizeiten mitzugestalten und hierbei auch ihre eigenen Kinder mitzubringen. Dieses gemeinsame Spielen, Basteln, Musizieren, Zusammensein und sich Begegnen von behinderten und nichtbehinderten Kindern findet nun seit drei Jahren statt. Das gemeinsame Spiel verlief jedoch nicht ganz ohne Probleme: Die nichtbehinderten Kinder verloren nach einiger Zeit das Interesse an ihren behinderten Spielgefährten. Die behinderten Kinder hatten aufgrund ihrer geistigen und/oder körperlichen Behinderung Schwierigkeiten, auf die Ideen und Phantasien der nichtbehinderten Kinder einzugehen. Hinzu kamen oft auch Verständigungs- und Kommunikationsschwierigkeiten. Hier mußte nun der Helfer/die Helferin eingreifen und als VermittlerIn tätig werden. Die Aufgabe liegt darin, die Ideen und Phantasien des nichtbehinderten Kindes je nach den Möglichkeiten und Fähigkeiten des behinderten Kindes abzuwandeln, gegebenenfalls dem behinderten Kind Hilfe und Unterstützung anzubieten und bei Kommunikationsschwierigkeiten als Übersetzer zu fungieren.

3.6 Die Elternarbeit

Für die Eltern ist es wichtig, einen Ansprechpartner zu haben, mit dem sie Konflikte, Schwierigkeiten und Enttäuschungen, die mit dem Helfer/der Helferin auftauchen, besprechen können. Sie haben auch die Möglichkeit, ihre unerfüllten Erwartungen, Ängste und Unsicherheiten durch die Inanspruchnahme einer Betreuung anzusprechen. Diese *Begleitung* der Eltern ist wichtig, damit durch den Einsatz eines Helfers/einer Helferin eine tatsächliche Unterstützung gegeben ist und nicht noch zusätzliche Belastungen durch unausgesprochene Schwierigkeiten und Konflikte hinzukommen. Häufig ist es unerläßlich, bei Konflikten, Enttäuschungen oder Kränkungen zwischen dem Helfer/der Helferin und der Familie zu vermitteln, damit eine gegenseitige Aussprache möglich wird. Darüber hinaus werden auch *Beratungsgespräche* in einzelnen persönlichen Krisen- oder Konfliktsituationen angeboten. Die Eltern haben aber auch die Möglichkeit, Hilfestellungen in Fragen, die das behinderte Kind betreffen (z.B. Schulfragen, Heimunterbringung, schwierige Entwicklungsphasen des Kindes u.v.m.) zu bekommen. Ebenso erhalten die Eltern eine *Unterstützung im Umgang mit Ämtern und Behörden* sowie bei diversen Antragstellungen (z.B. Hilfe zur Pflege und Hilfe zum Lebensunterhalt nach BSHG, häusliche Pflegehilfe durch die Krankenkassen). Es werden regelmäßig *Elternbriefe* verschickt, die für die Eltern wichtige *Informationen* enthalten (z.B. rechtliche Neuerungen, Freizeitmöglichkeiten für behinderte Kinder und Jugendliche, Möglichkeiten der Familienerholungen, Kurzzeitpflegeeinrichtungen u.v.m.). Hinzu kommen Informationsveranstaltungen zu verschiedensten Themenbereichen. Einmal im Monat trifft sich ein fester Kreis von Eltern zu einem *Elterngesprächskreis*. Den Eltern bietet dieser Gesprächskreis die Möglichkeit, sich mit anderen über ihre besondere Situation, ein behindertes Kind zu haben, auszutauschen, eigene Erfahrungen weiterzugeben und neue Informationen von anderen Eltern zu bekommen. Durch diese Gespräche erfahren die Eltern Hilfe, Unterstützung und Stärkung, um die alltäglichen Situationen zu meistern. Zu verschiedenen Themen- und Problembereichen (z.B. Geschwister von behinderten Kindern, Pubertät und Sexualität, Ablösungsprozeß vom Kind, Akzeptieren der Behinderung u.v.m.) werden gegenseitige Hilfestellungen gegeben und gemeinsam Lösungsmöglichkeiten erarbeitet.

3.7 Interessenvertretung in Arbeitskreisen und politischen Gremien

In den verschiedensten Arbeitskreisen und politischen Gremien auf Münchener Ebene werden aktuelle Probleme von Familien mit behinderten Kindern verdeutlicht und die Auswirkungen auf die Betroffenen dargestellt. Das Ziel dieser Interessenvertretung ist es, die gesellschaftliche Integration für behinderte Menschen und ihre Angehörigen zu erreichen und gegen Ausgrenzung und Aussonderung zu kämpfen.

4. Zusammenfassung

Nach dieser Darstellung läßt sich zusammenfassend in bezug auf die anfangs gestellte Frage: »*Was kann ein ambulanter Dienst zur Verwirklichung des Integrationsgedankens beitragen?*«, folgendes festhalten:
1. BIB stellt einen Ort da, wo Begegnungen zwischen behinderten und nichtbehinderten Menschen geschaffen werden, wo eine gegenseitige Annäherung und ein Aufeinanderzugehen ermöglicht wird.
2. Durch das gemeinsame Tun, das Zusammensein und die Beschäftigung der Helfer/-innen mit den behinderten Kindern und Jugendlichen, aber auch durch gemeinsame Gespräche können Ängste und Unsicherheiten abgebaut und neue Einstellungen gegenüber Behinderung entwickelt werden.
3. Diese neuen und veränderten Einstellungen geben die Helfer/-innen als Multiplikatoren auch an andere, ob nun Freunde, Verwandte oder Familienangehörige weiter.
4. Die Helfer/-innen machen Unternehmungen mit den Kindern, sie gehen mit ihnen nach draußen. Dadurch wird die Teilnahme der Kinder am Leben in der Gemeinschaft gefördert.
5. Durch die frühzeitige und präventive Hilfe können die Eltern Kraft für sich schöpfen, Hobbys und Kontakte pflegen, wodurch auch eine Ausgrenzung und Isolation der Familie vermieden werden kann.
6. Die Helfer/-innen kommen in Kontakt mit den Familien und brechen ein wenig von deren Isolation auf. Die Eltern erleben, daß noch jemand anderes am Wohlergehen des Kindes interessiert ist, und es entwickeln sich häufig freundschaftliche Beziehungen zwischen den Helfern und den Eltern.
7. Integration als Eingliederung in eine Gruppe setzt aber auch Selbständigkeit und Loslösung des behinderten Kindes von den Eltern voraus. Da dieser Schritt häufig von den behinderten Kindern nicht selbst vollzogen werden kann, weil die Abhängigkeit von den Bezugspersonen zu groß ist, brauchen sie hierfür eine gewisse Hilfestellung. Somit ist es wichtig, daß die Kinder auch zu anderen Menschen als zu der festen Bezugsperson Kontakte knüpfen und Beziehungen aufbauen können. Der Helfer/die Helferin bietet eine solche Möglichkeit.
8. Der Helfer/die Helferin baut eine freundschaftliche und kameradschaftliche Beziehung zu dem behinderten Kind/Jugendlichen auf und wird sensibel für die Wünsche und Bedürfnisse des Kindes, lernt die Stärken und Fähigkeiten des Kindes kennen. Dadurch werden Empathie und Akzeptanz entwickelt, was dazu führt, das Kind als gleichwertigen Partner anzunehmen. Es finden ein gegenseitiger Lernprozeß und eine gegenseitige Bereicherung statt.

MARION LEISMANN

Betreut wohnen – selbstbestimmt leben. Integrationsmodell Ortsverband Duisburg e.V.

1. Die Entstehung einer Idee und deren Umsetzung

Der Verein »Integrationsmodell Ortsverband Duisburg« gründete sich im Jahr 1990 aus der Idee heraus, im Rahmen »Betreuten Wohnens« integrative Wohnmöglichkeiten für behinderte Menschen zu schaffen, um das Wohnangebot für diesen Personenkreis in Duisburg zu differenzieren.

Viele Jahre vor der Vereinsgründung trafen sich regelmäßig behinderte und nichtbehinderte junge Menschen in verschiedenen interessenbezogenen Gruppen und gestalteten so einen Teil ihrer Freizeit gemeinsam. Diese Gruppen hatten informellen Charakter, waren durch inneren Zusammenhalt geprägt und wurden in erster Linie von gemeinsamen Interessen und vor allem durch die Bindung der Gruppenmitglieder untereinander getragen. Das dynamische Miteinander brachte selbstverständlich auch die Auseinandersetzung mit Lebensfragen mit sich – vorrangig bezogen auf die zukünftige Lebensgestaltung. Die meisten nichtbehinderten Gruppenmitglieder zogen aus dem Elternhaus aus in eigene Wohnungen, Wohngemeinschaften oder mit dem Partner zusammen. Was während der gemeinsamen Freizeitgestaltung nicht oder nur wenig zum Tragen kam, bekam plötzlich besonderes Gewicht, nämlich die Chancenungleichheit zwischen den behinderten und nichtbehinderten jungen Menschen. Während den einen die Türen offen standen und Entscheidungen in relativer Unabhängigkeit getroffen werden konnten, blieben die Wünsche und Bedürfnisse der anderen bezüglich der Lebensgestaltung außerhalb des Elternhauses weitestgehend unerfüllt aufgrund der Versorgungsabhängigkeit, die die Behinderung mit sich bringt.

In dieser Zeit entfachte die Diskussion darüber, wie man diese Ungleichheit ausgleichen könnte und welche Möglichkeiten denen offen stehen, die bei dem Schritt in ein selbständiges Leben Begleitung benötigen. Bei der Suche nach geeigneten Wohn- und Betreuungsmöglichkeiten wurde klar, daß für den betroffenen Personenkreis in Duisburg ausschließlich die Heimunterbringung in Frage kam, da es keine Alternativen hierzu gab. Von fast allen wurde diese Wohnform jedoch als entmündigend betrachtet und deshalb abgelehnt. Trotz der Sorge um die eigene Zukunft und des Wunsches nach möglichst viel Unabhängigkeit blieben die meisten behinderten jungen Menschen untätig und zeigten sich überfordert, selbst initiativ zu werden. Eine Hürde stellt sicherlich die (geistige) Behinderung selbst dar. Die Auseinandersetzung mit der eigenen Lebensgestaltung fand mehr auf emotionaler Ebene statt. Die existentielle Angst vor der Verantwortung für sich selbst und vor einer möglichen Unterversorgung lähmte die Aktivität der Betroffenen. Die Signale und Bedürfnisäußerungen der Betroffenen bildeten nun die Ausgangsbasis für die weitere Auseinandersetzung mit diesem Thema und die Initiative der nichtbehinderten jungen Menschen.

Aller Ansicht war, daß für behinderte Menschen in der Regel kein besonderer Wohnraum geschaffen werden muß, sondern es der Hilfe und Begleitung bei der Lebensführung bedarf, damit behinderungsbedingte Nachteile kompensiert werden können. Hieraus entstand die Idee, ein Konzept zu entwickeln und umzusetzen, durch welches die Betroffenen ermutigt werden, selbst aktiv ihre Bedürfnisse umzusetzen und die Wahl der Wohnform in die Hand zu nehmen.

2. Finanzierung des Projekts

Da es sich zunächst um ein ganz neues Projekt handelte, war in der Aufbauphase lange nicht klar, welcher Kostenträger in Frage kommt und nach welchen Maßgaben die anfallenden Kosten überhaupt übernommen werden sollten. Sowohl beim örtlichen als auch beim überörtlichen Träger der Sozialhilfe wurden Anträge gestellt. Der Landschaftsverband lehnte die Kostenübernahme ab, so daß nur die Kommune in Frage kam. Hier wagte sich jedoch zunächst niemand an die Bearbeitung der Anträge heran. Letztlich gab es keine Vergleichsmöglichkeit mit anderen Projekten. Die gesetzliche Grundlage mußte zunächst geprüft werden. Während die ersten Bewohner schon betreut wurden dauerte es ein Jahr, ehe die Stadt sich als Kostenträger für das Projekt verantwortlich fühlte. Grundlage bildete die im Leistungskatalog inhaltliche Aufschlüsselung der notwendigen Hilfen für den einzelnen Klienten. Das Integrationsmodell erstellte also den Hilfeplan, nach dem die Betreuungskosten berechnet werden. Die Faktoren bildeten notwendiger zeitlicher Umfang der Hilfen mal Stundensatz.

Wenn auch in der Anfangsphase die Zusammenarbeit mit der Stadt etwas zähflüssig war, so gestaltete sie sich danach sehr kooperativ. Die Arbeit des Integrationsmodells wurde als bereichernde Alternative zur Heimunterbringung empfunden. Die einzelnen zuständigen Personen zeigten großes Interesse nicht nur an der formalen Erfüllung von Aufgaben, sondern insbesondere auch an der Entwicklung der Klienten. Dies erleichterte natürlich in erheblichem Maße die Arbeit. Den eigenen Lebensunterhalt bestreiten die Bewohner in der Regel von der laufenden Hilfe zum Lebensunterhalt, ergänzt durch Wohngeld und einmalige Hilfen, wie z.B. Bekleidungsgeld. Außerdem sind die meisten in einer Werkstatt für Behinderte beschäftigt. Nur ein geringer Teil hat einen Arbeitsplatz außerhalb der WfB.

Seit Ende 1997 wird das Projekt institutionell gefördert im Rahmen der Richtlinien für »Betreutes Wohnen« vom Landschaftsverband Rheinland (LVR). Gemäß dieser Richtlinien trägt die Kommune 25% der Personalkosten für die bestehenden Plätze in den verschiedenen Wohneinheiten und wird finanziell somit entlastet. Die restlichen Kosten (75% der Personalkosten und Sachkostenpauschale) werden vom LVR getragen. Der Personalschlüssel liegt für die bestehenden Plätze bei 1 : 4,8 und wurde in Kooperation zwischen LVR, Stadt und Vertretern des Vereins bemessen an den individuellen Betreuungsumfängen. Ob dieser vergleichsweise günstige Personalschlüssel auch bei der Einrichtung weiterer Plätze gehalten werden kann, bedarf der Verhandlung. Leider ging im Zuge der institutionellen Förderung die vorher bestehende Flexibilität bei der Vermittlung einzelner Klienten an Wohnraum und der Aufnahme in die Betreuung verloren, weil der Kostenträger zustimmen muß. Ein Vorteil dieser Förderung ist die Finanzierungssicherheit, d.h. daß bereits vor der Einrichtung neuer Plätze klar ist, daß die realen Personalkosten hierfür refinanziert werden und auch eine pro Platz bemessene Sachkostenpauschale gezahlt wird. Die finanzielle Eigenständigkeit der Klienten bleibt im Gegensatz zur stationären Unterbringung gewahrt, da die Hilfen zum Lebensunterhalt, Wohngeld und einmalige Hilfen nach wie vor von der Kommune getragen werden.

3. Aus der Sicht einer Betroffenen – Interview

Interview mit einer 34jährigen geistig behinderten Frau, die in ihrer eigenen Wohnung lebt und vom Integrationsmodell ambulant betreut wird. Sie lebte vorher in einem Mädchenwohnheim und stammt aus einer zerrütteten Familie, weshalb bereits in der frühen Kindheit die Heimunterbringung erforderlich wurde. Aufgrund ihrer Epilepsie lebte sie in der Vergangenheit für lange Zeiträume stationär in Kliniken.

Warum ist es für dich so wichtig, selbständig zu wohnen?
Um mich nicht von anderen abhängig zu machen, und weil man nichts lernt im Wohnheim, weil man vieles in den Hintern gesteckt kriegt, Frühstück und Abendessen z.B. Da brauchst du ja nichts machen.

Was für ein Gefühl war es damals für dich, wenn du ins Heim gegangen bist, und Leute haben dich dabei beobachtet?
Leute haben mal gesagt: »Armes Heimkind«. Ich wurde ausfallend und habe geschimpft.

Was hast du dabei gefühlt?
Irgendwie haben sie recht. Dann dachte ich, daß es nicht stimmt, weil wir ja alles hatten, was wir brauchten.

Wie hast du über die Regeln im Heim gedacht?
Wir waren anders als die anderen Mädchen. Deshalb brauchten wir Regeln. Ich habe dann aus Trotz so Sachen gemacht, wie Leute ärgern usw. Ich habe das dann gemacht, weil die Leute das immer über uns Heimkinder sagten.

Hast du heute das Gefühl, daß dir Leute hinterher sehen, wie damals im Wohnheim?
Seitdem ich alleine wohne nicht mehr.

Wenn in deinem Haus dieselben Leute wohnten wie damals im Wohnheim, würdest du dich genauso verhalten, wie du es jetzt machst?
Ne, ich würde mich fühlen wie früher. Aber ich wohne ja nicht mehr im Heim und benehme mich jetzt anders. Ich denke, je älter man wird, um so vernünftiger wird man auch.

Wo hast du gelernt, dich anders zu benehmen?
In der Zeit, wo ich mit den Leuten vom Integrationsmodell zu tun habe. Da habe ich neue Leute kennengelernt – behinderte und nichtbehinderte. Ich baute mir einen Freundeskreis auf. Die haben mich so genommen, wie ich bin. Es war ganz neu für mich. Als ich meine erste Wohnung bekommen habe, ist mir vom Heim versprochen worden, wir lassen dich nie im Stich. Dann kam aber niemand. Ich habe erst gedacht, ich schaff' das nicht, so alleine.

Gehen die Leute in deiner Nachbarschaft mit dir genauso um wie mit deinen nichtbehinderten Nachbarn?
Ne, bei Schätzlein z.B. ist die Kasse immer voll. Wenn ich mit Kleingeld bezahlen muß und ich nicht so schnell rechnen kann, werde ich angemacht. Ich hatte auch mal so eine

Situation, wenn Ulla an der Kasse sitzt. Ich mußte 11 Mark und noch was bezahlen und konnte nicht so schnell zählen. Ich habe ihr das gesagt. Sie meinte: »Was du nicht kannst, können wir und was wir nicht können, kannst du.« Die anderen in der Schlange hinter mir waren zwar genervt, weil sie warten mußten, aber das war nicht mehr so schlimm.

Hat dir das gut getan?

Ja mir ist ein Stein vom Herzen gefallen, weil ich Verständnis spürte. Sie hat mir nicht gesagt, daß ich blöd bin.

Wenn du deine Wohnung verläßt und zur Arbeit fährst, wie ist das Gefühl für dich, mit den anderen Leuten zur Werkstatt zu fahren?

Bis zur Haltestelle ist es nicht schlimm für mich, denn dann kann ich noch sagen, daß ich studiere. Wenn ich an der Werkstatt aussteige, habe ich Angst, daß die Leute denken, daß ich blöd bin. Deshalb erzähle ich auch niemandem, daß ich in der Werkstatt arbeiten gehe. Dann sage ich lieber, ich bin arbeitslos oder so. Ich möchte mit Normalen zusammen arbeiten, damit ich nicht in die Werkstatt laufen muß.

Du fühlst dich von den Leuten manchmal abgelehnt. Glaubst du, die Leute müßten etwas ändern, oder könntest du auch was ändern, damit der Umgang normaler wird?

Es liegt vieles an mir. Erstens mein Verhalten. Wenn ich mit einer Truppe unterwegs bin, verhalte ich mich auch so wie die. Wenn ich mit Normalen zusammen bin, verhalte ich mich normal. Wenn ich mit Behinderten zusammen bin, verhalte ich mich so, daß ich weniger auf meine Kleidung achte, ich bin dann laut und frech. Ich setz' meinen Willen durch, ich falle auf. Das ist so wie früher im Wohnheim. Die Leute müßten sich auch ändern, z.B. in der Werkstatt, denn da sind die Leiter, die trinken und rauchen, es uns aber verbieten. Ich will es aber auch machen dürfen, was die Leiter machen. Seitdem ich meine Kündigung ausgesprochen habe, mache ich, was ich will.

Wenn die Mitarbeiter vom IM dich betreuen, wie fühlst du dich dabei, wenn du Hilfe benötigst? Glaubst du, den Leuten, die dich mit einem Mitarbeiter sehen fällt auf, daß du eine Behinderung hast?

Nein, z.B. beim Klamotten kaufen, wenn wir Bekleidungsgeld vom Sozialamt kriegen. Dann gehe ich mit jemandem vom IM los und kauf ein. Wir machen dann immer einen Stadtbummel mit allem drum und dran – so Kaffee trinken und was Leckeres essen. Es ist so, als ob ich mit einer Freundin einkaufen gehe. Da guckt mir keiner doof hinterher. Ich habe das Gefühl, daß mir nicht geholfen wird, weil ich blöd bin.

4. Bericht einer Wohngemeinschaft

Wir sind im November 1993 hier eingezogen, der Volker, die Sabine, die Conny und ich. Der Volker hat vorher bei seiner Schwester gewohnt und die Conny und die Sabine im Heim. Und ich habe mit meinen Eltern zusammen gewohnt – nicht mal ein eigenes Zimmer und andauernd Chaos. Als ich den Leuten vom IM damals gesagt habe, daß ich es zu Hause nicht mehr aushalte, habe ich, ehrlich gesagt, zuerst nicht daran geglaubt, daß das was gibt mit der eigenen Wohnung. Ich wußte auch überhaupt nicht, was ich alles machen muß, damit ich eine Wohnung finde. Aber die haben mir versprochen, daß sie mir helfen. Eineinhalb Jahre hat das gedauert und zwischendurch war ich ganz schön sauer, weil ich gedacht habe, daß die sich gar nicht richtig Mühe geben. Ich habe beim Selbständigkeitstraining mitgemacht und auch schon ein paar Möbel organisiert. Und dann war es soweit. Die haben mich angerufen und mir gesagt, daß sie eine Wohnung gefunden haben für eine Wohngemeinschaft und ich da einziehen kann, wenn ich will. Ich habe mich total gefreut, aber dann habe ich Panik gekriegt. Ich hatte ja überhaupt kein Geld für die Miete. In der Werkstatt habe ich 200 Mark verdient und ich wußte, daß das nicht reicht. Aber die vom IM meinten, ich kann Sozialhilfe beantragen, und das haben wir dann gemacht. Den ganzen Papierkram hätte ich nicht alleine geregelt gekriegt, aber es hat dann geklappt. Ich habe sofort einen Scheck gekriegt, und das war das erste Mal, daß ich so viel Geld hatte. Die anderen, die mit mir in die Wohnung eingezogen sind, mußten auch alle zum Sozialamt, damit sie Geld kriegen.

Wie war das noch beim Umzug. Ich hatte ja schon ein paar Möbel – ein Bett und einen Schrank und eine Kommode. Die Küche mußte noch eingerichtet werden. Da haben wir alle zusammen nach Sachen gesucht und auch alles für gefunden, auf dem Sperrmüll und von Bekannten, die was übrig hatten. Der Volker hat sein Zimmer von zu Hause mitgenommen und die Sabine und die Conny hatten kaum was. Weil ich drei Matratzen gekriegt habe, habe ich zwei abgegeben an die, damit die was zum drauf schlafen haben. Ganz schön chaotisch war das. So nach und nach haben wir dann die restlichen Möbel zusammengesucht. Teilweise vom Sozialamt und dann haben immer wieder Leute Bescheid gesagt, wenn sie was über hatten für uns. Jetzt haben wir alle ein Zimmer mit schönen Möbeln. Die haben wir uns zusammengespart oder geschenkt gekriegt.

Ich weiß noch, die erste WG-Besprechung. Die Wohnung mußte mal sauber gemacht werden. Wir haben uns ganz schön angebrüllt, weil jeder seinen Dreck nicht weggemacht hat. Einer vom IM hat dann mit uns überlegt und gesagt, daß keiner Grund hat, über einen anderen zu meckern, weil jeder irgendwie Dreck macht. Wir wußten aber auch nicht, wie wir das machen sollten, daß nicht immer so'n Chaos ist. Und dann haben wir überlegt, daß wir einen Putzplan machen müssen, wo alle eine Aufgabe haben. Am Anfang haben wir dann geputzt, wann wir wollten, Hauptsache es war mal wieder alles sauber und dann habe ich nicht eingesehen, daß ich immer die Küche sauber machen muß, weil das viel mehr Arbeit ist. Die Sabine mußte nur mal ein bißchen den Gemeinschaftsraum sauber machen, und die hat immer gemeckert, daß da immer alles rumliegt. Die Conny hat's am besten gehabt, die brauchte bloß die Wäsche waschen, und die hat die noch nicht mal gebügelt.

Dann haben wir uns schon wieder gestritten, wer was machen muß. Jeder konnte putzen, wann er will, aber wir haben uns abgewechselt. Ich habe dann mal die Küche sauber gemacht und mal ein Badezimmer. Jeden Tag hat irgend jemand was geputzt. Alles war dann immer sauber. Aber gut war das dann immer noch nicht, weil wir gar keine Zeit mehr hatten, mal zusamen raus zu gehen oder so. Die vom IM haben immer mit uns in den WG-Besprechungen geredet, wie man das besser machen könnte. Und jetzt ist es so, daß wir alle am Dienstag alles sauber machen und dann unsere Ruhe haben. Am Dienstag sind nämlich alle zu Hause, am Wochenende natürlich auch, aber da haben wir alle gesagt, wir wollen da nicht arbeiten, sondern unsere Ruhe haben. Das ist so, daß die anderen alle irgendwelche Kurse machen. Sabine und Volker lernen lesen und schreiben bei der Volkshochschule. Die Conny hat immer Bastelgruppe und Kochkurs. Hab' ich keine Lust drauf. Ich fahre mit meinem Freund am Wochenende mal weg. Wenn alle da sind und wir haben Lust, dann gehen wir mal in eine Kneipe oder spazieren oder so. Wenn abends einer alleine weggeht, muß er sich bei den anderen abmelden. Ich meine, es kann ja mal was passieren, und dann muß ich doch wissen, was los ist.

Also mit den Betreuern kann man ja eigentlich nicht meckern, aber die haben noch nie für uns was aufgeräumt oder so. Und wenn einer mal 'nen Antrag stellen muß, dann muß der immer mitgehen. Ich bin letztens mal alleine zum Sozialamt gegangen, ging auch. Die waren sogar nett und schnell da. Wir haben noch alle zusammen ein Sparbuch, wo das Geld drauf kommt, was in der Haushaltskasse übrig ist. Da tut jeder jede Woche das gleiche Geld rein, und wir brauchen nicht immer alles. Wir sind nämlich sparsam. Wenn hier mal was kaputt geht, die Kaffeemaschine oder so, dann holen wir Geld vom Sparbuch und kaufen eine neue. Das ist praktisch, da brauchen wir nicht immer Geld für so was zusammenkratzen.

5. Projekte im Freizeitbereich

Freizeit hat in einer Gesellschaft, die zunehmend durch arbeitsfreie Zeit und Konsumorientiertheit geprägt ist, einen hohen Stellenwert erlangt. Der Freizeitbereich behinderter Menschen ist durch Einschränkungen und Erschwernisse gekennzeichnet. Bedingt ist dies durch massive Zugangsprobleme zu allgemeinen Freizeitangeboten aufgrund mangelnder Mobilität, Kommunikationsproblemen und strenger Abgrenzung von Familien und Heimen.

Ziel des Integrationsmodells ist es, Menschen mit Behinderungen soweit wie möglich zu einer eigenständigen Lebensführung zu befähigen. Hierzu gehört selbstverständlich auch der Freizeitbereich. In erster Linie versuchen die Mitarbeiter, denjenigen, die an allgemein zugänglichen Angeboten teilnehmen möchten, zu helfen, die Zugangsprobleme zu überwinden. So wurde es möglich, daß einige Betreute an Kursen bei der Arbeiterwohlfahrt, dem DRK und der Volkshochschule teilnehmen, die nicht behindertenspezifisch ausgerichtet sind. Außerdem werden öffentliche Veranstaltungen besucht. Aufgrund des Wunsches der Betroffenen wurden Gruppen und Kursangebote vom Integrationsmodell geschaffen, in denen sich die Teilnehmer austauschen und einen Teil ihrer Freizeit gemeinsam verbringen können. Einige seien hier aufgeführt.

1. Das *Zirkusprojekt*. In vier Kursen, die jeweils einmal wöchentlich stattfinden, wird den Teilnehmern die Kunst des Jonglierens, der Akrobatik, der Clownerie und der Zauberei vermittelt durch professionelle Kursleiter. Es soll ein Zirkusprogramm erstellt werden, welches aufgeführt wird. Im vergangenen Jahr kam es bereits zu einer Vorführung mit großem Erfolg. Die Kurse setzen sich gleichermaßen aus behinderten und nichtbehinderten Menschen zusammen. Hemmschwellen wurden schnell überwunden. Das gemeinsame Ziel, den Auftrittsabend zu gestalten, stand und steht im Vordergrund.
2. Der *Stammtisch*. Der Stammtisch ist ein Zusammenschluß behinderter und nichtbehinderter Menschen, die sich einmal im Monat in einer Kneipe treffen. Auf Wunsch werden auch zwischendurch andere Angebote durchgeführt, z.B. ein Theater- oder Kinobesuch. Grundsätzlich werden diese Angebote von allen Teilnehmern gleichermaßen organisiert. Mittlerweile haben die behinderten Teilnehmer so viel Eigenständigkeit er-

langt, daß sie sich auch außerhalb dieses Rahmens untereinander verabreden und sich gegenseitig besuchen.
3. *Bootsbauseminar und Segeltour.* Mit Hilfe erfahrener Mitarbeiter bauten fünf behinderte und fünf nichtbehinderte Menschen ein Segelboot und organisierten anschließend eine Segeltour mit diesem selbst gebauten Boot. Auch hier stand, ähnlich wie beim Zirkusprojekt, das gemeinsame Ziel im Vordergrund. Alle verfügten über die gleichen Vorkenntnisse und entwickelten während der Durchführung neue Fertigkeiten.

Insgesamt bilden diese Gruppen ein sehr wichtiges Übungsfeld für Sozialverhalten. Der einzelne kann hier seine eigenen Grenzen und Fähigkeiten in einem begleiteten Rahmen erfahren. Ermutigung zu eigenem Handeln, Intervention in Konfliktsituationen und Vermittlung neuer und Ausbau vorhandener Fähigkeiten gehören zu den Zielen, die mit den Angeboten verfolgt werden.

WALTER BURKHART

Ein Weg der Integration durch Kooperation zwischen behinderten und nichtbehinderten Schülern am Beispiel eines Projektes

Projektbeschreibung: Anhand des Projektes »Wir legen ein Biotop an« soll die Möglichkeit einer Kooperation zwischen einer 6. Klasse der Integrierten Gesamtschule Mannheim-Herzogenried (IGMH) und einer Werkstufenklasse der Eugen-Neter-Schule (ENS), Schule für Geistigbehinderte in Mannheim, beschrieben werden. Dieses Kooperationsprojekt ist auch unter dem Aspekt der vom Ministerium für Kultus und Sport angestrebten Erweiterung solcher Aktivitäten zu sehen. Da die Verankerung dieser Vorhaben in den Bildungsplänen der allgemeinen Schulen erfolgen soll, kann sicherlich von einer Zunahme auf der Ebene der Begegnungen ausgegangen werden. Sie sind wichtige Initiativen im Hinblick auf die gesellschaftliche Integration behinderter Schüler. In diesem Bericht wird neben der Beschreibung des kooperativen Charakters ebenso die technische Durchführung mit ihren organisatorischen Voraussetzungen angesprochen. Das Projekt versteht sich als Möglichkeit einer Kooperation und läßt sich sicherlich nicht ohne weiteres übertragen, da die örtlichen Gegebenheiten entsprechend berücksichtigt werden müssen.

1. Ausgangslage für das Projekt

1.1 Die Eugen-Neter-Schule stellt sich vor

Die ENS in Mannheim ist eine Schule für Geistigbehinderte, die ihren Bildungsauftrag – wie viele andere Schulen dieses Sonderschultyps auch – nach der Einführung der Schulpflicht für geistigbehinderte Kinder im Jahre 1966 aufgenommen hat. Die Schule ist von ihrer Lage, den Gebäuden und Räumlichkeiten her keine »typische« Schule, da die Anlage (Baubeginn 1917) ursprünglich eine andere Aufgabe zu erfüllen und im Laufe ihrer langen Jahre schon verschiedene Funktionen inne hatte. Sie liegt außerhalb der Stadt, weist ein großes, parkähnliches Gelände auf, das direkt an einen Wald angrenzt.

In den Jahren 1981 bis 1984 wurde ein Gebäude für die Werkstufe – mit der notwendigen maschinellen und werkzeugmäßigen Ausstattung – errichtet, sowie eine Turnhalle und ein Schwimmbad mit Hubboden gebaut. Im Schuljahr 1995/96 besuchten 139 Schülerinnen und Schüler unsere Schule; das Kollegium umfaßte 47 Personen einschließlich der betreuenden Kräfte. Obwohl die Distanz der Schule zur Stadt, vor allem zum Zentrum, durchaus Verkehrsprobleme mit sich bringt, führt die ENS kein isoliertes Dasein. Seit vielen Jahren schon pflegen wir auf der kooperativen Ebene Kontakte mit Nichtbehindertenschulen und nichtschulischen Einrichtungen, die z.T. entstanden sind, als die Diskussion um Integration noch kaum geführt wurde. Auf dieser Ebene haben wir – und die Partner auch – gute Erfahrungen gesammelt.

1.2 Der kooperative Charakter des Projektes

Da wir vom Gelände her ausgezeichnete Voraussetzungen zur gärtnerischen Gestaltung haben, entschlossen wir uns, gemeinsam mit einer 6. Klasse der IGMH das Projekt »Wir legen ein Biotop an« durchzuführen. Um eine gute partnerschaftliche Zusammenarbeit zu gewährleisten, fanden einige Treffen der beteiligten Schülerinnen und Schüler statt, so daß im Vorfeld geklärt werden konnte, ob die gemeinsame Durchführung des Projektes sinnvoll ist. Die Kollegin der IGMH suchte mit ihren Klassen schon immer den Kontakt zu unserer Schule, so daß es für sie selbstverständlich war, auf unseren Vorschlag eines gemeinsamen Projekts einzugehen. Aus gemeinsamen Unterrichtsbesuchen, Theateraufführungen, Sport- und Sommerfesten sowie Faschingsfeiern ist ihr die Eugen-Neter-Schule bestens vertraut. Damit war der Rahmen der Projektdurchführung gegeben.

1.3 Wir stellen das Projekt in der IGMH vor

In einer Unterrichtsstunde informierten wir die beteiligte Schule über das Projekt, wobei auch andere in der Klasse unterrichtende Lehrer anwesend waren. Die einzelnen Arbeitsschritte wie Aushub, das Einlegen von Teichfilz und Teichfolie, die Herstellung des Zaunes und der Tür, die Bepflanzung der Anlage u.a. wurden dabei erläutert. Die Anzahl der Veranstaltungen wurde auf sechs Nachmittage begrenzt, damit der zeitliche Umfang für die Schüler vorgegeben war. Festgelegt wurde der Dienstagnachmittag, da zu dieser Zeit der Klassennachmittag stattfand. Dics hatte drei große Vorteile:
- Die Kooperation konnte auf freiwilliger Basis durchgeführt werden.
- Die Schülerzahl reduzierte sich auf eine kleinere Gruppe, mit der man intensiv arbeiten konnte.
- Der Unterschied der Teilnehmerzahl von Nichtbehinderten und Behinderten war geringfügiger.

Zum Abschluß der Stunde hatten sich aus der Klasse 13 Schülerinnen und Schüler bereiterklärt, an dem Projekt mitzuwirken. Dies war genau die Hälfte der Klasse. Die Anzahl erschien uns für dieses Vorhaben zwar recht hoch, wir wollten jedoch keine interessierten Schülerinnen oder Schüler ausschließen. Die Klassenlehrerin informierte in einem Schreiben die Eltern der am Projekt teilnehmenden Schülerinnen und Schüler. Die Eltern stimmten ohne Ausnahme zu. Die Arbeitsgruppe bestand somit aus 13 nichtbehinderten und 8 behinderten Schülerinnen und Schülern im Altersbereich von 13 bis 18 Jahren.

1.4 Der unterrichtliche Aspekt des Projektes

Die Durchführung des Projektes versteht sich als Teil des Themenbereichs »Natur«. Dem Bildungsplan gemäß werden unter diesem Themenbereich eine Reihe von Lernzielen angesprochen, die nicht nur Schülern einer Schule für Geistigbehinderte erfahrbar gemacht werden sollten, sondern vor allem auch nichtbehinderten Schülern, z.B.:
- Natur- und sachgegebene Wirkungszusammenhänge erfassen, berücksichtigen und nutzen,
- mit Pflanzen sachgerecht umgehen,
- den Jahresablauf erleben,

- die Bedeutung des Wetters und der Wettereinflüsse erkennen und sich darauf einstellen,
- Materialien unter Berücksichtigung ihrer Eigenschaft handhaben bzw. bearbeiten,
- Gefährdungen, die aus Situationen und Handlungen entstehen können, abschätzen und sich entsprechend verhalten.

1.5 Die Bedeutung des Biotops im Schulalltag

Die Schüler können im Schulalltag die Natur mit all ihren Sinnen erleben und gleichzeitig ein Gefühl für den verantwortungsvollen Umgang mit Tieren und Pflanzen entwickeln. Die regelmäßige Pflege von Pflanzen bietet vielfältige Möglichkeiten, naturgegebene Wirkungszusammenhänge kennenzulernen, auch die Auswirkungen von Feuchtigkeit, Temperatur und Licht auf das Pflanzenwachstum. Wie eingangs schon erwähnt, liegt unsere Schule am Waldrand, so daß sich in kurzer Zeit verschiedenste Tiere im und um den Teich ansiedeln werden, Frösche, Wasserläufer, Schmetterlinge, Libellen und andere Kleinlebewesen. Vögel werden den Teich besuchen. Dazu werden auch einige einheimische Fische in den Teich eingesetzt. Wasserpflanzen, wie Schwimm- und Tauchblattpflanzen, sowie Sumpf- und Feuchtzonepflanzen verschiedenster Art verschönern die Anlage. Sie bieten den Lebewesen Nahrung und Lebensraum und sollen die Schüler für die Natur sensibilisieren. Der Teich soll so zu einem Platz der Erholung und Beobachtung werden. Hierfür sind auch zwei Parkbänke in der Anlage vorgesehen. Besonders hyperaktive Kinder sollen hier zu einer gewissen Ruhe finden können. Außerdem verschönert der Bau eines Biotops die Schulanlage. Somit haben auch die Schüler der IGMH die Möglichkeit, das »Werk«, an dem sie beteiligt waren, von Zeit zu Zeit in Augenschein zu nehmen und den Fortschritt mitzuerleben.

1.6 Ein Modell soll das Vorstellungsvermögen unterstützen

Um das Projekt zu veranschaulichen und die Zusammenhänge zwischen Bachlauf und Teich zu verstehen, beschlossen wir, ein Teichmodell im Maßstab 1:20 anzufertigen. Wir luden die Schülerinnen und Schüler der IGMH zu uns ein, um die Teichschale und Tiere aus Ton sowie die Holzkonstruktion für das Modell herzustellen.

Zuerst besichtigten wir gemeinsam den Platz, an dem die spätere Teichanlage mit Bachlauf entstehen sollte. Wir nahmen Maß, dann ging es an die Arbeit. Auf einer Sperrholzplatte wurde dann die Form des Teichs aufgezeichnet und mit einer Stichsäge ausgeschnitten. Eine passende Teichschale wurde aus Ton hergestellt. Da diese beim Rohbrand zerbrach, haben wir sie durch Teichfolie ersetzt. Mit Begeisterung haben die Schüler beider Gruppen Schnecken, Fische, Frösche, Schlangen und Steine aus Ton geformt. Dabei blieb auch viel Zeit für Gespräche, Informationen und gegenseitiges Kennenlernen. Mit der Werkstufenklasse haben wir in den nächsten Tagen das Modell fertiggestellt. Dabei mauerten wir mit kleinen Sandsteinen und Beton einen Bachlauf. Eine kleine Springbrunnenpumpe wurde eingesetzt, die das Wasser vom Teich durch einen dünnen eingemauerten Schlauch zum Beginn des Bachlaufs pumpt. Die Schülerinnen und Schüler unserer Klasse staunten, als das Wasser aus dem kleinen Loch im Bachlauf heraussprudelte und zum Teich zurückfloß.

2. Durchführung des Projektes

2.1 Genehmigung, Lage und Sicherheitsvorkehrungen

Nach der Zustimmung der Schulleitung, der Gesamtlehrerkonferenz und vor allem des Schulträgers, konnte an die Verwirklichung gegangen werden. Auf dem Gelände der Schule bot sich ein Platz geradezu an, bei dem die Teichanlage an zwei Seiten von einer Mauer des Werkstufengebäudes und an der dritten Seite von einem ca. 4 Meter breiten Fensterelement begrenzt wird. Den Teich an dieser Stelle anzulegen hatte mehrere Vorteile:
– Am Fensterelement sind nur zwei abschließbare Fenstergriffe anzubringen; somit ist von drei Seiten kein unkontrollierter Zugang möglich.
– An der vierten Seite soll ein Zaun mit Tür angebracht werden; der Schlüssel dazu wird im Lehrerzimmer deponiert.
– Vom Flur des Werkstufengebäudes aus kann die Teichanlage durch das Fensterelement eingesehen werden (das bedeutet Beobachtungen der Tiere schon beim Vorübergehen).
– Da dieser Bereich den Schülern in den Pausen nicht zur Verfügung steht, bietet er den Tieren trotzdem einen ruhigen Lebensraum.
– Diese Lage bietet auch genügend Platz, um einen Bachlauf zu integrieren.

Zugleich mit der Wahl des geeigneten Platzes mußten Sicherheitsüberlegungen mit einbezogen werden. So wurde z.B. 20 cm unter der Wasseroberfläche ein verzinktes Baustahlgewebe eingezogen. Auch eine breite Sumpfzone um den Teich erhöht die Sicherheit: Wenn ein Schüler abrutschen würde, stünde er nur knöcheltief im Wasser. Die folgende graphische Darstellung soll die Lage verdeutlichen.

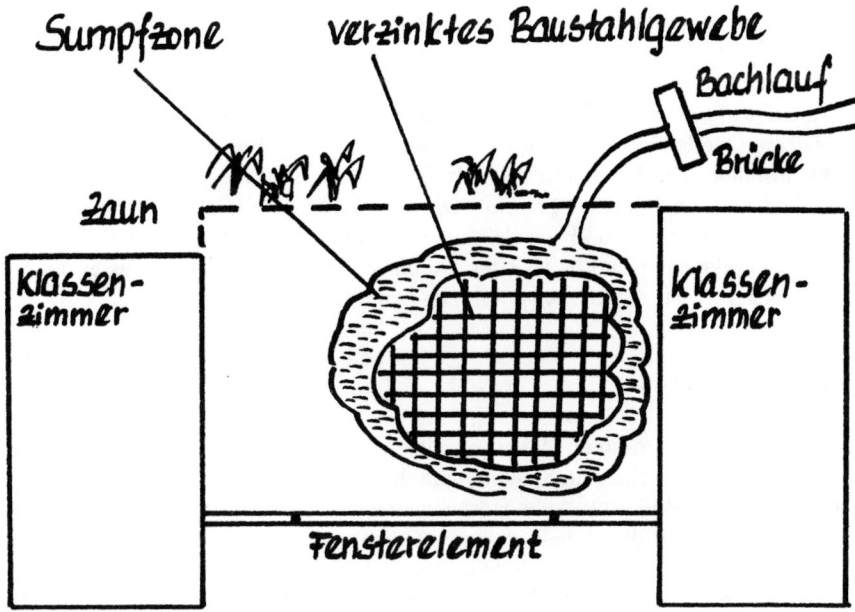

2.2 Wie entsteht ein Biotop?

Um zu erkennen, welche Arbeitsschritte beim Anlegen eines Biotops notwendig sind, ist es sinnvoll, die Überlegungen kurz zu beschreiben:
- Die äußeren Teichkonturen werden festgelegt und abgesteckt.
- Der Teich wird ausgehoben: wir beachten unterschiedliche Tiefenbereiche, wie die flache Randzone, ca. 30 cm, die Mittelzone, ca. 30–60 cm, und die Tiefenzone, ca. 60–120 cm.
- Der Aushub wird zu einem Hügel aufgeschüttet, daraus entsteht der spätere Bachlauf.
- Um die Teichfolie nicht zu verletzen, werden Steine und Wurzeln entfernt. Es wird eine Sandschicht aufgebracht bzw. ein Teichfilz eingelegt.
- Die Teichfolie wird mit möglichst wenig Falten in der Teichmulde ausgelegt.
- Ein Sand-Lehm-Boden wird aufgetragen, danach folgt eine Lage Kieselsteine.
- Der Teich wird mit Pflanzen besetzt, dabei werden die unterschiedlichen Wassertiefen für die entsprechenden Pflanzenarten berücksichtigt.
- Der Teich wird mit Wasser gefüllt.
- Nun wird die Folie abgeschnitten. Ein umlaufender Rand von ca. 25 cm bleibt stehen. Dieser wird abschließend mit Steinen bedeckt.

Mit der Herstellung des Teiches ist der erste große Bauabschnitt fertiggestellt. Es kann eine Teichpumpe angeschlossen werden, welche das Wasser in Form einer Fontäne in Bewegung bringt. Es können auch Fische (gegen Schnakenlarven) eingesetzt werden. Der nächste Bauabschnitt ist die Herstellung eines Bachlaufs: Ein Bachlauf weckt in uns andere Empfindungen als ein ruhiges Gewässer, eventuell werden entgegengesetzte Stimmungsbilder hervorgerufen: Der Teich »schläft«, der Bach bringt »Leben«. Durch Verbreiterung und Einengung sowie durch unterschiedliche Tiefen des Flußbettes lassen sich wechselnde Strömungen erzeugen. Je breiter und tiefer – je langsamer, je enger und flacher – um so schneller die Fließgeschwindigkeit.

Der Höhenunterschied zwischen Quelle und Teich sollte zwischen 1 und 2 Metern liegen, der Bachlauf wirkt als solcher ab 5 Meter Länge. Eine Pumpe befördert das Wasser vom Teich bis zur »Quelle« des Bachlaufs. Die Fördermenge der Pumpe beträgt zwischen 500 und 1000 l/Stunde. Die Erde vom Aushub des Teiches wird zu einem länglichen Hügel aufgeschüttet und ein Bachbett geformt. Dieses wird mit Folie ausgekleidet, wobei die Folie mehrmals angesetzt und verklebt werden muß. Steine bedecken den Rand der Teichfolie und bilden ein natürliches Ufer. Durch den Bachlauf wird das Wasser mit Sauerstoff angereichert, was auch die Algenbildung hemmt.

2.3 Der Arbeitseinsatz

In verschiedenen gemeinsamen Arbeitseinsätzen wurde der Bereich des Biotops abgesteckt, das Erdreich mit Hacken, Spaten und Schaufeln ausgehoben, mit Schubkarren und dem schuleigenen Traktor plus Anhänger weggefahren. Die nichtbehinderten Schüler waren mit soviel Eifer bei der Arbeit, daß sie zunächst nicht bemerkten, wie sie nach und nach die Schüler der Eugen-Neter-Schule vom »Arbeitsplatz« verdrängten. Dies wurde bald korrigiert und nach genauer Zuteilung der Arbeit ging es gut von der Hand. Besonders attraktiv war das Abfahren des Aushubs mit dem Traktor. Die Gastschüler staunten

Integration durch Kooperation zwischen behinderten und nichtbehinderten Schülern 227

nicht schlecht, als ein geistigbehinderter Schüler den Traktor fuhr. Arbeitsfreude und Motivation war bei beiden Schülergruppen vorhanden. Unsere Schüler wurden von den nichtbehinderten Schülern angespornt.

Eine interessante Beobachtung wurde während dem Schleifen und Lackieren der Zaunbretter gemacht: die Schüler der Integrierten Gesamtschule arbeiteten hier wesentlich oberflächlicher als unsere Schüler. Dies könnte daraus resultieren, daß die behinderten Schüler als Werkstufenschüler mehr handwerkliche Tätigkeiten ausführen und viel praktisches Arbeiten gewohnt sind. Schließlich konnten aber alle Schüler mit Stolz auf die geleistete Arbeit zurückblicken.

3. Die Abschlußveranstaltung

Am 6. 2. 1996 fand die gemeinsame Abschlußveranstaltung in der Integrierten Gesamtschule Mannheim-Herzogenried statt. Die einzelnen Arbeitsabschnitte waren in Dias festgehalten. Ein Diavortrag war somit naheliegend, zu dem alle Beteiligten sowie der Schulleiter eingeladen wurden. Nach einem kurzen Rückblick über die Inhalte dieses Teichprojektes im Sinne einer Kooperation, Klassenauswahl und notwendiger Schritte bis zum ersten Spatenstich, begannen wir mit der Diavorführung. Alle Schüler waren mit großer Aufmerksamkeit dabei. Als Erinnerung an die gemeinsamen Arbeiten überreichten die geistigbehinderten Schülerinnen und Schüler ihren Kooperationspartnern je einen Zimmerspringbrunnen, den sie im Tonunterricht hergestellt hatten. Die eingesetzte Umwälzpumpe erinnerte an das Prinzip eines künstlichen Bachlaufs.

Zum Abschluß der Veranstaltung hatten wir den nachfolgend aufgeführten Fragebogen vorgelegt, den ein Teil der IGMH-Schüler ausfüllten. Von 13 Fragebogen wurden 8 ausgefüllt bei uns abgegeben. Die Auswertung des Fragebogens ergab folgendes Bild:

Frage: Warum hast Du Dich für den Teichbau entschieden?
Antwort: Aus Lust; weil es Spaß macht; Abwechslung vom Schulalltag; um neue Erfahrungen zu sammeln; weil ich gerne mit euch zusammenarbeite.

Frage: Wenn Du die Entscheidung noch einmal treffen solltest, würdest Du wieder an dem Projekt teilnehmen?
Antwort: Ja: 6×   Nein: 1×   Vielleicht: 1×

Frage: Wie empfandest Du das Arbeitsklima?
Antwort: Harmonisch: 5×   Rauh: 0×
Stressig: 3×   Träge: 0×

Frage: Hat es Dich gestört, mit geistigbehinderten Schüler/-innen zu arbeiten?
Antwort: Ja: 0×   Öfters: 1×   Manchmal: 1×   Nein: 1×

Frage: Wie empfandest Du die Arbeit: Anstrengend, belastend, erholsam, interessant, langweilig ?
Antwort: Interessant: 8×

Frage: Was hat Dir beim Projekt am besten gefallen?
Antwort: Weiß nicht mehr; auf dem Traktor fahren; das Anstreichen von Brettern; die Zusammenarbeit mit den Behinderten; das Graben.

Frage: Wünschst Du Dir weitere Kontakte?
Antwort: Vielleicht: 2×
Kommt darauf an, was wir machen.

Frage: Hast Du einen geistigbehinderten Schüler näher kennengelernt?
Antwort: Vielleicht: 1×   Nein: 4×   Ja: 3×

Frage: Hast Du noch Fragen über Schüler, Schule, Projekt, Teich. Wenn ja, welche?
Antwort: Machen wir wieder eine Zusammenarbeit mit euch?
Gehen wir noch einmal hin?
Machen wir wieder eine Zusammenarbeit mit euch?
Gehen wir noch einmal hin?

4. Kritische Reflexion des Projektes

Um ein objektives Bild über das Kooperationsprojekt Teichbau zu erhalten, möchten wir abschließend die Vor- und Nachteile dieser Zusammenarbeit herausarbeiten. Betrachtet man die Antworten der Schüler auf den Fragebogen, läßt sich daraus folgern, daß zumindest aus der Sicht der nichtbehinderten Schülerinnen und Schüler das Projekt ein Erfolg war. Auch unsere Schülerinnen und Schüler freuen sich, wenn wir Besuch von der Integrierten Gesamtschule bekamen. Lediglich ein geistigbehinderter Schüler zeigte sich zurückhaltend. Da er jedoch an diesen Tagen Traktor fahren durfte, verschwanden bald seine Hemmungen. Die Schüler der Werkstufe wurden auch von dem Arbeitseifer der Nichtbehinderten förmlich »angesteckt«. Schülerinnen und Schüler, die sonst sehr träge sind, waren über einen längeren Zeitraum aktiv bei der Arbeit.

Das Projekt Teichbau bot sich für eine Kooperation geradezu an. Durch die überwiegend handwerklichen und praxisbezogenen Tätigkeiten konnten beide Schülergruppen den Anforderungen gerecht werden. Die meisten Aktivitäten konnten von beiden Schülergruppen bei geringfügiger Differenzierung gemeinsam durchgeführt werden. Dabei entstand kaum die Gefahr einer Über- bzw. Unterforderung. Dies kam auch bei der Beantwortung des Fragebogens zum Ausdruck. Alle acht Schülerinnen und Schüler empfanden die Arbeit als interessant, nur ein Schüler würde sich nicht noch einmal an dem Projekt beteiligen. Der Fragebogen sagt auch viel über die Beziehung zwischen behinderten und nichtbehinderten Schülern aus. So hat es nur einen Schüler manchmal gestört, mit den Behinderten zu arbeiten, sieben Schüler überhaupt nicht. Dies beruht sicherlich auch auf den vielfältigen gemeinsamen Unternehmungen, die dem Teichbau vorangegangen waren. Fünf von acht Schülern wünschen sich auch künftig Kontakte. Zwei machen es vom jeweiligen Angebot abhängig. Diese positiven Aussagen beruhen auf der freiwilligen Teilnahme.

Eine Kooperation bringt natürlich auch einige Nachteile mit sich. Unsere Absicht war es, alle Arbeitsschritte beim Teichbau gemeinsam durchzuführen. Dies führte dazu. daß sich das Projekt über den Zeitraum von 12 Monaten hinzog. War ein Termin geplant (nur dienstags nachmittags war möglich), war manchmal an diesem Tag schlechtes Wetter angesagt oder ein Kooperationspartner war verhindert. Die Schüler der Werkstufe fragten des öfteren, wann wir denn wieder an dem Teich weiterarbeiten würden. Nachteilig wirkte sich auch die große Distanz zwischen beiden Schulen aus. Die Schülergruppe der Integrierten Gesamtschule war auf öffentliche Verkehrsmittel angewiesen. Die Entfernung beträgt ca. 10 km, dazu ein Fußweg von ca. 15 Minuten. Eine freie Doppelstunde reichte z.B. nicht aus, um kurzfristig ein Treffen zu organisieren. Auch war ein erhöhter Aufwand von Arbeitsmitteln notwendig. So benötigten wir 15 Schaufeln, Spaten und Hacken, die für den Arbeitseinsatz notwendig waren. Diese wurden zum großen Teil vom Kollegium zur Verfügung gestellt. Zu erwähnen ist auch der erhöhte Zeitaufwand bei der Planung und Organisation eines solchen Projektes. Dennoch läßt sich sagen, daß bei diesem Projekt die Integration weiter vorangebracht und gefestigt werden konnte. Eine Schülerin der Integrierten Gesamtschule erwähnte, daß sie später auch gerne einmal bei Behinderten arbeiten möchte.

JENS EGGERT

Kooperation von Förderschülern und Hauptschülern in einer Judo-AG

Die Kooperation zwischen den beiden benachbarten Schulen in Horb ist durch den Modellversuch »Gemeinsam leben – gemeinsam handeln« der Bund-Länder-Kommission entstanden. Drei Jahre lang wurde diese Kooperationsmaßnahme im Rahmen des Modellversuchs durchgeführt. Mit dem Ende des Schuljahres 1994/95 wurde der Modellversuch beendet. Die Judo-Kooperation zwischen den beiden Schulen besteht weiterhin. Das gemeinsame Judotraining war bzw. ist auch heute noch ein fester Bestandteil im Stundenplan der teilnehmenden Schülerinnen und Schüler. Einmal pro Woche treffen sich die Teilnehmer für eine Doppelstunde in der Sporthalle, die von beiden Schulen genutzt wird. Von wenigen Ausnahmen abgesehen, nehmen die Jugendlichen regelmäßig am Training teil.

Zu Beginn der Judo-AG im Schuljahr 1992/93 wurde darauf geachtet, daß die Schüler beider Schulen möglichst aus der gleichen Klassenstufe kamen. Auch bei der Teilnehmerzahl wurde anfangs darauf geachtet, daß gleich viel Schüler aus jeder Schule kamen. Im ersten Jahr nahmen 18 Jugendliche teil. Die erste Scheu, gemeinsam mit Schülern einer anderen Schule zu trainieren, wurde sehr schnell überwunden. Die Tatsache, daß beim Sport nicht nach den Leistungen im Lesen, Rechnen und Schreiben gefragt wird, ließ mögliche Ängste der Förderschüler recht schnell verschwinden. Im sportlichen Bereich konnten manche Förderschüler den Hauptschülern sogar etwas vormachen. Schon nach wenigen Wochen war die Akzeptanz der Schüler untereinander kein Problem. Vorurteile untereinander gab es nicht. Es muß aber auch gesagt werden, daß Freundschaften im engeren Sinne nicht entstanden sind.

Im dritten Jahr des Bestehens der Judo-AG durften auch Mädchen einsteigen. In den beiden ersten Jahren gab es aufgrund der Unsicherheit, ob denn Judo von einem männlichen Trainer allein koedukativ unterrichtet werden darf, keine Mädchen in der AG. Nachdem diese Frage durch die Rechtsabteilung des Kultusministeriums geklärt worden war, konnten ab dem dritten Jahr auch Mädchen an der AG teilnehmen. Zwischenzeitlich ist das Zahlenverhältnis zwischen Mädchen und Jungen fast ausgeglichen. Derzeit nehmen 32 Jungen und Mädchen am Training teil. Auch bei den Mädchen ließ sich feststellen, daß die gegenseitige Akzeptanz der Schülerinnen und Schüler kein Problem ist. Feste Freundschaften wurden nach meiner Einschätzung auch hier nicht geschlossen.

Da die AG nur von einem Lehrer der Förderschule geleitet wird, war es für manche Schüler der Hauptschule anfangs etwas»komisch«, sich in »fremde Hände« zu begeben. Diesen Lehrer kannten sie ja nicht, weder vom eigenen Unterricht noch von der Pausenaufsicht, nicht einmal vom Sehen. Nach einer gewissen Eingewöhnungszeit war es für die Hauptschüler kein Problem mehr, mit mir als »neuem Lehrer«, den man halt nur in der Judo-AG sieht, umzugehen. Noch heute höre ich von Schülern dieser Schule, die in den vergangenen Jahren an der AG teilgenommen hatten, ein freundliches »Hallo«, wenn man sich trifft.

Kooperationsmaßnahmen zwischen Förderschulen und anderen Schulen finde ich sehr wichtig. Leider kreisen noch immer bei vielen Schülern und leider auch bei manchen Lehrern von allgemeinen Schulen Vorstellungen über Förderschüler, die mit der Realität nichts zu tun haben. Aus eigenen Erfahrungen, beispielsweise bei Schullandheimaufenthalten oder Judovergleichskämpfen im Rahmen des Schulsportwettbewerbs »Jugend trainiert für Olympia«, kann ich berichten, daß selbst Gymnasiallehrer den Begriff »Sonderschule« nur mit geistig- und körperbehindert assoziieren. Viele von ihnen können mit dem Begriff »Förderschule« überhaupt nichts anfangen. Wenn man bei möglichen Erklärungsversuchen dann den alten Begriff der »Sonderschule für Lernbehinderte« verwendet, kommen immer wieder Aussagen, wie »denen sieht man das aber nicht an« oder »die sehen doch ganz normal aus«.

Wie ich schon oben beschrieben habe, hat sich allein durch die Zusammenarbeit zwischen den beiden Schulen der Umgang der Schüler untereinander »entspannt«. Zumindest die Teilnehmer der Judo-AG haben schnell erkannt, daß die Schüler der anderen Schule auch nicht anders sind als man selbst. Manchmal wünschte ich mir, die Kooperation auch auf die benachbarte Realschule auszudehnen, da es immer wieder Realschüler gab, die sich beispielsweise über die Förderschüler lustig gemacht haben. Hierzu möchte ich eine sich leider wiederholende Situation schildern:

Die Schüler der Förderschule gehen gemeinsam mit mir zu einem Einkaufszentrum, das in seinem Restaurant günstig warmes Essen für Schüler anbietet. Auf unserem 15minütigen Weg von der Schule bis zum Einkaufszentrum begegnen uns regelmäßig Realschüler, die auf dem Rückweg zu ihrer Schule sind. Einige Unverbesserliche kommentieren unsere Gruppe hin und wieder mit »da kommen die Deppen« oder »die vom Bretter-Gymnasium sind auch schon da«. Nachdem anfangs die Förderschüler sehr frustriert bzw. sauer waren, kommentieren sie (nach Rücksprache mit mir) diese Äußerungen mit »ihr müßt es ja wissen, ihr seid ja alle so schlau«. Diese verbalen »Konter« der Förderschüler überraschten die Realschüler. Zwischenzeitlich kommen nur noch selten solche Wortgefechte vor. Mit Hauptschülern, die uns ebenfalls begegnen, haben wir das zum Glück nie erlebt.

Die Zusammenarbeit mit den Lehrern der Hauptschule läßt allerdings zu wünschen übrig. Dies hat zwei Gründe. Zum einen ist Judo eine Sportart, die ein gewisses Maß an fachlichem Wissen erfordert. Es gibt aber meines Wissens keinen Lehrer und keine Lehrerin an der Hauptschule, welche selbst Judo treiben. Leider gibt es auch niemanden, der bereit wäre, als Anfänger an der AG teilzunehmen und gleichzeitig als Aufsichtsperson und Ansprechpartner für die Schüler da zu sein. Im ersten Jahr der AG war der Konrektor der Hauptschule mein «Mitarbeiter» bei der Durchführung der Maßnahme. Die Mitarbeit beschränkte sich leider nur auf kurze »Stippvisiten« beim Training, bei denen nach dem rechten gesehen wurde bzw. Fragen unter uns geklärt wurden. Im zweiten Jahr blieben sogar diese Besuche aus, da kein Lehrer der Hauptschule zusätzlich »Kooperationsstunden» bzw. AG-Stunden bekam. Bis heute wird die AG allein von der Förderschule mit Deputatsstunden unterstützt.

LIA AMBROSIUS, URSEL WEIS-HENNINGER, USCHI BARTH,
BRIGITTE SAUMWEBER-ELTRICH UND MARGARETE KURZ

Trommeln – Ein Begegnungsprojekt zwischen Schülerinnen und Schülern einer Grundschule, einer Förderschule und einer Schule für Geistigbehinderte mit dem Ziel der Kooperation und Integration

1. Ich bin ganz bei mir und trommle doch mit Dir gemeinsam

»Die Trommel ist ein machtvolles Instrument für den menschlichen Ausdruck und für die Gestaltung und Beeinflussung zwischenmenschlicher Beziehungen.«

Wolfgang Meyberg (1989, 11)

Die Geschichte der Trommel geht weit zurück bis in die Anfänge der Menschheit, »ursächlich und urtümlich in ihrem Klang (Herzschlag) und ihrem Aussehen (rund wie die Welt)« (KLÖWER 1994, 26). Trommelnde Schamanen lehren uns, daß der Mensch die Fähigkeit besitzt, sich über körperliche und psychische Veränderung neue Daseinsbereiche zu erschließen und über kreative Tätigkeiten wie Musik, Tanz, Gesang und Bewegung zur Gesundung beizutragen. Trommeln sind für den Menschen »eine bewegende Erfahrung« (DIE ZEITSCHRIFT DER KULTUR 1997, 72). Sie entstanden aus dem urmenschlichen Gefühl nach rhythmischem Ausdruck. Ihr rhythmisches Pulsieren aktiviert, weckt Energien, treibt voran, schafft Kommunikation und Beziehungen. Ihr Klang sammelt die freigesetzten Kräfte und »führt sie hin zur Mitte – zu den Bildern unserer Seele« (MEYBERG 1989, 35).

Heute werden Trommeln u.a. eingesetzt in pädagogisch-therapeutischer Arbeit mit psychisch Kranken, mit emotional gestörten und mit lern- und geistig behinderten Kindern. Eigene mehrjährige intensive persönliche und schulische Erfahrungen haben gezeigt, dass die Trommel durch ihre elementare Ausstrahlung und Kraft wie kaum ein anderes Instrument in der Lage ist, Kinder ganzheitlich körperlich, seelisch und sozial anzusprechen und mit ihrer Hilfe eine Basisarbeit zu leisten, die eine Voraussetzung und Begleitung für jegliches schulisches Lernen ist. Gerade Kinder mit Beeinträchtigungen sind besonders darauf angewiesen, ihren Körper als Urinstrument zu entdecken, ihren eigenen Rhythmus und diesen im Rhythmus mit anderen und der Welt nach und nach immer mehr fließen zu lassen.

Trommeln haben einen hohen Aufforderungscharakter, erlauben eine elementare unkomplizierte Spielweise und animieren die Kinder so zu spontanem Ausdruck. Bewegungen können ohne lange Vorübung direkt in Klänge und Rhythmen umgesetzt werden. Diese werden spürbar, sichtbar, hörbar durch intensive Körpererfahrung und durch den direkten Kontakt der eigenen Haut mit dem Trommelfell. Die aktuelle Befindlichkeit der Kinder wird direkt zum musikalischen Ausdruck, gibt dem Lehrer Informationen (Diagnose) und ermöglicht oft ein ungeplantes Beeinflussen über spontane Interaktion.

Der Rhythmus als treibendes Element läßt verschüttete Impulse zu, die sonst im Innern festgehalten werden oder als Chaos nach außen gelangen, verletzen und zerstören. Hemmungen, Spannungen, Blockaden können sich lösen. Destruktive Aggression wird zu etwas Nützlichem und kann in konstruktive Bahnen gelenkt werden. Bei Kindern mit gestörtem Selbstwertgefühl kann die Entwicklung des Selbstvertrauens im Vordergrund stehen. Bei extremer Leistungsorientiertheit können ein sich Lösen aus starren Verhaltensnormen und eine Erweiterung der Erlebnis- und Ausdrucksmöglichkeiten stattfinden.

Alle Wahrnehmungsziele im Bereich des Lernens durch Musik wie Wahrnehmung der eigenen Körperfunktionen, akustische Wahrnehmung, Zeitwahrnehmung, Wahrnehmung der koordinierten Bewegungen, Sozialwahrnehmung können zusätzlich zu den emotionalen Zielen durch das Trommeln verwirklicht werden. Die soziale Kommunikation rückt beim Trommeln besonders in den Mittelpunkt. Sie entsteht schon beim »offenen Trommeln« mit Partner oder Gruppe (improvisatorische Trommelgespräche oder -spiele), wo das Entdecken des Instruments, der eigenen Gefühle und kreativen Ausdrucksmöglichkeiten, der Reaktion des Gegenübers usw. im Vordergrund stehen. Intensiver wird sie gefordert und erlebt im »gebundenen Trommeln«, wo es um Erarbeitung und Zusammensetzung vorgegebener Rhythmen geht mit dem Ziel kleinerer und größerer Darbietungen und Auftritte. In beiden Trommelformen werden die volle Konzentration auf sich selbst, das eigene Durchhaltevermögen und Sich-Wiedereinklinken, der Aufbau von Unabhängigkeit und Autonomie gegenüber anderen angebahnt (Ich bin ganz bei mir. Halte ich durch, können sich die anderen wieder einklinken).

Ein gemeinsames Spiel erfordert aber auch den Aufbau von Vertrauen und das Gefühl für das Miteinander, den Aufbau der Fähigkeiten, stimmlich oder nonverbal (Klang, Blickkontakt usw.) in Kontakt zu treten, eigene Signale zu setzen und auf fremde Signale zu reagieren, zu führen und sich unterzuordnen, zu fragen und zu antworten, zu erklären, abzuwarten, Regeln zu finden und einzuhalten, sich in Tempo, Rhythmus, Form und Folge anzupassen und bei Bedarf ein- oder auszusteigen usw. Kurzum, das Kind erlebt, wie wichtig es ist, Verantwortung für sich selbst und gleichzeitig Verantwortung für die Gemeinschaft zu tragen, um mit Erfolg dabei sein zu können. Es erfährt Bedingungen und ein Beziehungsgefüge, wie es das tägliche Leben bietet. Über das Ordnen des »Trommel-Schlagens« ordnet das Kind sein Sein.

2. Grundlegende Gedanken zu unserem Begegnungsprojekt

Im Laufe der Arbeit mit Kindern an der Förderschule (Comeniusschule Königsbach) und in der Kooperation mit der Grundschule Eisingen entstand durch den intensiven Austausch mit Kolleg/-innen beider Schularten der Wunsch und die Idee, sich gegenseitig bei der Arbeit mit den Kindern besser kennenzulernen, neue Anregungen zu erfahren und sich beruflich auch noch auf einer anderen Ebenen zu begegnen. Das gemeinsame Tun, das gemeinsame Lernen beim Trommeln bot dabei die Möglichkeit, eine Begegnung zwischen den aufgrund ihrer Lernvoraussetzungen so unterschiedlichen Schülern von Grundschule und Förderschule herbeizuführen. Eine Begegnung, die nicht durch Wettbewerb und Leistung gekennzeichnet ist, wie das sonst so oft in der Schule stattfindet. Eine Begegnung, die ein gemeinsames Ziel hat: Intensive ganzheitliche Förderung in den Bereichen der Wahrnehmung, der Bewegung und der sozialen Kommunikation. Eine Begegnung, in der es darauf ankommt, aufeinander zu hören und doch bei sich zu sein. Eine Begegnung, in der die gleichen Regeln für alle gelten – Regeln, die klar definiert und einfach sind.

Von der verwaltungsrechtlichen Seite wird diese Art der Arbeit in Baden-Württemberg durch folgenden Passus aus der VERWALTUNGSVORSCHRIFT ÜBER KOOPERATION ZWISCHEN ALLGEMEINEN SCHULEN UND SONDERSCHULEN vom 16. Januar 1987 gestützt:
»Gegenseitiges Kennen, Verstehen und Annehmen wird zwar auch im Rahmen von sonderpädagogischen Hilfen an allgemeinen Schulen und durch Hilfen beim Übergang in die allgemeinen Schulen verwirklicht; darüber hinaus sind aber besondere Bemühungen um Gemeinsamkeiten möglich. Hierfür eignen sich Aktivitäten zwischen den Schularten auf unterschiedlichen Ebenen (Schüler, Lehrer, Erziehungsberechtigte), die durch schul- und unterrichtsorganisatorische Maßnahmen vorzubereiten und zu unterstützen sind...« (Abs. 2.4).

3. Entstehung und Entwicklung unserer Gruppe

Am Anfang stand die innerschulische Kooperation an unserer Förderschule durch ein gutes kollegiales Miteinander mit Lia Ambrosius, der künftigen Leiterin unserer Gruppe. Sie hatte sich als Musiklehrerin intensiv mit dem Thema Rhythmus auseinandergesetzt und sich als aktive Trommlerin darin fortgebildet. Bei schulinternen Veranstaltungen führte sie die Ergebnisse ihrer experimentellen rhythmischen Arbeit mit den Schülern ihrer Klasse vor. Im Schuljahr 1994/95 entwickelte sich unter ihrer Leitung ein schulinternes freiwilliges Fortbildungsprojekt mit privaten und einigen von der Schule angeschafften Trommeln, an dem Uschi Barth und Ursel Weis-Henninger sowie einige interessierte Schüler teilnahmen. In regelmäßigem Unterricht wurde ein Programm erarbeitet, welches in kleinen schulischen Auftritten und beim Begegnungsprojekt der vier Förderschulen von Pforzheim große Begeisterung und großes Interesse auslöste.

Über die Kooperationstätigkeit von Ursel Weis-Henninger entstand auch an der Grundschule Eisingen Kontakt zu und das Interesse an dieser musikalischen Arbeit. Im Rahmen des sogenannten »Entdeckerprogramms«, einem zusätzlichen außerschulischen Angebot für Kinder der Grundschule Eisingen, organisierten wir einen gemeinsamen Trommelnachmittag mit den Grund – und Förderschülern und uns Lehrerinnen. Diese kleine

Trommelgruppe wurde eingeladen, beim Sommerfest der Grundschule als Vorgruppe für eine »Profigruppe« zu spielen. Ermutigt durch diese Erfahrungen planten wir, zusammen mit Brigitte Saumweber-Eltrich, der dortigen Konrektorin, im neuen Schuljahr eine Kooperationsgruppe für Förder- und Grundschüler im Bereich Trommeln einzurichten. Die beiden Schulleitungen unterstützten das Zustandekommen dieses Begegnungsprojektes, welches im Schuljahr 1995/96 mit vier Grundschülern, vier Förderschülern und uns Lehrerinnen an der Förderschule in Königsbach begann und bis heute mit wechselnden Teilnehmern besteht.

Schon nach kürzester Zeit konnte man beobachten, wie durch gemeinsame Aktivitäten in diesem Begegnungsprojekt soziale Prozesse in Gang gesetzt wurden. Durch gegenseitiges Kennenlernen, Verstehen und Annehmen in der Zusammenarbeit entstand eine Akzeptanz zwischen Kindern und Erwachsenen, die sonst nie miteinander in engeren Kontakt gekommen wären. Auf diese Weise war es möglich, die Sichtweise des Lernortes Förderschule und der dort unterrichteten Kinder neu zu überdenken. Es konnten Berührungsängste in beiden Richtungen abgebaut werden. Außerdem entstand eine neue Offenheit füreinander, die mit der Öffnung der Schule nach außen in engem Zusammenhang stand. Die in diesem Projekt angestrebte Begegnung auf verschiedenen Ebenen fand vor allem dadurch statt, daß seit Beginn der Zusammenarbeit immer wieder neue gemeinsame Ziele angestrebt und verwirklicht wurden, zusammen mit der 1995/96 ins Leben gerufenen Tanz- und Trommel-AG der Förderschule unter Leitung von Lia Ambrosius und Uschi Barth und einer im Schuljahr 1997/98 gegründeten kleinen Trommel-AG-Gruppe der Schule am Winterrain (Schule für Geistigbehinderte) mit ihrer Lehrerin Margarete Kurz und ebenfalls unter Leitung von Lia Ambrosius.

Ein wichtiges Ziel unserer gemeinsamen Arbeit bestand von Anfang an auch in der Vorbereitung gemeinsamer Auftritte. Die Schüler aller beteiligten Schularten wurden dadurch motiviert, sich anzustrengen, sich in die Gruppe zu integrieren und jede/n einzelne/n in ihrer/seiner Bedeutung für das gemeinsame Ziel zu respektieren. Diese Auftritte planten wir gemeinsam und führten sie mit den Schülern aller beteiligten Schularten durch.

4. Kurzer Überblick über bisherige gemeinsame Aktivitäten

Februar 1996   Begegnungen der Schulmusik/Uhlandschule Mühlacker »Die Trommel ruft« (Trommeln und Tanz)
März 1996   Teilnahme an der 5. Landesschultanzbegegnung in Aalen »Die Trommel ruft« (Trommeln und Tanz)
Juni 1996   Teilnahme am Musikfestival »Folklore International« in Reutlingen (Trommeln)
Juli 1996   Begegnungen der Schulmusik in Remchingen (Trommeln)
Juli 1996   Schulfeste Comeniusschule/Grunschule Eisingen (Trommeln)
Oktober 1996   Verabschiedung des Leiters des Staatlichen Schulamtes Pforzheim (Trommeln)
November 1997   Namensgebung der Förderschule Königsbach (Comeniusschule), Stocktanz (Trommeln und Tanz)

Februar 1998	Begegnung der Schulmusik in Pforzheim, Stocktanz (Trommeln und Tanz)
Juli 1998	Schulfeste Comeniusschule und Grunschule Eisingen (Trommeln)
September 1998	Zulassung zur Teilnahme am Euro-Musiktreff 1998 in Villingen-Schwenningen
April 1999	Aktions- und Informationstag der Einrichtungen der Behindertenhilfe Pforzheim (Trommeln)
Mai 1999	Begegnungskonzert mit der Heynlin-Grundschule in Stein (Trommeln und Tanz)
Juni 1999	Straße der Chormusik, Kirnbachhalle Niefern (Trommeln und Tanz)
Juli 1999	Schulfeste der Comeniusschule und der Grundschule Eisingen

Die Realisierung, solcher Auftritte war nur möglich durch die Offenheit und Unterstützung unserer Schulleiter und vieler Kolleg/-innen und Eltern, die freiwillig und in ihrer Freizeit bereit waren, die AG-Kleidung zu nähen, zu färben, zu waschen, zu bügeln, den Bus zu organisieren, Fahr- und Probenpläne zu erstellen, Fahrdienste und Instrumententransport zu übernehmen, zu beaufsichtigen, zu verpflegen, beim Umkleiden mitzuhelfen, Instrumente zu verpacken und zu tragen, Videos für Bewerbungen zu drehen, immer wieder mitzudenken, Mut zu machen. In all diesen beschriebenen Situationen begegnen sich Menschen, um an einem gemeinsamen Ziel zu arbeiten. Dabei ist jede/r wichtig – gleichgültig ob er/sie innerlich anteilnehmende/r Zuschauerin/er oder aktive/r Teilnehmerin/er ist.

Die gesamte Tam-Tam-AG besteht inzwischen aus ca. 50 Trommler/-innen, Schüler/-innen und Lehrerinnen der genannten drei Schularten (Förderschule ca. 33 Teilnehmer, Grundschule 7 Teilnehmer, Schule für Geistigbehinderte zwischen 5 und 9 Teilnehmer und ehemalige Eisinger Grundschüler, die mittlerweile die Haupt- bzw. Realschule besuchen). Anhand dieser Entwicklung und dieser Zahlen wird deutlich, wie aus einem kleinen »Pflänzchen« Begegnung inzwischen ein großer, blühender »integrativer« Baum geworden ist.

Literatur

DIE TROMMEL. WELTSPRACHE RHYTHMUS In: Die Zeitschrift der Kultur. Heft Nr. 1, 1997.

KLÖWER, T.: Die Welten der Trommeln und Klanginstrumente. Südergellersen (Bruno Martin) 1994.

MEYBERG, W.: Trommelnderweise (Trommeln in Therapie und Selbsterfahrung). Hennor (Großer Bär Mike Behrens) 1989.

VERWALTUNGSVORSCHRIFT ÜBER KOOPERATION ZWISCHEN ALLGEMEINEN SCHULEN UND SONDERSCHULEN vom 16. Januar 1987. Stuttgart 1987.

MARTIN BÜGLER UND KARL-MICHAEL BRAND

Von »Krullemuck« bis »Mimikriii« ...
Gemeinsames Erleben im leistungsfreien Raum – Das neue Arbeitsfeld »Integrative Spiel- und Kulturpädagogik«

Der Begriff integrative Spiel- und Kulturpädagogik steht für ein weites pädagogisches Handlungsfeld, in dem versucht wird, Möglichkeiten für gemeinsame Aktivitäten von behinderten und nichtbehinderten Kindern und Jugendlichen vor allem im außerschulischen Bereich zu schaffen. Damit soll ein Beitrag zur Verwirklichung von sozialer Integration behinderter und nichtbehinderter Menschen geleistet werden. Immer noch kommt es viel zu selten vor, daß sich die Sonderpädagogik mit der Frage nach Integrationsmöglichkeiten im Freizeitbereich auseinandersetzt. Statt dessen macht sich das allgemeine Interesse am Thema Integration fast ausschließlich an der Schule mit ihren Selektionsmechanismen fest.

1. Integrationshilfen durch Freizeitförderung

In vielen Veröffentlichungen wird der Freizeitbereich als für die soziale Integration (geistig) behinderter Menschen besonders günstiger Bereich angesehen: Freizeit als ein eigener struktureller Sektor, der im Vergleich zu anderen Lebensbereichen weitgehend frei von Leistungskriterien und -anforderungen sein sollte, bietet durch seine Offenheit, d.h. durch geringere institutionelle Rahmenbedingungen, vielfältige Möglichkeiten zu selbstbestimmtem Handeln sowie zu Kontakten zwischen Behinderten und Nichtbehinderten. Günstig sind beispielsweise folgende Aspekte von Freizeit: Relativ freie Verfügbarkeit über Zeit, weitgehendes Fehlen von Leistungsanforderungen, geringe institutionelle Vorstrukturierung, vielfältige Handlungs- und Verhaltensmöglichkeiten oder Selbstbestimmung.

Die Freizeitsituation vieler behinderter Menschen ist durch einige Erschwernisse gekennzeichnet:
- Unmittelbare Folgen der Schädigung, z.B. fehlende Mobilität, visuelle oder akustische Beeinträchtigung im Verkehr u.a.;
- zeitliche Ausdehnung der alltäglichen Versorgungs-, Hygiene- und Gesundheitsmaßnahmen;
- familiäre Bindung, z.B. durch Überbehütung oder Vereinnahmung durch einen Elternteil;
- Rehabilitationsübermaß (gemeint ist ein Übermaß an medizinischer Beratung und Behandlung);
- starke Kompensations- und Regenerationswünsche infolge Überbeanspruchung durch Arbeit, z.B. als Folge eines schlechten Gesundheitszustandes, durch eintönige Arbeitsaufgaben, durch Schule;
- fehlende Kontaktstellen;
- Unzugänglichkeit von öffentlichen Verkehrsmitteln und Freizeiteinrichtungen;

- Erreichbarkeitsprobleme;
- Selbstisolierungstendenzen;
- unzureichende Ausbildung von Interessen und Freizeitgewohnheiten.

Aus der Diskrepanz zwischen der Bedeutung von Freizeit und der realen Freizeitsituation vieler behinderter Menschen ergibt sich die Notwendigkeit freizeitpädagogischer Angebote.

2. Integrationsansätze im Freizeitbereich

In der Vergangenheit sind zahlreiche spezielle Freizeitangebote für behinderte Menschen entstanden, z.B. spezielle Einrichtungen zur Erwachsenenbildung, Studienreisen, Sportveranstaltungen, aber auch Angebote mit mehr sozialintegrativem Anspruch, insbesondere im Rahmen der »Offenen Behindertenarbeit«, z.B. die Behindertenfreizeitclubs. Spätestens hier zeigt sich die Notwendigkeit einer begrifflichen Abgrenzung von »Behinderten-Freizeitarbeit« und »Integrationsarbeit im Freizeitbereich«, da der Begriff »Integrationsarbeit« einer massiven Inflationsgefahr von Seiten der spezifischen Behindertenfreizeitangebote ausgesetzt ist, der beiden Arbeitsgebieten nicht zum Vorteil gereicht. Um soziale Integration im Freizeitbereich tatsächlich zu verwirklichen, ist es unserer Meinung nach nötig, daß sich die allgemeinen Freizeitangebote mehr in Richtung der Bedürfnisse behinderter Menschen verändern und daß umgekehrt die speziellen Angebote mehr in die allgemeinen eingebettet werden.

Nach unseren bisherigen praktischen Erfahrungen lassen sich im Freizeitbereich für Kinder und Jugendliche sechs Ansätze tatsächlicher Integrationsarbeit festmachen:
1. Organisatorische Hilfen zum Verbleib im eigenen sozialen Umfeld und familienentlastende Dienste.
2. Eingliederung Behinderter in bereits bestehende feste Gruppen der traditionellen Jugendarbeit.
3. Ermöglichen der Teilnahme von Behinderten an bereits bestehenden offenen Angeboten der Kinder- und Jugendkultur durch Übernahme des organisatorischen Mehraufwandes.
4. Schaffung neuer offener Programmangebote mit Zugangsmöglichkeiten für beide Gruppen.
5. Barrierefreie Spielplatzgestaltung.
6. Kursangebote als Profilierungshilfe im sozialen Umfeld.

3. Integrative Spiel- und Kulturpädagogik: Struktur, Projekte, Perspektiven

Im folgenden beziehen wir uns auf das Arbeitsfeld Spiel- und Kulturpädagogik, das uns für sozialintegrative Bemühungen als besonders günstig erscheint. Dieses Arbeitsfeld unterscheidet sich von familiärer und schulischer Sozialisation, aber auch von der traditionellen verbindlichen Kinder- und Jugendarbeit. Integrative Spiel- und Kulturpädagogik ist für uns ein »Destillat« aus der spiel- und kulturpädagogischen Praxis, wie sie seit den Siebziger Jahren beispielsweise von der »Pädagogischen Aktion« und ihren Nachfolgeorganisation in München erfolgreich umgesetzt wird, und eigenen Erfahrungen im Bereich der offenen Behindertenarbeit, wie sie hier ungefähr ebenso lange im Freizeitbereich als Gegengewicht zur Ghettoisierungstendenz eines hochspezialisierten Funktionalbereiches praktiziert wird. Ein Teil dieses Arbeitsfeldes war der von 1974 bis 1991 bestehende »Treffpunkt ECHO«, eine Freizeitstätte mit Integrationsanspruch, die unter der Trägerschaft der Münchner Hochschulgemeinden ein offenes Clubprogramm anbot. Diese traditionelle Form der offenen Clubarbeit bot unserer Meinung nach trotz ihrer unbestreitbaren Verdienste um die Erweiterung des Freizeitangebotes für Menschen mit Behinderung nur sehr eingeschränkte Möglichkeiten für die soziale Integration. Der Grund dafür: Offene Freizeitclubs haben die Tendenz, sich als eine neue Form der »Behinderteneinrichtung« mit festem Personenkreis und der traditionellen Rollenverteilung »Betreuer-Betreuter« zu etablieren. Diesen Einrichtungen wird im Stadtteil dann auch mit den üblichen Ressentiments begegnet.

Auf Grund dieser Entwicklungen suchten wir nach neuen Wegen der gemeinsamen Freizeitgestaltung behinderter und nichtbehinderter Menschen. Hinzu kam die Überlegung, daß es im Hinblick auf soziale Integration vor allem wichtig wäre, Programme für Kinder anzubieten – die Klientel der Clubs sind eher Jugendliche und Erwachsene –, um so zu einem möglichst frühen Zeitpunkt Kontakte zu ermöglichen und das Entstehen von Vorurteilen zu verhindern. Integration sollte dabei niemals als zentrales Thema vor Ort in Erscheinung treten, sondern vielmehr durch spannende Inhaltsangebote für gemeinsame Erfahrungen beider Gruppen erreicht werden; das heißt: soziale Integration zu einem selbstverständlichen Teil effizienter Kinder- und Jugendkulturarbeit werden zu lassen. Interessanterweise ist die Zielgruppe trotz der offenen Programmstruktur engagiert bei der Stange geblieben, so daß die Programme sich auch altersspezifisch wieder ausdifferenzieren mußten, mit dem Ergebnis, daß nach knapp zehn Jahren wieder Angebote für Kinder, Jugendliche und Erwachsene bestehen – aufgrund der steigenden Nachfrage.

In der Folge der oben genannten Überlegungen entstand 1990 *ECHO, Verein für integrative Spiel- und Kulturpädagogik e.V.* Zweck des Vereins ist die Förderung der Integration behinderter – insbesondere geistig behinderter – Kinder, Jugendlicher und Erwachsener durch Schaffung gemeinsamer soziokultureller Erfahrungsfelder und intensiver Fortbildungsmaßnahmen. Dieser Zweck wird unter anderem durch Planung, Organisation und Durchführung von Projekten aus dem Bereich der mobilen Spielanimation über kultur- und museumspädagogische Angebote (auch Ausstellungen) bis hin zu integrativen Freizeit- und Urlaubsmaßnahmen, ein Kurssystem zur Förderung von Teilleistungsstärken sowie durch wissenschaftliche Untersuchungstätigkeit und Fortbildungsmaßnahmen zu erreichen versucht.

Für uns ist die Kooperation mit anderen Trägern und mit verschiedenen Einrichtungen der Behindertenhilfe, aber auch der offenen Kinder- und Jugendarbeit und der Bereiche Kultur und Erwachsenenbildung sehr wichtig. Eines der organisatorischen Hauptmerkmale von ECHO war deshalb von Anfang an eine starke Vernetzungstendenz. Im kommunalen Zusammenhang ist ECHO in München Mitglied der »AG Spiellandschaft Stadt«, im »Koordinationsforum Kinder- und Jugendkulturarbeit« und in der »städtischen Spielraumkommission«, in Dachau in der »Arge kult«. ECHO unterhält zwei kommunale Büros in München und Dachau. Auf Landesebene ist ECHO Mitglied in der »LAG SpuK

Bayern« und der »LAG Gemeinsam Leben, gemeinsam Lernen«, darüber hinaus im »Deutschen Kinderhilfswerk« und in der »UNO-Sektion IPA«: Der Verein verfügt über vielerlei Kooperationspartner aus den verschiedensten Kultursparten, auf deren Kompetenzen der Zugriff jederzeit möglich ist.

4. Projektspektrum von ECHO e.V.

1. Das älteste Projekt des ECHO e.V. ist der »**Jahrmarkt der Freundschaft**«, ein Spielmobil. Dies war der erste Versuch eines mobilen Integrationsprojektes für geistig Behinderte. Die Grundidee ist sehr einfach: Man bietet in der Nähe einer großen Behinderteneinrichtung und in Kooperation mit ihr eine Palette interessanter Spielmöglichkeiten für behinderte und nichtbehinderte Kinder und schafft so die Möglichkeit des vorurteilsfreien Kennenlernens. Wichtig ist dabei ein starker Bezug zum jeweiligen Stadtteil. Seit 1989 führen wir im Auftrag des Stadtjugendamtes dieses Projekt jährlich mehrere Wochen an verschiedenen Orten im Stadtgebiet durch. Das Gesamtprojekt gliederte sich in sechs Teilbereiche:
- Materialspiele und Großaktionen mit Festlegung eines Tagesthemas (z.B. gemeinsamer Bau einer Geisterbahn),
- Gruppen- und Großspielanimation,
- Theater,
- Kreativwerkstatt,
- Selbstläuferspiele (vom selbstgebauten Billard bis zum Kletterturm) und
- Eltern- und Betreuercafe mit Info-Ecke.

2. Ausgehend von dem Erfolg unseres kommunalen Angebotes entwickelten wir mit Hilfe des Deutschen Kinderhilfswerkes für Behinderteneinrichtungen, die dieses Angebot nicht nutzen konnten, ein **Spielmobilangebot über Münchens Grenzen hinaus**. Seit diesem Projekt arbeitet der Verein mit wachsendem Erfolg als freier, überregionaler Anbieter. Projekte finden unter anderem statt im Auftrag des Stadtjugendamtes München, des Kulturamtes Dachau und des Büros für kommunale Jugendarbeit im Landkreis Dachau oder in Kooperation mit großen Behinderteneinrichtungen wie dem Franziskuswerk Schönbrunn, dem Monsignore Bleyer Haus München, und dem Caritas-Zentrum Ingolstadt, in Zusammenarbeit mit Fortbildungs- und Erwachsenenbildungsanbietern wie der Programm-Partner Agentur, der Akademie Schönbrunn und im Auftrag großer Kultureinrichtungen wie des Bayerischen Staatsschauspiels und des Goethe-Institutes. Der Verein konzipiert auf Anfrage zu verschiedenen Themen Programme nach Bedarf. Die Besonderheit der Angebote des »mobilen Dienstes« ist die Verbindung mit Fortbildungseinheiten für die Mitarbeiter der Einrichtungen vor Ort und deren Einbindung in konkrete Projektarbeit zum Zweck der Eigenqualifizierung. Im Bereich der mobilen Projekte gehen die Angebote vom Spielmobil über Großveranstaltungsmanagement (Woodknock-Festival München, kult-Dachau, Bayerisches integratives Zirkusfestival Ingolstadt), kulturpädagogische Themenspielräume, Medien, theater-, zirkus- und museumspädagogische Angebote über Erlebnisreisen für Erwachsene bis hin zu mobilen Kleinspielfesten im privaten Zusammenhang.

3. Unser erster kulturpädagogischer Großspielraum 1991 war der »**Circus Krullemuck**«. Unter der Prämisse »Zirkus machen, nicht Zirkus spielen« legt das Programm großen

Wert auf eine rundum stimmige atmosphärische Inszenierung. Der erste Teil war ein einwöchiger Zirkus-Workshop auf unserer Naturstation mit einer festen Gruppe von behinderten und nichtbehinderten Kindern und Jugendlichen. Ziel des Projektes war, mit der Gruppe ein komplettes Zirkusprogramm zu erarbeiten, wobei alle Teilnehmer sich ihren unterschiedlichen Fähigkeiten entsprechend einbringen konnten. Die Palette ging von echten artistischen Leistungen, wie bei den »Jumpies« und Feuerspuckern in der »Orientshow«, bis zu einfachen, kleinen Einlagen, wie den »One Jungles« oder den »Musizierenden Pinguinen«, die erst in der Gesamtchoreographie einer großen Nummer zu ihrer Wirkung kamen. Das Projekt zeigte einen unerwarteten Erfolg. Auf unserer dem Workshop folgenden Tournee mit Zelt, Wagen und eigenen Pferden sahen wir uns zum Teil Zuschauermengen bis zu 700 Personen »ausgesetzt«. Der »Circus Krullemuck« ist nunmehr seit neun Jahren bayernweit mehrmals im Jahr im Einsatz (die Workshops finden mittlerweile auch in Einrichtungen oder im öffentlichen Raum statt) und war unter anderem Initiator der Veranstaltungsreihe »So ein Zirkus – Bayerische integratives Zirkusfestival«, 1997 in Ingolstadt und 1998 in Dachau mit sehr großem Erfolg und in Kooperation mit vielen anderen Gruppen aus Deutschland und Österreich durchgeführt. Gute Spielanleitung setzt gerade im Zirkus eigene Kompetenz voraus. Hierzu bietet ECHO neuerdings mit einer eigenen »Zirkusschule« professionell durchgeführte Kurse zu den circensischen Disziplinen und zur Anleiterkompetenz an.

4. Die Beweggründe für unser erstes stationäres Projekt, die **»Integrative Naturstation«** (seit 1991), war die Erkenntnis, welche wesentliche Bedeutung die Sinneserfahrungen für die Entwicklung von behinderten wie auch nichtbehinderten Kindern und Jugendlichen haben; hinzu kommt ein auf die ökologischen Notwendigkeiten in unserer Gesellschaft bezogenes Handlungsbedürfnis. Dazu trat das Bedürfnis nach einem neuen pädagogischen Denkmuster, das den Sinnen eigenes Erkenntnisstreben zubilligt. Schon bei Aristoteles finden wir die drei Bildungsmodelle Poesis, den intellektuellen Schöpfungsakt

sowohl beim Schöpfer als auch beim Rezipienten (aber sinnlich offen), Mimesis, den Nachahmungsprozeß mit subjektiver Bedeutungszuweisung, und Aisthesis, die Bildung der Sinne aufgrund des Strebens der Sinne nach eigener Erkenntnis (das Modell des sehenden Erkennens und wiedererkennenden Sehens). Die Naturstation gliedert sich in mehrere Themenblöcke. Ein bedeutender Teil ist der Tierbereich. Bereits beim Thementag »Tag des Tieres« im Jahrmarkt der Freundschaft fielen uns mehrere Dinge positiv auf. Neben der Umkehr des üblichen Rollenbildes durch das Fehlen bestimmter Grundängste bei den behinderten Kindern bemerkten wir ganz allgemein die hervorragende Eignung von Tieren als Kommunikationsträger. Dazu kommt, daß gerade behinderten Kindern und Jugendlichen die Erfahrung eines eigenen Haustieres durch die äußeren Lebensumstände (Ganztagsbetreuung in Tagesstätte, Hort oder Heim) verwehrt wird und somit manch glückliches Erlebnis nicht eintritt (Tiere haben keine Vorurteile). Neben dem Tierbereich mit eigenem, heilpädagogisch orientierten Reitbetrieb, einem Werkstattbereich und dem »Stüberl« als Anlaufstation und Treffpunkt werden regelmäßig thematische Workshops angeboten. Die Naturstation arbeitet regelmäßig mit festen Gruppen und nach Voranmeldung. Parallel dazu gibt es eine mobile Einheit »Natur macht mobil« mit einem eigenen offenen Programm für Einrichtungen und Kommunen seit 1992.

5. Die bisher etwas wahllos entstandenen kulturpädagogischen Angebote – von einer integrativen Spielstadt »Spielhausen« zur politischen Bildung 1997 über eigene Filmproduktionen (1995), eine Spielzeugausstellung »Erfassen Begreifen« (1992), Indianerspielräumen (1995, 1996, 1999), einer Serie von Skulpturenbauworkshops (1996), Afrikaspielraum »Urumba und Ambike« (1999), bis zu einer eigenen Programmschiene Mittelalter (1996, 1997, 1998) – wurden als Angebot zu »**Cool-Tour – Mobile Kulturwerkstatt**« zusammengefaßt. Dies ist ein Katalog von offenen, kulturpädagogischen Spielräumen in denen die behinderten und nichtbehinderten Besucher ihr eigenes Erfahrungsnetzwerk in der kreativen Auseinandersetzung mit dem Lernraum Umwelt knüpfen können. Das offene Angebot vor Ort umfaßt: Museumspädagogik, offene künstlerische Produktionsateliers, Medienpädagogik, Kleinkunstveranstaltungen (auch Eigenproduktionen) etc. Ergänzend hierzu bietet das Kursangebot von ECHO mit seinem »Kulturwerkraum« alters- und themenspezifische Projekte zu einer eigenen »Ökologie der Erfahrung«. Im Fortbildungsbereich werden Anleiterkompetenzen vermittelt.

Eine eigene, spezialisierte Programmschiene entstand aus der Beschäftigung mit dem Thema Theater in der bisherigen Arbeit und der Entwicklung verschiedenster eigener Produktionen in den letzten Jahren und über eine thematische Kompetenzerweiterung durch eine Theaterpädagogin im Team. Die Welt des Theaters, des Theaterspielens, der Theaterstücke selbst erforschen, mit allen Sinnen erfahren und ausprobieren – das ist »Mimikriii – die mobile Theaterwerkstatt«. Das offene Angebot vor Ort umfaßt: Selbst Theater spielen, Kulissen-, Requisiten- und Kostümwerkstatt, Forscherbereich, Medienwerkstatt, etc. Parallel dazu bietet das Kursangebot mit seinem »Theaterwerkraum« alters- und themenspezifisch aufbereitete Workshops und Aktionen mit festen Gruppen. Das Angebot umfaßt: Gruppenangebote, die Theater als Möglichkeit spielerischer Erfahrungs- und Ausdrucksform aber auch als Medium der Auseinandersetzung mit der Umwelt vermitteln.

6. Um all die eigenen Gruppenangebote im Kurs-, Workshop- und Fortbildungsbereich realisieren zu können tat der Verein im Jahr 1998 den Schritt zum eigenen Fortbildungshaus, das er übrigens auch anderen Anbietern für deren Programme überläßt. Das »**Haus Vegesack**«, gelegen im Bayerischen Wald, ist ein 300 Jahre altes, sehr liebevoll restauriertes Bauernhaus auf einem Hügel, direkt am schwarzen Regen, und wurde dem Andenken Siegfried von Vegesacks, eines baltischen Dichters, der in der nahegelegenen Burgruine Weißenstein 60 Jahre lang gelebt und gearbeitet hat, gewidmet.

Im Jahr 1997 erhielt der Verein den Auftrag der Stadt München zur anteiligen Trägerschaft eines kulturpädagogischen Kinder- und Jugendzentrums mit Abenteuerspielplatz und mobiler Einheit in der Messestadt München/Riem ab 1. 1. 2000. ECHO verantwortet dabei Kinder- und Jugendbereich, sowie die mobile Einheit. Erste Vorlaufprogramme laufen bereits.

Kontakt:
München
Westendstr. 115 Rgb.
80339 München
Tel./Fax: 089/5020148
Mobil: 0171/9324185

Dachau
Schleißheimer Str. 34a
85221 Dachau
Tel./Fax: 08131/511650

RENATE ZIMMER UND LOTHAR KÖPPEL

Barrierefreie Spielplätze – ein Weg zur Integration behinderter und nicht behinderter Kinder

1. Einleitung

Integration ist zu einem Schlüsselbegriff pädagogischer Förderung geworden. Während in den vergangenen 20 Jahren der Aufbau eines hochdifferenzierten Sonderschulwesens im Vordergrund stand, ist zur Zeit immer stärker die Tendenz sichtbar, Schule wieder als »eine Welt für alle« zu sehen und die gemeinsame Erziehung behinderter und nicht behinderter Kinder anzustreben. Nach dieser Auffassung gilt es, allen Isolierungsbestrebungen entgegenzuwirken und stattdessen neue Formen der Kooperation und des sozialen Miteinanders auch im normalen Alltagsleben zu unterstützen.

Spielen stellt eine für alle Kinder – behinderte wie nicht behinderte – eine grundlegende Tätigkeitsform dar, die unentbehrlich für ihre Entwicklung ist. Es ist daher unumstritten, daß vielfältige Gelegenheiten zum Spielen sowohl wesentliche Bestandteile des kindlichen Lebensalltages wie auch aller institutionellen erzieherischen Maßnahmen sein müssen. Eine Ergänzung zur intentionalen pädagogischen Förderung behinderter Kinder ist die Verfügbarkeit von Spielräumen, in denen sie Möglichkeiten zum freien Erproben ihrer oft sehr eingeschränkten motorischen Fähigkeiten haben und in denen sie entsprechend ihren Voraussetzungen kreativ und selbsttätig werden können. Während nichtbehinderte Kinder sich die Orte und Situationen für selbständiges Handeln häufig selber suchen, finden behinderte Kinder solche Gelegenheiten weniger leicht; sie sind zudem oft auch nicht in der Lage, sich selbst solche Spielräume zu verschaffen.

Soziale Kontakte zwischen behinderten und nicht behinderten Kindern können sich nur dann in zwangloser, unkomplizierter Form entwickeln, wenn es gelingt, die vielen Barrieren für gemeinsames Spielen zu beseitigen. Wichtige Orte gemeinsamen Spielens sind die Spielplätze. Hier wird Integration weder zum politischen Programm noch zum pädagogischen Konzept, sondern hier spielen Kinder unterschiedlicher sozialer Herkunft, unterschiedlicher Nationalität und unterschiedlicher geistiger, körperlicher und motorischer Leistungsfähigkeit zumeist ganz selbstverständlich miteinander oder zumindest nebeneinander. Viele behinderte Kinder sind allerdings bei der Benutzung der Geräte eines Spielplatzes in ihren motorischen Fähigkeiten überfordert. Auf einer instabilen Schaukel zu sitzen, sich festzuhalten und dabei Anschwung zu nehmen ist ihnen oft genauso unmöglich wie den Aufstieg zu einer Rutsche selbständig meistern zu können. Dies sind die ersten Barrieren, auf die behinderte Kinder treffen, wenn sie sich auf einen öffentlichen Spielplatz begeben. Einem Kind, das auf einen Rollstuhl angewiesen ist, ist darüber hinaus meist bereits der Zugang zu einem öffentlichen Spielplatz erschwert. Kaum ein Spielgerät kann es ohne Hilfe von außen benutzen und selbst mit Unterstützung durch andere sind die meisten Spielgeräte nur bedingt für Behinderte geeignet.

2. Selbständigkeit fördern – Hilflosigkeit vermeiden

Ein zu großes Maß an Hilfeleistung führt zu Abhängigkeit, zu einer Form erworbener Hilflosigkeit, denn Kinder gewöhnen sich schnell an ein überbehütendes Verhalten der Erwachsenen und erwarten dann bei allen Handlungen Unterstützung, selbst wenn dies gar nicht erforderlich ist. Manche Hilfeleistungen sind zwar unumgänglich, die Spielgelegenheiten sollten dem Kind jedoch vor allem auch die Möglichkeit geben, selbständig aktiv zu werden, mit so wenig Hilfe wie möglich (bzw. so viel wie gerade nötig) Probleme bewältigen zu können. Auch behinderte Kinder haben den Willen und die Kraft, die eigene Entwicklung durch selbständige und selbstgewählte Aktivitäten voranzutreiben – es muß ihnen dazu nur ausreichend Zeit, Raum und Vertrauen in die eigenen Fähigkeiten gegeben werden. Die Erfahrung, selbst Verursacher einer Handlung, eines Effektes zu sein, mit eigenen Kräften etwas geschafft zu haben, führt zu dem Gefühl von Selbständigkeit und Unabhängigkeit. Solche Erfahrungen erhöhen das Selbstwertgefühl in entscheidendem Maße (vgl. VOLKAMER/ZIMMER 1986; ZIMMER/CICURS 1990, 21f.). Alle Hilfeleistungen von außen sollten daher in erster Linie die Unterstützung des Selber-Tuns zum Ziel haben.

Gerade für behinderte Kinder ist es besonders wichtig, Spielsituationen vorzufinden, die ihre Eigenaktivität anregen und sie in ihrer körperlichen und motorischen Entwicklung fördern. Auf dem Spielplatz haben sie auch außerhalb ihrer organisierten Betreuungszeiten Gelegenheit, sich selbst in Beziehung zu anderen, aber auch in der Auseinandersetzung mit Gegenständen und Materialien zu erleben. Vor allem körperbehinderte Kinder sind auf vielfältige Körpererfahrungen angewiesen und bedürfen einer besonders vorbereiteten Umgebung, die es ihnen erlaubt, trotz (oder gerade wegen) ihrer körperlichen Beeinträchtigungen zufriedenstellende Körper- und Bewegungserfahrungen zu machen.

Dies erfordert Spielgeräte, die für Kinder Herausforderungen darstellen, die sie animieren, selbst tätig zu werden und dabei die eigenen Fähigkeiten zu entdecken. Anstatt von den Erwachsenen passiv bewegt, gehoben, geschoben zu werden, sollten Geräte bereit-

stehen, die in ihrer Konstruktion die selbständige Beherrschung durch das Kind vorsehen oder zumindest unterstützen. Diese Gedanken legen nahe, spezielle Spielplätze für Behinderte zu bauen. Ideal – d.h. barrierefrei – ist allerdings ein Spielplatz erst dann, wenn Kinder mit und ohne Entwicklungs- und Bewegungsbeeinträchtigungen hier Spielgelegenheiten finden und diese vielleicht sogar gemeinsam nutzen können. Auf einem solchen »Spielplatz für alle« muß besonders darauf geachtet werden, daß die Spielgeräte den Bewegungs- und Handlungsmöglichkeiten behinderter Kinder angepaßt sind, d. h.:

- daß Gefahren so weit wie möglich vermieden werden; sofern diese nicht ganz ausgeschlossen werden können, sollten sie für die Kinder wenigstens erkennbar und einschätzbar sein;
- daß weitgehend selbständiges Handeln möglich ist; die Geräte also ohne Hilfe von außen von den Kindern selbst betätigt werden können;
- daß eine vielseitige Nutzung möglich ist und eigene Spielideen verwirklicht werden können;
- daß genügend Spieleinrichtungen vorhanden sind, um keine Warteschlangen entstehen zu lassen, die gerade behinderte Kinder leicht unter psychischen Druck setzen;
- daß die Spielangebote differenzierte Schwierigkeitsgrade besitzen, damit Kinder mit unterschiedlichen Behinderungen und unterschiedlichen geistigen und motorischen Fähigkeiten ein ihren Voraussetzungen entsprechendes Betätigungsfeld finden.

Ziel ist es, einen Spielplatz nicht nur für behinderte Kinder zu schaffen, sondern auch die Spielmöglichkeiten nicht behinderter Kinder zu erweitern und damit die Voraussetzungen für ein Miteinanderspielen zu geben.

3. Planungsprinzip »Barrierefreiheit«

Bei der Planung ebenso wie bei der Umgestaltung von Spielanlagen sollte ein zentrales, übergeordnetes Planungsprinzip die Barrierefreiheit sein. Die Spielelemente sollten die Eigenaktivität der Kinder anregen und zulassen, d. h. variabel in ihrer Handhabbarkeit und Nutzung sein und vielseitige Erfahrungsmöglichkeiten auch bei unterschiedlichen Entwicklungsvoraussetzungen herausfordern.

Die in den DIN-Normen festgelegten Planungs- und Gestaltungskriterien von Spielplätzen (DIN 18034) und Spielplatzgeräten (DIN 7926) stellen die Grundlagen für die gegenwärtig aktuellen Normungsüberlegungen zum Thema barrierefreie Spielbereiche und Spielplatzgeräte dar. Dabei wird besonders hervorgehoben, »daß der Nutzer unter maximaler Berücksichtigung aller Sicherheitserkenntnisse zu spielerischen Tätigkeiten angeregt wird, die er selbst entsprechend seinen Fähigkeiten und Möglichkeiten für sich entscheiden kann« (Vorlage zur DIN 33942 »Barrierefreie Spielplatzgeräte« 7/92). Danach ist es das Ziel, »das Spielen für alle Nutzergruppen weitgehend so barrierefrei zu ermöglichen, daß durch die spielerische Gemeinsamkeit für Menschen ohne Behinderung Vorurteile und Kommunikationsschwellen abgebaut werden. Ferner, daß für Menschen mit unterschiedlichen Behinderungen die soziale Kommunikation und das persönliche Selbstbewußtsein verbessert und durch ein selbstbestimmbares Mitmachen bei unterschiedlichen Spielaktionsanforderungen die eigenen Fähigkeiten und alternativen Mobilitätsmöglichkeiten erweitert werden. Leitlinien für diese Norm sind die umfassenden Bemühungen zur Gestaltung eines für alle Menschen gleichermaßen barrierefreien selbstbestimmten Lebensraumes, und die Erkenntnisse über die besondere therapeutische, verhaltenspsychologische und soziale Bedeutung des gemeinsamen selbständigen Spiels von behinderten und nicht behinderten Kindern und Jugendlichen«.

Im Sinne dieser Norm bedeutet »barrierefrei«, daß eine Benutzung der Spielgeräte und Spieleinrichtungen entsprechend den individuellen Voraussetzungen unabhängig von der Verwendung von Hilfsmitteln möglich ist. Barrierefreiheit beinhaltet die Forderung, daß die Spielanlage ohne Hindernisse erreichbar und benutzbar ist (z.B. auch für Rollstuhlfahrer), daß bei der Konstruktion und Auswahl der Spieleinrichtungen die unterschiedlichen Fähigkeiten und Einschränkungen der Spielteilnehmer berücksichtigt werden, daß diese die Geräte selbständig und weitgehend ohne fremde Hilfe nutzen können, daß die Geräte ein Zusammenspiel von behinderten und nicht behinderten Kindern unterstützen und herausfordern, daß Spielanreize für alle Kinder gegeben sind und ihre Spielfreude geweckt bzw. erhalten wird.

Zweigeschossige Spielanlagen ermöglichen beispielsweise das Benutzen einer Rutsche auch für Rollstuhlfahrer: Mit dem Rollstuhl kann auf einer Rampe bis zum Rutscheneinstieg gefahren werden. Bei ausreichender Breite der Rutschfläche kann diese auch von Behinderten gemeinsam mit den Betreuern benutzt werden. Ist die Rutsche in einen Erdhügel eingelassen, kann der Betreuer aber auch neben der Rutsche mitlaufen, um bei Bedarf Hilfe geben zu können. Eine solche Spielanlage mit zwei Ebenen kann durch unterschiedliche Geländeniveaus entstehen (Hanglage, Erdaufschüttung) oder aber als zweigeschossige Spielanlage mit bespielbarem Dach konzipiert sein. In einem solchen Fall kann die obere Plattform als Einstiegsebene für Rutschen, Hängebrücken und Wackelstege dienen.

An einem Beispiel soll verdeutlicht werden, wie Spielanlagen, die unter dem Gesichtspunkt der Barrierefreiheit geplant worden sind, gestaltet sein können und welche zielgruppenspezifischen Geräte hierfür konstruiert worden sind. Es handelt sich hierbei um eine sonderpädagogische Einrichtung, die mit der Planung eines zwar der Öffentlichkeit zugänglichen, aber doch speziell auf die Bedürfnisse körper- und bewegungsbehinderter Kinder konzipierten Spielplatzes die Idee integrierten Spielens für Behinderte und Nichtbehinderte zum Ziel hatte.

4. Ein Spielplatz für alle

Die Spielanlage der Bayerischen Landesschule für Körperbehinderte in München ist als Modelleinrichtung konzipiert und mit Unterstützung des Deutschen Kinderhilfswerks geplant und gebaut worden. Sie beinhaltet eine Vielzahl verschiedenartiger Spiel- und Bewegungsangebote nicht nur für die ca. 270 Schüler, sondern auch für die nichtbehinderten Kinder aus der Nachbarschaft (vgl. KÖPPEL 1988).

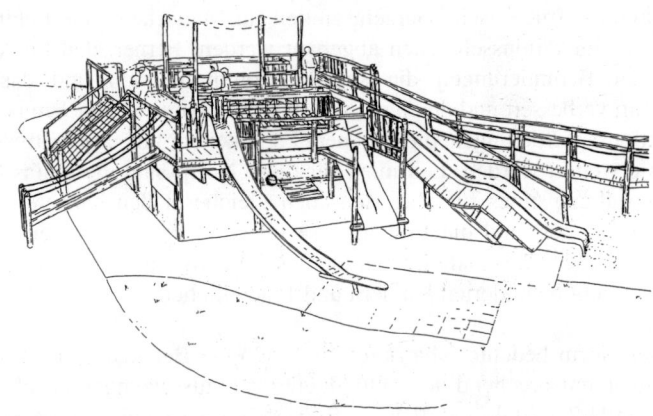

Zentrum des Spielplatzes ist eine Kletter-Rutsch-Kombination, deren obere, zwei Meter hohe Spielplattform auch von Rollstuhlfahrern erreicht werden kann (Spielhaus mit bespiel- und befahrbarem Dach). Über eine rollstuhlgerechte Rampe, die den vorhandenen Gehölzbeständen angepaßt ist und durch die Abwinkelungen zu einem gesicherten, bespielbaren Fahrparcours wird, ist die Spielplattform zu erreichen. Durch hochgesetzte Ein- und Ausstiege bei den Anbauspielgeräten ist ein leichtes Überwechseln vom Rollstuhl aus möglich. Unterschiedliches Rutschen erlauben die beiden Breit- und Schmalrutschbahnen mit hochgezogenen Seitenwangen und einem speziell konstruierten Ausrutschbereich. Sowohl das Einzelrutschen (Wannenrutsche) als auch das Miteinanderrutschen (z.B. von Behinderten und Betreuern) ist auf der Breitrutsche möglich. Für Hilfestellungen sind gesonderte Aufstiege vorgesehen, die gleichzeitig auch als Kurzrampen für leere Rollstühle ausgebaut sind.

Die beiden Ebenen sind durch vielseitige Aufstiegsmöglichkeiten miteinander verbunden: Die obere Spielebene ist als Rollstuhlfahrparcours mit unterschiedlichen Spielwegen gestaltet. Hier können neuentwickelte, rollstuhlbefahrbare Spielangebote wie Rollstuhlwippe mit beweglichen Auffahrrampen, Rollstuhlgummiband-Trampolin mit Spezialfederungen benutzt werden. Über eine Förderbandbrücke, eine Hängebrücke, einen Wackelsteg und eine Taubrücke mit Bohlenfahrspuren gelangen die Rollstuhlfahrer von Podest zu Podest und können dabei zwischen unterschiedlichen Schwierigkeitsgraden wählen.

Ein von allen Seiten umfahrbarer Netztrichter aus Herkulesseilen ermöglicht den gefahrlosen Abstieg in eine speziell für Rollstuhlfahrer angehobene Sandspielfläche auf der unteren Spielebene. An diesem Sandkasten sind schräge Liegebretter mit verstellbaren Fußrasten angebaut, damit behinderte Kinder ohne Rollstuhl im Sand spielen können. In

Barrierefreie Spielplätze

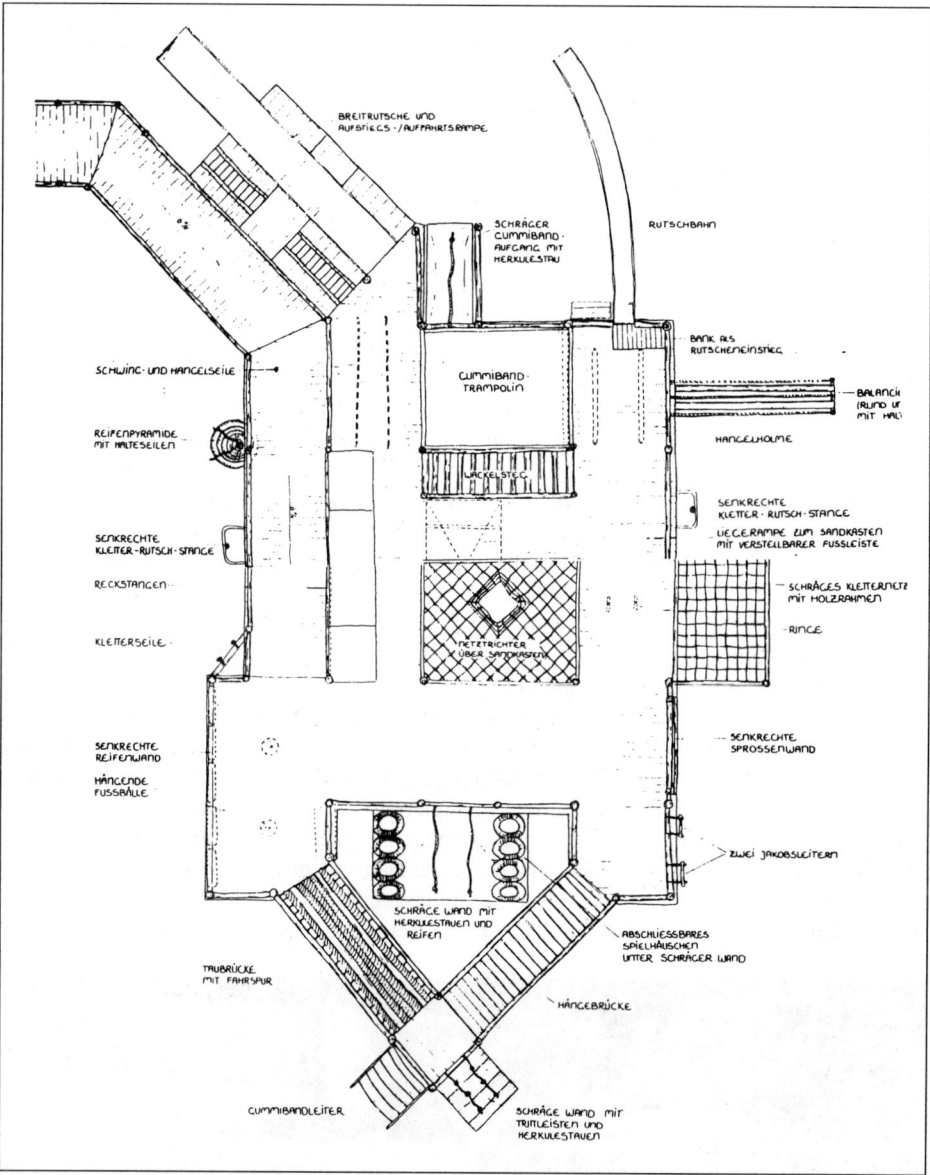

Liste der Geräteausstattung:

Gummibandseile
schräges Kletternetz
Reifenteppich
Balancierbalken mit Handseilen
Netztunnel
Reifenturm

Kletterstangen und –seile
Kletterwand mit Herkulestauen
Reifenaufstiege
Gummibandtreppe
Sprossenwand
Steigleiter mit Handseilen

dieser ebenerdigen Spieletage des Spielhauses werden – bedingt durch die Stützenkonstruktion – Nischen und Spielecken angeboten. Hangelseile, höhenverstellbare Turnringe, Hängebälle, Schaukelsitze und Reckstangen, die auch für Therapiezwecke geeignet sind, wurden hier installiert; in einem Gerätehäuschen können mobile Spielgeräte und -materialien aufbewahrt werden. Sitzecken auf beiden Spielebenen fördern die Kommunikation aller Benutzer. Diese recht aufwendig konzipierte Spielanlage weist auch in Einzelbereichen nachahmenswerte Ideen für die Neuplanung oder Umgestaltung von Spielplätzen auf. Die Abbildungen stellen daher einige neu konzipierte Spielgeräte, die speziell für Rollstuhlfahrer konstruiert sind, aber auch von anderen Benutzergruppen gerne angenommen werden, näher vor (zur Gesamtkonzeption der Spielanlage siehe auch OPP 1992).

Entwicklungsfördernde Effekte gehen auch für nichtbehinderte Kinder vom gemeinsamen Spiel mit Behinderten aus. Toleranz, Rücksichtnahme und Einfühlungsvermögen sind soziale Kompetenzen, die nicht unabhängig von der konkreten Situation, in der sie erforderlich sind, erworben werden können. Sie sind für die Entwicklung der kindlichen Persönlichkeit ebenso notwendig wie kognitive Fähigkeiten, motorische Fertigkeiten, Kreativität und Konzentration. Barrierefreie Spielangebote ermöglichen das Miteinanderspielen und Voneinanderlernen. Aber auch soziale Vorurteile gegenüber Behinderten können Barrieren sein, die mit der Erfindung neuer Spielgeräte und der Umgestaltung eines Spielplatzes nicht automatisch überwunden werden.

Das Vorhandensein von Spielgeräten, die von behinderten und nicht behinderten Kindern gleichermaßen genutzt werden können, ist daher auch noch keine Garantie dafür, daß auch gemeinsames Spiel zustande kommt. Barrierefreie Spielräume gehören jedoch zu den wesentlichen Voraussetzungen für gemeinsames Spiel und bei Vorliegen dieser Voraussetzungen liegt es auch an den Erwachsenen, Lernmodell zu sein in ihren Einstellungen und Verhaltensweisen gegenüber Behinderten. Manchmal müssen gemeinsame Spielaktivitäten erst einmal angeregt und unterstützt werden – z.B. durch Partnerschaften zwischen Behinderteneinrichtungen und Regelschulen –, um länger andauernde Integrationsprozesse zu initiieren. Barrierefreie Spielplätze liefern die Rahmenbedingungen, der Weg der Integration muß jedoch immer von den Beteiligten selbst gegangen werden.

Literatur

KÖPPEL, L.: Behindertengerecht und integrativ. Spielraum 9 (1988), 10–12.
KÖPPEL, L.: Modellspielplätze für Körperbehinderte. Informationsbroschüre des Deutschen Kinderhilfswerks.
OPP, G.: Ein Spielplatz für alle. München (Reinhardt) 1992.
VOLKAMER, M./ZIMMER, R.: Kindzentrierte Mototherapie. Motorik 9 (1986), 49–58.
ZIMMER, R./CICURS, H.: Psychomotorik. Schorndorf (Hofmann) 1993.

TANJA KUHN UND MARTIN WIMMER

Café »Bücherwurm« – Ein Weg zur ungezwungenen Integration

Jeden Mittwoch von 10 bis 15 Uhr herrscht in der Cafeteria der Stadtbibliothek Aschaffenburg ein buntes und lebhaftes Treiben. Einige Schülerinnen und Schüler der Comenius-Schule und ihre Betreuerinnen betreiben dann wieder mit Begeisterung ihr Café »Bücherwurm«. Steffen bedient den Kaffee- und Teeautomaten, Silke schneidet den selbstgebakkenen Kuchen auf und Jeanette fragt gerade einen Gast: »Was darf es sein?«. Auch Tobias mit seiner selbstbedruckten Schürze und dem feschen Käppi nimmt Bestellungen auf. Markus unterhält sich mit einem Stammgast, während Vera und Christian benutztes Geschirr in die Spülmaschine räumen. Nicole bringt auf dem im Werkunterricht entstandenen Servierbrett Kaffe und Torte an einen Tisch. Oliver steckt an der Kasse mit den Geldkarten die Rechnung: »Ein Kaffe und ein Kuchen – das macht 2 Mark.« Diese lebendige Atmosphäre, die frischen Kuchen und Torten, die am Vortag im Hauswirtschaftsunterricht gebacken wurden oder von Eltern und Gönnern gespendet werden, ziehen ein breites Publikum an, weit über den Kreis der Benutzer und Mitarbeiterinnen der Stadtbibliothek hinaus.

Café »Bücherwurm« – Ein Weg zur ungezwungenen Integration 257

Wie kam es zu diesem Projekt? Am Beginn stand die Überlegung der Fachlehrerin für Hauswirtschaft: Wie kann praktisches Lernen in der Praxis erfolgen? Und schnell tauchte die Idee eines Schülercafés auf. Unsere Schülerinnen und Schüler waren sofort begeistert von dem Gedanken, »richtige Bedienungen und Ober« zu sein. Damit begann eine differenzierte Planung und umfangreiche Vorbereitung – und nicht zuletzt die Suche nach Mitstreiter/-innen zur Verwirklichung dieses Projekts. Unsere überraschende Erfahrung: Wir rannten offene Türen ein! Die Eltern waren von der Idee angetan und unterstützten das Café-Projekt von Anfang an. Sie brachten eigene Ideen ein, spendeten und spenden immer wieder Kuchen und Torten, geben durch den Elternbeirat finanzielle Unterstützung, betreiben eine eifrige Mundpropaganda und zählen schließlich auch zu den regelmäßigen Besuchern. Auch die Schulaufsicht zeigte sich dieser »Pionierarbeit« gegenüber aufgeschlossen und stand uns mit Rat und Tat zur Seite. Die Stadt Aschaffenburg, namentlich der Oberbürgermeister, setzten sich spontan für eine Umsetzung ein, und so wurde die Cafeteria der neu erbauten Stadtbibliothek wirklich zu einer öffentlichen Einrichtung, zu einem Ort der Begegnung im Café »Bücherwurm«. Schnell wurde aus der anfänglichen Idee ein umfassendes Projekt. Die ganze Schule nahm Anteil an unseren Bemühungen, einige Lehrkräfte machten mit, so daß ein ganzheitliches Vorhaben entstand.

»Sinnstiftendes und lebendiges Lernen«, dies war der Anspruch, mit dem wir uns an die Realisation dieses Projektes machten. So wurde oder werden zum Beispiel:
- Im Werkunterricht Serviertabletts aus Holz hergestellt,
- Holzleisten gesteckt (Bild – Geld – Wortkarten),
- im Hauswirtschaftsunterricht Rezepte gelesen und leckere Kuchen und Torten gebacken,
- häufig wiederkehrende Sprachmuster geübt und das angemessene Verhalten in der Berufsrolle »Kellner« thematisiert,
- der Kaffee-Automat erkundet,
- Bistroschürzen und Käppis mit dem »Bücherwurm«-Emblem bedruckt,
- Plakate geschrieben und gestaltet,
- Einladungen an die Ehrengäste geschrieben und zur Post gebracht,
- Paßfotos gemacht und damit Anstecker gebastelt (»Es bedient Sie ...«),
- Parfüms mit einer jeweiligen persönlichen Duftauswahl gemischt u.v.m.

Endlich war es soweit: Am 10. November 1993 wurde das Café »Bücherwurm« im Beisein zahlreicher Ehrengäste offiziell eröffnet. Nachdem vom Schulchor der »Caféhaus-Song« dargeboten worden war, stürzten sich die jungen Kellnerinnen und Kellner in ihre Arbeit. Der erste große Ansturm an Gästen wurde mit Bravour bewältigt! Mittlerweile ist der Café-Betrieb schon fast Routine und die Arbeiten sind geübt und gehen flott von der Hand. Die Öffentlichkeitswirkung ist enorm, so daß auch schon die örtlichen Zeitungen, das Regionalfernsehen und der Rundfunk zu Gast waren und unsere Schülerinnen und Schüler interviewten.

Neben der berufsvorbereitenden Einübung von Arbeitshaltungen (Selbständigkeit, Ausdauer, Genauigkeit, Sauberkeit, situationsgerechtes Reagieren ...) und dem fächerübergreifenden Unterricht eröffnet das Café »Bücherwurm« gleichzeitig Wege zu einer ungezwungenen Integration: zwischen Kaffee und Kuchen, mit Blick auf das Schloß oder in eines der vielen Bücher und Zeitschriften, können Hemmschwellen abgebaut und ein natürlicher Umgang zwischen nicht behinderten und behinderten Menschen angebahnt und gepflegt werden. Zu vielen Stammgästen hat sich in dieser angenehmen Atmosphäre inzwischen ein herzliches Verhältnis entwickelt. Einen Mittwoch ohne ihr Café »Bücherwurm« können sich Vera, Nicole, Jeanette, Silke, Tobias und Oliver nur schwer vorstellen. Aber auch den Gästen der Stadtbibliothek würde wohl ein Stück lebendiger Begegnung fehlen.

Caféhaus-Song

Wenn sich mittwochs die Türen zum Café »Bücherwurm« öffnen, begrüßt der Schulchor die Gäste mit dem »Caféhaus-Song«:

1. Wir treffen uns mittwochs um elf in der Früh,
   a-a-ah, oh yeah.
   Wir Schüler, wir kochen für Euch den Kaffee,
   a-a-ah, oh yeah.
   Es gibt was zu trinken, es gibt was zu essen,
   wir woll'n Euch verwöhnen, drum lasst es Euch schmecken:
   »Es gibt Kaffee und Kuchen, Kakao und Bananen –
   aber bitte mit Sahne!«

2. Wir treffen uns mittwochs um elf in der Früh,
   a-a-ah, oh yeah.
   Wir Schüler, wir kochen für Euch den Kaffee,
   a-a-ah, oh yeah.
   Bei uns ist es warm, bei uns ist es schön,
   hier ist es gemütlich, Du wirst es schon seh'n:
   »Es gibt Kaffee und Kuchen, Kakao und Bananen –
   aber bitte mit Sahne!«

3. Wir treffen uns mittwochs um elf in der Früh,
   a-a-ah, oh yeah.
   Wir Schüler, wir kochen für Euch den Kaffee,
   a-a-ah, oh yeah.
   Und hast Du mal Sorgen und fühlst Dich allein,
   und quält Dich der Hunger, dann schau doch mal rein:
   »Es gibt Kaffee und Kuchen, Kakao und Bananen –
   aber bitte mit Sahne!«

Ausklang: 1, 2, 3 und 4, im Café da feiern wir.
         5, 6, 7, 8 und ALLE haben mitgemacht!

(Melodie U. Jürgens; Text U./Ch. Preu)

Kommen Sie doch einfach einmal nach Aschaffenburg und besuchen unser Café »Bücherwurm« in der Stadtbibliothek!

STEPHANIE WILKEN-DAPPER

Wenn Eisenhans und Turandot im Sommernachtstraum auf Hexen treffen

Schauspieler zu sein bedeutet, sich zu verwandeln, in neue Rollen zu schlüpfen, eine neue Identität anzunehmen. Als Rollstuhlfahrer einmal der umworbene Märchenprinz sein? Das Theaterprojekt zwischen Thalia Treffpunkt und Leben mit Behinderung, Elternverein e.V. (ehemals Hamburger Spastikerverein) beweist, daß Schranken zwischen behinderten und nichtbehinderten Menschen durch Kreativität, Witz und Spontaneität überwunden werden können. Die Schauspielerin und Projektleiterin Astrid Eggers hat es geschafft, in den Jugendlichen ungeahnte Fähigkeiten zu wecken.

»Wissen Sie, daß Sie wunderschöne Augen haben?« Der junge Mann im Rollstuhl bemüht sich, seiner Partnerin tief und sinnlich in die Augen zu schauen. Die Kamera klickt. Gebannt starren sich die beiden an, warten auf das Blitzlicht, platzen dann vor Lachen. »Nein, das ist ja viel zu steif«, Regisseurin Astrid Eggers ist mit ihren Schauspielern noch nicht zufrieden. »Ihr müßt auch auf einem Foto ›spielen‹. Es soll lebendig wirken. Stellt Euch vor, ihr wärt fürchterlich ineinander verliebt und hättet Euch romantische Dinge zu erzählen.« Hanna setzt sich wieder auf den Schoß ihres Partners zurecht, legt die Arme um seinen Hals und unterdrückt das Kichern. Erneuter Versuch. Schließlich gelingt es. Die Fotos für eine Informationsbroschüre über die Theatergruppe sind im Kasten.

Während Astrid Eggers und ihre Assistentin Simone Bauer noch mit dem Arrangieren der Fotoszene beschäftigt sind, haben sich auch die letzten Mitglieder der Theatertruppe in der Aula des Hildegard-Schürer-Hauses eingefunden. Es wird viel gelacht, erzählt, zwischendurch eine Rollijagd durch den großen Raum veranstaltet. Völlig ungezwungen und natürlich gehen die behinderten und nichtbehinderten Jugendlichen miteinander um. Nur Mirco, ein junger Mann mit Down-Syndrom sitzt zusammengekauert in der Ecke und hat den Kopf zwischen den Knien vergraben. Nach einiger Zeit setzt sich Niklas dazu und tröstet ihn. Es stellt sich heraus, daß Mirco eine Absage bedrückt. Die Theatergruppe hatte sich für die Teilnahme an einem Jugendfestival beworben, aufgrund der hohen Bewerbezahl jedoch eine Absage erhalten. Mirco ist gekränkt. Astrid Eggers tritt hinzu. Sie erklärt ihm, daß eine Absage nichts mit der Qualität seiner Schauspielerei zu tun habe und er sich die Sache nicht so zu Herzen nehmen solle. Mirco beruhigt sich und kann schon fast wieder über Niklas' Albernheiten lachen.

Allmählich wird die Unruhe im Saal größer. Wann geht es los? Energisch ruft Astrid Eggers ihre Künstler zur Ordnung und verkündet den Probenplan für den heutigen Abend. Szenenfolge 1–19 soll im Zusammenhang geprobt werden. Am 23. Mai steht die Premiere an, bis dahin ist noch einiges zu tun. Astrid Eggers und Assistentin Simone Bauer wollen an diesem Donnerstag ausprobieren, ob die geplante Szenenfolge passend ist oder überarbeitet werden muß. In Anlehnung an Shakespeares »Sommernachtstraum« haben die Jugendlichen im Laufe der letzten Wochen und Monate verschiedene Szenen zum Thema »Traumspiele« entwickelt. Aus Improvisationen heraus ist ein szenisch aufgebautes Stück entstanden: Verwirrende Gefühle, Abenteuer, Zauberwelten, Intrigen, Träume und Mißverständnisse all diese Elemente werden in den Szenen miteinander verwoben. »Traumspiele« ist die vierte Inszenierung der Hamburger Gruppe. 1993 hatten Theaterpädagogen vom Jugendclub des Thalia-Theaters Hamburg die Idee, ein Projekt mit behinderten und nichtbehinderten Laiendarstellern ins Leben zu rufen. Die Theaterpädagogen des Thalia-Theater betraten mit diesem Projekt völliges Neuland. Zur Realisierung der Idee wandten sie sich an den Hamburger Spastikerverein. Das Konzept wurde gemeinsam entwickelt, die künstlerische Leitung des Projekts vom Thalia gestellt, Räume und Beratung durch den Verein. Astrid Eggers, Schauspielerin und Regisseurin, übernahm die Arbeit mit den jungen Leuten. »Mich hat die Herausforderung gereizt, mit behinderten Menschen kreativ zu arbeiten«, so die Schauspielerin. »Inzwischen habe ich festgestellt, was sie leisten können, wie sie sich entwickeln und entfalten. Sie alle besitzen ein großes kreatives Potential. Vielleicht gelingt es mir irgendwann, aus dem Theaterprojekt Theaterarbeitsplätze zu machen. Schauspielen statt Werkstatt.«

Dem ersten Stück »Eisenhans« folgten »Turandot« und »Von Hexen und Herzen«. Eine feste Besetzung gibt es nicht. Die Gruppe setzte sich bei jedem Projekt aufs neue zusammen. Es sind in der Regel vor allem die nichtbehinderten Jugendlichen, die wechseln. Viele der behinderten Jugendlichen sind von der ersten Stunde an dabei. Astrid Eggers erklärt dies mit den unterschiedlichen Interessensentwicklungen der Jugendlichen. »Nichtbehinderte Jugendliche haben einfach mehr Angebote, die sie wahrnehmen und auswählen können.« Seit Februar 1998 gibt es inzwischen das Theaterprojekt Klabauter, in dem sechs behinderte Menschen als professionelle Schauspieler arbeiten. Erstmalig in der BRD werden hier von der Sozialbehörde und der Stadt Hamburg (BAGS) Arbeitsplätze für Schauspieler mit einer Behinderung über den Pflegesatz finanziert. Träger des Pro-

jekts ist das Rauhe Haus. Die Leitung von Klabauter hat Astrid Eggers. 1. Produktion: Seltsames Spiel, eine Soap Opera (Dauer 45 Minuten), 2. Produktion: Eine Revue zum Thema Sprechen, Nichtsprechen und Verstehen (Dauer 15 Minuten).

Bevor die Probe richtig anlaufen kann, muß noch die »Bühne« gestaltet werden. Requisiten und Aufbauten sind kaum nötig. Mit einfachsten Mitteln, einigen Stühlen und einem riesigen Tuch, entsteht ein Raum, der in etwa die Gegebenheiten der späteren Bühne nachempfindet. Gespannt warten sitzend die Akteure an den Wänden und lauern auf ihre Einsätze. Konzentriert beobachten sie die Aktionen der Mitspieler. Vor jeder Szene skizziert Astrid Eggers noch einmal die Inhalte und weist auf die wichtigsten Vereinbarungen und Akzente hin. »Maren, Du kannst ruhig etwas länger in das Loch schauen, so wie wir es beim letzten Mal ausgemacht haben.« Maren hat das Down-Syndrom. Endlich kommt ihr Einsatz. Angestrengt konzentriert sie sich auf ihren Text und eine möglichst deutliche Aussprache. Wie ein richtiger Star weiß sie sich in Szene zu setzen und alle Aufmerksamkeit auf sich zu ziehen. Genüßlich starrt sie schweigend in das imaginäre Loch im Boden. Man könnte die berühmte Stecknadel zu Boden fallen hören. Nach einer endlosen Kunstpause macht sie dann weiter. Astrid Eggers und Simone Bauer sind zufrieden. Die Szene kann so bleiben. Stolz verläßt Maren die Bühne. Nach jedem Einsatz braucht sie eine kleine Bestätigung. »War ich auch gut?« Dann die berühmte Handwerkerszene aus dem Sommernachtstraum. Die Handwerker planen ein Theaterstück: Mirco, Niklas und Sandra treffen sich im Zauberwald. Sie wollen verabreden, welche Rolle jeder von ihnen in dem Stück spielen soll. Handwerker Niklas beansprucht für sich die Rolle des edlen Herzensbrechers. Mit dem nötigen Selbstbewußtsein schmeißt er sich in die Heldenbrust. »Ich könnte einen Liebhaber spielen...« Die anderen sind skeptisch. Plötzlich wird es unheimlich im Wald. Es ist ein Zauberwald. Ehe er sich versieht, ist aus Mirco ein gefährlicher Löwe geworden. Astrid Eggers und Simone Bauer liefern das Löwengebrüll aus dem

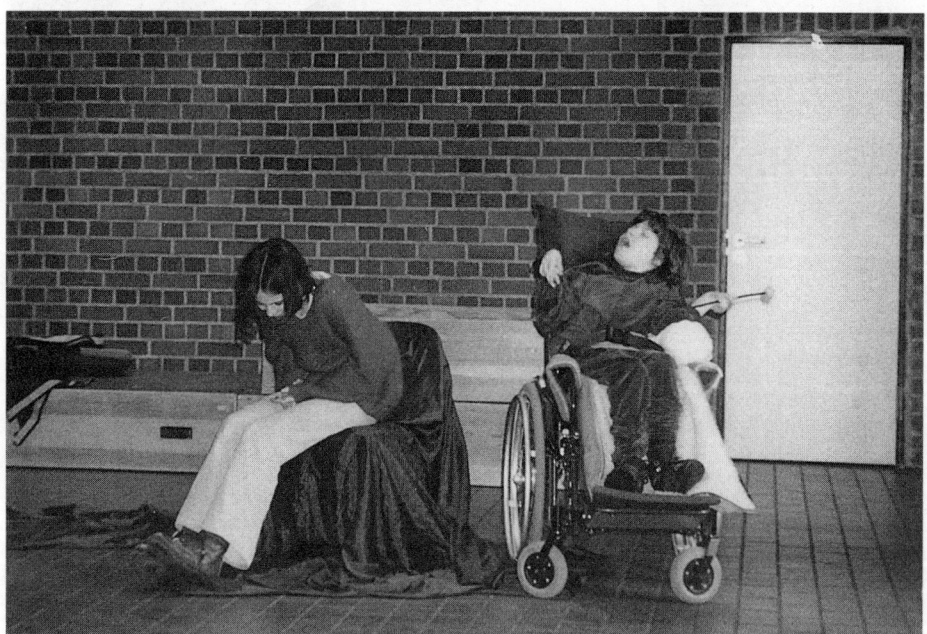

Hintergrund. Dann: Aufmarsch aller Akteure. Sie irren durch den Zauberwald, bedroht von Löwen und Zauberern. Die Jugendlichen helfen sich bei solchen Auftritten gegenseitig. Mirco, ein junger Mann mit Down-Syndrom, schiebt die schwerstmehrfachbehinderte Emily von der Bühne, Patrick, der eine Gehbehinderung hat, stützt sich auf Ole und Hannah, Sandra kurvt wild mit ihrem Elektro-Rollstuhl durch den Raum und verfolgt Mirco.

Auf diese Weise wird eine Szene nach der anderen geprobt. Zuletzt setzt sich die Gruppe zur Lagebesprechung zusammen. Die Projektleiterinnen haben sich während der ganzen Zeit Notizen gemacht und können nun gezielt auf Einzelheiten eingehen. Gemeinsam wird erörtert, was noch zu verbessern ist, wo Schwachpunkte stecken und was gut gelungen ist. Es ist schon spät, als Astrid Eggers die Runde beendet. Einige Eltern warten draußen auf ihre Kinder, die Schauspieler verabschieden sich. Ruhe kehrt ein, die Leiterinnen entspannen sich. In kürzester Zeit wird aus dem Zauberwald wieder ein Stapel nüchterner Stühle, aus dem Zaubertambourin ein Orff-Instrument. Die grüne Zauberkulisse verwandelt sich in ein großes grünes Tuch. »Traumspiele«.

Informationen:
Gabi Kagemann-Harnack
c/o Leben mit Behinderung, Elternverein e.V.
Südring 36
22303 Hamburg
Tel. 040/270790-0
Fax 040/270790-48

ANJA GRÜTJEN UND ALEXANDRA WACHE

SinnFlut – Erlebnistheater für Menschen mit einer schweren Behinderung in sozialer Integration

> *»Ich bin allein und freue mich meines Lebens in diesem Zelt, das für solche Seelen geschaffen ist wie die meine. Kommt mit herein und seid mit ganzem Herzen und mit ganzer Seele dabei, sorglos und unbefangen ...«*
> (Eingangszitat aus dem Stück »Werther« – frei nach GOETHE)

Betrachtet man die Lebenswirklichkeit schwerstbehinderter Menschen stellt sich die Frage, wo sie in unserer Kultur berücksichtigt werden. Wo haben sie Gelegenheit, ihre kulturell-ästhetischen Bedürfnisse beim Besuch von Theater- und Konzertveranstaltungen oder anderen kulturellen Angeboten zu befriedigen? Wo haben sie die Möglichkeit, Kultur mitzuerleben und mitzugestalten, ohne daß dabei eine spezielle ›Behindertenkultur‹ entsteht. LAMERS schreibt hierzu: »Nach meinen Erfahrungen sind diese Möglichkeiten sehr begrenzt. [...] Altersadäquate Angebote finden sich nur sehr vereinzelt« (LAMERS 1994, 259).

Das Erlebnistheater SinnFlut ist eine mögliche Antwort auf die oben aufgeworfenen Fragen. SinnFlut ist eine Gruppe von ca. 20 Behindertenpädagog/-innen, die gemeinsam ein ›Basales Erlebnistheater‹ gestalten, das auch Menschen mit schwerer Behinderung die Möglichkeit geben möchte, an unserem kulturellen Leben teilzuhaben. Der Begriff ›Basales Erlebnistheater‹ impliziert die Voraussetzungslosigkeit dieser Theaterform, die behinderten wie nichtbehinderten Teilnehmern vielfältige Erlebnismöglichkeiten bietet. Das Erlebnistheater grenzt sich dabei bewußt von therapie- und förderorientierten Vorgehen ab. Vielmehr soll sich im Rahmen eines Theaterstücks zwischen Darstellern und Teilnehmern ein gemeinsames Spiel entwickeln, frei von Erwartungen aneinander, offen auch für nicht vorhersehbare Entwicklungen. Ein spielerischer Freiraum, der es behinderten, wie nichtbehinderten Teilnehmern ermöglicht, einander zu begegnen, das Geschehen den individuellen Fähigkeiten und Bedürfnissen entsprechend mitzugestalten, ›sich, andere und etwas‹ zu erleben.

Möglich wird dies in der besonderen Atmosphäre eines Zeltes. Dieses Zelt aus weißen Stoffbahnen, einem Zelthimmel und weichen Matten wird am jeweiligen Aufführungsort (›Sonder‹schulen, Wohnheime, Kindergärten, öffentliche Bühnen) aufgebaut. Durch Licht- und Farbprojektionen auf den weißen Zeltwänden entsteht so ein vom Alltag abgehobener Raum, indem die Teilnehmer für eine Stunde in die phantastische Welt des Theaters eingeladen werden. Ca. 15 Teilnehmer liegen und sitzen auf den weichen Matten und die Darsteller spielen mitten unter ihnen. Durch das Fehlen einer Bühne sind die Grenzen zwischen Teilnehmern und Darstellern fließend, der Zuschauer wird zum Mitgestalter.

»Wir schaffen einen Raum, eine eigene Welt, in der die Gruppe frei ihren einzelnen Fähigkeiten entsprechend handeln kann. Teilnehmer, die zaghafte Reaktionen und Aktionen *zeigen, verändern das Stück genauso, wie sehr lebhafte. Nur so kann diese Art des Theaters immer wieder ein Erlebnis sein«* (MOHR 1993, 68).

Dabei bemüht sich die Theatergruppe SinnFlut, jedem Teilnehmer seinen individuellen Zugang zu dem Stück zu ermöglichen. Ein schwerstbehinderter Teilnehmer soll ebenso wie ein nichtbehinderter Teilnehmer auf seine individuelle Art das Stück miterleben und gestalten können. Um diesem Anspruch gerecht zu werden, verliert die Dominanz der gesprochenen Sprache in diesem Raum an Bedeutung. Körpersprache und die basalen Möglichkeiten der Kommunikation (Berührungen, Nähe, Bewegung ...), kreative Ausdrucksformen (Tanz, Pantomime) sowie verschiedene ästhetische Angebote (Licht, Farben, Gerüche, Musik ...) ermöglichen ein Erleben des Stückes mit allen Sinnen. »Die Geschichte kann ich sehen, hören, auf der Haut spüren und manchmal auch riechen« (POLOMSKI 1992, 26).

In den letzten Jahren hat Sinn-Flut drei Theaterstücke entwickelt. Das erste Stück ›Der Pfau im Farbenland‹ basiert auf einer selbstentworfenen phantastischen Geschichte, in deren Mittelpunkt die ›Faszination der Farbe‹ steht. Bei den folgenden beiden Stücken »Werther – frei nach Goethe« sowie »Matisse – bewegte Bilder« hat sich die Theatergruppe bewußt für die Umsetzung ›klassischer Kulturgüter‹ entschieden. Es ist der Versuch, auch schwerstbehinderten Menschen einen Zugang zur Welt des literarischen Erlebens in Goethes »Die Leiden des jungen Werthers« sowie zur Welt der Kunst zu ermöglichen. Es ist der Versuch, auch schwerstbehinderten Menschen Wege einer kulturellen Teilhabe in sozialer Integration zu eröffnen.

Bei einer solchen Umsetzung durch das Erlebnistheater kann es nicht Ziel sein, daß alle Details und Problemstellungen des Romans berücksichtigt werden; die Bilder von Matisse naturgetreu abgebildet werden. Vielmehr sollen im Sinne einer Elementarisierung die charakteristischen und lebensbedeutsamen Aspekte des Romans, die verschiedenen Stimmungen der Bilder von Matisse erlebbar gemacht werden. Am Beispiel »Werther – frei nach Goethe« läßt sich dies exemplarisch verdeutlichen. Im Vordergrund der Umsetzung steht das Erleben und Empfinden Werthers, seine Liebe zu Lotte sowie seine Isolation, sein Konflikt mit der Gesellschaft, der in vielerlei Hinsicht Parallelen zur Lebenswirklichkeit von Menschen mit schweren Behinderungen aufweist. Die intensiven Naturerlebnisse Werthers bilden einerseits den Rahmen der Geschichte, andererseits spiegeln sie seine Gefühle wider. In dem Nachwort der Werther-Ausgabe von 1986 heißt es: »*Ja gerade das ist das Geheimnis, daß er die Menschen unserer Gegenwart, die doch keine Naturen sind, wie Lotte und Werther sind, so empfinden läßt, wie im Roman empfunden wird*« (GOETHE zit. nach POLOMSKI 1992, 93).

In diesem Sinne steht auch im Erlebnistheater das Nachempfinden der Gefühle Werthers im Mittelpunkt. Wie dies realisiert wird, läßt sich anschaulich an der Herbstszene aus dem Stück darstellen. Werther hat Lotte an Albert und die Gesellschaft verloren. Der Sommer als Sinnbild für die Glückseligkeit der Liebe zwischen Werther und Lotte ist von den düsteren Farben des Herbstes verdrängt worden. Melancholie, Einsamkeit und Traurigkeit breiten sich aus.

Es ist dunkel im Zelt. Leise Geräusche, die an Wind, Blättergeraschel und Regen erinnern, beginnen leise, werden lauter und wieder leiser. Gleichzeitig färbt sich die Zeltwand und eine Herbstszenerie aus Laub und Farben wird an die Wände projiziert. Herbstdarsteller/-innen betreten mit langsamen, verhaltenen Bewegungen und ernstem, traurigem Gesichtsausdruck das Zelt. Sie tragen Kostüme aus einem kratzigen, steifen Stoff in Grün- und Brauntönen. Ihre Gesichter sind herbstlich geschminkt. Sie nähern sich den Teilnehmern. In den Händen halten sie grüne und rote Farbe, die einen waldähnlichen Duft verströmt. Auf ihrer Hand zeigen sie, wie sich die reinen Farben des Sommers zu einem herbstlichen Braun verwandeln. Mit Blicken und Gesten laden sie die Teilnehmer ein, an diesem Farbenspiel teilzunehmen. Lassen sich die Teilnehmer/-innen auf dieses Angebot ein, entsteht ein ›Spiel‹. Hände berühren sich, Melancholie und Traurigkeit wird spürbar, Nähe entsteht. Trocknet die Farbe auf der Haut, so zieht sie sich zusammen und wird porös. Eine getragene, traurige Herbstmusik untermalt die Szene.

Die dargestellte Szene ist Spiegelbild von Werthers Traurigkeit. Über verschiedene Sinnesangebote im visuellen, akustischen, olfaktorischen und haptischen Bereich wird versucht, die Stimmung dieser Szene für jeden Teilnehmer erlebbar zu machen. Dabei sind die einzelnen Gestaltungselemente sorgfältig aufeinander abgestimmt und berücksichtigen die Einheit der Sinne im »sensorium commune« (PFEFFER 1988, 101). Auf materialer Ebene wird die Melancholie Werthers über die traurige Musik, die düsteren Farben, den waldähnlichen Geruch und den kratzigen, steifen Kostümstoff erlebbar gemacht, auf personaler Ebene durch die traurige Mimik und die langsamen verhaltenen Bewegungen der Darsteller, aber auch durch die Berührung, die beim Einmalen der Hände entsteht. Die Hände bewegen sich im Rhythmus der Musik. Sie suchen Halt und Trost. Die Vielfalt der Angebote ermöglicht jedem Teilnehmer seinen individuellen Zugang zu der Szene. Für den einen Teilnehmer liegt die Faszination in dem Farbspiel auf den Zeltwänden, für den anderen in der Begegnung mit den Herbstdarstellern und der Bewegung und Nähe, die über das Farbspiel der Hände entsteht. Entscheidend ist jedoch, daß die einzelnen Elemente eingebunden sind in einen Gesamtkontext. Somit stellt jede Rezeptionsweise einen Zugang zum Ganzen dieser Szene dar, und es ist möglich, daß Behinderte wie Nichtbehinderte gemeinsam etwas von Goethes »Die Leiden des jungen Werthers« erleben.

Ein besonderes Charakteristikum der SinnFlut-Auftritte ist die offene Gestaltung der Stücke. Die Geschichte stellt lediglich den inhaltlichen Rahmen dar, der eigentliche Verlauf des Stückes (Länge der einzelnen Szenen, Intensität und Art der spielerischen Begegnung ...)

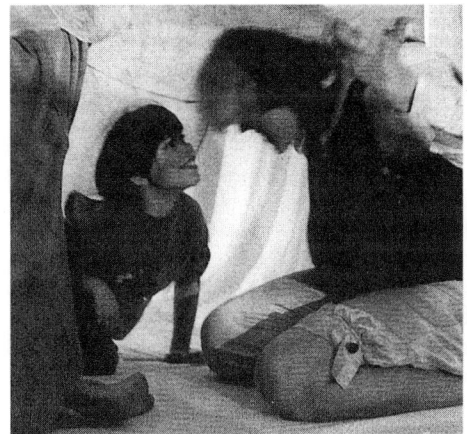 jedoch hängt wesentlich von den Reaktionen, Aktivitäten und Verhaltensweisen der jeweiligen Teilnehmer ab. So ist es möglich, daß trotz gleichbleibender Rahmenhandlung jeder Auftritt anders verläuft, das Stück wächst erst im gemeinsamen Handeln. Es ist insbesondere die Offenheit in der Begegnung zwischen Teilnehmern und Darstellern, die einen spielerischen Freiraum entstehen läßt. Indem die Darsteller jedes Verhalten des anderen als subjektiv sinnvoll aufnehmen und spielerisch beantworten, entsteht eine kommunikatives Spiel, das beide Spielpartner mitbestimmen.

»Erlebnistheater ist eine Art von Angebot, ein Anstoß und kein festgelegtes, vorbestimmtes Erlebnis. [...] Es gibt keine vorgegebenen Erwartungshaltungen, bezüglich des Verlaufs oder der aktiven Teilnahme. Die Darsteller versuchen, den Rahmen so frei zu gestalten, daß alle Verhaltensweisen zugelassen werden, einschließlich der sogenannten Stereotypien« (POLOMSKI 1992, 27).

Die verschiedenen ästhetischen Medien sowie die offene beziehungsstiftende Interaktion der Darsteller schaffen die Voraussetzung für einen Dialog, an dem »mehrere in wechselnder Rolle gleichberechtigt beteiligt sind« (BOLLNOW 1966, zit. nach LAMERS 1994, 247). Aber erst wenn sich Darsteller wie Teilnehmer gleichermaßen auf den spielerischen Prozeß einlassen, vorgegebene Verhaltenserwartungen aufgeben, sie gemeinsam etwas erleben wollen, wird etwas von der »partnerschaftlichen Mission« des Spiels wie sie OTTO/RIEMANN (1991) beschreiben spürbar. »Da wo sich Teilnehmer ganz auf das Geschehen einlassen, wo sie mitspielen, wo sie zwischen Realität und Phantasie balancieren, entwickelt sich eine gemeinsame Sprache des Verstehens« (LAMERS 1993, 83).

Literatur

LAMERS, W. (Hrsg.): Spielräume – Raum für Spiel. Spiel und Erlebnismöglichkeiten für Menschen mit schweren Behinderungen. Düsseldorf (Selbstbestimmtes Leben) 1993.

LAMERS, W.: Spiel mit schwerstbehinderten Kindern und Jugendlichen. Aachen (Mainz) 1994.

MOHR, J.: Analyse der Ausbildungssituation zukünftiger Sonderschullehrer in der Fachrichtung Geistigbehindertenpädagogik. Köln (Universität; unveröffentlichte Wissenschaftliche Hausarbeit) 1993.

OTTO, K.-H./RIEMANN, S.: Zur Spezifik der Beziehung zwischen Kindern und Erwachsenen im Spiel. Spielmittel 5 (1991), 62–66.

PFEFFER, W.: Förderung schwer geistig Behinderter. Eine Grundlegung. Würzburg (Ed. Bentheim) 1988.

POLOMSKI, P.: Basales Erlebnistheater für schwerstbehinderte Menschen. Köln (Universität; unveröffentlichte Wissenschaftliche Hausarbeit) 1992.

MONIKA GÖSSWALD, SONJA KIRSTEN UND EVA TÖGEL

Eine Schwäche für weibliche Stärke. PTA – Pfadfinderin Trotz Allem

Behinderte Mädchen und Frauen in der Pfandfinderinnenschaft St. Georg gibt es seit 1950. Sie gaben sich den Namen PTA – Pfadfinderin Trotz Allem: Trotz Vorbehalten Menschen mit Behinderung gegenüber, trotz Widrigkeiten, die Behinderungen mit sich bringen, können Mädchen und Frauen mit und ohne Behinderung in der PSG gemeinsam aktiv sein. Der Beitrag schildert ein Beispiel aus Speyer.

Gleißend knallt Scheinwerferlicht auf den einfachen mit Tuch bespannten Holzrahmen in der Schalterhalle der Speyerer Sparkasse. Frauen im Alter zwischen 16 und 30 Jahren treten einzeln oder zu zweit hinter der Leinwand ins Licht, spielen miteinander, verharren plötzlich in einer bestimmten Haltung, projizieren so ihre Schatten auf die Weißfläche. In schwarzer Tusche zieht eine junge Frau die Konturen der Schattenfiguren nach. Der Augenblick wird zur Ewigkeit. Mit musikuntermalten Statements vom Band erzählen die Frauen, was sie bei den Projekttagen der Pfadfinderinnenschaft St. Georg (PSG) erfahren haben und wie sie die Stunden künstlerischen Schaffens erlebten. Figur um Figur füllt das Tuch, die Linien überlappen sich, die Konturen der behinderten und nicht behinderten Künstlerinnen verschmelzen zu einer Gemeinschaft. Die Tonbild-Collage ist Höhepunkt der Ausstellung, bei der die Frauen selbstbewußt ihre eigenen Werke, die an fünf Kreativtagen entstanden sind, der Öffentlichkeit präsentieren: Specksteinarbeiten und hauptsächlich Bilder. Da gibt es Drucke, Spielereien mit der Farbwalze, Naturimpressionen in Aquarell, geblasene Tusche ... Selbstentfaltung und Selbstbestimmung der Mädchen und Frauen zu fördern sind wichtige Ziele im rein weiblichen Verband, der ganz bewußt auf Freiräume für Mädchen und Frauen setzt. »Woman only«, ist die Devise der Pfadfinderinnenschaft St. Georg (PSG). Frei von männlicher Bewertung, auch Abwertung, und frei von geschlechtsspezifischen Rollenzuweisungen können Mädchen und Frauen sich ausprobieren, in diesem Tun ihre individuellen Fähigkeiten und Stärken entdecken und daraus eine selbstbewußte Identität entwickeln. All das gilt für Mädchen und Frauen mit Behinderung gleichermaßen.

Gelebte Integration heißt für die Pfadfinderinnen, daß jede unabhängig von der Art und Schwere ihrer Behinderung mitmachen und Pfadfinderin sein kann – sie ist »Pfadfinderin Trotz Allem (PTA)«. Pfadfinderinnen haben untereinander grundsätzlich die gleichen Freiräume, aber auch gleiche Rechte und Pflichten. Nur so wird jede als eigenständige Person wirklich ernst genommen. Ob nun behindert oder nicht, die Bedürfnisse und Interessen jeder einzelnen sind gefragt, von jeder wird Eigen- und Mitverantwortung in der gemeinsamen Freizeitgestaltung gefordert und das Sich-Einlassen auf die pfadfinderischen Elemente: Leben in Kleingruppen innerhalb der Großgruppe, Raum geben zur Entfaltung schöpferischer Fähigkeiten, aktive Auseinandersetzung mit der Umwelt, Verantwortlich sein für den eigenen Fortschritt, Verdeutlichen von Entscheidungssituationen und Lernen durch Erfahrung. Diese Elemente sind zugleich Methode, Weg und Ziel der pfadfinderischen Pädagogik. Und, wie für parteiliche Mädchenarbeit gefordert, setzen sie bei den Fähigkeiten und Bedürfnissen der einzelnen an und stützen den Prozeß der Selbstbefreiung und Selbstentfaltung. Die sechs Elemente in ihrer Einheit kommen in allen Veranstaltungen/Projekten der PSG zum Tragen, werden dort gelebt und erfahren.

»Das finde ich toll an der Sache«, äußert sich Anita zu den Kreativtagen. »Wir haben zwar Anregungen bekommen, aber keine fertigen Schablonen!« Statt Schablonen, einengenden Vorgaben, sind beispielsweise Murmeln im Spiel. Auf einem großen runden Karton gemeinsam bewegt, sorgen sie für einen spielerischen Einstieg in den Tag. Schließlich in Farbe getaucht und gerollt hinterlassen sie reizvolle Spuren. Anschließend erfolgt die Umsetzung des Gelernten in Eigenarbeit. Schuhkartons in verschiedenen Größen stehen zur Verfügung. Das zu gestaltende Papier wird eingelegt, die in Farbe getauchte Murmel – oder auch mehrere – in der Schachtel bewegt. Der kreative Prozeß jeder einzelnen hat eingesetzt. Neu erfundene Varianten der Bildgestaltung sind keine Ausnahme. Später, in der gemeinsamen Abschlußrunde, stellt jede das für sie Bedeutendste ihrer Werke vor. Egal, ob sie nun ihr Bild zeigt, näher beschreibt oder über ihre Erfahrungen beim schöpferischen Prozeß erzählt, die Frauen und ihre Arbeit stehen im Mittelpunkt des Geschehens. Sie erfahren darüber Bestätigung und Wertschätzung. »Das mit den Kugeln hat am meisten Spaß gemacht«, sagt Tanja am Schluß der Kreativtage. »Man hat nicht gewußt, was rauskommt«. So nimmt – für alle sichtbar – jede einzelne eigene phantasievolle und ausdrucksstarke Bilder von den Kreativtagen mit und zudem wertvolle Schätze, die auf der Erlebnisebene zu finden sind: neue Erfahrungen mit sich selbst und in der Begegnung mit anderen. Das gesamte Projekt berücksichtigt die Unterschiedlichkeit der Teilnehmerinnen. Dadurch, daß jede ihren Fähigkeiten gemäß die Möglichkeit hatte, sich auszudrücken, trat in den Hintergrund, ob eine Teilnehmerin eine Behinderung hat oder nicht. Die eigene Kreativität, Gefühle, persönliche Vorlieben und innere Bilder konnten Gestalt annehmen. Die Persönlichkeit spiegelte sich in den selbst geschaffenen Werken und dem gemeinsamen Machen.

Die Pfadfinderinnenschaft St. Georg sieht in der Art ihrer Angebote wichtige Schritte auf dem Weg zu einer echten Integration. Doch das Konzept greift nur, wenn die Zusammensetzung der Gruppe im Blick bleibt. Bei unausgewogenem Verhältnis von Teilnehmerinnen mit und ohne Behinderung besteht ganz schnell die Gefahr, daß das »Miteinander« in eine Veranstaltung »für Behinderte« abgleitet. Das kann es nach Vorstellung der PSG nicht sein. Deshalb wurden in der Vergangenheit auch schon bewußt Veranstaltungen abgesagt. Auch auf die Kreativtage bezogen, sah sich die PSG vor die Frage gestellt, ob sie das Projekt trotz geringerer Teilnahme von nicht behinderten Frauen durchführen soll. Es hat stattgefunden, weil die Lust dazu groß war und um ein deutliches Zeichen in der Öffentlichkeit zu setzen. Gemeinsame Freiräume für Mädchen und junge Frauen mit und ohne Behinderung machen Spaß, lassen jede zum Zuge kommen und über sich hinauswachsen! Die Botschaft ist angekommen.

Kontakt: PSG-Pfadfinderinnenschaft St. Georg
            Diözesanverband Speyer
            Monika Gößwald (Bildungsreferentin)
            Webergasse 11
            67346 Speyer
            06232/102-408/411

STEPHANIE WILKEN-DAPPER

Die Bochumer Integrationsband »Just Fun« – Eine Musikschule geht integrative Wege

Der Name der Bochumer Integrationsband »Just Fun« ist Programm. Spaß und Freude an der Musik stehen im Mittelpunkt und jeder kann seine eigenen Fähigkeiten und Möglichkeiten in dieser Gruppe entfalten. Entstanden aus einer Folkband und durch Workshops zur integrativen Band erweitert, ist »Just Fun« heute eine Band, die es geschafft hat, behinderte und nicht behinderte junge Menschen gleichberechtigt zusammenzuführen. Die jeweiligen Behinderungen treten in den Hintergrund. Was zählt ist einzig und allein der Spaß an der Musik.

Die Musikschule in der Bochumer Innenstadt ist schon von weitem zu »hören«. Aus den grossen Fenstern des mehrstöckigen Gebäudes dringt ein buntes Musikwirrwarr: Klavieretüden mischen sich mit zarten Violintönen und eine Trompete bemüht sich eifrig um die richtige Tonhöhe. Strukturiert wird diese Geräuschkulisse durch den gleichmäßigen Rhythmus eines Schlagzeugs. Musikschulalltag. Die Aula befindet sich im zweiten Stockwerk. Ausnahmsweise trifft sich die integrative Band »Just Fun« heute dort. Eine

Videoaufnahme über die Arbeit der Gruppe ist geplant und es bleiben nur noch wenige Proben bis zum Aufnahmetermin. »Just Fun« stellt das Bild üblicher Behindertenbands auf den Kopf. Geistig behinderte Jugendliche spielen hier ebenso auf so genannten »klassischen« Instrumenten wie nicht behinderte. »Es gehört zu der Idee des Bochumer Modells (BOMO), geistig behinderte Kinder und Jugendliche in die reguläre Musikschularbeit zu integrieren und ihnen die gleichen musikalischen Möglichkeiten zu bieten wie ihren nicht behinderten Altersgenossen«, erläutert Claudia Schmidt, Leiterin von »Just Fun«. Die studierte Sonderpädagogin mit dem Schwerpunktfach Musik leitet an der Bochumer Musikschule nicht nur diese Band, sondern arbeitet dort auch als Instrumentalpädagogin mit behinderten Kindern und Jugendlichen. Sie unterrichtet die Fächer Keyboard, Klavier und Blockflöte. »Wir wollen mit dem Vorurteil aufräumen, daß behinderte Menschen nur Orff-Instrumente spielen können, andere Instrumente jedoch ihre Fähigkeiten überschreiten«, erklärt Claudia Schmidt. Die Arbeit in den Schulen vor Ort bildet einen weiteren wichtigen Baustein im Konzept des BOMO.

Die heutige Probe ist auf 17 Uhr angesetzt. Bevor die Bandmitglieder eintreffen, müssen alle Instrumente aufgebaut und plaziert sein. Stühle und Notenständer werden herbeigeschleppt und kontrolliert, ob für jeden genug Platz im Halbkreis vorhanden ist. Inzwischen sind die ersten Bandmitglieder eingetroffen und stimmen sich auf die Probe ein. Timo, ein junger Mann mit Down Syndrom, läuft aufgeregt vor den Congas auf und ab. Er ist in der Band seit einiger Zeit für dieses Schlagwerk zuständig. Vorsichtig streckt er immer wieder die rechte Hand aus, tippt mit den Fingerspitzen leicht auf die Oberfläche der großen Conga und lauscht kurz dem Klang hinterher. Im nächsten Moment zieht er

die Hand ruckartig zurück, als fürchte er eine zu intensive Berührung. Seine Vorfreude bringt er durch laute Freudenschreie zum Ausdruck. Claudia Schmidt erzählt, daß Timo schon seit den Gründungstagen der Gruppe dabei sei. Er habe innerhalb des Musikschulsystems verschiedene Instrumente kennen gelernt und ausprobiert. »Irgendwann gab es aber eine Phase, da wollte Timo nicht mehr Klavier oder Gitarre spielen lernen. Da er eine Hörbeeinträchtigung hat, haben ihn vor allem Instrumente begeistert, die Schwingungen erzeugen. Zuerst wollte er immer nur die Pauke spielen. Mit der Zeit konnte ich ihn dann auch für andere Rhythmusinstrumente interessieren. Jetzt sind die Congas ›sein‹ Instrument.«

Heike, in der Band für das kleinere Schlagzeug und Akkordeon zuständig, ist inzwischen hinzugekommen und begrüßt Timo lautstark durch den Saal. Auch sie hat das Down Syndrom. In aller Ruhe packt sie ihre Trommelstöcke aus und beginnt, sich mit einfachen Übungen einzustimmen. Zwischendurch ruft sie laut ein mahnendes »Tiiimooo« in den Raum, wenn ihr die vergnügten Rufe ihres Freundes zu laut werden und sie ihn bremsen möchte. Immer mehr Bandmitglieder strömen in die Aula, begrüßen sich oder spielen ihre Instrumente ein. Jan, ehemaliger Zivi der Musikschule und Saxophonspieler bei »Just Fun«, wird stürmisch von Lars begrüßt. Lars hat das Down Syndrom und ist in der Band als Keyboarder aktiv. Jan und Lars unterhalten sich lebhaft, bis Christian, ebenfalls Zivi, hinzukommt und als zweiter Keyboarder die Runde in der rechten Ecke komplettiert.

Claudia Schmidt schaut auf die Uhr. Sie möchte anfangen. Doch zuerst müssen die letzten Noten herausgesucht und sortiert werden. Schnell noch einmal Hilfestellung leisten, letzte Fragen klären. Nun kann es losgehen. Jede gemeinsame Probe beginnt mit dem »Just Fun«-Begrüßungssong. Nach und nach werden in diesem Lied alle Mitspieler namentlich aufgerufen und von der Gruppe begrüßt. Der oder die Angesprochene »revanchiert« sich mit einem fetzigen Solo auf dem Instrument. Claudia Schmidt gibt ein Zeichen: Die ersten Takte des Begrüßungsliedes erklingen und die aufgedrehte Hektik verwandelt sich in gespannte Konzentration. Jeder wartet darauf, seinen Namen zu hören und mit dem Solo zu beginnen. Die Gruppe harmoniert erstaunlich gut miteinander und – abgesehen von kleinen Ungenauigkeiten – fügt sich jeder in den Rhythmus ein, der von den Schlagzeugern Heike und Philipp vorgeben wird. Eine Konzentration, die jedoch von Streß weit entfernt ist, spiegelt sich in den Gesichtern wider. Nach der Begrüßung geht es schnell zum regulären Probenprogramm über. An einigen Stücken muß noch gefeilt werden. Thorsten, der zuerst bei den Rhythmusinstrumenten mitgespielt hat, greift mit professionellen Gesten, die einem Schlagerstar alle Ehre machen, zum Mikrofon. Bühnenreif stellt er sich vor die Band und beginnt mit »seinem« großen Auftritt. Da er jedoch vor allen Dingen mit den anderen Bandmitgliedern herumgefeixt und in den hinteren Reihen für Stimmung gesorgt hat, bekommt er von den Verbesserungsvorschlägen und Hinweisen, die Claudia Schmidt ihm gibt, nur die Hälfte mit. Sie muß die wesentlichen Dinge noch einmal erklären. Beim nächsten Versuch funktioniert es besser.

Etliche der behinderten Bandmitglieder wechseln mehrfach die Instrumente und Aufgaben. Thorsten legt seine Rolle als Schlagerstar ab und wechselt in die Reihen der Keyboarder über. Damit er einen besseren Durchblick hat, leiht er sich zum großen Spaß der übrigen Gruppe die Brille von Lars aus. Die beiden »Entertainer« haben durch diesen Tausch im wahrsten Sinne des Wortes den Durchblick verloren und verpassen mit zu erwartender Regelmäßigkeit ihre Einsätze. Da helfen nur noch die Saxophone aus dem Hintergrund, die den beiden Keyboardern die Einsätze laut ins Ohr spielen. Die Stimmung in der Band ist ausgelassen. Claudia Schmidt hat mit der Truppe das Lied »Always look on the bright side of life ...« aus dem Kultfilm »Das Leben des Brian« einstudiert. Es verlangt der Band höchste Konzentration ab, da die Einsätze sehr anspruchsvoll sind. Nach einigen mißlungenen Anläufen wird die Reihenfolge der Einsätze jedoch deutlicher und jeder weiß, wann er mit seiner Stimme beginnen muß. In diesen Situationen unterstützen die nicht behinderten Spieler ihre behinderten Musikerkollegen intensiver. Mal greifen sie bremsend ein, mal ziehen sie die jeweilige Stimme im Tempo ein wenig schneller mit.

Nach einer gut einstündigen Probe leitet Claudia Schmidt das Ende ein. Die Konzentration läßt nach. Zum Schluß gibt es unverhofft Tränen: Thorsten, der an ein großes Klangholz gewechselt ist, wirkt plötzlich verstört und irritiert. Er beginnt zu weinen und hat an nichts mehr Interesse. Claudia Schmidt geht zu ihm und möchte wissen, was ihm fehlt. Nach einigem Nachfragen stellt sich heraus, daß sich die Platte seines Klangholzes vom Corpus gelöst hat und er nun glaubt, das Instrument sei kaputt und er dafür verantwortlich. Behutsam zeigt sie Thorsten, wie die Platte auf dem Klangholz befestigt und ausgetauscht werden kann. Doch noch ist er nicht ganz beruhigt und die Freude vom Probenbeginn will sich bei ihm nicht mehr so recht einstellen. Auch Lars ist plötzlich deprimiert und bricht in Tränen aus. Jan muß ihm immer wieder versichern, daß er sein Freund ist und bleibt. »Bei Lars stauen sich in der Woche mitunter Streß oder Frustrationen an, die nicht im Zusammenhang mit der Probe stehen. Da kann es sein, daß sich nach einer gelungenen Probe dieser Streß plötzlich in Tränen auflöst. Die Musik entspannt ihn, er kann dann einfach alles rauslassen«, erklärt Claudia Schmidt. In solchen Fällen ist immer jemand da, der Trost spendet oder aufbaut. »Wir halten zusammen und wenn es einmal ein Problem gibt, versuchen wir, es zu lösen oder weiter zu helfen«. Allmählich leert sich der Saal. Grüße werden ausgetauscht, Instrumente davongetragen, viele der behinderten Bandmitglieder von den Eltern abgeholt. Ruhe kehrt ein. Bis zur nächsten Probe ...

Interview mit »Just Fun«

Frage: »Just Fun« wirkt als Gruppe auf den Zuschauer harmonisch. Es sieht so aus, als seien die nicht behinderten Bandmitglieder sehr gut in die Gruppe der behinderten Schüler integriert. Geht die Integration über das wöchentliche Proben hinaus?
J.: Wir treffen uns hier in der Musikschule und machen gemeinsam Musik. Das ist super und macht viel Spaß. Sonst wäre ich ja nach meinen Zivildienst nicht als festes Bandmitglied dabei geblieben. Aber in der Freizeit geht jeder seine eigenen privaten Wege.

Frage: Gibt es denn nicht den Wunsch, auch über die Probe hinaus etwas gemeinsam zu unternehmen?
J.: Die Initiative geht vor allen Dingen von den behinderten Bandmitgliedern aus. Für mich sind Musikschule und Privatleben zwei Dinge. Ein Mitspieler ruft mich meistens einmal wöchentlich an. Wir unterhalten uns dann über viele Dinge. Aber ich würde jetzt nicht unbedingt von mir selbst aus bei ihm anrufen.

Frage: Hat Integration also Grenzen?
J.: Ich glaube nicht. Es ist einfach so, das jeder in seiner Freizeit eigene Interessen hat, denen er nachgeht. Das hat mit begrenzter Integration nichts zu tun.

K.: Wenn uns das gemeinsame Musizieren keinen Spaß machen würde, würden wir es ja auch nicht jede Woche hier mitmachen. Für mich ist diese Bandarbeit wichtig. Ich erfahre auf diese Weise mehr über meine behinderten Mitspielerinnen und Mitspieler.

Frage: Was bedeutet das gemeinsame Musizieren für die behinderten »Just-Fun«-Mitglieder?
C. S.: Es ist für sie ein ganz wichtiger Punkt in ihrem Alltag. Hier können sie Ausdrucksmöglichkeiten finden, um Anspannungen und Streß abzubauen. Einfach nur Spaß haben, ohne therapeutischen Anspruch. Viele kleine Erfolge stellen sich von selbst ein. Beispielsweise konnte Timo zu Beginn des Projektes nicht ruhig an seinem Platz bleiben. Er hat es nicht ausgehalten und ist stattdessen im Kreis herumgelaufen. Jetzt bleibt er an seinem Instrument. Natürlich ist es für die behinderten Band-Mitglieder auch wichtig, die Bestätigung durch den Erfolg zu sehen.

Infos und Kontakt

An der Musikschule Bochum besteht seit 1984 eine eigene Abteilung für die musikalische Arbeit mit behinderten Menschen, das Bochumer Modell (BOMO). Das Unterrichtsangebote beinhaltet die Musikalische Früherziehung und Grundausbildung, instrumentalen Unterricht in allen Fächern, projektorientierten Unterricht, Improvisation und Ensemblespiel in Bands und Musizierkreisen. Es richtet sich an alle Altersgruppen. Neben dem regulären Unterricht finden besondere Veranstaltungen statt, die integrativ gestaltet sind; behinderte und nicht behinderte Menschen erarbeiten ein Programm, eine Theateraufführung, ein Vorspiel oder einen Bandauftritt gemeinsam.

Kontakt:

Musikschule Bochum, Westring 32, 44777 Bochum
Abteilung: Bochumer Modell – Musik für Menschen mit Behinderungen
Leiterin: Marei Rascher
Tel. 0234/910-1275
Fax: 0234/910-1289
e-Mail: MRascher@Bochum

BERND SCHNEIDER UND ACHIM STEINHAUSEN

Miteinander spielen lernen, miteinander leben können: Integrative Freizeitarbeit im Jugendhaus

In der heutigen Gesellschaft gewinnt Freizeit zunehmend an Bedeutung. Während dieser Zeit erholen wir uns nicht nur von den Belastungen durch Schule und Beruf, sondern indem wir unseren Hobbys nachgehen und uns mit anderen Menschen treffen, erweitern wir unsere Fähigkeiten und entwickeln Einstellungen und Verhaltensweisen gegenüber uns selbst und unseren Mitmenschen: Freizeit als Feld sozialen Lernens. Für behinderte Kinder und Jugendliche, die überwiegend in Sonderinstitutionen und ihrer Familie leben, aber auch für die Nichtbehinderten, die keinen oder wenig Kontakt zu behinderten Menschen haben, bietet sich im Freizeitbereich die Möglichkeit, ungezwungene Erfahrungen miteinander zu machen.

Die Frage, wie Integration nach der Kindergartenzeit weitergeführt werden könnte, wurde mit dem Aufbau der integrativen Jugendfreizeiteinrichtung »Jugendhaus Sürth – Offene Tür (OT) für Behinderte und Nichtbehinderte« in Köln beantwortet. Schon allein durch die räumliche Nähe innerhalb einer Freizeiteinrichtung kann erstes gegenseitiges Akzeptieren und Annehmen erfolgen. Soziale Integration geht über diesen ersten Schritt hinaus: Beide Gruppen, Behinderte und Nichtbehinderte, lernen im aktiven Miteinander, eigene Werte und Normen zu verändern und in einem gemeinsamen Prozeß zu einer neuen Einheit zu werden. FEUSER definiert Integration als »gemeinsame Tätigkeit (Spielen, Lernen, Arbeit) am gemeinsamen Gegenstand/Produkt in Kooperation von behinderten und nichtbehinderten Menschen« (1984, 18).

1. Selbsterkenntnis und Selbstvertrauen

Erfahrungsgemäß sind die Behinderten in der Gestaltung ihrer Freizeit eindeutig benachteiligt. Im Jugendhaus Sürth ist die Arbeit so angelegt, daß sie sich sowohl an den Möglichkeiten der Behinderten als auch der Nichtbehinderten orientiert. Wenn Freizeit der Selbstverwirklichung des Menschen dienen will, muß sie auf die Persönlichkeit des einzelnen abgestimmt sein; die Aktivitäten müssen so konzipiert sein, daß sie der Selbsterkenntnis und der Stärkung des Selbstvertrauens dienen. Dies bedeutet, daß der Behinderte lernt, seine Behinderung anzunehmen, Schwächen und Stärken real einzuschätzen und seine Möglichkeiten auszuschöpfen. Selbsterkenntnis und Selbstvertrauen kann der Mensch jedoch nicht isoliert, sondern nur im sozialen Bezug mit anderen Menschen erfahren. Aus Gesprächen mit Körperbehinderten wissen wir, daß sie sowohl aus Begegnungen mit anderen Körperbehinderten als auch aus dem Kontakt mit Nichtbehinderten gelernt haben, sich selbst richtig einzuschätzen. Beides ist für eine gesunde Persönlichkeitsentwicklung von Bedeutung.

Eine weitere Aufgabe der Freizeitgestaltung ist es, den Behinderten ebenso wie den Nichtbehinderten so weit wie möglich selbständig und unabhängig von den Bezugspersonen und von der Rolle werden zu lassen, die er im Elternhaus, in der Schule oder im Beruf hat. Es geht um die Verwirklichung der Selbstbestimmung, um das Entdecken der Möglichkeiten, Eigenaktivität zu entfalten, um eine innere Unabhängigkeit. Behinderte sollen ihre eigenen Interessen erkennen und vertreten lernen und zu einer aktiven Daseinsbewältigung in voller Selbstverantwortung kommen. Dieser Begründungszusammenhang (vgl. RAHMENKONZEPTION ... 1979) und das Motto des Vereins »*Miteinander spielen lernen, miteinander leben können*« weist auf die Zielrichtung der Arbeit hin:

- Schaffung von Freiräumen zur zwanglosen Begegnung;
- Beseitigung von Unwissenheit und Unsicherheit;
- Behinderte werden fähig zu sozialen Beziehungen zu Nichtbehinderten und umgekehrt;
- Förderung von Selbständigkeit und Selbstbewußtsein;
- am gemeinsamen Gegenstand orientiertes Handeln.

1982 konnte das Jugendhaus Sürth als Offene Tageseinrichtung für Behinderte und Nichtbehinderte dank tatkräftigen Einsatzes von Eltern und Freunden des Vereins, finanziellen Förderungen durch die Stadt Köln, das Land und zahlreiche Spendengeber seinen Betrieb aufnehmen. Das Haus liegt idyllisch in unmittelbarer Rheinnähe am Sürther Marktplatz, umgeben von Wiese und Garten. Es beherbergt zwei große Tagesräume und eine Küche, den Holzraum, einen Werkraum, das Fotolabor, ein Spielzimmer und die Bibliothek. Alle Räume sind mit dem Rollstuhl zu erreichen. In angenehmer, familiärer Atmosphäre bietet das Haus behinderten und nichtbehinderten Kindern und Jugendlichen vielfältige kreative, musische, sportliche und andere Freizeitmöglichkeiten.

Die anfängliche Stammbesuchergruppe zählte im September 1982 etwa zwölf zumeist behinderte Personen. Aber schon durch die Eröffnungsfeier mit dem Oberbürgermeister von Köln wurde das Haus mit seinen zahlreichen Freizeitmöglichkeiten in der näheren und weiteren Umgebung bekannt und zog immer mehr Kinder und Jugendliche an. Im Laufe der Jahre entwickelten sich ständig neue Aktivitäten, das Programm des Jugendhauses weitete sich beständig aus: Theateraufführungen, Ferienfreizeiten, eine kleine Bibliothek, Seminare zum Thema Liebe, Freundschaft, Sexualität; Fahrrad-Bus-Touren, Filmnächte, Medientage, Ausstellungen, Segeltouren und nicht zuletzt große Feste mit bekannten Gruppen wie den Bläck Fööss.

2. Kreative Arbeit am gemeinsamen Gegenstand

Die Aktivitäten haben von Jahr zu Jahr zugenommen, die Zahl der Besucher ist in den letzten Jahren relativ konstant geblieben: Etwa 140 Kinder und Jugendliche im Alter von 6 bis 26 besuchen das Haus. Teilweise kommen sie einmal wöchentlich für zwei Stunden zu einer der angebotenen Gruppen, teilweise kommen sie täglich in ihr »zweites Zuhause«. Knapp die Hälfte der Besucher ist behindert, sie kommen aus ganz Köln und Umgebung. Die Nichtbehinderten wohnen im unmittelbaren Einzugsbereich, dem Kölner Süden. Die Anzahl der Jungen und Mädchen ist in etwa gleich.

Der Alltag des Hauses wird zum einen bestimmt durch den Offenen Betrieb. Von 14 bis 20 Uhr dienstags bis samstags treffen sich die Jugendlichen, hören Musik, klönen, spielen Tischtennis oder Billard, backen oder kochen – sie begegnen sich! Als zweiten Schwerpunkt gibt es eine Vielzahl von Gruppenangeboten. In den altersspezifischen Gruppen wechselt das Programm wöchentlich in Absprache mit den Kindern und Jugendlichen. Zusätzlich werden Interessengruppen angeboten. Von Arbeiten mit Holz, Ton, Farben über Koch- und Backgruppen bis zu Foto- und Videogruppen - um nur einige zu nennen, reicht das Angebot. Inhaltlicher Schwerpunkt ist die kreative Arbeit am gemeinsamen Gegenstand. Für zusätzliche Abwechslung und Belebung des Programms sorgen Veranstaltungen wie z. B. Filmangebote für Kinder und Jugendliche, Tischtennis- und Billardturniere, Karnevals- und Weihnachtsfeiern, Disco, Ausflüge ins Theater oder in Museen, Fahrradtouren und Wochenendseminare und, als weiteren Schwerpunkt »Sommeraktivitäten in den Ferien«.

Für die jugendlichen Besucher des Hauses, die regelmäßig kommen, wird eine zweiwöchige Ferienfahrt angeboten. Sie soll den Kontakt der Jugendlichen untereinander und zum Hause fördern, d.h. die integrativen Prozesse der OT-Arbeit stützen. Neben der Ferienfahrt wird eine dreiwöchige Ferienspielaktion durchgeführt, in der behinderte und nichtbehinderte Kinder und Jugendliche aus Köln und Umgebung täglich von morgens bis abends ihre Freizeit im und um das Jugendhaus herum verbringen können. Von zahlreichen Honorarkräften wird ein abwechslungsreiches Programm zusammengestellt, so daß Langeweile für die etwa 70 Besucher in dieser Zeit ein Fremdwort bleibt. Diese Ferienspiele sind gerade für die behinderten Kinder und ihre Eltern eine wichtige Maßnahme, die einer verstärkten Isolation in der schulfreien Zeit entgegenwirkt. Ob im Offenen Betrieb, in den Gruppen, auf Ausflügen und Reisen, bei Festen und Feiern: Immer begegnen sich behinderte und nichtbehinderte Kinder und Jugendliche. Das rege, abwechslungsreiche Treiben im Jugendhaus macht ihnen allen nicht nur riesig Spaß, sondern durch das Miteinander verringert sich die anfängliche Scheu und Irritation voreinander, durch den regelmäßigen und ungezwungenen Kontakt können integrative Verhaltensweisen angebahnt werden.

3. Eine Erfahrung, die jeder mitnimmt

Über diese Erfahrungen und die Bedeutung gemeinsamer Freizeitaktivitäten haben zwei Mitarbeiter des Hauses eine wissenschaftliche Untersuchung (vgl. RICKES/STEINHAUSEN 1987) durchgeführt. Sie kommt zu folgenden Ergebnissen:
- Gemeinsame Tätigkeiten im direkten Kontakt führen zur Kooperation behinderter und nichtbehinderter Menschen.
- Die Auseinandersetzung mit ungewohnten Problemen erweitert die Erlebnisfähigkeit und die Verhaltensmöglichkeiten der Jugendlichen.
- Zunehmende Selbstverständlichkeit und Nähe kennzeichnen den Umgang der Jugendhausbesucher untereinander.
- Die behinderten Jugendlichen rücken ein Stück näher ins normale Leben: Soziale Prozesse finden in einem weniger geschützten Raum als Schule und Sonderinstitution statt. Die Persönlichkeitsentwicklung wird auch durch Geschehnisse im Jugendhaus geprägt. Behinderte Jugendliche haben durch die Begegnung mit nichtbehinderten Ju-

gendlichen die Möglichkeit, ihr bisher im Rahmen der Sonderschule entwickeltes Selbstbild durch die neue Bezugsgruppe zu überprüfen und gegebenenfalls zu verändern.
- Für die Nichtbehinderten bedeutet das Zusammensein mit den Behinderten eine Konfrontation, wie sie im sonstigen Alltag nicht üblich ist. Diese Konfrontation bietet die Möglichkeit, bestehende Meinungen zu überprüfen. Das Wissen über Behinderung wird erweitert, und sie werden sensibilisiert für soziale und architektonische Barrieren im Leben der Behinderten.
- Anfängliche Scheu und Irritationen sowohl bei Behinderten wie auch bei Nichtbehinderten werden durch den regelmäßigen Kontakt verringert, Annäherungen finden statt. Dabei ist auch zu bemerken, daß eine erste im Jugendalter stattfindende Begegnung durch wesentlich stärkere Befangenheit geprägt ist als eine im Kindesalter beginnende Integration.

Nach nun 10 Jahren Freizeitpädagogik im Jugendhaus Sürth ist es an der Zeit *Resümee* zu ziehen: Die erste Generation Jugendlicher besucht das Haus wegen Berufseinstieg, Auszug aus der elterlichen Wohnung oder erwachsener Freizeitinteressen zunehmend seltener. Die im Jugendhaus gemachten Erfahrungen des Miteinander hat aber jeder mitgenommen. Die Einstellungen und Verhaltensweisen sind geprägt durch ein Mehr an Verständnis und Wissen, weniger Vorurteile, größere Hilfs- und Kooperationsbereitschaft (speziell bei den Nichtbehinderten), realistischere Selbsteinschätzung und einer Vielzahl von glücklichen und anregenden Freizeiterfahrungen.

4. Freizeit: eine Aufgabe

Doch die Probleme bezüglich Integration in der Freizeit sind auch deutlicher geworden:
- Eingeschränkte Mobilität bzw. ungenügend behindertengerechte Nahverkehrsmittel und/oder fehlende/unzulängliche ambulante Hilfsdienste (Behinderten-Taxi, Begleitpersonal/Assistenten) erschweren oder verhindern den Zugang zu den Freizeitmöglichkeiten für die Behinderten.
- Aufgrund der geringen Zahl integrativer Freizeitangebote müssen überlange Anfahrtswege in Kauf genommen werden. Zugleich ist die Nachfrage seitens der Behinderten größer als das bestehende Angebot.
- Durch die Ganztagssonderschulen, die erschwerte Befriedigung der Grundbedürfnisse, teilweise geringere psychische und körperliche Belastbarkeit und durch zusätzliche Rehabilitationsmaßnahmen ist die freie Zeit erheblich reduziert.
- Die starken familiären Bindungen/Abhängigkeiten und die Überbehütung der Kinder ebenso wie die daraus resultierenden Isolationstendenzen der Familie fördern Angst und Unsicherheit vor neuen Kontakten.

Hieran werden Konzepte integrativer Freizeitarbeit zu arbeiten haben. Die schon gewonnenen Erfahrungen führen aber auch zu immer neuen Initiativen im oder neben dem Jugendhaus, wie z. B. schulische Integrationsversuche, integrativer Hort, Freizeitangebote für Erwachsene, Beratung von behinderten Menschen und ihren Angehörigen (Ablösung, Selbständigkeit, Akzeptanz der Behinderung...), Wohn- und Arbeitsplatzprobleme. All diese Aspekte machen deutlich: Hier ist »Gesellschaft« gefordert. Die Aktivitäten des

»Vereins zur Förderung und Betreuung spastisch gelähmter und körperbehinderter Kinder e.V. Köln-Rodenkirchen« mögen als Modell dienen, wie »... Integration Behinderter in die Gesellschaft (als) eine der vordringlichsten Aufgaben jedes demokratischen Staates ...« (DEUTSCHER BILDUNGSRAT 1973, 16) aussehen kann. Wer sich nun noch genauer über die Arbeit des Vereins oder des Jugendhauses informieren möchte, ist herzlich eingeladen, im Jugendhaus in der Fronhofstraße 42, 50999 Köln (Sürth), Tel. 02236/65497, vorbeizuschauen.

Literatur

DEUTSCHER BILDUNGSRAT: Empfehlungen der Bildungskommission. Zur pädagogischen Förderung behinderter und von Behinderung bedrohter Kinder und Jugendlicher. Stuttgart (Klett) 1973.
FEUSER, G.: Gemeinsame Erziehung behinderter und nichtbehinderter Kinder im Kindertagesheim. Ein Zwischenbericht. Bremen (Diakonisches Werk) 1984.
RAHMENKONZEPTION FÜR EINE OFFENE JUGENDEINRICHTUNG FÜR KÖRPERLICH BEHINDERTE UND NICHTBEHINDERTE IN KÖLN-SÜRTH. Köln (unveröff. Manuskript) 1979.
RICKES, S./STEINHAUSEN, A.: Gemeinsame Freizeitaktivitäten in einer Einrichtung der offenen Jugendarbeit als Möglichkeit der Entwicklung integrativer Verhaltensweisen. Köln (Universität, Heilpädagogische Fakultät; unveröffentlichte Diplomarbeit) 1987.

INGRID KÖNIG

Integrierende Gemeinde – Aufgabe und Chance

»Frau König, Arche gehen! Frau König, Arche gehen!« Uta winkt mir von weitem zu, als ich sie mit ihrer Familie beim samstäglichen Einkauf im Ortszentrum treffe. »Ja, Uta, wir holen dich zum Kindergottesdienst am Sonntag ab!« Ich versuche mich aus der stürmischen Umarmung zu befreien, mit der mich Uta auf ihre unkomplizierte und herzliche Art begrüßt hat, und während ich weitergehe, winkt und ruft Uta mir lachend nach: »Ja, morgen Arche gehen.«

Utas Freude und ihre Fröhlichkeit haben mich angesteckt, ich schaue der kleinen Familie nach und bin froh, ihnen heute morgen begegnet zu sein.

Uta ist geistig behindert. Sie besucht ein- bis zweimal wöchentlich einen Spielkreis für behinderte und nichtbehinderte Kinder im evangelischen Gemeindezentrum. Hier trifft sie Freunde und Freundinnen, die in der Gemeinde leben: Behinderte Kinder, die den Tag in einer Einrichtung für Behinderte verbracht haben und viele Kilometer im Taxi weg von ihrem Wohnort transportiert wurden; andere, die in einer integrativen Grundschule vor Ort unterrichtet werden; nichtbehinderte Kinder, die in der Nachbarschaft wohnen und Jugendliche, die sich in der Gruppe engagieren. Sie alle bilden für diese Nachmittagsstunde eine kleine Gemeinschaft: Man spielt und lacht miteinander, es wird gesungen, gegessen, man erzählt sich etwas, Feste werden gefeiert und dann geht man wieder auseinander.

Für Uta, ihre Freunde und Freundinnen sind dies sehr wichtige Stunden. Sie erleben in ihrer Nachbarschaft eine Gemeinschaft, in der jeder und jede wichtig ist, in der sie sich auf ihre Art mitteilen und in der sie sein dürfen wie sie sind. Alle sind willkommen, wer Hilfe braucht, wird abgeholt und nach Hause gebracht. Wer Betreuung braucht, wird betreut, alle nehmen aufeinander Rücksicht. Die Kinder und Jugendlichen kommen der Gemeinschaft wegen und genießen das Zusammensein. Hier verfolgen wir keine therapeutischen Ziele, wie es die behinderten Kinder in der Schule und in Therapiegruppen sonst erleben. Das ist für sie besonders wichtig.

Seit mehreren Jahren sind integrative Angebote ein Arbeitsbereich unserer Kirchengemeinde. Entstanden aus dem ehrenamtlichen Engagement einiger Frauen, die von den Sorgen und Nöten junger Familien erfahren hatten, ist inzwischen ein so großes Aufgabenfeld gewachsen, daß die Kirchengemeinde eine hauptamtliche Mitarbeiterin beschäftigt. Es waren die Eltern behinderter Kinder, die signalisierten, daß sie für sich und ihre Familien ein Angebot in der Gemeinde vermißten. Der erste Gesprächskreis wurde eingerichtet und fand so große Resonanz, daß der Gemeindepfarrer und die Mitarbeiterinnen staunten. Keiner hatte erwartet, daß so viele betroffene Familien in der Gemeinde wohnten. Das Angebot war von Anfang an überkonfessionell. So treffen sich seit fast zehn Jahren Eltern behinderter Kinder im Gemeindezentrum: Die Mütter in vormittäglichen Gesprächskreisen mit Kinderbetreuung, die Väter zu Gesprächsabenden, es gibt Einkehr- und Seminartage für Eltern, auch fröhliche Ausflüge für Mütter, Begegnungstage und Wochenenden für Familien.

Zu Beginn der Arbeit mit den Familien war es vor allen Dingen wichtig, eine Nische zu schaffen, in der Eltern sich fallen lassen, sich wohlfühlen, sich mitteilen und austauschen konnten und dabei begleitet und gestärkt wurden. Vieles kam dabei zur Sprache, z.B. wie schwer es ist, ein behindertes Kind selbst anzunehmen, wenn Familie, Freunde, Nachbarn, ja selbst Ärzte, Therapeuten und Seelsorger durch ihre Unsicherheit, Abneigung und Abwertung Eltern in tiefe Ratlosigkeit und Verzweiflung stürzen. Gemeinsam gelingt es leichter, die eigene Situation zu klären und zu akzeptieren. So können die Eltern die Selbstsicherheit gewinnen, die sie benötigen, außerhalb der gemeindlichen »Nische« sich zu behaupten, über ihre Situation zu sprechen und in einer von Leistung bestimmten Gesellschaft um Akzeptanz zu kämpfen.

Sehr bald haben die Eltern ihr Bedürfnis geäußert, diese »Nische« zu verlassen, um sich der Gemeinde mitzuteilen: sie haben Gottesdienste mitgestaltet, sie haben bei Gemeindefesten und gemeindlichen Feiern auf sich und ihre Problematik hingewiesen. Viele Impulse aus der Kirchengemeinde wurden an die kommunale Gemeinde weitergegeben. Das hatte zur Folge, daß durch ganz praktische Maßnahmen, wie das Absenken von Bordsteinen u.ä. ein behindertenfreundlicheres Stadtbild entstand.

Aus der Erfahrung, daß sich nur in der persönlichen Begegnung die Einstellung zu Behinderung ändern und der Umgang mit behinderten Menschen lernen und »normalisieren« läßt, wurde das Gemeindezentrum der Begegnungsort für behinderte und nichtbehinderte Menschen. Das hatte Konsequenzen, die das gemeindliche Leben sowohl organisatorisch als auch inhaltlich neu bestimmten: Angefangen bei baulichen Maßnahmen (behindertengerechte Zugänge, Räume, Toiletten), über Entscheidungen, die die Gestaltung von Gottesdiensten und Kindergottesdiensten betreffen bis zu den Überlegungen zum Konfirmandenunterricht für die geistig und die mehrfachbehinderten Kinder.

Daneben wurde es möglich, einen »Familienentlastenden Dienst« einzurichten (mit der Unterstützung des kreiskirchlichen Behindertenreferats). Familien brauchen dringen Unterstützung, wenn sie mit einem behinderten Kind leben. Der mehrstündige Einsatz von Zivildienstleistenden und Frauen im Sozialen Jahr in den Familien bedeutet für Eltern und Geschwister eine wichtige Entlastung. Heute sind in unserer Gemeinde zwei »Zivis« und eine junge Frau im Diakonischen Jahr im »FED« tätig. Sie werden eingesetzt, betreut und begleitet von mir als der hauptamtlichen Mitarbeiterin der Kirchengemeinde und entlasten viele Familien. Diese können dadurch mit ihren Kindern in unserer Gemeinde leben. Hier leistet die Gemeinde wichtige integrierende Hilfe.

Die Entlastung der Familien in den Ferien durch Freizeitmaßnahmen für behinderte Kinder und Jugendliche war ein wichtiges Anliegen für den Beginn einer umfangreichen Freizeitarbeit. Inzwischen begreifen wir diese uns sehr lieb gewordene Arbeit als Chance integrativen Lebens. Viele nichtbehinderte Jugendliche aus unserer Stadt engagieren sich ehrenamtlich bei der Betreuung und bei der Entwicklung und Durchführung eines geeigneten Freizeitenprogramms. Sie leben und erleben im gemeinsamen täglichen Miteinander der Ferienfreizeiten Integration. Sie bilden eine Gemeinschaft, in die sich alle integrieren, denn Behinderte und Nichtbehinderte müssen sich auf eine gemeinsame Lebensweise einstellen.

Dieses begeisterte ehrenamtliche Engagement der Jugendlichen, ohne das die Freizeiten und die Kinder und Jugendgruppen nicht durchführbar wären, zeigt, wie positiv die wechselseitige Integration erlebt wird. Die Jugendliche nehmen diese Erfahrungen mit in ihr weiteres Leben. Sie werden vor diesem Hintergrund unsere gesellschaftliche Zukunft gestalten. So eröffnet Integration nicht nur für die Eltern und behinderten Menschen, sondern letztlich für uns alle die Chance, hoffnungsvoll in eine Zukunft zu sehen, in der alle Menschen einen Platz haben, und in der allen Menschen die ihnen gebührende Würde zukommt.

Integrierende Gemeinde – das ist eine Aufgabe! Die Integration geschieht nicht von selbst, die Aufgabenfelder sind vielfältig und entwickeln sich weiter. So bemühen sich in unserer Gemeinde Eltern und Angehörige jetzt z.B. um das »Gemeindenahe Wohnen« der behinderten Menschen. Integrierende Gemeinde – das ist eine Chance! Es ist die Chance, ein lebendiges Gemeindeleben mit behinderten und nicht behinderten Gemeindemitgliedern zu gestalten, das in unsere Gesellschaft hineinwirkt.

»Wir sind alle nach dem Bilde Gottes geschaffen, wir alle, Behinderte eingeschlossen, sind lebendige Steine des Hauses, das Gott baut und das die Kirche darstellt (1. Petrus 2, 4–5). Behinderte können nicht isoliert werden; sie sind Teil des Hauses und für die Ganzheit und für die Würde der Kirche wesentlich. Die zehn Prozent der Weltbevölkerung, die im Hören, Sehen, Sprechen, in der Fortbewegung, in geistiger und sonstiger Hinsicht behindert sind, bilden einen integralen Bestandteil von Kirche und Gesellschaft.«

(Bericht aus Vancouver 83, Frankfurt/M., Verlag Otto Lembeck, S. 84)

MARTIN KLIEWER

Manege frei – ein integratives Circusprojekt

Der CIRCUS MIGNON ist ein integratives Kinder- und Jugendprojekt, das 1992 von HAUS MIGNON als Ergebnis der Suche nach neuen Formen der Bewegungstherapie für behinderte und von Behinderung bedrohte Kinder und Jugendliche im Alter von 12 bis 16 Jahren im Westen Hamburgs gegründet wurde. Am Anfang waren es 10 Kinder aus dem HAUS MIGNON, die in der benachbarten Turnhalle Zirkuskünste übten. Durch die Fenster sahen andere Schüler und Freunde zu und wollten mitmachen. Bald schon fragten Geschwister, Freunde und Schüler aus elf Hamburger Schulen nach, ob sie nicht auch mitmachen könnten, und so entstand ein integratives Kinder- und Jugendprojekt mit 65 Artisten, Clowns, Technikern, Musikern, Kostüm- und Schminkfrauen.

Heute ist CIRCUS MIGNON ein Projekt, in dem ca. 80 Kinder und Jugendliche mitwirken. Alle zwei Jahre werden 40 neue Kinder im Alter von 11 bis 14 Jahren aufgenommen. Sie erarbeiten sich ein eigenes Programm, für das neue Kostüme geschneidert und eigene Musik komponiert werden. Wer zwei Jahre Artist war, kann einer von den vielen fleißigen Technikern, Kostüm- und Schminkfrauen, Köchen, Kartenverkäufern oder artistisch-pädagogischen Betreuern der nächsten CIRCUS-MIGNON-Truppe werden. So ist CIRCUS MIGNON inzwischen ein ausschließlich von Jugendlichen betriebenes erlebnispädagogisches Projekt. Seit 1998 gibt es eine zweite ständige Artistengruppe für 14 bis 19jährige mit eigener wöchentlicher Übzeit.

CIRCUS MIGNON geht jährlich mit eigenem Zelt, 14 Wagen, zwei Traktoren und einer Zugmaschine auf Schleswig-Holstein-, Niedersachsen- oder Nordsee-Inseltournee und folgt Einladungen zu Jubiläen, Festen, Festivals und gestaltet das Rahmenprogramm von Kongressen etc. Bis nach Amsterdam und Zürich ist er schon gekommen und hat mit seinen 6 Programmen in über 300 Aufführungen das Publikum begeistert. Die Jugendgruppe bestreitet eigenständig Engagements auf Veranstaltungen und tritt mit einzelnen Nummern oder einem festen Programm bei Festivals im In- und Ausland auf. CIRCUS MIGNON bezieht Elemente aus dem Theater und der Musik in seine Produktionen mit ein. Durch den Verzicht auf Spezialisierung artistischer Fähigkeiten erhält das gestalterische Element mit den Mitteln der Phantasie, des Humors und der Poesie besondere Bedeutung. Nicht schneller, höher, weiter, sondern längst Bekanntes so zu komponieren, daß etwas Überraschendes, Skurriles, Phantasieanregendes und damit Neues entsteht, das sind die Mittel des CIRCUS MIGNON, der seine artistischen Darbietungen – vom Jonglieren, Ein- und Hochradfahren, von Stelzen-, Kugel-, Seillaufen über Akrobatik-, Clownerie-, Zauber- und Fakirnummern bis hin zum Feuerspucken – immer in eine kleine poetische Geschichte bettet, die von der eigenen Circuskapelle mit selbst komponierter Musik begleitet wird.

CIRCUS MIGNON pflegt den technisch-handwerklichen Bereich genauso wie den pädagogisch-therapeutischen. Er hat seine Besonderheit im Auf- und Abbauen des großen Einmast-Zeltes einschließlich aller technischen Aufbauten und Requisiten, der Pflege und Wartung des Fuhrparks, der Betreuung der Kinder- und Versorgungszelte, des nostalgischen Pferdekarussells und der Schiffschaukel sowie in der Restaurierung und im Ausbau alter Zirkuswagen.

Außer dem Direktor gibt es inzwischen nur alte Teens und junge Twens, die CIRCUS MIGNON betreiben. So sind die Jugendlichen nicht nur Trainer der jungen Artisten und für die Entwicklung der Nummern des neuen Programms zuständig. Auch auf Tournee übernehmen sie inzwischen die pädagogische Betreuung und liebevolle Versorgung der Jüngeren. So werden dem Jugendlichen neben der circensischen Arbeit die unterschiedlichsten Arbeitsbereiche angeboten. CIRCUS MIGNON versteht sich als ganzheitlich orientiertes erlebnispädagogisches Projekt. Bisher finanziert sich CIRCUS MIGNON ausschließlich von Spenden und Zuwendungen von Sponsoren sowie durch Elternbeiträge und Eintrittsgelder.

Im Frühjahr 1997 war CIRCUS MIGNON Veranstalter des Internationalen Kinder/Jugend – Circus & Theaterfestivals Hamburg in der alten Elbschloßbrauerei und Gastgeber von 25 Circus- und Theatergruppen aus zehn verschiedenen Ländern mit über 700 Kindern und Jugendlichen. In diesem Jahr gab es einige wichtige Jubiläen zu feiern: 21 Jahre heilpädagogische Arbeit im HAUS MIGNON, fünf Jahre CIRCUS MIGNON und 700 Jahre Hamburg-Nienstedten, der Stadtteil, in dem beide beheimatet sind. Wie es der Zufall wollte, hatte die große Elbschlossbrauerei in der unmittelbaren Nachbarschaft von HAUS MIGNON vor einem Jahr ihre Tore geschlossen. Aus diesem Grund lag es nahe, herauszufinden, ob nicht HAUS MIGNON dort auf diesem ungenutzten Gelände ein großes Fest feiern könnte. Im Mai kamen schließlich 25 Gruppen aus England, Belgien, den Niederlanden, der Schweiz, Ungarn, Russland, Schweden, Finnland und Deutschland für zwei Wochen in Hamburg zusammen. Während dieser Zeit lebten und arbeiteten die jungen Akteure in der alten Brauerei und führten sich und dem Hamburger Publikum ihre Künste vor. Die alte Exporthalle verwandelte sich in eine Festhalle, in der gegessen, geredet und getanzt wurde. Die Verwaltungsgebäude und das Personalbüro dienten als Schlafräume. Auf einer großen Bühne in der Festhalle hatten die Techniker von CIRCUS MIGNON ein halbes Cirkuszelt aufgebaut und nach den Abendaufführungen eröffnete hier bis in die frühen Morgenstunden das »NACHTCAFÉ«. In zwei Circuszelten fanden nachmittags und abends parallel jeweils zwei Aufführungen statt, so daß jeder zuschauen konnte. Am Vormittag begegneten sich die Teilnehmer in Workshops und brachten sich gegenseitig ihre Künste und neuen Techniken bei. Da trafen sich plötzlich die Artistinnen des schon professionellen Jungstar-Circus Ludvika aus Schweden mit den Akrobatinnen des CIRCUS MIGNON; dort halfen die Trainer des Nachwuchskaders des Ungarischen Nationalcircus den Kindern von Bambini aus Bremen zum ersten Mal aufs Trapez ...

Für alle war dies eine neue und manchmal auch ungewohnte Erfahrung. An jedem der beiden Wochenenden gab es eine Circusgala, in der alle Gruppen gemeinsam ein Abendprogramm gestalteten. Da sich so viele Hamburger für die Galavorstellungen interessierten, konnten die Circusgruppen noch nicht einmal selbst zuschauen. Kurz entschlossen wurden deshalb im Anschluss an die öffentliche Vorstellung noch einmal das Programm von 22 bis 24 Uhr wiederholt. Während dieser Festivalphase kamen täglich zusätzlich 80 Hamburger Kinder zwischen 8 und 12 Jahren zum Ferienkulturprojekt »Wir machen Circus« und übten mit den jugendlichen Trainern von CIRCUS MIGNON ein eigenes zweistündiges Programm ein, das sie vollständig kostümiert, geschminkt – und stolz auf ihre ersten Circuserfahrungen – den Eltern am letzten Tag im Chapiteau Mignon präsentierten.

Im Programmheft des Festivals heißt es unter anderem über den CIRCUS MIGNON: »Es gibt über zweihundert Kinder- und Jugendzirkusse auf der Welt. Jeder hat sein eigenes Gesicht, sein eigenes Konzept, seine eigene kleine Geschichte. Wer sich wie wir stark auf die Einzigartigkeit des Kindes und seine Biographie, das Individuelle bezieht, sollte nie das Gemeinsame und Verbindende ihres Soseins aus dem Auge verlieren. Wir wollen Gemeinsamkeit in Unterschiedlichkeit leben und praktizieren und halten dies für ein Bemühen um Integration, weit über die Behindertenarbeit hinaus. Es geht uns nicht um Normalisierung, sondern die Findung individueller Lebensvollzüge und Entwicklungschancen. Wo kann man dies besser erleben und lernen, als im Austausch mit Menschen anderer Sprachen, Sitten und Kulturen?«

In diesem Sinne war es auch folgerichtig, daß das HAUS MIGNON zu seinem großen Fest 70 Menschen mit Behinderung eingeladen hatte, um über Pfingsten, dem letzten Wochenende des Festivals, nach Hamburg zu kommen. Gerne wären noch mehr Menschen dabei gewesen, aber die Kapazität der Übernachtungsmöglichkeiten mit seinen Einzel- und Zweibettzimmern reichte nicht aus. Vorher konnte man sich schon für die Circus- und Theateraufführungen Karten reservieren und am Mittag- und Abendessen in der großen Festhalle unter den Massen von Kindern und Jugendlichen des Festivals teilnehmen. Dort gab es zum Nachtisch Eis zu kaufen und eine Stunde vor den Vorstellungen begann die Popkornmaschine ihren Dienst. An jeder Ecke übte ein junger Artist mit seinen Keulen oder Ringen. Die Russen vollführten ihr tägliches Training auf dem Schlappseil direkt gegenüber den Eßtischen und das sommerliche Wetter tauchte das gesamte Gelände in eine heiter-fröhlich, fast ausgelassene Atmosphäre. Selbst das Pürieren des Essens konnte von der Festivalküche bewerkstelligt werden! Begeistert reisten am Ende alle Festival-Teilnehmer wieder aus Hamburg ab. Viele schrieben an die Truppe von HAUS MIGNON und CIRCUS MIGNON. Aus ihren Briefen kann man entnehmen, daß in den zehn Tagen etwas erlebt werden konnte, was den einen Vertrauen und Mut für die Zukunft, den anderen das Gefühl der Zugehörigkeit und der Begeisterung für Anderes ermöglicht hat.

UWE RHEKER

Sport für alle – auch für und mit behinderten Menschen?

1. Einleitung

Diese Frage macht bereits deutlich, daß der vom Deutschen Sportbund (DSB) propagierte Slogan »Sport für alle« bei weitem noch nicht für alle Zielgruppen und hier besonders für behinderte Menschen verwirklicht worden ist. Der DSB will sich vor dem Hintergrund der Forderung der sportlichen Aktivität für alle »verstärkt auch um die Bürger unseres Landes kümmern, die noch vor der Schwelle unserer Turn- und Sportvereine stehen« (KULTUSMINISTERIUM NORDRHEIN-WESTFALEN 1982, 8). Diese Zielrichtung soll vor allen Dingen im Bereich des Breitensports angestrebt werden. Hierbei geht es darum – so lesen wir weiter bei der Ausgestaltung dieser Idee des Sports für alle – »die Voraussetzungen für eine stärkere Einbeziehung sozial benachteiligter Gruppen in unserer Gesellschaft wirksam zu verbessern« (ebd.).

Wenn wir uns die Zahlen des DSB anschauen, kann man erkennen, daß dieser Slogan doch schon nahezu verwirklicht sein muß. Nach Ansicht des DSB »treiben heute mehr als 60 % der Bürger organisiert, privat oder in kommerziellen Einrichtungen ihren Sport« (DEUTSCHER SPORTBUND 1990, 48). Nach einer Statistik des DSB sind 34,5% der nichtbehinderten Menschen im Sportverein organisiert. Für Kinder und Jugendliche ergeben sich noch weit höhere Prozentzahlen. In Nordrhein-Westfalen sind nach der Erhebung von BRETTSCHNEIDER/BRÄUTIGAM (1990, 171) ca. 54% der männlichen und ca. 38% der weiblichen Jugendlichen sportlich organisiert (entsprechende durchschnittliche Quote: 46 %).

Wenn wir uns dagegen die Zahlen der sporttreibenden behinderten Menschen anschauen, wird auf den ersten Blick deutlich, daß es hier
1. einen eklatanten Nachholbedarf gibt,
2. das Motto »Sport für alle« bei weitem noch nicht erfüllt ist,
3. besonders bei den sporttreibenden Kindern und Jugendlichen ein großes Defizit gegenüber den nichtbehinderten besteht und
4. vor allem integrative Gruppen unterrepräsentiert sind.

Die Schwierigkeit, an vergleichbares Zahlenmaterial heranzukommen, kann jeder bestätigen, der auf diesem Gebiet schon einmal gearbeitet hat. Bei meiner Untersuchung bin ich von den Angaben der maßgeblichen Sportverbände (DSB, DBS, BS NW) und den ermittelten Daten der 1985 veröffentlichten Studie des SOZIALDATA-INSTITUTES FÜR GESUNDHEITS- UND KOMMUNIKATIONSFORSCHUNG ausgegangen. Danach werden in der Bundesrepublik Deutschland absolut 7,8 Millionen behinderte Menschen geschätzt, das entspricht einem Anteil von 13,54% (SCHUCHARDT 1987, 56 f.). Die von Sozialdata hochgerechneten Zahlen gelten in der Fachliteratur nicht zuletzt aufgrund einer zu vermutenden

Dunkelziffer von 25% durchaus als verläßlich und realistisch. Von den 7,8 Millionen behinderten Menschen sind nur 197 000 im DBS erfaßt, was einer Quote von knapp 3% entspricht. In NRW liegt diese Quote sogar nur bei 2,8% (55 000 Mitglieder im DBS). Selbst wenn diese Zahlen nicht ganz verläßlich sind, so fällt ein erheblicher Nachholbedarf für behinderte Menschen und ihren Sport auf. Das gilt in besonderem Maße für den Integrationssport. Wo liegen die Ursachen, daß bestimmte Gruppen – behinderte Kinder und Jugendliche, integrative Gruppen – im Sport unterrepräsentiert sind? Neben der gesellschaftlichen Entwicklung des Behindertensports liegen die Gründe in der Einstellung der Gesellschaft zu behinderten Menschen.

2. Integration

Wenn wir die Situation behinderter Menschen in unserer Gesellschaft einmal genau betrachten, kommen wir zu dem Ergebnis, daß behinderte Kinder und Jugendliche und Familien mit behinderten Menschen keine volle Teilhabe am gesellschaftlichen Leben haben. Allen Mitgliedern dieser Gesellschaft sollte aber die Teilhabe am Leben der Gesellschaft offenstehen. Daß aber allein beispielsweise durch bauliche Hindernisse ein Teil der Bevölkerung (Rollstuhlfahrer, Gehbehinderte, Eltern mit Kinderwagen u.a.) von öffentlichen Einrichtungen wie Rathaus, Post, Bus oder Bahn (sogar neueste Verkehrsmittel wie der ICE sind »behindertenfeindlich«) u.a. ausgegrenzt werden, ist sicher auf Dauer nicht hinnehmbar und von unserer Gesellschaft nicht zu vertreten.

In unserer Gesellschaft soll jeder Mensch, ob nichtbehindert oder behindert, die Chance erhalten, sich zu einem mündigen Individuum zu entwickeln. Dazu gehört auch die freie Wahl der Schul- und Ausbildungsform. Vielen behinderten Kindern wird die volle Teilhabe am gesellschaftlichen Leben verwehrt, indem sie in Sondereinrichtungen, z.B. Sonderschulen oder Sonderkindergärten abgeschoben werden, obwohl viele von ihnen in den Regelschulen als der Schule ihrer Wahl besser aufgehoben wären. Es werden ihnen unnötig viele Hindernisse in den Weg gestellt, die Ausbildungsstätte ihrer Wahl zu besuchen, wie das folgende Beispiel aus Paderborn eindrucksvoll belegt: Anna, ein Kind, das an einer angeborenen Spaltbildung der Wirbelsäule (Spina bifida) leidet, aber normal begabt ist, sollte nach ihrem erfolgreichen Schulreifetest nicht die Grundschule in ihrer unmittelbaren Wohnstätte besuchen dürfen. Sie mußte drei weitere Tests, einen Intelligenztest und einen zweistündigen Test mit zwei Sonderschullehrern absolvieren, ehe die zuständige Rektorin der Grundschule Anna zumindestens den Besuch des Schulkindergartens »gestattete«. Das einzige Problem besteht nun darin, daß der Schulkindergarten im Keller nur über Treppen erreichbar ist. Da Anna aber im Rollstuhl sitzt, ist dieses nur schwierig zu realisieren. Die Klassenzimmer der Schulklassen liegen dagegen ebenerdig.

Wie dieses Beispiel deutlich zeigt, stehen vielen behinderten Menschen eine Vielzahl von Hindernissen und Hürden gegenüber, die eine vollständige Teilhabe am Leben der Gesellschaft in der Realität oftmals erschweren oder gar verhindern. Das Grundrecht auf größtmögliche Teilhabe am gesellschaftlichen Leben beinhaltet, daß keiner ausgeschlossen oder ausgegrenzt werden darf. Jedes Individuum, jeder einzelne Mensch soll also in die Gesellschaft integriert werden, bzw. in der Gesellschaft integriert sein.

In der Fachliteratur werden viele unterschiedliche Ansätze und Konzepte für Integration diskutiert. Mein Verständnis von Integration entspricht zum großen Teil dem von OTTO SPECK in dessen Werk »System Heilpädagogik« (1988) aufgezeigten Konzept der differenzierten Integration. Es eignet sich als gute Ausgangslage für die gesamten Integrationsbemühungen in allen Integrationsfeldern (vgl. BLEIDICK 1989, 25).

SPECK versteht unter Integration »das Signalwort für das Prinzip der sozialen Eingliederung behinderter Menschen in natürliche und kulturell gewachsene Gemeinsamkeiten mit anderen Menschen, im Lernen, Spielen, Arbeiten und Geselligsein gemäß den eigenen Bedürfnissen« (SPECK 1988, 288). Er geht in seinem Konzept von einer wechselseitigen Abhängigkeit von Persönlichkeitsentwicklung und sozialem Eingegliedertsein eines Menschen aus und unterscheidet dabei zwischen »personaler« und »sozialer« Integration, weist auf den unaufhebbaren dialektischen Zusammenhang beider Begriffe hin, weil sich Menschsein für den Einzelnen nur als Mitmenschsein verwirklichen läßt. Unter *Personaler Integration* versteht er die Integration auf individueller Ebene als Ausbildung des Selbstkonzeptes. »Selbst-sein oder Eins-sein mit sich selber, sich selber bejahen und auch ertragen, darauf ...« kommt es hierbei an (SPECK 1988, 309). Für einen behinderten Menschen ist es persönlich wichtig, sich, so wie er ist, voll und ganz zu akzeptieren. Unter *Sozialer Integration* ist die Eingliederung des einzelnen Menschen in bestimmte soziale Gruppen, seine Teilhabe am sozialen Ganzen, die Übernahme sozialer Rollen und die Sicherung der sozialen Zusammengehörigkeit zu verstehen.

SPECKS Integrationsbegriff macht deutlich, daß soziale Integration nur gelingen kann, wenn personale Integration zustandekommt und umgekehrt (vgl. SPECK 1988, 16). Dabei kann es nicht darum gehen, den behinderten Menschen einseitig an die Norm der Gesellschaft anzupassen, wie es von Vertretern einer sog. »konservativen Behindertensportdidaktik« gefordert wird (vgl. KOSEL 1981, 20 f.). Hier treiben behinderte Menschen unter sich Sport. Erst wenn sie »Normalverhalten« erlernt haben, sind sie fähig zur gesellschaftlichen Integration. Gesellschaftliche Integration behinderter Menschen ist jedoch als ein Prozeß anzusehen, bei dem sich sowohl gesellschaftliche Bedingungen und Einstellungen der nichtbehinderten Menschen als auch die Einstellungen und das Verhalten der behinderten Menschen ändern. Diese gegenseitige Beeinflussung habe ich als »dialektischen Prozeß« (vgl. RHEKER 1989) dargestellt. Dabei werden auf der einen Seite die bestehenden Lebensverhältnisse, die Normen und Ziele unserer Leistungsgesellschaft nicht unreflektiert als gegeben und unveränderbar hingenommen und auf den behinderten Menschen und den Behindertensport übertragen. Sie müssen vielmehr dort, wo sie der Entfaltung des Menschen respektive dem behinderten Menschen entgegenstehen, geändert und verändert werden.

Auf der anderen Seite geht es darum, die Entwicklung des behinderten Menschen zu ermöglichen, allerdings nicht losgelöst von der Gesellschaft, in der er lebt, sondern bezogen auf und in Auseinandersetzung mit dieser Gesellschaft, deren Möglichkeiten, Mechanismen und Mißständen. So sind die individuelle Entwicklung des behinderten Menschen und die zu verändernden Lebensbedingungen unserer Gesellschaft aufeinander bezogen: sie beeinflussen sich in einem »dialektischen Prozeß«. Integration ist immer als ein prozeßhaftes Geschehen zu verstehen. Dieser Prozeß vollzieht sich dabei am günstigsten auf der Grundlage gemeinsamer Erfahrungen in konkreten Situationen.

»Integration ist ... kein Zustand, den man ein für allemal erreichen kann. [...] Integration ist ein lebendiger Vorgang. [...] Integration heißt, in einem bedeutsamen Lebenskreis die Mitmenschen verstehen, sich mit ihnen verständigen und mit ihnen gemeinsam tätig werden können. Integration ist nicht dann schon erreicht, wenn sich Menschen untereinander nicht mehr fremd sind, sondern erst dann, wenn Wertschätzung füreinander den Umgang bestimmt« (SCHMEICHEL 1983, 20).

Denn erst im Umgang miteinander gelingt ein Zugang zueinander. Durch den direkten Kontakt können die nichtbehinderten Menschen lernen, den Wert eines Menschen nicht an seinen kognitiven Fähigkeiten oder seinem Äußeren zu messen, sondern eine Akzeptanz, Sensibilität und ein Verständnis für Andersartigkeit zu entwickeln. Verhaltensunsicherheiten und negative Einstellungen können so abgebaut werden. So wird es ihnen weiterhin ermöglicht, Behinderung nicht auf ein Stigma reduziert zu erleben, sondern den Menschen und dessen Persönlichkeit in den unterschiedlichsten Erscheinungsformen zu erfahren. In dem gemeinsamen Prozeß des Miteinanders versucht jeder, den anderen und sich selbst zu verstehen, um auf dieser Grundlage gemeinschaftliches Leben zu lernen. Dabei sollten alle Anteile der Gesamtpersönlichkeit wahrgenommen werden. Da Einstellungen besonders durch Kommunikation und Interaktion erworben oder modifiziert werden, ist der direkte Kontakt zwischen behinderten und nichtbehinderten Menschen der Ansatzpunkt, Einstellungen zu behinderten Menschen und ihren Familien zu ändern, soziale Distanz abzubauen und den behinderten Menschen als individuelle Persönlichkeit zu erfahren, die neben vielen anderen Eigenschaften auch diese konkrete Behinderung hat.

So haben Personen, die gute Kontakte zu behinderten Menschen haben, kaum Vorurteile und eine positive Einstellung.

»Personen, die über Kontakte mit Behinderten verfügen, werden günstigere Einstellungen gegenüber Behinderten zeigen als Personen, die keine derartigen Kontakte haben oder hatten. [...] Je häufiger Kontakt mit Behinderten bestanden hat, um so positiver wird die Einstellung des Betreffenden sein« (CLOERKES 1982, 563).

Da Einstellungen hauptsächlich zwischen dem dritten/vierten und etwa dem achten Lebensjahr erworben werden (vgl. DREYER 1981, 58), sollten Integrationsbemühungen so früh wie möglich ansetzen. Zusammenfassend läßt sich sagen, daß der Weg zur Eingliederung behinderter Menschen nicht über das Mitleid, sondern nur über den Abbau von Informationsdefiziten und Vorurteilen und durch vermehrte Interaktionsmöglichkeiten zwischen behinderten und nichtbehinderten Menschen führen kann. Dabei ist entscheidend, wie intensiv und häufig diese Begegnungen stattfinden.

3. Integrationssport

3.1 Sport als Handlungsfeld zur Ermöglichung von Integration

Ein wichtiges Handlungsfeld für soziale Kontakte und gemeinsames Handeln – auch von behinderten und nichtbehinderten Menschen – ist der Sport. Denn Sport hat einen großen Stellenwert im gesellschaftlichen Leben. Die Integration von »Randgruppen« ist im Sport oft leichter zu erreichen als in anderen Handlungsfeldern, denn Sport findet in sozial definierten Situationen statt, d. h. die ersten Unsicherheiten im Umgang mit den »noch nicht so bekannten Personen einer Randgruppe« werden aufgefangen durch das definierte Regelwerk, das bekannte Spielfeld, das Sportgerät (z.B. der Ball), etc.. Man kann über diese definierte Situation sofort zur gemeinsamen Aktion kommen und lernt den anderen dadurch besser kennen, als über lange Diskussionen oder Gespräche.

Daher ist gerade der Freizeit- und Breitensport ein ideales Feld für die Integration behinderter Menschen. Hier kann das Normalisierungsprinzip von BENGT NIRJE (vgl. NIRJE/ PERRIN 1986) gut angewendet werden. Nach umfangreichen Untersuchungen fand A. VERMEER (1990) heraus, daß die Verwendung dieses Prinzips gerade im Sport geeignet ist, eine (Wieder-)Aufwertung der sozialen Stellung behinderter Menschen herbeizuführen. Normalisierung wurde hierbei durch die Verbesserung der persönlichen Kompetenz und des sozialen Ansehens der Person in den Augen anderer erreicht. Sport als Handlungsfeld bietet »Randgruppen« (Ausländern, Strafgefangenen, Suchtkranken, Aussiedlern, Arbeitslosen, alten Menschen und auch behinderten Menschen) die Möglichkeit der sozialen Integration in unserer Gesellschaft.

Im Behindertensport ist der Integrationssport bisher eher eine Randerscheinung. Einige wenige modellhafte Gruppen und Vereine versuchen, den Integrationsgedanken in die Tat umzusetzen. In vielen Behindertensportvereinen bleiben die behinderten Sportler jedoch nur unter sich, häufig in »schadenshomogenen Gruppen«, d. h. nur Beinamputierte, nur Cerebralparetiker, nur Spina bifida, etc. Leider empfehlen noch viele Ärzte den Eltern behinderter Kinder eher den Beitritt zu solchen »reinen Behindertensportgruppen«, da die Kinder dort ja »schadensspezifisch« gefördert werden können. Einige Ärzte und Therapeuten sehen behinderte Kinder nur als Defizitwesen an, die durch Therapie normalisiert werden sollen. Behinderte Menschen werden aber nicht nur durch ihre Behinderung (»Schaden«) definiert, sondern sind individuelle Persönlichkeiten mit vielen Eigenschaften, die sicher in integrativen Gruppen besser gefördert werden können.

Im Integrationssport kann Integration auf verschiedenen Ebenen verwirklicht werden: Während viele Behindertensportvereine für verschiedene Behindertengruppen unterschiedliche Sportangebote getrennt anbieten, kann Integrationssport Menschen mit unterschiedlichen Behinderungen integrieren.
- Integrationssport integriert verschiedene Behinderungsarten: In den meisten Sportvereinen gibt es unterschiedliche Sportangebote für verschiedene Altersgruppen, von der F-Jugend bis zur A-Jugend, Senioren, Alten Herren, Frauen etc.
- Integrationssport kann unterschiedliche Altersstufen integrieren: Viele Sportvereine machen für Mädchen und Jungen, Frauen und Männer unterschiedliche sportliche Angebote oder lassen sie in nach Geschlechtern getrennten Gruppen ihrem Sport nachkommen.
- Integrationssport integriert alle Geschlechter: Herkömmliche Sportvereine müssen für Leute, die mit verschiedenen Erwartungen und Motiven zum Sport kommen, unterschiedliche Angebote in Bewegung, Spiel und Sport machen, z.B. Ausgleichssport, Gesundheitssport, Leistungssport, Freizeitsport oder Wirbelsäulengymnastik, Schwimmen, Fußball, Volleyball etc. Dazu kommt häufig die Differenzierung nach unterschiedlichen Fertigkeitsniveaus: Hobbyspieler, C-Klasse, A-Klasse, 1. Mannschaft bis hin zum Profi.

- Integrationssport integriert unterschiedliche Erwartungen, Motive und Fertigkeitsniveaus: Nur wenige Sportvereine haben sich behinderten Menschen geöffnet und fast ebensowenige Behindertensportvereine integrieren nichtbehinderte Menschen.
- Integrationssport integriert behinderte und nichtbehinderte Menschen.

Zwei Beispiele sollen modellhaft aufzeigen, wie Integrationssport in der Praxis verwirklicht werden kann. Dabei wollen diese integrativen Gruppen keine Modelle sein, die eine einmalige Ausnahmesituation darstellen, sondern es soll hier das Miteinander von behinderten und nichtbehinderten Menschen als ein Stück Normalität erlebt werden (vgl. RHEKER 1991b). Der oben beschriebene praxisbezogene Ansatz einer differenzierten Integrationspädagogik für den Sport hat seinen Ursprung in der Praxis des Integrationssports. Die kritische Reflexion dieser Praxis führt zu einer Theorie, die jedoch immer auf die Praxis bezogen bleibt und zugleich gesellschaftliche Veränderungen für die Praxis anstrebt (vgl. GUTIERREZ 1982). Daher finden wir die Grundsätze dieser Theorie in der Praxis wieder. So werden am Beispiel der Familiensportgruppe die unterschiedlichen Ebenen der Integration besonders deutlich. Auch die differenzierte Integration, die als wechselseitige Abhängigkeit von Persönlichkeitsentwicklung und sozialer Abhängigkeit verstanden wird, erhält in der Praxis des Familiensports mit behinderten und nichtbehinderten Menschen die Chance der Realisation.

3.2 Integrativer Familiensport nach dem »Paderborner Modell«

Neben den gemeinsamen Aktivitäten der gesamten Familie gibt es nach dem »Paderborner Modell des integrativen Familiensports« ein differenziertes Sportangebot für die unterschiedlichen Zielgruppen einer so großen und heterogenen Gruppe. Dadurch erhält der einzelne Raum für die individuelle Entfaltung (personale Integration). Die unterschiedlichen Zielgruppen können ihre Vorstellung von Bewegung, Spiel und Sport verwirklichen:
- Die Eltern können ohne ständige Rücksichtnahme auf ihre Kinder einen Teil der Stunde ihren eigenen Bewegungsbedürfnissen nachkommen.
- Die behinderten Kinder und die jüngeren nichtbehinderten Kinder können gezielt gefördert werden in ihren motorischen und sozialen Verhaltensweisen.
- Die Jugendlichen erhalten Raum, sich in einem Hallenteil auszutoben, etc. (differenzierte Sportpraxis).

Durch das Miteinander der ganzen Familie wird aber auch die soziale Integration, die Eingliederung des einzelnen Menschen in soziale Gruppen, ermöglicht. Der Familiensport mit behinderten und nichtbehinderten Menschen ermöglicht soziale Integration auf verschiedenen Ebenen, da ganz unterschiedliche Zielgruppen gemeinsam Sport treiben: Behinderte und nichtbehinderte Menschen, Frauen und Männer, alte und junge Menschen, Menschen mit unterschiedlichen Behinderungen, Leistungssportler und Freizeitsportler, Menschen mit unterschiedlichen Erwartungen an ein Sportangebot. So kann integrativer Familiensport die personale und soziale Integration, die individuelle Entwicklung und die soziale Eingliederung fördern.

Die Paderborner Familiensportgruppe mit behinderten Menschen wurde bereits im Juni 1982 gegründet und schloß sich als eigenständige Abteilung dem großen Paderborner

Sportverein TuRa Elsen an. Ausgehend von den 12 Familien der Gründungszeit ist die Gruppe in den zurückliegenden elf Jahren auf mehr als 50 Familien angewachsen. Zum regelmäßigen Familiensport jeden 2. und 4. Samstag im Monat von 15 bis 17 Uhr kommen bis zu 90 Personen in der Uni-Sporthalle zum gemeinsamen Spielen, Singen, Tanzen und Sporttreiben zusammen. Über das Sporttreiben hinaus gibt es viele weitere gemeinsame nichtsportliche Aktivitäten der Familiensportgruppe.

Der Familiensport mit Behinderten nach dem »Paderborner Modell« kann und möchte den Gedanken der Integration bewußt auf den folgenden **fünf verschiedenen Ebenen** verwirklichen.

1. SPORT MIT DER ZIELGRUPPE FAMILIE IST BEREITS EIN INTEGRATIVES SPORTANGEBOT

Wenn Kinder und Jugendliche im unterschiedlichen Alter miteinander ihre Freizeit gestalten oder Sport treiben, müssen sie auf die verschiedenen Bedürfnisse und Erwartungshaltungen Rücksicht nehmen. Noch mehr Verständnis, Entgegenkommen und Anpassung wird erwartet, wenn die Altersspanne über verschiedene Generationen reicht. So haben wir in unserer Familiensportgruppe vom Kleinkind im Alter von ein bis zwei Jahren bis hin zur rüstigen Oma, die mit ihrem behinderten Enkel zum Sport kommt, manchmal für drei Generationen ein adäquates Bewegungsangebot zu machen. Darüber hinaus integriert Familiensport auch beide Geschlechter, da Frauen und Männer, Mädchen und Jungen zusammen ihren Sport in der Familie gestalten.

2. SPORT VON FAMILIEN MIT BEHINDERTEN KINDERN HAT EINE BESONDERE INTEGRATIVE AUFGABE

Wenn Familien mit behinderten Kindern und deren nichtbehinderten Geschwistern gemeinsam Sport treiben wird der Prozeß der »familiären Integration« noch deutlicher. Im sportlichen Miteinander werden gegenseitiges Verständnis und Rücksicht gefordert und gefördert. Man lernt die Fähigkeiten und die Bedürfnisse des anderen kennen und akzeptieren. Häufig machen dabei Eltern die Erfahrung, daß ihre Kinder wesentlich mehr können, als sie ihnen bisher zugetraut hatten. Gleichzeitig erleben Eltern auch andere »Problemkinder« und sehen, daß ihre Probleme gar nicht so groß sind, wie sie erscheinen, wenn sie allein davorstehen. Durch das gemeinsame Tun entstehen intensive Kontakte. Das beginnt beim gemeinsamen Gespräch vor und nach der Übungsstunde und führt zu regelmäßigen Treffen, z.B. Gesprächsrunden der Mütter, Flötengruppe etc.

3. FAMILIENSPORT MIT BEHINDERTEN MENSCHEN INTEGRIERT VERSCHIEDENE BEHINDERUNGSARTEN

Die Familiensportgruppe ist zunächst aus einer Initiative von Eltern mit geistig Behinderten entstanden, die besondere Bedeutung von Bewegung, Spiel und Sport für die ganze Familie erfahren hatte. Von Beginn an wurden aber keine anderen behinderten Menschen ausgegrenzt, sondern bewußt einbezogen. Es treffen sich zum gemeinsamen Sportnachmittag Familien mit geistig behinderten, mit körperbehinderten, mit hörgeschädigten und mit mehrfachbehinderten Menschen.

4. Beim Sport von Familien mit behinderten Kindern und Familien mit nichtbehinderten Kindern hat Integration einen hohen Stellenwert

Damit der Integrationsprozeß nicht nur auf betroffene Familien und deren Umfeld begrenzt bleibt, wurde unsere Familiensportgruppe von vornherein offen konzipiert, d.h. nicht nur Familien mit behinderten Kindern, sondern auch deren Freunde und Familien mit nichtbehinderten Kindern können in der Gruppe mitmachen. Auf diese Weise wird das Miteinander bei Bewegung, Spiel und Sport von behinderten und nichtbehinderten Menschen zur Selbstverständlichkeit. Vorurteilsfreie Begegnung wird ermöglicht, man lernt, sich gegenseitig zu akzeptieren oder vorhandene Vorurteile abzubauen. Für einige Eltern und Kinder ist dies der erste Schritt aus der Isolation.

5. Integration der »Behindertensportgruppe« in einen »normalen Sportverein«

Um dem Prozeß der Integration eine breite Basis zu geben und nicht nur auf die Familiensportgruppe zu beschränken, haben wir keinen eigenen Behindertensportverein gegründet, sondern haben uns einem bestehenden großen Turn- und Sportverein, TuRa Elsen, angeschlossen. Dadurch ergeben sich viele Möglichkeiten, mit den anderen Abteilungen des Vereins etwas gemeinsam zu veranstalten. Beim »Spiel ohne Grenzen«, bei Jugendsportfesten oder bei Jubiläumsfeiern wird unsere Gruppe einbezogen und gehört ganz selbstverständlich dazu. Auch bei den Jugendfahrten des Vereins sind die behinderten und nichtbehinderten Kinder unserer Gruppe beteiligt. Besonders gut gelangen diese Integrationsbemühungen bei verschiedenen Jugendlagern im Sauerland 1988, 1989 und 1990. Aber auch unsere »Müttergruppe« ist im Gesamtverein gut integriert. So macht sie u.a. in jedem Jahr beim Frauenkarneval mit selbstgestalteten Tänzen mit.

Neben dem Sport für die ganze Familie gibt es beim »Paderborner Familiensport« ein Angebot für die unterschiedlichen Zielgruppen einer Familiensportgruppe mit behinderten Menschen und darüber hinaus weitere Aktivitäten wie Schwimmen, Wandern, Spielfeste etc.. In Anlehnung an das Motto des DSB »Sport für alle« geht es vor allem um das gemeinsame Sich-Bewegen, Spielen und Sporttreiben der ganzen Familie. Mit gemeinsamem Singen, Spielen, Tanzen beginnt und endet jede Sportstunde. Neben Tänzen und Gymnastik eignen sich für eine Familiensportgruppe besonders Spiele aus dem unerschöpflichen Reservoir der »kleinen Spiele«:
- Spiele mit Luftballons und Japanbällen,
- Lauf- und Fangspiele wie Kettenfangen, Paarfangen, Dreier-Fangen, Fangen mit Erlösen wie z.B. »Zaubermaus« etc.,
- kleine Ballspiele wie Jägerball in vielen Variationen, Völkerball, Ball über die Schnur etc.,
- Bewegungsaufgaben mit Musik wie etwa beim Atomspiel,
- Singspiele und andere »kleine Spiele«.

Aber auch das Trampolin und Airtramp sind besonders beliebte Sportgeräte, die ebenso häufig eingesetzt werden wie der Fallschirm, Pedalos und andere »psychomotorische Übungsgeräte«.

Eine wichtige Variante des integrativen Familiensports ist das praktische Vorgehen in differenzierten Gruppen. Neben den gemeinsamen sportlichen Aktivitäten der ganzen Familie machen wir ein Angebot für die unterschiedlichen Zielgruppen einer solchen hetero-

genen Gruppe. Um auf diese Zielgruppe besser eingehen zu können und ihren Erwartungen an den Sport gerecht zu werden, teilen wir die Gruppe nach dem gemeinsamen Teil der Sportstunde in drei bis vier Einzelgruppen. Durch die Teilnahme von bis zu 90 Leuten ist dies nötig und mit den räumlichen Gegebenheiten einer Dreifach-Turnhalle mit Gymnastikraum auch möglich. Wir sprechen dabei unterschiedliche Alters- und Zielgruppen an:

1. Ein sportliches Angebot für die Eltern
2. Ein spezifisches Angebot für die behinderten und jüngeren nichtbehinderten Kinder
3. Ein spezifisches Angebot für die nichtbehinderten älteren Geschwister und die jugendlichen Behinderten
4. Eine Krabbelgruppe für die ganz kleinen Kinder mit ihren Eltern.

Zu 1.: Sportliches Angebot für die Eltern

In einem Hallenteil der Dreifach-Turnhalle können die Eltern etwas für die eigene Fitneß und Gesundheit tun, sich sportlich entfalten ohne die »Belastung« der Kinder. Das geschieht durch Gymnastik und Tanz und durch Spiele wie Badminton, Hallenhockey, Ball über die Schnur etc.

Zu 2.: Spezifisches Angebot für die behinderten und die jüngeren nichtbehinderten Kinder

In einem anderen Hallenteil gibt es ein spezifisches Angebot für die behinderten Kinder und die jüngeren nichtbehinderten Kinder. Durch die entsprechend große Anzahl von Übungsleitern und Betreuern ist hier eine besondere Betreuung für schwerbehinderte Kinder möglich und auch notwendig. Neben dem Ziel, daß behinderte und nichtbehinderte Kinder lernen, gemeinsam zu spielen und Sport zu treiben, geht es bei dieser Gruppe um die Verwirklichung spezieller Förderziele aus den Bereichen Körper-, Material- und Sozialerfahrung. Dazu werden in der Praxis 1. Spiele, 2. Trampolin und 3. Spielturnen im lockeren Wechsel angeboten.

Zu 3.: Spezifisches Angebot für die nichtbehinderten älteren Geschwister und jugendlichen Behinderten

Ähnlich wie bei den Eltern geht es bei dieser Zielgruppe darum, sich sportlich zu entfalten und dem eigenen Bewegungsbedürfnis nachzukommen. Denn neben der sozialen Rücksichtnahme auf die jüngeren und behinderten Kinder muß dieser Zielgruppe auch der Raum gegeben werden, den eigenen Erwartungen an den Sport nachzukommen. Neben dem Eingehen auf individuelle Wünsche wie Hochsprung, Skateboardfahren, Turnen oder Trampolin werden mit dieser Gruppe zumeist bewegungsintensive Spiele wie Hallenhockey, Fußball oder Badminton gespielt, bei denen sich dann die Väter oft anschließen.

Zu 4.: Die Krabbelgruppe

Zusätzlich haben wir in einem Gymnastikraum eine Krabbelgruppe für Eltern mit kleineren Kindern eingerichtet. Da wir in den letzten Jahren vermehrten Zulauf von Eltern mit Kindern im Vorschulalter hatten, ist diese Kleinkinder- bzw. Eltern-Kindgruppe entstanden, die von allen sehr geschätzt wird.

Zum Schluß der Sportstunde kommen alle wieder zusammen. Mit gemeinsamem Singen, Spielen und Tanzen wird der Familiensport beendet.

Ein bis zwei Mal im Jahr wird der gesamte Familiensport unter ein spezielles Thema gestellt. Der gesamte Sportnachmittag wird dann als Projekt beispielsweise unter dem Motto »Circus« durchgeführt. Die Sporthalle wird dafür wie eine Circusarena ausgestaltet (Vorhang, Fallschirm, Manege und Bänke für die Zuschauer). Nachdem alle Teilnehmer sich in der Circusarena eingefunden haben, kommt der Circusdirektor mit einer enttäuschenden Nachricht in die »Manege«, weint und erklärt: »Alle Artisten, Clowns, Tiere ... sind weggelaufen! Was machen wir nun?« Daraufhin entschließt sich die Gruppe, selbst ein Circusprogramm zu gestalten. Es werden dazu verschiedene »Workshops« gebildet: z.B. Raubtierdressur, Clowns, Akrobatik, Seiltanz, »Starke Männer«, Zauberer. In diesen Kleingruppen werden nun die einzelnen Circusnummern erarbeitet, geprobt und abschließend zu einem Circusprogramm zusammengestellt. In diesen Workshops kann jeder seine Ideen und Vorschläge einbringen. Dabei werden auch schwerstbehinderte Kinder und Jugendliche voll einbezogen. So entsteht ein buntes und vielseitiges Programm, bei dem alle zum Erfolg beigetragen haben. Die einzelnen Gruppen zeigen nun den anderen, die die Rolle der Zuschauer übernehmen, ihr erarbeitetes Programm. Jeder Auftritt und jede dargebrachte Leistung und sei sie auch noch so klein, wird mit viel Beifall begleitet. Zum Finale kommen alle Circusgruppen noch einmal in die Manege zu einem gemeinsamen Tanz, der die Circusvorstellung beschließt. Solche »Projektstunden« werden oft von allen als Höhepunkt des Familiensports empfunden.

Über die regelmäßig stattfindenden Sportnachmittage in der Turnhalle hinaus führen wir viele Veranstaltungen und Treffen durch, die die Gruppe auch im außersportlichen Bereich näher zusammenbringen. Hier wird eine zusätzliche Möglichkeit geschaffen, sich näher kennenzulernen und auszutauschen; es können Probleme, aber auch gemeinsame Erfahrungen ausgetauscht werden und neue Ideen für gemeinsame Aktivitäten ausgearbeitet werden.

Mindestens einmal im Jahr findet mit der gesamten Gruppe eine *gemeinsame Wochenendfreizeit* in Bildungseinrichtungen mit vielfältigen Sportmöglichkeiten statt, um die Gruppe weiter zusammenwachsen zu lassen und den neuen Mitgliedern eine Möglichkeit zu geben, in die Gruppe besser hineinzukommen oder auch um an bestimmten Themen, wie z.B. Selbständigkeitstraining der behinderten Kinder zu arbeiten. Weiterhin veranstalten wir einmal im Jahr ein *Spielfest* mit dem Schwerpunkt Airtramp, zu dem auch andere Behindertensportgruppen und Kindergruppen eingeladen werden. Am Abschluß eines solchen Tages steht ein gemeinsames Grillen, an dem die gesellige und kommunikative Komponente nicht zu kurz kommt. Gelegentlich unternehmen wir auch gemeinsame *Wanderungen* mit Geländespielen und abschließendem Grillen. Außerdem gehört es zu unserem festen Programm, mit unserer Familiensportgruppe zum gemeinsamen Spielen und *Schwimmen* ein öffentliches Hallenbad zu besuchen. Wir haben dabei die erfreuliche Erfahrung gemacht, daß vor allem beim Spielen spontan andere Kinder mitmachen und es so zu einem offenen Miteinander von behinderten und nichtbehinderten Kinder ohne große Barrieren kommt.

Ebenso sorgen gemeinsame *Sportabzeichenaktionen* für behinderte und nichtbehinderte Menschen, an denen auch Nichtvereinsmitglieder teilnehmen können, dafür, daß es in immer mehr Bereichen zu einem Miteinander von behinderten und nichtbehinderten Menschen kommt und so Vorurteile und Einstellungen zu Behinderten geändert werden können. Es gibt auch *gemeinsame Aktivitäten mit der Turnabteilung und dem Gesamtverein*. Aus der Fülle der Möglichkeiten mit dem Gesamtverein und seinen Abteilungen etwas gemeinsam zu unternehmen, sollen hier einige aufgeführt werden: Jugendfahrten, Jugendsportfeste, Jugendlager, Karnevalsfeiern, gemeinsame Ausritte bei Jubiläumsfeiern, Turnfesten, Turnhalleneinweihungen etc., Weihnachts- und Nikolausfeiern, Sportabzeichen- und Turnabzeichenaktionen usw.

Integrativer Familiensport nach dem »Paderborner Modell« kann Integration auf verschiedenen Ebenen fördern und damit das Miteinander von behinderten und nichtbehinderten Menschen zur Selbstverständlichkeit werden lassen. Das Ziel unserer Arbeit ist es, von der Phase des modellhaften Familiensports mit behinderten Menschen dahin zu kommen, daß das gemeinsame Spielen und Sporttreiben von behinderten und nichtbehinderten Menschen zur Normalität wird. Eine ausführliche Darstellung des hier beschriebenen praxisbezogenen Ansatzes einer differenzierten Integrationspädagogik für den Sport mit vielen Praxisanregungen und Spielvorschlägen findet sich in »Spiel und Sport für alle – Integrationssport für Familie, Verein und Freizeit« (RHEKER 1993).

3.3 Integrativer Rollstuhlsport »Paderborner Ahorn-Panther«

Aus einer integrativen Rollstuhlgruppe der Universität/Gesamthochschule Paderborn ist inzwischen ein integrativer Verein entstanden: die »Paderborner Ahorn-Panther«. Die Paderborner Ahorn-Panther bieten für behinderte und nichtbehinderte Menschen unterschiedlicher Altersstufen »...Integrationssport in folgenden Abteilungen: Kinderrollstuhlsport, Rollstuhlbasketball, Freizeitsport, Tischtennis, Schwimmen, Sport für Diabetiker, Sport für Übergewichtige, Sport für Schlaganfallpatienten, Rollstuhltanz, Rollstuhlbadminton, Rollstuhlrugby und Psychomotorik« an.

Am Beispiel der Kindergruppe dieses integrativen Vereins soll das selbstverständliche Miteinander von behinderten und nichtbehinderten Menschen aufgezeigt werden. In der Kindergruppe der Paderborner Ahorn-Panther gestalten Kinder mit unterschiedlichen Behinderungen (Spina bifida, Gehbehinderte, Geistigbehinderte u.a.) zusammen mit nichtbehinderten Kindern gemeinsam Bewegung, Spiel und Sport. Damit dies unter gleichen Bedingungen geschieht, benutzen auch die Kinder, die normalerweise keinen Rollstuhl brauchen, für ihre sportlichen Aktivitäten ebenfalls Rollstühle. Der Sportrollstuhl ist für die meisten Kinder ein so attraktives Sport- und Spielgerät, daß wir manchmal nicht genügend Rollstühle zur Verfügung haben, um dem Andrang gerecht zu werden, obwohl wir inzwischen knapp 20 Rollstühle besitzen.

Am Beginn der Sportstunde steht eine spielerische, aber gezielte Gymnastik im Rollstuhl. Neben Spielen zur Förderung der Geschicklichkeit im Umgang mit dem Rollstuhl (Fangspiele, Hindernisparcourfahren u.a.) stehen vor allem Spiele im Vordergrund, die das gemeinsame Miteinander von behinderten und nichtbehinderten Kindern, einfacher gesagt: das Miteinander von Kindern mit unterschiedlichen Voraussetzungen zum Ziel haben (Spiele mit dem Fallschirm, Bewegungsspiele mit Musik, kleine Ballspiele wie Jägerball, Parteiball oder Korbball u.v.a.m.). Durch das gemeinsame Miteinander bei Bewegung, Spiel und Sport entsteht Verständnis für die Situation des anderen. Die Kinder lernen schnell, sich so zu akzeptieren, wie sie sind – mit ihren Gemeinsamkeiten und ihren Unterschieden, in ihrer Einzigartigkeit. Damit wird die soziale Distanz zwischen behinderten und nichtbehinderten Menschen abgebaut und es entsteht eine Atmosphäre, in der jeder dem andern als Person begegnet: der behinderte Mensch wird nicht mehr als »Defizitwesen« erfahren. Aus diesen Begegnungen der Kinder sind feste Freundschaften entstanden. Der o.g. Prozess der Integration bleibt jedoch nicht allein auf die Kindergruppe beschränkt.

Zum Sporttreiben trifft sich die Kindergruppe der Paderborner Ahorn-Panther im »Ahornsportpark«. Das ist ein großes Sportzentrum, in dem vier Turnhallen, Leichtathletikanlagen und zehn Squashfelder in einem offenen Raum nebeneinander angelegt sind, so daß jeder – zumindest visuell – am Sporttreiben der anderen (Gruppen) teilhaben kann.

Dadurch kommt es zu einem selbstverständlichen Nebeneinander und Miteinander unserer sog. »Behindertensportgruppen« und den anderen Sportgruppen.

Darüber hinaus nimmt der integrative Verein »Paderborner Ahorn-Panther« mit seinen Abteilungen an folgenden Veranstaltungen teil, bei denen ebenfalls die Begegnung von behinderten und nichtbehinderten Menschen aus anderen Bereichen verwirklicht wird:
– Rolli Orientierungslauf (RHEKER 1991a),
– integrative Rollstuhlbasketball-Turniere mit »Rollies« und »Fußgängern«,
– Volksläufe, die so organisiert werden, daß behinderte und nichtbehinderte Menschen gemeinsam teilnehmen können,
– gemeinsame Fahrten und Lager, z.B. mit den Pfadfindern.

Solche Aktionen bieten von der Vorbereitung über die Durchführung bis hin zur Auswertung viele Möglichkeiten der Bewegung von behinderten und nichtbehinderten Menschen. Es ergeben sich Gelegenheiten zum Kennenlernen von Lebenssituationen behinderter Menschen, die dazu führen (können), daß sich bei behinderten wie bei nichtbehinderten Menschen die Einstellungen zueinander und der Umgang miteinander ändern.

4. Zusammenfassung

Ausgehend von dem Slogan des DSB »Sport für alle« wurde aufgezeigt, daß die Zielgruppe der behinderten Menschen und der Integrationssport in der Bundesrepublik Deutschland im organisierten Sport unterrepräsentiert sind. Integration wurde als prozeßhaftes Geschehen beschrieben und dabei zwischen personaler und sozialer Integration unterschieden. Die Praxis dieser differenzierten Integrationspädagogik für den Sport mit behinderten und nicht behinderten Menschen wurde am Beispiel der Paderborner integrativen Familiensportgruppe und der integrativen Kinderrollstuhlsportgruppe der Paderborner Ahorn-Panther dargestellt.

Literatur

BLEIDICK, U.: Eine Standortbestimmung der Behindertenpädagogik. U. Bleidick über O. Specks Buch »System Heilpädagogik«. Zusammen 5 (1989), 25–26.
BRETTSCHNEIDER, W.-D./BRÄUTIGAM, M.: Sport in der Alltagswelt von Jugendlichen. Düsseldorf (Schriftenreihe des Kultusministeriums Nordrhein-Westfalen Heft 27) 1990.
CLOERKES, G.: Die Kontakthypothese in der Diskussion um eine Verbesserung der gesellschaftlichen Teilhabechancen Behinderter. Zeitschrift für Heilpädagogik 33 (1982), 561–568.
DEUTSCHER SPORTBUND (Hrsg.): Sport in der Bundesrepublik Deutschland. Frankfurt/Main (Selbstverlag) 1990.
DREYER, A.: Warum nicht so? Geistigbehinderte in Dänemark. Solms-Oberbiel (Jarick) 1981.
GUTIERREZ, G.: Theologie der Befreiung. München 1982.
KOSEL, H.: Behindertensport. Körper- und Sinnesbehinderte. München (Pflaum-Verlag) 1981.

KULTUSMINISTERIUM NORDRHEIN-WESTFALEN: Sport für alle. Düsseldorf (Selbstverlag) 1982.
NIRJE, B./PERRIN, B.: Das Normalisierungsprinzip und seine Mißverständnisse. Zusammen 6 (1986), 8–9.
RHEKER, U.: Familien-Freizeitsportgruppe mit behinderten und nichtbehinderten Kindern. In: BÖS, K./DOLL-TEPPER, G./TROSIEN, G. (Hrsg.), Geistig Behinderte in Bewegung, Spiel und Sport. Marburg (Lebenshilfe-Verlag) 1989, 123–146.
RHEKER, U.: Rollstuhl-Orientierungslauf – eine neue Rollstuhlsportart. Behinderung und Sport 10 (1991a), 202–203.
RHEKER, U.: Modelle als Normalität – integrativer Behindertensport in Paderborn. In: DOLL-TEPPER, G./LINERT, CH. U.A., Sport von Menschen mit geistiger Behinderung – Situationen und Trends, Marburg (Lebenshilfe-Verlag) 1991b, 79–87.
RHEKER, U.: Spiel und Sport für alle – Integrationssport für Familie, Verein und Freizeit. Aachen (Meyer & Meyer) 1993.
SCHMEICHEL, M.: Regelschule oder Sonderschule – zur pädagogischen Förderung körperbehinderter Kinder. Das Band 3 (1983), 16–22.
SCHUCHARDT, E.: Schritte aufeinander zu. Soziale Integration Behinderter durch Weiterbildung. Bad Heilbrunn/Obb. (Klinkhardt) 1987.
SPECK, O.: System Heilpädagogik. München (Reinhardt) 1988.
VERMEER, A.: Der Einfluß von Sport auf die persönliche Kompetenz und soziale Stellung von geistig Behinderten. In: BUNDESVEREINIGUNG LEBENSHILFE FÜR GEISTIG BEHINDERTE E. V. (Hrsg.): Sport geistig Behinderter. Ergänzendes Handbuch zu Bewegung, Spiel und Sport. Marburg (Eigenverlag) 1990, A7, 1–11.

BRUNO BAUMEISTER UND HORST HIRNING

Kanusport – eine Möglichkeit zum gleichberechtigten Miteinander

Seit nunmehr dreizehn Jahren kooperieren die Kajak-Arbeitsgsmeinschaften der Körperbehindertenschule und des Evangelischen Firstwald-Gymnasiums in Mössingen. Im Laufe der Zeit hat sich vor dem Hintergrund schulischer und terminlicher Möglichkeiten folgendes Programm stabilisiert:
– Zwei Begegnungen im Hallenbad der Körperbehindertenschule zu deren regulären AG-Terminen (März/April)
– Ein Nachmittag auf einem Baggersee in der Umgebung (Mai)
– Eine dreitägige Flußwanderfahrt (Juni/Juli).

1. Zielsetzung

Das Kajakfahren dient der übergeordneten Zielsetzung, eine relativ gleichberechtigte Begegnungsmöglichkeit zwischen Jugendlichen einer Körperbehindertenschule und einer Regelschule zu schaffen. Hierfür bietet der Kanusport günstige Voraussetzungen:
- Er bedeutet sowohl für behinderte als auch nichtbehinderte Schüler/-innen den Einstieg in einen neuen Bewegungs- und Erfahrungsraum
- Seine kompensatorischen Möglichkeiten, insbesondere bei Schädigungen im Beinbereich, sind hervorragend
- Er besitzt einen hohen Erlebniswert an Natur- und Gruppenerfahrungen.

Hieraus ergeben sich eine ganze Reihe weiterer Ziele die sich grob in eine sozial-affektive und eine motorische Ebene aufgliedern lassen (vgl. zum folgenden Abb. 1).

Zunächst zu den Zielen auf der sozialen Ebene. Bei der Schaffung von Begegnungsvoraussetzungen geht es am Anfang um den Abbau von Berührungsängsten und Vorurteilen. Von Vorteil ist hierbei sicherlich, daß die ersten Veranstaltungen im Hallenbad der Körperbehindertenschule stattfinden, in dem sich deren Schüler/-innen gut auskennen. Von Anfang an steht die Vermittlung von Gemeinschaftserlebnissen im Vordergrund. Deshalb ziehen sich Spielsituationen wie ein roter Faden durch alle Veranstaltungen. Doch kommen von Veranstaltung zu Veranstaltung weitere Anforderungen hinzu. Die fremder werdende Umgebung läßt die gemeinschaftliche Lösung von Problemstellungen zunehmend an Bedeutung gewinnen. Bei der Flußwanderfahrt gilt es dann, alle anfallenden Aufgaben und Schwierigkeiten (Materialbeschaffung, Materialtransport, Zelte aufstellen, Feuer machen, Kochen etc.) gemeinsam zu lösen. So wird gegenseitige Hilfe und Rücksichtnahme unabhängig von der Frage einer Behinderung notwendig und selbstverständlich (Erweiterung sozialer Kompetenz). Die Vielfalt der Aufgaben, die übernommen und der Situationen, die bewältigt werden müssen, erlaubt es jedem, sich nach seinen Möglichkeiten einzubringen. Neben den bereits genannten Erfahrungen auf sozialer Ebene kommt dem positiven Naturerlebnis eine zentrale Bedeutung zu (neue Erlebnisräume erschließen). Deshalb bildet die mehrtägige Flußwanderfahrt stets den Höhepunkt des jeweiligen Kooperationsprogramms. Mit der Natur auf Tuchfühlung gehen ist unser Motto. Davon erhoffen wir uns neben den Erfahrungswerten für die eigene Persönlichkeit, ein Bedürfnis nach intakten Landschaften zu wecken, um so eine Grundlage für die Erhaltung der Natur zu schaffen.

Abb. 1: Sozial-affektive und motorische Zieldimensionen des Kanusports

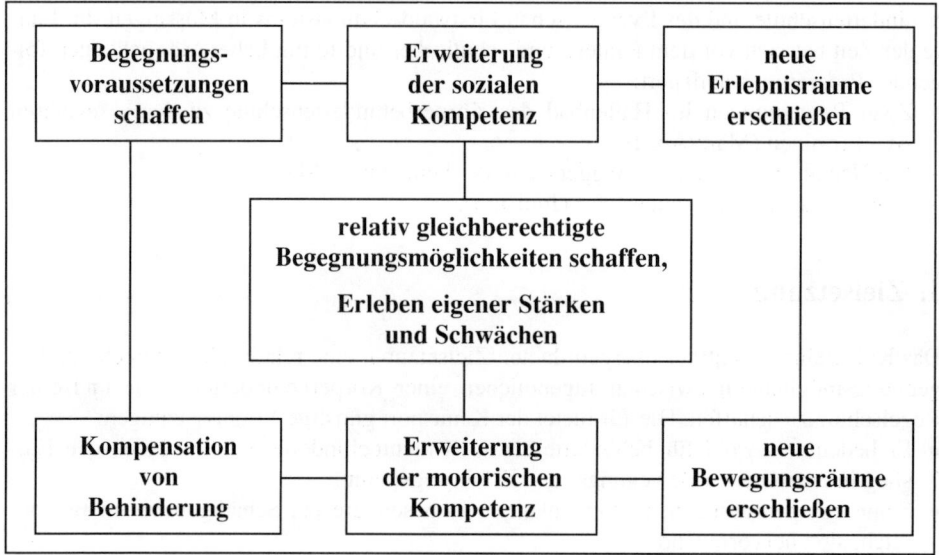

Zu den Zielen auf der motorischen Ebene. Die besten kompensatorischen Möglichkeiten bestehen bei Behinderungen im Beinbereich. Hier tritt die Behinderung nach einiger Übung eigentlich nur noch außerhalb des Bootes und beim Ein- und Ausbooten in Erscheinung. Was dies für den Betroffenen bedeutet, mit dem Einsteigen ins Kajak seine Behinderung quasi abzulegen und sich wie jeder andere frei zu bewegen, ist wohl kaum zu ermessen. Doch auch bei anderen Formen der Behinderung ist zumindest partiell eine Kompensation möglich. Hier ist entscheidend, daß wir nicht auf einen bestimmten Bootstyp festgelegt sind Mit Einer-, Zweierkajak und Schlauchboot können wir die Anforderungen den individuellen Möglichkeiten anpassen.

Aus kompensatorischen Gründen beginnen die Schüler/-innen der Körperbehindertenschule bereits ein halbes Jahr vor den Schüler/-innen des Firstwald-Gymnasiums mit der kanusportlichen Ausbildung. Dies ist gerade dort von großer Bedeutung, wo zur Körperbehinderung noch eine Lernbehinderung hinzu kommt. Auch sorgt die damit anfänglich, zumindest punktuell, vorhandene motorische Überlegenheit der behinderten Schüler/-innen im Umgang mit dem Kajak für ein erstes Aha-Erlebnis. Da auch während der Kooperationsphase die Arbeitsgemeinschaft der Körperbehindertenschule an ihren regelmäßigen Terminen festhält, kann der Ausbildungsstand für die Dauer der Kooperation ungefähr auf gleichem Niveau gehalten werden.

Das Fortbewegen im Kajak gehört im allgemeinen nicht zum motorischen Repertoire unserer Schüler/-innen. Deshalb müssen nicht nur einzelne Fertigkeiten, sondern ganze Bewegungshandlungen neu erlernt werden (Erweiterung motorischer Kompetenz). So macht der Umgang mit den Kräften, die an ungewöhnlich langen Hebeln (Boot, Paddel) angreifen, eine gewisse Gewöhnung erforderlich. Neben Gleichgewichtssinn, Reaktionsvermögen, dem Beobachten des Bootsverhaltens sowie der Strömungs- und Windverhältnisse kommt der Entwicklung einer gewissen Kraftausdauer im Arm/Schulter- und Oberkörperbereich eine wesentliche Bedeutung zu. Auch die Wassergewöhnung ist ein wichtiger Faktor. Es zeigt sich immer wieder, daß es selbst »Wasserratten« gar nicht so leicht fällt, in Kenterlage die nötige Ruhe zu bewahren.

Ein entscheidender Reiz des Kanusports liegt im Erschließen neuer Bewegungsräume. Ob es der wie erstarrt daliegende Wasserspiegel eines Sees ist, der von der Spitze des Kajaks gleichsam zerschnitten wird, ob es die reizvolle Landschaft eines abwechslungsreichen Flußlaufes ist, die mit jeder Biegung neue Ausblicke vermittelt, fast immer fährt ein Hauch Abenteuer mit. Wohl jeder Kanusportler kennt diese Gefühle und Stimmungen. Doch wer möchte beschreiben, was es beispielsweise für einen Jugendlichen bedeutet, der auf Grund seiner Schädigung vielleicht mal gerade mühsam an Krücken oder mit fremder Hilfe 100 Meter weit gehen kann, jetzt aber, im Rahmen einer Flußwanderfahrt wie jeder andere in wenigen Tagen eine Strecke von 30 bis 40 Kilometern aus eigenem Vermögen heraus bewältigt?

2. Organisatorischer Rahmen

Am gemeinsamen Programm der Arbeitsgemeinschaften arbeiten zwei Sportlehrer, ein Krankengymnast und eine Erzieherin mit. Die Vorkenntnisse im Umgang mit dem Kajak sind unterschiedlich. Entscheidend ist jedoch, daß jeder die kanusportlichen Voraussetzungen mitbringt, um auf den befahrenen Gewässern nicht nur selbst sicher zu sein, sondern auch jederzeit Hilfe leisten zu können.

Die Körperbehindertenschule stellt an ihre Schüler/-innen folgende Teilnahmevoraussetzungen:
- Schwimmen können,
- selbständig sitzen können,
- ein Paddel halten können (wobei entsprechende Adaptionen wie etwa eine Führungshülse am Paddelschaft und Klettverbindungen fehlende Finger oder eine ganze Hand ersetzen können).

Die Art der körperlichen Schädigung bei den Teilnehmer/-innen kann von fehlenden Gliedmaßen, Kinderlähmung bis zu cerebralen Bewegungsstörungen reichen. Ob die Schüler/-innen nach dem Hauptschul-, Lern- oder Geistigbehindertenlehrplan unterrichtet werden, ist für die Teilnahme ohne Bedeutung. Treten bei einem Teilnehmer epileptische Anfälle auf, so sollte er medikamentös gut eingestellt sein, und bei Ausfahrten ist auf dem Wasser eine Begleitperson für ihn erforderlich. Die Teilnahmevoraussetzungen bei den Schüler/-innen des Firstwald-Gymnasiums sind:
- Schwimmen können,
- Bereitschaft zum zeitlichen Engagement an Wochenenden.

Beide Schulen verfügen sowohl über geeignete Transportmittel als auch über die notwendige Ausrüstung. Diese wurde über all die Jahre Stück um Stück angeschafft oder, wie z.B. die meisten Boote, selbst gefertigt. So können alle Teilnehmer mit Neoprenanzügen, Schwimmwesten und Helmen ausgestattet werden. Aus Sicherheitsgründen wird stets in vollständiger Ausrüstung gefahren, wodurch wir auch von Witterungseinflüssen weitgehend unabhängig sind.

Der zur Befahrung ins Auge gefaßte Flußabschnitt ist uns in der Regel bekannt. Ist dies nicht der Fall, wird eine Vorexkursion durchgeführt, um geeignete Ein- und Aussatzstellen, eventuelle Wehrumtragungen und Übernachtungsplätze zu erkunden. Alleine auf Flußführer sollte man sich hier nicht verlassen. Für unsere Bedürfnisse haben sich als Campingplätze Jugendzeltplätze der Gemeinden oder Plätze von Kanu-Clubs als besonders geeignet erwiesen.

3. Durchführung

Bei der Vermittlung kanuspezifischer Grundqualifikationen bedienen wir uns in aller Regel spielerischer Situationen oder jener situativen Bedingungen, wie wir sie am jeweiligen Gewässer antreffen (Ufer- und Strömungsverhältnisse etc.). Das Einüben einzelner Techniken in isolierten Übungsformen wird nach Möglichkeit umgangen.

3.1 Im Hallenbad

Bei diesem ersten Treffen geht es im wesentlichen darum, vielfältige Möglichkeiten zur Kontaktaufnahme untereinander zu schaffen. Bei den angebotenen Aktivitäten handelt es sich deshalb um Spiele im Wasser mit und ohne Kajak oder um gruppenzentrierte Aufgabenstellungen, bei denen einfache kanusportliche Grundfertigkeiten ausprobiert werden können. Die Parteien und/oder Mannschaften werden dabei in jedem Fall gemischt zusammengestellt. Nachfolgend einige Beispiele:

Lukenball
ist eine Art Wasserballspiel. Jede Mannschaft besitzt ein Kajak, dessen Sitzluke als Korb benutzt wird. Ziel ist es, den Ball in die Sitzluke des gegnerischen Kajaks zu befördern. Die Mitspieler dürfen sich im ganzen Schwimmbecken bewegen. Auch darf das eigene Kajak überallhin verschoben werden. Dieses Spiel wird von uns gerne als Einstieg benutzt, da es kooperatives Verhalten erfordert und so eine rasche unkomplizierte Kontaktaufnahme ermöglicht. Dabei können während des Spiels, entsprechend den motorischen Fähigkeiten, unterschiedliche Aufgaben wahrgenommen werden:
- Fangen und passen,
- Kajak verschieben,
- direkt an der Sitzluke abwehren,
- »Abstauber« an der gegnerischen Sitzluke.

Kajak versenken
Die Schüler/-innen werden in zwei Gruppen aufgeteilt. Jede Gruppe erhält ein Kajak, in welches sie einen Fahrer setzt. Nun versuchen die Gruppen im Wettstreit miteinander das

jeweils eigene Kajak zu versenken. Hierzu können sie sich kleiner Eimer bedienen, oder aber sie versuchen das Boot unter Wasser zu drücken. Sieger ist die Mannschaft, deren Boot mitsamt Fahrer als erstes auf dem Grund liegt. Dieses Spiel wird mehrfach wiederholt, so daß sich jede/jeder mal im Kajak versenken lassen kann. Variation der Spielregel: Das Kajak darf nur durch Kanten und Drücken versenkt werden. Neben der Förderung kooperativen Verhaltens geht es hierbei um die spielerische Vermittlung folgender Grundqualifikationen:
- Den Auftrieb eines Bootes erfassen,
- im Boot sitzend sich einige Zeit unter Wasser aufhalten und aus dem Boot aussteigen,
- die Boote nach einer Kenterung entleeren,
- sich im gekanteten Boot richtig verspannen.

Zweikampf
Zwei Kajaks sind achtern miteinander verbunden. Die Fahrer/-innen versuchen den/die jeweils andere/n durch kräftige Paddelschläge wegzuschleppen. Ziele:
- Einüben von Grund- und Bogenschlag,
- auf am Boot angreifende Fremdkräfte reagieren lernen,
- Training von Kraftausdauer,
- Schulung des Gleichgewichtsgefühls auch unter Belastung.

Wildwasserreiten
Jeweils auf der Mitte beider Längsseiten des Beckens wird ein Kajak plaziert, welches von je drei Schüler/-innen sehr kräftig auf und abbewegt wird. Dabei entstehen zwischen den Booten recht ordentliche Wellen, durch welche die Schüler/-innen in einem Kajak mit und ohne Paddel »durchreiten« dürfen, möglichst ohne zu kentern. Ziele sind:
- Schulung des Gleichgewichtsgefühls,
- erfahren, wie das Boot auf Wellen reagiert,
- das Boot in unruhigem Wasser steuern.

Die anfängliche Scheu voreinander wich bei diesen Spielen recht bald einem aktiven Miteinander.

3.2 Nachmittag am Baggersee

Mit dieser Ausfahrt werden eine Reihe ganz unterschiedlicher Ziele verfolgt. Im motorischen Bereich geht es darum, das bisher Gelernte in natürlicher Umgebung anzuwenden und zu vertiefen, um so die Voraussetzungen für eine längere Flußwanderfahrt zu verbessern. Den meisten wird jetzt erst klar, wie schwierig es ist, eine längere Strecke geradeaus zu fahren. Dementsprechend fallen die Aufgabenstellungen aus. Ein bestimmtes Ziel anfahren, alle in einer Reihe fahren, paarweise hintereinander fahren (Schattenfahren), »Kettenfangen«, durch Bogenschläge vorwärts und rückwärts das Boot auf der Stelle drehen, Kurskorrektur durch Konter und Bogenschlag, rückwärts fahren, einer verschlungenen Uferböschung oder Uferverbauung folgen, die ständige Kurskorrekturen erfordert, an einer Uferbefestigung richtig anlegen, im tiefen Wasser in aller Ruhe kentern und danach richtig reagieren u.v.m. steht auf dem weiteren Programm.

Ein weiteres wichtiges Ziel ist es, im Hinblick auf die Flußwanderfahrt die Schüler/-innen kennenzulernen, um sie entsprechend ihren Fähigkeiten auf die unterschiedlichen Bootstypen verteilen zu können. Deshalb sollten an diesem Nachmittag alle zumindest einmal mit jedem der zur Verfügung stehenden Boote gefahren sein. Über den fahrtechnischen Teil hinaus lernen die Schüler/-innen bei diesem Baggerseetreff einen Großteil der für die große Ausfahrt notwendigen Ausrüstung kennen. Gefragt ist dabei gemeinsames Anpakken beim Auf- und Abladen der Boote vom Bootsanhänger sowie beim Verstauen des gesamten weiteren Materials. Schließlich wird bei diesem Treffen mit allen Beteiligten der geplante Ablauf der Flußwanderfahrt besprochen.

3.3 Flußwanderfahrt

Sind wir nach der gemeinsamen Abfahrt an der Einsatzstelle angekommen, wird zuerst ausgiebig gevespert, die notwendige Ausrüstung abgeladen, verteilt und die Bootsbesatzungen festgelegt. Mit einem Kribbeln im Bauch geht es dann aufs Wasser. Sechs bis neun Personen, gemischt aus beiden Schulen, bilden eine der beiden Fahrgruppen, in der die Fahrreihenfolge zunächst genau festgelegt ist. Die anfängliche Skepsis vor der Strömung weicht bald einer gewissen Erleichterung. Die Schüler/-innen merken rasch, daß sich die Boote wesentlich einfacher lenken lassen. Sobald dann noch die grundlegenden Fahrmanöver wie Ein- und Ausschlingen oder das Umfahren von Hindernissen gelungen sind, werden die Schüler/-innen freier und können auch die vorbeiziehende Landschaft genießen. Spätestens nach einer Kenterung, die gut überstanden wurde, wird die Anspannung abgebaut.

Nun ist es an der Zeit, durch zusätzliche Aufgabenstellungen oder Spiele für Abwechslung zu sorgen. Neben Ein- und Ausschlingen bei zunehmender Strömung werden unter Ausnutzung der jeweiligen Flußsituationen folgende Fertigkeiten eingeübt:
1. Das Boot in der Strömung zum Stehen bringen.
2. Gegen die Strömung fahren.
3. Seilfähre vorwärts.
4. Das Boot quer zur Strömung treiben lassen.
5. Mit quergestelltem Boot Wellen abreiten.
6. Rückwärts fahren.

Die häufigsten Spielsituationen auf dem Fluß sind Kanupolo sowie ausgiebige Wasserschlachten mit Überfall auf das Schlauchboot. Dabei ist zu bemerken, daß sich nicht jeder Flußabschnitt zu derartigen Spielen eignet. Der Fluß sollte so breit sein, daß die Uferregionen nicht gestört werden. Solche spielerische Situationen sind für die Gruppe jedoch wichtig. Die ausgelassene Stimmung trägt zur Gruppenbildung bei und schafft gute Anknüpfungspunkte für das Zusammenleben im Zeltlager. Das Lagerleben ist Dreh- und Angelpunkt für die Kommunikation in der Gruppe. Dabei kommt den Mahlzeiten, die stets an einer großen »Tafel« gemeinsam eingenommen werden, eine zentrale Funktion zu. Beim Frühstück, das zugleich auch Mittagessen ist, wird das Vorhaben für den Tag besprochen. Die Bootsbesatzungen werden zusammengestellt, dabei gilt es die jeweiligen Interessen und Fähigkeiten aufeinander abzustimmen.

Am abendlichen Lagerfeuer leben dann in den Erzählungen die eindrücklichsten Erlebnisse des Tages nochmals auf. Dazwischen gibt es genügend Zeit für allerlei Spiele. Brunos umfangreiches Jongliermaterial ist in der Regel für jeden eine Herausforderung, so daß nicht selten nahezu alle mit Bällen, Reifen und Keulen oder gar Feuerspucken beschäftigt sind. Große Bedeutung kommt bei der Flußwanderfahrt dem Wetter zu. Natürlich wünschen sich alle Teilnehmer schönes Sommerwetter, doch bleiben erfahrungsgemäß unerwartete Witterungseinflüsse nachhaltiger in Erinnerung, ja, sie runden das Ganze erst zum Erlebnis ab. Unvergeßlich bleibt:

- Wenn man, nachdem es seit 24 Stunden wie aus Kübeln geschüttet hat, morgens aus dem Schlafsack kriechen muß, um ein Feuer zu entfachen, damit es etwas Warmes zum Trinken gibt.
- Wenn es kalt und regnerisch ist, in den klatschnassen, eklig kalten Neoprenanzug steigen zu müssen.
- Wenn wir während eines Sommergewitters mit Hagelschauer unter dem schützenden Ufer in Deckung gehen müssen.
- Wenn einem der Gegenwind auf dem Fluß die Gischt und den Regen ins Gesicht peitscht und bei jedem Schlag das Paddel verdreht.

Dabei spüren alle, daß die Natur auch zur Herausforderung werden kann.

4. Schlußbemerkung

Was wir mit diesen Veranstaltungen erreichen, läßt sich am besten aus nachfolgenden Schüleräußerungen entnehmen:
- »Ich war bislang noch nie mit jungen Behinderten zusammen und bin um diese Erfahrung froh. Jeder hilft jedem. Alles war sehr gemütlich und ohne Streß.«
- »Ich finde es gut, daß man auch andere Jugendliche kennenlernt, die nicht behindert sind und die Nichtbehinderten auch lernen, sich mit Behinderten genauso zu verstehen wie mit Nichtbehinderten.«
- »Eine solche Ausfahrt möchte ich gerne noch mal erleben. Die Leute waren nett und hilfsbereit. Man hat mit ihnen Scheiß bauen können und es wurde einem nicht übel genommen. Und der Lernerfolg war auch spitze.«

Auch wenn solche Erlebnisse vorerst punktuell bleiben, wecken sie doch die Hoffnung, daß Schüler/-innen mit derart positivem Erfahrungshintergrund sich später bietende Begegnungsmöglichkeiten eher nutzen als andere. Vor dem Hintergrund der erworbenen Fähigkeiten erscheint es durchaus möglich, daß der eine oder andere Schüler der Körperbehindertenschule
- den Anschluß an einen örtlichen Kanuclub findet;
- mit Nichtbehinderten einmal privat zu einer Kanutour aufbricht;
- andere sich bietende Bewegungsangebote auf dem Wasser nutzt.

Erst dann wäre die Isolation, der die Behinderten ausgesetzt sind, tatsächlich durchbrochen.

LUTZ THIEME

Eine integrative Schwimmgruppe im Sportverein – Erfahrungsbericht

Die Probleme der Schwimmsportvereine in den neuen Bundesländern gleichen sich: Die Schwimmhallen- und Übungsleiterkapazitäten sind nahezu erschöpft, doch der Zulauf interessierter Kinder und Jugendlicher hält weiter an. Dabei fällt auf, daß der Wunsch von Kindern und Eltern nach ein- bis zweimaligem Üben pro Woche deutlich gegenüber sportschwimmerisch geprägtem Training dominiert.

Als im Herbst 1996 sowohl eine Schwimmhallenzeit als auch ein Übungsleiter für eine neue Gruppe gefunden war, ergab es sich zufällig, daß in der Gruppe neben elf Mädchen und Jungen im Alter von sieben bis zwölf Jahren auch zwei vierzehnjährige behinderte Kinder (Down-Syndrom) und zwei weitere Kinder mit Hörschäden üben wollten. Die beiden geistig behinderten Kinder besuchten eine Sonderschule, während die Kinder mit Hörschäden am allgemeinen Schulunterricht teilnehmen konnten. Für die Schwimmgruppe war eine einstündige Übungszeit einmal pro Woche vorgesehen. Alle Kinder beherrschten das Brustschwimmen, einige auch Elemente des Rückenschwimmens. Alle hatten jedoch große Probleme bei der Beherrschung der Grundfertigkeiten Gleiten, Tauchen, Springen und vor allem mit dem Atmen.

Die meisten Kinder der neuen Gruppe verfügten nur über Sozialerfahrungen in altershomogenen Gruppen, keines der nichtbehinderten Kinder hatte bisher regelmäßigen Kontakt mit Behinderten. Grundlage des methodischen Vorgehens waren die in etwa homogenen Fähigkeiten und Fertigkeiten im Schwimmen. Jede Übungsstunde wurde mit einer Gesprächsrunde eingeleitet, in der die Lernziele der kommenden Stunde sowie Schwerpunktübungen vorgestellt wurden. Von den Kindern konnten dabei sowohl die Stundenziele als auch Übungsinhalte in der Diskussion abgeändert werden. Als schwierig erwies sich, die sich anbahnende Dominanz sprachlich gewandter Kinder einzuschränken. Ein wirkungsvolles Mittel war der Auftrag an ein weniger dominantes oder an ein behindertes Kind, über Ziele und Inhalte der nächsten Stunde nachzudenken, ohne die Gruppe von diesem Auftrag in Kenntnis zu setzen. Der dadurch entstandene Informationsvorsprung und die vorherige Konsultation des Übungsleiters glichen sprachliche Schwächen zum Teil aus. Auch die hörgeschädigten Kinder beteiligten sich aktiv am Gespräch, ihr Handicap fiel erst beim Üben im Wasser didaktisch und methodisch ins Gewicht.

In den einführenden Gesprächsrunden, die eine Länge von etwa fünf Minuten nicht überschritten, wurde seitens des Übungsleiters versucht, die Individualität des einzelnen zu betonen und Leistungsvergleiche auf der Ebene einzelner Körperübungen zu relativieren. Die vielfältigen Übungen zu den schwimmerischen Grundfertigkeiten (vgl. u.a. LEWIN 1982; SCHRAMM 1987) wurden unter dem Blickwinkel eines Situationsarrangements ausgewählt, das es gestattete, bei verschiedenen Übungen verschiedene Kinder als Bewegungsvorbilder zu benennen. Nach etwa sechs Übungsstunden hatte sich in der Gruppe die Auffassung durchgesetzt: »Jeder kann was, was der andere nicht so gut kann.« Die gegenseitige Akzeptanz war hergestellt. Neben dem einführenden Gespräch und der unmittelbaren Übungsstunde von ca. 45 Minuten trug die abschließende »Spielzeit«, über die die Kinder frei verfügen konnten, wesentlich zur Gruppenbildung bei. Um trotz des vorhandenen großen Freiraums pädagogisch wirksam bleiben zu können, richtete der Übungsleiter z.T. auf Vorschlag der Kinder ein bis zwei Stationen ein, an denen bei Bedarf nach eigenem Ermessen probiert und geübt werden konnte. Etwa ein Viertel der Kinder beteiligten sich an den Übungen, wobei die teilnehmenden Kinder von Übungsstunde zu Übungsstunde wechselten. Wer sich nicht an den angebotenen Stationen aufhalten wollte, dem standen vielfältige Geräte (u.a. große und kleine Schwimmbretter, Schwimmflossen, Bälle, Tauchgegenstände) zur spielerischen Erfahrungsgewinnung zur Verfügung. Bei diesen freien Bewegungsmöglichkeiten profitierten die behinderten Kinder von der Bewegungsphantasie ihrer Kameraden. Sie wurden aufgefordert, sich an selbst erdachten Spielen zu beteiligen, die sie oft durch Versuchs- und Irrtumslernen, zunehmend häufiger jedoch durch Beobachtung der Mitspieler in Verbindung mit vermittelnden Worten des Übungsleiters erlernten.

Ausgangspunkt waren dabei Imitations- und Nachahmungsversuche, auf deren Möglichkeiten schon BAUER/PETTENS/VAN DER SCHOOT (1981) hingewiesen haben. Die Integration aller Kinder in die Gruppe hatte zur Folge, daß auch Unterschiede zwischen den behinderten und den nichtbehinderten Kindern, die sich nicht auf Inhalte der Übungsstunde bezogen, beispielsweise anfängliche Schwierigkeiten der behinderten Kinder beim Umziehen oder bei der Orientierung in der Schwimmhalle, als Teil der individuellen Eigenschaften, der Fähigkeiten und Fertigkeiten akzeptiert wurden.

Der integrative Charakter der Gruppe verringerte jedoch das Lerntempo hinsichtlich der normierten Körperübung »Schwimmen« wesentlich, weil »der nächste Schritt der folgenden Handlungs- und Tätigkeitsbereiche« beim geistig behinderten Kind »erst vollzogen bzw. betreten werden« sollte, »wenn die angestrebten Verhaltens- und Handlungsmuster gefestigt und weitgehend stabilisiert sind« (VAN DER SCHOOT/BAUER 1975, 83). Nach etwa sechs Monaten bedrohten erste Unterforderungserscheinungen bei einem Teil der nichtbehinderten Kinder das Gruppenklima. Methodische und organisatorische Möglichkeiten der Aufgabenakzentuierung nach Fähigkeiten und Fertigkeiten waren zu diesem Zeitpunkt bereits weitgehend ausgeschöpft, zumal die Grundfertigkeiten mittlerweile weitgehend beherrscht wurden und das Ziel der schwimmerischen Ausbildung im Herstellen der variablen Schwimmfähigkeit und im Erlernen einer zweiten Schwimmart (Rückenschwimmen) bestand. Die mangelnde Fähigkeit der geistig behinderten Kinder, erlernte Bewegungsmuster auf andere Bewegungssituationen zu übertragen, ließ eine zunehmende Fertigkeitsdifferenz zu den leistungsstarken (nichtbehinderten) Gruppenmitgliedern erwarten.

Als naheliegendste Lösungsmöglichkeit wurde die Bildung einer Schwimmgruppe für Behinderte erwogen. Positive Äußerungen der Eltern nichtbehinderter und behinderter Kinder zur Gruppenstruktur verlangten jedoch eine Lösung unter Beibehaltung des integrativen Gruppencharakters für möglichst viele Gruppenmitglieder. Um die Gruppe im Kern zu erhalten, wurden die fünf leistungsstärksten Kinder, die auch am deutlichsten auf die Unterforderung reagierten, in eine Übungsgruppe mit angemessener Leistungsstärke

»versetzt«. Diese Übungsgruppe trainierte parallel zur Integrationsgruppe, so daß der Kontakt zwischen den Kindern weiter bestehen blieb (gemeinsames Aus- und Ankleiden, gemeinsames Spielen am Stundenende). Gleichzeitig konnten fünf nichtbehinderte Kinder, deren schwimmerische Fähigkeiten und Fertigkeiten in etwa dem Anfangsniveau der Integrationsgruppe entsprachen, in diese aufgenommen werden. Dadurch konnten den behinderten Kindern neue soziale Kontakte ermöglicht, den neuen Gruppenmitgliedern die Beziehungswelt integrativer Gruppen erschlossen und allen leistungsgerechte Aufgaben übertragen werden. Dieses Verfahren wurde nach weiteren sieben Monaten wiederholt, weil wieder Leistungsdifferenzen die entstandenen positiven Gruppenstrukturen bedrohten.

Die beschriebenen didaktischen und organisatorischen Methoden zur Erhaltung der Binnenstruktur integrativer Gruppen im Sportverein sind ein Weg, um behinderten Kindern außerhalb spezieller Gruppen den Zugang zum Sportverein zu ermöglichen. Alle beteiligten Kinder verfügten nach dem Üben in der Integrationsgruppe über verbesserte kommunikative Fähigkeiten, durch die auch Konflikte gelöst werden konnten, und zwar über soziale Kompetenz beim Umgang mit Behinderten und Behinderungen sowie über Ansätze zur Beachtung der Belange und Wünsche anderer. Eltern behinderter Kinder berichteten von erhöhtem Selbstvertrauen und – neben dem sicheren Aufenthalt im Wasser – von der Verbesserung allgemeiner motorischer Fähigkeiten ihrer Kinder.

Grenzen findet diese Methode dort, wo primär sportliche Zielsetzungen verfolgt werden, da das Lerntempo gegenüber anderen Gruppen wesentlich geringer ist. Übungsleiter einer integrativen Gruppe zu sein und die beschriebenen Handlungskompetenzen bei den Gruppenmitgliedern zu entwickeln erfordert neben sportartspezifischen Kenntnissen sowie didaktischem und methodischem Geschick in der pädagogischen Situation eine erhebliche personelle Kontinuität und einen großen Aufwand bei der Stundenvorbereitung und Stundennachbereitung.

Literatur

BAUER, A./PETTENS, C./VAN DER SCHOOT, P.: Dokumentation und Bericht zum Stand der Forschung im Bereich Motorik bei Geistig Retardierten. In: JOCHHEIM, K.A./VAN DER SCHOOT, P. (Hrsg.), Behindertensport und Rehabilitation. Schorndorf 1981.
LEWIN, G.: Schwimmsport. Berlin 1982.
SCHRAMM, E.: Sportschwimmen. Berlin 1987.
VAN DER SCHOOT, P./BAUER, A.: Sport als Motivationsfaktor bei geistig retardierten Kindern. In: DEUTSCHER SPORTBUND (Hrsg.), Sport für Behinderte. Frankfurt 1975.

MATTHIAS MOCH

Kuttersegeln als integratives Medium in der Erlebnispädagogik

1. Einleitung

Erlebnispädagogische Ansätze in der sozial- aber auch in der sonderpädagogischen Betreuung und Förderung von Kindern und Jugendlichen haben eines gemeinsam: In deutlicher Abgrenzung vom Gewohnheitshandeln in institutionellen Settings versuchen sie unter Bezugnahme auf traditionelle Konzepte (vgl. etwa BAUER 1993; SCHWARZ 1968) Jugendliche mit neuen und herausfordernden Erfahrungen zu konfrontieren. Dem Alltagsgeschehen ein gutes Stück entrückt sind besondere Aufgaben unter ungewöhnlichen Bedingungen zu lösen. Die Gestaltung dieser Situationen erfolgt bewußt und in der Absicht, daß Heranwachsende durch ihre Bewährung in spannenden Unternehmungen in die Lage versetzt werden, Selbstbewußtsein, Problemlösefähigkeit und Kooperationsbereitschaft auch im alltäglichen Leben zu erhöhen.

Die Erfahrungen in der erlebnispädagogischen Praxis sind auch im deutschsprachigen Raum sehr vielfältig (zusammenfassend etwa HECKMAIR/MICHL 1994; KÖLSCH 1995) und werden zunehmend dokumentiert (FISCHER 1994). In den meisten Fällen beziehen sie sich auf natursportliche Unternehmungen mit verhaltensauffälligen Jugendlichen (BAUER/ NICKOLAI 1989; NICKOLAI/QUENSEL/RIEDER 1991; SOMMERFELD 1993). Aber nicht nur in der Jugend-, sondern zunehmend auch in der Behindertenhilfe gewinnen erlebnispädagogische Ansätze an Bedeutung (MICHL/RIEHL 1996; MOCH/ZUBE 1998; TENBROCK 1996).

Parallel zu diesen positiven Entwicklungen sieht sich die Erlebnispädagogik zunehmend der Notwendigkeit ausgesetzt, ihre Maßnahmen zu evaluieren und ihren pädagogischen Nutzen deutlicher unter Beweis zu stellen. Dennoch liegen – im Vergleich zu amerikanischen und kanadischen Projekten (vgl. die Übersicht bei BARTEL/REHM 1996) – im deutschsprachigen Raum nur ganz wenige empirische Untersuchungen vor (etwa JAGENLAUF/BRESS 1989; 1990), mit z.T. sehr begrenzten und kaum theoretisch fundierten Aussagen. Zur Arbeit mit behinderten Jugendlichen gibt es überhaupt keine Befunde. Wirkungsanalysen zu Segelprojekten befinden sich erst in den Anfängen (PLÖHN 1998; MOCH 1999).

Unter den verschiedensten erlebnispädagogischen Medien in der Arbeit mit Heranwachsenden eignet sich das Segeln besonders für die Vermittlung zwischen Naturgewalten und eigenem Können (BIRKELBACH 1983; LOOS 1989). Zu diesem Medium liegen auch sehr ermutigende Erfahrungen mit behinderten Teilnehmern vor (CHRISTIANS 1984; KALLENBACH 1992, 1994; KOPP 1991; LUIG/EGGERT 1994; NIEDERBRACHT 1987; ZIMMERMANN/BRENDLER 1983), nicht nur was motorische und sensorische Förderung, sondern auch Persönlichkeitsentwicklung und soziale Integration anbetrifft.

2. Kuttersegeln als erlebnispädagogisches Medium

Die vorliegende Untersuchung bezieht sich auf erlebnispädagogische Segelmaßnahmen mit behinderten und nichtbehinderten Kindern, Jugendlichen und jungen Erwachsenen, die der Verein für sozialpädagogisches Segeln e.V. seit nunmehr 20 Jahren auf dem Bodensee durchführt (ausführlich in: ZUBE 1991 sowie in MOCH/ZUBE 1998). Bestehende Gruppen leben für ca. eine Woche in einem Zeltdorf auf einem öffentlichen Campingplatz oder in einem vereinseigenen Haus. Von hier aus werden mehrere (in der Regel eintägige) Segeltörns unternommen. Gesegelt wird auf Marinekuttern, die für maximal 16 Personen Platz bieten.

Eine Besonderheit des Kuttersegelns ist vor allem im *Gruppencharakter* des Settings zu sehen. Es gibt kaum eine andere erlebnispädagogische Konstellation, in der die Mitglieder einer Gruppe so stark und unmittelbar aufeinander angewiesen sind wie auf einem (größeren) Segelboot. Das Sinnbild, daß »alle in einem Boot« sitzen, kann hier ganz konkret erfahren werden. Während des Törns kann kein Crew-Mitglied eigenständig ausscheren. Die Gruppe ist auf sich gestellt und den Naturgewalten ausgeliefert. Niemand kann ohne weiteres (sei es als Helfer oder als Störer) von außen dazustoßen. Alle sind gezwungen, sich gemeinsam mit dem Boot unter den gegebenen Bedingungen zu arrangieren. Einer solchen extremen Geschlossenheit ist man im Alltag selten ausgesetzt. Fast immer bestehen Möglichkeiten des Ausweichens, wenn auch für Teilnehmer/-innen mit verschiedenen Fähigkeiten in sehr unterschiedlichen Maße. Das umgrenzte Setting auf dem Boot und das unmittelbare Aufeinander-Angewiesensein kann einerseits Unwohlsein und Angst auslösen, manchmal auch zur Überforderung führen. Es kann andererseits jedoch auch pädagogisch genutzt werden. In der Regel stärkt es den Gruppenzusammenhalt durch das Bewältigen einer gemeinsamen Aufgabe (vgl. MOCH 1999).

Auf dem Boot sind alle Teilnehmer/-innen gleichberechtigt. Auch die Gruppenbetreuer sind auf dem Boot einfache Crewmitglieder mit denselben Positionen wie die Teilnehmer/-innen. Einzig und allein der *Skipper* hat an Bord das Sagen. Bei ihm verbleibt das letzte Wort in jeder Lage und letztlich auch die Verantwortung für die Sicherheit aller. Zu seinen Kompetenzen als erfahrener Segler kommen unabdingbare pädagogische Anforderungen hinzu: Er muß die Fähigkeiten den Gruppe einschätzen und zu den gegebenen Anforderungen (Wind, Wellengang, Wetter, Böen, Dauer des Törns, u.ä.) in Relation setzen. Er sorgt dafür, daß die Ausrüstung komplett und jeder Teilnehmer mit allem Notwendigen ausgerüstet ist (Schwimmwestenzwang auf dem Boot, Ölzeug, Sonnenhut, Verpflegung, Getränke, usw.). Besonders bei wechselnden Winden und unbeständiger Wetterlage sind seine Kenntnisse von den lokale Bedingungen von entscheidender Bedeutung.

Was die aktive Beteiligung der Crew-Mitglieder betrifft, so sind zum Gelingen des Ganzen sehr *unterschiedliche Aufgaben* zu bewältigen, die individuell oder auch in Kleingruppen übernommen und entsprechend verantwortlich durchgeführt werden müssen. Um das Boot gemeinsam zu segeln, müssen die Crew-Mitglieder in der Art einer »Seemannschaft« verantwortlich zusammenarbeiten. Beim An- oder Ablegen müssen Vor- und Achterleinen zum richtigen Zeitpunkt gelöst und abgelegt, Fender ausgebracht oder eingeholt und das Boot mit dem Bootshaken abgehalten werden. Beim Setzen der Segel braucht man Kraft, aber auch Geschicklichkeit beim Belegen der Falle. Um optimale Schubkraft zu gewinnen, sind die Schoten aufmerksam so zu bedienen, daß die Segel – je nach Windstärke – richtig im Wind stehen. In Abhängigkeit von Kurs und Wassertiefe muß das Schwert in die richtige Position gebracht werden. Beim Trimmen sorgen Teilnehmer mit ihrem Körpergewicht und ihrer Position dafür, daß das Boot optimal im Wasser liegt und bei Böen nicht zuviel Schräglage bekommt. Der Rudergänger muß das Boot auf Kurs halten und darf dabei Kompaß und »Verklicker« (Fähnchen auf dem Großmast, das die Windrichtung anzeigt) nicht aus dem Auge verlieren. Der »Ausguck« hat seine Position ganz vorne im Bug und meldet andere Boote oder auch Hindernisse, an denen sich die Fahrtrichtung und die Geschwindigkeit des Kutters ausrichten muß. Beim Wenden müssen zügig Positionen gewechselt, Schoten übergeben und die Segel neu in Stellung gebracht werden. Alle diese Tätigkeiten sind aufeinander abgestimmt, müssen relativ genau koordiniert und »getimed« werden und kaum eine ist von vornherein wichtiger als eine andere.

Für die meisten Teilnehmer ist nicht nur die Gesamtsituation, sondern auch das Eingebunden sein in diese Aufgaben höchst ungewöhnlich. Die jeweils zugewiesene Aufgabe trägt ihren Teil zum Gelingen der Unternehmung bei. Sie verlangt vom Teilnehmer sowohl individuelle Zuverlässigkeit, aber auch Wissen und Gespür für die Situation sowie spezifische Fähigkeiten (etwa Knoten knüpfen, Kommandos und Fachbegriffe verstehen, Kurshalten, Peilen können, o.ä.).

Hier zeigen sich jedoch auch Situationseigenschaften, die das Kuttersegeln von anderen natursportlichen Erlebnissen abhebt. So erfordern beispielsweise Klettern, Mountainbiking und Skifahren in der Regel erhebliche körperliche Anstrengungen und setzten Kondition und Fitneß voraus. Diese Aktivitäten, die der krafteinsetzenden Bewältigung und körperlichen Beherrschung den Vorrang geben, erfordern vor allem, daß die Teilnehmer uneingeschränkt bewegungsfähig sind. Demgegenüber kann beim Kuttersegeln auch von eher *geringen körperlichen Fähigkeiten* ausgegangen werden. Im Vergleich zu den üblichen Leistungssportarten baut das Segeln auf ganz anderen Fähigkeiten auf und fördert auch ganz andere Kompetenzen. Hier können auch all jene beteiligt sein, die keine Kondition haben, sportlich nicht besonders begabt oder gar aufgrund von Behinderungen nur eingeschränkt bewegungs- oder wahrnehmungsfähig sind. Wer segeln kann, braucht dazu nicht einmal die Fähigkeit, sich auf seinen Beinen fortzubewegen. So können die meisten der oben genannten Tätigkeiten beispielsweise auch von Jugendlichen ohne sportliche Ambitionen oder auch von Rollstuhlfahrern, Gehörlosen, Blinden oder auch alten Menschen ausgeführt werden. Viele körperlich eingeschränkte Menschen, insbesondere die jungen unter ihnen, leiden unter Ausgrenzung und Nichtanerkennung ihrer Person vor allem deshalb, weil sie sich gerade an jenen Aktivitäten nicht beteiligen können, die im Alltag über Sport und körperliche Aktion die Gruppenbildung fördern.

In der Praxis hat sich gezeigt, daß dieses Setting einem großen Spektrum von Teilnehmern gerecht werden kann. Indem die meisten Aufgaben auf dem Boot so umschrieben sind, daß nicht nur körperbehinderte (spastisch- oder querschnittsgelähmte, gehbehinderte), sondern auch sinnesbehinderte (blinde, gehörlose) wie auch geistig behinderte Teilnehmer gleichberechtigt in fast alle Aktivitäten einbezogen werden können, hat sich das Setting auch für integrative Maßnahmen als sehr gewinnbringend erwiesen (MOCH/ZUBE 1998).

3. Bedingungen der Erlebnisqualität – »Flow«

Die im folgenden dargestellte Studie ist in dem beschriebenen Rahmen durchgeführt worden. Sie diente unter anderem dem Ziel, am Beispiel des Kuttersegelns den Zusammenhang zwischen Bedingungen und Anforderungen in der Situation einerseits und dem subjektiven Erleben andererseits zu untersuchen und anhand von empirischen Daten zu überprüfen.

Die Abhängigkeit individuellen Erlebens von den situativen Bedingungen wird seit dreißig Jahren von CSIKSZENTMIHALYI und seinen Mitarbeitern an der Universität von Chicago untersucht (CSIKSZENTMIHALYI 1985). Diese beschäftigen sich insbesondere mit der Frage, in welchen Situationen des alltäglichen wie des außeralltäglichen Lebens Menschen besondere Glücksgefühle und Begeisterung erleben. Die Untersuchungen wurden mit den unterschiedlichsten Gruppen (Hausfrauen, Schülern, Arbeiterinnen, Künstlern, Sportlern, Angehörigen hochspezialisierter Berufe, Bauern, Schwerstbehinderten) und in verschiedenen Kontinenten durchgeführt (zusammenfassend: CSIKSZENTMIHALYI 1992). Die Versuchspersonen wurden dazu befragt, in welchen Situationen in ihrem Leben sie so von einer Tätigkeit eingenommen seien, daß sie sich dabei frei, glücklich und unbeschwert fühlten, sich selbst und die Zeit über ihrem Tun vergäßen und sich nichts lieber wünschten, als die Situation und ihre Tätigkeit aufrechtzuerhalten. CSIKSZENTMIHALYI stellte fest, daß diese Selbstbeschreibung, die er »flow« nannte, in den unterschiedlichsten Lebenssituationen bei den unterschiedlichsten Menschen angetroffen wird. Aus den vielfältigen Untersuchungen (CSIKSZENTMIHALYI 1992; CSIKSZENTMIHALYI/CSIKSZENTMIHALYI 1995) wurde insgesamt der Schluß gezogen, daß »flow« als ein spezifischer emotional-motivationaler Zustand angesehen werden kann, in dem das individuelle menschliche Erleben insofern optimal ist, als in ihm ein Maximum an Aufmerksamkeit, Konzentration und Hingabe mit maximaler Aktivation, Leichtigkeit und Begeisterung zusammentrifft.

Was die situativen Bedingungen betrifft, die mit einem solchen Zustand verbunden sind, so zeigten die verschiedenen Befunde insgesamt, daß der »flow«-Zustand mit großer Wahrscheinlichkeit dann erlebt wird, wenn die Person in eine Tätigkeit involviert ist, die ihre Fähigkeiten in optimaler Weise herausfordert. Im Rahmen der Studien zum optimalen Erleben liegen auch einige Untersuchungen mit Schwerstbehinderten vor: MASSIMINI und sein mailändisches Team (zit. in CSIKSZENTMIHALYI 1992, 254ff.) haben in getrennten Studien Paraplegiker und Blinde befragt und beschrieben, wie viele von ihnen ihr Erleben trotz ihrer oftmals plötzlich eingetretenen Behinderung aktiv zu beeinflussen gelernt haben. Die Ergebnisse laufen darauf hinaus, daß Schwerstbehinderte, die über häufige »flow«-Erfahrungen berichten, nach dem Eintritt ihrer Behinderung völlig neue Kompetenzen entwickelt haben, die sie durch große Übung pflegen und zur Perfektion bringen. Optimales Erleben beruht bei ihnen auf der Gewißheit, trotz ihrer massiven Einschränkungen ihre Fähigkeiten gezielt auf solche Tätigkeiten zu konzentrieren, in denen sie ihre besonderen Stärken kennengelernt haben.

Alle Befunde weisen auf ein gemeinsames Ergebnis hin: Optimales Erleben im Sinne von Glücksgefühl und selbstvergessener Hingabe an eine Tätigkeit bei gleichzeitig höchster Konzentration und Leistungsfähigkeit wird begünstigt durch situative Bedingungen, die dem Individuum eine für seine Fähigkeiten optimale Herausforderung bieten. Dies ist dann der Fall, wenn das Vertrauen in die verfügbaren und an sich selbst wahrgenommenen Fähigkeiten den in der Situation gegebenen sachimmanenten Anforderungen in optimaler Weise entspricht. Sowohl Überforderung, die Angst erzeugt, als auch Unterforderung, die Langeweile nach sich zieht, beeinträchtigen die Erlebnisqualität (CSIKSZENTMIHALYI 1985).

4. Fragestellung und Hypothesen

In der vorliegenden Studie wird nach Möglichkeiten gesucht, wie die Erkenntnisse der »flow«-Theorie für die Gestaltung erlebnispädagogischer Unternehmungen in der dargestellten Art nutzbar gemacht werden können. Wenn das Verhältnis zwischen Vertrauen in die eigenen Fähigkeiten und Möglichkeiten einerseits und den in der Situation vorgefundenen Herausforderungen und Anreizen andererseits für die Erlebnisqualität entscheidend ist, so wäre es notwendig, diese Tatbestände bei der Planung und Durchführung der Segeltörns in Rechnung zu stellen und im Rahmen einer Evaluation zu operationalisieren. Die Fragestellung lautet also: Läßt sich beim erlebnispädagogischen Kuttersegeln der in der »flow«-Theorie postulierte Zusammenhang zwischen Erlebnisqualität und Situationsbedingungen nachweisen?

Im dargestellten Setting des Kuttersegelns werden sowohl der Törn insgesamt sowie die zugewiesenen Aufgaben von den Teilnehmern als Herausforderungen verstanden, denen sie – nach ihrer eigenen Einschätzung – durch den Einsatz ihrer Fähigkeiten und ihres Selbstvertrauens mehr oder weniger entsprechen. Als generelle Hypothese läßt sich formulieren:

1. *Überforderung und Unterforderung gehen mit einer geringeren Erlebnisqualität einher als eine adäquate Anforderung.*

Da im folgenden auch Vergleiche zwischen Personengruppen mit sehr unterschiedlichen körperlichen (und z.T. auch geistigen) Voraussetzungen angestellt werden sollen, erscheint es sinnvoll, zu diesem Vergleich zwei spezifische Hypothesen zu formulieren. Die körperliche Beweglichkeit sowie das Reaktionsvermögen behinderter Teilnehmer sind auch auf dem Segelboot erheblich eingeschränkt. Bei ansonsten gleichen Bedingungen ergibt sich daraus die Annahme:

2. *In bezug auf die erlebten Anforderungen beim Segeln erleben sich behinderte Teilnehmer im Vergleich zu nichtbehinderten eher überfordert als unterfordert.*

Weiterhin ist anzunehmen, daß die den behinderten Teilnehmern zugewiesenen Aufgaben sehr präzise ihren Kompetenzen angepaßt werden müssen (KALLENBACH 1992). Stärker als bei nichtbehinderten besteht die Gefahr, daß behinderte Teilnehmer in ihrer Erlebnisqualität beeinträchtigt werden, wenn die Situation nur geringfügige Abweichungen von ihrem Fähigkeitsprofil erfordert. Dies ist vor allem dann anzunehmen, wenn – wie im vorliegenden Fall – für behinderte Teilnehmer keine besonderen Vorkehrungen bei der technischen Ausstattung des Bootes vorgenommen werden. Daher lautet die dritte Hypothese:

3. *Der invers u-förmige Zusammenhang zwischen Erlebnisqualität und Anforderung ist bei behinderten Teilnehmern stärker ausgeprägt als bei nichtbehinderten Teilnehmern.*

5. Untersuchungsgruppe und Methoden

Die Untersuchungsgruppe besteht aus 406 Kindern und Jugendlichen im Alter zwischen 5 und 20 Jahren, die in den Jahren zwischen 1992 und 1996 an den oben beschriebenen Segelmaßnahmen teilgenommen hatten. Dabei handelte es sich um 273 nichtbehinderte Teilnehmer (aus Einrichtungen der Jugendhilfe bzw. Jugendpflege, der Bewährungshilfe, der kirchlichen Jugendarbeit oder der Jugendkulturarbeit) und 133 behinderte Teilnehmer (aus Lern- bzw. Geistigbehindertenschulen, Freizeitclubs, Bildungswerken bzw. Heimen). Insgesamt war ein sehr großes Spektrum der Behinderungen vertreten: Von leichten Lernbehinderungen bis zu schweren geistigen Behinderungen, Körperbehinderungen verschiedenen Grades sowie Mehrfachbehinderungen. Der Anteil der männlichen Teilnehmer überwog mit 235 Probanden deutlich den Teil der weiblichen Teilnehmer. Die

Probanden lebten während der Maßnahmen in Gruppen von durchschnittlich 12 Personen für ca. jeweils eine Woche in einem Zeltlager am Bodensee. Gesegelt wurde je nach Wind- und Wetterverhältnissen an 2 bis 5 Tagen. Am Ende der Maßnahme füllten alle Teilnehmer einen kurzen Fragebogen zu verschiedenen Erlebnisaspekten aus.

Oben wurde als generelle Hypothese postuliert, daß die Erlebnisqualität eine Funktion des Verhältnisses zwischen sachlicher Anforderung und Vertrauen in die eigenen Fähigkeiten ist. Folgende *Operationalisierungen* wurden vorgenommen:
1. Die »Erlebnisqualität« wurde in bezug auf verschiedene Unternehmungen erhoben und durch die Frage operationalisiert: »Verschiedene Dinge machen mehr oder weniger Spaß! Kreuze bei jedem Wort an, wie Dir das Erlebnis gefallen hat?« Die Antworten reichten von »Einsame Spitze« (Punktwert 5) bis zu »eher schlecht« (Punktwert 1). Es folgte im Fragebogen die Nennung verschiedener Aspekte aus dem gesamten Setting (Segeln, Gruppenleben, Campingplatz, usw.). Im folgenden interessiert uns nur die Erlebnisqualität beim Segeln.
2. Der Ansporn durch die Aufgabe auf dem Segelboot (Variable *»sachbezogene Herausforderung«*) wurde durch die Frage erfaßt: »*Beim Segeln muß jeder eine Aufgabe im Boot übernehmen. Einige Aufgaben sind wichtiger als andere. Wie wichtig war Deine Aufgabe auf dem Segelboot?* »Die Antwortmöglichkeiten waren abgestuft von »sehr wichtig« (Punktwert 5) bis »nicht wichtig« (Punktwert 1).
3. Das Vertrauen in die eigene Fähigkeit, die zugewiesene Aufgabe zu bewältigen (Variable »Selbstvertrauen«) wurde in der Weise erfaßt, daß das individuelle Handeln auf die Gruppenunternehmung als Ganzes bezogen wurde. Das heißt: Der einzelne schätzte seine Fähigkeiten danach ein, wie er sich durch die Bewältigung seiner Aufgaben als zuverlässiges Crew-Mitglied erwies. Dadurch wurde eine unmittelbare Bewertung des individuellen Handelns als »gut« oder »schlecht« vermieden. Die entsprechende Frage lautete: »*Wenn man zusammen segelt, muß man sich auf die anderen verlassen können. Wie sieht es bei Dir aus? Können sich andere auf Dich verlassen?*« Die möglichen Antworten reichten von »auf jeden Fall« (Punktwert 5) bis »auf keinen Fall« (Punktwert 1).

Um die Herausforderung auf der Sachebene mit dem Selbstvertrauen in Relation zu setzen, wurde der Quotient zwischen den Werten der Variable »Herausforderung« und den Werten der Variable »Selbstvertrauen« gebildet. Dieses Verfahren geht zurück auf ein entsprechendes Vorgehen von MASSIMINI und CARLI (1995) bei der oben erwähnten Untersuchung mit Schülern. Wir erhalten somit einen *»Anforderungsquotienten«* (mit einem Wertespektrum zwischen (annähernd) 0 und 5) als Maß für das Verhältnis zwischen sachlicher Herausforderung und Vertrauen in die eigenen Fähigkeiten. Als tendenziell »unterfordert« galt ein Teilnehmer, für den etwa die Aufgabe auf dem Segelboot »wenig wichtig« war, auf den sich die anderen aber »in jedem Fall« verlassen konnten. Als tendenziell »überfordert« konnte jemand gelten, dessen Aufgabe auf dem Segelboot »sehr wichtig« war, auf den sich die anderen aber »eher nicht« verlassen konnten.

Im Vorfeld der eigentlichen Analyse wurden zwei Schritte unternommen. Zunächst wurde geprüft, inwieweit sich ältere und jüngere bzw. behinderte und nichtbehinderte Teilnehmer in bezug auf die abhängige Variable »Erlebnisqualität beim Segeln« unterscheiden. Eine entsprechende Varianzanalyse (Alter (4) * Behinderung (2)) ergab einen signifikanten Alterseffekt ($F = 2{,}81$, $df = 3$, $p < .05$) (wobei jüngere tendenziell positiver urteilen).

Entsprechend wurde das Alter bei den Analysen als Kontrollvariable berücksichtigt. Des weiteren wurde die Untersuchungsgruppe aufgrund der individuellen Werte auf der Variablen »Anforderungsquotient« in drei Untergruppen aufgeteilt: »Überforderte« mit Werten über 1 (n = 127), »adäquat Geforderte« mit dem Wert 1 (n = 167) und »Unterforderte« mit Werten unter 1 (n = 112). Dies entspricht einer Verteilung von 31% zu 41% zu 28% der Probanden. Die Überprüfung der einzelnen Hypothesen erfolgte aufgrund von Varianzanalysen (aus dem Programmpaket SPSS).

6. Ergebnisse

Tabelle 1 gibt die Mittelwerte und Standardabweichungen der genannten Variablen für die Gesamtstichprobe sowie für die beiden untersuchten Untergruppen wieder.

Tab. 1: Mittelwerte, Standardabweichungen und Mittelwertvergleich der untersuchten Variablen

Variable	Gesamtstichprobe (N = 406)		Nichtbehinderte Teilnehmer (n = 273)		Behinderte Teilnehmer (n = 133)		Mittelwertvergleich	
	M	s	M	s	M	s	F	p
Alter	13,05	2,87	12,80	3,15	13,57	2,12	6,56	< .05
sachbez. Herausforderung	4,17	0,88	4,07	0,92	4,37	0,78	10,77	< .01
Selbstvertrauen	4,10	0,92	4,17	0,89	3,97	0,96	4,24	< .05
Anforderungsquotient	1,09	0,48	1,04	0,44	1,20	0,55	10,34	< .01
Erlebnisqualität b. Segeln	4,40	0,87	4,39	0,92	4,44	0,76	0,57	n.s.

Die theoretischen Überlegungen hatten uns zu der Annahme geführt, daß die Erlebnisqualität beim Segeln bei denjenigen Teilnehmer/-innen am höchsten ist, bei denen das Verhältnis zwischen sachlicher Herausforderung auf dem Boot und Vertrauen in die eigenen Kompetenzen ausgeglichen ist, die also weder über- noch unterfordert waren. Der varianzanalytische Vergleich der drei Untergruppen, bei dem das Alter der Teilnehmer kontrolliert wurde, bestätigt diese Annahme (ANOVA, Erlebnisqualität by Anforderung (3), Kovariate Alter, n = 406, df = 2, F = 9, 40, p < .001). Überforderte (M = 4,35) und Unterforderte (M = 4,16) zeigen signifikant geringere Ausprägungen der Erlebnisqualität als adäquat Geforderte (M = 4,61; Scheffe-Test p < .05). Damit kann die erste Hypothese über den Zusammenhang zwischen Anforderung und Erlebnisqualität als gesichert gelten.

Weiterhin war postuliert worden, daß sich behinderte im Vergleich zu nichtbehinderten Teilnehmern bei der Unternehmung eher überfordert fühlten. Der Unterschied der Mittelwerte der »Anforderungsquotienten« der beiden Gruppen weist in die erwartete Richtung und ist bedeutsam (Oneway: behinderte Teilnehmer: M = 1,20, nichtbehinderte Teilnehmer: M = 1,04; df = 1, F = 10.34; p < .01). Dieses Ergebnis impliziert, daß die sachliche Herausforderung von behinderten Teilnehmern höher, das Vertrauen in die eigene Bewältigungsfähigkeit niedriger eingeschätzt wird als von nichtbehinderten (s. Tab. 1).

In der dritten Hypothese wurde angenommen, daß der Zusammenhang zwischen Anforderung und Erlebnisqualität bei behinderten Teilnehmern stärker ausgeprägt ist als bei nichtbehinderten. Die entsprechenden Mittelwerte sind in Abbildung 1 dargestellt, die Ergebnisse der bivariaten Varianzanalyse enthält Tabelle 2.

Der Vergleich der Mittelwerte für beide Untergruppen spiegelt zwar das Ergebnis zum Haupteffekt »Anforderung« wider, widerspricht aber der spezifischen Voraussage. Vielmehr scheint der Unterschied zwischen den »adäquat geforderten« und den »unter- bzw. überforderten« bei den nichtbehinderten stärker ausgeprägt als bei den behinderten Teilnehmern, was im Gegensatz zur Annahme steht. Allerdings wird dieser Augenschein durch die Analysen nur zum Teil bekräftigt. Zwar bestätigen getrennte Oneway- Analysen für beide Untergruppen den offensichtlich erwartungswidrigen Unterschied (s. Abb. 1), aber die entsprechende Wechselwirkung Anforderung * Behinderung in der bivariaten Varianzanalyse überschreitet nicht das 5%-Signifikanzniveau (s. Tab. 2). Hypothese 3 muß also zurückgewiesen werden.

Abb. 1: Erlebnisqualität beim Segeln in Abhängigkeit von der Anforderung

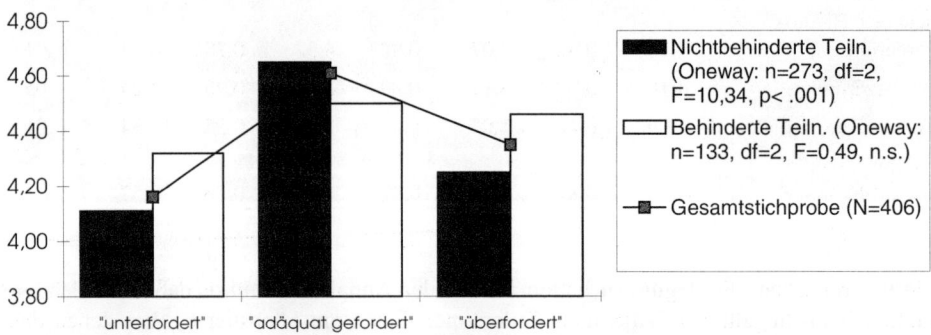

Tab. 2: Erlebnisqualität von Anforderung und Behinderung (bivariate Varianzanalyse, N = 406)

	Quadratsumme	Freiheitsgrade	Mittleres Quadrat	F	p
Haupteffekte	4,25	3	4,75	6,53	< .001
Behinderung	0,53	1	0,53	0,72	n.s.
Anforderung	13,79	2	6,90	9,49	< .001
Interakt. Behind. * Anford.	2,66	2	1,33	1,83	n.s
Erklärte Varianz	17,63	6	2,94	4,04	< .01
Residual	209,12	399	0,73		

7. Diskussion

1. Die vorliegenden Ergebnisse haben unsere grundlegende und fundierte Annahme bestätigt, daß die Qualität des subjektiven Erlebens beim erlebnispädagogischen Kuttersegeln abhängig ist von der Herausforderung der gestellten Aufgabe einerseits sowie vom Selbstvertrauen in die eigene Bewältigungsfähigkeit andererseits. Jugendliche Teilnehmer an Segelmaßnahmen äußern sich dann am positivsten über ihr Segelerlebnis, wenn sie sowohl aktiv zum Gelingen des Törns beitragen, als auch sich selbst als zuverlässige Crewmitglieder erfahren. Anders formuliert: Geringes Selbstvertrauen in die eigenen Fähigkeiten bei der Bewältigung wichtiger Aufgaben einerseits sowie auch großes Selbstvertrauen bei der Bewältigung unwichtiger Aufgaben beeinträchtigen das optimale Erleben.

Zwar muß eingestanden werden, daß dem Ergebnis eine recht einfache Operationalisierung des infragestehenden Zusammenhangs zugrunde liegt. Die Variablen beruhen nur auf den Antworten auf einzelne Fragen. Aus diesen Gründen mag das vorliegende Ergebnis als vorläufig betrachtet werden. Dennoch handelt es sich um einen bedeutsamen Befund, der vor allem deutlich macht, daß es weniger die individuellen Eigenschaften – wie etwa eine Behinderung – sind, die über die Erlebnisqualität bestimmen, sondern daß diese vielmehr von den situativen Bedingungen abhängt, *wie sie von den einzelnen Teilnehmer erfahren werden*. Voraussetzung für optimales Erleben ist, daß die Situation so gestaltet werden kann, daß sie den Kompetenzen jedes einzelnen in optimaler Weise entspricht. Das dargestellte Setting im allgemeinen und das Kuttersegeln im besonderen erweist sich als ein solcher Kontext. Unabhängig von den unterschiedlichsten Voraussetzungen können Jugendliche dieses Setting für optimale Erlebnisse nutzen. Die Verteilung der Variablen »Anforderungsquotient« zeigt, daß die Anforderungen von der Untersuchungsgruppe insgesamt recht ausgewogen eingeschätzt werden.

Aus vielen schriftlichen Kommentaren, die Teilnehmer auf ihrem Fragebogen vermerkt haben, können die Randbedingungen optimalen bzw. suboptimalen Erlebens erschlossen werden. Im folgenden werden die Ergebnisse der numerischen Analysen vor dem Hintergrund solcher Teilnehmerkommentare diskutiert.

Unsere Hauptthese besagt, daß *Angst und Langeweile* die Erlebnisqualität beeinträchtigen. Beim Segeln tragen zum einen oder anderen oftmals die Witterungsbedingungen bei. Während bei Flaute die Crew bei weitem unterfordert sein kann, ändert sich dies sofort bei zunehmender Windstärke. Eine siebenjährige Teilnehmerin teilt uns mit: » Die Böen haben mir nicht sehr gut gefallen, da habe ich dann Angst bekommen.« Andererseits beklagen Teilnehmer immer wieder, daß es »zu wenig Wind« gegeben habe, um das Segeln so richtig genießen zu können. So meldet ein (tendenziell unterforderter) 17jähriger Teilnehmer den Veranstaltern zurück: »Es gab zu wenig Wind zum Segeln, aber da könnt ihr ja nichts dafür.« Es wird deutlich, daß der Charakter von Über- und Unterforderung in der Auseinandersetzung mit den äußeren Bedingungen zum Ausdruck kommt.

Herausforderungen werden dann am intensivsten erlebt, wenn sie mit der Erfahrung der *selbständigen Bewältigung einer neuen, ungewohnten Aufgabe* verbunden sind. Dabei spielt eine wichtige Rolle, daß die Aufgabe vom Jugendlichen einen eigenen, selbstverantwortlichen Beitrag fordert. Ein 10jähriges Mädchen schreibt: »Es war toll, daß wir fast alles auf dem Boot selber machen durften.« Wie wichtig die Selbstbestimmung gerade auch bei erlebnispädagogischen Maßnahmen ist, wird in vielen Rückmeldungen von Teilnehmern deutlich. In dieser Hinsicht gibt es sehr parallele Äußerungen von behinderten und nichtbehinderten Jugendlichen. So hebt ein 20jähriger behinderter Teilnehmer hervor, daß ihm »das Steuern auf dem Segelschiff« besonders gefallen hat. Eine 13jährige behinderte Jugendliche wehrt sich besonders gegen die Bevormundung durch die Pädagogen, indem sie sich darüber beschwert: »daß man Sachen sagt, wo eigentlich selbstverständlich sind.«

Attraktive Anforderungen beziehen sich jedoch nicht nur auf aktive Betätigungen. Auch die Auseinandersetzung mit theoretischen Inhalten, die in der Regel eher mit »Lernen« und »Schule« assoziiert werden, kann als sehr interessant erlebt werden, wenn sie im gegebenen Kontext einen Sinn macht. Sowohl jüngere Kinder als auch ältere Jugendliche berichten, daß ihnen das Lernen der Seefahrtsregeln und das Üben der Knoten sehr viel Spaß gemacht hat. Eine 10jährige Teilnehmerin schreibt: »Der Skipper war toll und er hat uns sogar ein paar Seemannsknoten gelernt.« und eine 20jährige meint: »Segeltheorie war anschaulich und interessant.«

Zusammenfassend kann festgehalten werden, daß die Herausforderung einer Aufgabe darin besteht, daß sie als neu und ungewohnt erlebt wird, sinnvoll erscheint und aktive Bewältigungsmöglichkeiten bietet.

2. Beim Vergleich zwischen den Untersuchungsgruppen erweisen sich die behinderten Teilnehmer durch das Setting erwartungsgemäß mehr gefordert als die nichtbehinderten. Die zuverlässige Bewältigung der verschiedenen Aufgaben auf dem Boot stellt an sie höhere Ansprüche, denen sie sich – im eigenen Urteil – nicht in dem Maße gewachsen fühlen wie die nichtbehinderten. Das heißt: Auch wenn das Setting insgesamt ein recht breites Spektrum von Anforderungen bereithält, bleibt im Erfahrungsvergleich zwischen beiden Gruppen ein deutlicher Unterschied bestehen. Trotz höherer subjektiver Anforderung zeigt sich jedoch insgesamt kein Unterschied in Hinsicht auf die Erlebnisqualität beider Gruppen. Das heißt: In der subjektiv geäußerten Erlebnisqualität schlägt sich die Anforderung, nicht aber die Behinderung nieder. Daraus läßt sich schließen, daß behinderte und nichtbehinderte Jugendliche ihr Erlebnisurteil auf unterschiedliche Hintergründe aufbauen. Wie läßt sich dieser Unterschied charakterisieren? Wir führen dieses Ergebnis darauf zurück, daß die erlebnispädagogische Maßnahme im Leben der behinderten Teilnehmer insgesamt eine andere Bedeutung hatte als für nichtbehinderte Teilnehmer, und dies aus unterschiedlichen Gründen:

3. Zum einen ist davon auszugehen, daß die behinderten Teilnehmer seltener Gelegenheit zur Teilnahme an spannenden Abenteuern haben, wie sie das Segeln mit sich bringt. Die Segelmaßnahme ist für sie ein herausragendes Ereignis, das viele andere Erfahrungen vorübergehend als unbedeutend erscheinen läßt. Unter diesen Umständen erhält das Segelerlebnis eine besonders gute Bewertung, auch wenn im einzelnen die Anforderungsbedingungen nicht optimal angepaßt sind. Darauf weist zumindest die Tatsache hin, daß in der Gruppe der Behinderten zwischen den Erlebnisurteilen der »adäquat geforderten« und der »über- bzw. unterforderten« nur ein sehr geringer Unterschied besteht (s. Abb. 1), der in beiden Richtungen statistisch nicht bedeutsam ist (im Gegensatz zur entsprechenden Differenz bei den Nichtbehinderten).

Entscheidender als ein optimales Anforderungsniveau scheint bei diesen »seglerischen Anfängern« zunächst eher die Chance zur Teilnahme überhaupt. Auch wenn mit dem Segeln zum Teil erhebliche Anforderungen und auch Ängste für den einzelnen verbunden waren, so wog in der Beurteilung der Segelerfahrung das »Dabeisein« und »Mitmachen« schwerer als die durchaus auch vorhandenen Bedenken. Die nichtbehinderten Teilnehmer, die z.T. erhebliche Verhaltensauffälligkeiten zeigten, reagierten bei Abweichung vom Anforderungsoptimum schneller mit Frustrationen als die behinderten Teilnehmer, die dem Erlebnis auch dann einen hohen Wert beimaßen, wenn ihre subjektive seglerische Kompetenz nicht völlig den selbstbeurteilten Anforderungen entsprach. Diese Interpretation illustriert besonders der folgende Kommentar eines 16jährigen behinderten Teilnehmers: »Es war für mich eine völlig neue Erfahrung. Ich bin zuvor noch nie auf einem Segelboot gewesen. Ich habe mir auch nicht vorstellen können, wie das so läuft in so einer Gruppe. Ich war begeistert.«

4. Zum anderen stellten nicht nur das Segeln, sondern auch das relativ unreglementierte Leben auf dem Campingplatz, die Selbstversorgung, das Schlafen in den Zelten und manches andere in erster Linie für die meisten behinderten Teilnehmer völlig ungewohnte und damit anregende Erfahrungen dar. Die aktive Mitgestaltung des Alltagslebens unter diesen Bedingungen war für sie ein herausfordernder, wenn auch nicht immer leicht zu bewältigender Ausgleich zum institutionellen Alltag. Für diese Feststellung sprechen auch einige explizite Rückmeldungen in den Fragebogen. Eine 17jährige körperbehinderte Jugendliche schreibt: »Ich bin beim Radfahren durch die Fahrt zum Hafen sicherer geworden. Das find' ich gut. Ich habe mich hier echt wohlgefühlt. Nur das Übernachten im Zelt fand ich nicht so toll. Daß wir in der Stadt selber rumlaufen durften, fand ich super.«

Das Setting stellte insgesamt zahlreiche Möglichkeiten für neue Bewältigungsmöglichkeiten zur Verfügung. Dementsprechend war das Segeln nur eines unter vielen herausfordernden Erlebnisse. Dies belegen Rückmeldungen, wie die folgende einer 19jährigen behinderten Jugendlichen: »Gefallen hat mir, daß ich mit dem E-Rolli auf der Freizeit war, daß ich neue Leute kennenlernte und daß ich segeln konnte.« Und ein 18jähriger gehörloser und mehrfachbehinderter Teilnehmer zählt als seine positivsten Erlebnis auf: »Essen auf dem Boot, Selber duschen und Zähneputzen gehen, Schwimmweste anziehen.« Der positiv erlebte Aufforderungscharakter der Gesamtsituation übertrug sich u.a. auf die Beurteilung der spezifischen Situation auf dem Segelboot. Aus diesen Gründen spiegelt sich die aufgabenspezifische Anforderung auf dem Segelboot im Erlebnisurteil behinderter Teilnehmer weniger wider als im Urteil nichtbehinderter Teilnehmer.

8. Schlußfolgerungen

Die inzwischen 20jährige Erfahrung des Trägers der Maßnahmen mit erlebnispädagogischem Kuttersegeln wurde durch die vorliegende Studie im wesentlichen bestätigt: Es hat sich gezeigt, daß – wie in anderen Zusammenhängen vielfach nachgewiesen – auch in einem erlebnispädagogischen Setting die subjektive Erlebnisqualität von einem ausgewogenen Verhältnis zwischen Anforderungen und Fähigkeiten abhängig ist. Allerdings scheint die Besonderheit der mit dem Segeln verbundenen Erfahrungen vor allem für behinderte Teilnehmer so attraktiv zu sein, daß die spezifisch individuelle Anforderung im

Erlebnisurteil insgesamt in den Hintergrund tritt. Es wäre zu prüfen, ob sich dies in dem Maße ändert, in dem die Teilnehmer verstärkt seglerische Kompetenzen erwerben. Weiterhin haben die Ergebnisse bestätigt, daß nicht nur dem natursportlichen Erlebnis als solchem pädagogische Bedeutung zukommt. Vielmehr spiegelt sich der größere Kontext wie die Organisation des Gruppenlebens in einem selbstverantworteten Alltag im Erleben der Teilnehmer wider. Darüber hinaus sind jedoch im Rahmen des dargestellten Ansatzes durchaus Entwicklungen denkbar, die darauf hinzielen, auch die seglerische Qualifikation der Teilnehmer zu fördern und dadurch einen weiterreichenden Beitrag für eine eigenständige Freizeitgestaltung zu leisten.

9. Zusammenfassung

Es wurde das Kuttersegeln als erlebnispädagogisches Medium in seinen Besonderheiten dargestellt und anhand empirischer Daten in seiner Wirkungsweise untersucht. Dabei wurde an einer Stichprobe von 133 behinderten und 273 nichtbehinderten 5- bis 20jährigen Teilnehmern an erlebnispädagogischen Segelmaßnahmen die subjektive Erlebnisqualität in Abhängigkeit von den situativen Bedingungen erhoben. Entsprechend der Voraussage konnte die Kernaussage der »flow«-Theorie bestätigt werden, daß optimales Erleben mit einem ausgewogenen Verhältnis zwischen Anforderungen und Fähigkeiten einhergeht. Damit erweist sich der hier zugrundegelegte theoretische Ansatz als sinnvoll für die Evaluation erlebnispädagogischer Maßnahmen. Behinderte und nichtbehinderte Teilnehmer unterscheiden sich im untersuchten Setting nicht in Hinsicht auf ihre Erlebnisqualität. Beide haben sozusagen denselben Spaß an der Sache. Während nichtbehinderte Teilnehmer jedoch bei Über- oder Unterforderung schnell mit Frustration reagieren, beziehen behinderte Teilnehmer in ihr Erlebnisurteil stärker den Gesamtkontext der Maßnahme (Naturerleben, Leben und Mobilität auf dem Campingplatz, Selbstversorgung, allgemeine Materialbeherrschung) mit ein, da dieser – auch unabhängig von den spezifischen Anforderungen des erlebnispädagogischen Mediums – für sie herausfordernden Charakter hat.

Literatur

BARTEL, W./REHM, M.: Evaluation von Outdoor-Aktivitäten – Eine Übersicht über 53 Studien. Erleben und Lernen 4 (1996), 140–143 u. 172–177.

BAUER, H. G.: Erlebnis- und Abenteuerpädagogik – eine Literaturstudie. München/Mering (Hampp), 4. Aufl. 1993.

BAUER, H. G./NICKOLAI, W. (Hrsg.): Erlebnispädagogik in der sozialen Arbeit. Lüneburg (Neubauer), 2. Aufl. 1991.

BIRKELBACH, E.: Schule – Freizeit – Segeln. Persönlichkeitsbildung durch Verwirklichung von Freiheit. Lüneburg (Neubauer) 1983.

CHRISTIANS, U.: Als Paraplegiker auf der eigenen Segelyacht. Die Rehabilitation 25 (1985), 96–99.

CSIKSZENTMIHALYI, M.: Das Flow-Erlebnis – Jenseits von Angst und Langeweile. Stuttgart (Klett-Cotta) 1985.

CSIKSZENTMIHALYI, M.: Flow – Das Geheimnis des Glücks. Stuttgart (Klett-Cotta), 2. Aufl. 1992.

CSIKSZENTMIHALYI, M./CSIKSZENTMIHALYI, I. (Hrsg.): Die außergewöhnliche Erfahrung im Alltag – Die Psychologie des flow-Erlebnisses. Stuttgart (Klett-Cotta) 1995.

FISCHER, T.: Bibliographie zur Erlebnispädagogik. Lüneburg (Edition Erlebnispädagogik) 1994.

HECKMAIR, B./MICHL, W. (Hrsg.): Erleben und Lernen. Band 2. Neuwied (Luchterhand), 2. Aufl. 1994.

JAGENLAUF, M./BRESS, H.: Wirkungsanalyse Outward Bound – Kurzberichte. Deutsche Gesellschaft für Europ. Erziehung, Berichte und Materialien 6 und 8. Hamburg/München 1989/1990.

KALLENBACH, K.: Segeln mit körperbehinderten Jugendlichen. Sonderpädagogik 22 (1992), 208–218.

KALLENBACH, K.: Körperbehinderte lernen segeln. Motorik 17 (1994), 53–58.

KÖLSCH, H. (Hrsg.): Wege moderner Erlebnispädagogik. München (Sandmann) 1995.

KOPP, E.: Segeln auf dem Ijsselmeer. Ein Unterrichtsprojekt mit Gymnasiasten und Schülern der Schule für Geistigbehinderte in Lilienthal. Zeitschrift für Heilpädagogik 42 (1991), 487–488.

LOOS, D.: Segeln unter pädagogischem Aspekt. Lüneburg (Neubauer) 1989.

LUIG, E.-M./EGGERT, D.: Gemeinsam Segeln von behinderten und nichtbehinderten Menschen. Motorik 17 (1994), 46–52.

HECKMAIR, W./RIEHL, J. (Hrsg.): Leben gewinnen – Beiträge der Erlebnispädagogik zur Begleitung von Jugendlichen mit mehrfacher Behinderung. München (Alling) 1996.

MASSIMI, F./CARLI, M.: Die systematische Erfassung des flow-Erlebnisses im Alltag. In: CSIKSZENTMIHALYI, M./CSIKSZENTMIHALYI, I. (Hrsg.), Die außergewöhnliche Erfahrung im Alltag – Die Psychologie des flow-Erlebnisses. Stuttgart (Klett-Cotta) 1995, 291–312.

MOCH, M./ZUBE, M.: Kuttersegeln mit behinderten und nichtbehinderten Kindern, Jugendlichen und jungen Erwachsenen. In: DILCHER, R./STÜWE, G. (Hrsg.), Tatort Erlebnispädagogik. Frankfurt (Fachhochschulverlag) 1998, 120–132.

MOCH, M.: Gruppenentwicklung und Selbstwahrnehmung im Verlauf erlebnispädagogischer Segelmaßnahmen. Erleben und Lernen 1999 (in Vorbereitung).

NICKOLAI, W./QUENSEL, S./RIEDER, H.: Erlebnispädagogik mit Randgruppen. Freiburg (Lambertus), 2. Aufl. 1991.

NIEDERBRACHT, H.: Segeln mit Behinderten und Nichtbehinderten. Lüneburg (Neubauer) 1987.

PLÖHN, I. : Flow-Erleben. Eine erlebnispädagogische Anleitung zum Motivationstraining für Jugendliche. Schriftenreihe »Erleben und lernen« Bd. 5. Neuwied (Luchterhand) 1998.

SCHWARZ, K.: Die Kurzschulen Kurt Hahns. Ratingen (Henn) 1968.

SOMMERFELD. P.: Erlebnispädagogisches Handeln – Ein Beitrag zur Erforschung konkreter pädagogischer Felder und ihrer Dynamik. Weinheim/München (Juventa) 1993.

TENBROCK, E.: Klettern mit geistig behinderten Männern. Erleben und Lernen 4 (1996), 81–82.

ZIMMERMANN, R./BRENDLER, R.: Segeln mit Behinderten. Die Rehabilitation 22 (1983), 166–168.

ZUBE, M.: Erlebnispädagogik als Unterstützung der Alltagspädagogik fester Gruppen. In: BEDACHT, A. (Hrsg.). Erlebnispädagogik – Mode, Methode oder mehr? München (Sandmann) 1991, 172–177.

STEFFEN BRAND UND JOCHEN RIEHL

Grenzfahrt – Zwischen Lust und Anstrengung auf Reisen gehen

Der pädagogisch beleuchtete Projektbericht einer Reise von Altdorf bei Nürnberg über Strengberg, Niederösterreich, nach Prag, mit mehrfach behinderten Jugendlichen aus Deutschland und verhaltensauffälligen Jugendlichen aus Österreich – eine ›Grenzfahrt‹ zu Wasser und zu Land, in Booten und auf Rädern in drei europäischen Staaten vom 1. bis 10. Mai 1997.

1. Die Ausgangssituation

»Weiter, weiter«, keuchte Robert auf seinem ›Therapiedreirad‹ bei der Testfahrt rund um Altdorf. Weiter – aber wohin? Nur nicht stehenbleiben – und doch dorthin zurück, von wo die Rundfahrt ausgegangen war. Ein Projekt hatte begonnen, das viele Kreise beschrieb und einige sich überschneiden ließ: Kreise von Menschen verschiedenster Herkunft mit ganz unterschiedlichen Beeinträchtigungen, bei verschiedenen anstrengenden und entspannenden Tätigkeiten, vor dem Hintergrund von unterschiedlichen Sprach- und Kulturkreisen.

Der Grundstein für dieses konkrete »Grenzfahrt–Projekt« war im Oktober 1996 auf einem erlebnispädagogischen Kongreß der Europäischen Union gelegt worden. Dort entstand die Idee, erlebnisorientierte Arbeit mit Jugendlichen, die körperlich und mehrfach behindert sind, durch ein gemeinsames Projekt mit der Begleitung von Jugendlichen mit Verhaltensauffälligkeiten zu koppeln. Zwei in der Praxis völlig getrennte Randgruppen unserer Gesellschaft sollten aufeinander treffen. Jugendliche zwischen 15 und 18 Jahren, die einen durch Behinderung körperlich und geistig beeinträchtigt und infolge dessen ›sonderbetreut‹, die anderen durch ihre konfliktüberladenen Lebensgeschichten erheblich ›ins Trudeln geraten‹.

Zehn Tage konnten acht Schülerinnen und Schüler aus der Schule für Körperbehinderte in Altdorf bei Nürnberg zusammen mit vier Jugendlichen auf Tour gehen, die von der Arbeitsgemeinschaft (ArGe) NOAH bei Linz betreut werden. Für die einen sollte das die Chance bieten, außerhalb eines dichten Schonraumes Neues zu sehen, zu hören und zu tun – in unbekannten, weniger geordneten Situationen. Den anderen konnte dies eine Begegnung mit anderen Lebenszusammenhängen ermöglichen – um vielleicht selbst dadurch einer Orientierung näher zu kommen.

Zu diesen Grobzielsetzungen reihte sich eine Menge an Bedürfnissen und »Besonderheiten« der Teilnehmer/-innen, die eine umfangreiche und lange Vorbereitung notwendig machte. Mehrfach trafen sich die Teams aus Deutschland und Österreich, um inhaltlich

und organisatorisch zu planen. Um folgende Fragestellungen zu Beginn rankten sich später immer weitere:
- Was spricht konsumorientierte Jugendliche an, die ziemlich ›cool unterwegs sind‹, zu allem einen Spruch und zu wenig Ausdauer besitzen?
- Wie verhelfen ihnen selbst hervorgerufene, erlebte Rückmeldungen, einer Perspektive zuzusteuern?

Und gleichzeitig:
- Was können sich Jugendliche zutrauen, denen (eingebettet in ›fürsorgliche Belagerung‹) oft ›zu gut‹ geholfen wird?
- Was können und vor allem was wollen sie selbst leisten?
- Wie müssen dafür die Grundvoraussetzungen geschaffen werden, um viel Freiraum für Eigendynamik zu lassen?

Zwei Mitarbeiter der ArGe NOAH, ein Sonderschullehrer zusammen mit zwei Therapeuten und drei Studierende übernahmen diese planende und organisierende Aufgabe seit Oktober 1996. Dazu kamen fünf Prager Studentinnen mit ihrem Dozenten, die Einblick in die Arbeit mit psychomotorisch beeinträchtigten Jugendlichen gewinnen wollten und die konkrete Planung in Tschechien übernahmen. Für die notwendig ganz individuelle Begleitung der Altdorfer Jugendlichen engagierten sich acht Studierende der Sozialpädagogik von der Georg-Simon-Ohm-Fachhochschule in Nürnberg.

Deren erster Kontakt mit der Oberstufenklasse fand ebenfalls im Oktober statt. Nach einer ersten spielerischen Annäherung äußerten die Schüler ihre unmittelbaren Sympathien, suchten ›ihre‹ Studentin heraus, um diese in der Folgezeit näher kennenzulernen, anfangs bei geplanten Treffs mit allen gemeinsam, später kurz verabredet zu spontanen Begegnungen. Dabei entwickelte sich bei allen ›Tutorenkleeblättern‹ genug Vertrauen, um sich begleiten (sowie manchmal pflegen) zu lassen und natürlich diese Begleitung auch leisten zu können. Dies war ein zentrales Element des Projekts: In den neuen Situationen, an anderen Orten mit anderen Zusammenhängen muß es mindestens einen Bezugspunkt, eine Bezugsperson geben, auf die man sich rückbeziehen kann, die einen, falls nötig, tragen kann. Bei den Jugendlichen mit ihren unterschiedlichen körperlichen Behinderungen sollte das für die zu erwartenden Ausnahmesituationen genauso wie für den Projekt-Alltag gelten.

»Gemeinsam Neues wagen, in die Lebenswelt des anderen eintauchen und dadurch voneinander und miteinander lernen« – zu lernen gab es für die Schülerinnen bei dem Projekt einiges. Bei den Vorbereitungen wurden Briefe geschrieben, Landkarten gemalt, typische Landesgerichte gekocht, die Packliste erstellt, eigene Wünsche und immer wieder Fragen formuliert: »Wie geht Österreichisch?«

Entsprechend den persönlichen und pädagogischen Interessen beider Teilnehmergruppen bot sich eine bewegungsorientierte Gestaltung der Reise an: Eigene Bewegung für Erhalt und Erweiterung der motorischen Fähigkeiten und wider Konsum und Versagensangst; sich selbst als Ursache für (Orts-)Veränderung wahrzunehmen und darin Wirkungen zu erleben. Als Raum dafür kamen die Region um Strengberg (bei Linz) für eine Radtour und der Oberlauf der Moldau für eine Bootsfahrt in Frage. Zum Kontrast des *Natur*erlebens, brachte der tschechische Dozent die *Kultur*stadt Prag ins Spiel. Alles in allem eine attraktive Mischung, die für jeden Teilnehmer etwas bieten konnte: Um den Genuß von Bekanntem und Beliebtem mit dem Wagnis von Neuem und Anstrengendem zu verbinden, schien eine Zeit von zehn Tagen Minimum wie Maximum an Zeit zu sein.

2. Die Reise: Wie reagieren die beiden, so ganz verschiedenen und jeweils in sich schon heterogenen Teilnehmergruppen aufeinander?

Zwei Wochen vor Reisebeginn gab es ein erstes ›Beschnuppern‹ in Altdorf. Wer sind ›die Strengberger‹, die da kommen, und was sind das für ›Behinderte‹, zu denen wir da fahren? Die gemeinsame Testrundfahrt wurde ein voller Motivationserfolg: Die Spezialdreiräder und die Rollfietse, Kombinationen aus Fahrrad und Rollstuhl, zeigten all ihre Tücken, die Improvisation funktionierte und die österreichischen Jugendlichen begannen, sich für die Studentinnen zu interessieren ... Diese erste Begegnung vermittelte genug Einblicke, um sich freiwillig auf die folgende Zehn-Tages-Tour einzulassen und darauf hinzufiebern.

Am 1. Mai ging es dann endlich los. Die Altdorfer machten sich per Bahn auf den Weg über Linz nach Strengberg, in Kleinbussen wurde das umfangreiche Material mitgeschickt. Nun waren die zwei Mädels und zwei Jungs der NOAH Gastgeber, nahmen andere in ihr Revier auf, waren auf einmal mit ganz anderen Abläufen und Notwendigkeiten konfrontiert. In den Wochen vor der Tour hatten sie den stark renovierungsbedürftigen Vierkanthof mit viel Mühe weitgehend rollstuhlgerecht hergerichtet und wohnlich herausgeputzt. Für nur eine Nacht wäre diese ganze Mühe viel zu schade gewesen. Dazu legte der Baustellencharakter des Hofes den Versuch nahe, gemeinsam zu arbeiten. An diesem ›Tag der Arbeit‹ entstanden kleine freiwillige Teams, die in erster Linie dem Erscheinungsbild des alten Hofes Farbe verleihen sollten. Von den gastgebenden Jugendlichen begleitet wurden Blumenkästen bepflanzt, ein ehemaliges Silo als Abstellplatz nutzbar gemacht und schließlich mit Symbolen der Teilnehmergrüppchen bunt bemalt. Das Ergebnis war am Ende des Tages für alle sichtbar: Eine Veränderung, eine Ästhetisierung durch eigenes Tun mit bleibendem Charakter für diesen Ort. Durch die vielfältige Palette an möglichen und notwendigen Arbeiten konnte allen Jugendlichen ein entsprechendes Angebot gemacht werden, wenn diese nicht, wie Florian, für sich schon eigene Herausforderungen gefunden hatten: »Ich putz' die Autos – die sind alle dreckig«. Und Robert filmte das ›bunte Treiben‹ aus seiner Perspektive des Rollstuhls. Ein Tag, um sich im Tätigsein näher zu kommen, ein Tag des Gewahrwerdens, des Ausdrucks gegenseitiger Wertschätzung.

Tags darauf ging es auf eine dreitägige Rad-Rundreise von Strengberg donauaufwärts nach Mauthausen, von dort entlang der Enns nach Kronstorf, dem ›Ursprungshof‹ der ArGe NOAH, und schließlich zurück zum Ausgangspunkt – insgesamt etwa 80 Kilometer in drei Tagesetappen. Jede/-r hatte ein seinen körperlichen Möglichkeiten angepaßtes Gefährt zur Verfügung. Dreiräder für die Jugendlichen mit halbseitigen oder spastischen Lähmungen und Rollfietse zum ›fliegenden Wechsel‹, um dort im vorderen Rollstuhlsegment auszuruhen und die Flußlandschaft zu genießen.

Erstaunlich war der unersättliche Wunsch der Altdorfer Jugendlichen, unter ungleich schwierigeren Bedingungen weitgehend *selbst* die Strecke zu schaffen. Eine Faszination der eigenen Leistungsfähigkeit breitete sich aus. In dieser berauschenden Situation war es

bei einzelnen Schülern schwer, sie zu einer Pause zu überreden. Der ›flow‹ überdeckte die Eigenwahrnehmung der körperlichen Grenzen so sehr, daß von außen ›mitgespürt‹ werden mußte. Für ein erlebnisorientiertes Lernen im Umgang mit sich und der Umwelt sind solche positiven Situationen klassisch – ein Extrem für den Erlebenden, der in ihnen lernt und sich spürt, daraus aber soviel Spaß zieht, daß die Gefahr des Übertreibens ständig dabei ist, mit der Konsequenz, die eigenen Körpersignale nicht mehr wahrzunehmen: Außenreize prallen ab und die Empfindungen zerfließen, ein an sich positiver, lustvoller Moment, wie jeder vielleicht selbst nachvollziehen kann. Aber was ist, wenn man aus eigener Kraft diesem Moment nicht entkommen kann? Die Thematiken der unterschiedlichen Teilnehmergruppen begannen sich zu überschneiden.

Neben dem streckenwahlbedingt häufigen räumlichen Wechsel war das Phänomen »Zeit« in all seinen Facetten ständig präsent. Eigentlich gab es genug Zeit, doch überall schien sie zu fehlen. Es entstanden Hektik und Geruhsamkeit, jeweils eine empfundene Zeit, die stark von der Uhrzeit abwich und Zeitplanung erheblich relativierte. Die österreichischen Jugendlichen erlebten an ihren Partnern die ›Entdeckung der Langsamkeit‹, ebenso wie die Betreuer. Trotzdem war die tägliche Vorlaufzeit von bis zu drei Stunden randvoll gefüllt mit Waschen, Toilettengängen, Anziehen, Essen – mit alltäglichen Handlungen, die bei größtmöglicher Eigenbeteiligung diese Zeit beanspruchte. Dann mußten die Spezialfahrzeuge präpariert und das umfangreiche Gepäck noch verstaut werden. Auf den Etappen entlang Donau und Enns war viel Zeit, um sich in persönliche Gespräche zu vertiefen, zu phantasieren und, wie Steffi, die Flußlandschaft zu genießen: »Schöner See.«

Die Trennlinie der beiden Gruppierungen wurde offensichtlich: Die österreichischen Jugendlichen fuhren vorneweg und setzten sich beim Essen an einen anderen Tisch. In der Großgruppe änderte sich das nie. Um so erstaunlicher die Annäherung einzelner Jugendlicher. Daniel war aus irgendeinem Grund von Anna fasziniert, wollte mit ihr fotografiert werden, schob sie bei einer Nachtwanderung quer durch Mauthausen und fuhr sie, auf ihren eigenen Wunsch hin, am nächsten Tag im Rollfiets. Anna genoß diese Zuwendung und ›verguckte‹ sich prompt in den netten Wiener. Diese Gefühle wurden zwar nicht erwidert, aber auch nicht enttäuscht, wie die spätere, herzliche Begegnung beim Nachtreffen zeigte. Ein Stück Realität für Menschen wie Anna, mit der sie aufgrund vieler Erfahrungen gelernt hat, sehr sensibel umzugehen.

Christian fuhr Martina, die sich auf ihrer ›Hausstrecke‹ von Enns nach Kronstorf absetzte, versunken hinterher, bis beide ganz allein waren. Während die restliche Gruppe gemütlich rastete, übernahm die sechzehnjährige Martina Verantwortung für den älteren Christian, der wenig spricht. Die Suchaktion der Begleiter blieb erfolglos, denn die beiden hatten zwischenzeitlich das Tagesziel schon erreicht. Martina: »Wie der so auf der Kreuzung stand, tat er mir leid – da hab ich ihn halt mitgenommen.«

Die Radtour endete mit einer Übernachtung am Ausgangspunkt in Strengberg. Tschechien wartete auf uns. Ein anderes Land mit so ganz anderer Sprache. Zeitpunkt für viele Einschnitte.

Leider kam von den österreichischen Jugendlichen nur Andreas mit zu diesem zweiten Teil. Irene konnte praktikumsbedingt nicht mit, Martina wollte sich aus ihrer gewohnten Umgebung mit Freund und Freundin nicht so weit entfernen und entschied sich anstatt dessen zu arbeiten. Außerdem war ihr die Gruppe zu groß, ›die Behinderten‹ taten ihr leid und schienen sie mit ihrem Frohmut allzusehr zu verunsichern: eine Form der Überforderung. Eine Überforderung der anderen Art verhinderte Daniels Teilnahme: Er schoß in einem ›Machtspiel‹ mit seinem Betreuer über die Grenzen hinaus, die für ihn während der vorangegangenen Tagen verschwommen und nicht mehr klar erkennbar gewesen waren.

Die jetzt erst eintreffenden Prager Studentinnen hatten es schwer, sich der geformten Gruppe anzuschließen. Mit sehr konkreten zeitlichen Vorstellungen stießen sie schnell an die Grenzen der Bedürfnisse und Wünsche der Jugendlichen. Die Verständigung wurde durch sprachliche Barrieren und unterschiedliche Denkweisen erschwert. Eine Annäherung gelang nur bedingt, denn insbesondere bei den Betreuern war der Kopf bereits übervoll und die Bereitschaft zur Kommunikation, oft in Englisch oder Französisch, gering. Für die gemeinsame Reise hatte das vorübergehend atmosphärische Konsequenzen. Das Verständnis für die jeweils andere, fremde Verhaltensweise mußte erst wachsen. Warum wird auf die eigene Entscheidung der Schüler mit mehrfachen Behinderungen so viel Wert gelegt, gleichzeitig aber so viel (Heraus-)Forderung an sie gestellt? Das fragten sich die Tschechinnen wohl genauso, wie ihre Partner das unspontane Reagieren zunächst nicht verstanden. Gemildert wurde das Stimmungstief durch die schöne Umgebung rund um Rozmberk (Rosenberg) unterhalb des Moldaustausees. Hoch über der Flußschleife lag unser Quartier in der alten Burg. Ruhe war angesagt vor der Bootstour am nächsten Tag. Zeit, um beim Kartenschreiben mal wieder an zuhause zu denken, an Eltern, Erzieher oder Freundin ...

Kühl empfing uns die Moldau am Morgen. Bei einer Außentemperatur um die 10°C mußten wir die Sonne herbei singen und uns richtig warmpaddeln. Die rund zehn Kilometer flußabwärts wurden dann zunehmend zum Genuß. Monotones »hopp, hopp« wurde von spaßigen Verfolgungsjagden abgelöst und vom konzentrierten, unterstützten Paddeln der Jugendlichen: eine motorische Herausforderung für eine halbseitig gelähmte Schüle-

Grenzfahrt. Zwischen Lust und Anstrengung auf Reisen gehen

rin oder für jemand mit eingeschränkten Bewegungsmustern, denen ein geführtes Mitbewegen half. Die Physiotherapeutin und der Ergotherapeut aus Altdorf konnten in dieser und in vielen anderen Situation während der Reise zu entsprechenden Hilfestellungen anleiten. Daß sie die Schülerinnen aus den regelmäßigen Therapiestunden kannten, half enorm bei der Rücksichtnahme auf therapeutische Belange und persönliche Vorlieben. Dadurch ergaben sich für die restlichen, pädagogisch orientierten Betreuer interessante Einblicke in die Arbeit eines anderen Bereiches. Eine nicht alltägliche Zusammenarbeit zwischen Therapie und Pädagogik wurde so durch die abgesprochene Ergänzung möglich. Bei der konkreten Bootstour kam zu der Anstrengung auch noch der Ausdaueraspekt, denn ein fehlender Rhythmus machte das Boot schwer manövrierbar.

Um so einen gefahrvollen Raum zum Experimentieren betreten zu können, waren umfangreiche Sicherheitsvorkehrungen nötig, angefangen bei der Wahl von stabilen Rafting-Booten über Schwimmwesten und eine entsprechend warme Kleidung bis hin zu der Entscheidung, einen Begleitbus parallel fahren zu lassen. Diese für die Jugendlichen deutlichen Vorkehrungen schafften genug Vertrauen, sich auf die Flußfahrt einzulassen, ohne der Situation den Reiz zu nehmen. So blieben die Spannung beim Überfahren eines kleinen Wehres und die Angst, als Nichtschwimmer vielleicht doch ins Wasser zu fallen. Entscheidend für das Sicherheitsgefühl war das feste Vertrauen in die Betreuer, eine Form von fast ›blindem‹ Vertrauen, das auf keinen Fall enttäuscht werden durfte und auch nicht wurde.

Den Abschluß der Reise bildete die Großstadt Prag. Dort stand das ›Schnuppern‹ am Fremdländischen im Mittelpunkt. Ganz massiv spürten die Jugendlichen, daß die Leute anders sprechen, andere Läden haben und darin auch mit anderem Geld bezahlen – viele Details fielen auf im Vergleich zu ihrer gewohnten Umgebung. Ein Erkunden und Fragen setzte ein – aber auch Reizüberflutung im hektischen Großstadtdschungel. Prag war als Kontrast zu den ländlichen Flußlandschaften bewußt eingeplant worden. Zu einem Erleben in der Natur sollte die Hauptstadt ein Erleben in der Kultur ermöglichen – ein Eintauchen in eine nicht bekannte, andere Öffentlichkeit.

Am ersten der beiden Abende konnten sich die Jugendlichen frei entscheiden, ob sie in eine Aufführung gehen oder auf eigene Faust mit ihren Tutoren losziehen wollten. Die Absicht des Vorbereitungsteams, an den letzten Tagen mehr Gelegenheit zu Ruhe und genußreicher Entspannung zu geben, konnte kaum umgesetzt werden. Die Attraktivität der Stadt, ihre Größe und die Hektik in ihrem Zentrum waren in Kombination mit der Neugier der Jugendlichen zu mächtig. Trotz der anstrengenden Tage zuvor ging es zum Musical und Schwarzlichttheater, und hinterher war Tanzen im ›Rock-Café‹ angesagt – bis zur letzten Straßenbahn ... Es wurde eine Nacht, in der wir Nadines Geburtstag feierten und, wie all die anderen Prager Jugendlichen um uns herum, erst spät ins Bett kamen. Ein Stück Normalität, das sich die Altdorfer Schüler so wünschten und in vollen Zügen genossen – bis an die Grenze der Erschöpfung. Nur Christian und Robert hatten sich dem Trubel entzogen. Sie schlenderten zusammen mit ihren Studenten durch die Gassen und besichtigten eine Kirche.

Als Reaktion auf den spontan ausgedehnten Abend wurde tags darauf verstärkt auf entspannende Bummel-Angebote geachtet. Die Parks und das Moldauufer luden dazu ja regelrecht ein. Mit einem nächtlichen Blick vom Hradschin, der Prager Burg, begann der Abschied von der Reise. Zehn Tage lang vielen neuen Leuten begegnet, bekannte Mitmenschen und sich selbst in neuen Situationen zum Teil ganz anders kennengelernt: das machte Spaß; das machte müde; und es mußte verdaut werden.

Die folgenden Tage und Wochen standen noch ganz im Zeichen der Reise. Von einzelnen Ereignissen wurde immer wieder erzählt oder mit leuchtenden Augen geschwärmt. Anfang Juni kamen die Strengberger und Kronstorfer, wie schon beim Vortreffen, nach Altdorf. Doch diesmal wurde nicht sondiert, sondern erinnert und erzählt, das Reisetagebuch hervorgeholt und ausgelassen gespielt. Anna zeigte Daniel ganz stolz ihr Zimmer im Internat. Und während Sabine bei einem Videointerview für den Dokumentarfilm in hellsten Tönen von der Reise schwärmte, brachte Andreas dabei auch stellvertretend für die anderen österreichischen Jugendlichen seine Kritik auf den Punkt: »Es waren zu viele Menschen da,« und »das mit den Behinderten war nicht so schlimm, wie ich gedacht habe«. Schließlich halfen die zahlreichen Dias, sowohl die gemeinsame Fahrt in ihren Stationen nachzuvollziehen, als auch ganz persönliche Erfahrungen lebendig werden zu lassen.

3. Zusammenfassende Analyse

Interessant, wenn auch nicht überraschend: Die Jugendlichen mit den offensichtlichsten Behinderungen (mit Elektro-Rollstuhl, gestörter Sprache und Motorik), die zu Beginn der Begegnung noch ganz klar »die Behinderten« waren, waren für die Jugendlichen der NOAH am Schluß zu Anna, Robert und Sabine geworden. Die unsichtbaren, rätselhaften Behinderungen von Florian, Christian und Steffi sorgten dagegen für eine beständige Distanz. Hierin liegt wohl eine bemerkenswerte Gemeinsamkeit: im unerklärlichen Verhalten der Anderen die Unerklärlichkeit des eigenen Verhaltens gespiegelt zu sehen. Die Altdorfer wurden dadurch weniger stark verunsichert als die Strengberger. Sicherlich sind sie aufgrund ihrer Behinderungen von derlei Reflexionen stärker verschont als die clevereren Österreicher. Ein ganz entscheidender Grund dafür dürfte aber in der stark wirksamen Bindung an die Tutoren liegen, die in der offenen Reisesituation überwiegend eine sehr starke, wärmende Emotion bereit hielten.

Das Projekt fand sein offizielles Ende, doch einige Stränge in dem Beziehungsgeflecht auf Zeit blieben erhalten; zwischen den Tutoren und ihren ›Teenies‹ aus Altdorf, zwischen den Mitarbeitern der ArGe NOAH und dem Wichernhaus. Ob daraus eine weitere Zusammenarbeit entsteht, ist fraglich. Denn obwohl das Projekt vor, während und nach der Reise als grundsätzlich positive Aktion charakterisiert wurde, bleibt es das, als was es geplant wurde: ein Versuch, kein Pilotprojekt. Dafür war es zu komplex und erforderte, um auf die Bedürfnisse und Notwendigkeiten der Teilnehmer/-innen einzugehen, eine so umfangreiche Planung und Begleitung, daß letztendlich bis zu zwanzig Betreuer/-innen notwendig waren, eine Größenordnung, die die Überschaubarkeit bzw. Dynamik der Gruppe einschränkte und insbesondere den österreichischen Jugendlichen zusetzte. Zudem war das Projekt sehr kostenintensiv und wäre ohne die Finanzierung durch Mittel der Europäischen Union schlicht nicht möglich gewesen.

In erster Linie war es ein aufwendig geplantes und erlebnisorientiertes Ausprobieren, ein Miteinander- und Voneinanderlernen, denn nicht nur die unterschiedlichen Teilnehmergruppen mit ihren unterschiedlichen Hintergründen hatten sich und andere(s) erlebt – genauso taten es die Pädagogen, Therapeuten und Student/-innen in ihren Zusammenhängen. Es waren wertvolle Einblicke, die die Jugendlichen in ihre Lebenswirklichkeiten zuließen, und ein hohes Maß an gegenseitiger persönlicher Annäherung. Und während für die Student/-innen diese intensive, praktische Mitarbeit die notwendige Ergänzung zu Hochschultheorien bedeutete, ergaben sich für die ›Profis‹ neue oder detailliertere Einblicke für ihre weitere Arbeit.

In dieser vielschichtigen Form kann das Projekt keinen Modellcharakter haben; es zeigte aber in vielen Aspekten den Wert einer erlebnisorientierten Pädagogik auf. Scheinbar unmögliche Leistungen und Handlungen können Jugendliche mit psychomotorischen Beeinträchtigungen vollbringen, wenn ihnen die entsprechenden Möglichkeiten gegeben und die Rahmenbedingungen dafür geschaffen werden. Daraus entsteht dann nicht nur erweiterte Handlungskompetenz, sondern auch ein erweitertes *Selbst-* und *Welt*verständnis. Der Mut, bestehende Grenzen zu verschieben, wächst mit der bewältigten, vorausgegangenen Herausforderung – er wächst beim *als erfolgreich erlebten* Lernen. Dies gilt ebenso für die pädagogischen Praktiker, denn die müssen mit Sicherheit(!) auch Neues wagen. Und in diesem Sinn geht es konzeptionell, mit Robert gesprochen, immer »Weiter, weiter!« – und in manchem auch wieder zurück zu kleineren Dimensionen.

Literaturempfehlungen

MICHL, W./RIEHL, J.: Leben gewinnen. Beiträge der Erlebnispädagogik zur Begleitung von Jugendlichen mit mehrfachen Behinderungen. Alling (Dr. Jürgen Sandmann Verlag) 1996 (auch Video im Buchhandel erhältlich).

RIEHL, J.: Metapher: Behindert. Von der Last einer Metapher und der Lust auf neue Bilder. In: MICHEL, W./SCHÖDLBAUER, C. (Hrsg.), Metaphern. Von Schnellstraßen, Saumpfaden und Sackgassen des Lernens. Augsburg 1999 (im Erscheinen).

HANS D. HERBST

Das Projekt »Integration – Gemeinsame Ferien« beim Jugendfreizeit- und Bildungswerk (jfbw) des Stadtjugendausschuß e.V. Karlsruhe

1. Zur Geschichte des Projekts

Im Sommer des Jahres 1994 fragte eine Mutter im Jugendfreizeit- und Bildungswerk (jfbw) des Stadtjugendausschuß e.V. der Stadt Karlsruhe nach, ob ihr Junge bei einem der vielen Ferienangebote, dem der »Zugvögel«, teilnehmen könne. Eigentlich nichts Ungewöhnliches, hätte es sich dabei nicht um einen Jungen mit einer geistigen Behinderung gehandelt. Etwas ratlos aber mutig setzte sich der zuständige Leiter des jfbw mit einer Mitarbeiterin der Lebenshilfe e.V. Karlsruhe zusammen, um das Anliegen der Mutter des Jungen vorzutragen und generell über das Thema der gemeinsamen Freizeitgestaltung von behinderten und nichtbehinderten Kindern und Jugendlichen zu sprechen. Die Lebenshilfe e.V. ist ein bundesweit in der Beratung und Unterstützung geistig behinderter Menschen und ihrer Angehöriger tätiger Verein. Nach einigen erfolgreichen Gesprächen beschlossen beide Seiten, den geistig behinderten Jungen an dem Ferienangebot des jfbw teilnehmen zu lassen. Obwohl es mehr Gründe für als gegen eine Teilnahme gab, waren da natürlich auch Bedenken und Sorgen um die Akzeptanz, die soziale Integration und das »Sich-Eingebunden-Fühlen« des Jungen. Doch für alles muß es ein erstes Mal geben und deshalb galt es nun einfach, diese Befürchtungen entweder zu zerstreuen oder sie im schlimmsten Falle bestätigt zu finden. Zu dem Betreuerteam der »Zugvögel« kam kurzerhand noch eine Schülerin, die als Mitarbeiterin der Lebenshilfe e.V. bereits Erfahrungen mit behinderten Kindern gesammelt hatte. Und siehe da: die Freizeit verlief nicht nur reibungslos, sondern wurde für alle Beteiligten – sowohl für die Betreuer als auch für alle Kinder, vor allem aber für den behinderten Jungen – zu einem wertvollen und schönen Erlebnis.

Die gelungene Einzelintegration und das positive Resümee warf schließlich die Frage auf, warum eigentlich nicht mehr Ferien- und Freizeitangebote des jfbw behinderten Kindern und Jugendlichen zugänglich gemacht werden sollten. Und schon in den darauffolgenden Herbstferien fand eine erste integrative Kinderfreizeit des jfbw statt, bei der fünf Betreuer, fünf behinderte und zehn nichtbehinderte Kinder die Möglichkeit und das Glück hatten, eine reibungslose und ausnahmslos schöne Zeit miteinander zu verbringen. So spornte auch dieses Erlebnis zur weiteren integrativen Arbeit an. Schon im Sommer 1995 folgte eine weitere Kinderfreizeit, an deren Vorbereitung außer Mitarbeitern des jfbw und der Lebenshilfe e.V. auch der Verein PFIFF (Projekt zur Förderung integrativer Ferien- und Freizeitmaßnahmen) aus Ladenburg [vgl. hierzu den Beitrag von MARKOWETZ in Teil II dieses Bandes] beratend mitwirkte. Die PFIFF-Mitarbeiter sind es gewesen, die durch ihre Motivation, ihr Engagement und durch das, was sie an Erlebnissen und Erfahrungen zu berichten wußten, uns vom jfbw weitere wertvolle Impulse gegeben und die Konzeption unseres Projektes »Integration – Gemeinsame Ferien« entscheidend mitgeprägt haben. Fortan war es Wunsch wie Ziel, nicht nur ab und an eine integrative Maßnahme anzubieten, sondern generell und grundsätzlich alle Ferienfreizeiten für Behinderte unter denselben Bedingungen und Voraussetzungen wie für nichtbehinderte Kinder und Jugendliche anzubieten. Das Projekt Integration war aus der Taufe gehoben.

2. Das »Projekt Integration – Gemeinsame Ferien« beim jfbw

Das Jugendfreizeit- und Bildungswerk (jfbw) des Stadtjugendausschuß e.V. Karlsruhe kooperiert nun schon seit mehreren Jahren mit der Lebenshilfe für geistig Behinderte e.V. in Karlsruhe. Ziel dieser Zusammenarbeit ist es, speziell im Lebensbereich Freizeit Möglichkeiten zu schaffen, die das Miteinander behinderter und nichtbehinderter junger Menschen ermöglichen und die Freizeiten zu einem nachhaltigen »integrativen« Erlebnis werden lassen. Als ersten Schritt in diese Richtung bietet das jfbw seit 1996 bei jeder Kinderfreizeit zwei bis vier der etwa 20 bis 30 Plätze für behinderte Kinder an. 1996 handelte es sich um fünf Kinderfreizeiten mit insgesamt ca. hundert Plätzen, davon waren 10 bis 15 Plätze behinderten Kindern vorbehalten. 1997 waren es bereits acht Freizeiten mit über 150 Plätzen, davon wurden 22 Plätze von behinderten Kindern gebucht. Im Jahr 1998 konnte das jfbw bei zehn Freizeiten mit insgesamt 200 Plätzen sogar 30 Plätze für behinderte Kinder anbieten. Die bisherige Einschränkung des Projekts auf die Kinderfreizeiten erscheint dem jfbw sinnvoll, da es im Bereich der integrativen Arbeit erst weitere wichtige Erfahrungen sammeln und zuverlässige Kompetenzen im Umgang mit behinderten Kindern und Jugendlichen entwickeln möchte.

Mittelfristiges Ziel ist es jedoch, in einer zweiten Projektphase Schritt für Schritt alle Ferienfreizeiten des jfbw grundsätzlich für behinderte Interessierte zugänglich zu machen. Schon heute besteht eine rege Nachfrage. Als umfassenderes Fernziel möchte das jfbw in einer dritten Phase des Projektes die im Stadtjugendausschuß e.V. Karlsruhe organisierten Vereine und Verbände durch sein Beispiel dazu ermutigen, mit den eigenen Freizeiten ebenso zu verfahren. Langfristig soll es dadurch gelingen, ca. hundert Plätze für behinderte Kinder bei den Freizeiten aller Anbieter in Karlsruhe (das entspricht ca. 1000 Plätzen) bereitzustellen.

3. Ein Wort zum »Aufwand« des jfbw für seine »Gemeinsamen Ferien«

Die Durchführung des Projektes »Integration« erfordert einen höheren Aufwand sowohl in finanzieller wie in personeller Hinsicht. Die finanziellen Mehrkosten entstehen durch den höheren Zeitaufwand bei der Planung und Organisation der Freizeit, durch den größeren Schulungsbedarf der Betreuer und durch die Mehrkosten für die zusätzlichen Betreuer. Für jede integrative Freizeit sind bis zu zwei zusätzliche Betreuer notwendig. Da das jfbw als Veranstalter integrativer Freizeiten die Ansicht vertritt, daß nur zehn, maximal fünfzehn Prozent der Teilnehmer behindert sein sollen (das entspricht in etwa dem prozentualen Anteil Behinderter in unserer Gesellschaft), ist es aber nicht möglich, die üblichen Zuschüsse über den Landesjugendplan zu erhalten. Dieser sieht eine finanzielle Förderung nur dann vor, wenn das Verhältnis zwischen behinderten und nichtbehinderten Teilnehmern 1:2 beträgt. Das jfbw hat deshalb die Mehrkosten alleine zu tragen.

Selbstverständlich werden diese Mehrkosten auch nicht auf die behinderten Kinder bzw. deren Eltern oder sogar auf die ganze Gruppe umgelegt.

Der erhöhte Betreuungsbedarf kann nur durch einen Mehraufwand im personellen Bereich geleistet werden. Es sind zum einen mehr Betreuer notwendig, die die zusätzliche Aufsicht und die Betreuung sowie die Versorgung der behinderten Kinder (Hilfestellung bei der Körperhygiene und beim Essen) gewährleisten. Zum anderen ist es sehr wichtig, daß die behinderten Kinder gerade auch bei den freizeitpädagogischen Angeboten wie Basteln, Spielen, Reiten, Kanufahren usw. ausreichende Betreuung erfahren. Nur so ist sichergestellt, daß die behinderten Kinder gut versorgt und betreut sind und sich behinderungsbedingt nichts entgehen lassen müssen. Von daher sind Sponsoren und Spender dem jfbw eine wichtige und willkommene Hilfe und Unterstützung. Sie erst ermöglichen es, daß das jfbw sein Projekt »lntegration – Gemeinsame Ferien« verwirklichen kann.

4. Ein erstes Resümee der Erfahrungen aus den letzten vier Jahren

Integrative Freizeitangebote sind inzwischen ein fester Bestandteil der pädagogischen Arbeit des Jugendfreizeit- und Bildungswerkes (jfbw) des Stadtjugendausschuß e.V. in Karlsruhe. Was uns heute fast schon als selbstverständlich erscheint, ist jedoch Ergebnis eines langen Prozesses, der auch immer wieder von Rückschlägen begleitet wurde. Das Wichtigste dabei war, daß wir uns alle von diesen Rückschlägen nicht entmutigen ließen, sondern diese geradezu als Herausforderung betrachteten, um mit noch größerem Enthusiasmus an die Sache »Integration« heranzugehen. Denn worauf es beim »Projekt Integration« wirklich ankommt, ist schnell gesagt: auf das Engagement und auf die Aufgeschlossenheit aller Beteiligter, sich trotz aller Ängste auf das »Wagnis« der Begegnung mit dem Unbekannten einzulassen. Diese Aufgeschlossenheit von Eltern und Kindern ist es, die die Arbeit unserer ehrenamtlicher Betreuer und Betreuerinnen erst möglich macht.

Insgesamt verliefen alle Freizeiten sehr erfolgreich. Viele der behinderten Kinder, die einmal dabei waren, fuhren daraufhin auch in den nächsten Jahren wieder mit auf eine Freizeit. Ebenfalls positiv äußerten sich die Betreuer über die Erfahrungen, die sie bei den Freizeiten machen konnten und betonten, wie wichtig die gemeinsamen Freizeiten für behinderte und nichtbehinderte Kinder seien. Bei einigen der behinderten Kinder erlebten die verschiedenen Freizeitteams schon während der Freizeit, daß die Kinder bei der Verrichtung vieler Dinge des täglichen Lebens selbständiger und auch selbstbewußter wurden.

Die nichtbehinderten Kinder zeigten sich zum großen Teil rücksichtsvoll, kümmerten sich um die behinderten Teilnehmer und akzeptierten sie schnell als Gruppenmitglieder. Es gab allerdings auch ein paar Kinder, die sich reservierter verhielten und die Behinderten ignorieren. Im großen und ganzen allerdings verliefen die »Gemeinsamen Ferien« aber doch so, wie wir uns das vorgestellt und erhofft hatten. Die integrative Freizeitmaßnahme wurde von den meisten Beteiligten als etwas »ganz Normales« empfunden.

Abschließend bleibt noch zu sagen, daß Haltung und Verhalten der Betreuer den behinderten Kindern gegenüber von großer Bedeutung für das Gelingen der Freizeit sind. Sie sind die Vorbilder, die den nichtbehinderten Kindern die Offenheit, Geduld und Selbstverständnis im Umgang mit Behinderten vorleben, die beim integrativen Miteinanderleben vonnöten sind. Von ihnen können die Nichtbehinderten, die oftmals auf diesen Freizeiten zum ersten Mal Kontakt zu behinderten Mitmenschen haben, abschauen, »wie man das überhaupt macht«. Genau das ist uns glücklicherweise so gut wie immer gelungen. So blicken wir voller Zuversicht auf die kommenden Jahre und freuen uns schon auf die Erfahrungen, die wir bei den nächsten Ferien ganz sicher wieder machen werden. Die ersten vier Jahre »Projekt Integration« liegen hinter uns. Unser Erfolg spricht für sich und dafür, daß das jfbw einen wichtigen Bedarf erkannt und dementsprechend gut reagiert hat. Das Projekt wird deshalb schrittweise weiter ausgebaut und soll langsam in die Normalität überführt werden. Bleibt nur zu hoffen, daß unser Beispiel Schule macht und sich noch viele Anbieter von Ferien- und Freizeitmaßnahmen für Kinder und Jugendliche mit Behinderungen öffnen. Vielleicht kann der abschließende Erfahrungs- und Stimmungsbericht über eine unserer integrativen Freizeiten ja noch etwas dazu beitragen.

5. Ein Beispiel: die integrative Ferienfreizeit in Baerenthal

Gruppengröße:	27 Teilnehmer (11 Mädchen/16 Jungen)
Davon behinderte Kinder:	3 Teilnehmer (1 Mädchen/2 Jungen)
Betreuer/-innen:	5 Betreuer/-innen (3 weiblich/2 männlich)
Termin:	11. August bis 22. August 1998

Für das Entdeckercamp im Baerenthal haben sich insgesamt 27 Teilnehmer angemeldet. Das Verhältnis von 16 Jungen und elf Mädchen war ausgewogener als auf der letzten Pfingstfreizeit. Diesmal waren drei behinderte Kinder dabei: Maximilian, ein siebenjähriger Bub mit einer geistigen Behinderung. Er ist nicht besonders ausdauernd und hat Probleme, sich zu konzentrieren. Maximilian kann deshalb auch nur sehr langsam und sehr undeutlich reden. Aber hätte man ihn nicht sprechen hören, wäre Maximilian eines der behinderten Kinder, denen man ihre Behinderung nicht ansehen würde. Maximilians Einschränkung hatte nur wenige Auswirkungen auf den Freizeitalltag. Man mußte ihm lediglich beim Essen und Trinken zur Hand gehen, ihm ein wenig beim An- und Ausziehen, beim Waschen und Zähneputzen helfen, dabeistehen und »anfeuern« und gegebenenfalls auch mal selbst mit Hand anlegen. Er hat es sichtlich genossen, einmal etwas in einer großen Kindergruppe unternehmen zu können. Wenn es ihm zu viel und zu hektisch wurde, hat er sich gerne mit sich alleine beschäftigt und sich oft und ausgiebig irgendwo draußen herumgetrieben. Er hatte ständig irgendwie und irgendwas zu tun, ohne daß man sich um ihn oder darum, ob er denn auch seinen Spaß an der Freizeit hat, Gedanken (geschweige denn Sorgen) machen mußte.

Das zweite behinderte Kind hat ein »Down-Syndrom«. Oliver ist »ein wenig schwer von Begriff« (wobei das auch nichtbehinderte Kinder öfter mal sein können), spricht ebenfalls ein wenig langsam und unverständlich. Andererseits wird er in keinster Weise durch seine Behinderung in seinem Tatendrang beeinträchtigt. Wer noch nie mit einem Down-Syndrom-Kind zu tun hatte, kann sich wahrscheinlich keine Vorstellung davon machen, welche besondere Ausstrahlung diese Kinder haben können. Einem Menschen mit Down-Syndrom sieht man seine Behinderung an. Menschen mit dieser Behinderung haben einen typischen Gesichtsausdruck. Sie haben die asiatisch anmutenden mandelförmigen Augen, die einen andauernd und verschmitzt anzugrinsen scheinen und eine hoch hinaufragende, etwas breit geratene Stupsnase zwischen zwei Pausbacken in einem mondförmigen, zum Lachen und Fröhlichsein prädestinierten Gesicht. Oftmals lachen diese Menschen ausgesprochen gerne und man schaut ihnen auch gerne beim Lachen zu. Bei einem derart lieben und liebenswerten Grinsen kann man eigentlich gar nicht anders, als sie ins Herz zu schließen. So auch Oliver: hat dieser Bub angefangen zu strahlen, ist auch die Sonne, die sich gerade eben noch hinter die nächste Wolke verkrochen hat, wieder hervorgekommen, um mit ihm um die Wette strahlen zu können! Von den anderen Kindern konnte ebenfalls keines diesem Charme widerstehen und es dauerte auch gar nicht lange, bis Oliver sich auf eigene Faust oder auf Initiative der anderen hin schon mit jedermann bekannt gemacht und angefreundet hatte, lange bevor es dazu irgendeiner Motivation oder eines Anstoßes seitens des Betreuer/-innenteams bedurft hätte. Jaja, wer halt derart gut drauf ist, kann im Grunde nur ein lustiger und kennenlernenswerter Spielkamerad sein!

Das dritte behinderte Kind war ein Mädchen. Nicole ist neun Jahre alt und ebenfalls geistig behindert. Der Umgang mit ihr machte überhaupt keine Probleme. Sie benötigte weder bei den Mahlzeiten noch bei der täglichen Körperhygiene irgendwelche Hilfen. Man mußte bei ihr lediglich darauf achten, daß sie sich auch dem Wetter entsprechend angekleidet hatte. Darüber hinaus sollte sie ständig beaufsichtigt sein. Da Nicole jedoch ein sehr liebes und ausgesprochen anhängliches Kind ist, erledigte sich auch dieser elterliche Wunsch fast automatisch.

Mit einer derart großen und bunten Kindergruppe im Gepäck bedarf es natürlich sehr viel mehr Betreuer. Alleine morgens mußten zwei bis drei Betreuer dafür abgestellt werden, um bei der Körperhygiene unserer behinderten Kinder mitzuhelfen. Auch die anderen »Teilis« (so nannten wir die nichtbehinderten Kinder, die in vielen Teilbereichen ebenfalls noch auf viel Zuwendung und Hilfe angewiesen waren) sollte man morgens nicht unbeaufsichtigt lassen, denn von alleine würden die Kinder oftmals nicht in die Gänge kommen.

Bei der Jugendfreizeit- und Bildungsstätte, die der Stadtjugendausschuß e.V. im Baerenthal besitzt, handelt es sich um eine Ferienanlage am Rande der Ortschaft mitten im Grünen. Auf dem Gelände selbst befinden sich unzählige Möglichkeiten zur sportlichen und spielerischen Freizeitgestaltung in und am Haus. Es gibt einen Bolzplatz, einen Ringtennis- und Volleyballplatz und etliche Tischtennisplatten, einen Basketballkorb, zwei Grillstellen, Rasen und Wiesen in rauhen Mengen. Es läßt sich dort sowohl bei guter als auch bei schlechter Witterung problemlos toben und wüten. Für die nassen Tage existieren zwei größere Aufenthaltsräume und sogar eine eigene Sporthalle gibt es auf dem Gelände.

Die Kinder und Jugendlichen übernachten in kleinen, mit Mehrbettzimmern ausgestatteten Wohnbungalows und in Zelthütten. Hat man noch nie im Leben etwas von einer Zelthütte gehört, kann man sich wahrscheinlich keine Vorstellung davon machen. Zelthütten sind kleine Blockhütten in der Form eines Zeltes, die bis zu zwölf Personen Unterschlupf gewähren und Schlafraum bieten und sogar über eine eigene kleine Veranda verfügen. Sie schaffen – gerade auf Ferienfreizeiten – ein unwiderstehliches, unvergeßliches Pfadfinderflair. Am heißesten begehrt sind die oberen Matratzen in den Stockbetten. Es ist tatsächlich so, daß man in kein Hotel der Welt mehr umzieht, wenn man nur eben mal einen Blick in diese spitz zulaufenden, niedlichen Häuschen geworfen hat.

Verköstigt wurden wir in dieser Zeit von der Großküche des Geländes, die uns immer aufs Beste versorgt und aufs Leckerste bekocht hat. Aber auch hier haben unsere Kinder wieder einen Küchen- und einen Putzdienst für die sanitären Anlagen verrichten müssen. Doch diesmal wurde die Notwendigkeit dazu eingesehen, und ohne Motzen und Murren wurden die paar Aufgaben von ihnen akzeptiert. Derart gut untergekommen und versorgt konnte es dann also losgehen. Nichts stand unserer Truppe, unserer Vorfreude und unseren Ideen entgegen oder konnte uns noch auf- oder gar abhalten. Und so vergingen auch die zehn Tage, die wir in Baerenthal zur Verfügung hatten, im Nu mit allerlei Spielen, Ausflügen und Aktionen, mit Basteleien, Fetz und Feten und allem, was so eine Kinderfreizeit nur herzugeben vermag.

Auch auf dieser Freizeit war die Integration der behinderten Kinder im Grunde gar kein »besonderes« Thema. Unsere Meinung wurde dahingehend bestätigt, daß die behinderten Kinder nie zugleich die verhaltensauffälligsten und die zeitaufwendigsten Freizeitteilnehmer sind. Zwar waren die Kinder diesmal augenscheinlicher behindert als beispielsweise noch der behinderte Junge, der im ersten Jahr auf dem Reiterhof dabei war. Im Gegensatz zu ihm hat man den drei behinderten Teilnehmern ihre Behinderung schon auf den ersten Blick angesehen. Sie alle waren deutlich mehr behindert und in ihrem Alltag stärker beeinträchtigt. Das bedeutete, daß wir ihnen im Umgang mehr entgegenkommen und deutlich auf sie und ihre Beeinträchtigungen eingehen mußten. So liebenswert wie die drei waren, brauchte es auch hier gar nicht lange, bis ihre neuen Freunde, Zimmer- und Tischgenossen im gemeinsamen Zimmer, bei Tisch und sonstwo ebenfalls ein Auge auf sie warfen, sich um die drei kümmerten und ihnen zur Hand gingen, sie schlicht und einfach akzeptierten und sie nicht etwa als sonderbare, sondern als wunderbare Spielkameraden begriffen.

Was also sollte uns vom Jugendfreizeit- und Bildungswerk (jfbw) des Stadtjugendausschuß e.V. Karlsruhe von der konsequenten Überführung unseres Projektes »Integration – Gemeinsame Ferien« in die ›Normalität‹ abhalten, wenn uns schon jetzt die Kinder in ihren Ferien vorleben und zeigen, wie das funktioniert mit der Integration? Nicht zuletzt unserer Überzeugung und der positiven Erfahrungen wegen beraten wir gerne auch interessierte Vereine, Verbände und Einrichtungen, die schon heute wertvolle Kinder- und Jugendarbeit leisten und immer öfter daran denken, ihre Angebote auch für behinderte Kinder und Jugendliche zu öffnen. Nehmen Sie doch einfach Kontakt mit uns auf:

Stadtjugendausschuß e.V. Karlsruhe
Jugendfreizeit- und Bildungswerk (jfbw)
Kronenplatz 1
76133 Karlsruhe
Tel. 0721/1335672

GÜNTHER CLOERKES

Erkenntnisse und Erfahrungen aus integrativen Ferien- und Freizeitmaßnahmen

Seit vielen Jahren ist »Integration im Lebensbereich Freizeit« ein Arbeits- und Forschungsschwerpunkt des Faches Soziologie der Behinderten an der Pädagogischen Hochschule Heidelberg. In Kooperation mit Reinhard Markowetz wurden eine ganze Reihe von (unveröffentlichten) Examensarbeiten angeregt und betreut, in denen Sonderpädagogik-Student/-innen sich zum Ziele gesetzt hatten, ihre Erfahrungen in integrativen Freizeiten kritisch zu dokumentieren. Die Freizeiten haben sie als Teilnehmer oder Assistenten selbst miterlebt. Im folgenden werde ich einige dieser Arbeiten kurz darstellen.

1. Ferienfreizeit Schwarzwald 1990

Vom 18.–31. August 1990 wurde von der »Gemeinnützigen Interessengemeinschaft für Hilfe und Beratung Körperbehinderter e.V.« (IKB Weinheim) eine integrative Ferienfreizeit im »St. Franziskushaus« in Blumberg-Achdorf bei Donaueschingen durchgeführt und hinsichtlich ihrer Wirkungen genau dokumentiert (vgl. LANG 1991). Teilgenommen haben 12 überwiegend deutlich mehrfachbehinderte Kinder und 14 nichtbehinderte Kinder im Alter von 8 bis 17 Jahren. 14 Betreuer (Durchschnittsalter 29 Jahre) fuhren mit, so daß sich ein Kind-Betreuer-Verhältnis von ca. 2:1 ergibt. Es handelte sich um eine differenziert-individualisierte Aktiv-Freizeit mit Kanufahrten auf einem See, Schwimmengehen im Freibad, Stadtbummel, Sammeln von Fossilien in einem Steinbruch, Angeln, Basteln, Grillen, Nachtwanderung, Fahren mit einer historischen Dampfeisenbahn, und anderes mehr. Aus diesen Aktivitäten ergaben sich zahlreiche sozialintegrative Situationen zwischen behinderten und nichtbehinderten Teilnehmern.

Die Wirkungen der integrativen Kontakte wurden in vier typischen integrativen Bereichen untersucht:
1. Mahlzeiten einnehmen (Hilfsbereitschaft, Kooperation)
2. Kanufahren, exemplarisch für den Aktivbereich (Kooperation, Konfliktverhalten)
3. Abendliche Besprechungsrunde (Selbstbehauptungsverhalten, Selbstwertgefühl)
4. Alltagssituationen.

Die Kontakte wurden unsystematisch durch teilnehmende Beobachtung mit Aufzeichnungen und Videofilm-Aufnahmen typischer Situationen dokumentiert. Gegen Ende der Freizeit beantworteten die Kinder einen Fragebogen mit 14 Punkten. Die Fragen waren offen gestellt und den behinderten Kindern wurde – soweit erforderlich – geholfen. Statistische Repräsentativität war nicht angestrebt, die Vorgehensweise entspricht eher qualitativen methodischen Standards.

Der Videofilm zeigt, daß in allen integrativen Bereichen ein beeindruckend zwangloser Umgang zwischen behinderten und nichtbehinderten Kindern stattfand, und zwar auch da, wo die erwachsenen Betreuer Probleme erwartet hatten. Die Kinder verhielten sich natürlich und spontan, Anhaltspunkte für ausgeprägte Vorurteile waren nicht auszumachen. Die Kontaktsituationen waren allerdings auch nicht zufällig, sondern so geplant, daß die Aktivitäten von allen Beteiligten als gewinnbringend empfunden werden konnten.

Die Antworten auf den Fragebogen untermauern die sehr positiven Eindrücke. Fast alle Kinder hatten sich gerne und ohne Druck für die Freizeit entschieden. Mehr als die Hälfte der nichtbehinderten Kinder gaben an, sich in den Tagen mit behinderten Kindern angefreundet zu haben. Die überwiegende Mehrheit der Kinder hatte Verständnis für längere Wartezeiten im Zusammenhang mit der Versorgung behinderter Kinder. Keines der Kinder konnte alle offiziell als »behindert« definierten Teilnehmer identifizieren. Sechs der Kinder ordneten nur die Rollstuhlfahrer als »behindert« ein. Von den zwölf behinderten Kindern hielten sich die Hälfte für »nichtbehindert«. Bei soziometrischen Wahlen wurden von den nichtbehinderten Kindern nur dreimal behinderte Kinder als Lieblingspartner ausgewählt, aber sechs behinderte Kinder nannten Namen aus der Gruppe der Nichtbehinderten. Vor allem aber: 71,4% der nichtbehinderten Kinder und 68,0% der behinderten Kinder wollten im folgenden Jahr wieder mitmachen. Insgesamt unterstreichen die Untersuchungsergebnisse, daß eine gut strukturierte und hinsichtlich der Aktivitäten durchdachte integrative Freizeit von den Kindern als unproblematische und positive Erfahrung erlebt wird.

2. Ferienfreizeit Bodensee 1990

Vom 13.–24. 8. 1990 wurde auf Initiative der »Lebenshilfe für Menschen mit geistiger Behinderung« Wiesloch und der Wieslocher Pfarrgemeinde St. Laurentius eine integrative Ferienfreizeit am Bodensee durchgeführt (vgl. KÖHLER 1991). Teilnehmer waren 12 meist geistig behinderte junge Menschen im Alter von 16 bis 30 Jahren, 12 nichtbehinderte Schüler im Alter von 13 bis 17 Jahren und 8 erwachsene Begleitpersonen (einschließlich der Berichterstatterin). Die Freizeit war sorgfältig geplant, fand unter sehr günstigen äußeren Bedingungen statt und wurde durch ein festes Programm strukturiert. Teilnahme und Kontakte waren freiwillig, mit der Möglichkeit des Ausweichens in andere Sozialbeziehungen.

Im Rahmen einer empirischen Untersuchung sollte festgestellt werden, ob durch die sozialintegrativen Kontakte mit den geistigbehinderten Jugendlichen bereits vorhandene Vorurteile reduziert werden konnten, und zwar in den drei Einstellungskomponenten kognitiv, affektiv und konativ sowie auf der Ebene der empfundenen sozialen Distanz. Es ging also nicht nur um die praktische Umsetzung der Ferienfreizeit, sondern um die besonders interessante Frage nach möglichen längerfristigen Effekten im Bereich der Vorurteilsbildung (vgl. CLOERKES 1997, 73ff.). Die Einstellungen wurden mittels strukturierter Interviews erhoben (vgl. KÖHLER 1991, 127ff.). Die Fragen (35 Items) wurden zehn Tage vor Beginn der Freizeit, eine Woche nach der Freizeit und zur Kontrolle der Dauerhaftigkeit von Wirkungen noch einmal zehn Wochen nach Ende der Freizeit allen 19 nichtbehinderten Teilnehmern gestellt.

Zu den Ergebnissen. Gewisse Vorurteile im strengen Verständnis V. BRACKENS (1981) waren vor der Freizeit bei allen Befragten festzustellen. Drei der Teilnehmer äußerten sich recht rigoros über Geistigbehinderte, ihr reales Verhalten war aber durchaus positiv mit engem Kontakt zu den behinderten Jugendlichen. Im übrigen waren bei allen Befragten mehr oder weniger ausgeprägte und auch nach Ferienende andauernde positive Einstellungsänderungen aufgrund der sozialintegrativen Kontakte und der durch die Interviews angeregten intensiven Beschäftigung mit der Problematik auszumachen.

Vor der Freizeit war das Wissen der meisten Teilnehmer über geistig behinderte Menschen gering und vor allem gekennzeichnet durch Unterschätzung ihrer Fähigkeit, überhaupt die üblichen Freizeitaktivitäten auszuüben. Das hat sich durch die gemeinsamen Erfahrungen miteinander grundlegend hin zu einer realistischen und weniger abgrenzenden Sichtweise geändert. Die Gefühle der Teilnehmer waren vor der Fahrt zum Bodensee durch Unsicherheit und Hemmungen geprägt, aber nicht unbedingt negativ. Nach der Freizeit waren fast alle erleichtert, wie schnell und unkompliziert gute Kontakte hergestellt werden konnten. Emotional überfordert fühlten sich nur drei der Teilnehmer – und das waren erwachsene Betreuer. Die affektive Einstellung hatte sich bei allen noch verbessert oder auf bereits gutem Niveau stabilisiert. Negative Handlungstendenzen wurden durch die sozialintegrativen Kontakte ebenfalls positiv beeinflußt. 17 der 19 Befragten wollten den Kontakt zu den geistigbehinderten jungen Menschen aufrechterhalten, 15 hatten in den neun Wochen nach der Freizeit und vor dem dritten Interview den Kontakt bereits wieder aufgenommen, zum Teil schon mehrmals.

Die soziale Distanz zu geistigbehinderten Menschen war bei vielen Befragten nie sehr groß gewesen und verringerte sich noch durch die Kontakte. Elf Respondenten schlossen für sich eine distanzierte Haltung aus. Eine Gleichstellung aller Teilnehmer hielten anfangs nur zwei für möglich, nach der Freizeit waren es neun. Viele Antworten zeigten eine geringe soziale Distanz: Die allermeisten nichtbehinderten Teilnehmer wollten mehr über geistig behinderte Menschen wissen, mit ihnen zusammensein und viel gemeinsam unternehmen, auch Partybesuche, – nur eine Partnerschaft wurde von fast allen ausgeschlossen. Alle lobten die Offenheit und Kontaktfreudigkeit der geistig behinderten Jugendlichen und stellten zunehmend Gemeinsamkeiten mit ihnen fest.

Die meisten der nichtbehinderten Respondenten hatten die Einstellungsänderungen auch selbst an sich wahrgenommen und wollten bei der nächsten integrativen Freizeit wieder mitmachen. Nicht nur die Einstellungen, sondern auch das tatsächlich beobachtbare Verhalten hatte sich insgesamt normalisiert, was persönliche Aversionen und kritische Äußerungen über einzelne Behinderte (wie über Nichtbehinderte) nicht ausschließt. Die Untersuchung verdeutlicht eindrucksvoll, daß sozialintegrative Freizeitkontakte zum Abbau ungünstiger Einstellungen und Verhaltensweisen beitragen können, zumindest dann, wenn sie wie im hier vorgestellten Praxisbeispiel von vornherein nicht stark ausgeprägt waren.

3. Ferienfreizeit Fränkische Saale 1994

Diese integrative Ferienfreizeit wurde von PFiFF (vgl. den Beitrag von MARKOWETZ in Teil II dieses Sammelbandes) geplant und durchgeführt. Sie fand vom 30.7. bis 12.8.1994 in Aura an der Fränkischen Saale statt und stand unter dem Thema »Leben und Sagen der Ritter, Gaukler und Burgfräulein im Mittelalter«. Zentrale Aktivität war daneben das Kanufahren als »gemeinsamer Gegenstand« im Sinne von FEUSER (1984, 18). Teilgenommen haben 27 Kinder im Alter von 6 bis 13 Jahren, 9 davon mit unterschiedlichen, mehr oder weniger ausgeprägten Behinderungen, sowie 14 Betreuer. Alle Aktivitäten waren genau geplant und durchstrukturiert.

GRAFF (1995) berichtet über die umfangreiche Analyse der während der Freizeit beobachteten Interaktionsabläufe im Zusammenhang mit der 13jährigen Simone, einem Kind mit schweren Mehrfachschädigungen (Lähmungen, Krampfanfälle, starke Stimmungsschwankungen, pflegeabhängig, meist nonverbale Äußerungen). Videobänder und Beobachtungsbögen wurden nach folgenden Interaktionsformen ausgewertet: Nebeneinander/Nichtbeachten; Thematisieren/Imitieren der Behinderung; Streit um Simone; Simone als Spielobjekt; Reaktionen ausprobieren; Versorgen/Helfen; Emotionale Zuwendung/Zärtlichkeit; Denken/Sprechen für Simone; gemeinsame Aktivität von Betreuer/-innen bestimmt; gemeinsame Aktivität von den Kindern bestimmt; Ausgrenzung von Simone/abweisende Impulse. Einige wichtige Ergebnisse der Untersuchung werden hier vorgestellt.

Zur Ebene der Kinder. Bei fast allen Kindern fand eine rasche und beeindruckende Akzeptanz von Simone statt, die unterschiedliche Intensität erreichte. Auch Kinder ohne unmittelbaren Zugang zu ihr hatten nichts gegen Simones Teilnahme an der Freizeit. Der Kontakt führte bei fast allen Beteiligten zu verbesserten Einstellungen und Verhaltensweisen. Der Umgang der Kinder miteinander war sehr unterschiedlich, in Abhängigkeit von ihren individuellen Möglichkeiten. Sie lernten sehr schnell voneinander, so daß auch zunächst befangene Kinder zu einer natürlichen« Verhaltenssicherheit gelangten. Sie lernten, daß Verschiedenheit, Nicht-Können und Anders-Sein nicht mit Abwertung verbunden sein muß, sie lernten, die Grenzen in gemeinsamen Aktivitäten mit Simone zu erkennen, sie genossen die von Simone eingeforderte unkomplizierte Nähe und Zärtlichkeit, und sie entdeckten eine Vielzahl neuer Möglichkeiten des Umgangs miteinander, beispielsweise Kommunikation auf nonverbaler Ebene. Die Ferienfreizeit hatte auch außerordentliche Bedeutung für die schwerstmehrfachbehinderte Simone. Sie erfuhr sehr viele Anregungen und Anreize, die sonst so nicht möglich gewesen wären, denn es handelte sich nicht um die »künstliche« Förderung über zumeist erwachsene Bezugspersonen. Simone erlebte, daß sie an (fast) allen Aktivitäten beteiligt war, wie die anderen Kinder auch.

Zur Rolle der Betreuer. Simone setzte andere Normen und Grenzen. Dies stellt für Erwachsene eine Herausforderung dar, nämlich das eigene, gelernte Normverständnis einmal zu hinterfragen. Die Betreuer waren zunächst »Mittler« zwischen Simone und den anderen Kindern, um bei diesen die nötige Sicherheit zu erreichen. Sie können wichtige Anregungen für gemeinsame Aktivitäten mit einem schwerbehinderten Kind wie Simone geben. Schließlich haben Betreuer die wichtige Funktion eines Regulativs für die Gruppe, sie tragen deshalb auch eine große Verantwortung.

Von großer Bedeutung sind die Rahmenbedingungen. Integration ist ein steuerungsbedürftiger Prozeß, in dem nichts dem Zufall überlassen bleiben darf. Planung, Organisation und Durchführung einer Ferienfreizeit müssen sorgfältig durchdacht sein. Der Tagesablauf und die einzelnen Aktivitäten sollen Raum für individuellen Rückzug lassen, also kein Zwang zu ständiger Gemeinsamkeit und Gleichmacherei. Alle Kinder müssen eine echte Beteiligungschance an den Freizeitaktivitäten haben. Der Betreuungsschlüssel sollte so großzügig ausgelegt sein, daß den Bedürfnissen aller Kinder (nicht nur denen mit erhöhtem Zuwendungsbedarf) entsprochen werden kann.

4. Freizeit »Pfadfinder-Gruppe« und »Voltigier-Gruppe«

GEIGER (1996) hat die Auswirkungen integrativer Kontakte bei Freizeitangeboten von PFiFF untersucht, und zwar in einer »Pfadfinder-Gruppe« (14 Teilnehmer im Alter von 12 bis 16 Jahren) und einer »Voltigier-Gruppe« (8 Teilnehmer von 5 bis 9 Jahren). Die Gruppen trafen sich einmal in der Woche. Methodisch wurden soziometrische Wahlen eingesetzt, daneben der Fragebogen FDI für Kinder und Jugendliche in Freizeitaktivitäten (vgl. HAEBELIN/BLESS/MOSER/KLAGHOFER 1989) sowie gezielte, teilnehmende Beobachtung. Außerdem wurden die Eltern, die Gruppenleiter und die Integrationsbegleiter (vgl. den Beitrag von MARKOWETZ in Teil II dieses Sammelbandes) befragt. Ziel war es, zu Aussagen über die integrative Entwicklung von Doris (13 Jahre alt, körperbehindert) in der Pfadfinder-Gruppe und Armin (13 Jahre alt, körperlich und geistig behindert) in der Voltigier-Gruppe zu gelangen.

Für die Pfadfinder-Gruppe gelangte GEIGER zu folgenden Ergebnissen:
- Bei den soziometrischen Wahlen ergab sich eine sehr positive soziale Stellung. Das reale Verhalten (teilnehmende Beobachtung) war gekennzeichnet durch häufige Unsicherheit und Zurückhaltung, aber auch viel Kontaktbereitschaft und Akzeptanz. Die Gründe dürften vor allem in der eingeschränkten Mobilität des Kindes und seiner segregierenden Sonderbeschulung liegen.
- Die Behinderung wurde nicht versteckt und sie wurde von den anderen Kindern als eines der Merkmale von Doris akzeptiert. Zusätzliche Störungen in der Orientierungsfähigkeit konnten meistens vor den anderen erfolgreich verborgen werden.
- Doris brachte ihre Stärken gezielt in die Gruppe ein und hielt sich bei für sie problematischen Aktivitäten zurück. Anpassung an gruppenspezifische Verhaltensweisen.
- Probleme wurden erst mit der Integrationsbegleiterin besprochen und nur ausnahmsweise in die Gruppe eingebracht.
- Problemfelder waren insbesondere die Unstrukturiertheit der Gruppentreffen, die mangelnde personelle Kontinuität in der Integrationsbegleitung, die möglichen Auswirkungen der Orientierungsstörung sowie die fehlende Übertragung der angeknüpften Kontakte auf andere Freizeitbereiche.

Ergebnisse für die Voltigier-Gruppe:
- Beobachtet wurde eine positive Integrationsentwicklung bei durchaus ungünstigen Voraussetzungen: Sehr gute emotionale Integration, aber (noch) unvollständige soziale Integration, allerdings auch keine Ausgrenzungstendenzen durch die anderen Kinder, hohe Leistungsmotivation.

- Nur 45 Minuten Freizeitkontakte bei relativ monotoner Aktivität sowie die mangelnde Thematisierung von Armins Behinderung führten möglicherweise zu vermeidbaren Unsicherheiten bei einigen Kindern. Ungünstig war auch der große Altersunterschied.

Aus seiner integrationspädagogischen Begleitforschung zieht GEIGER einige wichtige Konsequenzen für die Verbesserung von Integrationsmaßnahmen im Freizeitbereich (vgl. ebd., 106–113, sowie den Beitrag von MARKOWETZ in Teil II dieses Sammelbands). Insbesondere wird vor einem »blinden Aktionismus« gewarnt, »der lediglich die Separierung und damit die Schonraumfunktion der Sonderschule aufhebt, jedoch stigmatisierende und diskriminierende Mechanismen aufrecht erhält«. Dies sei »eben keine Integration, sondern Gleichmacherei, die an allen individuellen Bedürfnissen vorbei zielt. Solche Maßnahmen fördern Integration nicht und gefährden massiv die Identität von Menschen mit Behinderungen« (107). Im Freizeitbereich kann Integration jedenfalls leichter verwirklicht werden als in der Schule, weil nur wenige oder keine zusätzlichen Hilfen gebraucht werden, weil das Konkurrenzprinzip nachrangig ist, weil die Tätigkeiten weniger fremd- oder zweckbestimmt und die Kontakte freiwillig sind, was eine Veränderung von Einstellungen und Vorurteilen begünstigt (vgl. GEIGER 1996, 108).

5. Freizeit »Schwimmverein« und »Freiwillige Feuerwehr«

DUPPEL (1995) hat drei Fallstudien über den Integrationsverlauf von Kindern vorgelegt, die von PFIFF (vgl. den Beitrag von MARKOWETZ in Teil II dieses Sammelbandes) im Freizeitbereich wohnortnah gefördert wurden. Der Untersuchungszeitraum erstreckte sich nur über die Anfangsphase der Maßnahme. Die Informationen kamen von den jeweiligen Eltern, dem Verein sowie der Integrationsbegleitung. Es wurden halbstrukturierte Interviews durchgeführt, auf Plausibilität überprüft und qualitativ ausgewertet.

Markus war damals 10 Jahre alt, er ist geistig behindert (Down-Syndrom) und die integrativen Freizeitaktivitäten fanden in einem Schwimmverein statt. Die Ergebnisse zeigen eine unkomplizierte, ausgesprochen positive Entwicklung. Ein ähnlich günstiger Verlauf konnte bei *David* (15 Jahre alt, geistig behindert) gefunden werden. Er wurde in seiner Freizeit bei der Freiwilligen Feuerwehr zum Trommler ausgebildet. Ganz anders sah es bei *Jens* aus, einem 10 Jahre alten und stark geistig behinderten Kind. Hier war bis zum Abschluß der Studie die Suche nach einem Integrationsverein erfolglos geblieben. DUPPEL diskutiert in ihrer Arbeit insbesondere die Auswirkungen von Art und Schwere der Behinderung und gelangt zu der Erkenntnis, daß es sich dabei um ganz wesentliche Einflußfaktoren für das Gelingen von integrativen Freizeitmöglichkeiten handelt. Die behinderungsbedingt günstige Ausgangssituation sei von entscheidender Bedeutung, darum müsse auch immer die Relativität der Ergebnisse von Integrationsmaßnahmen gesehen werden.

6. Ferienfreizeiten Altmühltal und Ijsselmeer 1994

JENTZSCH (1995) berichtet über zwei Ferienfreizeiten mit behinderten und nichtbehinderten Teilnehmern, die nach erlebnispädagogischen Prinzipien durchgeführt wurden. Eine von PFIFF e.V. organisierte Kanutour im Altmühltal fand als Flußwanderung vom

22. 7.–31. 7. 1994 statt. Teilgenommen haben 3 körperlich bzw. geistig behinderte Kinder im Alter von 13 bis 16 Jahren und 7 nichtbehinderte Kinder im Alter von 13 bis 15 Jahren sowie 7 erwachsene Betreuer, von denen einer behindert war. Der Segeltörn im Sommer 1994 auf dem Ijsselmeer wurde von »Segeln für Behinderte – Club der Behinderten und ihrer Freunde« in Köln veranstaltet. Die 16 Teilnehmer waren 11 bis 30 Jahre alt, davon 9 mit unterschiedlichen Behinderungen, außerdem fuhren 8 Betreuer mit.

JENTZSCH hat an beiden Ferienfreizeiten als Betreuerin teilgenommen. Im Rahmen von Aktions- und Handlungsforschung wurden die wesentlichen Abläufe beobachtet, aufgezeichnet und vergleichend interpretiert. Bei der Kanufreizeit wurde Integration als Ziel angestrebt, aber nur bei gut vorstrukturierten Aktivitäten der Gesamtgruppe tatsächlich erreicht. Im übrigen blieb es bei Kleingruppen aus Personen, die schon vorher miteinander vertraut waren. Den Segeltörn hat die Berichterstatterin dagegen als realisierte Integration von behinderten und nichtbehinderten Menschen erlebt. Sie führt dies darauf zurück, daß die Teilnehmer sich vom Kölner »Club der Behinderten und ihrer Freunde« schon lange kannten und betont die Bedeutung langfristiger Gruppenprozesse über integrative Vereinsarbeit.

7. Ferienfreizeit Kanuwandern Jagst und Kocher 1995

Ebenfalls von PFIFF veranstaltet wurde eine integrative Ferienfreizeit vom 12.-20.8.1995 mit Kanuwandern an den Flüssen Jagst und Kocher, die STELZIG (1996) untersucht hat. Teilgenommen haben 15 Kinder und Jugendliche im Alter von 12 bis 17 Jahren, 5 davon mit unterschiedlichen körperlichen oder geistigen Behinderungen, sowie 7 Betreuer, von denen einer rollstuhlabhängig war. Die Kinder konnten sich täglich zwischen Tagestouren mit dem Kanu oder Küchendienst, jeweils in Kleingruppen, entscheiden. Alle Freizeitaktivitäten waren sorgfältig vorgeplant und durchstrukturiert, mit einem Planungstreffen, einem Vortreffen und einem Nachtreffen im Dezember 1995. Die meisten Teilnehmer kannten sich schon von früheren Freizeiten.

STELZIG wollte der Frage nachgehen, ob die Erwartungen und Bedürfnisse der behinderten wie der nichtbehinderten Teilnehmer durch die erlebnispädagogisch orientierte Freizeit erfüllt werden konnten. Methodisch kam vor allem ein standardisierter, kombinierter Fragebogen zum Einsatz, und zwar (in Varianten) beim Vortreffen, am ersten und am letzten Ferientag. Zusätzlich ausgewertet wurden Informationen aus unstrukturierten Gesprächen während der Freizeit und aus teilnehmender Beobachtung mit Feldnotizen und Foto-Dokumentation. Die Daten wurden interpretiert und tabellarisch dargestellt. Die Ergebnisse zeigen, daß behinderte und nichtbehinderte Kinder gleichermaßen klare Erwartungen und Bedürfnisse hatten, die auch durchgängig im Rahmen der Ferienfreizeit umgesetzt werden konnten. Dies lag nach STELZIG vor allem am breiten Spektrum der möglichen Aktivitäten bei festen Rahmenbedingungen und am guten Gruppenklima. Das positive Ergebnis bedeute nicht unbedingt, daß alle erlebnispädagogischen Kriterien erfüllt worden sind. Erlebnispädagogik sei nur *ein* Element von vielen, die zu dem Erfolg der integrativen Freizeit beigetragen hätten.

Literatur

BRACKEN, H. von: Vorurteile gegen behinderte Kinder, ihre Familien und Schulen. Berlin (Marhold), 2. Aufl. 1981.

CLOERKES, G.: Soziologie der Behinderten. Eine Einführung. Heidelberg (Winter) 1997.

DUPPEL, S.: Integration von Kindern und Jugendlichen mit geistiger Behinderung im Freizeitbereich. Möglichkeiten – Erfahrungen – Perspektiven. Heidelberg (Pädagogische Hochschule; unveröffentlichte Wissenschaftliche Hausarbeit) 1995.

FEUSER, G.: Gemeinsame Erziehung behinderter und nichtbehinderter Kinder im Kindertagesheim. Ein Zwischenbericht. Bremen (Diakonisches Werk) 1984.

GEIGER, A: Integration und Identität. Wirkungen von schulischen und außerschulischen Integrationsmaßnahmen bei Kindern und Jugendlichen mit einer Behinderung. Heidelberg (Pädagogische Hochschule; unveröffentlichte Wissenschaftliche Hausarbeit) 1996.

GRAFF, S.: Integration behinderter Kinder und Jugendlicher im Lebensbereich Freizeit – aufgezeigt am Beispiel von PFiFF e.V. Heidelberg (Pädagogische Hochschule; unveröffentlichte Wissenschaftliche Hausarbeit) 1995.

HAEBERLIN, U./BLESS, G./MOSER, U./KLAGHOFER, R.: Die Integration von Lernbehinderten. Versuche, Theorien, Forschungen, Enttäuschungen, Hoffnungen. Bern/Stuttgart (Haupt) 1990.

JENTZSCH, F.: Die Bedeutung der Erlebnispädagogik für die Integration behinderter Kinder und Jugendlicher im Lebensbereich Freizeit. Grundlagen, Erfahrungen, Perspektiven. Heidelberg (Pädagogische Hochschule; unveröffentlichte Wissenschaftliche Hausarbeit) 1995.

KÖHLER, S.: Empirische Untersuchung zur Einstellungs- und Verhaltensänderung im Rahmen einer Freizeit mit geistigbehinderten und nichtbehinderten Teilnehmern. Heidelberg (Pädagogische Hochschule; unveröffentlichte Wissenschaftliche Hausarbeit) 1991.

LANG, M.: Begegnungsmöglichkeiten zwischen behinderten und nichtbehinderten Kindern durch eine gemeinsame Freizeit. Eine Untersuchung zu Aspekten einer integrativen Förderung. Heidelberg (Pädagogische Hochschule; unveröffentlichte Wissenschaftliche Hausarbeit) 1991.

STELZIG, A.: Erlebnispädagogik im Lebensbereich Freizeit. Eine Untersuchung zu den Erwartungen und Bedürfnissen behinderter und nichtbehinderter Kinder und Jugendlicher vor und nach einer integrativen Ferienfreizeit. Heidelberg (Pädagogische Hochschule; unveröffentlichte Wissenschaftliche Hausarbeit) 1996.

PETER BRODISCH UND MICHAEL GALLE-BAMMES

Autonomie als zentrales Anliegen der Erwachsenenbildung

Im Jahr 1974 richtete das Bildungszentrum (BZ) der Stadt Nürnberg als erste Volkshochschule in Deutschland einen eigenen Fachbereich für Erwachsenenbildung mit behinderten Menschen ein. Heute – 25 Jahre danach – werden vom Fachbereich »Behinderte-Nichtbehinderte« pro Studienjahr etwa 270 Kurse sowie 45 weitere Veranstaltungen (Schwerpunktthemen, Seminare und Fahrten) angeboten, die von etwa 3200 Teilnehmenden wahrgenommen werden. Das hierbei entstandene Programm wird von Menschen mit Körperbehinderung, geistiger Behinderung, Lernbehinderung, Hör- und Sehbehinderung sowie chronisch Kranken in Anspruch genommen. Viele Veranstaltungen bieten darüber hinaus behinderten und nichtbehinderten Erwachsenen Gelegenheit zu Begegnung und gemeinsamem, wechselseitigem Lernen. Das Weiterbildungsangebot zielt darauf ab, Erfahrungs- und Bildungsdefizite schwerbehinderter Menschen auszugleichen, Selbstbewußtsein und Selbstvertrauen zu stärken, Selbständigkeit zu fördern, Teilhabe am kulturellen Leben zu ermöglichen und Schranken zwischen behinderten und nichtbehinderten Menschen abzubauen. Zentrales Anliegen ist jedoch – wie in allen anderen Bereichen der Andragogik – die Realisierung von Selbstbestimmung und die Förderung von Autonomie. Von der »independent living«-Bewegung in den USA gingen diesbezüglich bedeutende Impulse aus, die in Deutschland zu einer Reihe von Veröffentlichungen führten. Allerdings wurde hierbei eine Umsetzung des »Selbstbestimmt Leben« – Konzepts bei Menschen mit geistiger Behinderung bisher nur ansatzweise diskutiert. Aus diesem Grund wollen wir im folgenden am Beispiel einer Nürnberger Behindertenwerkstatt (WfB) und an einem dort stattfindenden Kursangebot aufzeigen, wie wir versuchen, Selbstbestimmung zu gewährleisten und zu fördern.

Unsere Erfahrung hat gezeigt, daß die Gestaltung der Rahmenbedingungen wesentlich zur Realisierung von Selbstbestimmung beiträgt. Von zentraler Bedeutung ist hierbei die Sicherstellung einer freien Entscheidung für oder gegen den Besuch eines Kursangebots. Bei Bedarf wird nach Verteilung des Kursprogramms in der Werkstatt für Behinderte (WfB) der Beschäftigte von einer Person seines näheren Umfelds beraten und zumindest eine Vorauswahl aus dem breiten Angebot getroffen. Im persönlichen Kontakt müssen nun diese Angebote näher erläutert werden, um eine fundierte Entscheidung zu ermöglichen. Aus diesem Grund kommen die Mitarbeitenden des Fachbereichs zur Kurseinschreibung in die WfB und suchen unter Beteiligung des dortigen Sozialdiensts das Gespräch mit jedem Beschäftigten. Hierbei stellt sich immer wieder heraus, daß die getroffene Wahl doch nicht den eigentlichen Wünschen und Bedürfnissen der Beschäftigten entspricht. Im Konfliktfall wird grundsätzlich dem Wunsch des behinderten Beschäftigten gefolgt und das Gespräch mit den betreuenden Personen gesucht. Selbst in den (wenigen) Fällen, wo sich das anschließend gewählte Kursangebot für den geistig behinderten Menschen als nicht geeignet herausstellte, war dies für die Betroffenen eine wichtige Erfahrung und stärkte das Vertrauen in unsere Einrichtung, da wir uns natürlich weiterhin bemühten mit ihnen gemeinsam ein geeignetes Angebot zu finden.

Selbstbestimmung setzt die Wahlmöglichkeit zwischen unterschiedlichen Alternativen voraus. Die 124 primär lern- und geistigbehinderten WfB-Beschäftigten können selbst entscheiden, ob sie Kurse während der Arbeitszeit, im Anschluß an die Arbeitszeit oder am Abend besuchen wollen; ob sie in der gewohnten (sicheren) WfB-Umgebung oder lieber an einem anderen Unterrichtsort lernen möchten; ob sie neue bzw. andere (behinderte und nichtbehinderte) Menschen kennenlernen möchten oder nicht. In der Kursberatung ermutigen wir natürlich dazu, Kurse außerhalb der WfB zu besuchen und die integrativen Angebote, z.B. im freizeitpädagogischen und kreativen Bereich, zu nutzen. Die letztendliche Entscheidung liegt jedoch bei den behinderten Teilnehmenden. Dieses Konzept ist sehr erfolgreich: 78 Beschäftigte (rund 60%) entschieden sich, in diesem Semester, einen oder mehrere Kurse zu belegen. Insgesamt besuchten sie 27 verschiedene Kursangebote.

Mitsprache- und Mitwirkungsmöglichkeiten sind für die Förderung von Autonomie äußerst wichtig. Insofern bemühen wir uns, diese auf den unterschiedlichsten Ebenen zu realisieren. Zum einen nehmen wir die Wünsche und Anregungen sehr ernst und versuchen sie soweit wie möglich umzusetzen. Beispielsweise wurde in diesem Semester aufgrund des Drängens einiger Teilnehmender eines Gesprächskreises, der vor einem Jahr ausgelaufen war, dieser wieder angeboten. Zum anderen kann jeder Kurs einen sogenannten »Hörervertreter« wählen, der die Interessen der Teilnehmenden vertritt und hierbei vom Kursleitenden unterstützt wird. Einmal pro Semester findet eine Versammlung der Hörervertreter/innen aller Kurse statt, an der auch einige der lern- und geistig behinderten Hörervertreter/innen teilnehmen. Bei dieser Versammlung kann man mit dem BZ-Direktor und den BZ-Mitarbeiter/innen über die vorhandenen Probleme diskutieren und Anträge stellen, über die abgestimmt wird. Durch solche Anregungen und Anträge aus dem Behindertenbereich wurden schon einige Verbesserungen erzielt und die Teilnehmenden haben die Erfahrung gemacht, daß ihre Anliegen ernst genommen werden und sie etwas bewirken können.

Im Herbst 1991 wurde am Bildungszentrum Nürnberg der Kurs »Mehr Sicherheit im Rechnen« begründet und nach den Prinzipien der italienischen Ärztin und Pädagogin Maria Montessori gestaltet. Dieses Kursangebot heißt heute »Lerntreff«. Es begann mit sechs Teilnehmenden, die sich in der WfB wöchentlich einmal vormittags für 90 Minuten zum Rechnen trafen. Die steigende Nachfrage rechtfertigte nach einem Semester die Einrichtung eines zweiten Kurses (inzwischen drei Kurse), der Fächerkatalog wurde nach den Wünschen der Teilnehmenden mit Lesen und Schreiben, Englisch und Malen erweitert. Eine Semesterexkursion differenzierte das Angebot weiter. Ganz aktuell wird das Bedürfnis nach Technischem Zeichnen und Spanisch verwirklicht. Vielfalt genug, den Kurs künftig einfach «Lerntreff« zu nennen.

Das Menschenbild der Montessori-Pädagogik geht von der Freiheit des Menschen und dem damit verflochtenen Willen zur Selbstbestimmtheit aus – Autonomie ist eine zentrale Zielsetzung. Das hieraus abgeleitete Prinzip der Freiwilligkeit wird in der Kurssituation folgendermaßen umgesetzt:
– Die Teilnahme an den Unterrichtsstunden ist freiwillig.
– Freie Wahl des Lerngegenstandes: Zur Verfügung stehen Materialien aus den Bereichen Englisch, Spanisch, Malen, Technisches Zeichnen sowie die vielgenutzten Lese- und Rechenmaterialien (wo notwendig hilft der Kursleitende bei der Entscheidungsfindung).
– Arbeitstempo und Dauer der Beschäftigung bestimmt jeder selbst; ebenso ob er alleine, mit anderen oder vom Kursleitenden unterstützt arbeiten möchte.

Darüber hinaus lädt das Montessori-Material zur Selbsttätigkeit ein und die in dem Material eingebaute Fehlerkontrolle ermöglicht ein selbständiges, vom Kursleitenden unabhängiges Tun. Die auf diese Weise entstehende komplexe material- und sozialdynamische Lernsituation birgt eine Vielzahl authentischer Ausdrucksmöglichkeiten. Die folgenden drei Streiflichter aus dem Kursgeschehen wollen dies abschließend zumindest ansatzweise verdeutlichen.

Information und Diskussion über das didaktische »Wie« im Kurs steht am Anfang jeden Semesters. Daher werden die »Neuen« zu Kursbeginn nicht nur über die Palette der Lerninhalte informiert. Wichtiger – ja einigen inzwischen ein Bedürfnis – ist die Diskussion alter Lernerfahrungen. Hierbei zeigt sich, daß das Gespräch über Nur-Frontalunterricht, Leistungsdruck und andere Formen der Fremdbestimmung hilft, Lernhemmungen zu überwinden und Ängste abzubauen. So berichten die »alten« Teilnehmenden über die Organisation des Lernens im Kurs, etwa von der freien Wahl des Lerngegenstandes, der Zeitfreiheit und von der Selbsttätigkeit. Vorgegebene Bildungsinhalte oder gar Zwang werden bei der Diskussion in ihrer negativen Bedeutung quasi »automatisch« mitreflektiert. Erfahrungen aus den individuellen Biographien der Teilnehmenden erhellen ganz konkret, welche Lernbedingungen als zuträglich oder hinderlich klassifiziert werden können. So gelten Hobbys als »interessant« und »befriedigend«, da sie frei gewählt werden. Demgegenüber hemmen Erinnerungen an zurückliegende Schulerlebnisse wie »negative Beurteilungen« oder gar »Ausschluß aus dem Unterricht« die Lust an der eigenen Weiterbildung z.T. bis in die Gegenwart hinein.

Schreiben allein um des Schreibens Willen ist mechanisch, künstlich – auch demotivierend. Schreiben soll lebendiger Ausdruck sein! Eine Teilnehmerin notierte jüngst:
»Eine hatte sich auch schon sehr oft über mich lustig gemacht und breitete es weit und breit rum, daß ich behindert bin, egal wer es ist, war ich mal wo eingeladen, sagten die Kinder (...) »Die ist ja mehr wie schwachsinnig«, dann rührte ich mich schon und sagte ihnen richtig die Meinung (...). Das Leben ist nicht so leicht zu meistern. Aber wenn man Geistig- und Gehbehinderte sieht, danke ich dem lieben Herrgott, daß ich noch so sein kann. Ich kann lesen, schreiben und rechnen. Aber trotzdem habe ich häufig schwere Tage.«

Ein neuer Teilnehmer stand anfangs im Glauben, kaum rechnen zu können. Aber bis zehn konnte er schon zählen. Ich habe ihm einen Tausenderkubus in die Hand gegeben: »Das ist Eintausend.« Und einen zweiten: »Das sind jetzt Zweitausend!« Schnell waren wir bei »Zehntausend«, ein hoher Turm aus zehn Tausenderkuben stand nun vor uns. Für ihn war es eine Entdeckung, auch mit großen Zahlen umgehen zu können. Bald addierte und subtrahierte er im Zahlenraum bis 10 000. Am kleinen Multiplikationsbrett erschloß er sich das Wesen der Multiplikation. Ganz logisch, daß 3 × 4 die 12 ergibt! An den Seguin-Tafeln wurden Ziffern mit konkret abzählbaren Perlenstäbchen kombiniert. Dies half ihm, die Unterscheidung zwischen »Fünfzehn« und »Fünfzig« zu treffen. In der siebten Doppelstunde traute er sich schon, selbständig Ziffern abzuschreiben, er übertrug den Inhalt des Kartensatzes (Zahlenraum 1 bis 9000) in sein Heft. Wenn er mit den großen und ganzen Zahlen sicher umgehen kann, wird er vielleicht bald die kleinen gebrochenen Zahlen attraktiv finden. Oder auch nicht. Immer wieder erschließen sich Teilnehmenden ungeahnte Potentiale, die vom Gefühl der Befreiung begleitet werden. Der lebensphilosophisch-phänomenologisch orientierte O.F BOLLNOW kennzeichnet dies »Öffnen für geistige Inhalte« allgemein als »Innenwelterweckung«.

INES BOBAN

Integration beim Orientalischen Tanz. Oder: Einander tanzen zu sehen verändert den Blick aufeinander und auf sich selbst

Eine integrative Bauchtanzgruppe trifft sich seit 1987 wöchentlich im Hamburger Spastikerverein oder zwischenzeitlich auch im nahen Bürger- und Kulturhaus. In der unter allen Aspekten gemischten, circa zwanzigköpfigen Gruppe (Altersspektrum 4 bis 84 Jahre) tanzten zeitweise auch Jungen und Männer mit.

1. Wie es dazu kam

In einer Ferienfreizeit mit einer Gruppe Jugendlicher mit Behinderungen wurde der ›Bauchtanzabend‹ zum Favoriten – »Brüderchen, komm tanz mit mir« war von da an out, die Darbouka-Trommel bestimmte den Takt für neu entdeckte Hüftschwünge. Die fremdartigen Töne, die schillernden Gewänder, die seidenen Schleier, die Glöckchen an den Füßen, die Schlangenarme erfaßten die Sechs- bis Sechzehnjährigen, denen allen eine behinderte Motorik bescheinigt worden war. Sie tanzten sich ausdauernd ins Fremde hinein, als wäre es das selbstverständlichste Bewegungsrepertoire der norddeutschen Tiefebene. Ungetrübt von Haremsklischees, frei vom Bild der Nightclub-, Varieté- oder James-Bond-Suleika, ohne den Ehrgeiz, bis 1001 zu zählen oder ansonsten mit Scheherazade zu konkurrieren, schüttelten sie was sie hatten oder sich vorstellten zu haben. Man kann diesen Tanz analytisch durchdenkend, technisch präzise, perfekt in der Eleganz, hochleistungsartig erarbeiten. Eigentlich lebt dieser Tanz aber von Intuition, Gefühl, Lust und Improvisation. Sie haben diese Seite als Chance wahrgenommen.

Beschwingt durch die Intensität in dieser Gruppe und den Bewegungsbegabungen bei vielen der oft als bewegungsfaul angesehenen Jugendlichen entstand 1987 die Idee für ein Freizeitangebot »Orientalischer Tanz für alle« beim Hamburger Spastikerverein. Heute heißt dieser Verein »Leben mit Behinderung« – aber das Angebot existiert weiter, nun als Kurs im Rahmen des Angebots zur Erwachsenenbildung. Die damals sechsjährige Catharina, die am Rollator gehen übte, genoß, wie sie sich später erinnert, daß hier nicht nur sie, sondern auch alle anderen, auch ihre vierjährige Schwester und auch ihre Mutter, Bewegungen neu kennenlernen, sich bewußtmachen und üben mußten. Sie äußert sich später im Text als neunjährige Schülerin; erst vor ihrer Oberstufenzeit hört sie auf mitzutanzen – ihre Mutter macht weiter: »Wegen der Gruppe und weil mein Rücken das braucht.«

2. Idee, Auftakt und Gestalt des Kurses

Es sollte bewußt kein Kurs wie in einem kommerziellen Studio sein: Mit Spiegelwand und Reihenbildung – die Augen nach vorn auf die Vortänzerin gerichtet; mit Stretching und Schönheits- oder Leistungsstreß. Und es sollte schon gar nicht eine neue Therapie im Rahmen einer ›Behindertenfreizeitgruppe‹ sein. Vielmehr sollte sich wöchentlich ein Kreis verschiedenster Menschen zum Tanzen versammeln, um in guten Kontakt zu sich selbst und den anderen im Raum zu kommen.

Nach einem ganztägigen Bauchtanzworkshop samt Couscous-Essen, marokkanischem Minz-Tee, sudanesischen Märchen und einer Phantasiereise zum Marktplatz von Marrakesch war ein Auftakt gemacht. Viele Bäuche und andere Sinne waren in Schwung gebracht. Seither treffen sich an die zwanzig Menschen – überwiegend weiblich, mit verschiedensten Behinderungen oder ohne, im Alter von einem Jahr (nicht freiwillig) bis 81 (eine Ausnahme), dienstags von 17.30 bis 19.00 Uhr. Das hat sich in all den Jahren nur in Facetten geändert. Ein Kern von Mädchen und Frauen sind von Anfang an dabei, viele bleiben im Schnitt zwei Jahre bei der Sache. Mittlerweile hat eine Kursteilnehmerin ihre Diplomarbeit in Sozialpädagogik über diesen Bauchtanzkurs geschrieben und dessen Leitung und Weiterführung übernommen.

3. Inhalt des Kurses

Allwöchentlich werden Wolldecken zum Kreis gelegt mit Lücken für Frauen, die auf einem Stuhl oder im Rollstuhl sitzen. Zunächst ist Zeit für den Austausch von Neuigkeiten, die neue Weste vom Flohmarkt wird vorgeführt oder der einfache Schnitt für eine weite Hose erklärt. Wenn die ruhige Trommelmusik ertönt, beginnen alle sitzend sich von Kopf bis Fuß durchzubewegen, zu lockern, aufzuwärmen und die Bewegungsmöglichkeit einzelner Körperteile bewußt zu machen.

Alle nicken und sagen damit ›Ja‹ zur Situation. Wer so viel ›Ja‹ sagt, muß auch ›Nein‹ sagen; der Kopf wird gedreht. Die Gesichtsmuskulatur wird aktiviert durch Ah-Ih-Oh-Eh-Uh-Rufe, Luftküsse und andere mimische Darstellungen von Tieren oder Gefühlen, also Vorstellungen. Nach dem Kopf, dem Gesicht und der Nackenpartie werden die Schultern zum Beispiel in der ›Ich weiß nicht‹- oder ›Egal‹-Haltung bewegt. Die Hände werden gekrümmt, durchgebogen oder spannungslos zur Blume von der Knospe übers Blühen bis zum Welken. Die Arme begrüßen, können geben und nehmen, Gutgedachtes in die Kreismitte werfen und fangen. Der Brustkorb wird in alle Richtungen verschoben, zwischen den Schultern versteckt oder weit vorgereckt. Der Bauchnabel küßt die Wirbelsäule und folgt gleich wieder der Schwerkraft. Das Prinzip von Anspannen und Entspannen, Halten und Loslassen wird auch für die Gesäßmuskeln angewendet. Der ›Ritt auf dem Kamel‹ dient der Wahrnehmung des Beckenbodens und der Massage des Sitzfleischs. Mit erhobenem Kopf wird der aufrechte Stand gesucht. Wer stehen kann, findet seine Mitte in der Grundstellung: Füße parallel, Knie weich geknickt, das Becken vorgeschoben. Nun können die Hüften kreisen. Das Becken kann schüchtern, selbstbewußt oder aber aggressiv gekippt werden, schnell und langsam, mit Pausen oder pausenlos. Dynamik wird als weiteres Bewegungsprinzip des Tanzes erlebt. Wer sitzend tanzt, wofür sich die Bewegungen des Orientalischen Tanzes anbieten, vollzieht ebenfalls durch Körperspannung und Gewichtsverlagerungen alle Tanzfiguren mit.

›Pferdchen‹, ›Schweineohr‹, ›Liegende Acht‹, ›Schleife‹ und ›Kamel‹ heißen zum Beispiel Tanzfiguren, die Catharina auch am Rollator stehend oder im Rollstuhl sitzend ausführt. Überhaupt lebt dieser Tanz von Akzenten, die man mit Armen, Kopf und Händen setzt zur Musik aus Kairo oder Istanbul, Duschanbe und Taschkent. Die Arme werden zu

Flügeln, Spiegeln, Kelchen, Schlangen, die Hände zu Geschichtenerzählern oder zu Kronen. Über der Hüfte geöffnet, begrüßen sie die Nachbarin. Beim Schütteln der Schultern und Brüste beugt man sich zueinander oder biegt sich voneinander weg.

Lisa hat ihren kleinen Sohn dabei auf der Hüfte sitzen. Marie beobachtet die beiden, berichtet irgendwann von ihrer Sterilisation und bringt eine Zeitlang eine Puppe zum Tanzen mit. Margot schüttelt und schleudert am liebsten ihren ganzen Körper und ruft dabei genußvoll: »Heeeerrrlich!« Das ist ein Shimmie, der nicht gemacht ist, um andere zu beeindrucken, sondern um sich intensiv gut zu fühlen – und der gerade deshalb andere beeindruckt. Zum Beispiel Nadja, die sonst Flamenco unterrichtet und im Kontakt mit Margot erfährt, wie sehr sie beim eigenen Tanzen auf die Grazie bis in die Spitze des kleinen Fingers achtet, um eine Wirkung bei den Betrachtern ihrer Darbietung zu erzielen, die sie immer mitbedenkt. Neidisch stellt sie fest, daß sie viel zu sehr für andere und viel zu wenig für sich selbst, für den Ausdruck des eigenen Empfindens und für das eigene Körpergefühl getanzt hat. Hier verändern sich Maßstäbe, altvertraute Muster.

Stets wird an einer Choreographie gearbeitet, denn zu vielen Gelegenheiten wird diese Gruppe eingeladen, sich und ihren gemeinsamen Gegenstand, den Orientalischen Tanz, vorzuführen. Und regelmäßig lädt der Kurs zu einem Frühlings- oder Winterfest ein. Über zehn Tänze gehören nach einigen Jahren zum Repertoire, bei denen auch Schleier, Kerzen, Pfauenfedern, Zierstöcke, Tambourins, Zimbeln, Blumen und vieles andere mehr zum Einsatz kommen.

Am Ende des gemeinsamen Abends wird frei getanzt. Auffällig ist, daß auch dann meist die Kreisform erhalten bleibt. Sehr beliebt ist dabei das Solo, bei dem also eine einzelne Person in der Mitte des Kreises für alle anderen tanzt und sich präsentiert. Diese Gelegenheit, im Mittelpunkt zu stehen, wählen viele Frauen und Mädchen mit Behinderungen sehr gern, nichtbehinderte Frauen zögern dagegen meist sehr lange. Aber die Impulsivität und Tanzfreude der behinderten Frauen erweicht, erfrischt und führt zu Entwicklungen bei allen Beteiligten.

Es ist also ein Tanzunterricht, der auf Gedankenbildern basiert, ohne Glasspiegel auskommt, aber ›spiegelt‹ durch das aufeinander Achten, durch das Anfassen und Handführen, durch gegenseitiges Anregen und Unterstützen. Nur das zu tun, was geht ohne weh zu tun, führt behutsam zu neuen Bewegungsmöglichkeiten und zu neuen Selbstdarstellungsformen. Die Chance, sich auf sich und den eigenen Körper zu be-sinnen anstatt einem Reglement folgen zu müssen, das wiederum die Gefahr verstärkte, etwas richtig und perfekt machen zu wollen, fällt beim Orientalischen Tanz – zumindest in dieser Gruppenzusammensetzung und mit dieser Orientierung – wohltuend flach.

4. Meinungen von Teilnehmerinnen

Einige Äußerungen von Teilnehmerinnen zeigen auf, warum sich diese Frauen für den Bauchtanz in dieser Gruppe entschieden und was der Orientalische Tanz und diese Gemeinschaft mittlerweile für sie bedeuten:

»Das gemeinsame neue Körpergefühl erleben in einem Kreis, wo sich keiner hervortun will, sondern wo man zusammen in eine andere, orientalische Welt eintaucht. Frauen aus unterschiedlichsten Lebenssituationen finden sich auf diese Weise zusammen und können sich unbeschwert kennenlernen.« (Krankengymnastin, 23 J.)

»Tanzen ohne Zwang, ohne Leistungsdruck. Lösend. Für Leute, die ein bißchen den Tanzbetrieb kennengelernt haben, eine Wohltat.« (Rhythmikerin/Tänzerin, 30 J.)

»Zum Bauchtanz komme ich gern, weil es mir wichtig ist, auch mit Behinderten etwas zu machen, wo mein Kind dabeisein kann. Außerdem werden mir mein Körper und meine Körperteile dabei bewußt, und ich sehe, mit welchen Koordinationsschwierigkeiten behinderte Frauen zu kämpfen haben. Bauchtanz macht mir einfach Spaß – besonders, wenn er so phantastisch gut vermittelt wird.« (Studentin, 32 J.)

»Der Bauchtanz ist schön, alles daran. Am liebsten mag ich Schleiertanz und Shimmie. Er ist gar nicht anstrengend.« (WfB-Mitarbeiterin, 39 J.)

»Mein Streß schlägt immer auf meinen Bauch und meine Stimmung. Der Bauchtanz hat mir gezeigt, daß mein Bauch, mein ganzer Körper sich ganz anders anfühlen soll. Ich finde es faszinierend, daß ich in der Gruppe auf einmal Behinderungen gar nicht mehr als besonders bemerke, sondern einfach als natürlich, daß Menschen verschieden viel können. Ich hab früher ganz viel Angst vor behinderten Menschen gehabt.« (Schülerin, 17 J.)

»Am Bauchtanz mag ich alles. Am liebsten bewege ich die Hüften und die Muskeln im Gesicht.« (WfB-Mitarbeiterin, 33 J.)

»Körpertraining, Erlernen fremder Bewegungen, Tanzen nach orientalischen Klängen, Zusammensein mit netten Menschen.« (Pädagogin, 40 J.)

»Bauchtanz empfinde ich als Gymnastik: den Körper spüren, durch Muskelkater und Müdigkeit. Der Markttanz gefällt mir am besten.« (WfB-Mitarbeiterin, 39 J.)

»Zu dieser Gruppe habe ich mich entschieden, weil hier behinderte und nichtbehinderte Frauen und Kinder willkommen sind. Meine sehr unterschiedlichen Kinder haben viel Spaß dabeizusein. Für mich sind die Übungen sehr wichtig: Sie bringen meiner sehr belasteten Wirbelsäule viel Entspannung. Der Bauchtanz ist hier keine Leistungssache, sondern eine persönliche Entdeckung des eigenen Körpers.« (Lehrerin, 36 J.)

»Nach dem Bauchtanz bin ich viel lockerer an den Armen und Beinen. Meine Hüfte kann ich besser kreisen, das hilft mir beim Laufen.« (Schülerin, 9 J.)

»Ich habe gerade meinen 81. Geburtstag überstanden. Nun, ich bin voll integriert worden, wir nennen uns alle beim Vornamen, und es macht viel Spaß. Erst die Gymnastik und dann die Tanzübungen machen jeden Abend zum Erlebnis.« (Rentnerin, 81 J.)

»Der Bauchtanz hilft mir, wieder Ruhe zu finden und Abstand vom alltäglichen Streß und Leistungsdruck zu gewinnen. Ich kann mich selbst erfahren und entfalten. Außerdem ist es eine ganz neue Erfahrung für mich, ein Hobby gemeinsam mit ›Behinderten‹ auszuüben. Die Distanz oder Angst ihnen gegenüber ist weggefallen.« (Schülerin, 18 J.)

»Ich glaube, ich bin eine sehr leistungsorientierte Frau. Bauchtanz allerdings will ich nur für mich machen, ohne gut sein zu müssen. Ja, und in unserer Gruppe behinderter und nicht behinderter Frauen, da war ich beschämt und ärgerlich über mich selbst. Dieses

großspurige ›Schön und häßlich‹, das ich als ›normale‹ Frau habe – und dann eine, die das so in dieser Form nicht ist. Als ich dann wußte, wie gerade diese mich so unperfekt leiden kann, so wie ich bin, verstand ich, sie ist meine andere Seite der einen ganzen Medaille.« (Psychologin, 31 J.)

»Ich mag gerne etwas neues lernen. Die Leiterin ist sehr nett. Die Musik erinnert mich an meine Heimat Persien. Ich tanze gern. Die lange Fahrt stört mich nicht, weil es mir Spaß bringt, in einer Gruppe etwas zu machen.« (WfB-Mitarbeiterin, 27 J.)

5. Überzeugungstänzer/-innen

Schon seit einem Jahr nimmt die schwer-mehrfachbehinderte Emily teil an der integrativen Gruppe, begleitet durch einen Zivi, als das zuständige Amt bzw. der dort verantwortliche Arzt zur Überzeugung kommt, nach einem Schultag in der Integrationsklasse einer Gesamtschule sei das junge Mädchen zu müde und müsse sich im Bett zuhause erholen. Nachmittagsaktivitäten seien nicht angeraten und deren Begleitung würde nun nicht mehr finanziert. Im übrigen mache für Emily die Teilnahme gerade am Bauchtanz schon gar keinen Sinn, da sie ja so unbeweglich sei. Und da sie auch nicht spreche, stellt der Arzt ebenso den Sinn von Emilys Mitwirkung in der Schauspielgruppe mit behinderten und nichtbehinderte Jugendlichen an einem weiteren Nachmittag in Frage. Die Gruppe schickt dem Arzt einen Brief, in dem sie u.a. schreibt:

»Es ist beeindruckend für uns zu erleben, wie aufmerksam Emily während aller Übungssequenzen dieser eineinhalb Stunden in der Regel bei der gemeinsamen Sache ist. Emily genießt das Gekleidetsein mit Schleier und klimperndem Armschmuck und alle Bewegungen, die jeweils eine andere Kursteilnehmerin oder die Lehrerin mit ihr ausüben. Sie nimmt den Rahmen, die Kreisrunde, das stets mit Blumen geschmückte Zentrum und die Räucherstäbchenluft wahr und wirkt immer entspannter und vertrauter mit der einstmals ungewohnten, fremd wirkenden Situation.
Sie zeigt nur selten Unwohlsein und ist dann stets durch Personen der Gruppe zu beruhigen. Auch an der fremdartigen Musik scheint Emily Gefallen zu haben und insbesondere in der bewegten letzten halben Stunde wirkt sie angeregt und beobachtet offenkundig aufmerksam das Geschehen. Auch wenn sie geschoben wird und sich ihre Lage im Raum dabei verändert, suchen ihre Augen einzelne Menschen und fixieren deren Bewegungen. Auch die Geborgenheit in den Armen anderer Personen bei Übungen am Boden bereitet ihr sichtlichen Genuß.
Für Emily ist diese Nachmittagsaktivität sehr stimmig, ihre Anwesenheit ist für die Gruppe ebenfalls wichtig und fordert stets die Kursleiterin wie alle anderen Teilnehmerinnen heraus, sensibel und empathisch nach weiteren Möglichkeiten für Emily zu suchen. Es wäre daher für alle äußerst bedauerlich, wenn aus Unkenntnis ihrer konkreten Möglichkeiten und Bedürfnissen heraus bzw. einer aus unserer Sicht falschen Einschätzung ihrer ›Müdigkeitskurve‹ diese gemeinsame Freizeitsituation beendet werden müßte.«

Wir wissen nicht, was den Arzt überzeugte, da auch Worte wie ›Klage‹, ›Einstweilige Verfügung‹ u.ä. durch die Mutter bemüht werden mußten, aber Emily konnte weiter teilnehmen am orientalischen Gruppenleben *und* am Sommernachtstraum und anderen Shakespeariaden ihrer Schauspielgruppe. Als diese später von einem Freizeit- zu einem

Profiprojekt weiterentwickelt wird, verläßt Emily während des zehnten Schuljahres die Gesamtschule, um dort zu arbeiten (vgl. BOBAN 1998b, HINZ 1999).

6. Reflexion des Anspruchs integrativer Kursgestaltung

Die Theorie integrativer Prozesse (vgl. REISER 1991; HINZ 1993, 1996) läßt uns kritisch hinterfragen, in welchem Maße eine Situation als integrativ einzuschätzen und zu bewerten ist. Das Prädikat ›integrativ‹ verdient ein Kurs also nicht allein aufgrund der Anwesenheit von sehr verschiedenen Menschen, denn hier könnten sich auch Prozesse anbahnen, die eher zur dauerhaften Abgrenzung als zur Annäherung der beteiligten Menschen beitragen. Eröffnet eine Institution wie hier der Verein »Leben mit Behinderung« die Möglichkeit und bietet durch seine Räumlichkeiten und Strukturen den Rahmen für eine integrative Kursgestaltung, sind damit auf der institutionellen Ebene wichtige Voraussetzungen für integrative Prozesse gegeben.

Die gesellschaftliche Ebene, die mit ihren Trends und Gegentrends, Moden und Zeitgeistern integrative und desintegrative Strömungen repräsentiert, erlaubt gerade im Bereich der Freizeitgestaltung die Bildung von Nischen, da hier die Freiwilligkeit erstes Prinzip ist und Eigeninitiativen möglich sind (vgl. BOBAN 1998a). Da Tanz immer Konjunktur hat und der Orientalische Tanz, sein ihn umgebendes Flair und einige ihm zugeordnete Attribute eine Zeit lang sehr angesagt waren und sich dieser Tanz zwischenzeitlich etabliert hat, sind die Chancen groß, viele Menschen für dieses Angebot zu interessieren. So erstaunt es nicht zu sehr, daß nach einem Bericht in einer Wochenzeitung über diese Gruppe und einer Ankündigung des nächsten Kurstermins dort über 80 Personen erschienen. Erstaunlich ist jedoch, daß auch nach der bewußt überspitzten Darstellung der Verantwortung einer jeden für das gesamte Gruppengeschehen und der Auflage, daß (Besser-)Verdienende erhöhte finanzielle Beiträge leisten und mehr zu Festen beitragen müßten, alle bleiben wollten. So mußten andere Regeln zur Begrenzung der Gruppengröße entwickelt werden: Unter anderem wurde eine weitere Gruppe eröffnet und an andere bestehende ›normale‹ Gruppen verwiesen. Während das Prinzip der Freiwilligkeit im Kontext schulischer Integration und im Feld der Freizeitgestaltung oft zu Problemen führt, hat es sich in dieser Gruppe nie negativ – vielleicht sogar bestärkend ausgewirkt.

Entscheidend aber ist, was im Kurs selbst geschieht. Denn hier ereignet sich auf der Handlungsebene, auf der Ebene der Interaktion und auf der innerpsychischen Ebene das, was als integrative Prozesse in und zwischen unterschiedlichen Menschen zu bezeichnen ist. In diesem Kurs spielt der Kreis, den alle bilden und in dem fast alles sich abspielt eine zentrale formgebende Rolle. Einander stets im Blick zu haben verändert den Blickwinkel. Es gibt ritualisierte Phasen, in denen alle, überwiegend sitzend, begleitet durch eine bildreiche Sprache, Bewegungs- und Beweglichkeitserfahrung machen, oft unterstützt durch Angefaßt-Werden oder Anfassen. Über diese Berührungen hinaus entsteht Nähe, durch viel Freiraum Eigenes gesprochen oder vorgetanzt einzubringen. Die Tanzenden bleiben bei ihrem Körpergefühl und im Dialog mit den anderen Tanzenden. So wird auch hier mit Lockerheit und Heiterkeit der Shimmie und ›das Kamel‹ getanzt, jedoch nicht geübt oder trainiert, bis da ein perfektes Kamel zu sehen ist. Jede Absicht und Anstrengung wird – frei nach FELDENKRAIS – vermieden; statt andere durch ein künstlich aufgesetztes Lächeln in die Irre zu leiten, können die Gesichter mittanzen, was gefühlt wird. Schönheit entsteht hier durch Authentizität als Versöhnung mit sich selbst.

In diesem Kreis kann das Sosein des einen Spuren im Sosein des anderen hinterlassen – mit Leichtigkeit.

Literatur

BOBAN, I.: Integrative Lebensräume für Jugendliche innerhalb und außerhalb der Schule. In: PREUSS-LAUSITZ, U./MAIKOWSKI, R. (Hrsg.), Integrationspädagogik in der Sekundarstufe. Gemeinsame Erziehung behinderter und nichtbehinderter Jugendlicher. Weinheim (Beltz) 1998 (a), 154–163.

BOBAN, I.: Schauspielerei – Beruf und Berufung. Leben mit Down-Syndrom 29 (1998b), 42–43.

HINZ, A.: Heterogenität in der Schule. Integration – Interkulturelle Erziehung – Koedukation. Hamburg (Curio) 1993.

HINZ, A.: Zieldifferentes Lernen in der Schule. Überlegungen zu einem integrativen Umgang mit Heterogenität. Die Deutsche Schule 88 (1996), 263–279.

HINZ, A.: Erfahrungen im Gemeinsamen Unterricht als Ansatzpunkte zur Weiterentwicklung der Pädagogik bei schwerster Behinderung. Vierteljahresschrift für Heilpädagogik und ihre Nachbargebiete (VHN) 68, 1999 (im Erscheinen).

REISER, H.: Wege und Irrwege zur Integration. In: SANDER, A./RAIDT, P. (Hrsg.), Integration und Sonderpädagogik. Referate der 27. Dozententagung für Sonderpädagogik in deutschsprachigen Ländern im Oktober 1990 in Saarbrücken. St. Ingbert (Röhrig) 1991, 13–33.

IV. Zusammenfassung, Ausblick, Forderungen und Adressen

REINHARD MARKOWETZ

Freizeit im Leben behinderter Menschen – Zusammenfassung, Ausblick und Forderungen

1. Freizeit im postmodernen Leben

Neben Arbeit und Wohnen ist Freizeit ein tragender Bereich im Leben behinderter Menschen. Freizeit als »Eigenzeit, Sozialzeit, Bildungszeit und Arbeitszeit« (OPASCHOWSKI 1990, 17) ist nach dem Konzept der »Lebenszeit« (ebd., 86) für behinderte Menschen ein genauso wichtiges Anliegen wie für nichtbehinderte Menschen. Freizeit ist ein unverzichtbarer Bestandteil menschlichen Lebens und leistet einen wesentlichen Beitrag zur Persönlichkeitsentwicklung. Freizeit stellt ein großes Potential zur Entfaltung der persönlichen Lebensqualität dar. Die Freizeitqualität ist ein Spiegelbild der Lebensqualität. Die nüchterne Betrachtung der Freizeitwirklichkeit behinderter Menschen verdeutlicht, daß die individuelle und gesellschaftliche Lebensqualität behinderter Menschen noch erhebliche Mängel aufweist und dem Normalisierungsprinzip folgend (vgl. BANK-MIKKELSEN 1980, NIRJE 1994, THIMM 1984, WOLFENSBERGER 1986) noch immer zu verbessern ist. Integration können wir als ein perspektivenreiches Modell der Suche nach Lebensqualität auffassen.

Die Tatsache, daß wir auf dem Weg in das 21. Jahrhundert über noch mehr Freizeit und weniger Arbeit verfügen werden, wird uns schließlich zwingen darüber nachzudenken, wie dann ein sinnerfülltes und die Identität nicht beschädigendes Leben aussehen soll und zu gestalten ist. Angesichts anhaltend knapper Arbeitsplätze in Zeiten wirtschaftlicher und gesellschaftlicher Umbrüche wird es demnach auch immer schwieriger, behinderte Menschen zu beschäftigen und beruflich angemessen zu rehabilitieren. Vor allem für Menschen mit schwer(st)en und mehrfachen Behinderungen und extremen Verhaltensschwierigkeiten wird die Suche nach einem Ort zum Leben und Arbeiten immer problematischer (vgl. MARKOWETZ 1999). Der Behindertenpädagoge BLEIDICK (1989, 155–157) kritisiert deshalb einerseits zu Recht die »einseitige Orientierung am Arbeitsethos«, andererseits möchte er aus der Not, daß uns für die Behinderten und weitere, wirtschaftlich nicht effektiv und rentabel genug denkende und handelnde Gruppen die Arbeit ausgeht, insofern eine Tugend machen als »die Selbstverwirklichung des Menschen auch ohne gesellschaftlich nützliche und verwertbare Arbeit möglich und erstrebenswert ist: für Kinder, für Frührentner, für Pensionäre, für Ausländer, für Aussteiger, für Hausfrauen – und für Behinderte«. Hier wird deutlich, daß solche Menschen uns schon heute etwas vorleben und lehren könnten, was viele von den Noch-Berufstätigen und Noch-Nicht-Arbeitslosen früher oder später, mehr oder minder stark ausgeprägt ereilen wird. Diese durchaus positive, evolutionstheoretisch-anthropologische Sichtweise von »Freizeit als Arbeitszeit« (OPASCHOWSKI 1990, 60–73) scheint mir aber noch nicht weit verbreitet, so daß die angesprochenen Gruppen derzeit leider eher diskriminiert als wertgeschätzt werden. Sie zeigt aber auf, daß wir dem Lebensbereich Freizeit zukünftig mehr als bisher Aufmerksamkeit schenken und freizeitwissenschaftliche Überlegungen in unser Selbstverständnis einbeziehen müssen.

Im postmodernen Leben wird der Freizeitbereich für alle Menschen eine zentrale Rolle spielen. Lösungen im materiellen Bereich und der uferlose Ausbau von immer vielfältigeren, weitgehend marktwirtschaftlich gesteuerten Freizeitangeboten allein wird nicht zu der gewünschten Lebensqualität führen. Aufgabe zukünftiger Sozial- und Gesellschaftspolitik ist es, eine Freizeitinfrastruktur zu schaffen, die zu qualitativen sozialintegrativen und umweltverträglichen Freizeitentwicklungen führen und eine qualitative »integrative«, multikulturelle Freizeitkultur hervorbringt. Hierzu muß die Freizeitpädagogik Freizeitkompetenzen vermitteln, die die Menschen nicht nur befähigen, mit ihrer »freien Zeit«, der Angebotsvielfalt und dem Überfluß irgendwie zurechtzukommen, sondern die drohende Bewußtlosigkeit und das Ausgeliefertsein selbstreflexiv zugunsten einer sinnerfüllten, selbstbestimmten Freizeitgestaltung abwenden können. Eine solche Freizeitgestaltung wirkt bildend und beinhaltet soziales Lernen. Freizeit wird dann zu einem gewinnbringenden, identitätsstiftenden und die Persönlichkeit stärkenden Erlebnis, das Kultur, Bildung, vielfältige soziale Kontakte und soziales Engagement zur Gestaltung unserer Lebenszeit entdeckt und ein Bewußtsein für die Bewältigung »epochaltypischer Schlüsselprobleme« (vgl. hierzu KLAFKI 1993, 56ff.) schaffen kann, beispielsweise die Friedensfrage, die Umweltfrage, die Gefahren und Möglichkeiten der neuen technischen Steuerungs-, Informations- und Kommunikationsmedien oder die gesellschaftlich produzierte Ungleichheit innerhalb unserer und anderer Kulturen, z.B. zwischen sozialen Klassen und Schichten, Männern und Frauen, behinderten und nichtbehinderten Menschen, arbeitslosen und arbeitenden Gesellschaftsmitgliedern, Ausländern und Einheimischen oder noch globaler zwischen den Ländern einer sog. »Ersten«, »Zweiten«, »Dritten« oder gar schon »Vierten« Welt. Die Freizeitpädagogik der Zukunft fußt auf diesen Vorstellungen eines neuen Allgemeinbildungskonzepts, das Bildung für alle zuläßt, selektive Faktoren abbaut, integrative Strukturen schafft, auf die Ausbildung zwischenmenschlicher Beziehungsmöglichkeiten Wert legt und die Sozialität des Menschen stärkt.

Noch aber zeigt sich die Wirklichkeit anders. Die öffentliche wie die auch noch bei professionellen Helfern verbreitete Meinung »*behinderter Mensch = behinderte Freizeit*« kennzeichnet den traditionellen, defektorientierten Zugang zu unserem Thema und bestimmt bis heute weitgehend die Freizeitsituation behinderter Menschen. So belegen beispielsweise die Ergebnisse einer Befragung zur Freizeit von Mitarbeiter/-innen in Werkstätten für Behinderte (WfB) nachdrücklich die These einer »behinderten Freizeit« für Menschen mit einer geistigen Behinderung (EBERT/VILLINGER 1999, 272). Das System Sonderpädagogik mit seinen zahlreichen Einrichtungen der Rehabilitation reagierte auf Anormalitäten und spezielle behinderungsbedingte Bedürfnisse mit besonderen Angeboten. Von solchen »Sonderfreizeitmaßnahmen« versprach man sich, daß ihnen die soziale Integration ohne größeres Hinzutun auf dem Fuße folgt. Im Vergleich zu sonderpädagogisch organisierten Maßnahmen der Freizeitgestaltung sind trotz der anhaltenden Integrationsdiskussion grundlegend integrativ angelegte Angebote im Lebensbereich Freizeit quantitativ wie qualitativ nach wie vor eher die Ausnahme, obwohl gerade der Freizeitbereich als leistungsfreier Sektor ein bevorzugtes Feld der sozialen Integration von Menschen mit Behinderungen darstellt.

Nur langsam setzt sich die Erkenntnis durch, daß eine Behinderung nicht zwangsläufig und nicht in jedem Fall zu Problemen bei der Freizeitgestaltung führt und die Freizeitbedürfnisse von Menschen mit einer Behinderung auffällig hohe Gemeinsamkeiten zu den nichtbehinderter Menschen aufweisen. Dennoch ist es durchaus angebracht, ausdrücklich darauf hinzuweisen, daß Integration nicht als Gleichmacherei und Gleichbehandlung mißverstanden werden darf, sondern behinderungsbedingte Schwierigkeiten ernstzunehmen und selbstverständlich unter integrativen Verhältnissen genauso zu berücksichtigen sind, wie sie traditionell unter separierenden Bedingungen Beachtung finden. Eine ganze Reihe plausibler Zusammenhängen zwischen einer Behinderung und dem Freizeitverhalten eines Menschen mit einer Behinderung müssen berücksichtigt werden. Neben Art und Schweregrad der Behinderung spielen der Zeitpunkt des Erwerbs einer Behinderung, die Sichtbarkeit der Behinderung, die Prognose über den Verlauf der Behinderung, die rehabilitativen Möglichkeiten, die Schulbildung, die Berufsbildung und die Berufstätigkeit, die Lebenslage, die Wohnsituation und Unterbringungsform, die sozio-ökonomischen Verhältnisse der Ursprungsfamilie bzw. das eigene Vermögen und Einkommen, das soziale Netzwerk und die ökosystemischen Verhältnisse sowie das Ausmaß an subjektiv erlebten sozialen Vorurteilen und Stigmatisierungen eine Rolle. Im Kontext sozialintegrativer Freizeitgestaltungsmöglichkeiten gilt es, sowohl die Vielzahl möglicher Wirkvariablen, die unmittelbar mit der Behinderung zusammenhängen, als auch die sozialen Reaktionen auf die Behinderung in den Blick zu nehmen. Schließlich ist zur Kenntnis zu nehmen, daß das Thema Freizeit auch für Menschen mit Behinderungen in verschiedenen Lebenslagen und Lebensphasen eine eigene Dynamik entwickelt, die von gesamtgesellschaftlichen Entwicklungen, Trends, Klischees, geschlechter- und rollenspezifischen Einflüssen und von der Werbeindustrie protegierten Lebensstilen sowie historisch gewachsenen Ideologien und tradierten Weisheiten abhängt und auch von psychosozialen Problemen wie z.B. Vereinsamung, Langeweile, Streß und anderen Gesundheitsgefährdungen begleitet sein kann. Es ist deshalb von allergrößter Bedeutung, daß die Integrationsfähigkeit behinderter Menschen nicht länger ausschließlich an der behinderten Person festgemacht wird, sondern insbesondere der Blick auf das ihn umgebende vielschichtige System gerichtet wird. Nach dem sozialökologischen Modell des ökosystemischen Ansatzes (vgl. hierzu MARKOWETZ 1997, 210-212) ist auch die Integrationsfähigkeit der einen behinderten Menschen umgebenden Systeme mit ihren Personen, Rahmenbedingungen, dort wirkenden gesellschaftlich-normativen Werten zu prüfen und entsprechend herzustellen.

2. Die Integrative Freizeitgestaltung fordert den Wechseln vom Fürsorgeansatz zum Bürgerrechtsansatz

Als Herausgeber dieses Buches haben wir versucht, den bisherigen Diskussionstand zu einem schwierigen, dazu noch sehr facettenreichen Thema in Theorie und Praxis darzustellen. Die einzelnen Beiträge sollen zum freizeitpädagogischen Nachdenken anregen. Die exemplarisch aufgegriffenen und ins Bild gesetzten Praxisbeispiele zeigen richtungsweisende Möglichkeiten der integrativen Freizeitgestaltung auf. Sie verdeutlichen bisweilen sehr eindrucksvoll, daß behinderte Menschen mitten im Leben stehen, als gleichberechtigte Bürger am gesellschaftlichen Leben teilhaben und vermehrt Einfluß auf die Lebenszeitgestaltung nehmen wollen. Behinderte Menschen wollen frei wählen können und Entscheidungs- und Handlungsfreiheiten in Anspruch nehmen. Selbstbestimmung, Autonomie, Emanzipation, Antidiskriminierung, Gleichstellung, Normalisierung, Demokratisierung und Humanisierung sowie umfassende Integration und gesellschaftliche Teilhabe sind dabei die zentralen pädagogischen, bildungs- und gesellschaftspolitischen Schlagworte (vgl. MARKOWETZ 1998a, 13f.). Es geht darum, den Wechsel vom »Fürsorgeansatz« zum »Bürgerrechtsansatz« zu vollziehen. Hierzu müssen wir die traditionelle Kultur des Helfens in der Sonderpädagogik überwinden und Menschen mit einer Behinderung nicht länger als belieferungs-, anweisungs- und behandlungsbedürftiges Klientel, sondern als Experten in eigener Sache anerkennen. Der Slogan »nichts über uns ohne uns«, wie ihn die Interessenvertretung Selbstbestimmt Leben in Deutschland – ISL e.V ihrer Philosophie voranstellt (vgl. MILES-PAUL 1999), macht in besonderer Weise darauf aufmerksam. Statt als helfende Macht aufzutreten sollten wir uns als gleichberechtigte, integre Dialogpartner verstehen, die mit speziellen Hilfen, Diensten und Angeboten aufwarten und an den individuellen Stärken und Kompetenzen bzw. bisweilen noch verborgenen Ressourcen der betroffenen Personen (THEUNISSEN 1999) anknüpfen. Das Konzept des »Empowerment« (vgl. THEUNISSEN/PLAUTE 1995) greift diese Sichtweise auf und steht Pate für ein neues Selbstverständnis der Sonderpädagogik. Wir können es als ein weitreichendes Handlungsmodell in der sozialen Arbeit und integrationspädagogischen Behindertenhilfe auffassen, das uns zu professioneller Bescheidenheit aufruft und uns zur Übernahme einer neuen Helferrolle, der »subjektzentrierten Assistenz« (THEUNISSEN 1999, 279), bewegt. Diese fundamental neue Sicht- und Zugangsweise erwachsener Menschen mit einer Behinderung, wie sie beispielsweise in Deutschland in der »Initiative Selbstbestimmt Leben« (vgl. hierzu INTERESSENVERTRETUNG SELBSTBESTIMMT LEBEN DEUTSCHLAND E.V. 1995, MILES-PAUL 1992, NIEHOFF 1993, ÖSTERWITZ 1996) im Sinne der internationalen »Independent Living«-Bewegung vertreten und bereits vielseitig praktiziert wird, beeinflußt in nicht unerheblichen Maße indirekt die freizeitpädagogische Arbeit mit Kindern und Jugendlichen. Auch hier ist zu beobachten, daß sich die gleichen handlungsleitenden Prinzipien durchsetzen und die integrationspädagogische Praxis definieren, selbst wenn hier verständlicherweise – wie bei nichtbehinderten Kindern und noch nicht volljährigen Jugendlichen auch – das Maß an Fremdbestimmung noch deutlich spürbar ist und die organisierte inner- und außerfamiläre Freizeitgestaltung Kindern und Jugendlichen weniger Freiheitsgrade, z.B. bezüglich ihres Mitspracherechtes und ihrer direkten inhaltlichen wie organisatorischen Einflußnahme einräumt (vgl. etwa die Beiträge von HERBST oder BAUMEISTER/HIRNING in diesem Band). Hier wird deutlich, daß der Erziehungsbegriff für behinderte Menschen einerseits sehr stark unter dem Aspekt der Fremdbestimmung gedacht wird, andererseits die »Erziehung zu einem selbstbestimmten Leben« im Kontext heilpädagogischer Freizeitförderung und Freizeiterziehung unverzichtbar ist.

3. Zur Notwendigkeit integrationsstarker Veränderungen im Freizeitbereich

Nach diesen eher grundlegenden zusammenfassenden Anmerkungen stellt sich schließlich die Frage, was nun im einzelnen zu fordern und zu beachten wäre, damit die Integration behinderter Menschen im Lebensbereich Freizeit zügiger als bisher vorankommen kann. Die hier in gebotener Kürze skizzierte Zusammenstellung wichtiger und beachtenswerter Punkte soll in erster Linie die Fachdiskussion beleben, den Dialog mit und unter den Betroffen fördern und mittelfristig zu soliden integrationsstarken Veränderungen führen. Ein Königsweg kann nicht aufgezeigt werden. Es gibt ihn nicht. Zu vielseitig und zu anspruchsvoll sind auch die Segmente, die den Freizeitbereich als mächtiges Ganzes erscheinen lassen, das nie vollständig und allseits zufriedenstellend erreichbar scheint. Sie reichen von der Freizeitgestaltung in der Familie oder im Heim zu den Angeboten aus dem Bereich der Erwachsenenbildung, vom oft »banalen« alltäglichen Freizeiterleben bis hin zum Thema Reisen, Urlaub und Tourismus. Was wir brauchen ist eine integrative Landschaft im Freizeitbereich, die diese Vielfalt widerspiegelt und das Wesensmoment des Integrativen erkennen läßt.

Insofern geht es zunächst darum, in jedem Einzelfall darüber nachzudenken, ob traditionelle Freizeitangebote für behinderte Menschen nicht in integrative überführt werden können. Neue Sonderfreizeitmaßnahmen sollten nur noch dort pädagogisch verantwortet werden, wo sie ausdrücklich gewünscht sind und sich von den Rahmenbedingungen her vorläufig nicht anders organisieren lassen. Sie sollten in dem Bewußtsein einer Übergangslösung angeboten und so lange durchgeführt werden, bis diese in integrative Strukturen überführt werden können. Eine vordringliche Aufgabe stellt die Öffnung bestehender Freizeitangebote für behinderte Menschen dar. Hierzu bedarf es nicht nur rein organisatorischer Umstellungen. Vielmehr muß erkannt werden, daß für die praktische Gestaltung des Alltags eine integrativen Pädagogik und Didaktik der Freizeit unverzichtbar ist und deshalb schrittweise eingeführt werden muß (vgl. hierzu den Beitrag »Konturen einer integrativen Pädagogik und Didaktik der Freizeit« in diesem Band).

An die Gemeinden, Kommunen, Städte, Bezirke, Landkreise, Regierungspräsidien, Landschafts- und Landeswohlfahrtsverbände sowie politische Gremien auf Länder- und Bundesebene muß die Forderung nach einer »Stadt für Alle« gestellt werden, nach einem Wohn- und Lebensraum, der den individuellen Bedürfnissen entgegenkommt und behinderungsbedingte Nachteile so auszugleichen vermag, daß ein Leben in sozialer Integration und die Teilhabe am gesellschaftlichen und öffentlichen Leben grundsätzlich möglich ist. Soziale Integration ist als ernstzunehmende und vordringlich praktisch zu realisierende Aufgabe in allen Verwaltungsbereichen aufzufassen. Stadtentwicklungspläne und kommunale Kinder- und Jugendpläne müssen darauf abgestimmt werden. In alle zentrale Verwaltungsbereiche wie Sozial- und Kulturreferate, Kinder- und Jugendhilfeausschüsse etc. sind unabhängige Beauftragte für Integration zu bestellen, die fachkompetent für eine sukzessive Umsetzung Sorge tragen. Darüber hinaus brauchen wir ein Netz wohnortnaher Beratungsstellen, das sich schnell und unbürokratisch mit aktuellen Problemen bei der Freizeitgestaltung behinderter Menschen beschäftigt und kundenorientiert bearbeitet.

Besonders Spiel-, Kultur- und Freizeitangebote, ob in öffentlicher oder privater Hand verwaltet, müssen barrierefrei zugänglich und nutzbar werden. Doch nicht nur Mobilitätsprobleme gilt es, durch vorwiegend technisch-apparative Lösungen auszugleichen. Viel mehr müßte für die Schranken im Kopf getan werden. Offentlichkeitsarbeit allein wird hierzu nicht ausreichen. Es kommt darauf an, gelebte Kontakte zwischen behinderten und nichtbehinderten Menschen zuzulassen und qualitativ auszubauen, damit die dabei gemachten Erfahrungen anhaltend positiv wirken. Behindertenfreizeitarbeit im klassischen Sinn und Integrationsarbeit im Lebensbereich Freizeit müssen sich ergänzen. Spezielle Freizeitangebote für Behinderte mit nicht zwingend integrativem Charakter haben nach wie vor dort ihre Berechtigung, wo sie nachhaltig gewünscht und vorläufig nicht anders organisiert und finanziert werden können. Sie dürfen nicht eingestellt werden. Dennoch sollten weniger Sonderprogramme für Behinderte den Lebensbereich Freizeit bestimmen.

Es ist zu fragen, warum sich die Tourismusbranche mit behinderten Kunden so schwer tut. Wenn wir den Tourismusmarkt öffnen wollen, behinderte Menschen als Marktsegment entdeckt und als Kunden umworben werden sollen, dann müssen wir uns zunächst selbstkritisch eingestehen, daß wir Experten es waren, die auch für diesen Bereich ein Monopol beansprucht haben und reiselustigen Behinderten eher abgeraten haben, die Reiseangebote der allgemeinen Tourismusbranche in Anspruch zu nehmen. Wir konnten uns nicht vorstellen, daß auch andere Berufsgruppen verantwortlich und kompetent mit unseren »Schützlingen« umgehen können. Wir brachten es auch nicht fertig, unser Wissen über Behinderung, unsere Erfahrungen im Umgang mit behinderten Menschen und unser »know-how« zur Bewältigung der spezifischen Problemen weiterzugeben. Wir wollten unverzichtbar sein und haben dadurch integrative Wege verbaut. Wir haben deshalb die Tourismusbranche über diesen Irrtum aufzuklären und ihr darüber hinaus unsere uneingeschränkte Hilfe anzubieten, um dieser Zielgruppe gerecht zu werden und neue kundengerechte Angebote zu schaffen.

Finanzierungsmöglichkeiten für innovative und integrationsstarke Ansätze und Angebotsformen im Freizeitbereich müssen geschaffen werden. Generell muß der Freizeitbereich als eigen- und nicht randständiges Handlungsfeld ernstgenommen und als solches von der sozialpolitischen Gesetzgebung auf eine solide Finanzierungsgrundlage gestellt werden. Die Finanzierungsregelungen des Bundessozialhilfegesetzes für die Bereiche Wohnen und Arbeit könnten hier als Vorbild wirken. Insbesondere den Rechtsanspruch auf finanzielle Förderung von Freizeitangeboten gilt es zu stärken, um behinderten Menschen die Möglichkeit zur uneingeschränkten Teilnahme am Leben in der Gemeinschaft zu geben. Außerdem müssen neue, verläßliche und unbürokratischere Regelungen für die Inanspruchnahme und Finanzierung von Assistenzdiensten zur individuellen Freizeitgestaltung und als »Schlüssel für ein selbstbestimmtes Leben Behinderter« (MILES-PAUL/ FREHSE 1994, 12) getroffen werden. Hierzu ist es aber auch notwendig, daß die Hilfssysteme für Behinderte vor Ort ein eigenes Profil für den Freizeitbereich entwickeln und entsprechende innovative und integrationsorientierte Dienste in ihr Programm aufnehmen. So konnten beispielsweise die sog. Familienentlastenden Dienste (FED) die Palette ihrer Angebote um eben diese persönliche Assistenz erweitern (vgl. MARKOWETZ 1998b und c). Eine solche konzeptionelle Arbeit bedarf der Unterstützung der Spitzenverbände, der Selbsthilfezusammenschlüsse, der Politik und des Mutes zu struktureller Erneuerung unseres Rehabilitationssystems. Nur so wird man auf Dauer dem hohen Stellenwert der Freizeit in unserer heutigen Gesellschaft gerecht werden und dafür Sorge tragen können, daß sich Freizeitbedürfnisse behinderter Menschen in sozialintegrativen Kontexten erfüllen lassen.

4. Qualifikationsanforderungen für eine integrative Freizeitarbeit

Integrative Freizeitarbeit ist auf qualifizierte Kräfte angewiesen. Sie kann nicht einfach so nebenbei gemacht werden, sondern braucht spezifische Kompetenzen, die von ausschließlich ehrenamtlich tätigen Helfern allein nicht mehr zu bewältigen sind (vgl. MARKOWETZ 1998e). Schon heute steht fest, daß ein Großteil der zukunftsträchtigen Dienstleistungsberufe Freizeitberufe sein werden, z.B. Animateur, Trainer, Reiseleiter, Touristikassistent, Gästebetreuer, Fremdenführer oder Freizeitberater. Die Qualifikationsanforderungen an solche Berufe sind sehr vielschichtig. Sie beinhalten

- Basiswissen (z.B. aus den Bereichen Pädagogik, Psychologie, Soziologie, Ökologie und Ökonomie der Freizeit, Betriebswirtschaft, Marketing, Management, Recht, Medizin, Gesundheit, Behinderung, Tourismus),
- Fachkompetenzen (z.B. allgemein im Bereich handwerklicher, künstlerischer, sportlicher, spielerischer Ausbildungsberufe mit einer persönlichen Schwerpunktbildung, beispielsweise im Bereich Video, EDV, Fremdsprachen, Theater, Musik, Sport oder Erwachsenenbildung),
- persönliche Stärken (z.B. Einfühlungsvermögen, Geduld, Freundlichkeit, Kontaktfähigkeit, soziale Kompetenzen, Selbstvertrauen, Belastbarkeit, Disziplin, Charisma, Kreativität, Flexibilität, Improvisationsfähigkeit, Organisationstalent, Motivationsfähigkeit, Weiterbildungsfähigkeit etc.),
- ein Methodeninventar (Moderation, Animation, Diskussion, Gesprächsführung, Vermittlungsfähigkeit, Kooperationsfähigkeit, Entscheidungs- und Planungstechniken, didaktisches Know-how u.a.),
- Organisationskompetenzen (Koordination, Delegation, Öffentlichkeitsarbeit, Werbung, Medienumgang, Haftung, Versicherungswesen, Finanzierung, Buchhaltung, Dokumentation etc.) und
- professionelle Handlungsfähigkeit in einzelnen Praxisfeldern (z.B. Studienreisen, Kreuzfahrten, Städtetouren, Sport, Tanz, Bewegung, Kultur, Musik, Theater, Museen, Hotel- und Gaststättengewerbe, Touristikbranche, Ferienzentren und -clubs, Kongresse, Messen, Ausstellungen, Tagungen, Kurbetrieb, Bäderwesen, Klinikbetrieb, Altenheime, Behinderteneinrichtungen, Ferienfreizeiten für Kinder, Jugendliche, Familien, Senioren, behinderte, Ferienprogramm für Daheimgebliebene, Stadtrand- und Naherholungsmaßnahmen u.a.).

Neben dieser ohnehin schon sehr vielschichtigen Aneignung freizeitberuflicher Kompetenzen ist es zwingend notwendig, alle, die in einem Freizeitberuf arbeiten wollen, für integrative Freizeitgestaltung zu qualifizieren. Perspektivisch geht es einmal darum, ein Bewußtsein zu schaffen, daß Menschen mit einer Behinderung grundsätzlich an allen Angeboten des Freizeitsektors teilnehmen können. Zum anderen geht es darum, sie soweit zu befähigen, daß die integrative Freizeitarbeit kompetent praktisch umgesetzt wird. In diesem Zusammenhang stellt sich auch die Frage, ob Freizeitangebote weiterhin unter dem Aspekt der Förderung und Therapie gesehen werden dürfen. Immer mehr setzt sich die Meinung durch, daß der Freizeitbereich nicht der geeignete Ort medizinisch-therapeutischer Rehabilitationsbemühungen ist und von der Heilpädagogik nicht überstrapaziert werden darf. Vielmehr ist dem Verständnis von »egalitärer Integration« (SCHLÖMERKEMPER 1989, 321–323) folgend herauszustellen, daß an behinderte Menschen keine Bedingungen zu stellen sind, die sie erfüllen müssen, um als gleichberechtigte Menschen an gesellschaftlichen Leben teilnehmen zu dürfen. Einmal mehr wird hier deutlich, daß wir unsere alten Bilder über Behinderte aufgeben und einen Paradigmenwechsel vom distanzierenden zum integrierenden Menschenbild als unverzichtbare Grundlage einer integrativen Pädagogik und Didaktik der Freizeit vollziehen müssen. Erst dann werden wir aus unserer Rolle als Förderer und Experte schlüpfen und vermehrt die zentralen Aufgaben der Begleitung, Unterstützung, Beratung und persönlichen Assistenz wahrnehmen und in den Dialog mit den Betroffenen treten können.

5. Eine Liste mit Forderungen

Zur Orientierung seien abschließend die wichtigsten Forderungen noch einmal auf den Punkt gebracht:
1. Behinderte Menschen haben ein Recht auf umfassende Teilhabe am gesellschaftlichen Leben im Freizeitbereich.
2. Behinderte Menschen sollten deshalb ihre Freizeitangebote unter Beachtung individueller und gesellschaftlicher Freizeitbedürfnisse im Sinne ihrer Identitätsfindung und Persönlichkeitsentwicklung frei wählen können und die dabei entdeckten Interessen, Neigungen, Fähigkeiten und Fertigkeiten sowie vielseitige Kompetenzen sinnerfüllend ausbauen dürfen.
3. Auch im Freizeitbereich muß dem Anspruch behinderter Menschen auf den Erhalt sozialer Kontakte zu ebenfalls behinderten Menschen genauso Rechnung getragen werden wie dem Aufbau sozialer Kontakte zu nichtbehinderten Mitmenschen.
4. Das Freizeiterleben darf nicht länger an der Behinderung festgemacht werden.
5. Kommunikations- und Mobilitätseinschränkungen sowie behinderungsbedingte Probleme dürfen nicht länger als Ausschlußkriterien und Begründungen für die Teilnahme an Sonderfreizeitmaßnahmen herangezogen werden.
6. Behinderte Menschen sind in ihrem Sosein als gleichberechtigte, mündige Mitglieder unserer Gesellschaft zu akzeptieren, die als Experten in eigener Sache selbstbestimmen und entscheiden können, was sie wollen und vom wem sie wann, wobei und wozu Hilfe benötigen.
7. Der rehabilitative Förderanspruch und das pädagogisch-therapeutische Einwirken professioneller Systeme auf behinderte Menschen im Lebensbereich Freizeit ist aufzugeben.
8. Integration darf dabei aber nicht als Billiglösung mißverstehen werden, die nicht mehr angemessen auf Bedürfnisse reagiert und zur unterlassenen Hilfeleistung übergeht.
9. Sofern behinderte Menschen zur individuellen Freizeitgestaltung auf Hilfen und Assistenzdienste angewiesen sind, müssen diese bereitgestellt und bedarfsgerecht finanziert werden.
10. Der Sozialgesetzgebung ist auf der Grundlage der Grundgesetzänderung (ARTIKEL 3 ABS. 3 GG) dringend angeraten, den hierfür notwendigen bundesweit einheitlichen gesetzlichen Rahmen zu schaffen, der dem Wohlwollen der Finanzierung aus öffentlicher Hand und Sozialleistungsträger abschwört.
11. Behindertenverbände, Selbsthilfe-Zusammenschlüsse, die unterschiedlichsten Initiativen haben diesbezüglich den Wechsel vom Fürsorgeanspruch zum Bürgerrechtsanspruch transparent zu machen und dementsprechend, z.B. durch die Erarbeitung realistischer Finanzierungsmodelle, einzuwirken.
12. Das breit gefächerte Spektrum an Freizeitgestaltungsmöglichkeiten mit seinen spezifischen Freizeitangeboten (beispielsweise Ferienfreizeiten, Städtereisen, Bildungsreisen, Urlaub, regelmäßige Teilnahme an Angeboten der Erwachsenenbildung, des kulturellen und öffentlichen Lebens genauso wie das selbstverständliche Dabeisein und verantwortliche, oft ehrenamtliche Mitwirken in Vereinen, Verbänden, kirchlichen wie politischen Gruppierungen, Kultur- und Jugendzentren oder der lockere, gelegentliche Besuch von Freizeitveranstaltungen etc.) muß prinzipiell für alle offen sein.
13. Integrative Freizeitmaßnahmen dürfen sich nicht auf ein Stadtteilfest oder eine integrative Ferienfreizeit beschränken, an der behinderte und nichtbehinderten Menschen

teilnehmen können. Auch für Behinderte findet Freizeit täglich statt. Spielplätze, öffentliche Einrichtungen, Kneipen, Kinos etc. sind deshalb baulich und architektonisch so zu gestalten, daß Behinderte allein oder in Begleitung eines Assistenten Zugang haben und in sozialen Kontakt kommen können.

14. Für eine Übergangszeit und solange vor allen Dingen für behinderte Menschen, die im ländlichen Bereich leben oder dort in Einrichtungen der Behindertenhilfe untergebracht sind, angemessene Orte für eine integrative Freizeitgestaltung nicht in erreichbarer Nähe liegen, sind Fahrdienste einzurichten und zu finanzieren. Natürlich muß auch das behindertengerechte öffentliche Personennah- und Fernverkehrssystem verbessert werden.

15. Bislang für Behinderte als ungeeignet deklarierte Freizeittätigkeiten gibt es nicht. Viele Angebote wie z.B. der Besuch eines anspruchsvollen Theaterstückes oder eine Bildungsreise in ein fernes Land, von denen wir denken, daß sie behinderte Menschen überfordern und nur unnötig belasten würden, dürfen wir Behinderten nicht vorenthalten und prinzipiell verneinen.

16. Der Freizeitsektor muß sich im Spannungsfeld zwischen individuellen Freizeitgestaltungsmöglichkeiten, die viel Spielräume für spontane Freizeitaktivitäten bieten, und organisierten Freizeitangeboten zu einem Markt der Möglichkeiten für eine wohnortnahe integrative Freizeitgestaltung entwickeln, der die jeweiligen Lebensphasen und Lebenslagen berücksichtigt, dem Prinzip der freiwilligen Teilnahme Beachtung schenkt und aus freizeitpädagogischer Sicht didaktisch so organisiert sein muß, daß er den Erwartungen aller, die daran teilnehmen, entspricht,

17. Integrative Freizeitangebote müssen deshalb einerseits flexibel und offen genug sein, andererseits einen hohen Grad an Individualisierung (z.B. nach Alter, Geschlecht, behinderungsbedingter Lebenssituation, spezifischen Interessen etc.) zulassen und genügend Maßnahmen der inneren Differenzierung (Ziele, Inhalte, Methoden, Medien etc.) treffen, damit behinderte und nichtbehinderte Menschen in Kooperation miteinander an der gemeinsamen Freizeitaktivität spielen, lernen, arbeiten und sich vergnügen können.

18. Hierzu brauchen wir fachlich qualifiziertes und menschlich kompetentes Personal, das die Teilnehmer/-innen z.B. über Inhalte, Organisationsformen, den Ablauf etc. mitbestimmen läßt, ihnen Wahl- und Entscheidungsfreiheiten einräumt bzw. diese (z.B. bei Menschen mit einer geistigen Behinderung) auch entfalten hilft und das situativ angemessen entscheiden kann, wieviel pädagogische Leitungs- und Führungsarbeit verantwortlich zu leisten ist und wie die Heterogenität der Freizeitgruppe didaktisch bewältigt werden kann.

19. Die skizzierten Aufgaben lassen bereits erkennen, daß die integrative Freizeitgestaltung durchaus hohe Anforderungen an freizeitberufstätige Personen stellt. Die Aussowie Fort- und Weiterbildung muß darauf abgestimmt werden. Die hauptamtlich Beschäftigten werden auch zukünftig auf die Mitarbeit von nebenamtlichen Kräften angewiesen sein. Deshalb wird es notwendig sein, das bislang ehrenamtlich tätige Personal auf diese neuen Anforderungen hin zu qualifizieren.

20. Darüber hinaus ist zu fordern, daß Fragen, wie sie von der Integrationspädagogik aufgeworfen werden genauso wie das behinderungsspezifisches Fachwissen integraler Bestandteil der Ausbildung aller Freizeitberufe wird. Die Freizeitwissenschaft als erziehungswissenschaftliche Disziplin, in der eine ganze Reihe anderer Teildisziplinen aufgehen, hat als übergreifender Gegenstandsbereich und Verbund pädagogischer

Teilaufgabengebiete ausbildungscurriculare Vorstellungen zu entwickeln, die theoretisch gelehrt und praktisch umgesetzt werden können.
21. Der Freizeitbereich sollte als eigenständiges Handlungs- und Erfahrungsfeld zu einem autonomen Bereich ausgewiesen werden, der sich eine eigene Geschäftsordnung gibt und eine Infrastruktur mit entsprechenden Planstellen aufbaut. Hierzu ist es notwendig, einen eigenen Haushaltsetat zu bekommen, der bedürfnisorientiert verwaltet werden kann.
22. Integrativ organisierte Freizeitarbeit sollte dokumentiert und entsprechend öffentlich gemacht werden. Der Informationsfluß über integrative Freizeitgestaltungsmöglichkeiten muß nicht nur verbessert, sondern auch systematisch erfaßt und auf geeignetem Weg kundenorientiert publiziert werden. Nur so können essentielle Angebote wie Offene Treffs, kulturelle Veranstaltungen, Tagesausflüge, Besichtigungen, Urlaubs- und Ferienfreizeiten, Kuren, Kreuzfahrten, Bildungsreisen, Projekte sowie Angebote der Kinder- und Jugendarbeit, der Erwachsenenbildung, der Arbeit in konfessionellen, freien oder politischen Gremien, von Vereinen, Verbänden, Initiativen, Selbsthilfezusammenschlüssen und zur individuellen Freizeitgestaltung mit Hinweisen auf ambulante Hilfen und Assistenzdiensten für behinderte Menschen wahrgenommen und genutzt werden.
23. Integrative Ferien- und Freizeitmaßnahmen sollten wissenschaftlich evaluiert werden.
24. Anbieter bereits bestehender integrativer Freizeitangebote sollten sich untereinander vernetzen und eine Diskussionsplattform für den regelmäßigen Fachaustausch schaffen.
25. Besonders Eltern behinderter Kinder sollte die Möglichkeit einer qualitativen Beratung in Sachen »integrativer Freizeitgestaltung« geboten werden, damit sie sich in geeigneter Form über die gemachten Erfahrungen austauschen können.
26. Damit behinderte und mobilitätseingeschränkte Menschen chancengleich reisen können, müssen zahlreiche Probleme im Tourismusbereich abgebaut werden. Vordringlich zu fordern wäre
    – der Abbau vorhandener technischer, architektonischer und vorurteilsbedingter Barrieren,
    – eine Verbesserung der Angebote durch die Tourismusindustrie selbst,
    – die Anerkennung Behinderter als Zielgruppe und Kunden,
    – ein ansprechendes Marketing mit entsprechenden Werbestrategien,
    – der sukzessive Abbau von »Spezialanbietern« zugunsten einer Normalisierung durch integrative Angebote von »Regelanbietern«,
    – die Öffnung der Reisebüros und der Palette touristischer Angebote für Menschen mit Behinderungen,
    – ein besserer Service mit Komplementärangeboten bis hin zur Vermittlung von kompetenten Reisebegleitern,
    – eine solide Öffentlichkeitsarbeit,
    – eine Ausbildung touristischer Berufe, die die besonderen Belange behinderter Reisender berücksichtigt.

Diese »Liste« ließe sich sicher noch weiter fortsetzen und differenzierter ausarbeiten. In ihr spiegelt sich der komplexe und interdependente Stand der Dinge wider. Abschließend können wir uns nur eine rege und kritische Diskussion über die angedachten Zusammenhänge und skizzierten Forderung wünschen. Bleibt zu hoffen, daß sie bald zu konstruktiven Veränderungen in unserer rehabilitativen Landschaft und gesellschaftlichen Wirklichkeit führt und exponierte Abhandlungen über die Integration behinderter Menschen im Lebensbereich Freizeit zunehmend überflüssig macht. Dazu muß das Prinzip der Nicht-Aussonderung und größtmöglichen Integration in das gesellschaftliche Leben als perspektivenreiche Herausforderung angenommen und zum handlungsleitenden Modell in der heilpädagogischen Praxis erklärt werden. Erst dann werden behinderte und nichtbehinderte Menschen etwas von der Richtigkeit der These »Entstigmatisierung durch Integration« in Erfahrung bringen und lernen, ihre identitätsrelevanten Erfahrungen »dialogisch« zu validieren (vgl. hierzu MARKOWETZ 1998d).

Literatur

BANK-MIKKELSEN, N.E.: Denmark. In: FLYNN, R.J./NITSCH, K.E. (Eds.), Normalization, social integration and community services. Baltimore (University Press) 1980, 51–70.

BLEIDICK, U.: Die Förderung Schwerstbehinderter durch Arbeit. In: BUTZKE, F./BORDEL, R. (Hrsg.), Leben ohne Beruf? Alternative Lebensgestaltung junger Behinderter ohne berufliche Perspektive. Heidelberg (Winter – Edition Schindele) 1989, 149–173.

EBERT, H./VILLINGER, S.: Freizeit von WfB-Mitarbeiter(inne)n. Ergebnisse einer Befragung. Geistige Behinderung 38, 3 (1999), 258–273.

INTERESSENVERTRETUNG SELBSTBESTIMMT LEBEN DEUTSCHLAND (ISL) E.V. (Hrsg.) Reader – Geschichte und Philosophie der Selbstbestimmt Leben Bewegung behinderter Menschen. Kassel (Eigenverlag) 1995.

KLAFKI, W.: Neue Studien zur Bildungstheorie und Didaktik. Zeitgemäße Allgemeinbildung und kritisch-konstruktive Didaktik. Weinheim/Basel (Beltz) 1993.

MARKOWETZ, R.: Integration von Menschen mit Behinderungen. In: CLOERKES, G., Soziologie der Behinderten. Eine Einführung. Heidelberg (Winter – Edition Schindele) 1997, 187–237.

MARKOWETZ, R.: »Integration« und »Freizeit« – Behindertensoziologische Überlegungen zu zwei Begriffen der Heilpädagogik. Forum Freizeit 2 (1998a), 3–14.

MARKOWETZ, R.: Kinder und Jugendliche mit Behinderungen auf ihrem Weg in einen ganz »normalen« Verein. Grundlagen, Konzeption und Bilanz des Integrationspädagogischen Dienstes (IPD) von PFiFF e.V., einem Fachdienst zur Integration behinderter Kinder und Jugendlicher im Lebensbereich Freizeit und zur Unterstützung integrativer Prozesse in wohnortnahen Freizeitvereinen. BEHINDERTE in Familie, Schule und Gesellschaft 21 (1998b), 1–12 (Praxis Teil I).

MARKOWETZ, R.: Kinder und Jugendliche mit Behinderungen auf ihrem Weg in einen ganz »normalen« Verein. Grundlagen, Konzeption und Bilanz des Integrationspädagogischen Dienstes (IPD) von PFiFF e.V., einem Fachdienst zur Integration behinderter Kinder und Jugendlicher im Lebensbereich Freizeit und zur Unterstützung integrativer Prozesse in wohnortnahen Freizeitvereinen. BEHINDERTE in Familie, Schule und Gesellschaft 21 (1998c), 1–12 (Praxis Teil II).

MARKOWETZ, R.: Dialogische Validierung identitätsrelevanter Erfahrungen. Ein interaktionistisches, beziehungsförderndes und identitätsstiftendes Konzept zur Entstigmatisierung von Menschen mit Behinderungen. In: DATLER, W. ET AL. (Hrsg.), Zur Analyse heilpädagogischer Beziehungsprozesse. Luzern (Edition SZH/SPC) 1998d, 65–71.

MARKOWETZ, R.: „Assistent/-in für Menschen mit Behinderungen" – Ein ‚neuer' heilpädagogischer Beruf in einem ‚neuen' Handlungsfeld? Aufgezeigt am Beispiel der wohnortnahen Integration behinderter Kinder und Jugendlicher im Lebensbereich Freizeit.

In: DER VORSTAND DER ARBEITSGEMEINSCHAFT BERUFLICHE BILDUNG E.V. – HOCHSCHULE, BETRIEB UND SCHULE – (Hrsg.), Rehabilitationsberufe der Zukunft – Situation und Perspektiven. Ergebnisse des Workshops: Berufliche Rehabilitation. Meinhard Stach/Martin Knipp (Koordination). Neusäß (Kieser) 1998e, 119–153.

MARKOWETZ, R.: Rehabilitation und Integration in das Arbeitsleben für Menschen mit schwersten geistigen Behinderungen und gravierenden Verhaltensproblemen – (k)ein Thema für unseren Sozialstaat?! Zehn kommentierte Thesen zum Problem. In: SEYD, W./ NENTWIG, A./BLUMENTHAL, W. (Hrsg.), Zukunft der beruflichen Rehabilitation und Integration in das Arbeitsleben. Band 8, Interdisziplinäre Schriften zur Rehabilitation, Deutsche Vereinigung für die Rehabilitation Behinderter e.V. (DVfR) Ulm (Universitätsverlag) 1999, 198–211.

MILES-PAUL, O.: Wir sind nicht mehr aufzuhalten. Beratung von Behinderten durch Behinderte. Vergleich zwischen den USA und der Bundesrepublik. München (AG SPAK) 1992.

MILES-PAUL, O.: Nichts über uns ohne uns. Geistige Behinderung 38 (1999), 223–227.

MILES-PAUL, O./FREHSE, U.: Persönliche Assistenz: Ein Schlüssel zum selbstbestimmten Leben.Behinderter. Gemeinsam Leben 2 (1994), 12–16.

NIEHOFF, U.: Selbstbestimmt Leben für behinderte Menschen – Ein neues Paradigma zur Diskussion gestellt. Behindertenpädagogik 32 (1993), 287–298.

NIRJE, B.: Das Normalisierungsprinzip – 25 Jahre danach. Vierteljahreszeitschrift für Heilpädagogik und ihre Nachbargebiete (VHN) 63 (1994), 12–32.

OPASCHOWSKI, H.W: Pädagogik und Didaktik der Freizeit. Opladen (Leske + Budrich) 1990.

ÖSTERWITZ, I.: Das Konzept Selbstbestimmt Leben – eine neue Perspektive in der Rehabilitation? In: ZWIERLEIN, E. (Hrsg.), Handbuch Integration und Ausgrenzung. Behinderte Mitmenschen in der Gesellschaft. Neuwied/Kriftel/Berlin (Luchterhand) 1996, 196–206.

SCHLÖMERKEMPER, J.: Pädagogische Integration. Über einen schwierigen Leitbegriff pädagogischen Handelns. Die Deutsche Schule 81 (1989), 316–329.

THEUNISSEN, G.: Zur Bedeutung von Stärken und Widerstandskraft. Bausteine für eine ›verstehende‹ Kultur des Helfens als Empowerment-Paradigma für die Arbeit mit behinderten Menschen und ihren Angehörigen. Zeitschrift für Heilpädagogik 50 (1999), 278–284.

THEUNISSEN, G./PLAUTE, W.: Empowerment und Heilpädagogik – ein Lehrbuch. Freiburg (Lambertus) 1995.

THIMM, W.: Das Normalisierungsprinzip – eine Einführung. Marburg (Eigenverlag Lebenshilfe) 1984.

WOLFENSBERGER, W.: Die Entwicklung des Normalisierungsgedankens in den USA und in Kanada. In: BUNDESVEREINIGUNG LEBENSHILFE FÜR GEISTIG BEHINDERTE E.V. (Hrsg.), Normalisierung – eine Chance für Menschen mit geistiger Behinderung. Marburg (Eigenverlag Lebenshilfe) 1986, 42–62.

REINHARD MARKOWETZ

Integrative Freizeitgestaltungsmöglichkeiten im Überblick: wichtige Adressen, erste Informationen und nützliche Hinweise auf weiterführende Literatur

Ziel und Anliegen dieses Buches ist es, die Integration von Menschen mit Behinderungen im Lebensbereich Freizeit aus unterschiedlichen Perspektiven zu beleuchten, theoretisch zu begründen, angemessen ins Bild zu setzen und exemplarisch Möglichkeiten der praktischen Umsetzung aufzuzeigen. Die sozialintegrative Praxis muß gelebt und von behinderten wie nichtbehinderten Menschen vielfältig erfahren werden. Sie darf sich nicht auf exponierte Modellvorhaben beschränken, sondern braucht konkrete Situationen und Anlässe für qualitative Kontakte. Damit diese zustandekommen, sind behinderte und nichtbehinderte Menschen auf Kontaktadressen, Informationen, Tips, Hinweise, Empfehlungen und auch auf weiterführende Literatur angewiesen. Wer hat was anzubieten? Ist das etwas, was mich und mein Freizeitbedürfnis zufriedenstellt? An wen kann ich mich wenden, wenn ich mehr über integrative Freizeitangebote wissen will? Wer hilft mir, wenn ich bei meinen Überlegungen und Versuchen, diese praktisch umzusetzen, nicht weiterkomme?

Bis heute ist es sehr mühsam, an Informationen und Kontaktadressen über integrative Freizeitgestaltungsmöglichkeiten heranzukommen. Einen zufriedenstellenden Überblick gibt es noch nicht. Spezielle Informationen hingegen, die einen Teilbereich der facettenreichen Freizeitgestaltungsmöglichkeiten beleuchten, sind keine Seltenheit mehr. Oft beziehen sich diese schwerpunktmäßig auf die Themen Urlaub, Reisen und Tourismus und beschränken sich auf den körperbehinderten, auf einen Rollstuhl angewiesenen, erwachsenen Menschen. Zu unterschiedlich sind auch die Vorstellungen, aktuellen Wünsche, Interessen und Ansprüche an die Freizeitangebote und deren Anbieter. So sucht der eine lediglich nach Informationen, nach einem Stadtführer für Behinderte, um dann selbständig allein oder mit Freunden eine Städtereise problemlos zu bewältigen, während ein anderer nicht weiß, wer ihm einen geeigneten Reiseassistenten vermitteln soll und wie dieser auch angemessen bezahlt werden kann, ohne dabei selbst zu tief in die eigene Tasche greifen zu müssen. Viele erwachsene Menschen mit Behinderungen schließen sich deshalb lieber gleich einer Reisegruppe eines kommerziellen Reiseveranstalters oder eines gemeinnützigen, oft preisgünstigeren Anbieters von Freizeit- und Urlaubsmöglichkeiten an. Hierzu benötigen sie allerdings Adressen aus dem In- und Ausland, um Prospektmaterial, spezielle Informationen für die individuelle Urlaubsplanung anfordern und schließlich buchen zu können. Für Eltern behinderter Kinder stellt sich dieses Problem so noch nicht. Sie suchen vielmehr nach einer geeigneten Kinder- und Jugendfreizeit eines regionalen Veranstalters in den Schulferien oder sind auf der Suche nach einem wohnortnahen Verein, in dem ihr Kind seinem Hobby nachgehen kann, oder nach einem Behindertensportverein, der mit einem integrativen Breitensportangebot aufwartet. Wie ältere behinderte Menschen sind aber auch Familien für die Gestaltung ihrer innerfamiliären Freizeit dankbar für jeden Tip, jeden Ratschlag und nützlichen Hinweis, der ihnen hilft, die Probleme des Freizeitalltags zu minimieren und sie auf neue Ideen zu bringen. Was ihnen fehlt, sind

Hinweise auf barrierefreie Spielplätze, Natur- und Freizeitführer, Tauschmöglichkeiten behindertengerechter Wohnungen, öffentliche Einrichtungen wie Museen, Kinos, Schwimmbäder, historische Sehenswürdigkeiten oder Volkshochschulen, an denen schon integrative Kurse angeboten werden sowie auf Clubs, Vereine, Projektgruppen oder Initiativen, die regional oder überregional, regelmäßig oder nur gelegentlich mit integrativen Kultur- und Freizeitangeboten aufwarten. Da die Freizeitgestaltung in Heimen und Einrichtungen der Behindertenhilfe seit jeher eine große Rolle spielt, dürften auch die dort tätigen professionellen Helfer an solchen Informationen stark interessiert sein.

In diesem letzten Beitrag unseres Buches haben wir deshalb den Versuch unternommen, einen ersten systematisch geordneten Überblick zu geben und einen »Markt der Möglichkeiten« für Menschen mit und ohne Behinderung aufzuzeigen. Er soll über wichtige Freizeitbereiche informieren, dem aufmerksamen Leser zeigen, wie bunt die Palette des Erlebens von Freizeit tatsächlich ist und schließlich den ersten Schritt für den Kontakt und die Begegnung zwischen behinderten und nichtbehinderten Menschen erleichtern. In erster Linie geht es uns darum, auf Kontaktadressen und Ansprechpartner aufmerksam zu machen, die Sie sofort anrufen oder anschreiben können, um an die gewünschten Informationen, Kataloge und Unterlagen heranzukommen. Auf detaillierte Hinweise haben wir verzichtet. Gelegentlich haben wir mit einigen wenigen Worten die inhaltliche Arbeit beschrieben, um den Leserinnen und Lesern die Einordnung zu erleichtern.

Einen Anspruch auf Vollständigkeit können und wollen wir nicht erheben. Viele Adressen bleiben wir Ihnen schuldig. Manche haben wir trotz intensiver Recherchen erst gar nicht ausfindig machen können. Von anderen wiederum waren wir der Meinung, daß es wenig Sinn macht, sie Ihnen vollständig aufzulisten. Allein auf alle behindertengerechten, in der Regel rollstuhlgerechten Tagungs- und Übernachtungsmöglichkeiten oder alle speziellen Führer mit Angaben für behinderte Reisende im Ausland hinzuweisen, hätte den Umfang dieses Adressen- und Nachschlageteiles gesprengt. Vielmehr war es unsere Absicht, Ihnen mit Schlüsseladressen weiterzuhelfen, an die Sie sich wenden können, wenn Sie z.B. schon wissen, wohin sie reisen wollen und nun bei der konkreten Umsetzung detaillierte Informationen und Hilfen benötigen. Hier sind die »großen« Behindertenverbände wichtige Ansprechpartner. Sie sind es, die mit sorgfältig zusammengestellten und fortlaufend aktualisierten Adressen dienen können, Ihnen auch bei ganz speziellen individuellen Problemen weiterhelfen bzw. wissen, an wen Sie sich vor Ort hinwenden können. Wichtige Adressen haben wir entsprechend hervorgehoben. Soweit zu einzelnen Freizeitgestaltungsmöglichkeiten weiterführende Literatur vorliegt (z.B. die beiden Bände »Handicapped Reisen« des Reisejournalisten Yvo Escales, der einen Hotel- und Reiseratgeber für Deutschland und das Ausland mit wertvollen Informationen zu den Themen Urlaub, Reisen und Tourismus zusammengestellt hat), verweisen wir an entsprechender Stelle darauf. Auch auf Zeitschriften, die sich fortlaufend thematisch mit integrativen Freizeitgestaltungsmöglichkeiten in Theorie und Praxis beschäftigen (z.B. die Zeitschrift »Erwachsenenbildung und Behinderung«, die von der Gesellschaft Erwachsenenbildung und Behinderung e.V. Berlin herausgegeben wird und zweimal jährlich erscheint), machen wir aufmerksam.

Im einzelnen haben wir die aufgelisteten Adressen nicht überprüfen können. Aussagen über das freizeitpädagogische Konzept und die didaktisch-methodische Qualität der konkreten Praxis, die hinter jeder einzelnen Adresse eines Anbieters von Reisen und Freizeitmaßnahmen steht, sind bislang nicht möglich. Die Adressen sind also nicht als Empfehlungen unsererseits, sondern als ein »Markt integrativer Freizeitgestaltungsmöglichkeiten« aufzufassen. Nicht zuletzt deshalb wünschen wir uns von unseren Leserinnen und Lesern Rückmeldungen im Umgang mit diesen Adressen und Hinweise über ihren praktischen Gebrauchswert. Über neue Adressen mit entsprechenden Informationen, von denen Sie denken, daß sie für Menschen mit Behinderungen von Interesse sind und deren soziale Integration im Lebensbereich Freizeit voranbringt, freuen wir uns. Gerne würden wir sie in einer zweiten Auflage unseres Buches berücksichtigen. Vielleicht entsteht auf diesem Wege ein Nachschlagwerk, das unserem Anliegen einer gelebten sozialintegrativen Praxis im Lebensbereich Freizeit besonders entgegenkommt.

Es ist uns bewußt, daß sich Adressen und Ansprechpartner schnell ändern und Anbieter von integrativen Ferien- und Freizeitmaßnahmen bisweilen sogar ihre wertvolle Arbeit wieder einstellen. Aus diesem Grund haben wir uns dafür entschieden, auch keine E-Mail-Adressen, keine homepages und keine Web-Seiten von Kontaktpersonen und -gruppen in den Adressenteil des Buches mitaufzunehmen. Lediglich bei den »Schlüssel«-Adressen haben wir die E-Mail- und INTERNET-Adressen einiger Behindertenverbände mit angegeben. Wir möchten aber an dieser Stelle ausdrücklich darauf hinweisen, daß über das Internet eine Fülle an Informationen, Querverweisen, Links und Adressen von kommerziellen wie gemeinnützig arbeitenden Reiseveranstaltern, Vereinen, Verbänden, Initiativen, Selbsthilfezusammenschlüssen, Einrichtungen der Behindertenhilfe etc. abrufbar sind, die für den einzelnen Leser von außerordentlich hohem Gebrauchswert sein können. Nutzen Sie deshalb dieses Medium der Zukunft schon heute.

Den nachfolgenden Adressenteil zum Nachschlagen haben wir für eine rasche Vorab-Orientierung wie folgt gegliedert:
- Erwachsenenbildung
- Reisen
- Stadtführer für behinderte Menschen
- Natur- und Freizeitführer
- Sport
- Kultur
- Freizeitangebote & Clubs
- Weitere Angebote
- Schlüsseladressen
- Literatur

So bleibt zu hoffen, daß Ihnen die Adressen bei der Erschließung des Lebensbereiches Freizeit behilflich sind, die Teilnahme an den verschiedensten Angeboten des Tourismus und der Freizeitgestaltung erleichtern und zu einer flexiblen, den individuellen Bedürfnissen gerecht werdenden sozialen Integration führen. Wir wünschen uns, daß die zusammengestellten Informationen viele Leser erreichen, Perspektiven für eine gleichberechtigte Freizeitgestaltung eröffnen und es dadurch zu vielen positiven und nachhaltig wirkenden Begegnungen zwischen behinderten und nichtbehinderten Menschen kommt.

1. Erwachsenenbildung

Angebote zur Begegnung und zur Fortbildung – Pädagogisch-Theologisches Institut der Evangelischen Kirche im Rheinland. Mandelbaumweg 2, 53177 Bonn, Tel.: 0228/9523-119/120, Fax: : 0228/9523-200

Erwachsenenbildungs-Integrations-Projekt an der VHS Würzburg. Kontaktadresse: Prof. Dr. Christian Lindmeier, Institut für Sonderpädagogik der Universität Koblenz-Landau, Abt. Landau, Xylanderstraße 1, 76829 Landau, Tel.: 06341/9217-0, Fax: 92 17-55

Berner Volkshochschulverband. Ansprechpartner: Elisabeth Häni, Hans Furrer, Hallerstr. 58, CH-3000 Bern 26

Bildungsclub Region Basel – Kontaktadresse: Martin Haug, Bildungsclub Region Basel, Wiedenhubstr. 57, CH-4410 Liesthal

Bildungsclub Luzern – Kontaktadresse: Daniela Dittli, Bildungsclub Luzern, c/o Pro Infirmis, Zentralstr. 18, CH-6002 Luzern

Bildungsclub STAMM: Kontaktadresse: Doris Oettli, c/o Pro Infirmis Zürich, STAMM, Hohlstr. 52, CH-8004 Zürich

Bildungswerk des HPCA (Heilpädagogisches Centrum Augustinum). Kontaktadresse: Norbert Selleneit, Hirschplanallee 2, D-85764 Oberschleißheim. Tel.: 089/31281-0

Bildungsszentrum der Stadt Nürnberg – Fachbereich für Erwachsenenbildung mit behinderten und nichtbehinderten Menschen. Kontaktadresse: Michael Galle-Bammes, Bildungszentrum der Stadt Nürnberg, Gewerbemuseumsplatz 1, 90403 Nürnberg

Bildungszentrum Heidelberg (Bildungswerk der Erzdiözese Freiburg), In der Neckarhelle 120, 69118 Heidelberg. Kursangebot für Menschen mit geistiger Behinderung. Bereichsleitung: Frau Friede

Computerkurs für Menschen mit geistiger Behinderung im Rahmen des »bildungsklubs« Zürich – Kontaktadresse: Thomas Hofer, Nordtstr. 67, CH-8006 Zürich

Erwachsenenbildungsangebote/Leben mit Behinderung Hamburg, Südring 36, 22303 Hamburg, Ansprechpartnerin: Gaby Kagemann-Harnack. Tel.: 040/270 790-26

Erwachsenenbildungsprogramm des Franziskuswerk Schönbrunn. Information: Karl-Michael Brand, Brigitte Wurbs, Schönbrunner Wohnstätten – Fachdienst für Freizeit und kulturelle Bildung, Postfach 2, 85243 Schönbrunn. Tel.: 08139/800-321

Evangelische Bildungs- und Pflegeanstalt »Hephata«, Rheydter Straße 128–130, D-41065 Mönchengladbach

Gesellschaft für Erwachsenenbildung und Behinderung, Neue Schönhauser Straße 16, 10178 Berlin

Integrative Erwachsenenbildung in Zusammenarbeit mit der VHS Marburg. Informationen über: Bundesvereinigung Lebenshilfe e.V., Institut Fort- und Weiterbildung, Raiffeisenstr. 18, 35043 Marburg. Fax: 06421/491-175

Integrative Kulturarbeit in den Rotenburger Anstalten. Kontaktadresse: Rüdiger Wollschläger, Lindenstr. 14, 27356 Rotenburg (Wümme)

Laurentiushaus Falkenburg – Bildungsarbeit mit geistig behinderten Erwachsenen. Kontaktadresse: Kerstin Dede, Laurentiushaus Falkenburg, Hauptstr. 32, D-27777 Ganderkesee

Liverpool Study Link Programme/Ansprechpartnerin: Prof. Dr. Evemarie Knust-Potter, Fachhochschule Dortmund, Fachbereich Sozialpädagogik, Emil-Figge-Str. 44, 44227 Dortmund, Tel.: 0231/755-1

Paulus-Akademie. Kontaktadresse: Ursula Hoffmann, Paulus-Akademie, Postfach 361, CH-8053 Zürich. Tel.: 01/3813400

Studienreisen der Erwachsenenbildung für Menschen mit Behinderungen. Kontaktadresse: Dieter Niermann, Ev. Heimvolkshochschule Lindenhof, 33617 Bielefeld-Bethel
Theodor-Heckel-Bildungswerk, Hirschplanallee 2, 85764 Oberschleißheim. Tel.: 080/3151674. (Bildungseinrichtung des Heilpädagogischen Centrums Augustinum für Erwachsene mit geistiger Behinderung)
Vereinigung Erwachsenbildung und Behinderung Österreich. Kontaktadresse: Prof. Irmgard Seipl, Obfrau Schererstr. 11, A-4020 Linz
Volkshochschule Stuttgart – Angebot/Programm für Behinderte. Kontaktadresse: Regine Fischer-Theuer, Ostendstr. 106, 70188 Stuttgart
📖 Zeitschrift »ERWACHSENENBILDUNG UND BEHINDERUNG«, herausgegeben von der Gesellschaft Erwachsenenbildung und Behinderung e.V., Schriftleitung: Dr. Hans Furrer, Moosgasse 14, CH-3067 Boll, Tel.: 031/8391535

2. Reisen

Aktion »Freizeit behinderter Jugendlicher e.V.«, Roermonderstr. 217, 41068 Mönchengladbach, Tel.: 02161/52031 (Freizeiten für behinderte und nichtbehinderte Kinder)
Altipietischer Gemeinschaftsverband e.V., Furtbachstr. 16, 70178 Stuttgart, Tel.: 0711/640377/78 (Freizeiten für behinderte Menschen u.a.)
Amt für Gemeindedienst in der Evangelisch-Lutherischen Kirche in Bayern, Offene Behindertenarbeit, Sperberstr. 70, 90461 Nürnberg, Tel.: 0911/241211 (Freizeitangebote für Behinderte und Nichtbehinderte)
Amt für Jugendarbeit der Evangelischen Landeskirche Baden, Referat Offene Behindertenarbeit, Vorholzstr. 7, 76137 Karlsruhe, Tel.: 0721/9349-323 oder 322
Aqua-Planing, Gissiebelweg 2, 79189 Bad Krozingen-Tunsel, Tel.: 07633/948080, Fax: 07633/948081 (Aktiv- und Sportreisen, Wassersport, Handbiketouren, Schleuder- und Rallyekurse)
Arbeitsgemeinschaft »Urlaub und Freizeit auf dem Lande«, Bürgerhaus Horstweg, 27386 Bothel, Tel.: 04266/93060, Fax: 04266/930633
AUSBLICK e.V., Integrationsbetrieb für Behinderte mit Reiseservice, Matenzeile 26, 13053 Berlin, Tel.: 030/9248843
AWO-Ferienwerk Rhein-Neckar e.V., Wormser Str.16, 68526 Ladenburg, Tel.: 06203/9285-0, Fax: 06203/928592
Ballooning 2000 Baden-Baden GmbH, Postfach 110252, 76488 Baden-Baden, Tel.: 07223/60002 (Ballonfahrten für Behinderte im Schwarzwald und Elsaß)
Behinderten – Kinder – Jugendreisen, Elisenstr. 18, 09111 Chemnitz, Tel.: 0371/4716626
Behindertenferienstätte »Wendeberg«, Am Wendebach 12, 36282 Hauneck/Unterhaun, Tel.: 06621/72189, Fax: 06624/6439
Behindertengerechtes Reisen weltweit: Reisebüro des Vdk Landesverband Bayern e.V., Schellingstr. 31, 80799 München, Tel.: 089/286031
Behindertenmobilität/Fahrzeugvermietung: Aktion: »Hilf mit – Behinderte ohne Grenzen« e.V., Postfach 240108, 53154 Bonn, Tel.: 0228/3195449, Fax: 0228/315977
BEJ e.V., GrukiD-Projektbüro, Regionalbüro Schwerin, Zum Bahnhof 20, 19053 Berlin, 0385/712356 (Servicestelle, über die Infos über Gruppenunterkünfte in Deutschland eingeholt werden können)

Bischöfliches Generalvikariat Osnabrück – Abt. Jugenbildung, Domhof 12, 49074 Osnabrück, Tel.: 0541/318-0 (Freizeiten für Familien mit beh. und nichtbeh. Kindern und Jugendlichen, Zeltlager und Freizeiten für beh. und nichtbeh. Jugendliche und junge Erwachsene)

BKJ Reisebüro, Gunter Schlegel KG, Elisenstr. 18, 09111 Chemnitz, Tel. und Fax: 0371/422100 (Organisation von Ferienlager und Schullandheimen für beh. Menschen)

Botros Tours – Aktion Gemeinsam Reisen, Paulanergasse 4, A-1040 Wien (Katalog: Reisen 1999 für Menschen mit und ohne Behinderungen)

BSK-Service GmbH – Reiseservice, Postfach 20, 74236 Krautheim, Tel.: 06249/68303, Fax: 06294/68107

Bundesarbeitsgemeinschaft evangelischer Jugendferiendienste e.V., Sennefeldstr. 14, 10437 Berlin, Tel.: 030/44650410, Fax: 030/44650411

Busunternehmen: Eberhardt Reisen, Richard Eberhardt GmbH, Postfach 18, 75329 Engelsbrand, Tel.: 07082/7900, Fax: 07082/79074 (europaweit mit Hebelift)

Carsten Müller Reiseagentur für Behinderte, Straße 6, Nr. 116, 13059 Berlin, Tel.: 030/9244035, Fax: 030/9244035

Christlicher Feriendienst, Rendelerstr. 9–11, 60385 Frankfurt/Main 60 (Workcamps im In- und Ausland, an denen auch Behinderte teilnehmen können)

Club Aktiv e.V., Selbsthilfe Behinderter und Nichtbehinderte, Pfützenstr. 7, 54290 Trier, Tel.: 0651/43563, Fax: 0651/48500

Color Line GmbH, Postfach 2646, 24025 Kiel, Tel.: 0431/73000, Fax: 0431/7300400 (Schiffsreisen nach Norwegen mit behindertengerecht ausgestatteten Schiffen)

CVJM-Reisen GmbH, Im Druseltal 8, Postfach 410154, 34131 Kassel-Wilhelmshöhe, Tel.: 0561/3087-300

DER Reisebüro, Frau Karin Scheel, Bahnhofsplatz 8, 76137 Karlsruhe, Tel.: 0721/386421(Studienreisen für beh. und nichtbeh. Menschen)

Deutsche Arbeitsgruppe Guldenbergplan e.V., Merler Allee 110, 53125 Bonn (Ferienlager für körper- oder sinnesbehinderte Kinder)

Deutsches Behindertenschiff e.V., Geschäftstelle Harry Kunick, Postfach 5444, 97004 Würzburg, Tel.: 09725/7226, Fax: 09725/7227

Deutsches Jugendherbergswerk – Reisedienst, Bismarckstr. 8, 32756 Detmold, Tel.: 05231/7401-0, Fax: 05231/7401-74

Deutsches Müttergenesungswerk, Elly-Heuss-Knapp-Stiftung, Postfach 1260, 90544 Stein/Mfr.

Deutsches Rotes Kreuz, Landesverband Baden-Würtemberg, Badstr. 41, 70338 Stuttgart, Tel.: 0711/5505161

Die Johaniter, Internationaler Reiseservice für Behinderte, Frankfurter Str. 666, 51107 Köln, Tel.: 0221/890090

Dynamis Reisen, Hackemackweg 30, 32699 Extertal, Tel.: 05262/99166 (Reisen für pflege- und betreuungsbedürftige Behinderte)

Erlebnisurlaub in der Natur (auch für schwerstbehinderte Menschen). Kontakt: Churchtown, Lanlivery Bodmin, Cornwall PL30 5 BT, Tel.: (GB) (0)1208872148, Fax: (GB) (0)1208873377

Europäische Akademie im CJD, Ferien- und Freizeitwerk, Schloß Mühlhausen, Parkstr. 3, 75417 Mühlacker, Tel.: 07142/958144, Fax: 07041/958184 (vermittelt bundesweit Unterkünfte für Tagungen, Seminare, Freizeiten)

Evangelische Landeskirche in Baden, Vorholzstr. 7, 76137 Karlsruhe, Tel.: 0721/9349 323 oder 322 (Ferienfreizeiten für junge Menschen)

Evangelisches Jugendwerk in Württemberg, Postfach 800327, 70503 Stuttgart, Tel.: 0711/9781318 (Freizeiten und Reisen für Gruppen körperbeh. und nichtbeh. Menschen)

Familiendorf, Integrationsdorf Arendsee GmbH, Behinderte für Integration, Harper Weg 3, 39619 Arendsee, Tel./Fax: 039384/27794

Ferienfreizeiten: Evangelische Jugend (im Kirchenbezirk Müllheim)/Diakonische Initiative »unBehindert miteinander leben«, Am Berg 1, 79379 Müllheim – Hügelheim, Tel.: 07631/6103 (D.I.) oder 07631/3700 (EJM), Fax: 07631/13451

Flug: Informationen für beh. Fluggäste, Flughafengesellschaft Stuttgart GmbH, Postfach 230461, 70624 Stuttgart, Tel.: 0711/9480

Fördergemeinschaft Cunit, Gert Gruber, Gotzingerstr. 8, 81371 München 70, Tel.: 089/7251214 (Reisen für beh. und nichtbeh. junge Erwachsene)

Französisches Fremdenverkehrsamt, Keithstr. 2, 12307 Berlin, Tel.: 030/2182064, Fax: 2141238

Freimuth Reisen GmbH, Kampstr. 28, 32423 Minden, Tel.: 0571/20507, Fax: 0571/87370 (Spezialbüro für Klimatherapie, Hauterkrankungen und rheumatische Erkrankungen)

Freizeiten und Ferienprojekte: Deutsche Pfadfinderschaft St. Georg, Martinsstr. 2, 41472 Neuss, Tel.: 02131/469986

Fremdenverkehrsamt Tunesien, Kurfürstendamm 171, 10711 Berlin, Tel.: 030/8850457

Gemeinnütziger Reise- und Ferienring e.V., Postfach 172, 37581 Bad Gandersheim, Tel.: 05382/6306 (Tausch behindertengerechter Wohnungen, Reisehelfer/-innen-Vermittlung)

Gemeinsam Reisen mit Behinderten, Elchinger Weg 10/1, 89075 Ulm, Tel.: 0731/262271, Fax: 263768

Geschwister-Scholl-Haus, Wirtsgasse 14, 50739 Köln, Herr Teich, Tel.: 0221/5992213 (Ferienfreizeiten für geistigbeh. Jugendliche)

Grabowski Tours GmbH, Bienwaldstr. 1, 76744 Wörth/Rhein, Tel.: 07271/8575

Handicap Anglerverband Deutschland (HAD), Grellstr. 4, 10409 Berlin, Tel. und Fax: 030/4217110

Holtappels – Reisen Rolli – Tours, Wegscheid 19, 53347 Alfter, Tel.: 0228/642402, Fax: 0228/644344

Initiative für Behinderte und Nichtbehinderte, Lindemannstr. 40, 44137 Dortmund, Tel.: 0231/101659

Integrationsförderung e.V., Stuttgarter Straße 2, 28215 Bremen, Tel.: 0421/374541, Fax: 0421/3761970

Internationale Begegnung in Gemeinschaftsdiensten e.V., Schlosserstr. 28, 70180 Stuttgart 1, Tel.: 0711/6491128, Fax: 0711/6409867

Internationaler Jugendgemeinschaftsdienst IJGD e.V., Kaiserstr. 43, 53113 Bonn, Tel.: 0228/221001 (internationale Workcamps; einige mit Beteiligung beh. Menschen)

Italien: Reisebüro Avagliano, Janssenstr. 20, 45147 Essen, Tel.: 0201/706895

Jugendbildungsstätte Marstall Clemenswerth, Postfach 1160, 49754 Sögel, Tel.: 05952/207-0, Fax: 05952/207-19

Landesjugendpfarramt Pfalz, c/o Klaus Hartmut, Stiftsgasse 4, 67655 Kaiserslautern, Tel.: 0631/3642028 (Freizeiten beh. und nichtbeh. Jugendlicher)

Lernmobil e.V., Gottschedstr. 4, 13357 Berlin, Tel.: 030/4629018, Fax: 030/4627246 (Bildungsreisen für Menschen mit geistiger Beh. im In- und Ausland)

Lünedive, Sültenweg 20, 21339 Lüneburg, Tel.: 04131/44333, Fax: 44323 (Tauchreisen zum Roten Meer und nach Ägypten auch für körperbeh. Interessenten)

Mini 12 – Integrativer Segelverein, A-5350 Strobl 290, Tel.: 0043-6137/5820

Niederländisches Büro für Tourismus, Laurenzplatz 1–3, 50667 Köln 1, Tel.: 0221/236262

Offene Behindertenarbeit, Evangelisches Jugendwerk, Burgstr. 1–3, 90403 Nürnberg, Tel.: 0911/2345 oder 2346 (Ferienangebote für beh. und nichtbeh. Kinder)

Olionthos Tours Greece, Landhausstr. 116, 70190 Stuttgart, Tel.: 0711/2858201, Michael Geiss

pro international e.V., Bahnhofstr. 26A, 35037 Marburg, Tel.: 06421/65277 (Begegnungen, Freizeiten, Seminare)

R-active, Reinhold Möller u. Reed Robinson, P.O. Box 6233, Incline Village, Nevada 89450 USA (Erlebnisreisen für Behinderte und Nichtbehinderte; Abenteuersportarten)

Racker-Reisen e.V., Franzstr. 3–5, 44787 Bochum, Tel.: 02234/60687

REHA-Reisecenter (informiert über touristische Angebote) – Kontakt: REHA INTERNATIONAL, Bernd Kunzelmann, Tel.: 0211/4560549

Reiseagentur für Behinderte: Brigitte Zellmer, Am Anker 2, 40668 Meerbusch, Tel.: 02150/919841

Reisebüro BKJ, Elisenstr. 18, 09111 Chemnitz, Tel.: 0371/4716625, Fax: 0371/4716624

Reisen mit Behinderten e.V., Am Stadtarchiv 12, 41460 Neuss

Reisen/Fahrzeugvermietung: Unfallopfer – Hilfswerk, Postfach 2846, 74018 Heilbronn, Tel.: 0130/851132, Fax: 07131/82128

rfb-Touristik GmbH, Niklaus-Otto-Str. 6, 40670 Meerbusch, Tel.: 02159/520860, Fax: 02159/520870

Roll's Reisen, Friesenstr. 27, 10965 Berlin, Tel.: 030/69409700, Fax: 030/69409702

Schiffer Gilde e.V., Harry Kraus, Seitenstr. 30/1, 71409 Schwaikheim, Tel.: 07195/51932

Schiffsreisen: Sanne van Sonsbeek, Am Rodelberg 9, 30952 Ronnenberg, Tel.: 0511/436802 oder 0172/5160446, Fax: 0511/436802

Schullandheim »Wartaweil«. Kontakt: Wartaweil GmbH, Wartaweil 45, 82211 Herrsching, Tel.: 08152/93980

Segeln: Die Schiffer-Gilde e.V., Güldene Kammer 22, 36251 Bad Hersfeld, Tel.: 06621/76270

Service-Ring-Berlin e.V., Wilhelm-Hauff-Str. 1, 12159 Berlin, Tel.: 030/8594010, Fax: 030/8594023

Sozialdienst Kath. Männer Porz e.V., Friedrich-Ebert-Platz 1, 51143 Köln, Herr Bihlmeier, Tel.: 02203/55076 (Jährl. Ferienmaßnahme für geistig beh. Erwachsene)

Spanisches Fremdenverkehrsamt, Kurfürstendamm 180, 10707 Berlin, Tel.: 030/8826543, Fax: 030/8826661

Sportjugend Hessen, Otto-Fleck-Schneise 4, 60528 Frankfurt, Tel.: 069/6789-269, Fax.: 069/69590175 (Sport- und Jugendreisen)

Staatl. Israelisches Verkehrsreisebüro, Friedrichstr. 95, 10117 Berlin, Tel.: 030/203997-0 oder 0180/54041; Bettinastr. 62, 60352 Frankfurt/Main, Tel.: 0180/54041

Staatliches italienisches Fremdenverkehrsbüro E.N.I.T., Goethestr. 20, 80336 München, Tel.: 089/530369, Fax: 089/534527

Stadthaus-Hotel, Holstenstr. 118, 22765 Hamburg, Tel.: 040/389920-0, Fax: 040/389920-20 (Behindertengerechtes Hotel, das von Menschen mit und ohne Behinderungen betrieben wird)

Stadtjugendausschuß e.V. Karlsruhe, Jugendfreizeit- und Bildungswerk (jfbw) c/o Hans D. Herbst, Kronenplatz 1, 76133 Karlsruhe, Tel.: 0721/1335672 (integrative Ferien- und Freizeitmaßnahmen für Kinder und Jugendliche)

Studienreisen: Evangelischer Blinden- und Sehbehindertendienst in Westfalen, Dr.-Großmann-Str. 3, 32602 Vlotho, Tel.: 05733/6210

TAMAM-Reisen Deutschland, Am Anker 2, 40668 Meerbusch, Tel.: 02150/919830, Fax: 02150/919840

Thailand: Phuket, Thailand, Paula & Gisela Stadler, House Phuket CO., LTD., Prümer Straße 30, 54589 Stadtkyll, Tel.: 06597/5707 (Reisen für beh. und nichtbeh. Thailandreisende)

TOUR CONCEPT, Postfach 105522, 69045 Heidelberg, Tel.: 06221/169061, Fax: 06221/169065 (individuelle Reiseprogramme nach Maß für Behinderte und pflegebedürftige Menschen

Travelin' Talk c/o Tourismus für alle Schweiz, Hard 4, CH 5408 Winterthur, Schreibtel.: 0041/52/2227189, Tel.: 0041/52/2222288, Fax: 0041/52/2226838 (Selbsthilfevereinigung für die gegenseitige Unterstützung beh. Reisender)

TUI, Referat Behindertenreisen, Frau Götz, Karl-Wiechert-Allee 23, 30625 Hannover 61, Tel.: 0511/567-0 (keine Sonderreisen für Behinderte, möchte durch Berücksichtigung der behinderungsbedingten Schwierigkeiten die Teilnahme am Pauschaltourismus ermöglichen)

Turn- und Sportgemeinschaft Bergedorf von 1860 e.V., Bult 8, 21029 Hamburg, Tel.: 040/724144-0, Fax: 040/724144-21 (Zeltlager, Skifreizeiten für beh. und nichtbeh. Kinder)

Unfallopfer-Hilfswerk, Donnersmarckallee 8, 13465 Berlin, Tel.: 030/4013273, Fax: 030/4011973 (schnell und unbürokratisch bei der Hilfe nach einer behindertengerechten Unterkunft behilflich)

Urlaubsseminar für Familien mit geistig beh. Kindern: Studienzentrum für ev. Jugendarbeit in Josefstal e.V., Aurachstr. 5, 83727 Schliersee-Josefstal, Tel.: 08026/9756-0, Fax: 08026/9756-50

VbA – Selbstbestimmt Leben e.V., Seeriederstr. 18, 81675 München, Tel.: 089/41900016, Fax: 089/41900018

Verband der Behinderten e.V., Kreisverband Erfurt, Mosbacher Str. 114, 99091 Erfurt, Tel.: 0361/7491882 (Reiseangebote für ALLE in Thüringen)

Verband deutscher Schullandheime e.V., Mendelssohnstr. 86, 22761 Hamburg, Tel.: 040/8901541, Fax: 040/898639

Verein für sozialpädagogisches Segeln e.V., Uferstr. 29, 78465 Konstanz, Tel. und Fax: 07533/998680

Verein zur Förderung und Betreuung spastisch gelähmter und anderer körperbeh. Kinder e.V., Alkuinstr. 9, 52070 Aachen, Tel.: 0241/153437 (Ferienangebote)

Wohnmobile: Arbeiter-Samariter-Bund, Gundstr. 9, 91056 Erlangen, Tel.: 09131/991005

📖 Weitere Informationen zum Thema Reisen:

»Australien-Information für behinderte Australienreisende«, Australia Tourist Commission, Neue Mainzer Straße 22, 60311 Frankfurt/Main, Tel./Fax: 069/27400621
»Autobahn Tank & Rast AG«, Andreas-Hermes-Str. 7–9, 53175 Bonn, Tel.: 0228/9220 (Faltblatt über behindertengerechte Einrichtungen an den Bundesautobahnen)
»Besser reisen bei Krankheit und Behinderung«, Ehrenwirth-Verlag, Schwanthalerstr. 91, 80336 München, Tel.: 089/544335-0, Fax: 089/534739
Bundesarbeitsgemeinschaft der Clubs Behinderter und ihrer Freunde e.V. (BAGC), Eupener Straße 5, 55131 Mainz, Tel.: 06131/225514, Fax: 06131/238834; E-Mail: mainz@bagcbf.de; Internet: http://www.bagcbf.de.
Hier können kostenlos angefordert werden:
- Reiseführer, Bücher und Broschüren mit speziellen Informationen für behinderte Reisende (In- und Ausland)
- Stadtführer für Behinderte (Verkehr, Dienstleistungen, Freizeit, Kultur, Grünanlagen ...)
- Aktuelle Kataloge von Reiseveranstaltern mit speziellen Angeboten für behinderte Reisende
- Adressen weltweit (Hotels, Pensionen, Ferienwohnungen, Bauernhöfe, Bildungsstätten, Jugendherbergen, Kliniken, Campingplätze)

Bundesverband der deutschen Binnenschiffahrt, Dammstr. 15–17, 47119 Duisburg-Ruhrort, Tel.: 0203/80060 (Informationen für Schiffahrt)
Bundesvereinigung Lebenshilfe für Menschen mit geistiger Behinderung e.V., Bundeszentrale, Raiffeisenstr. 18, 35043 Marburg, Tel.: 06421/491-0, Fax: 06421/491-167, E-Mail: bvlh-bz@t-online.de; Internet: http://www.lebenshilfe.de.
Hier kann eine Zusammenstellung unterschiedlichster Adressen von Reiseveranstaltern, Vereinen, Verbänden und gemeinnützigen Einrichtungen, die Reisen und Freizeiten für Menschen mit und ohne Behinderung anbieten, angefordert werden
»Campen – der Campingführer für Rollstuhlfahrer«, Fezer-Verlag GmbH, Hauptstr. 119, 73061 Ebersbach, Tel.: 07163/6941
»Campen auch mit Handicap – Rollis auf Reisen«, 2.Aufl. 1995, Behindertenbeauftragter des Landes Niedersachsen, Hinrich-Wilhelm-Kopf-Platz 2, Postfach 141, 30001 Hannover, Tel.: 0511/120424
»Deutsches Jugendherbergsverzeichnis« (Auflistung rollstuhlgerechter Jugendherbergen), Verlag Deutsches Herbergswerk (Hrsg.), Postfach 220, 32754 Detmold, Tel.: 05231/74042, Fax: 05231/74049
Deutsches Studentenwerk – Beratungsstelle für behinderte Studienbewerber und Studenten, Weberstr. 55, 53113 Bonn. Tel.: 0228/26906-62 oder 58; E-Mail: dsw@studentenwerke.de. (Umfangreiches Verzeichnis »Rollstuhlgerechte Tagungs- und Übernachtungsmöglichkeiten«)
»Deutschland, Frankreich, Österreich: Monoski-Atlas«; Gerda Palmer, Gustav-Heinemann-Ring 230, 81730 München, Tel.: 089/6351175
Evangelischer Blinden- und Sehbehindertendienst in Deutschland e.V., Lessingstr. 5, 35039 Marburg, Tel.: 06421/42222, Fax: 06421/51817
»Finnland für Körperbehinderte« (Broschüre), Finnische Zentrale für Tourismus, Darmstädter Landstr. 180, 60598 Frankfurt/Main 70, Tel.: 069/9612360, Fax: 069/686860

FU Berlin, Arbeitsstelle Integrationspädagogik am Fachbereich Erziehungswissenschaft, Psychologie und Sportwissenschaft, Raum 114, Königin-Luise-Str. 24–26, 14195 Berlin (gegen eine Schutzgebühr können dort Ferien- und Freizeitangebote für Behinderte und Nichtbehinderte angefordert werden)

»Gruppenunterkünfte für Freizeiten, Klassenfahrten, Lehrgänge« (zweibändige Adressenliste mit der Beschreibung von über 1000 Gruppenhäusern in Deutschland), Verlag Klaus Ludwig, Rhedaer Straße 35a, 33330 Gütersloh, Tel.: 05241/59627

Gruppenunterkünfte und -fahrten (deutsches Zentralverzeichnis mit kleinem Europateil) Umfassendes Verzeichnis über Veranstalter von Gruppenreisen, Vermietern von Gruppenunterkünften und einem Häuserverzeichnis jeweils mit Angaben über die Eignung für Behinderte. Bezug: Redaktion Vademecum, Auf dem Dörnchen 6, 51580 Reichshof-Fahrenberg, Tel: 02261/58460 oder Fax: 02261/59678

»Handicapped Reisen«, Bd. 1/2. Hotel- und Reiseratgeber für Urlaub mit Handicap 1999. FMG Verlag, Maliusstr. 9, 53121 Bonn, Tel.: 0228/616133, Fax: 0228/623500

»HANDICAPPED-KURIER« (Reise- und Nachrichtenmagazin für Rollstuhlfahrer und andere Behinderte)

»Informationen für behinderte Reisende der Deutschen Bahn«, Deutsche Bahn AG, Geschäftsbereich Fernverkehr, Frankfurt/Main, Tel.: 069/2656589 und an Bahnschaltern

»Jugend-Freizeitstätten in Schleswig-Holstein«, Landesjugendring Schleswig-Holstein e.V., Holtenauer Str. 99, 24105 Kiel, Tel.: 0431/85859, 87827 – 82715; Fax: 0431/85820

»Niedersächsische Schullandheime stellen sich vor«, Arbeitsgemeinschaft Niedersächsischer Schullandheime e.V., Gandhistr. 5A, 30559 Hannover, Tel.: 0551/51043383

»Reise-ABC '98« (160seitige Broschüre von »Aktiv« – »Zypern«; Reiseinfos, Tips, Erfahrungsberichte für Körperbehinderte). Bezug: Bundesverband Selbsthilfe Körperbehinderter e.V., Altkrautheimer Straße 17, 74238 Krautheim, Tel.: 06294/68110

»Reiseführer für Behinderte«, Schwedisches Fremdenverkehrsamt, Lilienstr. 19, 20095 Hamburg, Tel.: 040/32551355

»Reisen für Behinderte« (Reisetips und Urlaubsangebote für Rollstuhlfahrer/Behinderte, Verlag FMG GmbH, Postfach 1547, 53005 Bonn, Tel.: 0228/616133

»Reisen in Dänemark für Körperbehinderte«, Dänisches Fremdenverkehrsamt, Glockengiesserwall 2, Postfach 101329, 20095 Hamburg, Tel.: 040/320210

»Reisen und Information«, Manfred Piduch-Verlag, Am Hang 21, 76437 Rastatt, Tel.: 07222/53514

»Reisetips für Österreich«, Postfach 1231, 82019 Taufkirchen (Service-Paket für reiselustige behinderte Menschen in Österreich)

»Singapore – Physically Disabled Persons Guide To Accessible Places«; Singapore Tourist Promotion Board, Hochstr. 35–37, 60313 Frankfurt/Main, Tel.: 069/920770-0, Fax: 069/2978922

»Tourismus ohne Barrieren«, Christoph Hrubesch, Natursportverlag Rolf Strojec (ISBN 3929109-09-3) – über den Buchhandel zu beziehen

»Urlaub und Freizeit auf dem Lande« (Verzeichnis mit ausführlichen Beschreibungen der einzelnen Bauernhöfe, Angaben für beh. Gäste); Arbeitsgemeinschaft Urlaub und Freizeit auf dem Lande (Hrsg.), Postfach, 27386 Bothel, Tel.: 04266/1999

»Veranstalterliste« (Liste behindertengerechter Ferienquartiere in Deutschland mit Kurzbeschreibungen, kostenlos bei Bundesarbeitsgemeinschaft für Behinderte, Kirchfeldstr. 149, 40215 Düsseldorf, Tel.: 0211/31006048

»Verzeichnis von behindertengerechten Kureinrichtungen«, Deutscher Bäderverband, Schumannstr. 111, 53113 Bonn

3. Stadtführer für behinderte Menschen

Aachen: Stadtführer für Behinderte Aachen. Hrsg.: Oberstadtdirektor der Stadt Aachen, Sozialamt, Presse- und Werbeamt, Postfach 1201, 52013 Aachen. Ausgabe 1992

Altenburg: Wegweiser für Behinderte. Hrsg.: Stadtverwaltung Altenburg, Hauptamt, Markt 1, 04600 Altenburg, Ausgabe 1995

Aurich Stadtführer für Behinderte. Hrsg.: Stadtverwaltung Baden-Baden, Bürgerbüro, Frau Körner, Am Jesuitenplatz, 76520 Baden-Baden, Tel.: 07221/932015. Ausgabe 1996

Bamberg: Stadtführer für Behinderte. Hrsg.: Bayrisches Rotes Kreuz, Kreisverband Bamberg. Stadt Bamberg, Sozialamt, Postfach 110323, 96031 Bamberg oder Fremdenverkehrsamt der Stadt Bamberg, Geyerswörthstr. 3, 96047 Bamberg. Ausgabe 1992

Bayreuth Stadtführer für Körperbehinderte Bayreuth. Hrsg.: Stadtjugendring Bayreuth, Dr. Franz-Str. 6, 95444 Bayreuth. Ausgabe 1990

Berlin Wegweiser für Rollstuhlfahrer Ost-Berlin. Hrsg.: MOVADO e.V., Langhansstr. 110, 13086 Berlin, Tel.: 030/4715145. Ausgabe: wird z.Zt. erarbeitet

Wegweiser für Berlin, Behörden, Verbände, Vereine, Initiativen. Hrsg.: Senatsverwaltung für Soziales, Landesbeauftragte für Behinderte, An der Urania, 10787 Berlin, Ausgabe 1992

Berlin für Gäste mit Handicaps. Touristischer Reiseführer durch Berlin. Hrsg.: Berliner Behindertenverband e.V.»Für Selbstbestimmung und Würde«, Märkisches Ufer 28, 10179 Berlin, Tel.: 030/2741-406. Ausgabe 1993

Berlin ohne Hindernisse. Ein Kulturstadtführer. Hrsg.: BBV, Projekt Mobilitätshindernisse, Berliner Behindertenverband e.V., Allee der Kosmonauten 28, 12681 Berlin, Tel.: 030/5475105. Ausgabe 1994

Movado Übernachtungstips – Hotels, Pensionen, Gästehäuser in Berlin. Hrsg.: MOVADO e.V., Projekt Wegweiser für RollstuhlfahrerInnen in Berlin, Langhansstr. 110, 13086 Berlin, Tel.: 030/4715145. Ausgabe 1995

Mobil in Frohnau – Wegweiser für behinderte und nichtbehinderte Menschen (Stadtplan und Broschüre). Hrsg.: MOVADO e.V., Langhansstr. 110, 13086 Berlin, Tel.: 030/4715145. Ausgabe 1995

Hotels, Pensionen, Gästehäuser in Berlin. Movado e.V. Übernachtungstips. Hrsg.: MOVADO e.V., Projekt Wegweiser für RollstuhlfahrerInnen in Berlin, Langhansstr. 110, 13086 Berlin, Tel.: 030/4715145. Ausgabe 1995

Berlin ohne Hindernisse – Kulturstadtführer. Beschäftigungswerk des BBV e.V., Landsberger Allee 378, 12681 Berlin, Ausgabe 1998

Integrative Freizeitgestaltungsmöglichkeiten im Überblick

Region Berlin, Havel, Spree

> Movado Freizeit – Mobil zwischen Spree und Havel. Hrsg.: MOVADO e.V., Langhansstr. 110, 13086 Berlin, Tel.: 030/4715145. Ausgabe 1995

Bielefeld
: Stadtführer für Behinderte. Hrsg.: cbf Bielefeld, Germanenstr. 15, 33647 Bielefeld. Ausgabe 1996

Bochum
: Stadtführer für Rollstuhlfahrer. Hrsg.: Stadt Bochum, Sozialamt, Willy-Brandt-Platz 2–6, 44777 Bochum, Tel.: 0234/910-0. Ausgabe 1995

Böblingen
: Stadtführer für Behinderte. Hrsg.: Amt für soziale Dienste, Postfach 1920, 71009 Böblingen, Tel.: 07031/669-631. Ausgabe 1996.

Braunschweig
: Braunschweiger Stadtführer für Behinderte. Hrsg.: Stadt Braunschweig, Sozialamt 50.2, An der Martinikirche 1–2, 38100 Braunschweig. Ausgabe 1995

Bremerhaven
: Stadtführer für Rollstuhlfahrer und Gehbehinderte Seestadt Bremerhaven. Hrsg.: Magistrat Bremerhaven, Amt für Kriegsopfer, Schwerbehinderte und Unterhaltssicherung, Wurster Str. 51, 27580 Bremerhaven. Ausgabe 1993

Calbe/Saale
: Stadtführer für behinderte Einwohner und Gäste der Stadt Calbe/Saale. Hrsg.: Behindertenverband Calbe/Saale e.V., Friedrich-Jahn-Straße, 39240 Calbe, Tel.: 039291/2501. Ausgabe 1994

Chiemsee
: Urlaub zum Wohlfühlen für unsere behinderten Gäste. Erholung und Freizeit am Bayrischen Meer Chiemsee. Hrsg.: Verkehrsverband Chiemsee e.V., Alte Rathausstr. 11, 83209 Prien am Chiemsee, Tel.: 08051/2280. Ausgabe 1993

Delmenhorst
: Stadtführer für Behinderte. Hrsg.: Stadt Delmenhorst, Gesundheitsamt, Herr Dödel, Lange Straße 11a, 27749 Delmenhorst, Tel.: 04221/992625. Ausgabe 1994

Dessau
: Wegweiser für Behinderte der Stadt Dessau. Hrsg.: Soziale Heimat Anhalt/Dessau e.V., Kochstedter Kreisstr. 172, 06847 Dessau. Ausgabe 1994

Detmold
: Stadtführer für behinderte und ältere Menschen. Hrsg.: Behindertenbeirat der Stadt Detmold. Sozialamt der Stadt Detmold, Grabenstr. 1, 32756 Detmold, Tel.: 05231/977-569/571 oder Amt für Fremdenverkehr und Kultur der Stadt Detmold, Marktplatz 5, 32756 Detmold. Tel.: 05231/767-327. Ausgabe 1994

Dresden
: Stadtführer für Behinderte. Hrsg.: Fremdenverkehrsamt, Postfach 120020, 01001 Dresden, Tel.: 0351/6470132. Ausgabe 1995

Duisburg
: Stadtführer für Behinderte. Hrsg.: Werkstatt für Behinderte GmbH, Kalkweg 10, 47055 Duisburg, Tel.: 0203/664713

Landkreis Eichsfeld:	Dingelstädt, Heiligenstadt, Leinefelde, Worbis
	Wegweiser für Behinderte. Hrsg.: Verband der Behinderten des Landkreises Eichsfeld e.V., Hahnstr. 60, 37327 Leinefelde. Ausgabe 1997
Eichstätt	Wegweiser durch Eichstätt, Hrsg.: Deutsche Pfadfinderschaft Sankt Georg – Stamm Eichstätt, Christian Schneider, Eybstr. 1, 85072 Eichstätt, Tel.: 08421/4689. Ausgabe 1994
Eisenhüttenstadt	Stadtführer für Behinderte. Hrsg.: Stadtverwaltung, 15890 Eisenhüttenstadt. Ausgabe 1997
Erfurt	»Wegweiser für Behinderte« – »Stadtführer für Behinderte«
	»Wegweiser für Blinde« (in Braille) – »Wegweiser für Sehbehinderte«
	Hrsg.: Magistrat der Stadt Erfurt, Sozialamt, Karl-Marx-Platz 1/2, 99084 Erfurt. Ausgabe 1994
	»Erfurt – Wege durch die Altstadt. Wegweiser für Sehbehinderte«
	»Erfurt – Wege durch die Altstadt. Wegweiser für Blinde« (in Braille)
	Hrsg.: Projektgruppe »Behindertengerechtes Erfurt, ERFEGAU mbH, Rudolfstr. 47, 99092 Erfurt, Tel.: 0361/6583878. Ausgabe 1995
Erlangen	Erlanger Stadtführer für Menschen mit Behinderungen. Hrsg.: Sozialer Beratungsdienst der Stadt, Gesundheitsamt Erlangen, Schubertstr. 14, 91052 Erlangen. Ausgabe 1996
Essen	Wegweiser für Behinderte in der Stadt Essen. Hrsg.: Arbeitsgemeinschaft Hilfe für Behinderte in Essen. Ausgabe 1994
Flensburg	Flensburg barrierefrei – Stadtführer und Ratgeber. Hrsg.: Stadt Flensburg, Magistrat, Sozialamt, Postfach 2742, 24917 Flensburg. Ausgabe 1994
Frankfurt/M.	Wegweiser für Menschen mit Behinderungen. Hrsg.: Sozialamt der Stadt Frankfurt/Main, Frankfurter Behindertenarbeitsgemeinschaft (FBAG). Bezug: Werkstatt Frankfurt e.V., Mainzer Landstr. 625–629, 65933 Frankfurt/Main, Tel.: 069/390006-0. Ausgabe 1993
Frankfurt/O.	Stadtführer für Behinderte. Hrsg.: Behindertenverband Frankfurt/Oder, c/o Marlies Perries, Pablo-Neruda-Block 1/2, 15230 Frankfurt/Oder. Ausgabe wird z.Zt. erarbeitet
Freiburg	Freiburg im Breisgau behindertenfreundlich. Hrsg.: Stadt Freiburg, Sozialdezernat, Kaiser-Joseph-Straße 143, 79098 Freiburg i.B.; VdK LV Baden-Württemberg e.V., Bezirk Südbaden, Zähringer Straße 44, 79108 Freiburg. Ausgabe 1993
Hamburg	Hamburger Stadtführer für Rollstuhlfahrer, Band 1: Verkehr, Dienstleistungen, Freizeit, Kultur, Gastronomie, Übernachtungen, Einkauf. Ausgabe 1993
	Hamburger Stadtführer für Rollstuhlfahrer, Band 2. Ausgabe 1996
	Hrsg.: Hamburger Landesarbeitsgemeinschaft für behinderte Menschen e.V., Richardstr. 45, 22081 Hamburg, Tel.: 040/29995666

Heidelberg	Heidelberger Stadtführer für Menschen mit Behinderungen. Hrsg.: Heidelberger Selbsthilfebüro, Alte Eppelheimer Straße 38, 69115 Heidelberg, Tel.: 06221/184290. Ausgabe 1995
Herford	Herford hat Lebenswege nicht nur für Behinderte. Hrsg.: Der Bürgermeister der Stadt Herford, Büro für Behinderten- und Seniorenfragen, Rathaus, Rathausplatz 1, 32046 Herford. Ausgabe 1996
Kassel	Wegweiser für Behinderte. Hrsg.: Stadt Kassel, Magistrat, Rathaus, Postfach 102660, 34026 Kassel und Gesundheitsamt, Sozialpsychiatrische Beratungsstelle, Wilhelmshöher Allee 32A, 34117 Kassel. Ausgabe 1993
Kiel	Stadtplan für Behinderte. Information für Behinderte. Hrsg.: Amt für Kriegsopfer und Behinderte, Fürsorgestelle für Kriegsopfer der Landeshauptstadt Kiel, Fleethörn 9–11, 24103 Kiel. Ausgabe 1994
Köln	Museen in Köln. Hrsg.: Museumsdienst Köln, Richartzstr. 2–4, 50667 Köln, Oberstadtdirektor, Sozialamt, Jülicher Str. 6, 50674 Köln
Leipzig	Stadtführer für Behinderte. Hrsg.: Behindertenverband Leipzig e.V., Bernhard-Göring-Straße 152, 04277 Leipzig, Tel.: 0341/3056120 u. 0341/3065222. E-Mail: bvl.leipzig@t-online.de, Internet: www.le-online.de/cityhand. Ausgabe 1995
	Leipzig barrierefrei – Touristische Informationsbroschüre für Behinderte. Hrsg.: Leipzig Tourist Service e.V., Richard-Wagner-Straße 1, 04109 Leipzig, Tel.: 0341/7104-260/-265. Ausgabe 1997
Magdeburg	Stadtführer für Behinderte. Hrsg.: Sozialamt Magdeburg, Amt 50.3, Nicolaiplatz 6, 39124 Magdeburg
München	Münchner Stadtführer für Behinderte. Hrsg.: VdK Landesverband Bayern, Schellingstr. 31, 80799 München, Tel.: 089/21-17-0, Fax: 089/2117-258. Ausgabe 1993
Münster	Stadtplan für Menschen mit Behinderung. Hrsg.: Sozialamt, Stadthaus II, Ludgeriplatz 4, 48151 Münster. Tel.: 0251/492-5027
Neuruppin	Regionalführer für Behinderte. Hrsg.: Helmut Schindler, Gerhardt-Hauptmann-Straße 38, 16816 Neuruppin. Ausgabe wird z.Zt. erarbeitet
Osnabrück	Stadtführer für Behinderte Osnabrück. Hrsg.: Stadt Osnabrück, Behindertenforum der Stadt Osnabrück, Dielingerstr. 40, 49074 Osnabrück. Ausgabe wird z.Zt. erarbeitet
Potsdam	Stadtführer für Menschen mit Behinderung. Hrsg.: Allgemeiner Behindertenverband Potsdam, Lindenstr. 54/55, 14467 Potsdam. Ausgabe 1995
Radebeul	Stadtführer für behinderte Menschen in Radebeul. Hrsg.: Stadtverwaltung Radebeul, Sozial- und Jugendamt, Wilhelm-Eichler-Straße 13, 01445 Radebeul, Tel.: 0351/8311-801. Ausgabe 1995
Radolfzell	Barrierefrei durch Radolfzell. Ein Stadtführer für Menschen mit und ohne Behinderung. Hrsg.: VdK Radolfzell und Stadtverwaltung, 78315 Radolfzell. Ausgabe 1993/1994

Rudolstadt	Stadtführer für Behinderte Rudolstadt. Hrsg.: Selbsthilfegruppe Körperbehinderte Saaletal, Hendrik Grützner, Kleiner Damm 7, 07407 Rudolstadt, Tel.: 03672/27414. Ausgabe 1994
Schwerin	Stadtführer für Behinderte Schwerin. Hrsg.: Beschäftigungsförderungsgesellschaft Zukunftswerkstatt Schwerin e.V., Pfaffenstr. 2, 19053 Schwerin. Ausgabe 1995
Stade	Behindertenführer durch den Landkreis Stade. Hrsg.: Landkreis Stade, Oberkreisdirektor, Am Sande 2, 21677 Stade, Tel.: 04141/12-0. Ausgabe 1994
Ulm	Stadtplan für Behinderte Ulm/Neu-Ulm. Hrsg.: Stadtmessungsamt, Münchnerstr. 2, 89073 Ulm, Tel.: 0731/161-6204. Ausgabe 1995
Wiesbaden	Stadtführer – wo ist Wiesbaden barrierefrei? Hrsg.: Magistrat der Landeshauptstadt Wiesbaden, Amt für Soziale Arbeit, Sozialamt, Koordinationsstelle für Behindertenarbeit Kurt-Schumacher-Ring 2–4, 65029 Wiesbaden. Ausgabe 1994
Zittau	Stadtführer Zittau für Menschen mit und ohne Behinderung. Hrsg.: Diakonisches Werk e.V. im Kirchenbezirk Zittau, Beratungsstelle für Menschen mit Behinderung, Böhmische Straße 6, 02763 Zittau, Tel.: 03583/512387. Ausgabe 1994

 Eine Dokumentation bisher erschienener Stadtführer ist zu beziehen über:
Bundesarbeitsgemeinschaft der Clubs Behinderter und ihrer Freunde e.V., Eupener Straße 5, 55131 Mainz, Tel.: 06131/225514 oder 06131/225778, Fax: 06131/238834 (vgl. auch Schlüsseladressen unter 2. Reisen)

4. Natur- und Freizeitführer

Region Baden, Pfalz, Südhessen
  Natur erleben – Mit dem Rollstuhl unterwegs. Wegweiser zu badischen, pfälzischen und südhessischen Zielen für Mobilitätsbehinderte. Bezug über Buchhandel (Hüthig GmbH, Heidelberg, ISBN 3-7785-2313-9, Ausgabe 1994)
Region Rhein-Main-Gebiet
  Behinderte on Tour, Freizeitführer Rhein-Main. Wiesbaden, Mainz, Frankfurt, Darmstadt. Hrsg.: IFB Interessengemeinschaft für Behinderte, Baumgarten 5, 65205 Wiesbaden, Tel.: 0611/97620-0
Region Erfurter Steigerwald
  Behindertenfreundlicher Rundwanderweg (in Braille und Großdruck). Bezug: Erfurter Entwicklungsgesellschaft Arbeit und Umwelt mbH, Rudolfstr. 47, 99092 Erfurt, Tel.: 0361/6582939
Region Saale und Schwarza
  Landschaftführer für Körperbehinderte an Saale und Schwarza. Bezug: Selbsthilfegruppe Körperbehinderte Saaletal e.V., Hendrik Grützner, Kleiner Damm 7, 07407 Rudolstadt, Tel.: 03672/427414

5. Sport

Behinderten-Sportverband Nordrhein-Westfalen e.V., Friedrich-Alfred-Straße 25, 47226 Duisburg, Tel.: 0203/7381-0, Fax: 0203/7381-585

CreaDance Tanzschule Frank, Hans-Sachs-Straße 15, 46236 Bottrop, Tel.: 02041/21618, Fax: 02041/22524

CreaDance Tanzschule Saumweber-Fischer, Hohenzollernstr. 19–21, 75177 Pforzheim, Tel.: 07231/101520, Fax: 07231/316697

CreaDance Tanzschule Anke Ambrust, Martinstr. 47, 73728 Esslingen, Tel.: 0711/359705, Fax: 0711/355199

Deutsche Behindertensportjugend (DBSJ), Jugendsekretariat, Friedrich-Alfred-Straße 10, 47055 Duisburg, Tel.: 0203/7780170, Fax: 0203/7780178

Deutscher Sportbund, Otto-Fleck-Schneise 12, 60528 Frankfurt/Main, Tel.: 069/67000, Fax: 069/674906

Diakonisches Werk, Offene Behindertenarbeit, Gymnasiumstr. 16, 97421 Schweinfurt (Freizeitangebote)

Inline Skating – integrative Schnupperkurse. Information über: Referat der Sportjugend Hessen, Rainer Seel, Otto-Fleck-Schneise 4, 60528 Frankfurt/Main, Tel.: 069/6789-404

Integrative Sportangebote: Hamburger Sportjugend im HSB, Referat Projekte, Ansprechpartnerin: Helga Tonner, Schäferkampsallee 1, 20357 Hamburg, Tel.: 040/41908263

Integrative Sportangebote: Sport, Spaß e.V., Holsteinischer Kamp 87, 22081 Hamburg, Tel.: 040/291661

Integrative Sportangebote: Sportjugend Hessen. Referat Integrationssport. Otto-Fleck-Schneise 4. 60528 Frankfurt/Main. Tel.: 069/6789-246. Fax: 069/69590175

Judo-Integrationssportfest. Kontaktadresse: Alwin Brenner, Dachauer Straße 74 B, 85229 Markt Indersdorf. Tel./Fax: 08136/7126

Projekt: »Multi-Sport«, Ansprechpartner: Holger Laurisch, Lübecker Straße 114, 22087 Hamburg, Tel.: 040/2542353

Spielesammlung/Spiele-Datenbank für Bewegungsangebote – Bezug über Universität Paderborn, FB II – Erziehungswissenschaften/Psychologie-Sportwissenschaften, Dr. Uwe Rheker, Warburgerstr. 100, 33098 Paderborn, Tel.: 05251/603131 oder 05251/603137, Fax: 05251/603547

Tanzen: Tanzschule Koch, Leonberg, Ansprechpartnerin: Frau Franke-Gricksch, Untere Burghalde 51, 71229 Leonberg, Tel.: 07152/21835, Fax: 07152/28340

Wildwasserpaddeln – sozialintegrative Paddelfreizeit in Eckenhagen. Kontaktperson: Andreas Scholz, Denkmalweg 3, 51674 Wiehl

Yoga für und mit Menschen mit geistiger Behinderung. Informationen beim Fortbildungsinstitut der Lebenshilfe, Litzingerstr. 6, 51056 Erlangen, Tel.: 09131/42037, Fax: 09131/43838

6. Kultur

Ausstellungen und Kunstgruppen von Einrichtungen der Bundesvereinigung Lebenshilfe für Menschen mit geistiger Behinderung e.V. Information: Regina Humbert, Tel.: 06421/491-154

Behinderte als Gäste im Museum – Kurse oder Einzeltermine für Integrationsgruppen/ Behinderte/Nichtbehinderte. Kontaktadresse: Uschi Baetz, Museumsdienst Köln, Richartzstr. 2–4, 50667 Köln

Die Berliner Kunstwerkstatt »Sonnenuhr« e.V. – Projekte in den Bereichen Malerei, Keramik, Fotografie, Theater, Tanz u.a. Information über: Dr. Gisela Höhne, Sonnenuhr e.V., Schönhauser Allee 36–39, 10435 Berlin

Erlebnis Musik – eine außerschulische Integrationsgruppe. Kontakt: Prof. Detlev Cramer, Cimbernstr. 11/0, 14129 Berlin, Tel.: 030/8036448.

Fotoprojekt mit behinderten und nichtbehinderten Menschen. Ansprechpartner: Paul Hartjens, Irmi Tubbesing, VHS Detmold, Krumme Straße 20, 32756 Detmold, Tel.: 05231/977206

Integrative Kulturarbeit in den Rotenburger Anstalten. Kontaktadresse: Rüdiger Wollschläger, Lindenstr. 14, 27356 Rotenburg (Wümme)

Integrative Kulturarbeit/integrative Theatergruppe/Kulturfestival/integrative und kulturelle Veranstaltungen/Öffentlichkeitsarbeit. Ansprechpartnerin: Gabi Kagemann-Harnock c/o Leben mit Behinderung, Elternverein e.V. Südring 36, 23303 Hamburg, Tel.: 040/270790-0, Fax. 040/270790-48

Integrative Musikprojekte: Musikschule Bochum, Westring 32, 44777 Bochum, Abteilung: Musik für Menschen mit Behinderungen, Bochumer Modell, Marei Rascher, Tel.: 0234/9101275, Fax: 0234/9101289

Integratives Circusprojekt Circus Mignon. Ansprechpartner: Martin Kliewer, Institut für ambulante Heilpädagogik und Frühförderung »Haus Mignon«, Georg-Bonne-Straße 79, 22609 Hamburg, Tel.: 040/822742

Internationales Kulturfestival der Lebenshilfe Rheinland-Pfalz: Grenzenlos Kultur. Kontaktadresse: Lebenshilfe-GmbH zur Förderung von Kunst und Kultur behinderter Menschen, Drechslerweg 25, 55128 Mainz. Tel.: 06131/9366018

Künstlervermittlung und Projektorganisation: Kontakt: Jutta Schubert, EUCREA (Europäische Vereinigung für die Kreativität von Menschen mit Behinderung) Deutschland e.V., Künstlervermittlung und Projektorganisation, Friedensallee 45, 22765 Hamburg, Tel.: 040/39902212, Fax: 040/3908895

Kultur gegen Barrieren – Kulturveranstaltungen des Franziskuswerk Schönbrunn. Information: Karl-Michael Brand, Brigitte Wurbs, Schönbrunner Wohnstätten – Fachdienst für Freizeit und kulturelle Bildung, Postfach 2, 85243 Schönbrunn. Tel.: 08139/800-321

Kulturzentrum Rieckhoff, Rieckhoffstr. 12, 21073 Hamburg

Roll over e.V. (Musik- und Kulturfestivals) Lilienthalstr. 21c, 34123 Kassel, Tel.: 0561/ 953-6269

Sommertheater Pusteblume, Hosterstraße 1–5, 50825 Köln

Theater Ahai Sissi. Kontakt über: Lebenshilfe, Heilpädagogische Sozialdienste, gemeinnützige mbH, Familienunterstützender Dienst – Beratungsstelle, Königsberger Allee 111 A, 47058 Duisburg, Tel.: 0203/330515

Theater Thikwá Berlin. Kontaktadresse: Christine Vogt, Herderstr. 5, 10625 Berlin

Theatergruppe der Offenen Behindertenarbeit (OBA) der Lebenshilfe Bamberg, Moosstr. 75, 96050 Bamberg, Tel.: 0951/1857-0

Theaterwerkstatt Eisingen. Kontaktadresse: Karlheinz Halbig-Kolb (Theater), Michael Koechlin (Film), Petra Honek (Filmbesprechung). Theaterwerkstatt Eisingen, St. Josefs-Stiftung e.V., Nikolausstr. 1, 97249 Eisingen

7. Freizeitangebote/Clubs

Aktion Freizeit behinderter Jugendlicher (AfbJ) – Anbieter verschiedener Freizeitangebote für behinderte Jugendliche: Ferienfreizeiten, Gruppenarbeit und offene Angebote. Kontakt: Anni Reinders, Bylandstr. 16, 41236 Mönchengladbach

Aktionskreis Behinderte, Saarstr. 85, 73230 Kirchheim/Teck, Tel.: 07021/41566

Bathildisheim e.V. (Freizeit- und erlebnispädagogische Aktivitäten und Gesprächskreise) Kontakt: Herr Michels, Bathildistr. 7, 34454 Bad Arolsen

Bundesarbeitsgemeinschaft Clubs Behinderter und ihrer Freunde, Geschäftstelle, Eupener Straße 5, 55131 Mainz, Tel.: 06131/225514

Club 68 Düsseldorf – ein Freizeitclub für behinderte und nichtbehinderte Menschen. Collenbacherstr. 10, 40476 Düsseldorf, Tel.: 0211/442222 (Marcus Hülsen)

Club 82 – Freizeitclub mit behinderten Menschen. Sandhaasstr. 2, 77716 Haslach (verschiedene Kursangebote: Kochkurs, Englisch, Töpfern ...)

ECHO e.V. – Verein zur Förderung integrativer Spiel- und Kulturpädagogik. Westendstr. 115 Rückgebäude, 80339 München, Tel.: 08139/800321

Freizeitclub/Integratives Freizeitangebot der Lebenshilfe Prignitz e.V.: (verschiedene AG's, Reisebüro, Kulturcafe, kleiner Freizeitclub, etc). Geschäftstelle, Hirtenweg 8, 19322 Wittenberge, Tel.: 03877/9529-0

Freizeitclub der Lebenshilfe, Ortsverein Heidelberg, c/o Sigrid Treiber, Curiestr. 9/1, 69126 Heidelberg

Freizeitgruppe der Behinderten und Nichtbehinderten Gerlingen. Stadtjugendreferat des Stadtjugendrings Gerlingen, Ulla Bender, Urbanstr. 3, 70839 Gerlingen, Tel.: 07156/ 205312

Freizeitgruppen für Kinder: Verein Aktive Freizeit e.V., Bertrand-Russell-Straße 4, 22761 Hamburg, Tel.: 040/897711

Freizeitgruppen und Freizeitangebot von »Leben mit Behinderung Hamburg«, Südring 36, 22303 Hamburg, Tel.: 040/270790-0, Fax: 040/270790-48

Freizeitstätte »Löhe-Haus«. Kontaktadresse: Ulrich Thepas, c/o Evangelische Jugend München/Offene Behindertenarbeit, Löhe-Haus, Blutenburgstr. 71, 80636 München

Integrationsprojekt am Zentrum für Erlebnispädagogik und Umweltbildung (ZERUM) am Stettiner Haff. Kontakt: Kamingstr. 26, 17373 Ueckermünde, Tel.: 039771/22725, Fax: 22025 (Außengelände mit Spiel- und Sportmöglichkeiten, eigener Hafen, ca. 300 m zum Wasser, kleine Holzwerkstatt etc.)

Integrative Freizeitgruppen für Kinder oder Erwachsene – Offene Behindertenarbeit (OBA) im Arbeiterwohlfahrt-Kreisverband Ebersberg. Kontakt: OBA-Büro, Schloßplatz 1, 85570 Markt Schwaben, Tel.: 08121/3325

Integrativer Freizeit-Treff für Menschen mit geistiger Behinderung in Wesel. Kontakt: Georg Hober, Ida-Noddack-Straße 6, 46485 Wesel, Tel.: 0281/65820

Integratives Spielen auf öffentlichen Spielplätzen der Stadt Münster. Kontakt: Doris Rüter, Koordinatorin für Behindertenfragen, Sozialamt, Stadthaus II, Ludgeriplatz 4, 48151 Münster, Tel.: 0251/492-5027

Jugendhaus »InterWall« der Lebenshilfe Dresden e.V. Kontakt: Cornelia Ischner, Schleswiger Straße 17, 01157 Dresden, Tel.: 0351/4210339 (»von Fußball, Disco, Wanderung bis zu Malereikursen alles integrativ«)

Jugendhaus Sürth (Köln) – OT für Behinderte und Nichtbehinderte. Kontakt: Bernd Schneider, Fronhofstr. 42, 50999 Köln, Tel.: 02236/65497

Kontakte 77 – Clubgemeinschaft mit behinderten und nichtbehinderten Jugendlichen in Düsseldorf. Information: Jürgen Neumann, Langerstr. 20, 40233 Düsseldorf.

mittendrin! Selbstbestimmtes Leben für Menschen mit Behinderungen – gemeinnützige Dienstleistungs-GmbH, Bleichertwiete 25, 21029 Hamburg (Freizeitangebote für Jugendliche und Erwachsene mit und ohne Behinderung, z.B. Musik, Spiele, Kochen, Sport, Museum, Ausflüge)

Tanz- und Freizeitclub Tausendfüßler für behinderte und nichtbehinderte Menschen, Gontardstr. 24, 68123 Mannheim, Tel.: 0621/8321615 oder 0621/21566, Fax: 0621/8321617

TREFFPUNKT für behinderte und nichtbehinderte Leute in Lahr, Bismarckstr. 19, 77933 Lahr

8. Weitere Angebote

Arbeitskreis zur Integration von Mädchen und Frauen mit Behinderung, Ansprechpartnerin: Monika Gößwald, Bildungsreferentin der PSG, Diözesanverband Speyer, Webergasse 11, 67346 Speyer, Tel.: 06232/102408

Café »Bücherwurm«. Treff in der Cafeteria der Stadtbibliothek Aschaffenburg von und für behinderte und nichtbehinderte Menschen. Kontaktperson: Tanja Kuhn, Bessenbacher Weg 125, 63739 Aschaffenburg, Tel.: 06021/960437

Gruppen der Deutschen Pfadfinderschaft Sankt Georg (DPSG). Information: Thomas Brake, Fachreferat Behindertenarbeit, Bundesleitung DPSG, Martinstr. 2, 41472 Neuss, Tel.: 02131/4699-86, Fax: 02131/469999

IBG – Internationale Begegnungen in Gemeinschaftsdiensten e.V., Schlosserstr. 28, 70180 Stuttgart, Tel.: 0711/6491128

ifi – Initiative für Integration Pforzheim e.V., c/o Andreas Diller, Römerstr. 10/2, 75331 Engelsbrand

»Immer wieder Sonntags ...« – Brunch. Kontakt über Claus Zahn, Lebenshilfe Frankfurt e.V., Freizeitpädagogik, Hohenstaufenstr. 8, 60327 Frankfurt, Tel.: 069/97587045

Integrationsförderung e.V., Stuttgarter Straße 2, 28215 Bremen, Tel.: 0421/374541

Integrative Trommel-AG »Tam-Tam«. Kontakt: Lia Ambrosius, Gartenstr. 31, 75203 Stein, Tel.: 07232/13251

Kirche auf dem Weg zu integrativer Gemeindearbeit. Ansprechpartner: Dr. Jürgen Danielowski, Landespfarrer der Evangelischen Kirche im Rheinland für gemeindenahe Behindertenarbeit, Mandelbaumweg 2, 53177 Bonn, Tel.: 0228/9523120, Fax: 0228/9523200

Offenes Singen – Angebot mit musischem Schwerpunkt für geistig und mehrfach behinderte Erwachsene. Kontaktadresse: Elisabeth Heinrich, Ev. Stiftung Neuerkerode, 38173 Sickte

PFIFF e.V. – ein Projekt zur Förderung integrativer Ferien- und Freizeitmaßnahmen. Kontakt über Reinhard Markowetz, Cronbergergasse 12, 68526 Ladenburg, Tel.: 06203/3207

Projekt Pancheiron – Behinderte Menschen erleben die Natur. Kontakt: Thomas Brettschneider, Martinsclub Bremen e.V., Hoffmannstr. 11, 28201 Bremen

PSG – Pfadfinderinnenschaft St Georg, Bundesamt, Unstrutstr. 10, 51371 Leverkusen, Tel.: 02141/23015

Sinnesgarten Schwarzacher Hof – 30 Erlebnisstationen, die die Sinne ansprechen. Offen für interessierte Besucher. Information über: Sinnesgarten Schwarzacher Hof, 74869 Schwarzach, Tel.: 06262/22206, Fax: 06262/22550.
Wohnen: Mitwohnzentrale für Rollstuhlfahrer, H 7, 1, 68159 Mannheim, Tel.: 0621/ 26655, Fax: 0621/26655

9. Schlüsseladressen

Allgemeiner Behindertenverband in Deutschland (AbiD) e.V., Am Köllnischen Park 6–7, 10179 Berlin, Tel.: 030/23806673, Informationen über das Internet: http://www.dsk.de/ rds/08919.htm
Arbeiterwohlfahrt – Bundesverband – e.V., Oppelner Str. 130, 53119 Bonn, Tel.: 0228/66850, E-mail: info@awo.org, Informationen über das Internet: http://www.awo.de
BIZEPS-Behindertenberatungszentrum, Zentrum für selbstbestimmtes Leben, Kaiserstr. 55 3/4a, A-1070 Wien, Tel. 0043(0)1/5238921, Fax: 0043(0)1/523892120, E-Mail: office@bizeps.or.at, Informationen über das Internet: http://www.bizeps.or.at
Bund Deutscher Kriegsopfer, Körperbehinderter und Sozialrentner (BDKK) e.V., Bonner Talweg 88, 53113 Bonn, Tel.: 0228/216116, Informationen über das Internet: http://www.dsk.de/rds/01037.htm
Bundesarbeitsgemeinschaft der Clubs Behinderter und ihrer Freunde e.V. (BAGC) Eupener Straße 5, 55131 Mainz, Tel.: 06131/225514, Fax: 06131/238834, E-Mail: mainz@bagcbf.de, Informationen über das Internet: http://www.bagcbf.de
Bundesarbeitsgemeinschaft für Rehabilitation, Walter-Kolb-Str. 9–11, 60594 Frankfurt/ Main
Bundesarbeitsgemeinschaft (BAG) »Gemeinsam Leben – gemeinsam Lernen/Eltern gegen Aussonderung« e.V., c/o Manfred Rosenberger, Stülerstr. 2, 10787 Berlin
Bundesarbeitsgemeinschaft »Hilfe für Behinderte« e.V., Kirchfeldstr. 149, 40215 Düsseldorf, Informationen über das Internet: http://selbsthilfe.seiten.de/bv/bagh/index.html
Bundesministerium für Arbeit und Sozialordnung, Postfach 500, 53105 Bonn, Tel.: 0180/5151510, Fax: 0180/5151511, E-Mail: info@bma.bund400.de, Informationen über das Internet: http://www.bma.de
Bundesverband für Körper- und Mehrfachbehinderte e.V., Brehmstr. 5–7, 40239 Düsseldorf, Tel.: 0211/64004-0, Fax: 0211/64004-20, E-Mail: BV-KM@t-online.de, Informationen über das Internet: http://www.bvkm.de
Bundesverband für Körper- und Mehrfachbehinderte e.V., Frankfurter Ring 15, 80807 München, Tel.: 089/3574810
Bundesvereinigung Lebenshilfe für Menschen mit geistiger Behinderung e.V., Raiffeisenstr. 18, 35043 Marburg oder Postfach 701163, 35020 Marburg, Tel.: 06421/491-0, Fax: 06421/491-167, E-Mail: bvlh-bz@t-online.de, Informationen über das Internet: http://www.lebenshilfe.de
Bundesverband Selbsthilfe Körperbehinderter e.V., Altkrautheimer Str. 17, Postfach 20, 74236 Krautheim, Tel.: 06294/68110, Fax: 06294/95383, E-Mail: bsk.ev@t-online.de, Informationen über das Internet: http://www.bsk-ev.de/home.htm
Club Behinderter und ihrer Freunde in Frankfurt und Umgebung – CeBeeF e.V., Schloßstr. 35, 60486 Frankfurt/Main, Tel.: 069/970522-0, Fax: 069/702577, E-Mail: redaktion@cebeef.com, Informationen über das Internet: http://www.cebeef.com (bietet u.a. einen überregionalen Informations- und Kommunikationstreffpunkt, das Online-Magazin »FORUM« für Behinderte an!)

Dachverband Psychosozialer Hilfsvereinigungen e.V., Thomas-Mann-Str. 49a, 53131 Bonn
Deutsche Behindertensportjugend, Jugendsekretariat, Friedrich-Alfred-Str. 10, 47055 Duisburg Tel.: 0203/7780170, Fax: 0203/7780178, Informationen über das Internet: http://www.dsj.de/dbsj
Deutscher Behinderten-Sportverband e.V., Bundesgeschäftsstelle, Sportschule Wedau, Friedrich-Alfred-Str. 10, 47055 Duisburg
Deutscher Caritasverband e.V., Karlstr. 40, 79102 Freiburg, Informationen über das Internet: http://www.caritas.de
Deutscher Gehörlosen-Bund e.V., Paradeplatz 3, 24768 Rendsburg, Tel.: 04331/589722, E-Mail: info@gehoerlosen-bund.de, Informationen über das Internet: http://www.gehoerlosen-bund.de
Deutscher Paritätischer Wohlfahrtsverband e.V. – Gesamtverband –, Heinrich-Hoffmann-Str. 3, 60528 Frankfurt/Main
Deutscher Schwerhörigenbund e.V., Breite Straße 3, 13187 Berlin, Tel.: 030/47541114, Fax: 030/47541116, E-Mail: DBS@schwerhoerigkeit.de, Informationen über das Internet: http://www.schwerhoerigkeit.de
Deutsches Katholisches Blindenwerk, Eschstr. 12, 52351 Düren, Tel.: 02421/51155, Informationen über das Internet: http://www.dsk.de/rds/05363.htm
Deutsches Rotes Kreuz e.V., Friedrich-Ebert-Allee 71, 53113 Bonn, E-Mail: UngeheuH@drk.de, Informationen über das Internet: http://www.drk.de
Diakonisches Werk – EKD e.V., Stafflenbergstr. 76, 70184 Stuttgart
Evangelischer Blinden- und Sehbehindertendienst in Deutschland e.V. (EBS Deutschland), Lessingstr. 5, 35039 Marburg, Tel.: 06421/42222, Fax: 06421/51817 (Tagungen und Freizeiten, Blindenhörbücherei, Druckerei, Erholungsheim, Zeitschriften und Magazine im Blindendruck/auf Kassette)
Interessenvertretung Selbstbestimmt Leben in Deutschland – ISL e.V., c/o Ottmar Miles-Paul (Bundesgeschäftsführer des Behindertenverbandes), Kölnische Straße 99, 34119 Kassel. E-Mail: Miles-Paul@ASCO.nev.sub.de. Eine Fülle an Informationen mit interessanten Links bekommen Sie im Internet über den Suchbegriff »Selbstbestimmes Leben«!
Weitere wichtige Adressen von Interessenvertretungen der Selbstbestimmt Leben Bewegung:
- Arbeitsgemeinschaft für ein selbstbestimmtes Leben schwerstbehinderter Menschen, Oranienstr. 189, 10999 Berlin, Tel./Fax: 030/61401400
- Berliner Bündnis Selbstbestimmtes Leben, c/o Martin Eisermann, Kochstr. 62, 10969 Berlin, Tel.: 030/2510537, Fax: 030/44341926
- Berliner Zentrum für selbstbestimmtes Leben, Marienburger Str. 32A, 10405 Berlin, Tel.: 030/4428031, Fax: 030/4428344
- SL e.V., Peer Counseling Förderstelle, Cantianstr. 7, 10437 Berlin, Tel.: 030/44341925, Fax: 030/44341926, E-Mail: 106105.2256@compuserve.com
- Netzwerk Artikel 3, Bundeskoordinationsstelle für die Gleichstellung Behinderter, Liebstöckelweg 14, 13503 Berlin, Tel.: 030/4364441, Fax: 030/4364442, E-Mail: HGH-SI@t-online.de
- SelbstBestimmt Leben Bremen, Ostertorsteinweg 98, 28203 Bremen, Tel.: 0421/704409, Fax: 0421/704401
- Access, Arbeit für Menschen mit Behinderung, Michael-Vogel-Str. 1b, 91052 Erlangen, Tel.: 09131/897444, Fax: 09131/897449

- Zentrum für selbstbestimmtes Leben Behinderter e.V. Erlangen, Assistenzorganisation, Luitpoldstr. 42, 91052 Erlangen, Tel. 09131/207591, Fax: 09131/204572, E-Mail: zsl_erlangen@csi.com
- Zentrum für selbstbestimmtes Leben Behinderter e.V. Erlangen, Beratung von Behinderten für Behinderte, Marquardsenstr. 21, 91054 Erlangen, Tel.: 09131/205022, Fax: 09131/207351, E-mail: 101354.3000@compuserve.com
- Autonom Leben, Langenfelder Straße 35, 22769 Hamburg, Tel.: 040/43290148 oder 149, Fax: 040/43290147
- Selbstbestimmt Leben Hannover, Emil-Meyer-Str. 20, 30165 Hannover, Tel. 0511/3522521, E-Mail: SelbstbestimmtLebenHannover@t-online.de
- Ganzheitliches Bildungs- und Beratungszentrum für behinderte Frauen – BiBeZ, Alte Eppelheimer Straße 38–40, 69115 Heidelberg, Tel.: 06221/10908
- Zentrum für selbstbestimmtes Leben Behinderter Jena e.V., Ernst-Schneller-Str. 10, 07747 Jena, Tel./Fax: 03641/331375
- Kontakt Selbstbestimmt Leben Jülich, c/o Bianka Becker, Andreasstr. 24, 52428 Jülich, Tel.: 02461/59200
- Bildungs- und Forschungsinstitut zum selbstbestimmten Leben Behinderter - bifos e.V., Jordanstr. 5, 34117 Kassel, Tel.: 0561/72885-40, Fax: 0561/72885-44
- Förderfonds zum selbstbestimmten Leben Behinderter, Jordanstr. 5, 34117 Kassel, Tel.: 0561/72885-46, Fax: 0561/72885-29
- Verein zur Förderung der Autonomie Behinderter - fab e.V., Jordanstr. 5, 34117 Kassel, Tel.: 0561/72885-0, Fax: 0561/72885-29, E-Mail: frevert@asco.nev.sub.de
- Verein zur Assistenz Behinderter c/o Barbara Combrink, Bonner Straße 43, 51145 Köln, Tel.: 0221/322290
- Zentrum für Selbstbestimmtes Leben Köln, Jakobstr. 22, 50678 Köln, Tel.: 0221/322290, Fax: 0221/321469
- Hohenloher Interessengemeinschaft selbstbestimmtes Leben, c/o Ingeborg Wiemer, Südstr. 16, 74238 Krautheim, Tel.: 06294/336
- Zentrum für selbstbestimmtes Leben behinderter Menschen Mainz, Am Zollhafen 8, 55118 Mainz, Tel.: 06131/618671, Fax: 06131/618672, E-Mail: zsl@mainz-online.de
- Verbund behinderter Arbeitgeber/innen Selbstbestimmt Leben e.V., Seeriederstr. 18, 81675 München, Tel.: 089/41900016, Fax: 089/41900018
- Forum selbstbestimmte Assistenz Behinderter, c/o Elke Bartz, Nelkenweg 5, 74673 Mulfingen, Tel.: 07938/515, Fax: 07938/8538, E-Mail: g.bartz@LINK-CR.bawue.cl.sub.de
- Zentrum für selbstbestimmtes Leben Nürnberg, c/o Gaby Eder, Dennerstr. 6, 90429 Nürnberg, Tel.: 0911/264874
- Phoenix e.V., Rote-Löwen-Strasse 10, 93047 Regensburg, Tel.: 0941/560938, Fax: 0941/561422, E-Mail: phoenixev@donau.de
- Mobile Beratung zum selbstbestimmten Leben behinderter Menschen im ländlichen Bereich Südthüringens, Bergweg 10, 98587 Steinbach-Hallenberg, Tel./Fax: 036847/48485
- Aktive Behinderte in Stuttgart und Umgebung e.V., Möhringer Landstraße 103a, 70563 Stuttgart, Tel.: 0711/7801858
- Institut zur systemischen Beratung Behinderter, Lothar Sandfort, Nemitzer Straße 16, 29494 Trebel, Tel.: 05848/1368, Fax: 05848/1371
- Selbstbestimmtes Leben von Menschen mit Behinderungen in Würzburg e.V., St.-Benedikt-Straße 4, 97072 Würzburg, Tel.: 0931/50456, Fax: 0931/572133, E-Mail: WueSL@aol.com

Landesarbeitsgemeinschaften (LAG) »Gemeinsam Leben – Gemeinsam Lernen/Eltern gegen Aussonderung/Eltern für Integration/Miteinander Leben Lernen« e.V.
- *Baden-Württemberg*: Postfach 45, 72584 Hülben (Geschäftsstelle); Kontaktadresse: Dr. Barbara Weigle, Kußmaulstr. 1, 69120 Heidelberg, Tel.: 06221/400347, Fax: 06221/400768
- *Bayern*: c/o Uwe Lehner, Forellenweg 1, 82178 Puchheim, Tel.: 089/808277; Kontaktadresse: Inge Hoffmann, Hartliebstr. 10, 80637 München, Tel.: 089/1571742
- *Berlin*: Geschäftsstelle c/o Sekis, Albrecht-Achilles-Str. 65, 10709 Berlin, Tel.: 030/8919396; Kontaktadresse: Manfred Rosenberger, Stühlerstr. 2, 10787 Berlin, Tel.: 030/2626832
- *Brandenburg*: Klaus Pigorsch, Robert-Koch-Str. 24, 16303 Schwedt, Tel.: 03332/514628, Fax: 03332/572084, E-Mail: KlausPigorsch@gmx.de
- *Bremen*: Hans-Joachim Rahmer, Bismarckstr. 125, 28203 Bremen, Tel.: 0421 71722
- *Hamburg*: Hinter der Lieth 61, 22529 Hamburg, Tel./Fax: 040/563144 (Geschäftsstelle); Kontaktadresse: Dr. Almut Köbberling, Fontanestr. 1, 22609 Hamburg, Tel.: 040/804621
- *Hessen*: Falkstr. 106 Hinterhaus, 60487 Frankfurt/Main, Tel./Fax: 069/70790106 (Geschäftsstelle); Kontaktadresse: Monika Scholdei-Klie, Ginnheimer Landstraße 8, 60487 Frankfurt/Main, Tel./Fax: 069/709190
- *Mecklenburg-Vorpommern*: c/o Dr. Petra Dinse, Dorfstr. 10a, 17139 Seedorf, Tel.: 039572/1281
- *Niedersachsen*: c/o Horst Zimmermann, Vennweg 7, 30519 Hannover, Tel.: 0511/8387027; Kontaktadresse: Dr. Gisela Schoepf, Hengstbachweg 20, 37154 Northeim, Tel.: 05551/66784, Fax: 05521/23490
- *Nordrhein-Westfalen*: c/o Jürgen Tomas, Hagener Straße 93, 44225 Dortmund, Tel.: 0231/791897, E-Mail: lagnrw@aol.com; Kontaktadresse: Dr. Christa Roebke, August-Viktoria-Straße 55, 50321 Brühl, Tel.: 02232/12401
- Rheinland-Pfalz: c/o Wolfgang Spähn, Carl-Friedrich-Gauß-Str. 34, 67063 Ludwigshafen, Tel./Fax: 0621/522135
- *Saarland*: Paul-Marien-Str. 12, 66111 Saarbrücken, Tel.: 0681/687970, Fax: 0681/6879744 (Geschäftsstelle)
- *Sachsen*: c/o Familie Wunsch, An der Hole 28, 09114 Chemnitz, Tel.: 0371/4792947; Kontaktadresse: Heike Schoella, Rheinhardtstr. 11, 09130 Chemnitz, Tel.: 0371/4040136, Fax: 0371/4059920
- *Sachsen-Anhalt*: Andreas Giersch, Pfännerhöhe, 06110 Halle, Tel.: 0345/2024403
- *Schleswig-Holstein*: c/o Jürgen Hansen, Nienbrügger Weg 140, 24107 Kiel, Tel.: 0431/314537, Fax: 0431/314744, E-Mail: feddersen-hansen@t-online.de
- *Thüringen*: Gaby Kaufhold, Dingelstätter Straße 33, 37351 Kefferhausen, Tel.: 036075/6880

Lebenshilfe Düsseldorf, Heidelbergerstr. 85, 40229 Düsseldorf, Tel.: 0211/219499, Fax: 0211/219481, E-Mail: mail@lebenshilfe-duesseldorf.de, Informationen über das Internet: http://www2.lebenshilfe-duesseldorf.de/lh/index-html

Reichsbund der Kriegs- und Wehrdienstopfer, Behinderten, Sozialrentner und Hinterbliebenen e.V., Beethovenstr. 56–58, 53173 Bonn, Tel.: 0228/9564-0, E-Mail: reichsbund@reichsbund.de, Informationen über das Internet: http://www.reichsbund.de

Sportjugend-Hessen (Integrative Sport- und Jugendreisen; Integrationssport) E-Mail: info@sportjugend-hessen.de, Informationen über das Internet: http://www.sportjugend-hessen.de

Verband der Kriegs- und Wehrdienstopfer, Behinderten und Sozialrentnern Deutschlands e.V. (VdK), Wurzerstr. 2–4, 53175 Bonn, E-Mail: VdK.Deutschland@t-online.de, Informationen über das Internet: http://www.vdk.de

10. Literatur

Bayrisches Integrations Info. Hrsg.: Landesarbeitsgemeinschaft Bayern Gemeinsam Leben – Gemeinsam Lernen e.V., Bestellung über Elisabeth Römer, Balduin-Helm-Str. 75, 82256 Fürstenfeldbruck

Bundesministerium für Gesundheit (Hrsg.): Reisen für behinderte Menschen. Baden-Baden (Nomos) 1999

Bundesministerium für Verkehr, Bau- und Wohnungswesen (Hrsg.): Gästefreundliche, behindertengerechte Gestaltung von verkehrlichen und anderen Infrastruktureinrichtungen in Touristikgebieten. Bad Homburg v.d.H. (FMS Fach Media Service) 1998

Bundesvereinigung Lebenshilfe für geistig Behinderte: Geistig behinderte Menschen und Touristik. Marburg (Eigenverlag) 1989

Dehoga – Deutscher Hotel- und Gaststättenverband (Hrsg.): Tourismus für behinderte Menschen. Angebotsplanung, Angebotsumsetzung, Öffentlichkeitsarbeit. Bonn 1988 (Interhoga, 53134 Bonn, Postfach 200455)

Deutscher Fremdenverkehrsverband: Leitlinien zum Reisen für und mit Menschen mit Behinderungen. Bonn 1993

Dokumentation einer Umfrage bei 220 Freizeitclubs der Lebenshilfe. Bezug über: Bundesvereinigung Lebenshilfe für Menschen mit geistiger Behinderung e. V., Vertrieb, Postfach 70 11 63, 35020 Marburg

Dokumentationen von verschiedenen Veranstaltungen des Fachgebiets »Freizeit und Sport« der Lebenshilfe. Bezug über Bundesvereinigung Lebenshilfe für Menschen mit geistiger Behinderung e. V., Vertrieb, Postfach 70 11 63, 35020 Marburg

Escales, Y.: Reisetips Deutschland. Selbsthilfe. Zeitschrift der BAG Hilfe für Behinderte, o.J. (1990), Heft 5–6, 81–92

Escales, Y.: Reisen für Behinderte. Bonn (FMG-Verlag) 1995

Extrablatt – eine Zeitung von Menschen mit Behinderung. Informationen bei: Lebenshilfe für Behinderte e.V., Kreisvereinigung Hochschwarzwald, Thomas Binder, Carsten Bader, Stalter Str. 73, 79822 Titisee-Neustadt, Tel.: 07651/3163, Fax: 07651/3867

 FORUM FREIZEIT – Zeitschrift der Bundesvereinigung Lebenshilfe. Zu bestellen bei: Bundesvereinigung Lebenshilfe für Menschen mit geistiger Behinderung e.V., Vertrieb, Raiffeisenstr. 18, 35043 Marburg

Freizeit – Ein Reader der Bundesvereinigung Lebenshilfe. Zu bestellen bei: Bundesvereinigung Lebenshilfe für Menschen mit geistiger Behinderung e.V., Vertrieb, Raiffeisenstr. 18, 35043 Marburg

Freizeit als Chance – Freizeitpädagogik und Kulturarbeit im psychiatrischen Krankenhaus. Das Heft ist zu beziehen beim Psychiatrie-Verlag, Thomas-Mann-Str. 69a, 53111 Bonn

Freizeitbroschüre: ADAC Saarland, Freizeit und Touristik, Am Staden 9, 66121 Saarbrücken, Tel.: 0681/6870014, Fax: 0681/6870018

Handicapped-Kurier, Bonn (FMG-Verlag) 1/1996
Jahrbücher zum gesamtgesellschaftlichen Lebensbereich Freizeit. Zu beziehen über die Deutsche Gesellschaft für Freizeit, Bahnstr. 4, 40699 Erkrath, Tel.: 0211/9003501
Kuratorium Deutsche Altershilfe: Presse- und Informationsdienst. Köln 1991.
Lettl-Schröder, M. (Hrsg.): Reisen für Behinderte. Die Nachfrage nach behindertengerechten Reisen wird wachsen. Sonderdruck aus zehn Ausgaben der Zeitschrift für Fremdenverkehrswirtschaft International im Jahre 1989. 1990
Literatur zum Thema »Urlaub für Behinderte«, Hotel- und Reiseratgeber für Behinderte: FMG-Verlag, Malusiusstr. 9, 53121 Bonn oder Postfach 1547, 53005 Bonn, Tel: 0228/616133, Fax: 0228/623500
Rat-Team e.V.: Besser reisen bei Krankheit und Behinderung. Linz 1994
rbf-Touristik-GmbH: Katalog »Reisen für Menschen mit und ohne handicap«. Meerbusch 1999
Reise-ABC '96, hrsg. v. Bundesverband Selbsthilfe Körperbehinderter. Krautheim 1996
»Tourism for All« Hugh Cade, Greene Belfield-Smith, Touche Ross Management Consultants, Peterborough Court, 133 Fleet Street, London EC4A2TR, Tel.: 0044(0)719363000, Fax: 0044(0)715831198
»Weil's Spaß macht« – Urlaubsreisen für Menschen mit geistiger Behinderung. Ein Film der Bundesvereinigung Lebenshilfe. Zu bestellen bei: Bundesvereinigung Lebenshilfe für Menschen mit geistiger Behinderung e.V., Vertrieb, Raiffeisenstr. 18, 35043 Marburg
Zellmer Reisen: Katalog für Behinderte 1995

TIP: Als Fundgrube für Literatur zum Thema mit einer Fülle an Informationen empfehlen wir Ihnen folgende Datenbanken:

BIDOK (= Behinderten-Integration und Dokumentation), Institut für Erziehungswissenschaften der Universität Innsbruck, Liebeneggstr. 8, A-6020 Innsbruck, Tel.: 0512/507-4038, Fax: 0512/507-2880, E-Mail: Integration-ezwi@uibk.ac.at, Informationen über das Internet: http://www.bidok.uibk.ac.at (außerordentlich umfangreiche Datenbank zum Thema Integration)

SOLI – Sonderpädagogische Literatur – eine umfangreiche Datenbank, zusammengestellt von Prof. Dr. Hans Wocken, Universität Hamburg, FB Erziehungswissenschaften, Institut für Behindertenpädagogik, Sedanstr. 19, 20146 Hamburg, Tel.: 040/42838-3749, Fax: 040/42838-6789, E-Mail: wocken@erzwiss.uni-hamburg.de, Internet: http://www.erzwiss.uni-hamburg.de/sonstiges/soli

Die Autorinnen und Autoren

LIA AMBROSIUS, Gartenstraße 31, 75203 Königsbach-Stein

USCHI BARTH, Westring 35, 76317 Büchenbronn

BRUNO BAUMEISTER, Wertstraße 8, 72147 Nehren

INES BOBAN, Flotowstraße 7, 22083 Hamburg

KARL-MICHAEL BRAND, Echo e.V., Westendstraße 115/Rückgebäude, 80339 München

STEFFEN BRAND, Sedanstraße 6, 87082 Würzburg

PETER BRODISCH, Epilepsieberatung, Wittelsbacherstraße 12, 80469 München

MARTIN BÜGLER, Moosham 14, 83556 Griesstätt

WALTER BURKHART, Eugen-Neter-Schule, Alter Frankfurter Weg 30, 68307 Mannheim

PROF. DR. GÜNTHER CLOERKES, Pädagogische Hochschule Heidelberg, Institut für Sonderpädagogik, Zeppelinstraße 3, 69121 Heidelberg

DR. JÜRGEN DANIELOWSKI, Pädagogisch-Theologisches Institut der Evangelischen Kirche im Rheinland, Gemeindenahe Behindertenarbeit, Mandelbaumweg 2, 53177 Bonn

HARALD EBERT, Schulzenstraße 1, 97084 Würzburg

JENS EGGERT, Lindenstraße 17, 72184 Eutingen

MICHAEL GALLE-BAMMES, Bildungszentrum der Stadt Nürnberg, Gewerbemuseumsplatz 1, 90403 Nürnberg

MONIKA GÖSSWALD, Webergasse 11, 67346 Speyer

ANJA GRÜTJEN, Mauenheimerstraße 146, 50733 Köln

HANS D. HERBST, Stadtjugendausschuß e.V. Karlsruhe, Jugendfreizeit- und Bildungswerk (jfbw), Kronenplatz 1, 76133 Karlsruhe

PROF. DR. ANDREAS HINZ, Martin-Luther-Universität Halle-Wittenberg, Fachbereich Erziehungswissenschaften, Institut für Rehabilitationspädagogik, Selkestraße 9, 06122 Halle

HORST HIRNING, In der Blumenküche 25, 72116 Mössingen

SONJA KIRSTEN, Kämmererstraße 1, 67346 Speyer

MARTIN KLIEWER, Haus Mignon, Georg-Bonne-Straße 79, 22609 Hamburg

INGRID KÖNIG, Lindenweg 6, 53349 Meckenheim

LOTHAR KÖPPEL, Krankenhausstraße 2, 84453 Mühldorf am Inn

PROF. DR. MAX KREUZER, Fachhochschule Niederrhein, Abt. Mönchengladbach, Fachbereich Sozialwesen, Richard-Wagner-Straße 101, 41065 Mönchengladbach

TANJA KUHN, Comenius-Schule, Bessenbacher Weg 125, 63739 Aschaffenburg

MARGARETE KURZ, Schule am Winterrain, Turnstraße 52, 75228 Ispringen

MARION LEISMANN, Am Junkers Knappen 8, 47269 Duisburg

PROF. DR. CHRISTIAN LINDMEIER, Universität Koblenz-Landau, Abt. Landau, Institut für Sonderpädagogik, Xylanderstraße 1, 76929 Landau

REINHARD MARKOWETZ, Pädagogische Hochschule Heidelberg, Institut für Sonderpädagogik, Keplerstraße 87, 69120 Heidelberg

PROF. DR. MATTHIAS MOCH, Berufsakademie Stuttgart, Herdweg 29, 70174 Stuttgart

Prof. DR. WILHELM REINCKE, Universität Bremen, Fachbereich 12: Erziehungs- und Gesellschaftswissenschaften, Studiengang Behindertenpädagogik, Postfach 330440, 28334 Bremen

DR. UWE RHEKER, Universität Paderborn, FB Erziehungswissenschaften – Psychologie, Sportwissenschaften –, Warburgerstraße 100, 33098 Paderborn

JOCHEN RIEHL, Riedener Kirchenweg 8, 90518 Altdorf

BRIGITTE SAUMWEBER-ELTRICH, Schirmerstraße 2a, 76133 Karlsruhe

BERND SCHNEIDER, Jugendhaus, Fronhofstraße 42, 50999 Köln

MARGIT SCHOLZ, Haugstraße 31, 82131 Gauting

ACHIM STEINHAUSEN, Jugendhaus, Fronhofstraße 42, 50999 Köln

PROF. DR. GEORG THEUNISSEN, Martin-Luther-Universität Halle-Wittenberg, Fachbereich Erziehungswissenschaften, Institut für Rehabilitationspädagogik, Selkestraße 9, 06122 Halle

LUTZ THIEME, Waldweg 4, 01458 Medingen

EVA TÖGEL, Hauheckenweg 16, 69123 Heidelberg

ALEXANDRA WACHE, Kuenstraße 41, 50733 Köln

URSEL WEIS-HENNINGER, Enzstraße 2, 76237 Pfinztal-Berghausen

PROF. DR. UDO WILKEN, Fachhochschule Hildesheim/Holzminden, Fachbereich Sozialpädagogik, Brühl 20, 31134 Hildesheim

STEPHANIE WILKEN-DAPPER, Bundesverband für Körper- und Mehrfachbehinderte e.V., Redaktion Das Band/zusammen, Brehmstraße 5–7, 40239 Düsseldorf

MARTIN WIMMER, Hauptstraße 13, 97299 Zell

PROF. DR. RENATE ZIMMER, Universität Osnabrück (Sportzentrum), Jahnstraße 41, 49080 Osnabrück

Quellennachweis

Einige Beiträge dieses Sammelbandes wurden bereits zu einem früheren Zeitpunkt veröffentlicht. Teilweise sind sie unter einem anderen Titel und in veränderter Form erschienen:

AMBROSIUS, C.: Trommeln in der Förderschule. Pädagogische Impulse, 31. Jg. 1998, Heft 4, S. 117–118.
AMBROSIUS, C./WEIS-HENNINGER, U./BARTH, U./SAUMWEBER-ELTRICH, B.: Begegnungsprojekt »Trommeln« in der Kooperation Grundschule – Förderschule. Pädagogische Impulse, 31. Jg. 1998, Heft 4, S. 119–121.
BAUMEISTER, B./HIRNING, H.: Kanusport – eine Möglichkeit zum gleichberechtigten Miteinander. Praxis der Psychomotorik, 18. Jg. 1993, Heft 3, S. 151–160.
BOBAN, I.: Nicht nur der Nabel kommt in Schwung ... Zusammen, 8. Jg. 1998, Heft 9, S. 8–10.
BRODISCH, P./GALLE-BAMMES, M.: Autonomie als zentrales Anliegen der Erwachsenenbildung. Erwachsenenbildung und Behinderung, 5. Jg. 1994, Heft 2, S. 20–24.
BÜGLER, M./BRAND, K.-M.: Keyboard, Pferd und Spielmobil ... Gemeinsames Erleben im leistungsfreien Raum. Das neue Arbeitsfeld »Integrative Spiel- und Kulturpädagogik«. Gemeinsam Leben, 1. Jg. 1993, Heft 1, S. 26–29.
BURKHART, W.: Ein Weg der Integration durch Kooperation zwischen behinderten und nichtbehinderten Schülern am Beispiel eines Projektes. Pädagogische Impulse, 30. Jg. 1997, Heft 2, S. 85–90.
DANIELOWSKI, J.: Gegen den »Samariterblick«. »Behindertenarbeit« als integrative Gemeindeentwicklung. Eindrücke kirchlicher Arbeit. Gemeinsam Leben, 5. Jg. 1997, Heft 1, S. 4–8.
EBERT, H.: Beiträge zu einer ökologisch orientierten Kooperation. In: MÜHL ET AL. (Hrsg.), Lernen unter einem Dach. Schulische Integration durch Kooperation. Marburg (Lebenshilfe-Verlag) 1997, S. 135–159.
EGGERT, J.: Kooperation von Förderschülern und Hauptschülern in einer Judo-AG. Die Neue Sonderschule, 41. Jg. 1996, Heft 2, S. 120–122.
GÖSSWALD, M.: Eine Schwäche für weibliche Stärke. Kreativtage der Pfadfinderinnen. Das Band, 28. Jg. 1998, Heft 5, S. 10–11.
GRÜTJEN A./WACHE, A.: SinnFlut – Erlebnistheater für Menschen mit schwerer Behinderung. In: BUNDESVEREINIGUNG KULTURELLE JUGENDBILDUNG E.V. (Hrsg.), EigenSinn & EigenArt. Kulturarbeit von und mit Menschen mit Behinderungen. Remscheid (Eigenverlag) 1999, S.131–134.
HINZ, A.: »Behinderung« und die Gestaltung integrativer Lebensbereiche. Überlegungen zu Erfahrungen und Perspektiven. Sonderpädagogik, 26. Jg. 1996, Heft 3, S. 144–153.
KLIEWER, M.: Manege frei – ein integratives Circusprojekt. Zusammen, 17. Jg. 1997, Heft 6, S. 34–36.
KÖNIG, I.: Integrierende Gemeinde – Aufgaben und Chance. Evangelische Verantwortung, 42. Jg. 1996, Heft 4, S. 10–11.
KREUZER, M.: Zur Bedeutung und Fachlichkeit der Freizeitarbeit in Wohneinrichtungen. Geistige Behinderung, 36. Jg. 1997, Heft 1, S. 13–24.

KUHN, T./WIMMER, M.: Café Bücherwurm – ein Weg zur ungezwungenen Integration. Zusammen, 14. Jg. 1994, Heft 4, S. 118–120.

LEISMANN, M.: Betreut wohnen – selbstbestimmt leben. Integrationsmodell Ortsverband Duisburg e.V. Gemeinsam Leben, 5. Jg. 1997, Heft 3, S. 121–124.

LINDMEIER, CH.: Integrative Erwachsenenbildung im Interesse von Menschen mit (geistiger) Behinderung. Vierteljahresschrift für Heilpädagogik und ihre Nachbargebiete (VHN), 67. Jg. 1998, Heft 2, S. 149–164.

MARKOWETZ, R.: Freizeit von Menschen mit Behinderungen. In: CLOERKES, G., Soziologie der Behinderten. Eine Einführung. Heidelberg (Winter – Edition Schindele) 1997, S. 269–299.

MARKOWETZ, R.: Kinder und Jugendliche mit Behinderungen auf ihrem Weg in einen ganz normalen Verein. In: ROSENBERGER, M. (Hrsg.), Ratgeber gegen Aussonderung. Heidelberg (Winter – Edition Schindele) 1998, S. 315–342.

MOCH, M.: Erlebnispädagogische Segelmaßnahmen mit behinderten und nichtbehinderten Kindern und Jugendlichen. Sonderpädagogik, 28. Jg. 1998, Heft 1, S. 16–25.

REINCKE, W.: Zur Integration von behinderten Menschen durch Bewegung, Spiel und Sport. Sonderpädagogik, 24. Jg. 1994, Heft 3, S. 136–147.

RHEKER, U. Sport für alle – auch für und mit behinderten Menschen. Motorik, 16. Jg. 1993, Heft 4, S. 130–138.

SCHNEIDER, B./STEINHAUSEN, A.: Integrative Freizeitarbeit im Jugendhaus. Das Band 23. Jg. 1992, Heft 5, S. 2–5.

THIEME, L.: Eine integrative Schwimmgruppe im Sportverein. Sport Praxis, 37. Jg. 1996, Heft 2, S. 11–12.

WILKEN, U.: Tourismus und Behinderung – Fortschritte bei der Integration in das allgemeine Reise- und Urlaubsgeschehen. Die Rehabilitation, 36. Jg. 1997, Heft 2, S. 121–125.

WILKEN-DAPPER, S.: Just-Fun, Zusammen, 18. Jg. 1998, Heft 3, S. 14–16.

WILKEN-DAPPER, S.: Wenn Eisenhans und Turandot im Sommernachtstraum auf Hexen treffen. Zusammen, 16. Jg. 1996, Heft 5, S. 14–15.

WOTTKA, M.: BIB e.V. – Ein ambulanter familienunterstützender Dienst. Die Erfolge und Schwierigkeiten bei der Verwirklichung des Integrationsgedankens. Gemeinsam Leben, 2. Jg. 1994, Heft 1, S. 19–23.

ZIMMER, R./KÖPPEL, L.: Barrierefreie Spielplätze – ein Weg zur Integration behinderter und nichtbehinderter Kinder. Motorik, 16. Jg. 1993, Heft 1, S. 27–31.